KB041541

철학적 분석은 어떻게 하는가?

An Introduction To Philosophical Analysis

by

John Hospers

Authorized translation from the English language edition,
entitled INTRODUCTION TO PHILOSOPHICAL ANALYSIS, AN, 4th Edition,
ISBN: 9780132663052 by HOSPERS, JOHN, published by Pearson Education, Inc.,
publishing as Prentice-Hall, Copyright © 1997, 1988, 1967, 1953

KOREAN language edition published by SEOKWANGSA PUBLISHING COMPANY,
Copyright © Seokwangsa Publishing Company, 2016

철학적 분석은 어떻게 하는가?

존 호스퍼스 지음
이재훈 옮김

서광사

이 책은 John Hospers의 *An Introduction to Philosophical Analysis*(4th edition)(Upper Saddle River, New Jersey ; Prentice-Hall, Inc., 1997)를 완역한 것이다.

철학적 분석은 어떻게 하는가?

존 호스퍼스 지음
이재훈 옮김

펴낸이 | 김신혁, 이숙
펴낸곳 | 도서출판 서광사
출판등록일 | 1977. 6. 30.
출판등록번호 | 제 406-2006-000010호

(10881) 경기도 파주시 회동길 77-12 (문발동)
대표전화 (031) 955-4331 팩시밀리 (031) 955-4336
E-mail : phil6161@chol.com
http://www.seokwangsa.co.kr | http://www.seokwangsa.kr

제1판 제1쇄 펴낸날 — 2016년 4월 20일
제1판 제2쇄 펴낸날 — 2020년 6월 30일

ISBN 978-89-306-0330-0   93160

철학적 분석은 과학적 분석과 달리 개념과 신념을 분석의 대상으로 삼는다. 철학적 분석은 개념을 명확히 이해하고, 옳다고 믿을 만한 좋은 근거가 있는 정당화된 신념인지 음미하며, 나아가 인간과 세계에 관한 정당화된 옳은 신념을 정합성 있는 지식 체계로 구성하는 사고 활동이다. 개념을 명확하게 이해하기 위해서는 의미 분석이 필요하고, 정당화된 옳은 신념을 정합성 있게 유지하기 위해서는 논리적 분석이 필수적이다.

이 책은 개념 분석을 위해 첫 번째 장에서 '언어와 세계'의 관계 문제를 다룬다. 1판과 2판에서는 이 문제를 하나의 장으로 언급하였으나 3판에서는 철학적 주제를 검토하면서 필요할 때마다 부분적으로 언급하였다. 그러나 저자는 4판에서 다시 의미 분석 문제를 한데 모아 독립된 장으로 압축하였다. 개념을 명확하게 이해하는 것이야말로 철학적 사고의 토대라고 판단했기 때문이다.

신념의 정당화를 위해 두 번째 장에서는 인식론 문제를 다룬다. 독자의 흥미를 끌 수 있는 철학적 주제를 먼저 거론할 법한데, 진리와 지식의 본성에 관한 논의가 철학의 분야에서 갖는 근본성 때문에 앞쪽에서 검토한다. 3장에서 8장까지는 우리를 둘러싸고 있는 세계와 그에 대한 지식, 인간의 자유와 필연, 정신과 신체, 종교와 윤리의 문제에 관한 정당화된 신념들의 정합성 체계를 탐색한다. 말하자면 1장과 2장의 주춧돌 위에 인간과 세계에 관한 정당화된 철학적 신념의 집을 (거의 대부분 새롭게) 짓는다.

이 책을 우리말로 옮긴 역자로서 저자의 건축술에 감탄하지 않을 수 없다. 철학적 논쟁을 흥미진진한 대화체로 부각시키고, 철학의 다양한 주장과 관점을 설명할 때에는 그에 적합한 사례를 들어 생생하게 예증하며, 각 장마다 연습문제를 두어 철학적 사고를 실습하게 한다. 철학을 전공하지 않은 일반 독자들도 복잡한 철학적 사고의 지형을 순조롭게 여행할 수 있게 해 준다. 이 책에서 소개하는 철학 여행이 비교적 긴 편이기는 하지만, 여행지가 수려하고 안내가 훌륭하여 결코 길게 느껴지지 않으리라 생각된다.

인간에게는 세상살이에 필요한 주의 사항과 사용 방법을 알리는 설명서가 붙어 있지 않은데, 어느 철학자는 도덕을 일종의 '인간 사용설명서'라고 하였다. 일반적으로 말하면 모든 학문이 인간과 세계에 관한 사용설명서라고 할 수 있지만, 철학적 사고야말로 설명서의 근본을 이루는 요소이다. 이러한 설명서는 오랜 세월에 걸쳐 우리를 위해 우리가 만들었다. 이 책도 그 가운데 하나이다.

저자가 2011년에 작고했으니 이 책이 마지막 판이다. 이 책을 만들어 준 저자에게 감사드리며, 우리말로 옮기는 과정에서 시종 조언을 아끼지 않으신 곽강제 선생님에게 감사드린다. 항상 든든한 버팀목이 되어 주는 아내와 가족에게 고맙다는 말을 하고 싶다. 서광사 김신혁, 이숙 대표님에게 감사드리며, 편집부 여러분에게 감사의 마음을 전한다.

2016년 3월
옮긴이 이재훈

이 책의 1판과 2판은 철학과 언어에 관한 내용을 서론에 해당하는 1장에서 자세히 언급하였다. 나는 그때나 지금이나 언어가 철학적 문제에 미치는 영향을 우선적으로 검토함으로써 문제 자체를 최대한 명확하게 정립할 수 있고, 어느 정도 문제를 해결하거나 해소할 수 있다고 믿는다. 그리고 그러한 검토가 철학적 사고 과정과 무관하거나 사고 과정을 지지부진하게 만드는 것이 아니라 오히려 철학적 쟁점을 파악하는 지름길이 된다고 생각한다.

학생이 아닌 일반 독자는 일단 1장부터 읽기 시작하는 것 같다. 그러나 대부분의 독자는 과제를 목적으로 책을 읽는 학생들이었고, 서론을 과제로 내주는 선생이 지극히 드물었기 때문에, 3판에서는 1판과 2판의 1장을 하나의 장으로 다루지 않았다. 그랬더니 그에 대해 불평하는 사람이 꽤 많은 듯하여 4판에서는 간명하고 압축적인 형태로 그 장을 다시 복구하게 되었다.

입문자를 위한 대다수의 책은 종교나 윤리처럼 학생들이 흥미를 느끼는 주제에서 논의를 시작한다. 나도 이런 주제에서 시작하고 싶었지만, 철학의 기초인 인식론을 앞쪽에 놓는 것이 반드시 필요하다고 판단했다. 그래서 이 책의 대부분을 새로 쓰기는 했으나 체제는 1, 2판과 동일하게 편성했다. 이 같은 새로운 표현 방식이 입문자에게 더 많은 도움이 되기를 바라며, 신문식이지 않은 일상적인 회화체로 쓰인 많은 사례와 예증하는 대화는 독자가 책을 계속 읽어 나가도록 흥미를 북돋울 것으로 기대한다. 사례를 이용하여 증명하려는 요점은 까마득히 잊은 채 그저 사례들만 기억하는 독자도 종종 볼 수 있었는데, 이번 4판의 독자는 사례와 요점을 함께 기억하기 바란다.

나의 논평자들인 인디애나대학의 마이클 버크, 버틀러대학의 존 비버스루이스, 그리고 샌안토니오에 있는 텍사스대학의 마크 번스타인에게 감사드린다.

또한 4판을 준비하는 과정에서 이전의 책에 대해 논평을 해 준 스탠퍼드대학의 존 뒤프레 교수, 뉴올리언스대학의 에드워드 존슨 교수, 유타 밸리주립대학의 요셉 그리치치 교수, 그리고 특히 나의 동료이자 친구로서 고인이 된 마틴 린 교수에게 감사의 마음을 전한다.

사람들은 갖가지 동기에서 철학을 시작한다. 어떤 사람은 학문을 추구하다가 철학을 하게 되고, 어떤 사람은 예술이나 종교에 관심을 보이다가 철학에 빠져든다. 이와 달리 아무런 학문적 배경 없이 "이런저런 것들의 의미"나 "세상 돌아가는 모습"에 마음이 편하지 않아서 철학을 하게 되는 사람도 있다. 그런가 하면 사람들이 "철학"이라는 말을 사용할 때 도대체 무엇에 관해서 말하는지 알고 싶은 것 말고는 특별히 아무런 동기가 없는 사람도 있다. 따라서 사람들이 철학에 바라는 것 즉 철학이 답해 주기를 원하는 것은 철학을 하게 한 동기만큼이나 다양하며, 결과적으로 이런 요구들을 만족시키고자 만들어진 책 역시 다양하다. 독자에게 철학을 소개하겠다고 공언하는 두 권의 책인데도 같은 내용이 거의 없거나 전혀 없는 경우도 흔하다. 이런 이유 때문에 모든 독자를 만족시키거나 다수의 독자만이라도 만족시킬 수 있는 책을 쓴다는 것은 불가능한 일이다.

이 같은 어려움을 극복하기 위해서는 철학적 문제라고 할 수 있는 것을 모조리 언급할 만큼 포괄적인 책을 씀으로써 독자가 그 중에서 가장 흥미로운 부분만 골라서 읽게 할 수도 있다. 하지만 이것은 사실상 거의 불가능한 일이다. 천 쪽짜리 책이라고 해도 모든 철학적 문제를 다룰 수는 없으며, 모든 문제를 다룬다고 해도 하나의 문제에 불과 몇 쪽의 지면을 할당할 수밖에 없을 것이다. 이 같은 책은 갖가지 주제에 대한 개괄적 요약으로 그칠 수밖에 없는데, 그것은 독자들에게 거의 쓸모없는 일이다. 이런 책을 읽고서 몇몇 용어의 의미를 배우고 약간의 "일반적 경향"은 파악할 수 있겠지만, 스스로 철학적 문제를 생생하게 탐구할 만큼의 소재가 되지는 못할 것이다. 개괄적 요약은 다른 어느 분야에서보다 철학 분야에서 성공을 거두지 못한다. 그렇다면 아주 분명한 해결책은 철학의 모든 문제가 아니라 일부 문제만 다루는 것이다. 하지만 이 방법에도 결함은 있다. 다루어야 할 문제와 다루지 않을 문제를 어떻게 결정하든 간에, 대부분의 독자는 다루어야 할 것은 다루지 않고 다루지 말아야 할 것은 다루었다고 불평할 것이기 때문이다. 그런데도 이 책에서는 철학의 일부 문제만 다루는 것이 전체적으로 보아 손해가 가장 적다고 생각하여 이 방침을 택하였다.

차례

언어와 실재

1. 철학적 물음

A: 그 사람은 왜 죽었어요?

B: 그 사람의 차를 다른 차가 들이받았대. 상대방 운전자가 과속을 했는데, 그 정도 속도로 부딪치면 대개 죽거나 커다란 부상을 입을 수밖에 없잖아. 이번에 일어난 그 사고 때문에 죽었어.

A: 저도 그 사고는 잘 알아요. 그런데 **왜** 죽었는지 알고 싶어요.

B: 방금 말했잖아. 교차로를 지나는 순간 공교롭게도 다른 차가 들이받았기 때문이라고.

A: 그런데 왜 하필 그곳을 지나가게 되었지요?

B: 물건을 사려고 슈퍼마켓에 가는 길이었지. 몇 분 일찍 그 교차로를 지나갈 수도 있었는데, 깜박 놓고 온 물건을 다시 가지러 가는 바람에 시간이 지체되었던 거야.

A: 왜 시간이 지체되었는지 알겠어요. 하지만 **왜** 죽었는지는 모르겠어요.

B: 죽은 원인을 말해 줬잖아. 이제 보니 네가 알고 싶은 것은 죽음의 원인이 아니라 죽음의 **목적**인 것 같다.

A: 그래요, 그걸 알고 싶어요.

B: 하지만 죽음에 무슨 목적이 **있는** 것은 아닐 거야. 죽음은 하릴없고 허망하다고 하잖아. 신이 세상만사를 좌우한다면, 신에게 어떤 목적이 있어서 그 사람을 죽게 했겠지. 나로서는 그 목적을 알 길이 없지만, 그래도 "목적"이라는 말이 이

맥락에서 무얼 의미하는지는 알 수 있어. 그는 차를 타고 시내로 가려는 목적을 가지고 있었지—쇼핑을 하고 싶었던 거야. 마찬가지로 신에게 어떤 목적이 있어서 죽게 했는지도 몰라.

A: 하지만 저는 그 사람이 죽기를 신이 원했다거나 죽게 하려고 신이 무언가를 했을 거라는 게 도무지 믿기지 않아요. 신의 목적은 우리가 알 수 있는 것이 아니라서 신의 목적을 이해할 수 없겠지만요.

B: 어쩌면 죽음의 목적이란 것은 애당초 없는 것인지도 몰라. 죽음은 그냥 뜻밖에 벌어지는 일이라는 거지.

A: 죽음이 우연이란 말인가요?

B: 아니, 우연이 아니야—동전의 앞면이 우연히 나올 가능성이 50 대 50이라고 말할 때의 그런 우연은 아니야. 차가 서로 부딪친 것이 결코 운전자의 **의도**가 아니었다는 의미의 우연이라면 몰라도. 하지만 의도의 결과가 아닌 일들은 얼마든지 있어. 행성이 태양의 주위를 돌지만, 그것은 우연이 아니야—행성은 뉴턴의 운동 법칙을 따르잖아. 게다가 그것은 행성이 어떤 목적을 가지고 태양의 주위를 돈다는 것을 의미하지도 않고, 행성이 태양의 주위를 돌게 하려는 목적을 가진 누군가가 "저 위에" 있다는 것을 의미하지도 않아.

A: 행성이 무슨 목적을 가지고 태양의 주위를 도는 것이 아니라면, 어떻게 해서 그런 일이 일어나는지 알 수 없잖아요.

B: 왜 그렇게 생각해? 태풍이 불면 나무가 쓰러지잖아. 이 사건은 원인을 가지고 있지만, 우리가 알기로 아무런 목적도 가지고 있지 않아. 어떤 것이 목적을 갖는다면, 그것이 누구의 목적인지—다시 말해서 누가 그 목적을 갖는지—말해 봐.

A: 신이야말로 목적을 가진 유일한 존재가 아닐까요?

B: 그렇다면 그 사람을 죽게 한 목적을 물어야 할 대상은 오직 신밖에 없어. 누가 됐든 왜 의도적인 목적을 가지고 무고한 사람을 죽게 하는지 나로서는 상상이 안 돼. 그러니 무고한 사람을 죽게 하는 데 어떤 목적—신의 목적—이 있다고 해도 나는 그것이 어떤 것인지 상상할 수 없어.

A: 글쎄요, 제가 알고 싶은 것은 목적이 아니라 일어난 사건의 **의미**(meaning)인지도 모르겠어요.

B: 의미? "의미"라는 말을 사용하는 경우가 얼마나 천차만별인지 알고 하는 말인가?

A: 의미에 대해 알고 싶은 것이 아니라, 그의 죽음에 어떤 의미가 있는지 알고 싶습니다.

B: 이 비참한 사건이 네게 정말 중요하다는 것을 과소평가하려는 것은 아니야. 하지만 네가 그 사건의 의미를 물었기에 하는 말인데, 나는 그 물음 자체가 얼마나 많은 것을 의미하는지를 설명하지 않고서는 아예 아무런 대답도 할 수 없어.

A: 예를 들어 설명해 주세요.

B: 그래, 우선 한 가지 예를 들면, 의미를 갖는 것에는 낱말이 있어. "고양이"라는 낱말은 고양이를 의미해, 즉 고양이를 지칭해. "고양이"라는 낱말을 사용할 때 우리가 언급하는 것은 고양이야. 수많은 다른 낱말의 경우도 마찬가지지.

A: 그래요, 하지만 그것은 제가 알고 싶은 것이 아닙니다.

B: 물론 다른 것들도 의미를 갖지. 때로 우리는 어떤 사건이 무얼 나타내는지 알고 싶을 때 "의미"라는 낱말을 사용하잖아. 하늘에 회오리바람이 일어날 때 그것은 무엇을 의미하지? 토네이도가 온다는 것을 의미해. 그리고 일련의 점과 대시 기호가 의미하는 것은 무엇이지? 그것은 "반복"이라는 낱말을 대신하는 모스(Morse) 부호잖아.

A: 하지만 저는 자연적 표시나 인공 부호에 관해 묻는 것이 아닙니다.

B: 한 나라가 다른 나라와 조약에 서명할 경우, 제3국의 지도자는 "이것이 무엇을 의미하는가?"라고 물을 수 있어. 말하자면 이 행위가 어떤 영향을 끼칠지, 결과적으로 어떤 일이 생길지 묻는 거지. 네가 "죽음이 의미하는 것은 무엇일까?"라고 묻는 것이 바로 이런 거야?

A: 그렇지 않아요. 저는 그의 죽음이 어떤 영향을 끼칠지를 묻는 것이 아닙니다. 예를 들어 저는 그가 죽음으로써 가족이 비탄에 빠지게 되고, 아이들이 엄마나 아빠 없이 살아갈 것이라는 것을 이미 알고 있어요. 저는 이런 것들을 이미 알고 있거든요.

B: 그렇다면 네 물음의 답이 될 수 있는 것은 어떤 거야? 이것도 저것도 네 마음에 들지 않는다면, 도대체 네가 답으로 받아들일 만한 것으로 어떤 것들이 있을 수 있

는지 생각해 보는 것이 상책일 것 같아.

A: 제가 그걸 알았다면, 그런 질문을 하지도 않았겠지요.

B: 내 말은 네가 질문을 하기 전에 답을 알아야 한다는 것이 아니라, 질문을 하기 전에 어떤 종류의 답이 답일 수 있는지 알아야 한다는 것이야. 예를 들어 내가 "그가 어디에 있지?"라고 물을 때 누군가가 "몬태나 주에 있는 친척을 찾아가고 있어"라고 답한다면, 그 답이 옳을 경우 그것은 나의 물음에 대한 답일 **수** 있는 그런 진술이야.

A: 확실한 것은 아닌데, 제 생각은 그 사람의 죽음이 전체적인 상황 속에서 어떤 의미를 갖는지 알고 싶다는 것입니다.

B: 그의 죽음이 남들의 삶에 많은 영향을 끼칠 것이라는 말을 하고 싶은 것인가? 그것은 그럴 수도 있고, 그렇지 않을 수도 있겠지. 그가 얼마나 많은 사람과 가까이 지냈는지, 지역 사회에 얼마나 잘 알려졌는지에 달려 있을 거야.

A: 그렇지 않아요. 그의 죽음이 남들에게 딱히 어떤 방식으로 영향을 끼칠 것이라는 것을 말하는 것도 아니에요.

B: 하지만 그 말은―그의 죽음을 지켜본 주위 사람들이 자기 삶의 이모저모를 새로운 마음으로 다시 시작하려고 다짐했다면―의미가 있을 **수** 있지 않을까? 그 죽음이 남들에게 그런 방식으로 영향을 끼쳤다면, 그 죽음이 남들에게 의미를 갖는다고 말할 수 있겠지.

A: 그렇기는 하지만, 제가 말하려는 것은 그 이상의 어떤 것입니다. 전체적인 상황 속에서, 말하자면 우주의 계획이나 목적 안에서 그 사람의 죽음이 어떤 중요성을 갖는지 알고 싶습니다.

B: 알았어, 네가 묻는 것이 그거라면, 너는 또 다시 신의 목적을 묻는 거야. 나는 지금 그 물음에 답하려는 게 아니야. 나는 물음을 **분명하게** 하려는 것뿐이라니까. 나는 물음에 대한 답이 어느 영역에 있는지 알고 싶은 거야. 그런데 너는 신의 목적에 의거하는 답을 원한다고 했잖아. 그런 답이 적절히 제시될 수 있는지는 또 다른 문제야. 답을 말하기 전에 살펴야 할 것들이 정말 많거든.

가상의 이 대화에서 우리는 자신이 이미 철학적 물음에 관여하고 있음을 알았다.

자동차 사고에 관한 몇 가지 사실을 기술했지만, "원인", "목적", "이유", "의미"처럼 전형적인 "철학적" 낱말들이 사용되었다. 그 낱말들은 모두 분명해질 필요가 있다. 우리는 이런 낱말을 일상의 대화에서 자주 사용하는데도 대부분 주의 깊게 사용하지 않으며 선명하게 사용하지도 않는다. 철학에서는 그런 낱말을 좀 더 주의 깊게 사용해야 한다. 그렇지 않으면 서로 "동문서답"만 하게 되고, 조금만 조심하면 피할 수 있는 결론 없는 무의미한 논쟁에 말려들기 마련이다. 다음 두 가지 예를 보자.

1. 철학은 실재(實在)를 연구하는데, 과학 역시 실재를 연구한다. 말하자면 우리가 공부하는 모든 학문 분야 역시 어떤 방식으로든 실재를 연구한다. 그런데 "실재"라는 말은 무엇을 의미하는가? 철학자는 "흥미 중심의 캡슐 문화"를 원하는 사람들에게 이 같은 물음이 단순하지 않다는 것을 일깨워 주어야 하는 달갑잖은 임무를 맡는다.

다음과 같은 예를 통해서 "실재한다"(real)는 말을 검토해 보자. "그것은 실재하는(진짜) 오리가 아니다 — 그것은 오리 모형이다." "저기 저것은 실재하는 기린이 아니다 — 그것은 해질녘 하늘을 배경으로 나타나는 기린 모습의 형상이다." "저것은 실재하는 분홍빛 쥐가 아니다 — 당신은 섬망 상태나 환각 상태에 빠져 있다." "그것은 실제로 일어난 일이 아니다 — 그것은 꿈이었거나, 잘못된 정보를 들었거나, 정보를 잘못 이해했거나, 누가 거짓말을 한 것이다." "그것은 실재하는(진짜) 문제가 아니다 — 그것은 엉터리 문제다. 당신은 문제가 있다고 생각하지만 그런 문제는 없다." 등등.[1] 이와 같은 예에서 "실재한다"는 말은 각각 다른 의미로 사용된다. 말하자면 우리는 "실재한다"는 말이 어떤 것과 **대비**되는지를 알 때 그 말의 **이러한** 의미를 확인할 수 있는데, 그 말과 대비되는 것이 한두 가지가 아니다. 예를 들어 오리 모형은 진짜 오리가 아니다. 게다가 "실재한다"는 말이 그저 "강조하는" 뜻으로 사용되는 경우도 종종 있다. 이를테면 "그 일이 실제로 일어났다"는 것은 "그 일이 일어났다"는 것을 강조해서 말하는 방식이다.

따라서 "무엇이 실재하는가?"라는 물음은 간단히 대답할 수 있는 물음이 아니다.

---

1   J. L. Austin, *Sense and Sensibilia* (Oxford: Oxford Univ. Press, 1962)를 보라.

우리는 "실재한다"는 말을 구체적인 어떤 맥락에서 실재한다고 할 수 없는 것과 대비함으로써 "실재한다"는 말의 다양한 의미를 밝혀내는 번거롭고 피곤한 일을 해나가야 한다("실재한다"는 말의 의미는 다른 맥락에서 다시 변할 수 있다). 꿈은 실재하는가? 글쎄, 꿈은 저기 있는 나무처럼 실재하지는 않지만, 그것은 실재하는 경험이 아닌가? 이것은 초심자가 보기에 어리둥절하고 당혹스러우며 화를 돋우기까지 하는 것일 수도 있다. 사람들은 단순한 물음에는 단순한 답을 원한다. 하지만 그들은 물음이 단순하지 않다는 사실을 이해하지 못한다. 이 점을 이해하는 사람은 이미 철학 여행을 잠시라도 해 본 사람이다.

  2. 삶의 의미는 무엇인가? 이것은 보통 철학이 답해야 하는 물음의 **전형**으로 간주된다. 그런데 이 물음을 처음 묻는 사람들은 그 물음 속에 숨어 있는 함정을 알아차리지 못한다. 전화를 받았더니 몇 마디 폭언을 퍼붓고 찰칵 끊어 버릴 경우 우리는 "이건 무슨 의미지?"라고 묻는다. 이 물음은 여러 가지 물음 — "전화한 사람이 누구지?" "전화한 사람이 원하는 것이 뭘까?" "미래에 대한 무슨 조짐일까?" — 과 함께 다른 많은 것을 묻는 물음일 수 있다. "'근일점'은 무엇을 의미하는가?" 그것은 태양의 주위를 도는 행성의 궤도상에서 태양에 가장 가까운 점(행성의 주위를 도는 위성의 궤도상에서 행성에 가장 가까운 점)을 의미한다. 이것은 "의미"라는 낱말에 대한 사전적인 뜻의 한 예이다. 말하자면 그것은 낱말이 언어 안에서 어떻게 사용되는지 알려 준다. "그 말의 의미는 무엇인가?" — 그렇게 말한 의도가 무엇인가? 내가 당신을 어떻게 생각하는지 알아보려는 것일까? "기압계가 내려가는 것은 무엇을 의미하는가?" 그것은 폭풍이 몰려오고 있음을 의미한다. 그것은 미래의 사건을 나타내는 지표이다. "비행기에 탑승한 사람이 모두 죽었다면 그것은 무엇을 의미하는가?" 그것은 당신의 친구가 비행기에 타고 있었다면 그 친구 역시 죽었을 것임을 의미한다. 그것은 앞의 진술이 뒤의 진술을 논리적으로 **함의**하며, 전제를 인정한다면 결론을 인정하지 않을 수 없다는 것을 의미한다.

  이 같은 사례들을 통해 우리는 의미("의미"라는 낱말 자체)의 **다의성**(多義性), 즉 정의로서의 의미, 의도로서의 의미, 함의로서의 의미, 목적으로서의 의미, 미래에 대한 중요성으로서의 의미 등등을 검토하였다. 따라서 누군가가 "삶의 의미는 무엇인가?"라고 물을 때 우리가 맨 처음 할 일은 질문자가 원하는 정보가 어떤 것인지를 확인하려고 노력하는 것이다. 자신의 삶이 어떤 일반적 목적에 적합한지를 알아내려는 것일까? 왜 죽지 않고 살아야 하는지를 알아내려는 것일까? 삶에서 본보기로 삼아야 할 일들, 즉 아직 발견하지는 못했지만 자신의 미래에 중요할 수도 있는 그런 일들이 있는지를 알아내려는 것일까? 혹시 자신이 평생 해야 할 일을 알아내려는 것은 아닐까? 아니면 신이 자신을 정말로 창조했는지, 무슨 이유로 창조했는지를 알아내려는 것일까? 이런 경우에 우리는 "알고 싶은 것을 다른 말로 명확히 얘기해 달라"고 요구할 필요가 있다. 그러나 질문을 정확히 파악하는 일은 특히 질문의 여러 의미를 제대로 구별하지 못하고 일관성이 없는 생각과 느낌을 분명하게 표현하는 데 능숙하지 못한 사람에게는 정말 어려운 일이고 아예 불가능한 일일 수도 있다. 질문자는 괜히 성가신 일을 시킨다고 느끼며, 쓸데없는 일에 노력을 허비하게 한다고 불평한다. 질문자가 알고 싶은 것은 "삶의 의미는 무엇인가?"라는 것뿐인데, 그 물음에는 전혀 답하지 않은 채 물음을 명확하게 표현할 수 있는 여러 가지 표현들 가운데 하나를 선택하게 몰아붙이면서 질문자를 기만한다고 생각한다. 질문자는 당연히 좌절감을 느끼게 된다.

그러나 안개를 헤치고 나아가지 않는 한 우리는 철학에 진입할 수 없다. 질문자는 자신이 몽롱한 질문을 했다는 사실을 깨닫지도 못하고, 왜 곧바로 간단하게 답하지 않는지 의아해 한다. 이쯤 되면 대부분의 사람들은 자신의 몽롱한 물음에 고착된 나머지, 다소 막연하다는 점에서 몽롱하기는 마찬가지인데도 약간 인상적으로 들리는 누군가의 거들먹거리는 말("인생의 의미는 그대의 운명을 실현시키는 데 있다")을 답으로 인정한 다음 혼자서 만족스러워한다. 그러나 이런 사람들은 철학이 추구하는 주제에서 벗어난 사람들이다.

철학이란 무엇인가?

보통 우리는 어떤 학문을 공부하기 시작할 때 그 학문이 어떤 학문인지—그 학문 명칭의 의미가 무엇인지—배우게 된다. 생물학은 생명체에 관한 연구와 관계가 있고, 천문학은 항성이나 행성과 같은 천체에 관한 연구와 관계가 있다. 인류 역사학은 사람들이 수십 세기 동안 행하고 겪은 일에 관한 연구와 관계가 있다.

그렇다면 철학이란 무엇인가? 제목에 "철학"이라는 말이 포함된 책을 펼 때 그 책이 우리에게 알려 줄 것으로 기대하는 주제는 무엇인가?

유감스럽게도 "철학"이라는 말을 통해서는 우리가 기대하는 것에 대해 그다지 선명한 생각을 얻을 수 없다. 그 말이 너무 느슨하게 사용되기 때문이다. 어떤 사람은 "당신의 철학은 무엇인가?"라고 묻는다. 그 같은 물음에 어떤 식으로 답해야 적절할까? "살면서 얻을 수 있는 생각이면 무엇이든 나의 철학이다"라고 대답할 경우 이것은 과연 받아들일 만한 답일까? "태양계에는 얼마나 많은 행성이 있는가?"라고 묻고 "일곱 개"라고 대답하면 이것이 정답은 아니지만 그 물음에 대한 하나의 답일 수는 있다. "살면서 얻을 수 있는 생각이면 무엇이든"이라는 것은 어쨌든 "당신의 철학은 무엇인가?"에 대한 답일 수 있을까? (그 답이 무엇을 의미하는지 전혀 알 수 없다. 자기가 하고 싶은 일이 남들에게 해를 끼친다고 할지라도 누구나 자기가 하고 싶은 일을 해야 한다는 생각을 의미하는 것일까?)

모두 동의하는 것이 한 가지 있는 것 같다. 말하자면 어떤 물음이 감각 기관을 이용하여 보고 듣고 만져 봄으로써 또는 그 밖의 감각 도구나 실험 장치를 이용함으로써 **경험적으로** 대답할 수 있다면, 그것은 철학적 물음이 아니라는 것이다. 예를 들어

1. "이 방에 의자가 세 개 있다"거나 "지구 표면 대부분이 물로 덮여 있다"와 같은 일상적인 지각 진술은 철학적 물음의 대상이 아니다.

2. 과학이 대답할 수 있는 물음은 철학적 물음이 아니다. 천문학, 지질학, 화학, 생물학, 심리학은 모두 경험 과학이며, 경험 과학의 발견은 현미경이나 망원경이나 분광계와 같은 감각 도구의 엄청난 도움을 필요로 하는 관찰과 실험을 통해 이루어진다. 물음이 실험을 통해 해결될 수 있다면, 그것은 과학적 물음이지 철학적 물음이 아니다.

3. 과거에 일어난 일에 관한 물음은 철학적 물음이 아니다. "에이브러햄 링컨은 언제 죽었는가?" 또는 "백만 년 전 지구에 누가 살았는가?"는 역사적 물음이다. 일반적으로 그와 같은 물음들은 문헌을 참고하거나 암석에 박힌 과거의 증서를 조사하지 않고서는 대답할 수 없는데, 이런 물음은 모두 누군가가 그 당시에 그곳에 있었다면 관찰할 수 있었던 것에 관한 물음이다. (링컨의 경우처럼) 동시대의 관찰자가 있을 때도 있지만, (수백만 년 전에 일어난 일에 관한 물음의 경우처럼) 동시대

의 관찰자가 없을 때도 있기 때문이다. 미래에 관한 물음도 과거에 관한 물음과 마찬가지이다. 우리는 미래를 묻는 물음 대부분에 대해 답을 알지 못하지만—이 도시에 내일 비가 올지 말지도 알지 못하지만— 그것은 미래의 그 시간이 되면 우리의 감각 기관에 의해 답을 찾을 수 있는 물음이다.

4. 산술학이나 대수학, 그리고 다른 분야의 수학에서 탐구하는 물음은 철학적 물음이 아니다. "600 더하기 500은 몇인가?"는 산술학의 물음이다. "이 벌집에 벌이 있는가?"는 경험적 물음이다. 이것은 관찰에 의해 해결될 물음이지 더하거나 빼는 등등에 의해 해결될 물음이 아니다. 수학적 물음은 계산을 필요로 하지 관찰을 필요로 하지 않는다.

그렇다면 철학이 고찰할 수 있는 것은 무엇인가? 이 물음에 대해 여러 가지 답변이 제시되었다. 그 답변들은 모두 서로 다르기는 하지만 우리를 거의 동일한 사고 영역으로 안내한다. 주요 핵심이 되는 답변들은 다음과 같다.

1. 철학은 실재(reality)에 대한 연구이다— 하지만 여러 과학에 의해 이미 다루어진 실재의 양상에 대해서는 연구하지 않는다. 경험적 물음이나 수학적 물음이 아니면 무엇이든 철학이 문제 삼을 수 있다. 어쨌든 처음 시작했던 물음(그 사람은 왜 죽었을까?)이 그런 물음으로 **보인다**.

2. 철학은 **정당화**(justification)에 대한 연구이다. 철학은 주장이 어떻게 정당화되는가에 관심을 갖는다. 당신은 물리적 세계가 있다는 것을 어떻게 아는가? 우리가 지금 결코 꿈꾸는 것이 아니라는 것은? 별들 저편에 신이 있다는 것은? 선함과 아름다움이 실제로 있다는 것은? 정신이 신체와 다르다는 것은? 시간이 무한하다는 것은?

3. 철학은 우리 사고의 핵심이 되는 여러 가지 개념에 대한 **분석**(analysis)이다. 예를 들어 우리는 날마다 원인을 말하는데, 원인이란 무엇**인가**? 우리는 수를 사용하는데, 수란 무엇인가? 우리는 정의를 말하는데, 정의란 무엇인가? 우리는 대상이 아름답다고 말하는데, 아름다움이란 무엇인가? 우리는 시간의 전과 후를 말하는데, 시간이란 무엇인가? 우리는 대상이 실재한다고 말하는데, 실재란 무엇인가?

철학에 대해 마지막 세 번째 견해를 받아들이는 사람들은 대부분 어떤 낱말이나 구절을 대상으로 "그것은 무엇을 의미하는가?"와 같은 물음에 관심을 갖는다. 말하자면 철학은 의미를 분석한다. 두 번째 견해를 받아들이는 사람들은 "당신은 어떻게 아는가?"라는 물음을 끊임없이 묻는 경향이 있다. 당신이 하는 말이 옳다는 것을 당신은 어떻게 아는가? (그리고 옳다는 것은 무엇인가?) 당신은 동물에게 의식이 있다는 것을 어떻게 아는가? 당신은 히틀러가 없었다면 2차 세계대전이 일어나지 않았으리라는 것을 어떻게 아는가?

이 같은 물음들은 대부분 서로 연관되어 있어서 더 이상 구별하려고 하지 않아도 된다. 하지만 상당 부분이 중복되기는 하나 철학의 분야들에 대한 전통적인 목록을 제시하는 것도 괜찮을 것 같다. (1) 논리학, 올바른 추론에 관한 연구 (2) 인식론, 지식-주장의 정당화에 관한 연구("어떻게 아는가?"라는 물음에 대답하려는 끊임없는 시도) (3) 형이상학, 역사와 경험과학 및 수학에 의해 연구되는 실재 이외의 실재에 관한 연구(형이상학은 또한 인간의 사고가 실체, 속성, 수와 같은 범주들로 나뉜다고 한다 ─ 이에 대해서는 앞으로 적절한 때 언급할 것이다) (4) 가치, 주로 좋음과 아름다움에 관한 연구(윤리학, 미학). 이 모든 연구 분야에서 "그것은 무엇을 의미하는가?"라는 물음과 "어떻게 아는가?"라는 물음은 계속 제기될 것이다.

언어상의 문제

철학은 의견 충돌의 장이다. 우리가 의견 충돌에 미리 대비함으로써 문제를 더 간단하게 하기 위해 주의를 기울이지 않으면 우리를 방해하여 불필요한 혼란에 빠뜨릴 의견 충돌 한 가지를 검토해 보도록 하자. 이것은 **언어상**의 충돌, 말하자면 사실에 관한 것처럼 보이는 논쟁이지만 실제로는 논쟁을 표현하는 데 사용된 낱말에 관한 논쟁이다. 논쟁의 해결 여부는 더 많은 사실을 발견하는 데 있는 것이 아니라, 오로지 논쟁에 사용되는 낱말의 의미에 관해 일치를 보는 데 있다. 여기서 간단한 예를 하나 들어 보자. 숲속에서 나무 한 그루가 쓰러지는데 아무도 쓰러지는 소리를 듣지 못한다면, 그래도 소리가 있는가? 이 물음을 놓고 수년 동안 뜨거운 논쟁이 벌어졌는데, 한쪽은 단호하게 "그렇다"고 응수하고, 다른 쪽 역시 단호하게 "아니다"고 응수한다. 양측의 논증은 다음과 같다.

A: 물론 소리가 있다. 나무가 쓰러지는 소리를 녹음해 보라. 녹음테이프에는 당신

이 그곳에 있을 때 나는 소리와 마찬가지로 그곳에 없을 때 나는 소리가 녹음될 것이다. 음파는 공기 입자의 응축과 희박이 번갈아 발생하는 것이므로, 그것을 듣는 사람이 주위에 있든 없든 상관없이 발생한다.

B: 아니다. 아무 소리도 없다. 그곳에 있지 않으면, 당신은 나무가 쓰러지는 소리를 들을 수 없다. "소리"라는 말은 소리 **감각**을 지칭하므로, 그곳에 아무도 없다면 그 감각을 느끼는 사람도 없다.

이것은 분명히 언어상의 논쟁— 낱말에 관한 논쟁— 이다. 우리가 사용하는 낱말의 의미가 선명해지기만 하면 논쟁거리는 사라진다.

의견 충돌 가운데에는 해결이 쉽지 않은 것도 많은데, 그것들 역시 낱말의 의미에 관한 충돌이며, 어쨌든 의미에 관한 충돌로 여겨진다. "동일하다"는 말을 포함하는 몇몇 경우를 보자.

1. 모든 것은 변한다. 그럼에도 우리는 어떤 것을 동일한 것이라고 말한다. 누가 이 식탁에 흠집을 낸다고 해도 그것은 여전히 동일한 식탁이다. 이 식탁에 빨간색을 칠해도 우리는 여전히 동일한 식탁이라고— 색깔은 다르지만 동일한 식탁이라고— 말한다. 식탁 다리를 톱으로 잘라 내면 우리는 더 이상 식탁이 아니라 식탁의 상판이라고 말할지 모른다. 그러나 식탁을 조각내어 땔감으로 태우면 더 이상 식탁이라고 할 수 없다. 그것은 이제 식탁 모양을 갖추고 있지 않으며, 더 이상 식탁 기능을 할 수 없다. 동일한 화학 원소들이 여전히 여기저기 흩어져 있겠지만 — 나무가 산화되고 거기서 나온 연기가 여전히 대기 중에 있지만— 그 식탁은 더 이상 존재하지 않는다. "식탁"이라는 낱말은 더 이상 그것의 명칭으로 사용되지 않는다.

2. 이 역에 있는 이 열차는 어제 내 여동생이 타고 간 시카고 행 열차와 동일한 열차인가?

누군가 그렇지 않다고 말할지도 모른다. 어제의 열차간은 현재 시카고에 있고, 이 역에 있는 것은 다른 열차간이다. 따라서 그것은 동일한 열차일 수 없다.

하지만 열차간이 동일해야 동일한 열차가 되는 것은 아니다. 동일한 명칭의 열차가 일일 운행 계획에 있고, 매일 거의 동일한 운행 시간에 그 역을 출발한다면 그것은 동일한 열차이다.

따라서 그것은 동일한 열차이면서 동일한 열차가 아니다— 물론 그것은 동일한 의미의 열차가 아니다. "동일한 열차"라는 구절이 애매하므로 이 논쟁을 해결하기 위해 우리가 해야 할 일은 애매성을 지적하는 것이다.

3. O. J. 심슨 재판에서 증인 더글러스 디트릭이 "이 두 개의 머리카락 샘플이 동일하다"고 증언했다.

변호사 F. 리 베일리가 질문했다. "무슨 의미로 '동일하다'고 하는 겁니까?"

"두 개의 머리카락 샘플 사이에 중요한 차이가 없으면 동일합니다."

베일리가 말했다. "그럼 당신은 '동일하다'를 '똑같다'(exactly alike)라고 정의한 웹스터 사전을 인정하지 않습니까? 이 두 개의 머리카락은 똑같지 않잖아요?"

"그래요, 똑같지 않습니다. 우리는 머리카락과 섬유 실을 조사할 때 그것들 사이에 식별가능한 차이나 중요한 차이가 없으면 동일하다고 합니다."

4. 이것은 지난 주 올챙이였을 때 보았던 것과 동일한가? 아니다, 그것은 이제 개구리이다. 그것은 연속해서 생존하는 하나의 물질적 유기체이기는 하지만 유기체가 이렇게 재빨리 변화를 겪으면 그것에 더 이상 동일한 낱말을 사용하지 않는다— 우리는 이제 그것을 개구리라고 부른다. 하지만 대부분의 종에서는 이런 일이 나타나지 않는다— 마지막으로 본 이후 변했다고 해도 이것은 어제 본 것과 동일한 개이고, 동일한 사슴이고, 동일한 나무이다. 지금은 그 특성들 가운데 일부가 달라졌다고 하더라도 우리는 계속해서 동일한 사물-언급-명칭(명사)을 사용한다.

5. 빌 브라운이라는 사람이 있다. 그가 혹시 다른 부모한테서 태어났더라도 동일한 사람일까? 그가 19세기에 태어났다면? 태어난 시간보다 10분 먼저 태어났다면?

빌이 1900년 이전에 태어났는데 지금도 살아 있다는 것은 있을 수 있는 일이다. 그가 방금 자신의 이름을 바꿨다고 해 보자. 여전히 빌 브라운일 수 있는가? 글쎄, 그는 더 이상 빌 브라운이라고 불리지는 않겠지만, 전에 빌 브라운이라고 불렸던 사람과 여전히 동일한 사람일 것이다. 그가 다른 부모한데 태어났더라도 여전히 빌 브라운일까— 말하자면 지금도 "빌 브라운"이라는 이름을 가진 사람일까?

물론 그렇지 않다. 다른 부모한테 태어났다면 그는 다른 사람이었을 것이다. 그의 어머니가 유산했다면 그를 낳을 수 없었을 것이다. 어머니가 빌 브라운과 아주 비슷하게 생긴 아들을 나중에 다시 낳을 수도 있었겠지만, 그는 지금의 빌 브라운일 수 없을 것이다. 동일한 사람이 되기 위해서는 바로 그 난자와 바로 그 정자에서 태어났어야 한다.

그런데 태어난 날보다 2주 앞서 태어났어도 그는 동일한 빌 브라운일까? 그럴 수 있다. 어머니가 조산했을 수도 있다. 그래도 그는 여전히 그의 어머니가 낳은 빌 브라운일 것이다. 하지만 임신도 하지 않았던 1년 전에 태어났다면 그는 빌 브라운일 수 없을 것이다.

이 마지막 문제가 언어상의 문제라는 것을 모두 다 인정하는 것은 아니다. 어떤 사람은 자아의 본성에 관한 형이상학적 문제라고 할 수도 있다. 우리는 자아의 본성에 이르게 하는 몇몇 다른 개념, 이를테면 정신과 신체(6장)를 우선 명료하게 한 다음 이 문제를 검토할 것이다. 어쨌든 이 같은 문제들은 어느 것이나 문제를 기술하는 데 사용된 낱말들과 밀접한 관계가 있다.

2. 말과 사물

동물은 위험이 다가오고 있고, 무언가 원하는 것이 있으며, 짝짓기할 준비가 되어 있다는 것 등등을 알리기 위해 소리나 몸짓이나 몸짓언어로 서로 소통한다. 인간 역시 이런 방식으로 소통한다. 그러나 인간의 독특한 점은 낱말을 사용하여 소통한다는 점이다. 침팬지 같은 몇몇 동물들은 낱말을 직접 만들어 내지는 못해도 약간의 낱말과 문장까지 이해할 수 있다. 하지만 인간은 낱말을 만들어 낼 뿐만 아니라 다른 어떤 종류의 동물도 이해할 수 없을 만큼 아주 복잡하고 추상적인 생각과 의문을 함께 나누기 위해 수많은 낱말을 사용한다(지금 당장 당신의 고양이에게 삶의 의미에 관해 어떻게 생각하는지 물어보라).

낱말은 말로 하면 소리가 되고, 글로 쓰면 종이(또는 칠판 등)에 기록된 일련의 표지가 된다. 그러나 소리와 표지 가운데 대다수가 낱말이 아니다. 끙끙대는 소리와 웃음소리는 낱말이 아니며, 그림과 소묘는 낱말이 아니다. 때로는 그런 것들이 낱말보다 더 많은 것을 전달할 수 있다. 사진은 사물의 모습을 어떤 낱말보다도 정확하게 보여 줄 수 있다. 그러나 실제 상황이나 가상의 상황을 기술하기 위해서는 낱말이 필요하다. 아무리 원시 부족이라도 모든 부족은 자신의 내적 느낌과 상상뿐만 아니라 자신을 둘러싼 세계상을 기술할 수 있는 풍부한 어휘를 갖는다.

그러나 한 가지 문제가 있다. 우주에 있는 사물들의 수는 무한하지는 않아도 헤아릴 수 없을 정도로 많다. 수십 억 개의 항성이 있고, 수백 만 개의 항성으로 이루어진 수백 만 개의 은하계(항성의 도시)가 있다. 이제 각각의 항성과 행성에 있는 수천 조의 물질 원자를 생각해 보자. 정말 끝이 없을 것 같다.

사물들이 가진 특성의 수효 또한 무한할 것 같다. 우리는 여러 가지 모양에 대하여 "정사각형" "직사각형" "팔각형" 등과 같은 낱말을 사용한다(정사각형이라는 **것**에 관해 말할 때는 그 낱말에 인용 부호를 붙이지 않지만, "정사각형"이라는 **낱말**을 말할 때는 그 낱말과 그 낱말이 나타내는 것을 구별하기 위해 인용 부호를 붙인다). 예를 들어,

고양이는 꼬리가 있다.
"고양이"는 세 글자로 이루어졌다.

하지만 대부분의 모양은 그 모양을 충분히 묘사할 만한 구체적인 낱말을 가지고 있지 않다. 유리 한 장을 산산조각 내 보자. 산산조각 난 유리의 모양을 어떤 낱말로 나타내고, 유리가 깨지고 난 뒤에 생긴 온갖 조각 모양을 어떤 낱말로 나타낼 것인가? 수천 개의 모양에 수천 개의 낱말이 필요할 것 같다.

이번에는 사물이 살갗에 닿을 때, 즉 뜨거운 쇠가 닿을 때, 미지근한 쇠가 닿을 때, 얼음 조각이 닿을 때 어떤 느낌이 드는지 살펴보자. 대나무가 살갗에 닿을 때, 삼나무가 닿을 때, 느릅나무 잎이 닿을 때, 야생화 헤더 등등이 닿을 때 어떤 느낌이 드는지 살펴보자. 서로 구별할 수 있는 이런 특성을 무한히 나열할 수 있지만 그 특성을 나타낼 낱말이 없다.

언어의 낱말 수는 정해져 있다. 영어의 낱말 수는 4만 이상이다—우리 대다수가 기억할 수 있는 것보다 더 많기는 하지만, 이렇게 수없이 다양한 사물과 특성을 낱낱이 언급할 수 있을 정도는 못 된다.

그러나 우리가 원하는 것—무한히 나열된 것들 가운데 어떤 것, 무한히 나열된 특성들 가운데 어떤 것—을 말하는 데 낱말을 사용할 수 있기를 희망한다. 따라서 우리는 개별적 사물과 특성을 여러 **집합**이나 **종류**로 분류한다. 두 마리의 똑같은 개는 없지만, 그들 사이에는 어떤 유사점이 있다. 우리는 유사점을 가진 개체에서 유사한 특성들—다리가 넷이고, 코가 길고, 짖을 수 있다는 것 등등—을 **추상**한다. 다시 말하면 개 하나하나의 이런 특성들을 추상한 다음 그 특성들을 따로따로 고려한다. 개체들은 수많은 방식으로 서로 유사하므로, 이런 유사점들 가운데 어느 것이든 추출하여 그 유사점을 어떤 집단에 속할 수 있는 기준으로 정한다. 개는 일정한 특징이나 특성을 공통으로 갖는 동물이고, 고양이는 (중복되는 특성도 있지만) 일련의 다른 특성을 공통으로 갖는 동물이다, 등등.

따라서 우리는 하나의 사물에 하나의 낱말을 사용하는 것이 아니라 많은 사물에 하나의 낱말을 사용한다. "에이브러햄 링컨"처럼 어떤 낱말이 오직 하나만을 나타낸다면, 그것은 개체들의 집합이 아니라 어떤 개체의 이름이다. 이런 낱말을 **고유명**(proper name)이라고 한다. 예컨대 "에이브러햄 링컨"은 미국의 16대 대통령의 이름이다. 하지만 대부분의 명사는 "인간" "개" "나무" 등등과 같이 사물들의 **집합**(class)을 지칭한다(그림 참조).

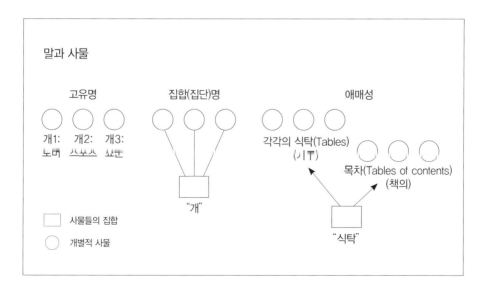

헤라클레이토스와 일반적 낱말

고대 그리스 철학자 헤라클레이토스(540–480 B.C.)는 오늘 강을 건널 때 그 강에 있는 물방울이 어제 강을 건널 때 있던 물방울과 같지 않기 때문에 같은 강에 두 번 들어갈 수 없다고 말했다—또는 그렇게 말했다고 전해진다.

오늘 물방울이 어제 물방울과 다르다고 해도 여전히 같은 강이라고 말하면 왜 안 되는지 묻고 싶을 것이다. 우리는 물방울이 같지 않다는 것을 이미 알고 있지 않은 가? 물방울이 같지 않다는 것이 확실하다고 해도 "같은 강"이라는 말을 사용하면 왜 안 되는가?

헤라클레이토스가 창밖을 내다보고 있을 때 그는 시각장애인이 아니었고 색맹도 아니었으며, 우리가 그곳에 있다면 볼 수 있는 풍경과 거의 같은 풍경을 그가 본다고 가정해 보자. 헤라클레이토스가 본 풍경과 우리가 본 풍경 사이의 유일한 차이는 **묘사**(description)의 차이이지 풍경 그 자체의 차이가 아니지 않은가? 그것은 전적으로 언어상의 문제—그가 언어를 사용하는 방식 대 우리가 언어를 사용하는 방식의 문제—가 아닌가?

헤라클레이토스는 모든 것이 끊임없이 변한다고, 즉 항상 동일하게 유지되는 것은 아무것도 없다고 말했다. 우리가 같은 **연못**에 두 번 들어갈 수 있는지를 물었다면, 오늘도 어제와 동일한 물방울이 연못에 **실제로** 차 있다고 할지라도 그는 두 번 들어갈 수 없다고 말했을 것 같다. 모든 것은 끊임없이 흘러가고, 한 순간이라도 동일하게 유지되는 것은 아무것도 없기 때문에, 우리가 1분 전에 들어간 연못과 지금 들어가는 연못은 동일하지 않다.

그렇지만 모든 것이 끊임없이 변한다면, 변하는–사물을 변화시키기 위해 존재하는 **사물**(thing), 즉 사물에 나타나는 변화에 앞서 계속 존속하는 사물이 분명히 있어야 한다. 변화는 변화시키는 무언가를 필요로 하지 않겠는가?

하지만 헤라클레이토스는 그다지 인정할 것 같지 않다. 사물이라는 것이 있는 것이 아니며, 변하는 사물이 있는 것도 아니다. 사물에 관해서 말하지 말고 연속적인 순간의 상태(state)에 관해서만 말해야 한다. 여기에 우리가 식탁이라고 부르는 것의 연속적인 상태가 있다. A–상태–식탁이 있고, 잠시 후 B–상태–식탁이 있고, 등등. (모든 것은 끊임없이 변하기 때문에) 이런 연속적인 상태의 어느 두 상태도 결코 똑같지 않다. 따라서 우리는 연속적인 변화의 상태 각각에 대해 일일이 다른 **낱말**을 사용해야 한다. 각각의 상태는 개개의 다른 모든 상태와 다르기 때문에, 각각의 상태를 나타내기 위해서는 서로 다른 낱말(라벨)을 사용해야 한다.

물론 그렇게 하다 보면, 낱말은 얼마 지나지 않아 바닥나게 된다. 말은 끝없이 길어질 것이고, 수백만 단어를 모두 기억하려다 보면 이내 참을 수 없을 정도로 힘들어질 것이다. 사실 각각의 낱말은 한 순간의 상태에 대한 고유명인 셈이다.

우리는 일상생활에서 이런 언어적 방책을 택하지 않는다. 순간의 상태마다 일일이 다른 낱말을 사용하지 않으며, 각각의 개별적 사물에 대해서조차도 다른 낱말을 사용하지 않는다(고유명의 경우에만 각각의 사물에 대해서 다른 낱말을 사용한다). 우리는 사물들의 **집단**(유사점에 의해 분류된 집단) 각각에 대해서 다른 낱말을 사용한다. 개들에 대해 하나의 낱말, 여우들에 대해 또 하나의 낱말 등등.

하지만 헤라클레이토스는 그럴 경우 때로 "집합의 오류"(collectivist fallacy)라고 불리기도 하는 동일시의 오류(same-word-same-thing fallacy)를 범할 수 있다고 환기시킬 것이다. 은행원과 두 차례 데이트를 했는데 운이 나빴을 경우, 은행원이라고 해서 모두 똑같은 것이 아니라는 사실을 무시한 채 "또 은행원이야?"라고 말하면서 다시는 은행원과 데이트를 하려고 하지 않는다. 아메리카 원주민이 모두 똑같은 것도 아니고, 늑대가 모두 똑같은 것도 아니며, 모든 아메바가 똑같은 것도 아니다. 그 하나하나가 **개체**이다. 만일 각각의 개체에 다른 낱말이 주어진다면, 모든 개체를 하나의 관념 꾸러미 속에 몰아넣지 않을 것이며, 모든 개체가 똑같은 특성을 갖는 것으로 간주하지 않을 것이다. 모든 개체에 똑같은 명칭을 붙이면 개체들의 수많은 차이점을 간과하게 된다. 헤라클레이토스는 모든 사물에, 사실은 모든 사물의 모든 상태에 서로 다른 명칭을 부여함으로써 집합의 오류를 근절하려고 했던 사람으로 이해될 수 있다.

헤라클레이도스가 당시에 하던 일은 무엇이었는가? 그는 자신의 세계와 우리의 세계 사이에 있는 어떤 경험적 차이를 지적했는가? 아니다. 그것은 언어상의 차이, 즉 묘사의 차이로 보인다. 그렇다면 그게 뭐가 그렇게 중요할까? 헤라클레이토스는 아무래도 사물들 사이의 차이, 즉 우리의 언어가 이를 반영하지 못한다고 해도 만물의 상태가 끊임없이 변한다는 것을 **극적으로** 묘사하려고 했던 것 같다. 언어는 이 같은 차이를 간과하는 경향이 있기 때문에 우리로 하여금 집합의 오류를 범하게 하는 경향이 있다. 그러므로 (헤라클레이토스가 보기에) 언어는 세계를 다루는 불완전한 방식이다.

하지만 동전에는 반대쪽이 있기 마련이다. 우리는 일반적 낱말을 필요로 하는데, 그것은 언어의 경제성 때문만은 아니다. 이 세상에 완전히 똑같은 두 사물은 없겠지만, 그것들은 몇몇 특성을 공통으로 가지고 있어서 그것들을 지칭하는 데 일반적 낱말이 필요하게 된다. 만일 고유명만 있었다면, 보스턴의 상류층과 원시 부족민을 아우르는 "사람"이라는 일반적 용어가 아예 없었을 것이다. 그들 모두 인간이며, "인간"(또는 "사람")이라는 일반적 용어는 그들이 공통으로 가진 것이 무엇인지 일깨워 준다.

분류

백 개의 사물로 이루어진 집단의 사물들은 A, B, C라는 특성을 공통으로 가질 수 있고, X(A, B, C를 갖는 것이면 무엇이든 X)라고 불릴 수 있다. 하지만 그 집단의 사물들은 또한 D, E, F라는 특성을 공통으로 가질 수도 있고, Y(D, E, F를 갖는 것이면 무엇이든 Y)라고 불릴 수 있다. 따라서 우리는 집단 내의 어떤 사물을 X로 분류하거나 Y로 분류할 수 있다.

사물을 분류하는 방식은 사물의 특성뿐만 아니라 사물에 대한 우리의 관심에 따라 달라진다. 뱀을 독이 있는 뱀과 독이 없는 뱀으로 분류하는 것에는 실질적인 관심이 있지만, 몸통의 지름이 20센티미터 이상인 뱀과 20센티미터 미만인 뱀으로 분류하는 것에는 특별한 관심이 없다. 동물은 동물학자가 분류하는 방식과 모피 업자가 분류하는 방식이 다르며, 가죽 업자가 분류하는 방식은 또 다르다. 주택은 건축가가 분류하는 방식과 가스 조사관이 분류하는 방식이 다르며, 소방서에서 분류하는 방식은 또 다르다.

이 세계에는 분류의 기반이 되는 공통 특성이나 공통 특성 조합의 수요 만큼 많은 집단이 있을 수 있다. 우리가 원할 경우 동물을 색깔에 따라 분류할 수 있겠으나, 그것은 전혀 효과적인 분류가 못된다. 만약 동물들이 항상 어미와 같은 색깔의 새끼를 낳기는 하는데 새끼의 모습, 크기, 다리 수가 가지가지로 무질서하다면, 색깔에 의한 분류를 다른 어떤 분류보다도 "자연적 분류"라고 생각할 것이다.

우리는 (예컨대) 하나의 유기체가 특징 A, B, C, D를 갖고, 그 자손 역시 (경우에 따라 G와 H는 다를지라도) A, B, C, D를 가질 때 생물학에서 "자연" 집단이라고 말한다. 개가 다른 개를 낳고 고양이가 다른 고양이를 낳는다. 물려받은 특징은 (일반적으로) 그 집합을 규정하는 것으로 여겨지는 특징 — 예컨대 색깔이 아니라 뼈 구조 — 이다.

자전거나 자동차와 같은 인공 집단도 있다. 자연 집단의 구성 요소는 인공 집단의 구성 요소가 지닌 공통 특성을 갖지 않는다.

집단은 "저 바깥에" 존재하는데, 사물들이 공통으로 갖는 특성이 (이를테면) 분류의 기반이 되기를 기다리면서 세계 안에 존재한다는 의미로 "저 바깥에" 존재한다. 그러나 집단은 **분류하는 행위**가 인간의 필요와 관심에 의존하는 인간의 작업이라는 점에서 인공적이다. 우리는 막대한 자연의 보고(寶庫)에서 우리가 분류의 기반으로 선택했던 것과 다른 공통 특성 집단을 채택할 수 있었다.

우리는 이미 명칭을 가진 사물들의 집단과 유사한 — 그러나 **전적으로** 유사하지는 않은 — 사물들의 집단에 명칭을 부여하려고 할 때 하나의 선택을 하게 된다. 다른 사물이기는 하나 관련 있는 사물들을 포함하도록 기존의 명칭을 확장할까, 아니면 기존의 명칭은 그대로 두고 새로운 집단을 지칭하는 새로운 명칭을 창안할까? 신형 대전차 무기를 우리가 이미 대포라고 부르는 것들과의 유사점을 기반으로 삼아 (앞쪽에 한정형용사를 붙여서) "대포"라고 할까, 아니면 우리가 대포라고 하는 대부분의 것들과의 차이점 때문에 "바주카포"라는 새로운 명칭으로 부를까? 공산주의가 지닌 헌신, 열광적 충성, 그리고 이미 종교라고 일컫는 삶의 방식과 사고방식을 공유하는 공동 목표에 대한 몰입이라는 특성들 때문에 공산주의를 종교라고 할까, 아니면 공산주의는 초자연적 존재에 대한 어떤 믿음도 내세우지 않기 때문에 공산주의를 "종교"라고 하는 것을 부인할까? 원자량을 제외하고는 모든 특성이 일반적으로 명칭에 부합하는 화학 원소의 경우는 어떤가? 그 원소를 다른 집합으로 간주하여 새로운 명칭으로 구별할까, 아니면 기존의 명칭은 그대로 두고 모든 화학 원소가 동일한 집합에 속한다고 말한 다음 "동위 원소"라는 말을 사용함으로써 이 집단을 나머지 원소와 구별할까?

물론 어느 쪽이든 선택할 수 있다. 새로운 집단과 기존의 집단 둘 모두에 동일한 낱말을 사용하면, 두 집단 사이의 유사점에 주의를 기울일 것이다. 그렇지만 동시에 두 집단 사이의 차이점이 불분명해질 것이며, 대다수는 두 집단이 동일한 명칭을 갖기 때문에 그것들이 같다고 생각할 것이다. 하지만 새로운 집단에 새로운 낱말을 사용하면, 두 집단이 공통으로 가진 특징들을 보지 못할 위험이 있다. 이 같은 선택은 때로 분류 체계 전체를 보존하는 선에서 결정되기도 한다. 예를 들어 멘델레예프의 원소 주기율표는 화학 원소들을 분류하는 데 대단히 효과적인 기반이었으므로, 우리는 이미 그 가치가 입증된 분류 체계를 보존하는 방식으로 분류하는 경향이 있다.

도구로서의 낱말

우리는 사물들의 종류(고유명의 경우를 제외하고는 개별적 사물이 아닌 것들)를 나타내기 위해 명사를 사용하듯이 "달콤한" "시큼한" "어두운" "무거운" "매끄러운" "그물 모양의" 등과 같이 성질들의 **종류**를 나타내기 위해 형용사를 사용한다. "짙은"은 짙은 갈색일 수도 있고, 짙은 청색일 수도 있고, 짙은 녹색일 수도 있고, 짙은 적색일 수도 있지만, "짙은"이라는 형용사는 그 모든 것에 적용된다. 말하자면 하나의 낱말이 다른 많은 성질들과 유사성에 의해 결합된다.

부사는 "재빨리" "게걸스럽게" "성급하게" "사랑스럽게" "머뭇거리며" "천천히" "의도적으로"처럼 행동이나 행위를 하는 **방식**을 서술하는 데 사용된다. 또한 이 같은 각각의 부사는 특정한 **이** 행위 방식을 서술하는 데 사용될 뿐만 아니라 그것과 어느 정도 유사한 다른 수많은 행위 방식을 서술하는 데에도 사용된다. "천천히"는 어떤 사람이 어떻게 걷는지, 단어를 어떻게 발음하는지, 음식을 어떻게 먹는지 등등을 서술할 수 있다.

전치사는 "위에" "아래에" "안쪽에" "바깥쪽에" "사이에" "저쪽에"처럼 사물들 사이의 **관계**를 지칭한다.

동사는 "먹다" "달리다" "미끄러지다" "속도를 높이다" "날다" "멈추다"처럼 서로 다른 종류의 행위나 변화의 시작을 나타낸다.

접속사는 세계의 어떤 특성을 기술하는 것이 아니라, 여러 절들이 문장 안에서 서로 어떻게 연관되는지를 보여 준다. 예컨대 "그와 그녀가 갈 것이다"는 "그나 그녀가 갈 것이다"와 의미가 다르다. "그나 그녀가 갈 것이다"는 "그가 가지 않으면 그녀가 갈 것이다"와 의미가 같지만 "그가 가고 그녀가 갈 것이다"와는 다르다.

감탄사는 "아아" "만세" "제기랄" "야호"처럼 어떤 것을 대하는 사람의 태도이다 — 감탄사는 그것을 묘사하는 것이 아니라 그것에 대해 어떻게 느끼는지를 표현한다(8장에서 보게 되겠지만, 다른 많은 방식으로도 느낌을 표현할 수 있다).

어떤 낱말이 일군의 사물을 명명하는 데 사용될 때 그 낱말은 병에 붙은 라벨과 같다. 라벨은 병 안에 무엇이 있는지를 알려 주기 때문에, 두 개의 병 안에 있는 내용물이 다를 경우 동일한 라벨을 사용하지 않는 것이 중요하다. 라벨은 그 자체로는 전혀 중요하지 않으며, 병 안에 무엇이 있는지를 보여 줄 따름이다. 물론 라벨은 서로 다른 언어로 표시되어도 여전히 동일한 종류의 사물에 대한 라벨일 수 있다. 라벨은 또한 (말로 하면) 들을 수 있고, (글로 쓰면) 볼 수 있다. 어느 쪽이든 우리는 낱말을 사용함으로써 엄청나게 수고를 덜 수 있다. 말하자면 우리는 기린이라는 대상을 직접 보여 주는 대신에 "기린"이라는 낱말을 사용할 수 있는데, 우리말 "기린"을 이해하는 사람들은 누구나 우리가 의미하는 바를 알게 된다.

"낱말은 하나의 표시(sign)일 뿐이다." 하지만 그것은 하늘의 회오리바람이 토네이도를 표시하고 기압의 하강이 폭풍우가 다가오고 있음을 표시하는 것과 같은 자연적 표시가 아니다. 이 같은 표시는 자연 속에서 나타나는데, 인간은 그것이 어떤 표시이고 그에 맞춰 어떻게 행동할 것인지를 알아내야 한다. 자연적 표시는 사람이 만든 것이 아니기 때문에 그것을 되돌리거나 바꿀 수 없다. 하지만 낱말은 음악 악보의 음표처럼 **약정적**(conventional) 표시이다. 이 낱말은 이런 부류의 사물들을 나타내고, 악보의 이 음표는 이런 부류의 음 높이를 나타낸다. 자연적 표시의 경우에는 인간의 믿음이나 결정과 무관하게 A가 B를 나타내지만, 약정적 표시의 경우에는 A가 B를 나타내는 방식을 인간이 결정한다.

앞에서 보았듯이 모든 낱말이 사물 집단에 대한 이름(명사)이거나 행위 집단에 대한 이름(동사)이거나 성질 집단에 대한 이름(형용사)인 것은 아니다. 개개의 모든 낱말이 언어 안에서 하는 일이 있지만, 어느 두 낱말도 정확히 똑같은 일을 하거나 똑같은 **종류**의 일을 하지도 않는다. 낱말들은 연장통의 **도구**와 같다. 각각의 도구가 다른 일을 하는 데 사용되는 것처럼—렌치로 하는 일이 있고 망치로 하는 일이 있는 것처럼—다른 종류의 낱말은 다른 임무를 수행한다. 예를 들어 "나"가 항상 화자를 지칭하고 "너"가 항상 청자를 지칭하는 경우를 제외하면 대명사는 명사를 대신하는 일을 한다. 어떤 낱말의 의미를 아는 것은 그 낱말이 어떤 종류의 일을 하는지, 즉 특정한 언어 안에서 그 낱말의 기능을 아는 것이다.

우리가 어떤 낱말이나 구의 의미를 아는 때는 언제인가? 그것은 **그 낱말이나 구의 사용 규칙**을 알 때—말하자면 그 낱말이 어느 상황에서 사용되는지, 그 낱말이 주어진 상황에 적절한지 적절하지 않은지를 알 때이다. 어떤 낱말의 사용 규칙을 물을 때 우리가 묻는 것은 통상 그 낱말의 **정의**(definition)이다.

3. 정의

동위 원소가 무엇인지 아는가? 비타민이 무엇이고, 감기가 무엇이고, DNA가 무엇이고, 지각판이 무엇이며, 성운이 무엇인지 아는가?

"자, 무엇인지 모르겠다면 정의를 해 보자." 하지만 정의하려는 낱말과 관련 있는 특수 분야에 종사하는 사람이 아니면 낱말을 정의한다는 것이 결코 쉬운 일이 아니다. 화학을 모르는 사람들 가운데 화학 원소의 동위 원소가 "원자 번호가 동일하고 주기율표에서 동일한 위치를 가지며 화학 작용이 거의 동일하지만 원자량이 다른 일종의 원자"라고 말할 수 있는 사람은 거의 없을 것이다. 하지만 그와 같은 정의가 없다면, 정확히 어떤 상황에서 그 낱말을 사용하는 것이 적절한지 알 수 없을 것 아닌가?

그런데도 우리는 흔히 **어떤** 관념을 갖는다. "비타민"이라는 낱말의 정의에 대해서는 완전히 문외한일지언정 수년간 그 낱말을 주고받았고 그 낱말을 사용하여 다른 사람과 대화를 나누었다. "의자" "나무" "빠른 걸음" "달리기"처럼 늘 사용하는 낱말들을 정의해 보라고 하면 도대체 어떻게 하겠는가?

일상에서는 어떤 낱말을 사용하는 가운데 논란이 일어나지 않는 한 그 낱말을 정의하려고 하지 않는다. "아냐, 그건 식탁이 아니라 책상이야." "그는 신경증 환자가 아니라 정신병자야." "아냐, 그건 트럭이 아니라 밴이야."와 같은 논란이 일어나게 되면 우리는 논란의 대상이 되는 그 특성을 부각시키려고 한다.

어떤 낱말을 정의함으로써 알게 되는 것은 어떤 것에 그 낱말을 적용하려면 그것이 어떤 특성(특징, 성질, 속성—이 낱말들 모두 사용되는데, 철학자들은 때로 이 낱말들을 구별하기도 한다)을 가져야만 하는가이다. "삼각형"이라는 낱말은 세 개의 선분으로 둘러싸인 평면의 닫힌 도형을 의미한다. "삼각형"은 이 세 가지 특성으로 정의되는데, 세 가지 특성이 곧 **정의 특성**(defining feature)이다. 말하자면 어떤 것이 세 가지 가운데 어느 하나라도 갖추지 못하면 그것은 삼각형일 수 없다. 그 세 가지 특성이 결합하여 정의가 된다. "삼각형"이라는 낱말은 이 세 가지 특성을 가진 모든 것에 적용될 수 있으며, 이 세 가지 특성을 갖지 않은 것에는 결코 적용될 수 없다.

어떤 특성 A가 집합 X의 정의 특성인지 아닌지 어떻게 알 수 있는가? A를 갖지 않아도 그것을 X라고 할 수 있는지, 또는 동일 언어를 사용하는 다른 사람들이 그것을 X라고 할 수 있는지 자문해 보라. 세 변을 갖지 않은 도형도 삼각형일 수 있는가? 그렇지 않다면, 세 변을 갖는 것은 정의 특성—**필수불가결한 것**(말 그대로 없으면 안 되는 것)—이다. 세 변의 길이가 같지 않아도 삼각형일 수 있는가? 그렇다, 그 특성은 등변삼각형의 정의 특성일 뿐이다.

"A를 갖지 않아도 여전히 X라고 할 수 있는가?"라는 물음은 "X가 아니어도 여전히 A를 가질 수 있는가?"와 같은 물음이 아니다. 삼각형이 아니어도 평면 도형일 수 있는가? 물론이다. 사각형, 평행사변형, 육각형 등등이 있을 수 있다. A를 갖는 것은 X이기 위해 필수적이지만, X라는 것은 A를 갖는 것에 필수적이지 않다. Y와 Z 역시 A를 가질 수 있기 때문이다. (액체나 기체와 대조되는) 고체가 아니라면 돌일 수 없겠지만, 돌이 아니어도 고체일 수 있다—쇠, 나무, 얼음 등등도 고체이다.

하나의 낱말이 **언급하는**(designate) 것은 어떤 것에 그 낱말을 적용하기 위해 그것이 가져야 하는 특성들 전체라고 한다. "삼각형"이라는 낱말은 세 변이 있고, 닫힌 도형이고, 이차원적이라는 속성을 언급한다. 이 세 가지 속성은 한국어에서 사용되는 "삼각형"이라는 낱말을 정의하기에 충분하다. 이 정의는 삼각형이 **아닌** 모든 것과 삼각형을 구별한다.

일상생활에서 어떤 것을 어떤 명칭으로 부를 때 우리는 보통 어떤 것이 정의 특성이고 어떤 것이 정의 특성이 아닌지 굳이 말하려 하지 않는다. 식탁에 다른 색깔을 칠했어도 여전히 식탁이라고 할 수 있을까? 물론이다. 색깔은 정의 특성이 아니다. 식탁이 석화되어도 (돌로 변해도) 여전히 식탁이라고 할 수 있을까? 그렇다, 상판과 상판을 받치는 다리가 그대로 있기만 하면 식탁이라고 할 수 있다. 식탁의 다리를 잘라 내도 여전히 식탁이라고 할 수 있을까? 이쯤 되면 우리는 확신할 수 없을지도 모른다. 하지만 다리가 없어도 쇠줄을 이용하여 천장에 매달면 그것은 여전히 글을 읽고 쓰는 용도로 사용될 수 있으며, 그 위에 식사를 차리면 여전히 식탁이라고 할 수도 있을 것 같다. 이 경우에 다리가 있다는 것은 식탁의 정의 특성이 아니다. 이 사물이 X인지 아닌지 결정할 수 없는 경우가 종종 있는데, 그것은 X의 어떤 특징을 정의 특성이라고 해도 되는지 확신하지 못하기 때문이다. 다음 예를 보자.

> 강철은 철의 합금이다.
> 강철은 건축 자재로 사용된다.

첫 번째 문장은 우리말 어법에서 정의 특성이 될 수 있는 것을 진술한다. 말하자면 철의 합금이 아니면 그것은 강철일 수 없다(그것에 "강철"이라는 낱말을 적용할 수 없다). 그러나 두 번째 문장은 정의 특성을 진술하고 있지 않다. 더 이상 건축 자재로 사용되지 않는다고 해도 그것은 여전히 강철일 수 있기 때문이다. 첫 번째 문장은 "강철"이라는 **낱말**이 지닌 의미의 일부를 진술하고, 두 번째 문장은 강철이라는 **물체**에 관한 사실을 주장한다.

어떤 사람이 모든 고니(swan)는 희다고 말할 경우, 그는 "고니"라는 낱말의 의미를 제시하는가 아니면 고니라는 **새**에 관한 사실을 알려 주는가? 이 문제는 오스트레일리아에서 검은 고니가 발견되자 논쟁거리가 되었다. 생물학자들은 검은 고니가 색깔을 제외하고는 다른 고니들과 아주 비슷했기 때문에 검은 고니도 고니라고 했다. 하지만 어떤 사람들은 희지 않으면 고니가 아니기 때문에 (말하자면 희다는 것은 고니의 정의 특성이기 때문에) 오스트레일리아의 검은 새는 고니가 아니라고 주장했다.

이 논쟁은 어떻게 해결될 수 있을까? 그것은 희다는 것을 고니의 정의 특성이라고 할 것인지 말 것인지에 따라 어느 쪽으로든 해결될 수 있다. 하지만 그 논쟁은 생물학자들의 판단에 따름으로써 간단히 해결되었는데, 그들은 색깔이 전통적으로 변이하는 특성을 갖기 때문에 어느 종의 정의 특성으로도 사용된 적이 없다고 했다. 따라서 희다는 것은 모든 고니는 아닐지언정 대부분의 고니가 지닌 **동반** 특성(accompanying feature)이다(**보편적으로** 동반하는 특성 역시 있을 수 있는데, 그것은 **모든** X가 A를 갖는데도 A가 정의 특성이 아닌 경우이다. 흰 고니 말고는 어떤 고니도 발견된 적이 없어도 희다는 것은 보편적으로 동반하는 특성이다. 또한 강철이 **항상** 예외 없이 건축 자재로 사용되더라도, 이 특성 역시 동반 특성이지 "강철"이라는 낱말이 지닌 의미의 일부가 아니다).

정의와 존재

어떤 낱말을 정의할 때 우리는 정의에 기술된 것이 실제로 **존재하는지**에 관해서는 어떤 식으로도 정보를 제공하지 않는다. "말"이라는 낱말은 많은 사물들을 **지시한다**(denote)— 말하자면 세계에 말들이 많이 있다. 그러나 "켄타우로스"(그리스 신화에 나오는 반인반마의 동물)라는 낱말은 켄타우로스가 전혀 존재하지 않으므로 아무것도 지시하지 않는다. 켄타우로스-**그림**이 존재하고, 사람들이 이런 동물을 상상하기 때문에 켄타우로스-**이미지**가 존재하지만, 누구나 알고 있듯이 켄타우로스는 존재하지 않는다. 켄타우로스라는 집합은 **공집합**이다.

하지만 "켄타우로스"라는 낱말이 존재하는 것을 나타내지 않는다고 해서 그 낱말이 아무 의미도 없다고 말하면 안 된다. 우리는 켄타우로스의 생김새에 대해 아주 선명한 관념을 가지고 있어서 혹시 그렇게 생긴 것을 본다면 그것이 켄타우로스임을 알아볼 수 있을 것이다. 이것은 유니콘(이마 한가운데 뿔이 하나 달린 말), 브라우니, 엘프, 드래곤, 그렘린 등의 경우에도 마찬가지이다. 이런 낱말은 모두 특성들의 어떤 조합을 언급하지만, 이런 특성을 가진 것들로 이루어진 집단의 사례는 진히 존재하지 않는다.

정의의 범위

"전화"를 의사소통을 위한 도구라고 정의한다면, 이 정의는 너무 넓어서 "전화"라는 낱말의 실제 어법에 맞지 않을 것이다. 전화 이외에도 의사소통을 위한 도구가 많이 있기 때문이다. 그러나 "나무"를 잎과 줄기가 녹색인 식물이라고 정의한다면, 이 정의는 기껏 낙엽수만 포함시키고 상록수는 제외시킬 것이다—그러나 우리는 사실상 "나무"라는 낱말이 상록수를 포함하도록 사용한다. 따라서 이 정의는 너무 좁은 셈이다. 우리가 원하는 것은 정의 특성으로 여겨지는 특성을 모두 정의에 반영하고, 정의 특성이 아닌 것은 정의에 포함시키지 않는 것이다.

   정의가 너무 넓거나 좁지 않은데도 낱말이 실제로 사용되는 방식을 정확히 진술하지 못하는 경우도 있다. 코끼리는 코로 물을 빨아들여서 입으로 내뿜는 동물이라고 해 보자. 모든 코끼리가 이렇게 하고, 이렇게 하는 것은 모두 코끼리라고(즉 코끼리 **이외에는** 어느 것도 이렇게 하지 않는다고) 해 보자. 그래도 여전히 의문은 남는다. "이렇게 하는데도 코끼리가 아닌 동물이 있을 수 없을까?" 이를테면 새로운 어떤 종이 발견될 수도 있지 않을까? 그리고 이렇게 하지 **못하는데도** 코끼리인 동물—어쩌면 콧구멍이 영구히 막혀 버린 동물—은 있을 수 없을까? 코를 사용할 수 없는 코끼리도 분명히 코끼리일 수 있다. 여기서 우리는 실제로 존재하는 동물을 뭐라고 부를 것인지 뿐만 아니라, 실제로는 어떤 특성을 갖지 않았을지라도 **만약** 그 특성을 갖는다면 뭐라고 말할 수 있을지 생각해 보아야 한다. 말하자면 우리는 그것이 있을 경우 어떤 것을 코끼리라고 말할 수 있게 하고, 그것이 없을 경우 코끼리라고 말할 수 없게 하는 그 특성이 무엇인지 알고자 한다. 이것을 알기 위해서는 코끼리라는 낱말이 적용되는 **실제** 사물들의 범위를 넘어서야 한다. 철학자 존 벤(John Venn)은 그 점을 이렇게 말한다.

제안된 어느 정의가 정확한 것인지 알고 싶을 때 우리가 할 수 있는 실질적 검사는 생각해 볼 수 있는 상황의 변화를 통해서, 즉 유지하려고 마음먹은 것을 정의에서 배제해 보거나 거부하려고 마음먹은 것을 정의에 포함시켜 봄으로써 그 정의를 무너뜨릴 수 있는지 시험하는 것이다.[2]

---

2   John Venn, Empirical Logics (New York : Macmillan, 1899), p. 304.

요컨대 이 세상의 둥근 것이 모두 빨갛고, 이 세상의 빨간 것이 모두 둥글다면, "빨갛다"는 낱말과 "둥글다"는 낱말은 그 **외연**(extension)이 동일할 것이다. 말하자면 빨간 것들의 완벽한 목록 역시 온갖 둥근 것들을 모두 포함할 것이고, 둥근 것들의 완벽한 목록 역시 온갖 빨간 것을 모두 포함할 것이다. 저것이 없이는 결코 이것의 성질이 발견될 수 없을 것이다. 그런데도 그것들은 동일한 성질이 **아니다**. 두 낱말은 여전히 다른 의미를 가질 수 있다. "빨갛다"는 여전히 색깔을 나타내는 낱말이고, "둥글다"는 여전히 모양을 나타내는 낱말이다. 외연이 동일하다고 해서 의미가 동일해지는 것은 아니다.

진리와 정의

어떤 낱말을 정의할 때 우리는 그 낱말이 의미하는 것을 누군가에게 알린다. 하지만 낱말은 오로지 그 자체만으로는 무언가를 "의미하지" 못한다. 낱말의 바로 그 의미를 낱말에 부여하는 것은 우리들, 즉 인간의 언어 사용이다. 낱말 그 자체만으로는 소리에 불과한 것이거나 종이에 기록된 이상한 모양의 표시일 뿐이다. 그렇다면 "어떤 낱말이 의미하는 것을 알릴" 때 우리가 하는 일은 무엇인가? 우리는 다음 두 가지 가운데 하나를 하게 된다.

1. **규정적 정의**. 우리는 기존의 낱말에 대해서는 좀처럼 새로운 의미를 규정하지 않는다. 이따금 새로운 의미를 규정하려는 사람이 있기도 한데, 기존 낱말의 의미가 다소 선명하지 않다고 믿기 때문인 것 같다. 그는 낱말의 의미를 좀 더 정확히 규정한 다음, "이제부터 이 낱말을 **이 의미로** 사용할 텐데, 이렇게 새로운 의미를 규정하는 것은 명확성 때문이야"라고 말한다. 또는 그가 전달하려는 의미의 미묘한 차이를 드러내는 낱말을 기존 낱말에서 도무지 찾을 수 없기 때문에 새로운 의미를 규정하는 경우도 있다. 그는 좀 더 정확한 의미를 전달하기 위해서 기존 낱말을 사용하지 않고 새로운 낱말을 고안한다. 수학자 에드워드 케스너(Edward Kastner)는 어린 손자에게 물었다. "10의 100제곱을 어떻게 말할 수 있을까?" 물론 그 질문을 이해하지 못한 손자는 "googol"이라고 소리쳤다. 그 이후로 "googol"은 10의 100제곱을 의미하는 데 사용되었다.

규정적 정의는 옳거나 그른 것이 아니다. 규정적 정의는 "이 낱말이 …을 의미하는 것으로 사용하자"라는 일종의 제안이나 "나는 이 정의에 의해 이 소리가 …을 의미하는 것으로 사용하도록 규정한다"라는 의도를 표현하는 진술이다.

2. **보고적 정의.** 그렇지만 이미 사용되는 낱말에 대한 대부분의 정의는 낱말이 실제로 어떻게 사용되는지 **보고**한다. "아버지"라는 낱말은 남자 어버이를 언급하는 데 사용된다. 이것이 곧 "아버지"라는 낱말이 우리말에서 의미하는 것이다. 그리고 이 정의는 우리의 언어 집단에 속한 사람들이 "아버지"라는 낱말을 어떻게 사용하는가에 대한 **옳은 보고**(true report)라는 점에서 옳은 정의이다.

그렇다면 정의는 옳거나 그를 수 있는가? 그렇다, 어떤 낱말이 어떻게 사용되는지를 정확하게 보고하면 옳고, 그렇지 않으면 그르다. 아버지가 남자 부모라는 건 옳잖아? 아버지는 남자 부모잖아? (누군가 이렇게 물으면) 우리는 다음과 같이 응수할 수 있다. "그래, 아버지가 남자 부모라는 것은 '아버지'라는 낱말이 남자 부모를 의미하는 것으로 사용된다는 것이지. 우리는 다른 어떤 것을 의미하기 위해 '아버지'라는 낱말을 사용할 수도 있었고, '아버지'라는 낱말이 의미하는 것을 나타내기 위해 다른 낱말을 사용할 수도 있었어. 하지만 오랜 세월에 걸쳐 '아버지'라는 소리가 현재와 같은 의미를 갖게 되었기에 '아버지'를 그 의미로 사용하는 것이 **옳다는 거야.**"

일부 철학자들은 정의가 옳거나 그를 수 있다고, 즉 단순히 언어가 어떻게 사용되는지에 대한 옳거나 그른 보고라는 점에서가 아니라 훨씬 더 심오한 점에서 옳거나 그를 수 있다고 믿었다. 플라톤(428-348 B.C.)은 철학의 주요 과제 가운데 하나가 옳은 정의를 **발견**하는 것이라고 생각했다. 플라톤은 자신의 뛰어난 대화편 대부분을 옳은 정의를 찾아내는 데 바쳤다. 《라케스》에서 용기의 정의를 찾으려 했고, 《메논》에서 경건함의 정의를 발견하려고 했으며, 《국가》에서 정의(justice)의 정의를 찾으려고 애썼다.

플라톤은 "무엇이 용기의 옳은 정의인가?"라고 물었다. 《라케스》에서 소크라테스(470-399 B.C.)는 이 물음의 답을 찾아내려고 각고의 노력을 기울였는데, 그는 상대방이 어떤 정의를 내리게 촉구한 다음, 그 정의가 적합하지 않은 경우들을 찾아냄으로써 그 정의의 결함을 들춰 내는 일을 되풀이했다. 어떤 사람이 위험을 무시하고 무모한 행동을 할 경우 그것은 용기인가? 아니다. 그것은 용기가 아니라 무모함일 뿐이다. 사령관이 더 많은 병력을 확보할 때까지 공격하지 않고 기다린다면 그것은 용기인가? 그것은 용기라기보다는 "신중함"이라고 소크라테스는 판단했다. 그러면 미련한 사람은 용기 있는 사람인가? 아니다, 용기는 마냥 완력만 사용해서는 안 되고 지성을 사용할 필요가 있기 때문이다. 이처럼 용기의 사례가 잇따라 제시되었는데, 이들 가운데 어느 것도 (소크라테스가 볼 때) 용기의 옳은 정의로 마땅치 않았다. 플라톤은 옳은 정의를 발견하려는 자신의 목표에 도달한 적이 거의 없었다. 하지만 우리가 어떻게든 옳은 정의를 발견할 수 있다면, 그것이 발견될 수 있는 곳은 "우리 바깥의 세계"**이다**. 그 이외에 어느 것도 진정한 용기가 아니다. 옳은 정의는 발견되는 것이다―그것은 인간이 발명하거나 생각해 낸 것이 아니다.

정의는 발명되는가 아니면 발견되는가? 이것은 대단한 논쟁거리였다.

A: 정의는 발견되는 것이지 발명되는 것이 아니다.

B: 우리는 어쨌든 정의를 발견한다―우리는 태어날 때부터 정의를 아는 게 아니다. 그런데 우리가 발견하는 것은 그 언어를 이미 사용하는 다른 사람들이 그 낱말을 사용하는 방법일 따름이다. 소크라테스는 어떤 낱말이 일정한 상황에 적합한 경우와 그렇지 않은 경우를 판단하기 위해 대화편의 주인공들이 사용한 **기준**을 발견하려고 했다. 그는 그러한 기준을 말한다는 것이 웬만한 사람들에게는 매우 어려운 일이라는 것을 알고 있었다. 그래서 그는 "X 상황에서 그것을 용기라고 할 수 있겠는가?"라고 물었다. 이어서 Y 상황에서는 어떤지 물었다. 소크라테스는 발견되어야 할 정의가 오직 **하나**만 있다고 가정했다―(오늘날 우리가 말하는 것처럼) 동일한 낱말이 여러 가지 의미를 갖기도 하고 서로 중복된 의미를 갖기도 한다고 가정하지 않았다. 그는 자신이 추구한 그 한 가지 의미가 "옳은 정의"라고 생각했다. 그는 금이나 다이아몬드를 발견하는 것처럼 외부 세계에서 무언가를 발견한다고 생각했다. 사실상 소크라테스가 했던 일은 우리가 쓰는 낱말들을 실제로 어떻게 사용하는지를 좀 더 구체적으로 찾아내는 것에 불과했다. 이를테면 당신은 X 상황에서 그 낱말을 사용할 것인가 사용하지 않을 것인가? 그러면 또 다른 상황 Y의 경우는 어떤가, 그것은 X와 비슷한가? 등등. 그것은 세계의 본성에 관한 탐구가 아니라 언어의 사용법을 구체적으로 탐구하는

것이다. 우리는 새로 발견된 동물의 종이 "실제로 어떤 것인지"를 밝힐 때 일정 기간 이상 자세히 살펴본다. 하지만 "옳은 정의를 밝힐" 때 언어 안에서 낱말들이 어떻게 사용되는지를 살펴보는 것 이외에 자세히 살펴볼 것이 뭐가 있겠는가?

A: 그러나 플라톤이 했던 일은 **낱말**을 정의하는 것이 아니었다. 그의 관심사는 **사물**을 정의하는 것이었다.

B: 한데 **사물**을 정의한다니 그게 정확히 무슨 말인가? 정의하는 것이 낱말이나 구절이라면 무슨 말인지 알겠다. 낱말을 정의할 때 우리는 어떤 낱말을 어떤 실제 상황에 적용하는 (또는 적용하지 않는) 데 사용되는 기준을 기술한다. 무슨 의미로 "사물을 정의한다"고 하는지 이해가 안 된다.

A: "사물을 정의한다"는 것은 사물의 **본질**(essence) —그 사물이 본질적으로 무엇인지—을 발견하려고 골몰하는 것을 의미한다. 그것은 그저 규정할 수 있는 것이 아니라 발견하는 것이다. 그렇기 때문에 싸움판에 뛰어드는 것이 용기의 한 사례라고 말하는 사람에게 **소크라테스**가 "아니다, 그것은 진정한 용기가 아니다. 그것은 다른 어떤 것, 즉 무모함이다"라고 말한 것이다.

B: 소크라테스가 말하는 것은 무모함이라는 성질을 묘사하는 데에는 "용기"라는 **낱말**을 사용하지 않는다는 것뿐이다.

A: 무모함에 대해 "용기"라는 낱말을 사용하지 않는 것은 그것이 용기가 **아니기** 때문이다. 싸움판에 뛰어드는 것을 용기라고 말한다면, 우리는 용기의 본질적 특징을 아직 발견하지 못한 것이다.

B: 나는 당신이 "본질"이라고 일컫는 것이 바로 **정의 특성**이라고 생각한다. 삼각형 (또는 삼각형임)의 본질은 무엇인가? 삼각형의 본질은 세 변을 가진 닫힌 평면도형이라는 것인데, 그것이 곧 "삼각형"이라는 낱말을 정의하는 방법이다. 그 정의는 "삼각형"이라는 **낱말**을 이렇게 사용하는가에 대한 옳은 보고이다— 이것이 진부다. 우리 바깥의 저 세계에는 어떠한 본질도 없다. 우리가 "삼각형"이라는 낱말로 **규정짓는** 특성들이 있을 뿐이다. 사물이 지닌 특성들은 우리 바깥의 저 세계에 있지만, 그 특성들 중 일부를 어떤 낱말로 규정짓고, 다른 것들은 그 낱말로 규정짓지 않는 것은 바로 우리(인간)다. 우리는 총각을 한 번도 결혼

한 적이 없는 남자 또는 **현재** 결혼하지 않은 남자라고 말할 수 있다. 그것은 "총
각"이라는 낱말을 어떤 방식으로 정의하느냐에 달려 있다. 실재가 어떠한지는
우리가 발견하는 것이지만, 낱말을 어떤 의미로 사용할 것인지는 우리에게 달려
있다.

A: 당신은 본질을 너무 쉽게 처리한다. 우리는 사물들의 참된 본성(true nature)을
발견하는데, 참된 본성이 곧 옳은 정의에 구현된다. 예를 하나 들어 보도록 하겠
다. 사람들은 태곳적부터 번개를 보았지만, 현대 과학이 전자의 흐름에 관해 언
급하기까지는 실제로 번개가 무엇인지 몰랐다. 사람들은 수천 년 동안 물에 둘
러싸여 있었으면서도, 화학자들이 물의 옳은 정의, 즉 H_2O를 발견한 것은 비로
소 현대 화학에서 많은 발견이 이루어지고 난 뒤였다.

B: 잠깐. 옛날 사람들은 번개를 어떻게 **알아보는지**, 어떻게 **확인하는지**, 어떻게 다
른 것과 **구별하는지**를 안다는 점에서 번개가 무엇인지 내내 알고 있었다. 현대
과학을 통해 알게 된 것은 번개라는 현상에 대한 **과학적 설명** 뿐이다. 사람들은
물이 무엇인지 내내 알고 있었다. 물을 마셨고, 물로 씻었고, 물로 목욕을 했고,
호수와 강에서 물을 보았다. 발견된 것은 물을 나타내는 화학식이었다.

A: 그래, 바로 그 화학식에 의해서 물의 **옳은 정의**를 알게 되었다.

B: 당신이 원하면 그 화학식을 옳은 정의라고 말할 수도 있지만, 그렇게 말하면 엄
연한 사실들을 호도하게 된다. 수세기 동안 사람들은 물을 다른 것과 어떻게 구
별하는지 알고 있었다. 사람들은 물을 확인하고, 알아보고, 사용할 수 있었다.
그런데 화학에서 어떤 발견이 이루어졌고, 그 결과 사람들은 물에 관한 다른 어
떤 것, 즉 물의 화학식을 알게 되었다. 이것은 물에 **관해** 추가로 발견된 **사실**로
써 물에 관한 새로운 지식이 되었다.

A: 그래, 바로 그 새로운 지식에 의해 옳은 정의를 알게 되었다.

B: 당신이 원하면 사람들이 "물"이라는 낱말을 이전과 다른 방식으로 사용하기 시
작했다고 말할 수도 있다. "물"은 한동안 호수와 강에서 발견되는 액체를 의미
할 따름이었다. 나는 그것이 지금도 여전히 물이 의미하는 것이라고 생각하지
만, 당신이 원하면 사람들이 이제 "물"이라는 낱말을 다른 방식으로, 즉 H_2O를
의미하는 것으로 사용한다고 말할 수도 있다. 이제는 우리말 사용법이 바뀌어서

"물"이라는 낱말이 예전과 다른 어떤 것을 의미한다고 말할 수도 있다.

A: 그렇다. 사람들은 물이 호수와 강을 이룬다는 특성을 이용하여 물을 확인하기는 했지만, 물이 정말 무엇인지는 알지 못했다. 사람들은 이제 알게 되었고, 어쨌든 과학자들은 알고 있었다.

B: 그러면 화학을 모른다고 해서 사람들이 물을 모를까? 설마 그럴 리가.

A: 그래, 그들은 모른다.

B: 하지만 당신이 어떤 특징들을 이용하여 무언가를 확인할 수 있고, 그로 인해 그것을 다른 모든 것과 구별할 수 있다면, 그것이야말로 우리가 말하는 정의임에 틀림없다. 그것이 바로 사람들이 그 낱말을 줄곧 사용한 방식이다. 설마 사람들이 물을 마실 때 그들이 **무엇을 마시는지 모른다**고 말하려는 것은 아니겠지?

A: 그들은 물의 옳은 정의를 몰랐다. 이제 우리는 옳은 정의를 제대로 안다.

B: 그렇지 않다. 낱말을 사용하는 옳은 방식이나 그른 방식이 있는 게 아니다. 사실은 하나의 낱말을 사용할 때에도 어떤 때는 이런 방식으로 사용하고 다른 때는 저런 방식으로 사용한다—그것은 언어 사용자에 관한 분명한 사실이다. 한때는 "aggravated"라는 낱말을 이미 나타난 상태의 강화를 의미하는 것으로 사용했는데, 오늘날에는 단순히 "짜증나는"이나 "난처한"을 의미하는 것으로 사용할 뿐이다. 하지만 이들 중 어느 것도 "옳은 정의"가 아니다. 사람들이 낱말을 그런 식으로 사용할 따름이다. 더 이상 복잡한 말이 필요 없다.

A: 옳은 정의는 발견의 문제이지 발명의 문제가 아니다. 선원들이 수 세기 동안 고래를 알아볼 때 구별하는 특징으로 A, B, C를 이용했다고 해 보자. 그런데 A, B, C를 갖는 것은 모두 또 하나의 특징을 갖는다는 것이 발견되었다. 그것은 어류가 아니라 포유류라는 것이었다. 그것을 특징 D라고 하자. 그리하여 고래는 A, B, C, D라는 옳은 정의가 발견되었다.

B: 그 발견은 A, B, C를 갖는 동물도 D를 갖는다는 것이었다. 우리는 D를 고래의 정의에 반드시 추가할 필요는 없었다. 하지만 동물을 포유류, 파충류, 조류 등으로 분류하는 분류 체계가 이미 잘 확립되어 있었기 때문에 D를 고래의 정의에 추가했던 것이다. 포유류라는 것은 상당히 중요한 특성이다. 따라서 그것은 정의 특성이 되었다. "고래"의 정의가 A, B, C에서 A, B, C, D로 바뀌었다.

A: 근데 왜 옳은 정의로 바뀌었다고 말하지 않는 건가? 어쨌든 고래는 포유류**이다**. 이 특징을 정의에 포함시키는 것은 그 정의가 옳게 되는 데 필수적이다.

B: 고래에 관해 한 가지 옳은 것은 고래가 포유류라는 점이다. 우리는 이 특징을 우리의 정의에 추가할 수도 있고 추가하지 않을 수도 있다. 우리는 내가 이미 말한 바 있는 분류상의 여러 이유 때문에 그것을 정의에 추가하기로 한 것이다.

A: 과학이 진보함에 따라 우리는 옳은 정의를 얻게 되었다. 과학은 때로 낡은 정의를 더 나은 (더 옳은) 정의로 대체하기도 했다. 매독은 되풀이해서 나타나는 어떤 징후에 의해 일찍이 확인된 바 있다. 그 당시 매독의 원인인 스피로헤타균이 현미경을 통해 발견되었다. 스피로헤타균이 나타날 때면 언제나 다른 징후가 뒤따랐다. 그래서 "매독"은 오늘날과 같이 오직 스피로헤타균의 출현만으로 정의되기에 이르렀다. 우리는 전에 깨닫지 못했던 매독에 관한 진리를 이제 깨닫게 되었다.

B: 질병에 관한 진실은 물론 그렇다. 우리는 A가 있고 난 조금 뒤에 B, C, D가 있다는 것을 발견했다. 그러나 그것은 정의를 **발견한** 것이 아니었다. 그렇게 정의하기로 **결정한** 것이었다. "매독"이라는 낱말을 특정한 징후들을 언급하는 데 줄곧 사용할 수도 있었지만, 그 이후 스피로헤타균을 매독의 **원인**이라고 일컫게 되었다. 그와 달리 "매독"이라는 낱말을 오직 매독의 원인, 즉 스피로헤타균의 출현만을 언급하는 데 사용할 수도 있었을 텐데, 이 경우에 우리는 "스피로헤타균의 출현이 매독**이다**"라고 말했을 것이다.

A: 그렇다, 이것이 매독의 본질**이다**. 우리는 또 하나의 옳은 정의를 발견했다.

B: 아니다, 우리는 자연에 관한 또 하나의 사실을 발견했다. 그와 같은 사실을 정의에 포함시킬지 말지는 우리가 결정할 일이다.

인간이란 무엇인가?

"인간"이라는 낱말은 가장 넓은 뜻으로는 남자와 여자, 어른과 아이를 비롯한 모든 인간을 의미한다. 그렇다면 인간이란 무엇인가?

A: 나는 아리스토텔레스가 인간에 대해 옳은 정의를 내렸다고 생각한다. 인간은 이

성적 동물이다. 최소한 합리성(rationality)은 생각하는 능력, 개념을 형성하는 능력, 추리하는 능력, 선택지를 심사숙고하는 능력, 행동을 계획하는 능력을 포함한다.

B: 하지만 모든 인간이 그런 능력을 가진 것은 아니다. 유아에게는 그런 능력이 없다. 유아에게 이성적 잠재력은 있을 수 있지만, 그 잠재력은 아직 발현되지 않은 상태이다. 사람들 가운데에는 식물인간도 있고, 기계 장치에 의존하여 생명을 유지하는 사람도 있다. 어떤 사람들은 거의 의식이 없어서 자기가 누구인지 어디에 있는지도 알지 못한다. 한때 이성적이었으나 이제는 이성적 잠재력마저 상실한 중증의 알츠하이머병 환자도 있다. 이들은 어느 의미로 보아도 "이성적"이지는 않지만 틀림없이 모두가 인간이다.

A: 아리스토텔레스는 이들이 인간처럼 보이는 물질적 유기체일 뿐 진정한 인간이 아니라고 말할 수도 있다. 그렇지 않으면 그는 (자신이 말했듯이) 이성적인 것이 우리의 **본성**(nature)이라고—모든 사람이 그 본성을 똑같은 정도로 예증하거나 충족시키지는 않을지라도 그것이 우리의 본성이라고—말할 수도 있다.

B: "…의 본성"이라는 말에 문제가 있다. 짖는 것이 개의 본성이며, 야옹하고 쉭쉭거리는 것이 고양이의 본성이라고 해 보자. 하지만 모든 개가 짖는 것이 아니며, 모든 고양이가 야옹하는 것도 아니다. 어떤 것"의 본성"을 말할 때 우리가 언급하는 것은 그것이 가진 **성향적**(dispositional) 특성, 즉 어떤 종류의 자극에 반응하는 **경향**이다. 우리는 어떤 사물의 **바뀌지 않는** 특징을 알게 되었을 때 그것을 본성이라고 말하는데, 그 특징은 그 대상들에 널리 퍼져 있기는 하나 보편적이지는 않다—그 집단에 속하는 모든 원소가 그 특징을 갖는 것은 아니다("예전에는 그의 극심한 적대감이 일시적인 현상이라고 생각했으나 이제는 그것이 그의 본성이라고 생각한다"라고 말하는 경우가 있는데, 이때는 "그의 본성"을 일반적인 사람들의 광범위한 특성이 아니라 그 사람의 바뀌지 않는 특징을 의미하는 것으로 간주한다).

사람들은 "인간의 본성"에 관해 가지각색으로 말하는데, 그 대부분은 다음과 같이 잘못된 말들이다. "모든 사람은 이기적이다", "모든 사람은 육식 동물이다", "모든 사람은 악하다", "모든 사람은 잠재적인 범죄자(또는 잠재적인 성인)이다." 이런 말은 모두 사람에 관한 **일반 진술**(generalization)이지 정의가 아니다.

A: 그러면 당신은 "사람"("인간")을 이성적 동물이라고 정의하지 않고 달리 어떻게 정의하겠는가?

B: 우리는 어떤 생물체의 정체가 인간임을 실제로 어떻게 확인하는가? 당신에게 정확한 언어적 정의를 제시할 수는 없지만, 나는 인간의 실례와 사진을 당신에게 보여 줄 수 있으며, 몇 가지 현저한 특성들—모든 실례에 반드시 나타나지 않는 특성들—을 기술할 수 있다. 전형적인 인간은 직립보행을 하고, 팔과 다리와 눈과 귀를 두 개씩 가지고 있으며, 여러 부위가 공간적으로 아주 명확하게 서로 연결되어 있다—(네 발로 걷는 대부분의 포유류와 달리) 가슴은 복부 위쪽에 있고, 복부는 넓적다리 위쪽에 있는 등등. 그 생명체가 다리나 팔이나 눈을 잃는다고 해도 우리는 여전히 그것이 인간임을 알아볼 수 있다. 생물도감을 보면서 우리는 아이에게 "저게 사람이야. 아냐, 그건 침팬지야. 아냐, 원숭이는 저쪽에 있어"라고 말해 줄 수 있다. 아이는 그 모습(형태)을 곧바로 알아차리고 더이상 혼동하지 않는다. 아이는 인간을 다른 모든 것들과 구별하는 방법을 이미 터득했다. 물론 경계선상에 놓인 경우도 있을 수 있다. 이를테면 네안데르탈인은 동일한 종으로 간주되는 오늘날의 인간과 충분히 유사한 존재인가? 대체로 그렇게 말하는 경향이 있지만 확실한 것은 아니다. 하지만 그것이 확실하지 않은 것은 어떤 색깔이 빨강색과 오렌지색 사이에 있는 것처럼 네안데르탈인의 생김새가 인간과 유인원 사이의 어느 경계선상에 있기 때문이다.

A: 당신은 인간의 아주 중요한 특징인 합리성에 의해 인간의 정체를 확인하지 않았다.

B: 합리성은 의심의 여지없이 가장 중요한 특징이지만, 실제로 이것은 인간을 인간이 아닌 것과 구별하는 방법이 아니다. 회의실에 들어가 보면 당신은 의자에 앉아 있는 모든 생물체가 원숭이나 침팬지가 아니라 인간이라는 것을 곧바로 알아차릴 수 있다. 하지만 당신은 의자에 앉아 있는 어느 누구와도 아직 말을 하지 않았고, 그들의 합리성을 점검할 기회를 갖지 못했다. 그럼에도 당신은 그들을 인간이라고 말하며, 우리도 모두 그들을 인간이라고 말한다. 우리는 언어나 지능을 전혀 언급하지 **않고서도** 인간을 인간이 아닌 것과 구별할 수 있다. 나는 어

떤 생물체가 합리성을 가졌는지 **알기 전에** 그 생물체가 인간임을 알아차린다. 나는 이것이 "인간"이라는 말의 사용법을 제대로 알려 준다고 생각한다.

A: 당신은 왜 인간을 **미적 동물**, 즉 미감(美感)을 가진 유일한 생물체라고는 말하지 않는지 모르겠다. 그 특징 역시 인간을 다른 모든 종과 구별하게 해 주기는 마찬가지 아닌가?

B: 그렇지 않다. 나는 누군가가 미감을 가졌는지 알기 전에 그가 인간인지 아닌지 알 수 있기 때문이다. 이것은 "인간은 **웃는** 동물이다"라고 말하는 경우에도 동일하게 적용된다. 전혀 웃은 적이 없는 사람도 여전히 인간일 수 있다(그리고 어느 누구도 결코 웃은 적이 **없어도** 여전히 인간일 수 있다). 하이에나가 웃는다고 해서 인간은 아니다. 인간과 마찬가지로 침팬지도 도구를 사용한다—따라서 **도구를 사용하는** 능력을 갖는다고 해서 인간은 아니다. 말하는 능력 역시 마찬가지다. 앵무새가 말을 한다고 해서 인간은 아니다—앵무새는 지껄이는 말이 무슨 뜻인지 알지 못한다. 비록 안다고 해도 앵무새는 여전히 새이지 인간은 아니다. 오히려 내가 방금 당신에게 말한 것이 "인간"이라는 낱말이 실제로 어떻게 사용되는지에 관한 옳은 보고적 정의라는 점을 강조한다.

A: 하지만 그 정의는 인간의 본질, 즉 인간의 합리성을 포착하지 못한다.

B: 당신이 합리성을 본질이라고 여기는 것은 당신이 "사람"을 합리성에 의해 정의하려고 결심했기 때문이다. 내가 당신에게 말하려는 것은 합리성에 의한 정의가 일상생활에서 "사람"이라는 낱말을 사용하는 방식을 반영하지 못한다는 것이었다. 우리가 언어 게임을 하려고 했다면, 나의 정의 역시 "본질"이라고 할 수 있겠지만, 나는 "사람"에 관한 여러 가지 경쟁적 정의를 말했다. 나는 우리가 매일매일 살아가면서 실제로 사용하는 정의를 제시했다. 당신은 "그것은 옳은 정의가 아니야"라고 말하고, 나는 그런 정의는 없다고 응수했을 뿐이다.

사람들이 "그것은 트럭이 아니라 밴이야"라고 말힐 징두로 아주 다른 헝내이 새로운 트럭이 발명되었다. "밴"이라는 낱말의 옳은 정의가 있는가? 그것은 물론 우리가 그 물건을 어떻게 부를 것인지 선택의 문제이다. 우리는 특이한 트럭이라고 말할 수도 있고, 밴이라는 색다른 "부류의 기계 장치"에 속하는 것이라고 말할 수도 있다. 우리는 새로운 분류 영역을 만들어야 할 정도로 그 차이를 매우 중요하게 여긴다. 이게 전부다. "밴"의 옳은 정의가 없는 것처럼 인간의 "옳은 정의"도 없다. 이 같은 언어에 관한 (밴을 어떻게 부를 것인지에 관한) 논쟁을 "밴의 진정한 본질"이나 "밴의 옳은 정의"에 관한 논쟁으로 상승시킴으로써 언어에 관한 논쟁을 정당화해서는 안 된다. 밴의 옳은 정의나 인간의 옳은 정의와 같은 것은 없다.

A: 하지만 어떤 정의를 선택하느냐에 따라 실제적으로 막대한 차이를 가져올 수 있다. 내과 의사는 세균이나 바이러스나 장기의 기능 장애처럼 확인 가능한 물리적인 것이 있지 않으면 환자가 질병에 걸린 것이 아니라고 말한다. 그러나 정신과 의사는 이것이 질병이나 질환의 필요조건이 아니라고 주장한다. 말하자면 기존의 어떤 신체적 병원체가 방사선이나 현미경에 의해 확인되지 않는다고 (또는 아직 확인되지 않는다고) 해도 연달아 몇 달씩 심하게 우울해 하거나 (며칠 동안 거의 움직이지 않는) 긴장병을 앓는다면, 그 사람은 극도로 무기력해져서 기능을 수행할 수 없다.

그렇다면 우리는 이 정의들 가운데 딱히 어느 것을 선택해야 하는가? 당신이 심리치료사이고, 의료보험이 오직 질병만을 보장해 주며, 당신의 환자가 암 때문에 겪을 수 있는 것과 같은 그런 정신 상태로 인해 완전히 무기력해져 있다면, 당신은 두 번째 정의를 선호할 것이다. 왜냐하면 두 번째 방식으로 정의해야만 당신의 환자가 보험 혜택을 받을 수 있기 때문이다. 이 상황에서는 확실히 두 번째 정의가 바람직하다.

B: 어떤 정의를 채택하느냐에 따라 실질적으로 많은 차이가 나타난다는 것은 사실이다. 두 번째 정의가 가짜 환자나 꾀병 환자를 조장할 가능성은 있다고 해도, 두 번째 정의를 채택하는 것이 결과적으로 바람직한 것 같다. 어쨌든 두 정의 가운데 어느 하나를 사용하는 것은 그들 중 어느 것이 **옳은** 정의라는 것을 의미하지 않는다.

A: 하지만 질병의 원인이 무엇이든지 간에 정상적인 기능을 발휘하지 못하는 상태가 질병이라는 것은 **옳지** 않은가?

B: 그것은 물론 "질병"이라는 말이 그런 상태를 의미하는 것으로 **정의**할 경우에만 그렇다!

4. 모호성

지금까지 우리는 낱말과 세계 사이의 관계가 상당히 깔끔하다고 느꼈을 수도 있다. 여기에 용어 X의 정의가 있는데, A, B, C가 그것의 정의 특성이다. A, B, C는 흔히 정의 특성으로 인정되는 것들이지만, D, E, F는 정의에 포함되지 않는 것들이다.

그러나 상황이 결코 깔끔하지 않다. 우리는 **애매성**, 즉 "과수원의 배"와 "선착장의 배"처럼 하나의 낱말을 두 가지 이상의 의미로 사용하는 경우에 대해 이미 검토한 바 있다. 대부분의 낱말은 이런저런 방식으로 애매하다—이런 낱말들은 사전을 찾을 때 알 수 있는 것처럼 두 가지 이상의 의미로 사용된다. **모호성**(vagueness)이라는 또 하나의 특징이 있는데, 그것은 한층 더 흔하게 나타나기는 하나 알아보기가 쉽지 않다. 모호성은 정의 특성과 정의 특성이 아닌 것을 산뜻하게 분류하는 작업을 혼란스럽게 만든다.

헌법은 모든 국민에게 "정당한 법적 절차"를 보장한다. 하지만 정확히 어떤 것이 정당한 절차인가? 재판 없이 유죄 선고를 받으면 그것은 분명히 정당한 절차가 아니다. 당신에게 편견을 가진 배심원한테 재판을 받는 경우는 어떤가? 그것 역시 정당한 절차가 아니다—하지만 정말로 공정한 (편견이 없는) 배심원이란 어떤 배심원인가? 스미스는 고액의 전문 변호인을 선임했고, 존스는 국선 변호인을 선임했을 뿐이라면, 정당한 절차에 어떤 차이가 있는가?

헌법은 "잔인하고 이례적인 처벌"이라는 것을 금지하지만, 이 같은 처벌이 어떤 것인지 규정하고 있지 않다. 고문이나 태형은 잔인한 것으로 보이며, 일 년간의 독방 감금 역시 잔인한 것 같다. 하지만 사형의 경우는 어떤가? 1960년대 말 대법원이 잠시 금지했던 기간을 제외하면, 사형은 거의 모든 미국 역사에서 잔인한 것으로 여겨지지도 않았고, 결코 이례적인 것도 아니었다. 어떤 사람들은 사형이 살인죄에 딱 들어맞는 처벌이라고 하고, 다른 사람들은 사형이 생명을 앗아가는 것이기 때문에 처벌 가운데 가장 잔인한 것이라고 한다. 확실히 잔인하다고 밀힐 수 있는 처벌이 있는가 하면, 확실히 잔인하지 않다고 말할 수 있는 처벌이 있다. 그러나 그 중간의 처벌이 잔인한지는 확신할 수 없다. "잔인하다"라는 말이 모호하다.

경찰이 말한다. "당신은 몇 시간 동안 이 길모퉁이를 서성거리고 있었는데, 특별한 의도나 목적이 전혀 없는 것으로 보인다. 그래서 나는 당신을 부랑자로 체포한다." 그러자 그가 말한다. "나는 부랑자가 아니다. 만나기로 한 사람이 아직 오지 않았다."

"부랑자"라는 말이 **모호하다** ─ 경계가 불분명하다. "부랑자"라는 말의 **적용 범위**가 선명하지 않다. 경찰은 부랑자를 체포해야 하는데, 이 경우에 어떻게 해야 할지 정확히 알지 못한다. 그래서 나중에 법이 바뀌었다. 이제 부랑자는 세 시간 이상 동일한 시내의 한 구역에 머무르면서 5달러 이하의 돈을 몸에 지닌 사람으로 정의된다. 이제 "부랑자"의 정의가 더 정확해졌기에 경찰은 어떻게 해야 할지 안다("모호하다"는 "정확하다"(precise)의 반대어이다). 그러나 오늘날 또 다른 문제가 생겼다. 5달러 이하의 돈을 몸에 지닌 많은 사람이 여러 가지 이유로 시내의 한 구역을 세 시간 동안 걸어 다니고 있지만, 우리는 부랑자에 속하는 사람들이 아니라고 믿는다. 따라서 새로운 법은 매우 **임의적인**(arbitrary) 것으로 보인다.

우리는 이따금 매우 부정확한 정보를 제공하기도 한다. "그렇습니다, 그가 빨리 달리기는 했지만, 얼마나 빨리 달렸는지는 모르겠습니다." 법정에서 증언할 경우 더 정확한 정보를 말하라고 하지만, 말할 수 있는 것은 그저 모호한 정보뿐이다. (그녀가 강도를 당할 때 건물 출입문에서 얼마나 떨어져 있었느냐는 질문을 받은 한 증인이 "5미터 18센티미터"라고 대답했다. 깜짝 놀란 변호사가 "어떻게 알았습니까?"라고 물었다. "어떤 멍청이가 틀림없이 물을 것 같아서 재 봤지요!")

우리는 일상생활에서 모호한 낱말을 필요로 하지만 너무 모호하면 과학처럼 특수 목적을 달성하는 데에는 쓸모가 없다. 예컨대 우리는 수은주의 높이를 정확히 알고자 한다. 미국의 인구 조사국은 타운과 시티를 구별하려는 경우 주민 5,000명을 기준으로 삼고 있어서 4,999명의 타운에 한 아이가 태어나면 곧바로 시티가 된다. 그 경계선이 임의적이기는 한데, 어느 경계선이든 임의적이기는 마찬가지이다. 노란색이 서서히 주황색으로 바뀌고, 주황색이 서서히 빨간색으로 바뀔 때, 한 색깔을 다른 색깔과 딱 잘라 나눌 수 없다. 어느 지점을 경계선으로 삼아도 임의적이다 ─ "저건 노란색이야. 아니, 저건 주황색이야."

피고가 유죄 판결을 받으려면 "합리적 의심을 할 수 없는 범죄"여야만 한다. 그러나 "합리적 의심"이라는 말이 모호하다. 동일한 재판을 지켜보는 두 배심원은 합리적 의심을 할 수 있는지 없는지에 관해 의견이 다를 수 있다. 경계선을 어떻게 긋느냐에 따라 한 사람의 생사가 좌우될 수도 있다. 그렇다고 해서 "합리적 의심"이라는 말을 정확하게 규정하려고 하면 오히려 훨씬 더 복잡해지는 것 같다. 범죄마다 상황이 매우 달라서 어떤 것을 의심해야 하고 어떤 것을 의심하지 않아도 되는지 예상할 수가 없다. 만일 "합리적 의심을 할 수 없는 범죄"가 "의심 가능성이 전혀 없는 범죄"라고 규정한다면 결코 유죄 판결이 내려질 수 없을 것이다. "정당한 법적 절차"와 같은 법적 용어들 역시 모호하기는 마찬가지이다.

　낱말이 모호한 것이 단일한 구분선이 없기 때문이 아니라 그 낱말을 적용하는 기준이 **다중 기준**(multiple criteria)이기 때문인 경우가 가끔 있다. 특성 A, B, C, D, E와 결부되는 용어가 있다고 하자. 그런데 어떤 사물이 A, B, C를 가진다면, 그 용어는 D나 E가 없어도 적용될 수 있다. 또는 그것이 B, C, D, E를 갖지만 A를 갖지 않아도 그 용어는 여전히 적용될 수 있다. 즉 그 사물이 특징들 중 일부를 갖기만 해도 그 용어는 적용될 수 있다. 그러니까 특징들의 집합에 속한 **모든** 원소가 공통으로 갖는 어느 하나의 특징이 없다면 어느 특징이 없든 간에 모든 특징이나 그 밖의 대부분의 특징을 갖기만 하면 그 용어는 적용될 수 있다. 그리고 그 밖의 특징은 **비중**이 똑같지 않아도 된다. D를 갖는 것이 E를 갖는 것보다 더 중요하게 여겨질 수 있다. 철학자 비트겐슈타인(1889-1951)은 널리 알려진 대목에서 다음과 같이 말했다.

예를 들어 "게임"이라는 활동들을 생각해 보자. 내가 말하는 게임은 보드 게임, 카드 게임, 구기(球技) 게임, 올림픽 종목 게임 등등이다. 이 모든 게임에 공통된 것은 무엇인가?—"모든 게임에 무언가 공통된 것이 **반드시** 있어야지, 그렇지 않으면 그것들은 '게임'이라고 불리지 못한다"라고 말하지 마라—모든 게임에 무언가 공통된 것이 있는지 없는지 **직접 보라.**—왜냐하면 당신이 게임들을 직접 본다면 **모든** 게임에 공통돤 무언가를 발견하는 것이 아니라 게임들의 유사성과 연관성, 그리고 유사성과 연관성의 계열 전체를 확인하게 될 것이기 때문이다. 다시 말하지만 생각하지 말고 직접 보라!—예컨대 보드 게임을 직접 보라. 그것들 사이에는 다양한 관계가 있다. 이제 카드 게임의 경우를 보라. 당신은 카드 게임에서 보드 게임과 일치하는 점을 많이 발견하지만 많은 공통 특징이 떨어져 나가고 다른 특징들이 나타나는 것을 보게 된다. 이번에는 구기 게임으로 넘어가 보라. 많은 공통점이 그대로 남아 있지만, 많은 공통점이 사라진다.—이 모든 게임은 "재미있는" 게임일까? 체스를 삼목(三目)과 비교해 보라. 아니면 모든 게임에는 승리와 패배가 있거나 두 사람 사이의 경쟁이 있는 것일까? 혼자서 하는 카드놀이인 솔리테르를 생각해 보라. 구기 게임에는 승리와 패배가 있다. 하지만 어린 아이가 공을 벽에 던졌다가 다시 잡는 게임을 할 때에는 승리와 패배가 없어진다. 기술과 행운이 게임에서 어떤 역할을 하는지 보라. 그리고 체스 기술과 테니스 기술의 차이를 보라. 이제 손을 잡고 노래하며 둥글게 돌다가 신호에 따라 재빨리 앉는 게임을 생각해 보라. 이 게임에는 재미있는 요소는 있지만 다른 특색들이 얼마나 많이 사라졌는가! 우리는 다른 많은 그룹의 게임을 이런 방식으로 주의 깊게 검토할 수 있으며, 게임들의 유사점이 어떻게 나타났다가 사라지는지 확인할 수 있다.[3]

이 모든 것이 우리가 느끼는 논리적 엄밀성 — "우리는 어떤 낱말을 사용할 때 그 낱말이 어떤 것에 적용될 때와 적용되지 않을 때를 정확히 알아야 한다" — 을 어기는 것 같지만, 언어라는 것이 본래 그렇지 않다. 낱말은 적용의 경계선이 정확하게 드러나지 않는 일반적 용법의 상태로 사용된다. 말하자면 낱말은 표준적이고 전형적인 어떤 경우에는 적용되고("이것은 분명히 고양이다"), 다른 경우에는 적용되지 않지만("아니다, 그것은 분명히 고양이가 아니다"), 겉보기에 이렇게 단순한 경우에도 고양이라는 낱말을 과연 적용할 수 있을지 의심하게 하는 상황이 나타날 수 있다. 당신의 고양이가 바로 눈앞에서 목격자들이 보는 가운데 현재의 20배 크기로 갑자기 팽창하고, 깃털이 나기 시작한다면 어떻게 하겠는가?

혹시 어떤 고양이가 평상시에 보이지 않는 이상한 현상을 보인다면, 이를테면 보통 고양이는 일정한 소선 아래서 죽있다가 실아날 수 없는 반면에 이 고양이는 그럴 수 있다면 어떻게 될까? 이 고양이에 대해서 나는 새로운 종(種)의 고양이가 나타났다고 말해야 할까,

---

3   Ludwig Wittgenstein, *Philosophical Investigations*, trans. G.E.M Anscombe (New York: Macmillan, 1953), §66.

아니면 특이한 성질을 지닌 보통의 고양이라고 말해야 할까?

또한 내가 "저기 내 친구가 있다"고 말한다고 가정해 보자. 그런데 내가 그 친구와 악수하려고 가까이 다가가자 친구가 갑자기 사라진다면 어떨까? "그러니까 그것은 내 친구가 아니라 착각 혹은 그 비슷한 것이었다." 하지만 불과 몇 초 뒤에 그를 다시 보게 되고 그와 악수하는 등등의 일이 일어난다고 해 보자. 그러면 어떨까? "그러니까 내 친구는 그럼에도 거기에 있었고, 그가 사라진 것은 착각 혹은 그 비슷한 것이었다." 그러나 잠시 후에 그가 다시 사라졌거나 사라진 것 같다고 가정해 보자. 이제 무슨 말을 할 수 있을까? 상상할 수 있는 모든 가능성에 대처할 수 있는 만반의 준비가 되어 있는가?...

사람처럼 보이고 사람처럼 말하고 사람처럼 행동하기는 하지만 키가 겨우 한 뼘인 생명체와 우연히 마주쳤다고 가정해 보자 ― 그 생명체가 정말 사람**이라고** 말해야 할까? 또한 다리우스 왕을 기억하고 있을 정도로 나이가 많은 사람에 대해서는 어떻게 말해야 할까? 당신은 그 사람이 영생한다고 말할 텐가? 논란의 여지가 없게끔 우리를 결정적으로 안심시키는 완벽한 정의가 있을까? "그러나 적어도 과학에는 정확한 정의가 있지 않을까?" 글쎄, 금에 대한 관념은 이를테면 금에만 있는 스펙트럼선에 의해 의심의 여지없이 정확하게 정의되는 것 같다. 그런데 금처럼 보일 뿐만 아니라 온갖 화학적 시험에서 금으로 판명되는데도 새로운 종류의 방사선을 방출하는 물체가 발견되었다면 당신은 어떻게 말하겠는가? "하지만 그런 일은 일어나지 않는다." 그렇지만 그런 일은 얼마든지 일어날 수 있다. 그것은 우리의 정의를 수정해야만 하는 예상치 못한 상황이 발생할 가능성을 결코 배제할 수 없음을 보여 주고도 남는다.[4]

끝으로 우리는 어떤 용어를 정의하는 낱말들 **자체가** 모호하다는 사실을 알아야 한다. "청소년기"를 아동기와 성인기 사이의 시기라고 정의하는 경우를 보자. 두 낱말 모두 모호하다. 유년기가 끝나거나 성인기가 시작하는 명확한 지점이 없다. 그러나 이 낱말들이 모호**하다**는 그것 때문에 위래의 낱말인 "청소년기"의 의미가 아주 잘 전달된다. "청소년기"라는 낱말을 더 정확하게 정의하면, 우리는 그 낱말이 실제

---

4   Friedrich Waismann, "Verifiability," in Anthony Flew, ed., Logic and Language, 1st ser. (Oxford: Blackwell, 1953), p. 119-120.

로 어떻게 사용되는지 알 수 없게 된다.

하나 이상의 용어가 논점에 결정적인 영향을 미칠 정도로 모호하기 때문에 수많은 논쟁이 일어나기도 한다. 예를 들어 어떤 주(州)에 거주할 경우 당신은 소득세법에 따라 그 주에 세금을 납부해야 한다. 하지만 거주한다거나 거주자라는 것이 무엇인가? 몬태나에서 일을 하면 몬태나 거주자인가? (캘리포니아에 또 다른 집이 있다고 해도) 몬태나에 집이 있으면? 캘리포니아에서보다 몬태나에서 시간을 더 많이 보내면? 근무하는 회사의 본사가 몬태나에 있으면? 어쨌든 일상 용법을 보아서는 "거주자"라는 용어가 이런 물음들 가운데 어느 것에 해당하는지 알 수 없다.

흡연의 중독성 여부를 두고 논쟁이 끊이질 않는다. "흡연은 당연히 중독이다." "아니다, 흡연은 중독이 아니다―금연이 힘들 수는 있으나 중독은 아니다." 코카인을 중독성이라고 할 경우, 코카인 중독 상태처럼 되려면 술을 얼마나 많이 마셔야 하고 담배를 얼마나 많이 피워야 하는가? 금단 증세가 있어야 하는가? 일하는 습관이 변해야 하는가? 예컨대 혈압이나 맥박이 생리적으로 달라져야 하는가? 흡연이 어떤 사람들에게는 그런 영향을 미치지만 다른 사람들에게는 영향을 미치지 않는다면 어떻게 되는가―그것을 군이 중독이라고 해야 할까? 물론 "중독"이라는 낱말이 모호하고 또한 모호한 상태로 남을 텐데 이 사실을 거의 알아차리지 못한다. "당신은 흡연이 중독이라고 말함으로써 무엇을 **의미**하는가?"라고 묻지 않고, "그래, 흡연은 중독이야" 또는 "아냐, 흡연은 중독이 아냐"라고 주장한다. 우리는 어떤 주장이 옳은지를 묻기 전에 우선 의미-물음(question of meaning)을 분명하게 해야 한다. 철학과 같은 추상적인 학문 분야에는 이 같은 혼동이 다른 어느 분야보다 훨씬 더 널리 퍼져 있다.

5. 함축성

뱀은 다리가 없는 파충류이다. 이것은 "뱀"이라는 낱말이 사용될 때 의미하는 것이다. 어쨌든 이것은 "뱀"이라는 낱말이 기본적 의미로 사용될 때 의미하는 것이다.

그러나 그 낱말은 일차적 의미에서 파생된 의미로 사용되기도 한다. 말하자면 대부분의 사람들은 뱀을 혐오하기 때문에 "뱀"이라는 낱말을 들으면 부정적인 생각을 떠올린다. 사람들은 뱀을 불쾌하고 역겨운 것으로 여기는데, 이런 것이 "뱀"이라는 낱말의 일상적인 **함축적 의미**(connotation)이다. 뱀을 좋아하는 사람들도 "뱀"이라는 낱말에 대해 이런 함축 의미를 갖는가? 아무래도 그런 것 같다. 뱀을 정말 좋아하는 사람일지라도 부인에게 "뱀 같은 인간!"이라는 말을 들을 때 칭찬받는 게 아니라는 것을 안다.

낱말의 함축적 의미는 대부분 보편적인 성향을 갖는다. "그는 여우야." "그는 족제비야." "그는 호랑이야." 마키아벨리는 군주가 사자나 여우여야 한다고 했다(이 말이 군주가 강하고 영리해야 함을 의미한다는 것을 모르는 사람이 있을까?) 부소장은 "집쥐가 되려는 들쥐"이다. 이 말에 대한 설명 역시 필요 없지 않은가? 만일 함축적 의미가 사람마다 크게 다르다면, 사람을 언급하는 데 이 같은 동물-낱말을 사용함으로써 무엇을 의미하는지 추측할 수 없을 것이다.

낱말의 함축적 의미는 그 의미의 일부분인가? 어떤 사람은 "아니다, 함축적 의미는 의미의 일부분이 아니다. '뱀'이라는 낱말의 의미와 그 낱말을 듣는 사람이 연상하는 것은 서로 다른 것이다"라고 말할 수도 있다. 하지만 연상이 보편적인 성향을 갖는다면 함축적 의미가 그 의미의 일부분**이라고** 말하는 것 역시 그럴듯하다―그리고 통상적으로 사전은 낱말의 의미를 보고하는 목록에 함축적 의미를 포함시킨다. 낱말이 일차적 의미를 전제 조건으로 삼기 때문에 함축적 의미를 **이차적 의미**라고 말하는 사람들이 있는가 하면, 여우라고 불리는 사람과 여우라고 불리는 네발짐승을 암시적으로 비교하고 있기 때문에 **은유적** 의미라고 말하는 사람들도 있다(은유는 서로 다른 두 가지 것을 암시적으로 비교한다). 함축적 의미를 낱말의 일부분이라고 하든 이차적 의미라고 하든, 낱말의 이차적 의미 역시 설명되지 않는 한 그 낱말이 실제로 어떻게 사용되는지를 설명한 것이 아니다―낱말의 일차적 의미만 알고 있는 사람은 세상에 적응하기가 쉽지 않아서 다른 사람이 자신에게 "고양이"라고 말해도 그것이 무슨 뜻인지 알아차리지 못할 것이다.

낱말의 이차적 의미는 청자나 독자에게 **암시**하는 모든 것을 포함한다.

"바다"라는 낱말은 이를테면 엄청난 양의 소금물이라는 특성을 **지칭**하며, 이것이 그 낱말의 일차적 낱말-의미(word-meaning)이다. 그 낱말은 또한 다른 특성들을 **함축**하기도 하는데, 예를 들면 상황에 따라 위험하다는 것, 기분에 좌우되지 않고 꿋꿋이 나아가는 것, 뱃길이라는 것, 육지의 경계라는 것 등등과 같은 특성들을 함축한다. 이런 특성들은 그 낱말의 **이차적 낱말-의미**이다.[5]

요컨대 햄릿의 "당신은 마음이 병든 자를 보살필 수 없나요?"라는 물음은 "당신은 미치광이를 시중들 수 없나요?"라는 물음을 의미한다고 할 수 있다. 그러나 이런 낱말들의 이차적 의미는 아주 다르다. 맥베스의 "[인생]은 멍청이가 지껄이는 이야기와 같고, 아무 의미도 없는 소란과 격분으로 가득 차 있네"라는 말을 "인생은 무의미하다"라는 말로 되돌릴 수 있을까? 결코 그럴 수 없다. "멍청이", "소란", "격분" 등은 이차적 의미가 너무 풍부해서 함축적 의미의 손실 없이는 번역될 수 없다. "기록된 시간의 마지막 음절까지"라는 말은 "기록된 시간의 마지막 순간까지"로 되돌릴 수 없다—"음절"(syllable)의 함축적 의미는 "순간"이라는 낱말의 함축적 의미와 매우 다르며, "순간"의 함축적 의미보다 훨씬 더 풍부하다. 셰익스피어의 다음 대사를 함축적 의미의 손실 없이 번역하려고 해 보라.

인간사에도 조수 간만이 있는 법.
밀물을 타면 행운을 붙잡을 수 있지만
그렇지 못하면 우리의 인생 항해는
여울에 처박혀 비참해지는 법.
우리는 지금 만조의 바다 위에 있소.
이 조류를 타지 못하면
우리의 모험은 허사가 되고 말 거요. (*Julius Caesar*, 제4막 3장)

이 대사는 "이렇게 적절한 시기에 계획을 추진하지 못하면 우리의 계획은 결코 성

---

5 Monroe C. Beardsley, *Aesthetics* (New York: Harcourt Brace, 1958), p. 125.

공하지 못할 것이다"라는 말보다 훨씬 더 풍부한 함축적 의미를 갖는다.

정서적 의미

낱말이 사람의 마음속에 일으키는 연상들 가운데에는 낱말을 발언함으로써 느낌과 태도를 일깨우려는 것들도 있다. 특정한 낱말이 어떤 종류의 **느낌**과 **태도**를 규칙적으로 또는 보편적으로 일깨우려 할 때 그 낱말이 "정서적 의미"(emotive meaning)를 갖는다고 한다. 낱말의 정서적 의미는 낱말 주위를 맴도는 호의적인 느낌이나 비호의적인 느낌의 분위기로 이루어진다. "멋지다"는 말은 호의적인 정서적 의미를 갖는다―이 말을 사용하는 사람은 자기가 설명하는 사람이나 사물에 대한 자신의 태도를 표현하거나 다른 사람에게 그와 유사한 태도를 일깨우려 한다. "더럽다"는 상대적으로 **비호의적**인 정서적 의미를 갖는다.

이런 낱말들은 언급 대상을 **기술**한다기보다는 대상에 대한 화자의 **반응**을 나타낸다. 어떤 인종 집단을 예컨대 "아프리카계 미국인"처럼 언급하는 것은 정서적으로 중립적이지만, 심슨 재판에서 자주 사용된 "깜둥이"처럼 정서적으로 편향된 것도 있다. 두 번째 낱말은 폭동이나 살인의 경우에 사용되는 반면, 첫 번째 낱말은 어느 누구의 부아도 돋우지 않는다. 이탈리아인, 유대인, 아일랜드인 등등에 대해서도 정서적으로 편향된 부정적인 낱말들이 있다. 인종을 차별하는 말은 모두가 정서적으로 편향된 말이다.

어떤 낱말들이 미치는 정서적 효과는 대단하다. 하지만 그것을 **의미**(meaning)라고 해야 할까? 이런 낱말들의 발언이 막대한 **효과**를 일으킨다는 것을 부인할 사람은 없을 것이다―그렇지만 왜 그것을 의미라고 하는가? 당신이 누군가에게 더러운 쥐새끼라고 말할 경우 이것은 분명히 듣는 사람에게 비호의적인 영향을 미치겠지만 (적어도 비호의적인 영향을 미치려고 의도하겠지만), 그렇다고 해서 이것이 이런 낱말들이 지닌 의미의 일부분일까? "Italian"과 "Wop"이 동일한 의미이기는 하나 다른 효과를 일으킨다고 해야 할까, 아니면 의도한 정서적 효과가 각각의 용어가 지닌 의미의 일부분에 포함되므로 두 용어의 의미가 다르다고 해야 할까?

그에 대한 답은 그 낱말의 정서적 효과가 그 낱말을 사용하기 위한 주요 결정 요인인지 아닌지에 달려 있다. 예컨대 부동산을 비롯한 생산 수단을 국가가 소유해야

한다고 믿는 누군가를 언급하기 위해 "공산주의자"라는 낱말을 사용하는 것은 정서
적 효과를 일으키며, 그 낱말은 대부분의 미국인들에게 혐오감이나 싫어하는 태도
를 불러일으킨다. 그러나 어떤 사람이 자신을 공산주의자라고 말할 때, 그 말이 단
지 (주택, 공장 등의 소유권을 포함하여) 경제가 정부의 통제를 받아야 한다는 신념
을 의미할 뿐 비호의적인 효과를 일으키려는 것이 **아닐** 수 있는데, 이런 경우에 그
는 "공산주의자"라는 낱말을 잘못 사용하고 있는 것이 아니다. 말하자면 우리는 그
낱말을 어떤 방식으로든 정서적 효과를 갖는 것으로 사용하지 **않고서도** 공산주의자
가 어떤 사람인지 이해할 수 있다.

  그러나 어떤 사람을 경찰 끄나풀이라고 말한다면, 그것은 **단지** 그녀가 경찰 정보
원이라는 것만 말하는 것이 아니라 그녀에 대한 **비호의적인 태도**를 전달하는 것일
수 있다. 그 구절을 사용하여 비호의적인 태도를 전달하려는 것이 아니라면, (그 낱
말을 사용하는 것 자체가 비호의적인 태도를 전달하는) 경찰 끄나풀이라고 말하지
말고 경찰 정보원이라고 말해야 한다. 경찰 "끄나풀"의 경우에는 그 구절의 사용에
비호의적인 태도가 **붙박여서** 중립적으로 사용할 **수 없다**. 중립적으로 말하고 싶다
면 경찰 끄나풀이라는 낱말을 사용하지 말아야 한다. 이 경우에는 부정적인 정서 효
과가 그 낱말이 지닌 의미의 일부분이므로 그것은 "정서적 의미"라고 불릴 만하다.

6. 예시적 정의

사전은 특정한 언어 집단의 구성원들이 낱말을 어떤 의미로 사용하는지 알려 준다.
그것을 알려 줄 때 사전은 항상 **다른** 낱말들을 사용하는데, 우리는 그 낱말들의 의
미를 정확히 알지 못할 경우 사전에서 그 의미를 찾아볼 수 있다.

  그러나 낱말을 전혀 알지 못하는 갓난아이는 이런 식으로 낱말들의 의미를 배울
수 없다. 갓난아이와 어린이는 맨 처음 낱말을 배울 때 **예시적으로**(ostensively, 라
틴어 어원 *ostendere*, 즉 "보여 주는 것"에서 나온 말) 배운다—낱말이 세계에 적용
되는 실례를 봄으로써 배운다. 그들은 "엄마," "아빠," "인형," "먹는다," "신발," 그
리고 수많은 다른 낱말의 의미를 이를테면 "저것은 책이다. 저것은 책이 아니라 잡

지다." 등과 같이 그 낱말들이 적용되는 실례와 적용되지 않는 실례를 직접 봄으로써 배운다. 우리는 누구나 나중에 언어를 통해 배울 수 있는 많은 낱말 의미를 예시적으로 배운다.

하지만 예시적 정의에는 한계가 있다. 어떤 낱말을 예시적으로 정의하는 것은 청자에게 그 낱말의 **적용 범위**를 알려 주는 것이 아니다. 부모가 손으로 가리키면서 "식탁"이라고 했던 모든 것에 다리가 있다면, 어떤 것이 다른 것들과 비슷해 보이기는 하지만 다리가 없을 경우 그것을 여전히 식탁이라고 할 수 있을지 아직 분명하지 않을 것이다. 어떤 실례도 **보여 줄** 수는 없지만, 그와 같은 것 역시 식탁일 수 있다면 청자는 의아해할 것이다. 이 동물에 꼬리가 있으면 그 역시 토끼일 수 있을까? (선생님은 "토끼에게 꼬리가 있어도 토끼라고 말할 수밖에 없다"라고 말하고, 어린이는 "토끼에게 꼬리가 있는데 토끼라고 말하면 안 된다"라고 받아썼다.) 언어적 정의는 이 같은 문제를 더 쉽게 해결할 수 있다.

예시적 정의는 실례를 보여 줄 수 있는 경우에만 적용된다. 걷는 것과 달리는 것의 차이는 보여 줄 수 있지만, "시간," "무한대," "재산"의 의미는 보여 줄 수 없다. 기쁨, 좌절, 평화로움, 절망 등과 같은 다양한 내적 느낌을 경험하는 사람들의 행동과 몸짓언어는 보여 줄 수 있어도 내적 느낌 자체는 보여 줄 수 없다. 물론 아이들은 내적 느낌의 의미를 언젠가 자기 자신의 개인적인 경험 속에서 깨닫게 된다.

그런데도 예시적 정의는 새로운 낱말의 의미를 아주 신속하게 배울 수 있는 방법이다.

골프를 하면서 특정한 방향으로 공을 쳤는데 좋지 않은 결과가 나오자 한 친구가 "슬라이스 났다"라고 말한다고 해 보자. 그 친구는 공이 똑바로 가지 못할 때마다 이렇게 말한다. 웬만한 사람은 그런 결과가 또 다시 나타날 때 "슬라이스 났다"라고 말하는 것을 잠깐 사이에 배우게 된다. 그런데 친구가 "이번에는 슬라이스가 아니라 훅이 났다"라고 말하는 경우가 있다. 이 경우에 우리는 어떤 일이 생겼는지 의아해하고, 방금 친 것과 그 전에 친 것이 어떻게 다른지 의아해한다. 그 차이를 알아차리는 순간 우리의 어휘 목록에 또 하나의 용어가 추가된다. 9홀의 골프가 끝나자 우리는 두 낱말을 정확히 사용할 수 있게 되었다 —그리고 "디벗", "5번 아이언", "어프로치 샷"과 같은 **다른 용어들 역시 그 의미가 무엇인**

지 전혀 들어 본 적이 없어도 정확히 사용할 수 있을 것이다. 사실상 우리는 "슬라이스"의 사전적 의미, 즉 "클럽의 앞면이 공의 정면을 비껴 안쪽으로 끌어당긴 결과, (오른손잡이의 경우) 공이 오른쪽으로 휘어서 날아가게 치는 것"이라는 것을 전혀 알지 못한 채 수년간 골프를 치기도 한다.[6]

정의할 **수 없는** 낱말이 있을까? 그것은 "정의한다"라는 말을 어떤 뜻으로 사용하는가에 달려 있다. 어떤 낱말을 정의하는 것이 **어떻게든** 그 낱말의 의미를 표현하는 것이라면 정의될 수 없는 낱말은 없다. 어떤 낱말의 의미를 다른 사람에게 표현할 방법이 전혀 없다면, 당신은 그 의미를 다른 사람과 소통할 수 없고, 그 낱말은 결코 공적 언어에 들어올 수 없다. 하지만 "정의한다"라는 말이 언어적 정의(다른 낱말들을 이용하여 정의하는 것)만을 의미한다면, 정의될 수 없는 낱말이 있을 수 있다.

언어적 정의를 할 때 우리는 정의하려는 대상(또는 활동, 과정, 성질 등등)을 더 큰 집합에 포함시킨다. 개는 포유동물이고, 삼각형은 평면 도형이다. 그때 우리는 이 대상이나 대상들의 집합을 동일한 집합의 다른 원소들과 **구별**한다. 삼각형은 사각형이나 팔각형과 달리 세 변으로 되어 있다. 하지만 이렇게 되지 않는 경우가 있는데 그 이유는 다음과 같다.

1. 정의하려는 집합이 이미 너무 커서 더 이상 그 집합을 포함시킬 범주가 없는 경우가 있다. "존재," "실존," "시간," "공간"처럼 고도로 추상적인 낱말들이 그 실례이다. 우리는 개처럼 실존하는 것을 켄타우로스처럼 실존하지 않는 것과 구별할 수 있다. 하지만 "실존"과 동의어인 낱말이나 또 다시 정의해야 하는 낱말을 사용하지 않고 달리 어떻게 "실존"에 대한 일반적 정의를 내릴 수 있겠는가?

시간을 모르는 사람이 있을까? 우리는 이 사건이 저 사건 전이나 후에 일어났다고 말하거나 20년 전의 사건을 기억할 수 있다고 말한다. 우리는 시간을 나타내는 낱말을 어떻게 사용하는지 안다. 하지만 "시간"을 이렇게 정의할 수 있을까? 우리는 감각적 시간이라는 것(강의가 따분할 때 매우 길게 느껴지는 시간)과 물리적 시간(시계에 나타난 시간)을 구별할 수 있다. 그러나 그것은 시간을 구분하는 것이지

---

6 S.I.Hayakawa, *Language in Thought and Action* (Fort Worth: Harcourt Brace, 1942), p. 45.

"시간" 자체를 정의하는 것이 아니다. 우리는 실제로 시간을 경험한다. 사실 우리의 **모든** 경험은 시간 안에서 일어난다. 하지만 우리가 시간 자체에 관해 말할 수 있을 법한 것은 거의 모두가 은유적이다. 예컨대 "시간은 강이다." "시간은 영원의 움직이는 그림자이다." 하지만 이런 말은 정의로써 아무 쓸모가 없다. 시간이 무엇인지 알지 못하면, "영원의 움직이는 그림자"가 무슨 말인지 어떻게 알 수 있겠는가?

  2. 이제는 "빨갛다," "날카롭다," "맵다," "맛이 쓰다," "화내다," "고통스럽다"처럼 추상도가 가장 낮은 낱말을 생각해 보자. 사람들이 두려움을 경험하는 생리학적 조건을 진술하는 경우가 있는데, 이것은 "두려움"이라는 낱말 자체가 무엇을 나타내는지 말하는 것과 똑같지 않다. 과학자는 정확히 말해서 빨간색이 4,000 옹스트롬에서 7,000 옹스트롬에 이르는 빛의 파장에 대응하여 보게 되는 색깔이라고 진술하기도 한다. 그러나 그것은 빨간색에 대한 경험이 어떤 것과 **상관관계**가 있음을 말해 줄 뿐이다. 선천적 시각장애인은 당신이나 내가 보는 색깔을 보거나 머릿속에 떠올릴 수 없을 것이다. (머리를 얻어맞은 뒤에 눈앞에서 빨간 점을 볼 경우 이것이 과연 빛의 파장일까?)

  또한 이 세상의 빨간 것은 모두 둥글고 둥근 것은 모두 빨갛다고 해 보자. 그렇다면 선천적 시각장애인은 만져 보고 둥글다는 것을 알게 됨으로써 빨간 것을 언제나 정확히 확인할 수 있을 것이다. 하지만 이 같은 상관관계가 무너지는 순간 선천적 시각장애인은 빨간 것을 정확히 확인할 수 없게 되며, 상관관계가 유지되는 한에서만 정확히 확인할 수 있다. 이것은 빛의 파장을 이용하여 빨강을 확인하는 사람의 경우에도 마찬가지이다. 빨간 것을 **확인하는** 데 실패한 적이 없다고 할지라도 이 사람은 가장 기초적인 의미에서 "빨간색이 무엇인지" 아직 알지 못한다. 그는 빨강이 **어떻게 보이는지** 아직 알지 못한다. 그것을 알 수 있는 사람은 빨간색을 **볼** 수 있는 사람뿐이다. 선천적 시각장애인은 폭넓은 광학 지식을 가질 수 있고, 색채 물리학의 전문가가 될 수도 있다. 하지만 그는 시력 있는 사람이 **본다**(see)는 것이 무엇인지 여전히 관념을 가질 수 없다. ("시각장애인도 최소한 검은색은 본다"고 말해서는 안 된다. 시각장애인은 검은색이나 그 밖의 어떤 색깔도 보지 못한다. 아무것도 **보지** 못한다.) 이와 마찬가지로 선천적인 청각장애인은 벨소리나 사람 목소리를 듣는다는 것이 무엇인지 전혀 관념을 가질 수 없다. 사랑을 경험해 보지 못한 사람은 사랑한다는 것이 어떤 느낌인지 알 수 없으며, 질투를 경험한 적이 없는 사람은 남들이 "질투"라는 낱말을 사용할 때 그들이 어떤 경험을 간직하고 있는지 전혀 관념을 가질 수 없다.

인상과 관념

흄(David Hume, 1711-1776)은 모든 지식이 **인상**(impression)이라는 것에서 유래한다고 했다. 우리의 관념들 가운데에는 "외부" 감각—시각, 촉각, 청각, 후각, 미각—에서 오는 것이 있는가 하면, 고통, 쾌락, 유쾌함, 우울함, 불안, 예상, 기쁨, 슬픔처럼 내부에서 오는 것도 있다. 이런 감정을 우선 경험하지 못하면 우리는 이들에 대해 전혀 관념을 갖지 못한다. 시각장애인으로 태어나면 색깔에 대한 관념을 갖지 못하는 것과 마찬가지로 두려움을 경험하지 못하면 두려움에 대해 어떤 관념도 갖지 못한다.

그러나 우리는 인상을 갖고 있지 않은 많은 것에 대해서 관념을 갖는다. 흄은 우리가 산을 보았고 황금색인 것들을 보았기 때문에 황금 산이라는 관념을 갖는다고 했다. 우리는 산에 대한 관념과 황금색에 대한 관념을 마음속에서 결합함으로써 **복합** 관념(complex idea)을 얻게 된다. 일단 감각 경험에서 단순 관념들을 습득하고 나면, 그 단순 관념들을 어떤 식으로든 결합시켜 우리가 만들고자 하는 새로운 관념을 만들어 낼 수 있다. 켄타우로스에 대한 관념은 사람의 머리와 말의 몸을 가진 동물이라는 관념이다. 우리는 녹색 개와 갈색 구름을 본 적이 없어도 그것들을 상상할 수 있다. 우리의 상상력은 정말 무한한 것 같다. 하지만 흄이 언급한 바에 따르면 그렇지도 않다.

얼핏 보아도 인간의 사고만큼 자유로운 것도 없는 것 같다. 사고는 인간의 모든 권력과 권위를 벗어날 뿐만 아니라 자연과 현실에 구속되지도 않는다. 괴물을 만들어 내고, 어울리지 않는 이상한 형체와 현상들을 결합시키는 일이 상상만으로 충분한데, 이것은 아주 자연스럽고 익숙한 대상들을 떠올리는 것과 마찬가지로 전혀 힘든 일이 아니다. 그리고 인간의 몸은 하나의 행성에 갇혀서 그 위를 힘들고 어렵게 기어 다니는 것에 반하여, 사고는 우리를 한 순간에 우주의 가장 먼 곳으로 데려간다....

그러나 우리의 사고가 이렇게 제약 없는 자유를 누리는 것 같지만, 조금만 더 자세히 생각해 보면 사고는 사실상 매우 좁은 영역에 한정되어 있으며, 정신의 이 모든 창조력은 감각이나 경험을 통해 우리에게 주어진 자료들을 합성하거나 재배열하거나 증대시키거나 축소시키는 능력에 불과하다는 것을 깨닫게 될 것이다. 황금 산을 생각할 때 우리는 이미 습득한 두 가지 정합하는 관념, 즉 황금과 산을 결합할 뿐이다.... 요컨대 사고의 모든 자료들은 외부 감각이나 내부 감각에서 나온다. 따라서 이 자료들의 혼합과 합성은 오로지 정신과 의지에 의해서 이루어진다.[7]

단순 관념과 복합 관념을 어떻게 구별하는가? 단순 관념은 그에 대한 인상을 갖지 못하면 가질 수 없는 그런 관념인 것 같다. 빨간 고양이(복합 관념인 "빨간 고양이")를 본 적이 없어도 빨간 고양이를 상상할 수 있지만, 빨간색을 보지 않고서는 빨간색을 상상할 수 없다. 하지만 단순 관념과 복합 관념의 경계가 그렇게 선명한 것은 아니다. 백 가지 색조의 푸른색을 보았으나 그 중간에 있는 어느 한 가지 색조를 보지 못했을 경우 그 색조를 상상할 수 있을까? (흄은 그 색조보다 한 단계 밝은 색조와 한 단계 어두운 색조를 상상한 다음 "그 색조들을 마음속에서 결합함으로써" 그 색조를 상상할 수 있다고 생각했다.) 주황색을 본 적은 없지만 빨간색과 노란색을 보았다면 주황색을 상상할 수 있을까? 푸른색과 노란색만 보고서도 초록색을 상상할 수 있을까? 초록색은 푸른색이나 노란색과 전혀 비슷해 보이지 않으므로 이 경우에는 상상할 수 없을 것이다(푸른색 페인트와 노란색 페인트를 혼합하여 초록색 페인트를 얻을 수 있지만, 그것은 초록색을 본 적이 없어도 초록색을 상상할 수 있는가와 무관하다). 신맛과 쓴맛만 경험하고서도 단맛을 상상할 수 있을까? 백만각형을 상상할 수 있을까?

심상(心象, image)을 갖는 것은 그 심상을 떠올리는 사람이 누구인가에 달려 있다고 말할 수도 있다. 이백각형의 심상을 떠올릴 수 있는 사람이 있는가 하면 그럴 수 없는 사람도 있다. 빨간색과 노란색만 보고서도 주황색의 심상을 가질 수 있는

---

7   David Hume, *An Enquiry Concerning Human Understanding* (1751), 제2장의 넷째와 다섯째 문단.

사람이 있는가 하면 그럴 수 없는 사람도 있다. 정말 그럴까? 흄을 비판하는 사람들은 심상을 전혀 떠올릴 수 없는 경우에도 **개념**(concept)을 가질 수 있다는 점이 중요하다고 했다. 우리는 자외선에 대한 심상을 갖지 못한다. 벌은 자외선을 볼 수 있지만(우리는 자외선이 벌에게 어떻게 보이는지 상상할 수 없다), 우리 인간은 자외선을 보지 못하기 때문에 그것을 상상할 수 없다. 자외선을 아주 짙은 보라색이라고 해서는 안 된다. 짙은 보라색 역시 볼 수 있는 색깔이기 때문이다.

우리는 자외선에 대한 심상을 갖지 못한다. 하지만 과학자들은 언제든 자외선을 다룰 수 있는데, 자외선 스펙트럼 영역을 발견하기 위해 분광계 등의 기구를 사용할 수 있다. 우리는 보라색에 관해 **아는 것만큼** 자외선에 **관해서도** 알 수 있다. 다만 자외선을 볼 수 없을 뿐이다. 인간이 들을 수 있는 어떤 소리보다 음조가 높은 소리 역시 자외선의 경우와 마찬가지이다. 개는 우리가 들을 수 있는 것보다 음조가 높은 날카로운 소리 등에 반응을 보이지만, 우리는 그 소리가 **개에게** 어떻게 들리는지 전혀 짐작도 못한다. 그 소리가 어떤 소리이기에 개가 그렇게 흥분하고, 그 냄새가 어떤 냄새이기에 개가 그렇게 쫓아가는지 의아할 따름이다.

그렇다면 우리는 언제 X라는 개념을 갖게 될까? "X"라는 낱말을 **정의**할 수 있을 때 개념을 갖게 될까? 우리 대부분은 나무나 식탁처럼 아주 익숙한 개념인데도 그 낱말을 정의할 수 없다. 그렇다면 혹시 "X"라는 낱말을 정확하게 **적용**할 수 있을 때 개념을 갖게 될까? 하지만 X라는 개념을 나타내는 낱말을 알지 못하면 X라는 개념을 가질 수 없는 것일까? 촛불이라는 낱말을 들어 본 적이 없는 어린이는 촛불이라는 개념을 가질 수 없는 것일까?

어떤 사람은 X를 X-아닌-것과 구별할 수 있으면 X라는 개념을 갖는다고 말하기도 한다. 개를 개가 아닌 모든 것과 구별할 수 있는 어린이는 개라는 개념을 갖는다고 말하는 것이 그럴듯하지 않은가? 그렇다면 고양이도 개와 다른 모든 것—다른 고양이, 늑대, 도마뱀, 난방기 등—을 아주 잘 구별할 수 있다. 그 경우에 고양이도 인간처럼 개라는 개념을 갖는다고 말하는 것이 합리적이지 않을까? 마찬가지로 개도 뼈다귀를 이 세상의 다른 모든 것과 구별할 수 있으며, 뼈다귀가 아닌 것에 반응하는 것과 다른 방식으로 알맞게 반응할 수 있다—다시 말해 뼈다귀를 숨기고 물어뜯고 먹는다.

그러나 우리는 어떤 것이 X인 경우와 X가 아닌 경우를 결정하는 **기준**을 갖는데, 이것이야말로 개념을 갖는 일에 본질적이지 않을까? 그렇지만 개도 역시 뼈다귀 개념을 갖는다. 개가 뼈다귀를 한결같이 구별할 수 있다는 것은 결코 우연이 아니다. 개가 어떤 기준을 사용하는지 알 수 없지만, 개도 기준을 갖는다고 상정하는 것이 합리적이지 않을까?

인간은 다른 동물에게 없는 많은 개념을 갖는다. (몇 가지만 임의로 예를 들면) 자유, 균형, 호혜, 공평, 삼각측량이라는 개념과 수많은 다른 개념을 갖는다. 우리는 자유 등등에 대해 전혀 심상을 갖지 못한다. 그것들은 감각 기관에 나타날 수 있는 사물이 아니다. 그것들은 모두 감각 자료가 아닌 것들을 구별하는 능력과 관련되어 있다. 우리가 자유라는 개념을 갖는다고 해 보자 — 우리는 자유에 대해 완전히 일치된 견해를 가질 수 없으며, "자유"라는 낱말 자체가 애매할 수도 있다. 그것은 무엇으로부터의 자유인가, 아니면 무엇을 할 수 있는 자유인가? 어느 쪽이든 (또는 둘 다이든 둘 다 아니든) 그것은 결코 감각 대상이 되지 못한다. 물론 자유 개념을 갖기 위해서 **어떤 종류의 특정한 경험**(이를테면 사슬에서 풀려난 사람을 보는 경험)을 해야 하는 것은 **아닐지라도**, 무언가 세상을 경험하지 않고서는 자유 개념을 가질 수 없다. 우리는 남이 시키는 일을 하는 것이 아니라 <u>스스로</u> 하고 싶은 일을 하는 사람을 보는 경험을 가져야 한다. 그러나 다른 동물의 경우와 달리 인간만이 가질 수 있는 개념들 대부분은 감각 경험에서 상당히 여러 단계 떨어진 아주 추상적 수준에 있기 마련이다.

전통적인 인식론의 한 형태인 **경험주의**(empiricism)는 모든 개념이 어떻게든 경험에서 유래한다고 주장한다. 경험주의와 대조를 이루는 **이성주의**는 ("rationalism"이라는 말의 여러 의미 중 한 가지 의미에서) 모든 개념이 경험에서 유래하는 것은 아니라고 주장한다. 어떤 개념은 우리의 두뇌에 "붙박여" 있어서 그 실례를 감각 기관으로 경험하지 않아도 개념을 가질 수 있다. 신 개념이 그 중 하나일 수도 있다. 그렇다면 우리는 감각 경험이 전혀 없이도 신 개념을 가질 수 있다(경험주의자는 신 관념이 복합 관념, 즉 인간이나 인간성 관념을 위대한 능력이나 자비심 관념과 결합시킨 것이며, 그 대상이 실존하든 실존하지 않든 그 같은 개념을 가질 수 있다고 주장한다). 그 밖에 인과 관계와 같은 개념들은 우리에게 "내재되어" 있어서 감각 경험을 기반으로 삼을 필요가 없다. 어쨌든 "이성주의"와 "경험주의"라는 용어는 역사상 훨씬 더 중요한 다른 문제들과 연관되어 있는데, 이에 대해서는 5장에서 논의하겠다.

우리는 또한 동등, 무한, 함의, 연역가능성이라는 개념을 갖기도 하는데, 그런 개념들은 빨간색을 보거나 고통을 느끼는 것과 같은 감각 경험과 어떻게 연결되는가? 이것들을 연결시키려면

우리는 명사, 동사, 형용사의 의미를 알아야 할 뿐만 아니라 문장이 지닌 통사론적 형식의 의의를 이해해야 한다. 그리고 많은 문장의 경우, 문장 전체가 의미를 갖도록 명사, 형용사, 동사를 문장으로 연결시켜 주는 여러 종류의 낱말 또한 이해해야 한다. 우리는 "존이 짐을 때렸다." "짐이 존을 때렸다." "존이 짐을 때렸어?" "존이 짐을 때리다니!" "존, 제발 짐을 때리지 마"와 같은 문장들을 의미론적으로 구별할 수 있어야 한다. 이것은 대화에 참여하기 전에 여러 요소, 즉 어순(語順), "do," "shall," "is"와 같은 조동사, "is" "this" "and"와 같은 연결어를 사용하고 이해할 수 있어야 한다는 것을 뜻한다. 문장의 이런 요소들은 경험 속에서 확인할 수 있는 것과 연결시킴으로써 그 의미를 알 수 있는 것도 아니고, 경험할 수 있는 것에 의해 정의될 수 있는 것도 아니다. 어순 패턴이나 말줄임표, 또는 "is" "that"과 같은 낱말과 관련 있는 대상을 어떻게 감각 지각으로 찾을 수 있겠는가? 그리고 이런 요소들을 "푸른색"이나 "식탁"과 같은 낱말들로 정의하려고 할 경우, 그 성공 가능성이 너무 희박하여 그것을 시도해 본 사람도 없었을 것 같다.[8]

7. 무의미성

지금까지 보았듯이 많은 낱말이 어떤 사물이나 성질이나 관계를 전혀 나타내지 않음에도 낱말은 모두 다 의미를 갖는다. "야호"와 "아야"는 아무것도 지칭하지 않는다. 그 낱말들은 느낌을 표현하지만 그래도 의미를 갖는다. 의미가 없으면 낱말은

---

8 William Alston, *Philosophy of Language* (Englewood Cliffs, NJ: Prentice-Hall, 1963), p.68.

이상한 소리이거나 종이에 기록된 괴상한 표시일 뿐이다.

낱말들은 무의미한 문장(또는 절이나 구)으로 결합되기도 한다. "걷다 앉았다 먹다 매우"는 낱말들로 이루어져 있지만 문장이 되지 못한다. "상대성 이론이 푸르다"는 하나의 문장이지만 그 낱말들의 일상적 의미로는 아무런 의미도 전달하지 못한다.

문법적 불완전성. 문장이 문법적으로 불완전한 경우가 있는데, 이런 문장은 완전한 의미를 얻는 데 필요한 요소를 빠뜨린 문장이다. 어떤 사람이 "램프가 위에 있다"고 말하면 우리는 "어떤 것 위에?"라고 묻는다. 그녀는 "어떤 것 위에 있는 것이 아니라 그냥 위에"라고 말한다. 하지만 A가 위에 있다면, 그것은 어떤 것 위에 있어야 하지 않겠는가? (일상적으로 "A가 B 위에 있다"는 A가 B보다 지구 중심에서 더 멀다는 것을 의미한다— "화성의 위성이 다른 위성 위에 있다"고 말하는 경우에도 화성의 위성이 화성의 중심에서 더 멀다는 것을 의미한다. 어떤 것이 위에 있는가는 어떤 항성이나 행성을 중심으로 삼는가에 달려 있다.)

("그녀는 그저 돈 때문에 '굽실거리며' 어떤 일을 하지는 않는다"는 의미로) "She's above all that"과 같은 말을 하는데, 이때 우리는 "above"를 글자 뜻 그대로의 의미, 즉 일상의 공간적 의미로 사용하는 것이 아니라 글자 뜻에 구애받지 않고 비유적 의미로 사용한다. 그럼에도 글자 뜻 그대로의 의미든 아니든 위에 있다는 것은 A라는 것과 B라는 것을 필요로 한다. "그녀가 위에 있다"라고만 말하고 "어떤 것 위에 있는 것이 아니다—그냥 위에 있다, 그게 전부다"라는 말을 덧붙일 뿐이라면 그것을 어떻게 이해하겠는가? 그 말은 무의미하지 않은가?

위에 있다는 것은 두 용어를 필요로 하는 관계이다. 셋 이상의 용어를 필요로 하는 관계도 있다. 여기에 두 개의 말뚝 A와 B가 있고, 그 사이에 말 C가 서 있다. 이 말뚝 A와 저 말뚝 B 사이가 아니라 어떤 말뚝 사이에 말이 서 있다는 것은 무엇을 의미하는가? 사이에 있다는 것은 C를 사이에 두는 두 대상을 필요로 하지 않는가? 누군가가 "C는 A 사이에 있다"고 계속 주장한다면, 우리는 발언한 그 문장이 무의미하다고 응수할 수밖에 없지 않은가?

비교 대상을 가리키는 B-용어가 진술되지 않는 경우도 가끔 있다. "A가 더 좋다." 누구보다 무엇보다 더 좋은가? "A가 크다." 무엇보다 더 큰가? 이같은 용어는

비교하는 말인데, 한 사람이나 사물을 또 하나의 사람이나 사물과 질적으로 비교한다. (우주에 오직 하나의 대상만 있다면 그것이 큰 것일 수 있을까? 그렇게 말할 경우 그 의미는 무엇일까?)

범주 착오. 무의미한 어떤 문장들은 범주 착오(categorical mistake)나 유형 착각(type crossing)이라는 것과 관련이 있다. "상대성 이론이 푸르다." "이차 방정식이 경마장에 간다." "토요일이 잠을 잔다." "수 5가 어제 죽었다." 이런 문장들은 무엇이 잘못인가? 이들은 "눈이 검다"나 "생쥐가 코끼리보다 크다"처럼 단순히 그른 말에 그치는 것이 아니다. 우리는 적어도 "눈이 검다"나 "생쥐가 코끼리보다 크다"가 무엇을 의미하는지 알고 있으며, 그 의미를 알고 있기 때문에 그 문장들이 그르다고 말할 수 있다. 하지만 토요일이 잠잔다는 말에 무슨 의미가 있기는 있는가?

"토요일이라는 녀석이 누구야?"라고 묻는 사람이 있을 수도 있다. "아하, 너는 토요일이 누구 이름인 줄 아는구나." "아냐, 내가 말하는 토요일은 일주일의 일곱 번째 날이야. 나는 일주일의 그 날이 잠잔다고 말하는 거야." 우리는 이제 뭐라고 말할 수 있을까? 일주일의 어느 날이 어떻게 잠을 잘 수 있을까? 침대는 공간에 있는 물건이다. 어느 날이 침대에 있을 수 있거나 공간상의 다른 어느 위치에 있을 수 있는 그런 종류의 것일까?

그와 같은 진술들이 단순히 그르다고만 말하면 왜 안 되는가? "이차 방정식이 경마장에 간다." "글쎄, 이차 방정식은 경마장에 못가잖아? 그러니까 그 말은 그른 거지." 그러나 여기에는 무언가 잘못된 점이 있다. 우리는 코끼리가 잠잔다는 것이 어떤 것인지 알지만(우리는 그 장면을 묘사하거나 그릴 수 있다), 일주일의 어느 날이 잠잔다는 것은 어떤가? 우리는 경마가 무엇이고 이차 방정식이 무엇인지 안다. 하지만 "이차 방정식이 경마장에 간다"는 문장은 어떤 상황을 묘사하는가?

그 문장은 의미를 갖기는 하나 그것이 묘사하려는 상황을 우리가 상상할 수 없다고—우리가 그 상황을 생각할 수 없고, 우리의 사고력이 부족할 따름이라고—말하는 경우도 있다. 그러나 여기에는 다른 종류의 잘못이 있는 것 같다. 우리는 수천억 광년의 거리를 상상할 수 없을지라도, 어떤 은하계가 그 정도로 멀리 떨어져 있다고 말하는 천문학자를 이해할 수 있다. 하지만 "토요일이 잠잔다"는 문장과 "수 5가 죽었다"는 문장이 어떤 상황을 묘사하는지 이해가 되지 않는다.

왜 그럴까? 많은 철학자들은 존재하는 모든 것이 몇 가지 일반적인 범주로 나뉜다고 주장했다. 수(number)가 그 중 한 가지다. 수는 시간과 무관한 것이다—수에는 역사가 없기에 "이전"이나 "이후"처럼 시간을 나타내는 용어가 적용되지 않는다. 수는 추상적인 것이지 특수한 것이 아니다. "가볍다," "무겁다," "빨갛다," "파랗다"와 같은 용어는 특수한 것(개별적인 것)에 적용될 뿐이다. 수가 태어났다거나 죽었다고 말하면 그것은 양립할 수 없는 존재 유형들을 하나로 혼합하는 것이다(**숫자** 2를 칠판에서 지울 수 있다고 해서 **수** 2와 3을 더하면 5가 된다는 사실을 바꿔 놓지는 못한다).

하지만 두 종류의 것이 서로 다른 범주에 속하는 경우가 항상 선명하게 확인되는 것은 아니다. 수와 동물은 서로 다른 범주에 속하지만, 개미와 개미핥기는 그렇지 않다(개미와 개미핥기는 둘 다 특수한 것들이다). 어떤 사람이 맥주를 마시고 담배를 피우고 샌드위치를 먹는다고 해 보자. 누군가가 "그는 맥주를 먹었다," "그는 담배를 마셨다," "그는 샌드위치를 피웠다"고 말하면, 그 사람은 범주의 경계선을 침범한 것일까? 만일 그렇다면 그 범주는 특수한 것들이나 추상적인 것들의 범주와 비교할 때 지나치게 좁은 셈이다. 우리는 어쩌면 이렇게 말해야 할지도 모르겠다. "샌드위치를 피운다는 것이 어떤 것인지 나에게 말해 주면 그 문장에 의미가 있다고 인정하겠다. 말해 줄 수 있는가?"

우리는 누구나 "발목을 삐었다"라는 말의 의미를 안다. "간을 삐었다"는 경우는 어떤가? 그것은 어떤 상태인가? "삐다"가 뼈나 관절과 연관되어 있는데 뼈나 관절이 없다면 삘 것이 없는 것 아닐까? "머리를 삐었다"는 경우는 어떤가? 공부를 너무 열심히 한 나머지 정신이 헷갈려서 이렇게 말할 수도 있겠으나, 이 경우에는 "삐다"라는 낱말을 다른 의미로 사용하는 것이 아닐까?

우리는 누구나 서 있는 것, 앉아 있는 것, 누워 있는 것의 차이를 익히 안다. 그런데 책이 식탁에 누워 있다고 말하는 경우를 보자. 여기서 "누워 있다"는 무엇을 의미하는가? 물론 책이 그렇게 누워 있는 것은 아니고, 책이 놓인 상태가 앉아 있거나 서 있는 것보다 누워 있는 것과 **더 비슷하다**. 책이 책꽂이에 꽂혀 있을 경우에는 "책이 저기 서 있다"고 말할 수도 있다. 또한 "책이 저쪽에 앉아 있다"고 말할 수도 있겠지만, 책이 어떤 상태로 놓여 있을 때 이렇게 말하는지 전혀 분명하지 않다. 책이 앉아 있다는 말은 어떤 사람이 앉아 있다고 말할 때 우리가 언급하는 것과 동일한 상태가 아니다.

은유. 끝으로 우리는 종종 은유적 의미로 낱말을 사용하기도 한다. 그 같은 낱말은 얼핏 보면 무의미한 것처럼 보이지만, 그 의미를 파악하기 위해 다소 '파헤칠' 필요는 있어도 무의미하지는 않다. 맥베스의 "Life's but a walking shadow"라는 말은 얼핏 보면 무의미한 것 같지만("무엇의 그림자이지?"), 그것은 일상적인 표현과 달라서 "그녀에게 옛 모습의 그림자가 희미하게 남아 있을 뿐이다"라는 말이 아니다. 보통 한 종류의 대상이나 관념을 지칭하는 낱말이나 구절이 은유에서는 그것과의 유사성이 드러나도록 또 다른 종류의 대상이나 관념을 지칭하는 데 사용된다. "푸른 도화선을 타고 꽃을 몰아가는 힘 / 나의 푸른 나이를 몰아간다"는 딜런 토머스(Dylan Thomas)의 시구는 이렇게 바꾸어 말할 수 있다. "꽃을 피우는 데 작용하는 힘은 인간사에서도 똑같이 작용한다." 줄기를 도화선이라고 말함으로써 자라는 어린 식물의 폭발적인 성질에 주목하고, 나이를 푸르다고 말함으로써 푸름과 미성숙 사이의 관계를 언급한다. 푸른 과일은 아직 익지 않은 자라는 과일이다. 푸름과 미성숙 사이의 관계를 전혀 알아차리지 못하면, 우리는 "푸른 나이"가 무엇을 의미하는지 알 수 없을 것이다.

시인들은 독자 대부분이 지금까지 알아차리지 못한 유사성을 제시하기 위해 언어를 사용하는 경우가 종종 있다. 아리스토텔레스(382–324 B.C.)는 은유가 유사하지 않은 것들 속에서 유사성을 발견하는 능력이라고 했다. 은유는 언어적 장식이나 치장에 불과한 것이 아니다. 셰익스피어는 《자에는 자로》에서 죽음을 "보이지 않는 바람에 감금되는 것"이라고 말하는데, 이것은 그저 어떤 사람이 죽었다고 말하는 것과 현저하게 다르다. 그가 죽었다고 말하는 것은 셰익스피어의 구절이 지닌 "효과를 살리지" 못한다.

그렇지만 은유의 정도가 너무 지나쳐서 무의미해지는 경우는 없을까? 셰익스피어의 오페라 《템페스트》에 나오는 "잠자는 사원"은 이해할 수 있지만, "수학적인 목욕탕," "분사(分詞) 형태의 두 발 동물," "무기력한 관용구," "공격적인 꽃병," "약정된 빛의 굴절"처럼 명사와 형용사를 제멋대로 조합한 경우는 어떤가? 예를 들어 "수학적인 목욕탕"이라는 말은 어떻게 이해해야 할까? "수학적인"을 기하학적 의미로 해석함으로써 그 목욕탕이 사각형이나 삼각형 모양을 규칙적으로 배열하여 멋지게 장식한 목욕탕임을 말하는 것일까? 우리는 화자가 전혀 의도한 적이 없는 파격적인 다른 해석을 얼마든지 발견할 수 있다.

우리는 커밍스(e. e. cummings)의 "rubber questions"를 질문 받은 상대방이 계속해서 끈질기게 되받아 질문하는 것으로 이해할 수 있다. "공격적인 꽃병"의 경우도 어떻게든 이런 식으로 이해할 수 있을까? 하지만 "사람–잡아먹는 사각형"처럼 한쪽 모자에 일군의 명사를 떨어뜨리고 다른 쪽 모자에 일군의 형용사를 떨어뜨려서 무작위로 만들어 낸 표현들의 경우는 어떨까? 우리는 언제든지 텍스트에 함축되지 않은 우리 자신만의 어떤 의미를 **약정**할 수 있지만, 그것이 공적 언어의 의미 있는 표현이 될 가능성은 거의 없다. 그러나 논의를 계속해 보자.

A: "텍스트에 함축된" 것은 아무것도 없다. 텍스트의 의미는 낱말이나 구절에 대해 어떤 해석을 선호하고 어떤 해석을 선택하는가에 달려 있다. 하나의 문장이 이 사람에게는 의미가 있지만, 다른 사람에게는 의미가 없을 수 있다.

B: 물론이다. 당신은 프랑스어를 이해하고 나는 프랑스어를 이해하지 못한다면, 하나의 프랑스어 문장이 당신에게는 무의미하지 않겠지만 나에게는 무의미하다.

A: 내가 말하려는 것은 우리가 어느 의미를 선택하든 그 의미를 기존의 표현에 부여하자고 약정하기만 하면 된다는 것이다. 당신이 말하는 "토요일"의 의미가 당신 친구 조지를 의미한다면, 토요일이 잠잔다는 것은 전적으로 유의미하다.

B: 그것은 일종의 말장난에 불과하다. 우리에게는 분명히 약정의 자유가 있다—우리는 자신이 원하는 의미를 낱말에 부여할 수 있다. 하지만 이런 낱말들의 의미를 **현행 의미**로 사용한다면 "토요일이 잠잔다"는 문장은 유의미해질 수 없다.

A: 통상 우리는 어떤 사람이 말하려는 것을 이해하지 못할 경우 무슨 의미로 그렇게 말하는지 다른 말로 다시 말해 달라고 한다.

B: 그러면 "토요일이 잠잔다"는 것을 "일주일의 일곱 번째 날이 잠잔다"고 말하면 어떨까? 괜찮을까?

A: 아냐, 동의어를 제시하면 안 된다. 하나의 표현이 무의미하면 그 표현에 대한 임의의 해석 역시 무의미해진다.

B: 그런데 달리 말할 방법이 전혀 없는 경우도 때로 있다. 내가 저기 우리 앞에 나무 한 그루가 있다고 말하자 당신이 그 말이 무슨 의미인지 모르겠다고 말한다면, 나는 그것을 다른 말로 다시 말해 줄 수 있다고 생각하지 않는다. 나는 나무를 설명하기 위해 사전을 찾아보고 사진을 보여 주는 것과 같은 일을 할 수 있는데, 그 모든 일을 하고 나면 더 이상 무슨 일을 할 수 있을지 정말 모르겠다. 그것이 내가 해 줄 수 있는 모든 것이다. 당신이 그것을 이해하지 못한다면, 미안하지만 내가 더 이상 해 줄 수 있는 것은 아무것도 없다.

A: 내가 당신에게 "토요일이 잠잔다"고 말하자 내 말이 무슨 말인지 모르겠다면서 제발 달리 말해 줄 수 없겠느냐고 했을 때, 나는 그 말 이외에 다른 어떤 말도 생각할 수 없다고 하면 어떻게 될까? 그 의미가 너무 선명해서 다른 어떤 문장으로도 더 이상 그 의미를 선명하게 할 수 없다고 주장해도 당신은 여전히 내 말이 무의미하다고 주장할 것이다.

B: 무의미하다고 주장하지 않더라도 적어도 나는 "토요일이 잠잔다"는 문장에 포함된 낱말들을 일상 용법에 맞게 사용할 경우 그 말이 도대체 무슨 의미를 가질 수 있는지 짐작도 못하겠다고 주장할 수는 있다.

A: 그런데 누가 옳은지 어떻게 결정할 수 있을까? 어떤 문장이 의미를 갖는 경우와 의미를 갖지 않는 경우를 결정할 시금석이 있을까?

B: 모든 사람이 동의할 수 있는 시금석은 없다.

A: 어느 철학자가 너무 오래 잔다고 핀잔을 들은 적이 있었는데, 늦잠 잔다고 자꾸 잔소리를 듣게 되자 그는 "사실상 나는 남보다 더 오래 자는 것이 아니라 더 느리게 잘 따름이다"라고 말했다. 이것이 무의미한 말일까?

B: 글쎄, 잠을 잔다는 것이 실제로 빠르게 자거나 느리게 잘 수 있는 것인지 물어야 할 것 같다. "그는 남보다 더 느리게 잔다"고 말하는 것이 "그는 남보다 더 오래 잔다"고 말하는 또 다른 방식일 뿐일까? 그것은 동일한 것을 두 가지 방식으로 말하는 것일까? 그렇지 않으면, 나는 그가 느리게 잔다고 말함으로써 무엇을 의미하는지 전혀 모르겠다고 말할 수밖에 없다.

A: 그런데 그 말의 의미를 나는 안다고 말하면 어떻게 할 텐가?

B: 더 느리게 자기는 하지만 더 오래 자지 **않는** 사람의 예를 들어 보라고 말하고 싶

다. 더 오래 자는 것과 더 느리게 자는 것의 의미를 어떻게 구별할 수 있을까? 그것을 어떤 식으로도 구별할 수 없다면, 나는 동일한 것을 두 가지 방식으로 말하고 있을 뿐이라고 생각하거나 "더 느리게 잔다"는 표현이 무의미하다고 생각한다. 혹시 그것이 다소 파격적인 은유라면, **그것**이 어떤 것인지 나에게 설명해 주면 좋겠다.

A: 더 오래 자는 것과 더 느리게 자는 것의 의미가 실제로 다른데 당신이 그 차이를 깨닫지 못할 뿐이라고 말하면 어떻게 할 건데?

B: 당신은 두 의미가 서로 어떻게 구별될 수 있는지에 대해 한마디도 하지 않았다고 말하고 싶다. 느리게 잔다는 표현을 내가 이해할 수 있는 표현으로 번역해야 할 것 같다. 어느 신학자가 "물리적 세계는 전혀 실재하지 않고, 인간은 절반만 실재하며, 오로지 신만이 완전히 실재한다"라고 말한다고 해 보자. 나는 이 말이 무슨 의미인지 아직 모른다. 그가 말하는 "실재한다"가 무슨 의미인지 당사자가 먼저 분명하게 밝혀야 한다고 생각한다.

A: 물론 그 말은 우리가 나무와 산이라고 여기는 것이 망상이나 공상일 뿐이라는 것을 의미한다. 당신은 그 신학자의 말이 잘못된 것이라고 하겠지만 그렇다고 해서 그의 말이 무의미하다고 단정해서는 안 된다.

B: 나는 그런 식으로 단정하지 않는다. 나는 항상 당사자가 낱말들을 어떤 의미로 사용하는지 기꺼이 이해하려고 한다. 어떤 문장이 완전히 무의미하다고 말하기 전에 면밀히 **검토**하려고 한다 — 그 문장의 의미를 신중히 알아보려고 한다. 그 문장의 의미는 이런 의미일까 저런 의미일까? 이것은 언어 소통에서 중요한 문제이다. 텔레비전 지역 채널인 히스토리 채널은 "당신이 역사다"라는 표어를 내걸었다. 도대체 어떤 의미인가? 일군의 낱말들에 불과한가, 아니면 혹시 범주 착오인가? 그것은 "당신 **안에** 역사가 있다"는 것을 의미하는지도 모른다. 그렇다면 **그 말**의 의미는 또 무엇인가? 당신의 유전자가 수많은 선조들의 유전자에서 나온 산물이라는 것을 의미할 수도 있고, 신조들의 바로 그런 유전사가 없이는 당신이 당신일 수 없다거나 당신이 아예 이곳에 있을 수도 없다는 것 등등을 의미할 수도 있다. 나는 그 말의 의미를 모른다. 이런 식으로 말하는 사람들은 왜 자기네가 하는 말의 의미를 설명해 주지 않고, 우리에게 애써 알아내라고 하

는 것일까? 내가 하고 싶은 말은 이렇다. "당신이 의미하는 바를 명료하게 말하라. 그 말을 지어낸 사람은 당신이니까 그것을 제대로 알아듣게 해 줄 사람도 당신이다. 무슨 심오한 말이나 하는 양 낱말 꾸러미를 툭 내던져 놓고서 경외감이나 신비감을 느끼게 하려고 하지 마라." 그런 사람들은 자기가 무슨 심오한 말을 한다고 생각하거나 자기가 하는 일이 심오한 일이라는 인상을 주려고 하지만, 그것은 항상 아무런 내용도 없는 공허한 낱말들을 모아 놓은 것일 뿐이다. 철학이라는 것의 대부분이 그런 식에 불과하므로 우리는 이 같은 말장난을 제대로 알아차려야 한다.

요컨대 역사는 사람이 아니므로 당신일 수 없다. 그래서 우리는 "당신이 역사다"라는 말을 허튼소리(nonsense)로 간주하거나, 아니면 화자가 발언 내용을 우리에게 설명할 경우 어떤 낱말들을 다소 이상한 동떨어진 의미로 사용하면 그 의미를 붙들고 늘어져야 한다. 화자가 발언 내용을 명확히 드러내게 하거나 더 이상 발언을 그만두게 해야 하며, 억지로 꾸며 대는 말이야말로 쓰레기 같은 말(verbal garbage)에 불과하다는 것을 보여 주어야 한다.

A: 그러나 쓰레기 같은 말과 그렇지 않은 말을 구별하는 일반적인 합의 기준이 있는 것 같지 않다.

B: 그렇지만 이 책의 다음 장들에서 몇 가지 철학적 문제를 다루다 보면, 이렇게 골치 아픈 무의미성 문제도 어느 정도 해결의 실마리를 찾을 것으로 본다.

연습문제

1. 다음은 언어상의 문제인가? 만일 그렇다면 어떻게 해결하겠는가? 한 그루 나무에 달라붙어 있는 다람쥐가 한 남자에게 발각되지 않으려고 계속 그 남자를 반대면에 두고 빙빙 돈다. 따라서 다람쥐도 나무를 돌고 있고, 남자도 (어느 정도 거리를 두고) 나무를 돈다. 하지만 그 남자는 다람쥐를 도는가?[9]

---

9 William James, *Pragmatism* (New York: Longmans Green, 1907), pp. 43-45를 요약하였다.

2. 당신의 자동차에 결함이 있는 부품을 하나 교체한다. 다음 날 결함이 있는 부품을 또 하나 교체한다. 그 다음에는 자동차의 모든 부품이 새 부품이 될 때까지 날마다 부품을 교체한다. 이 과정이 모두 끝난 뒤 그 자동차는 (새 부품으로 교체된) 당신의 자동차인가, 아니면 다른 자동차인가? 그것이 다른 자동차라면, 언제 다른 자동차가 되었는가?

3. 잭은 동생 딕에게 "내가 죽을 때 돈을 모두 너에게 주겠다"고 말했다. 다음 날 잭은 마음이 변해서 모든 돈을 부인에게 남기기로 결심하고 유언장에 "나의 모든 돈을 나와 가장 가까운 친족(잭의 부인)에게 남긴다"고 기록했다. 그런데 잭이 모르는 사이에 부인이 죽었다. 다음 날 잭 자신도 죽었고, 그의 돈은 가장 가까운 친족인 동생 딕에게 돌아갔다. 잭은 딕과 약속을 지켰는가?

4. 토마토는 과일인가 채소인가? 이것은 어떤 종류의 물음이며, 이 물음을 어떻게 해결할 수 있는가? 그렇다면 "음악이 언어인가?"라는 물음도 똑같은 물음인가?

5. 5일 뒤에 다시 걸린 이 감기는 지난주에 걸렸던 감기와 똑같은 감기인가, 아니면 다른 감기인가? 똑같다고 대답할 때와 다르다고 대답할 때 어떤 차이가 있는가?

6. 죽음은 오랜 동안 심장 박동의 정지로 정의되었다. 나중에 그 정의는 뇌파의 정지로 바뀌었다. 회복할 수 없는 상태를 죽음이라고 하고 싶다면 (우리는 "그가 작년에 두 번 죽었다"라고 말하지 않는다), 첫 번째 정의보다 두 번째 정의가 더 나은가? 두 번째 정의를 옳은 정의라고 할 수 있을까?

7. A는 집합 X의 정의 특성이고 B는 동반 특성이라고 해 보자. 다음 중 어느 진술이 옳은가?

  a. 이것은 A를 갖지 않으면 X일 수 없다.

  b. 이것은 B를 갖지 않으면 X일 수 없다.

  c. X가 아니었다면, A를 가질 수 없었을 것이다.

d. X가 아니었다면, B를 가질 수 없었을 것이다.

8. 다음 각각의 경우에 정의 특성과 동반 특성에 대한 지식을 이용하여 논쟁을 명료화하시오.

a. 식탁의 다리를 잘라도 여전히 식탁인가? 식탁을 땔감으로 쓰기 위해 잘게 자르면?

b. 액체 상태가 아닐지라도 여전히 물인가?

c. 불타 버린 뒤에도 여전히 나무인가?

d. 스물한 살이 되지 않았어도 성인인가?

e. 기차의 차량이 다른 차량으로 바뀌어도 여전히 동일한 기차인가?

f. 기차가 매일 다른 시간에 그 역을 출발해도 여전히 동일한 기차인가?

g. 자성(磁性)이 없어도 철(鐵)인가?

h. 줄무늬가 없어도 얼룩말인가?

i. 십년 전에 있었던 내 신체의 모든 세포가 완전히 다른 세포로 바뀌어도 나는 여전히 동일한 사람인가?

j. 풀은 암소가 먹은 뒤에도 여전히 풀인가?

9. 다음 정의를 근거에 입각하여 평가하시오.

a. 새: 깃털 있는 척추동물.

b. 광신자: 목표를 상실한 뒤에 한층 더 노력하는 사람.

c. 세이지(sage): 칠면조 요리의 소(stuffing)로 사용되는 향신료 식물.

d. 트리(Tree): 모든 행성 가운데 가장 큰 것.

e. 자유주의자: 자유를 소중하게 여기는 사람.

f. 집: 인간이 거주하기 위해 설계한 건축물.

g. 황혼기: 낮과 밤 사이의 시기.

h. 운동: 지표면상의 위치 변화.

i. 쓰레기통: 버린 쓰레기를 담는 데 사용하는 통.

j. 책: 종이, 표지, 활자로 구성된 어떤 것.

k. 적도: 지구의 북극과 남극의 중간을 빙 돌아가는 가상의 선(imaginary line).

l. 결혼: 합법화된 매춘.

m. 왼쪽: 오른쪽의 반대편.

n. 종교: 여가 시간에 하는 것.

o. 수요일: 화요일 다음 날.

p. 펌프(Pump): 지표면 아래에서 물을 끌어올리기 위해 사용하는 도구.

q. 먹다: 입으로 섭취하다.

r. 심장: 혈액을 신체로 뿜어내는 장기.

10. 다음과 같은 의견과 물음을 고려하여 "행위"(act)라는 낱말에 대해 만족스러운 정의를 내려 보시오.

"법에는 행위가 있어야 한다." 살인 미수는 행위로 간주되지만, 살인 의도는 행위가 아니다. 하지만 행위에 해당하는 것은 무엇인가? 당신이 누군가에게 총을 쏘아서 피해자가 죽었다면, 무엇이 당신의 행위였는가? 방아쇠에 당신의 손가락을 거는 것? 방아쇠에 당신의 손가락을 거는 것과 총알이 발사되는 것? 이 두 가지와 총알이 피해자의 몸에 박히는 것? 이 세 가지와 총알이 피해자의 심장에 박히는 것? 이 네 가지와 피해자의 죽음? 행위의 일부분으로 간주되는 것은 어떤 것이고, 행위의 결과로 간주되는 것은 어떤 것인가?

다음 중 행위로 간주될 수 있는 것은 어떤 것이며, 그 이유는 무엇인가?

a. 몽유병 상태에서 누군가를 살해했다.

b. 어떤 사람을 칼로 찔러 죽이고서도 그 사실을 전혀 기억하지 못한다.

c. 아무런 생각이나 사전 계획 없이 무심결에 완전히 습관적으로 어떤 일을 했다.

d. 당신이 어떤 사람을 굶겨 죽이거나 익사시킨 것은 아니다. 하지만 그에게 음식을 제공할 수 있었는데도 굶어 죽게 내버려 두었고, 그를 구출할 수 있었는데도 익사하게 내버려 두었다.

e. 당신이 자동차 정비를 제대로 하지 않은 나머지 브레이크가 고장 나서 보행자를 치어 죽게 했다.

11. 신맛과 쓴맛만 경험했다면 단맛이 어떤 맛인지 상상할 수 있을까? 레몬 맛과

오렌지 맛만 보았다면 유자 맛을 상상할 수 있을까? 자두 맛과 복숭아 맛만 보았다면 살구 맛을 상상할 수 있을까? 이를테면 즐거운 일이 끝났다거나 귀중품을 도난당했을 때의 슬픔처럼 다른 상황의 슬픔은 경험했지만 사랑하는 사람의 죽음은 경험하지 못했다면, 사랑하는 사람이 죽었을 때의 슬픔이 어떤 것인지 사전에 말할 수 있을까? 모차르트의 안단테만 경험했다면, 말러의 안단테가 얼마나 슬픈지 사전에 말할 수 있을까? 탐욕을 부려 본 경험이 전혀 없는데도 탐욕스럽다는 것을 알 수 있을까? 아무개가 당신에게 탐욕스럽다고 말했을 경우, 당신은 그의 감정 상태가 어떠할지, 그가 당신을 어떻게 대할지 알 수 있을까?

12. 다음과 같은 것을 직접 경험하지 않고서도 그에 대해 관념을 가질 수 있는가? 그것은 단순 관념인가, 복합 관념인가? 자기가 "관념"이란 낱말을 심상의 의미로 사용하는지 개념의 의미로 사용하는지 진술하시오.

   a. 공간

   b. 북엔드

   c. 무(nothing)

   d. 운동

   e. 수영

   f. 생명

   g. 새로움

   h. 후회

13. 다음 개념이 경험에 기초를 둔다면, 어떤 방식(들)으로 기초해 있는지 말할 수 있는가? 이 개념을 이해하려면 어떤 경험 또는 어떤 종류의 경험을 해야 하는가?

   a. 문손잡이

   b. 인종 통합

   c. 도덕적으로 가치가 있는

   d. 환영

   e. 개연성

f. 경제적 기회

g. 무한성

14.

그녀[카렌, 사서]는 도서관 책장에 포름알데히드가 함유되어 있다는 말을 어떤 사람에게 들었다. 잠시 후 그녀는 두통을 겪었고, 관절이 아프고 숨 쉬기가 힘들어졌다....그러나 카렌은 책장에 포름알데히드가 전혀 없다는 말을 들었다. 갑자기 그 징후들이 사라졌다. 카렌의 동료 한 사람이 나에게 이런 말을 해 주었다. 결국은 책장에 포름알데히드가 함유되어 있다는 사실이 밝혀졌는데도 다행히 카렌이 이 사실을 모르고 있어서 그런 징후들에서 벗어났다는 것이다.[10]

A: 나는 이 병이 전혀 진짜가 아니라고(not real) 생각한다. 그것은 가짜다.

B: 하지만 그녀는 모든 징후를 실제로(really) 느꼈다. 그녀는 속이지 않았다. 그녀는 실제로 그런 고통과 불편함을 느꼈다.

A: 그래도 그것은 진짜가 아니다(not real). 그같은 상태를 일으키는 세균이나 미생물이 그녀의 몸에서 전혀 발견되지 않았다.

B: 그럴 수도 있겠지만, 그 병은 **그녀에게는** 실제로(really) 일어난 일이다.

"real"이란 낱말에 주의하면서 대화를 계속 이어가거나 해결 방안을 제시하시오.

15. 다음 문장이 무의미하다고 생각하는가? 왜 그런가?

a. 그녀는 어떤 소리를 보았다(또는 어떤 색깔을 들었다).

b. 그녀는 마이너스 2인치 길이의 선을 그었다.

c. "인생은 채색 유리 돔과 지붕처럼 영원의 하얀 광채를 물들인다."(Shelley)

d. "우리는 실패한 동물의 눈꺼풀이다."(Allen Tate)

e. 시간이 시작되기 전에 무슨 일이 일어났는가?

---

10   Michael Fumento, "Sick of It All," Reason, June 1966, p. 20.

f. 지평선 저편에(beyond the horizon); 공간을 초월하여(beyond space); 현실을 벗어나(beyond reality); 비난을 넘어선(beyond reproach).

독서안내

Adler, Mortimer. *Some Questions about Language*. LaSalle, IL: Open Court, 1976.

Alston, William. *Philosophy of Language*. Englewood Cliffs, NJ: Prentice Hall, 1963.

Austin, John L. *How to do Things with Words*. New York: Oxford University Press, 1965.

Black, Max. *Language and Philosophy*. Ithaca: Cornell University Press, 1949.

Brown, Roger. *Words and Things*. New York: Free Press, 1958.

Chappell, V. C. *Ordinary Language*. Prentice Hall, 1964.

Cohen, Jonathan. *The Diversity of Meaning*. London: Herder & Herder, 1963.

Drange, Theodore. *Type Crossings*. The Hague: Mouton, 1966.

Erwin, Edward. *The Concept of Meaninglessness*. Baltimore: Johns Hopkins University Press, 1970.

Higginbotham, James. *Language and Cognition*. Boston: Blackwell, 1990.

Hume, David. *An Enquiry Concerning Human Understanding*. 1751. Many editions.

Johnson, Alexander B. *A Treatise on Language*. Edited by David Rynin. Berkeley: University of California Press, 1947. First published 1836.

Katz, K. Jerrold. *The Philosophy of Language*. New York: Harper, 1966.

Martinson, A. *The Philosophy of Language*. New York: Oxford University Press, 1990.

Mill, Johhn Stuart. *A System of Logic*. Book 1. London: Longmans Green, 1843.

Nagel, Thomas. *What Does It All Mean?* New York: Oxford University Press, 1987.

Plato. *Euthyphro; Laches; Meno*. Many editions.

Quine, Willard V. *Word and Object*. New York: Wiley, 1960.

Robinson, Richard. *Definition*. New York: Oxford University Press, 1950.

Sanders, Steven, and David Cheney, eds. *The Meaning of Life*. Englewood Cliffs, NJ: Prentice Hall, 1980.

Suppes, Patrick. *Language for Humans and Robots*. Boston: Blackwell, 1991.

Waismann, Friedrich. *Principles of Linguistic Philosophy*. London: Macmiilan, 1965.

Wittgenstein, Ludwig. *Philosophical Investigations*. Translated by G. E. M. Anscombe. New
York: Macmiilan, 1953.

참고 사항: 독서 목록에 제시한 자료는 대부분 에세이나 논문이 아니라 단행본이다. 철학 정기 간
행물에 실린 논문들은 대체로 독자가 쉽게 접하기 어렵고 이용하기도 까다롭기 때문에 철학 논문
선집에 선택되어 실린 논문들에서 인용하였다.

지식

1. 아는 상태는 어떠한 상태인가?

우리는 무엇을 알 수 있는가? 미래를 알 수 있는가? 지각할 수 없어도 사물이 있다는 것을 알 수 있는가? 우주 어딘가에 외계인이 있다는 것을 알 수 있는가? 신이 우주를 창조했거나 우주의 역사를 이끈다는 것을 알 수 있는가? 사후 세계가 있다는 것을 알 수 있는가? 동물에게도 정신이 있다는 것을 알 수 있는가? 살인이 잘못이라는 것을 알 수 있는가?

이들은 모두 인식론(epistemology), 즉 지식론(theory of knowledge)의 물음이다. 앞으로 보게 되겠지만 이런 물음들은 매우 복잡한 물음이 될 수 있다. 맨 먼저 지식이 무엇인지—어떤 것을 안다는 것이 무엇을 의미하는지—를 아는 것이 오히려 중요하다. 따라서 우리의 첫 번째 물음은 "지식이란 무엇인가?"이다.

우리는 "지식"이라는 말을 다른 낱말들처럼 우리가 선택하는 의미로 사용할 수 있다. 하지만 기존의 사용 방식에 따르면 그 말은 어떤 의미로 사용되는가? 무언가를 안다고 말하기 위해서는 어떤 조건들이 충족되어야 하는가? 무언가를 믿는 것으로 충분하지 않으며, 그저 추측하는 것만으로도 충분하지 않다. 어떤 상태여야 충분**한가?**

"무언가를 안다"라는 구절이 언제나 똑같은 의미를 갖는 것은 아니다. 이 말의 주요 의미는 다음과 같다.

1. **할 줄 아는 것**. 당신은 말을 탈 줄 아는가? 수영을 할 줄 아는가? 용접을 할 줄 아는가? 집을 지을 줄 아는가? 이 같은 물음들은 어떤 활동을 할 수 있는 **능력**(abil-

ity)과 관계가 있다. 일반적으로 그것은 걸을 줄 아는 것처럼 학습된 능력이지만, 울 줄 아는 것처럼 그렇지 않은 경우도 가끔 있다.

동물은 사람이 하지 못하는 것 가운데 할 줄 아는 것이 많으며, 배우지 않고서도 할 줄 아는 것이 인간보다 더 많다. 거의 모든 동물은 (배운 적이 없어도) 수영을 할 줄 안다. 닭은 부화된 지 단 하루 만에 제 몸을 숨겨서 매를 피할 줄 안다. 동물은 자신이 소화시킬 수 있는 음식을 선택할 줄 안다. 개는 고기는 먹지만 (통상) 풀잎은 먹지 않으며, 토끼는 풀잎은 먹지만 고기는 먹지 않는다. 동물은 "본능으로 안다"거나 (더 일반적으로) 이런 활동을 할 수 있게 하는 "프로그램을 유전적으로 타고났다"고 말하기도 한다.

2. **익히 아는 것.** "저 사람 알아?" "그래, 잘 알지." 이 물음은 "특정인에 관해 어떤 사실을 아는가?"와 같은 물음이 아니다. "시내에서 남쪽으로 1마일 떨어진 빨간 집 근처에 있던 그 옛날 시골길을 알아?" "그래, 거기 가 본 적 있어—익히 알고 있지." 요세미티 폭포에 가 봤다면, 즉 감각 기관을 통해서 어떻게든 그 폭포와 마주한 적이 있다면, 당신은 그 폭포를 ("익히 안다"는 의미로) 안다. 이것은 요세미티 폭포에 **관한 사실**(facts about)을 아는 것과 같은 것이 아니다. 요세미티 폭포에 직접 가본 적은 없지만 그곳에 관한 모든 것을 백과사전에서 읽은 사람은 그 폭포에 가 보기는 했으나 그곳에 관한 사실을 전혀 공부한 적이 없는 사람보다 그곳에 관해 더 많은 사실을 알 수 있다.

철학자들은 이것을 일컬어 익숙지(knowledge by acquaintance)라고도 한다. 그러나 이것은 익숙함이지 지식이 아니라고 말하는 철학자들도 있다. 요세미티 폭포를 본 적이 있는 사람은 그곳에 관한 몇 가지 기초적 사실들, 이를테면 그곳의 지리적 위치를 알 수밖에 없는데, '넋을 잃고 폭포를 바라본다'든가 그 폭포를 응시하는 것만으로는 지식이 아니다. **어떤 것**과의 익숙함, 이를테면 책의 지면에 표기되어 있을 따름인 글자와의 익숙함이 없이는 지식(...라는 것을 아는 상태)에 도달할 수 없지만, 그럼에도 익숙함은 지식이 아니다. 익숙함은 지식을 위한 재료를 제공할 뿐이다. 어떤 것을 옳거나 그르다고 주장할 수 있어야 비로소 지식을 갖게 된다. 요컨대 지식은 **명제**(proposition) 형태를 갖추어야 한다.

우리는 명제를 문장과 구별한다. 문장에는 "그"라는 낱말이 두 번 들어 있을 수도

있고, 여덟 개의 낱말이 들어 있을 수도 있다. 문장은 또 다른 언어의 문장으로 번역
될 수도 있다. 여기에 두 문장, 즉 "코끼리는 생쥐보다 크다"와 "생쥐는 코끼리보다
작다"가 있다. 첫 번째 문장은 "코끼리"라는 낱말로 시작하지만, 두 번째 문장은 그
렇지 않다. 두 문장은 서로 다른 두 문장이다. 그러나 둘 다 동일한 **의미**를 갖는다.
말하자면 동일한 명제를 진술한다(표현한다). 명제는 문장의 의미와 관계가 있다.
의미가 같으면 명제도 같다. 문장은 명제를 표현하는 언어적 수단이다.

　명제와 문장의 차이는 의미와 그 의미를 표현하는 데 사용되는 수단의 차이를 강
조해야 할 때 중요하다. 철학자들은 대부분 의미에 관심이 있으며, 명제에 대해 말
하는 경향이 있다. 그러나 "명제"라는 말은 관례상 ("당신에게 건의(proposition)할
것이 있다"에서처럼 다른 의미로 사용되는 경우를 제외하면) 일상 담화에서는 사용
되지 않는다. 애매하기는 하나 다소 평범한 "진술"(statement)이라는 말이 "명제"
대신에 일반적으로 사용되기도 한다. "진술"은 문장으로 표현된 명제를 의미할 수
도 있고, 명제를 표현하는 문장을 의미할 수도 있다.

　3. **무엇이 어떻다는 것을 아는 것.** "안다"는 말을 사용할 때 우리는 주로 **무엇이**
어떻다는 것을 아는 상태(knowing-that)를 언급한다. "나는 내가 지금 앉아 있다
는 것을 안다." "나는 지구가 오랜 세월 존재했다는 것을 안다." "나는 내가 당신에
게 관심이 있다는 것을 안다" 등등. 어떻다는 것을 아는 것은 어떤 상황이나 사태가
실제로 나타나거나 존재한다는 것을 아는 것이다.

　하지만 무엇이 어떻다는 것을 아는 것은 어떠한 상태**인가**? 어떤 것을 안다는 말
이 정당화되기 위해서는 어떤 조건들이 충족되어야 하는가?

믿음

p가 명제를 나타낸다고 하자. p를 알기 위해서는 p를 믿을 필요가 있다. 옳지 않은
수많은 명제를 믿을 수 있기 때문에 p를 믿는 것만으로는 충분하지 않다. 하지만 p
를 믿지 않는 한 p를 안다고 할 수 없다.

　사람들은 어떤 것을 믿지 않으면서도 그것을 믿는다고 **말하는** 경우가 있다. 물론
거짓말을 할 수도 있고, 솔직하지 않은데도 솔직하다고 생각하는 착각에 빠질 수도
있는데, 그것을 분간하기 어려운 경우가 종종 있다. 예컨대 그는 자기가 유명한 귀

족의 증손이라는 것을 정말로 믿는가? 아무튼 그는 수차례 그것을 믿는다는 말을 한 나머지 이제는 자기가 정말로 믿는지 어떤지 더 이상 자문하지도 않는다. 그에게 그것을 믿느냐고 물으면 믿는다고 **말하는데**, 그는 실제로 믿는 것일까?

당신이 방금 백만 달러짜리 복권에 당첨되었다고 해 보자. 당신은 "그게 사실이라는 것을 알지만, 아직도 믿을 수가 없다"고 말한다. 그러나 사실상 당신은 그것을 믿고 있지 않은가? 이성적으로는 그 사실을 믿을 수 있지만, 지금까지 수없이 실망한 나머지 당신의 감정이 이성적 인식을 따라잡지 못한 것이다. 당신은 복권 당첨 정보를 아직 "소화하지" 못한다. 또는 어떤 부인은 자기 남편이 죽었다는 것을 알면서도—남편의 시체가 안치되어 있는 것을 보았으면서도—남편의 죽음을 아직 정서적으로 받아들이지 못해서 "남편이 죽었다는 것을 알지만 아직도 믿을 수가 없다"고 말한다.

"어떤 것을 정말로 믿는다면 그에 따라 흔쾌히 행동해야 한다"고 말하는 사람들이 있다. 하지만 어떤 종류의 진술이 우리에게 아무런 결과도 가져오지 않기 때문에 그에 따라 흔쾌히 행동할 수 없는 그런 진술일 경우에는 어떻게 되는가? 당신은 토성의 행성이 열두 개라고 믿기 때문에 질문을 받으면 열두 개라고 말하겠지만, 그것을 믿느냐는 질문을 받을 경우 "믿는다"고 말하는 것 말고는 당신의 진심을 증명하기 위해 할 수 있는 일이 거의 없다.

믿음은 또한 정도의 문제일 수도 있다. 어떤 것을 믿기는 하지만 아주 강하게 믿지 않을 수 있다. 믿음 가운데에는 자신의 일생을 내걸 만한 믿음도 있고 아주 하찮은 믿음도 있다. 친구가 하는 말이기 때문에 그 말을 믿을 수도 있지만, 친구의 정보가 옳다는 것을 항상 신뢰할 수 있을지 확신하지 못한다. 그럼에도 친구의 말을 전혀 믿지 않는다면—적극적으로 믿지 않는다면—그 말을 안다고 주장할 수 있을까?

믿음은 때로 지식의 **주관적** 조건이라고도 한다. 이제 **객관적** 조건으로 넘어가자. 어떤 명제를 안다면, 그 명제는 **옳이야** 한다.

진리

어떤 명제를 안다는 것은 그 명제가 **옳다**(true)는 것을 아는 것이다. 내가 의자에 앉아 있다는 것을 안다면, 나는 "내가 의자에 앉아 있다"는 진술이 옳다는 것을 안다. 옳지 않은 것을 **믿을** 수는 있지만 옳지 않은 것을 **알** 수는 없다. 내가 믿은 명제가 옳지 않은 것으로 밝혀지면 나는 그 명제를 알지 못한다. 그 명제를 안다고 **생각했을** 뿐이다. 당신이 "나는 그가 줄곧 옆방에 있는 줄 알았다"고 말하는데, 그가 수천 마일 떨어진 곳에 있었다는 것이 밝혀지면, 그가 옆방에 없었기 때문에 당신은 그가 옆방에 있었다는 것을 실제로 아는 것이 아니다.

아는 것은 확신하는 것과 다르다. 그가 근처에 있다고 확신했는데도 그가 근처에 없다. 사람들은 확실하지 않은 많은 것에 관해서 아주 확실하다고 느낀다. 사람들은 수천 년 동안 지구가 평평하다고 확신했다. 또 어떤 사람들을 마녀라고 확신하는 사람들도 있었다. 최근 텔레비전 토크쇼에 나온 한 여성은 지난 몇 달 사이에 금성과 화성을 모두 다녀왔다고 확신했다. 그녀는 자기가 그 자리에 앉아 있다는 것을 아는 것만큼 확실하게 그것을 안다고 주장했다. 종교 전쟁 기간에 한쪽 사람들이 자신들의 믿음이 진리임을 확실하게("확실하게"는 군더더기이다—안다면 확실하게 아는 것이지 않은가?) 안다고 주장하고, 다른 쪽 사람들 역시 **자신들의** 믿음이 진리임을 안다고 주장하는데, 그 두 가지 믿음은 서로 모순이다. 사람들은 결코 확실하지도 않고 사실상 전혀 옳지도 않은 많은 명제에 관해 매우 강렬한 **확신감**("우리가 전쟁에 이긴다." "그의 건강은 회복될 거야.")을 갖는 경우가 있다.

일상생활에서 우리는 진리 개념으로 인해 많은 어려움을 겪는다. 진술이 옳다는 것을 **어떻게 발견하는가**를 놓고 의견이 엇갈리는데, 이 점에 대해서는 이 장의 후반에서 검토할 것이다. 하지만 어린아이도 거짓을 말하는 것과 진실을 말하는 것의 차이를 안다. "조니, 진실을 말해! 너 정말로 제인의 어머니를 나쁜 여자라고 생각하는 거야?" 조니가 그 물음에 진심으로 대답할 수도 있고 그렇지 않을 수도 있지만, 갑자기 기억을 상실하지 않는 한 그는 자기가 진심으로 대답하는지 아닌지 알고 있다. 사람들은 잘못된 철학에 오염되었을 경우에만 다음과 같은 문제를 제기한다.

1. "나는 진리와 같은 것이 있다고 믿지 않는다." 우리는 "방금 당신이 말한 진술도 진리가 아닌가?"라고 반문할 수 있다. 그 사람은 모든 진술이 그르다고 말하는 것인가? "눈이 검다"는 것뿐만 아니라 "눈이 희다"는 것도 그른가? 그 사람은 정말 어떤 진술도 결코 옳지 않다고—자기가 태어났다거나 어린 시절이 있었다거나 부

모가 있다거나 현재 살아 있다는 것마저도 옳지 않다고—말하려는 것일까?

2. "내가 말하려는 것은 **절대적** 진리란 없다는 것이다." "절대적"(absolute)이라는 말은 딱히 무엇 때문에 덧붙이는가? "눈이 희다는 것은 옳다"와 "눈이 희다는 것은 절대적으로 옳다"의 차이는 무엇인가? "절대적"이라는 말은 "눈이 희다는 것은 옳다"는 발언을 강조하는 말인데, 그 말이 그 진술의 의미에 덧붙이는 것이 있는가? 그리고 어떤 사람이 "당신 말은 절대적으로 그르다"고 이의를 제기할 때, 이것은 "당신 말이 그르다"고 말하는 것과 (강조하는 것 이외에) 어떻게 다른가? 두 문장 모두 동일한 상황을 나타내지 않는가?

3. "모든 진리는 상대적이다." "절대적"이라는 말은 "상대적"이라는 말의 반대어이다. 누군가가 "모든 진리는 상대적이다"라고 말할 경우 이 말은 **무엇**을 의미하는가? 무엇에 상대적인가? "나는 지금 의자에 앉아 있다"라는 진술이 어떻게 상대적인가? 그리고 그 진술이 상대적이라는 말은 무엇을 의미하는가?

이렇게 말하는 사람이 있을 수 있다. "내가 식탁의 한쪽에 앉고 당신이 반대쪽에 앉았다면, 당신의 오른쪽에 있는 꽃병이 나에게는 왼쪽에 있다. 꽃병을 보는 사람의 위치가 상대적이다." "오른쪽"과 "왼쪽"은 실제로 상대적인 말이지만, 그 말이 표현하는 사실도 상대적일까? "메리가 앉은 곳에서는 꽃병이 오른쪽이고 제리가 앉은 곳에서는 (식탁의 반대쪽에서는) 꽃병이 왼쪽에 있다"—이 두 명제 모두 정확히 옳지 않은가? 더 이상 무슨 말이 필요하겠는가?

또한 "내가 북쪽을 향하고 있으면 동쪽은 나의 오른쪽이지만, 내가 남쪽을 향하고 있으면 동쪽은 나의 왼쪽이다"라고 말하는 사람이 있을 수 있다. 그 진술은 어떤 것에 상대적인가? 그 진술은 (무조건) 옳지 않은가? 어떤 사람이 "동쪽이 오른쪽이다"라고 하는 것을 상대적 진리라고 반대한다면, 우리는 그 진술 자체가 **불완전하다**고 응수할 수 있다. 말하자면 화자가 어느 쪽을 향하는지 알기 전에는 그 진술이 옳은지 그른지 알 수 없다. 화자가 북쪽을 향하고 있으면 그 진술은 옳다— 즉 "당신이 북쪽을 향하고 있으면 동쪽은 당신의 오른쪽이다"라는 진술은 옳다.

4. 하지만 진술의 진리성은 말하는 사람이 누구인가에 따라 달라지지 않는가? 한 사람은 "미적분이 재미있다"고 말하고, 다른 사람은 "나는 그렇지 않다—미적분이 당신에게는 재미있을지 모르겠지만 나에게는 따분하다"—고 말하면, 어떤 말이 옳

은가? 미적분은 따분한가 그렇지 않은가? 분명히 한 사람이 재미있어 하는 것을 다른 사람은 따분해 한다. "X가 당신에게 재미있다"와 "X가 나에게 따분하다"는 둘 다 옳을 수 있으며, 흔히 그렇다. 이런 종류의 진술은 많다. "나는 그녀에게 매료되었다." "글쎄, 나는 그렇지 않다." 이 두 진술은 서로 모순이 아니다. 그 진술들은 두 사람이 각자 어떻게 느끼는지를 진술하고 있으며, 그들이 반대로 느끼고 있음을 진술하고 있다.

진술은 그것이 당신이나 나에 **관한** 것일 경우에도 당신에게는-옳고 나에게는-그른 것이 아니다. 뱀을 만지기 좋아하는 것은 당신에 관해서 옳고, 뱀을 만지기 싫어하는 것은 나에 관해서 옳다. 당신이 뱀을 만지기 좋아하는 것은 그저 당신에게-옳은 것이 아니라 그 자체가 옳은 것이다.

5. 우리는 진리가 시간에 상대적이라는 비난에 대해서도 똑같은 방식으로 대응할 수 있다. "뉴욕시의 인구는 6백만이다"라는 진술은 그 진술이 제시된 시간에 상대적인가? 그 진술은 한때는 옳고 다른 때는 그르지 않은가? 하지만 그 진술을 완성하는 데 필요한 정보를 포함시키면 상대성이 없어진다. "뉴욕시의 인구가 1896년에 6백만 이상이었다"는 그르고, "뉴욕시의 인구가 1996년에 6백만 이상이었다"는 옳다. 어느 것도 시간에 상대적이지 않다. 그 진술에 시간이 포함되었는데, 뉴욕시의 인구를 정확히 보고하려면 시간을 포함해야 한다.

6. 어떤 사람이 "**내 생각에는** 그 진술이 옳다"고 말한다고 해 보자. "내 생각에는"이라는 구절을 정확히 무엇 때문에 덧붙이는가? 그 진술은 옳은가? 배심원이 "내 생각에는 그 사람이 유죄다"라고 말하면, 그것은 "나는 그가 유죄라고 **생각한다**"라는 말로 번역될 수 있지 않을까? "내 생각에는 그것이 옳다"는 "나는 그것이 옳다고 믿는다"라는 말을 헷갈리게 표현하는 방식이지 않을까? 물론 한 사람이 믿는 것을 다른 사람은 믿지 않을 수 있다.

두 사람이 논쟁을 벌이는데, 한 사람은 "내 생각에는 현재 다른 세계에서 지구로 온 외계인이 있다"라고 말하고, 다른 사람은 "내 생각에는 그렇지 않다"라고 말한다. 글쎄, 현재 지구에 외계인이 있는가 없는가? 그것은 아예 물음도 아닌가? "내 생각에는"은 그 명제가 옳지 않은 것으로 밝혀질 경우에 빠져나갈 구멍을 만들어 놓는 한 가지 방법에 불과하지 않을까?

이 모든 것은 아주 단순하고 분명한 것으로 여겨진다. 그럼에도 사람들은 끊임없이 이런 식으로 말하기 때문에 그들이 부정확하게 주장하는 경우를 지적하는 일이 중요한 것 같다. 그들은 "내 생각에는 그 사람 말이 옳다"는 식으로 말을 한다―그러나 그 사람 말이 정말 **옳은지**는 미해결의 문제로 남아 있다. 어떤 사람이 법정에서 "당신이 그 여자를 살해한 것이 사실인가?"라는 질문을 받았을 경우 "글쎄, 내 생각에는 내가 살해하지 않았다"고 말한다면 판사나 배심원은 어떻게 판단해야 하는가?

한 사람은 어떤 명제 p에 대해서 "그것은 옳다"라고 말하고 다른 사람은 "그것은 옳지 않다"라고 말하는데, 두 경우 모두 동일한 명제에 대해서 말한다면, 둘 중 하나는 분명히 잘못이다. 그러나 "나는 그것이 옳다고 **믿는다**"라고 말하고 다른 사람은 "그것이 옳지 않다고 **믿는다**"라고 말하면, 두 진술 모두 옳을 수 있다. 말하자면 한 사람은 그것을 믿고 다른 사람은 믿지 않는다. 그리고 둘 중 한 사람은 "**나에게는** 그것이 옳다"라고 말하고 다른 사람은 "**나에게는** 그것이 옳지 않다"라고 말할 경우, "나에게는"이라는 구절은 무엇 때문에 덧붙이는지, 즉 그 구절을 덧붙이지 않아도 의미의 손실이 없는지, 그 구절이 의미하는 것은 화자가 그것을 옳다고 믿는다는 것뿐인지 두 사람에게 물어보아야 한다.

7. "하지만 진술이 부분적으로 옳고 부분적으로 그른 경우는 어떤가?" 우리는 한 무더기의 진술을 듣고 나서 그 진술들 중에서 몇 개의 옳은 진술을 발견한 경우에 "당신 말도 어느 정도 옳다"라고 말한다. 이런 경우에는 약간만 바로잡으면 그 혼란으로부터 몇 개의 옳은 진술을 가려낼 수 있다.

동일한 진술이 부분적으로 옳고 부분적으로 그를 수 있을까? 그렇다, 그 진술이 중합 진술일 경우 그럴 수 있다. 말하자면 "눈이 희고 잔디도 희다"는 그른데, 이것은 중합된 두 진술 중 하나가 그르기 때문이다―이것은 중합 진술의 진리치를 검사할 때 누구나 알게 되는 것이다.

하지만 "그는 교활하고 이기적인 버릇없는 녀석이냐"와 같은 단순 진술의 경우는 어떤가? 그런 진술은 지극히 모호한데, "이기적인"이나 "버릇없는 녀석"과 같은 말의 적용 범위가 분명하지 않다. 이 점은 제쳐 놓더라도 그 진술이 그에 관해 옳은 말일 수 있지만, 다른 종류의 사실들 역시 그에 관해 옳을 수 있다. 이를테면 그는 이

따끔 사교적이기도 하고, 도움을 주기도 하고, 너그러울 수도 있다. 어느 진술도 그에 관해 **완전히 옳은 진술**이라고 주장하지 않는 한 양쪽 진술 모두 옳을 수 있다. "그는 오직 X일 뿐이다"는 옳지 않을 수 있지만, "그는 때로 X이고 때로 Y이다"는 옳을 수 있다. 또한 "그가 어떤 때는 X이고 어떤 때는 Y이다"가 "모두 사실이라고" 할지라도, "그는 언제나 X이다"는 그를 수 있다.

8. 어떤 사람이 "진술은 옳을 수도 있고, 그를 수도 있고, 옳지도 그르지도 않을 수 있다, 즉 진리치가 **알려지지 않을** 수도 있다"고 말하는 경우는 어떤가? 이것은 진리를 진리에 대한 인식과 혼동하고 있다. 진술은 옳지만 옳다는 것이 알려지지 않을 수 있고, 그르지만 그르다는 것이 알려지지 않을 수 있다. 진술은 진리치가 알려지지 않는다고 해도 여전히 옳거나 그르다. 옳은지 그른지를 우리가 알지 못할 뿐이다. 옆집에 침입자가 있다는 것은 옳거나 그르지만, 옆집 가족은 집을 비우고 주말 여행을 떠나서 그 진술의 진리성이나 허위성을 알 수 없다.

진술의 진리성은 진리성에 대한 인식과 혼동되어서는 안 된다. 진리가 계속 발견되고 있고, 수많은 진리가 여전히 알려지지 않은 채로 있지만, 그것들은 우리가 아직 알지 못한다는 사실에도 불구하고 옳다.

진리 기준. 빌라도(Pontius Pilate)는 "진리란 무엇인가?"라고 물었으나 그에 대한 답변을 기다리지는 않았다.

하지만 그 물음이 묻는 것은 무엇일까? 진리가 우리가 말하는 옳은 명제라면 — "그는 진정한(true) 친구다", "이것은 정확한(true) 저울추다", "이것은 진짜(true) 다이아몬드다"(즉 그것은 다이아몬드이지 다른 것이 아니다)처럼 "옳다"(true)의 다른 의미가 아니라면 — 그 물음이 묻는 것은 명제가 언제 옳은 명제가 되는가이다. 그렇다, 명제는 실제로 **그러한** 것을 우리에게 알려 줄 때 옳다. 아리스토텔레스는 한 문장으로 그 물음에 답했다. 즉 "그러한 것을 그렇지 않다고 하거나 그렇지 않은 것을 그러하다고 하는 말은 그르고, 그러한 것을 그렇다고 하거나 그렇지 않은 것을 그렇지 않다고 하는 말은 옳다."

또는 "진리란 무엇인가"라는 물음에 대해 한층 더 단순하게 답할 수도 있다. 이를테면 눈이 희다는 진술은 눈이 **흴** 경우 오직 그때만 옳다. "지구가 둥글다"는 지구가 둥글 때 오직 그때만 옳다. 말하자면 진술은 실재의 모습을 있는 그대로 보고하면 옳고, 실재의 모습을 잘못 보고하면 그르다고 할 수 있다.

1. **대응성**. 방금 위에서 말한 것은 때로 "진리성에 대한 대응론"이라고 일컬어지기도 한다. 진술은 실재(때로 사실이라고 말하는 것)와 대응하면 옳다. 어떤 사람이 안마당에 나무가 다섯 그루 있다고 말하자, 나무를 바라보며 나무 수를 센 다음 "그 말은 옳다"고 말한다—즉 그 진술이 사실과 대응한다고 말한다.

철학자들은 대응론의 "대응한다"(correspond)라는 말이 무슨 뜻인지 고심했다. ("대응한다"라는 말이 과연 필요한 것일까?) 색표(色表)를 페인트 통과 일치시킬 경우 색표의 색깔은 통 속에 있는 페인트 색깔과 비슷하다. 그 두 가지 색깔은 비슷하다는 점에서 대응한다. 말과 사실 사이에는 그 같은 유사성이 전혀 없다. 하지만 대응성은 그런 식의 유사성을 필요로 하지 않는다.

우리가 말하려는 것은 두 가지 것, 예컨대 도서관의 책과 카드 목록 사이의 일대일 대응이다. 문장과 사실 사이에 그와 같은 일대일 대응이 있는가? 전혀 그렇지 않다. 문장은 다른 언어로 번역되어도 여전히 똑같은 사실을 표현할 수 있기 때문이다. 의미는 문장 안에 포함되어 있는 것이지 문장 그 자체가 아니다.

대응론은 경험적 진술에 간단히 적용된다. 이 책상 위에 책이 다섯 권 있는가? 그 진술과 그 진술이 주장하는 사실을 대조하기만 하면 된다. 그러나 누군가가 "클레오파트라의 코가 0.5인치 더 길었다면 (마르크 안토니우스가 그녀에게 매료되지 않았을 것이기 때문에) 이집트는 로마 제국에 점령당하지 않았을 것이다"라고 말한다고 해 보자. 역사가들은 이 진술이 옳은지 그른지 논쟁을 벌일 수도 있다. 하지만 이 진술과 대응하는 상황은 어디에 있는가? 그 일이 일어난 적이 없기 때문에 그 같은 상황은 어디에도 없다. "만일 (실제로 일어나지 않은) X가 일어났다면 Y는 (실제로 일어났더라도) 일어나지 않았을 것이다"는 반사실적 가언(조건) 진술의 실례이다. 그 진술과 대응하는 실재가 어디에 있는가?

또한 아직 검토하지 않은 다른 유형의 진술이 있는데, 그것은 수학의 진술("2 + 2 = 4")과 논리학의 진술("A가 B보다 크면, B는 A보다 작다)이나. 이것은 분명히 옳은 진술이다. 하지만 어떤 종류의 진술인가? 그 진술은 실재의 어떤 사실과 대응하는가?

어쨌든 화자가 진술과 사실을 대응시키려는 의도를 가지고 진술할 경우에 한하여 진술 자체는 사실과 대응한다. 선생님이 "달이 삭망(朔望) 상태에 있다"고 말할 때, 그것은 어떤 사실을 진술하려는 것이 아니라 "삭망"이라는 말의 사용 실례 등을 제시하려는 것일 수 있다. 겉보기에 단순하던 문제가 갑자기 벌집을 쑤셔 놓은 것처럼 복잡해졌는데, 여기서는 약간의 힌트만 언급한 셈이다. 이제 두 번째 진리성 개념으로 넘어가 보자.

  2. **정합성**. 대응성뿐만 아니라 정합성도 진술이 옳은지 그른지를 확인하는 기준으로 제시되어 왔다. 무엇과의 정합성인가? 다른 진술들과의 정합성이다. 진술의 진리성은 다른 진술 집단이나 진술 체계와의 정합성이다.

  "정합성"(coherence)의 의미는 무엇인가? 한 가지 의미는 이렇다. "하나의 명제가 다른 명제 집단과 논리적으로 **양립**할 때, 즉 다른 명제 집단의 어느 명제하고도 **모순**되지 않을 때, 그 명제는 다른 명제 집단과 정합한다." 만일 명제 집단 내의 어딘가에 명제 p의 부정(거부)인 다른 명제 not-p가 있으면 p는 그 다른 명제나 명제 집단과 양립하지 않는다. 그러나 이것은 너무 느슨한 필요조건이다. "이 식탁 위에 꽃병이 있다"는 "토성의 위성은 열두 개이다"와 양립한다. 그 의미로는 두 명제가 서로 정합하지만, 이것이 명제의 옳음과 무슨 관계가 있는가? 토성의 위성이 열두 개가 아니라 열세 개였다면, 그것은 이 식탁 위에 꽃병이 있다는 것과 더 이상 정합하지 않을까?

  우리는 명제가 또 하나의 다른 명제를 **수반**해야 한다고 (즉 논리적으로 함의해야 한다고) 말함으로써 정합성 조건을 좀 더 강화할 수 있다. 이를테면 "이것은 정사각형이다"는 "이것은 네 개의 변을 갖는다"를 수반한다. 그러나 "이것은 정사각형이다"는 화성의 행성이나 작년 휴가에 관한 어떤 것도 수반하지 않으며, 우리가 옳다고 믿는 거의 모든 명제를 수반하지 않는다.

  명제들 사이의 정합성은 서로 양립할 뿐만 아니라 **서로 입증 관계**가 있는 명제 집단이나 명제 체계와 오히려 관계기 있다. 말하자면 정합성 있는 명제들은 서로 논리적으로 수반하지는 않지만 서로 **증거**(evidence)가 되어 준다. 우리가 존스 씨를 살인 용의자로 의심한다고 해 보자. 증인은 아무도 없지만, 피해자의 DNA를 가진 혈액이 존스의 상의에서 발견되었고, 확인된 사망 시간 몇 분 후에 존스가 피해자의 집에서 나오는 것이 목격되었으며, 살인 발생 한 시간 전에 존스가 2킬로미터 떨어진 자신의 집을 황급히 떠났다, 등등. 존스가 살인범이라는 진술은 이 모든 다른 진술과 정합하며, 이 모든 다른 진술은 존스가 살인범이라는 것을 **입증**해 준다.

내가 펜을 분실했다고 생각되는 곳을 모두 살펴보아도 펜을 찾을 수 없다면, 나는 "그거 틀림없이 어딘가 있을 거야"라고 말한다. 내 펜이 어디로 없어졌는지 지금까지도 수수께끼로 남아 있지만, 그렇다고 해서 "혹시 펜이 소멸되어 버렸는지도 모르겠다— 한때 분자들의 집합체였는데 다음 순간에 뿅! 하고 분자들이 없어지면서 펜이 사라져 버렸다"라고 말할 생각은 전혀 없다. 우리는 이런 가능성을 단호하게 거부한다. 왜냐하면 내가 끝내 펜을 찾지 못한다는 것이 펜이 사라져 버렸다는 것과 정합**한다** 할지라도, 오랜 세월의 장기적 노력을 통해 축적된 막대한 신념 집단이 있는데, 그 신념 집단과 펜이 사라져 버렸다는 것이 정합하지 않기 때문이다. (혹시 블랙홀에서는 몰라도 지구상에서는 그런 일이 없을 것이다.) "그 펜이 완전히 사라져 버렸다"는 것은 우리가 이미 옳다고 생각하는 거대한 진술 집단과 들어맞지 않는다 —정합하지 않는다.

내가 혼자 집에 있는데 이층 욕실에서 물이 흐르는 것 같은 소리가 계속 들린다고 해 보자. 이층에 가 봤으나 아무도 없다. 혹시 나 혼자만 있는 것이 아닌지 몰라서 모든 방과 욕실을 확인해 보아도 아무도 없다. 다시 소리가 들려 욕실에 가 보았다. 욕조에 물을 가득 채우자 그 소리가 그쳤다. 어떻게 된 일인지 잠시 후 소리가 다시 들리기 시작했다. 어쩌면 요정이나 보이지 않는 어떤 유령이 그랬는지도 모르겠다. 전에는 그런 가능성을 생각해 보지 않았으나 지금은 잘 모르겠다. 그래서 다시 이층 욕실에 앉아서 기다린다. 아니나 다를까 그런 일이 다시 일어난다. 수도꼭지가 움직이고 욕조에서 물이 넘치는데, 수도꼭지를 어떤 것이 어느 누가 돌리는지 아무것도 보이지 않는다. 글쎄, 그 일은 내가 생각하지 못한 다른 어떤 요인들, 이를테면 배관공에 의해 설명될 수도 있는 욕조 내부의 이상한 어떤 상태에 달려 있는지도 모른다. 내가 실제로 보았던 이 모든 것을 다른 사람에게 보여 주기 위해 그 사이에 일어난 일을 전부 비디오로 촬영한다.

배관공을 불러서 내가 겪은 일을 비디오로 보여 주지만 그는 어떤 방식으로도 설명하지 못한다. 우리는 비물질적인 어떤 영혼이 수도꼭지를 돌린다는 생각을 선뜻 받아들이지 못한다. 그것이 어디에 있든 간에 "영적 세계에서 온" 무언가가 수도꼭지를 돌린다면 어떻게 될까? 그 같은 일이 전부터 자주 일어났다면 우리는 물리적인 힘만이 물리적인 결과를 일으킬 수 있다는 우리의 신념을 포기하고, 역학(力學)에 의해 설명되는 것—수도꼭지를 돌리는 것처럼 아주 단순한 사건—도 충분한 설명이 되지 못한다고 결론지었을 것이다.

그럼에도 우리는 아주 못마땅하기는 하나 정령 가설을 받아들일 수도 있다—우리가 완고하기 때문이 아니라, 다시 말해서 우리가 물리적 실재 이외에 우주의 어느 실재도 인정하려고 하지 않기 때문이 아니라, 이 상황에서 우리가 보고 듣는 것이 우리가 이미 가진 지식 집단 전체와 **정합하지 않기** 때문이다. 복잡하게 연결된 응용 역학의 원리들은 배관공 지망생이면 누구나 수개월에 걸쳐 학습하는 것인데, 정령 가설을 받아들일 경우 그 원리들이 의심스러워진다. 그것은 마치 우리의 사고 장치에 갑자기 장애가 발생하는 것처럼 보인다—우리가 정합성 있는 역학 법칙 체계를 수립했는데, 무언가가 불쑥 나타나서 우리가 그토록 힘들게 만들어 낸 원리 체계를 위협하는 것처럼 보인다. 우리는 "영적 세계" 설명이 우리가 알고 있거나 안다고 믿는 엄청난 양의 다른 것들과 정합하지 않기 때문에 그 설명을 버리려는 경향이 있다.

우리가 영적 세계 설명을 거부하는 것은 정합성이 부족하기 때문이 아닌가? 이 같은 단 하나의 새로운 발견이 우리가 이미 믿는 것과 정합한다면, 그것을 받아들이기가 훨씬 더 용이했을 것이다. 하지만 (앞으로 보겠지만) 엑스선이나 전기처럼 이미 승인된 명제 집단과 정합하지 않는 발견들의 실례가 과학에 많이 있는데, 그 발견들은 그때까지 예상치 못했던 새로운 탐구 분야를 개척했고, 그때까지 생각해 본 어느 것보다도 더 폭넓은 정합성(이미 승인된 것보다 더 많은 명제들과의 정합성)을 나타낸다.

정합성은 서로 함께 의존하는 대규모 명제 집단인 과학에서 매우 중요하다. 과학 이론의 경우, 경쟁하는 이론들 사이에서 특정 이론을 선택하기 위해 사용할 수 있는 유일한 수단은 이미 승인된 다른 명제들과 그 이론이 얼마나 정합하는가이다(4장 참조).

그렇지만 이론의 기초가 되는 진술들은 어떻게 되는가? 물소리가 들리는 욕실에 관한 영혼 가설은 배관 공사와 관련하여 이미 승인된 명제들과 정합하지 않지만, 이층에서 나는 물소리를 계속 들으면서도 그 소리의 원인이 무엇인지 알지 못하는 경우처럼, 맨 처음 정령 가설로 이끈 그 진술은 어떻게 되는가? "나는 이층 욕실에서 물이 흐르는 것 같은 소리를 들었다"는 진술 자체도 다른 진술들과의 정합성 때문에 받아들여졌는가? (정합성은 진리 개념을 미리 전제하지—가정하지—않고 정의될 수 있을까?)

3. **실용론**. "진리는 **일을 해내는** 것이다." 맨 먼저 물어야 할 것은 "그 말의 의미가 무엇인가?"이다. 우리는 기계 장치가 "일을 해낸다"(work)는 것이 무엇인지 아주 잘 안다. 당신은 자신의 자동차가 언제 일을 해내는지 알지 않는가? 자동차 키를 돌리는데 시동이 걸리지 않는다. 배터리, 기화기, 배선 등등을 점검해 보아도 아무 이상이 없는 것 같은데 여전히 시동이 걸리지 않는다. 정비공 친구가 엔진 덮개를 열고 약간 손을 보자 시동이 걸려서 목적지까지 자동차를 몰고 간다. 그 자동차는 의심의 여지없이 "일을 해낸다." 기계 장치의 작동은 "일을 해낸다"라는 말의 "본거지"이다.

하지만 어떤 **신념**(belief)이 "일을 해낸다"는 것은 무슨 의미인가? 당신은 자기가 지금 책을 읽는다고 믿는다. 당신이 지금 책을 읽는다고 해 보자. 과연 그 신념이 "책을 읽게" 했는가? 신념이 일을 해낸다거나 신념이 일을 해내지 못한다는 것은 무슨 의미인가? 자동차가 작동한다는 당신의 신념 자체가 자동차를 작동하게 하는가? 명제는 그것이 "일을 해내는가"에 의거하여 시험될 수 있는가?

어떤 **프로그램**이나 절차가 일을 해낼 수 있다. 즉 의도하는 결과를 가져올 수 있다. 다이어트 프로그램은 이러한 의미로 일을 해낼 수 있다. 사실상 다이어트 프로그램은 사람에 따라 일을 해내기도 하고 해내지 못하기도 한다. 운동 프로그램은 당신으로 하여금 더 활기차고 건강한 느낌을 갖게 한다는 의미로 "일을 해낼" 수 있다. 하지만 어떤 사람이 "내 경우에는 기독교가 일을 해낸다"라고 말하는 것은 어떤가? 이것은 기독교가 그녀의 느낌을 더 좋게 한다는 것을 의미하는가? 그것이 저보다 지금 더 행복하고 더 희망찬 생활을 한다는 것을 의미하는가? 기독교는 (다른 사람은 몰라도) 적어도 그녀에게는 이 의미로 "일을 해낸다"고 할 수 있다.

그러나 구체적인 경우에 "일을 해내는 것"은 **진리성**과 무슨 관계가 있는가? 당신의 경우에는 일을 해내지만 나의 경우에는 일을 해내지 못한다면, 당신의 경우에는 옳지만 나의 경우에는 옳지 않은가? 옳다는 것과 "일을 해내는 것" 사이의 관계는 정확히 무엇인가? 분명히 이 둘은 다른 것이지 않을까?

어떤 왕이 자신의 왕국에서 종교적 갈등에 종지부를 찍기 위해서 그 순간부터 모든 사람이 이시스와 오시리스를 믿지 않으면 사형에 처한다는 포고령을 내렸을 경우, 그가 대규모 폭력 집단을 거느리고 있다면 성공할 수도 있다. 포고령을 위반한 사람들은 사형 당했을 것이고, 그 밖의 사람들은 모두 이시스와 오시리스를 믿거나 침묵했을 것이다. 부모는 자기 아이들에게 이시스와 오시리스에 관해 가르쳤을 것이며, 종교 간의 경쟁이 완전히 없어지고 종교에 관한 갈등이나 논쟁이 종식될 때까지 다른 종교적 신념은 전혀 발붙일 곳이 없었을 것이다. 이시스와 오시리스에 대한 신념이 "일을 해냈는가?" 그것은 종교 전쟁을 중지시킨다는 그런 의미로 일을 해냈다. 하지만 그 신념이 일을 했다는 것은 그 신념이 **옳다**는 것과 무슨 관계가 있는가?

현대 철학자 칼 포퍼(Karl Popper)는 대응으로서의 진리를 옹호하여 다음과 같이 진술했다.

우리가 보통 "진리"라고 하는 것이 사실과의 대응이라는 것—일상 언어에서 우리가 "진리성"이라고 하는 것이 정합성이나 실용적 유용성이라기보다는 대응성이라는 것—에는 의심의 여지가 없다. 오직 진실만을 말하라고 증인을 질책하는 판사는 증인의 생각이 자기 자신에게 유용한지 다른 누군가에게 유용한지를 말하라고 질책하는 것이 아니다. 판사가 정합론 신봉자라면 "우리가 요구하는 것은 모순을 범하지 마라는 것뿐이다"라고 말하겠지만, 진실만을 말하라고 증인을 질책하면서 판사가 하는 말은 정합성이 아니다. 정합성은 판사가 증인에게 요구하는 것이 아니다.[1]

증거

믿는 일은 아는 일에 충분하지 못하며—옳지 않은 명제를 믿을 수 있으며, 또 명제의 진리성도 충분하지 못하다—명제는 옳다는 것을 알지 못해도 옳을 수 있다. 하

1 Karl Popper, *Objective Knowledge* (London: Oxford University Press, 1979), p. 317.

지만 명제의 진리성을 모르면 그 명제를 안다고 전혀 말할 수 없다. 또한 그 명제의 진리성을 **짐작만 한다**면 안다고 말할 수 없다.

도박꾼은 다음에 두 개의 주사위를 던지면 둘 다 6이 나올 것이라고 예상한다. 아니나 다를까 정말 둘 다 6이 나왔다. "내가 그럴 줄 알았어!"라고 의기양양하게 소리친다. 우리는 그가 진짜로 아는 것이 아니라고—짐작했을 뿐인데 그 짐작이 용케 맞았다고—확신하기 때문에 마음이 좀 언짢아진다. 우리는 "그가 진짜로 아는 것이 아니라 짐작했을 뿐이야"라고 말한다. 사람들은 어쩌다가 우연히 들어맞았을 뿐인데 안다고 말하는 경우가 가끔 있다. 무엇이 부족할까?

부족한 것은 **증거**다. 두 주사위 모두 6이 나올 것이라는 것을 안다고 하려면 그렇게 믿을 **좋은 근거**(good reason)가 있어야 한다. 좋은 근거가 있으면 그것은 "막연한 추측"에 불과한 것이 아니다. 당신은 지구가 둥글다는 것을 안다고 말한다. 왜냐하면 비행기에서 휘어진 지구 표면을 보았고, 당신 자신이 지구 주위를 선회해 보았으며, 그 전에 수많은 책과 잡지에서 이 사실을 읽었기 때문이다. 이 모든 것이 지구가 둥글다는 것을 믿을 만한 좋은 근거를 제공한다.

어째서 당신은 이 아이가 당신 여동생의 아이라는 것을 안다고 말하는가? 그 아이가 여동생을 닮았고, 여동생이 그 아이를 자기 아이라고 말하며 (그리고 여동생이 거짓말하는 것을 본 적이 없으며), 여동생이 임신 8개월 반이었을 때 함께 병원에 갔다. 하지만 이 정도면 **안다**고 말할 자격이 있는가? 그래도 안다고 말할 수 없는 무언가가 여전히 있는가? 증거는 얼마나 강한 증거여야 하는가? 상당한 증거? 논란의 여지가 없는 증거? 결정적 증거? 그리고 이 세 가지 표현은 무엇을 의미하는가—세 가지 표현 모두 어느 정도 모호하지 않은가?

우리가 "안다"는 말을 실제로 어떻게 사용하는지 몇 가지 사례를 검토해 보도록 하자.

1 운전 중에 탁탁거리는 익숙한 소리가 들리자 "타이어가 펑크 났군"이라고 혼잣말을 한다. 자동차에서 내려 살펴보니 왼쪽 뒷바퀴가 펑크나 바람이 빠졌나. 사동차에서 내리기 전에는 타이어가 펑크 났다고 믿을 만한 강한 근거를 가지고 있었지만, 지금은 내 눈으로 직접 보고 있으므로 나는 펑크 났다는 것을 확실히 **안다**. 이것이 안다는 말을 일상적으로 사용하는 표준적 방식이다.

2. "나는 이 사람이 나의 이웃인 라이언 카터라는 것을 안다. 나는 오랜 동안 그를 알고 지냈기에 그를 확실히 알아본다"고 말한다. 하지만 내가 몰랐던 사실인데 그의 일란성 쌍둥이가 때마침 시내에 나타난 것이라면 어떻게 될까? 뜻밖에도 나는 이 사람을 라이언이라고 잘못 말했다. 나는 그를 라이언이라고 할 만한 갖가지 근거를 갖는다. 나의 증거는 정말 강한 증거이다. 보통 때 같으면 무조건 확실하다고 말했을 것이다. 그런데도 내가 그를 라이언이라고 말한 것은 잘못으로 확인되었다— 이 사람은 라이언이 아니기 때문에, 나는 그가 라이언이라는 것을 **알지** 못했다.

3. "당신은 책상과 책들이 자기 사무실에 여전히 있다는 것을 아는가?" "물론 안다. 나는 불과 5분 전에 그 사무실에서 나왔는데 책상과 책들이 모두 그곳에 있었다." "하지만 그 5분 안에 이삿짐 운송업자가 사무실에 들어와서 모든 물건을 빼내지 않았다는 것을 어떻게 확신할 수 있겠는가?" "내가 바로 옆방에 있었기 때문에 무언가 삐걱거리는 소리 등등을 분명히 들을 수 있었을 텐데, 주위에서 이삿짐 운송업자를 보지도 못했고 아주 조용했다. 아무튼 그 일을 어떻게 5분 안에 할 수 있겠는가?" "책상과 책들을 반드시 5분 안에 소리 없이 밖으로 옮기는 조건으로 누군가가 백만 달러를 받는다고 해도 그 일을 할 수 없었을 것이라는 말인가? 그것에 당신의 목숨을 걸 수 있겠는가?" "글쎄, 목숨을 걸 것 같지는 않다—그래도 여전히 나는 안다." 혹시나 해서 사무실로 돌아가 보았더니 모든 물건이 그대로 있다. 내가 옳았다—그러니 내가 알지 않았는가?

내가 제시한 증거가 결정적 증거였다고 말할 수 있을까? 아니다, 결코 그렇게 말할 수 없다—질문을 받던 그 시간에 사무실에 없었기에 나는 어떤 증거도 가질 수 없었다. 실제로 일어날 것 같지는 않지만 가능성은 있는 우연이기 때문에 나는 알지 못했거나 전혀 알지 못했다고 말해야 할까? 아니면 내가 틀릴 수 있는 가능성을 알았을지라도 나는 알았다고 말해야 할까? (하지만 내가 틀렸다면 물론 나는 알지 못하나.)

4. 어떤 책의 100페이지를 펴 보니 그 페이지의 첫 낱말이 "철학"이다. 확인하기 위해 그 페이지를 다시 살펴보고 나서 그 인쇄된 낱말을 본다—여전히 똑같은 낱말이다. 다른 사람에게 물었더니 모두 첫 낱말이 "철학"이라고 말한다. 그 페이지를 폴라로이드 사진으로 찍어서 현상해 보아도 첫 낱말이 여전히 "철학"이다. 분명히

나는 이것을 믿기만 하는 것이 아니다―나는 그것을 안다고 말할 것이다.

그런데 내가 "끊임없이 의심하는 사람"―외출을 할 때 자기가 현관문을 잠갔다는 것을 확신하기 위해 가다가 되돌아오고 가다가 되돌아오는 사람―을 우연히 만난다. 그녀는 나에게 "확신해야 마음이 편하다"고 말한다. 그래서 나는 거듭거듭 보고 또 본다. 결과는 역시 똑같다. 그 정도면 충분하지 않을까? 어떤 사람이 나에게 지금 무얼 하고 있느냐고 물었는데 "이 페이지의 첫 낱말이 '철학'임을 확신해 가고 있다"고 말하면 내 말이 좀 우스꽝스럽게 들리지 않을까? 내가 그 페이지를 계속 응시할 수 있다는 것 말고는, 이른바 "그 페이지의 첫 낱말이 무엇인지 확신하는 일"을 더 이상 어떻게 할 수 있단 말인가?

오랜 시간 그 페이지를 응시하다 보면 다른 낱말을 보거나 보는 것 같을 수 있다. 그래서 내가 *t-2* 시점에는 다른 낱말을 본다고 반론을 펴는 사람이 있을 수 있는데, 그렇다고 해도 *t-1* 시점에 "철학"이라는 낱말을 "거기서" 확실히 **보았다**는 것은 여전히 옳다. 다시 말하면 이것은 내가 *t-2* 시점에 본 것을 가지고 *t-1* 시점에 보았던 것 또는 보았다고 확신했던 것을 의심할 수 없다는 말이다.

"안다"는 말의 강한 의미와 약한 의미. 다음과 같이 말하는 사람도 있을 수 있다. 즉 "내가 실제로 갖지는 않았지만 가질 수 있었던 증거가 무언가 있는 한, 내가 갖지 못했던 몇몇 증거가 부정적 증거로 판명될 **가능성**이 있었기 때문에 나는 실제로는 알지 못했다. 사무실에서 나온 그 잠깐 동안 내가 그곳에 **있었다**면 비어 있는 책장을 볼 수 있었을 것이다! 이런 일이 도무지 있을 것 같지 않더라도 그럴 가능성이 있는 한 그 책들이 사무실에 있었다는 것을 **안다**고 말할 수 없다."

이것은 일상생활을 해나가는 데에는 너무 엄격한 필요조건이다. "일상적 화법으로는" 그 책들을 본 사람이 아무도 없어도 그 책장에 책이 있다는 것을 알고, "철학"이라는 낱말이 100페이지의 첫 낱말이라는 것을 안다고 분명하게 말할 수 있다. 그 증거가 결정적이지 않더라도 우리는 충분히 안다고 말할 수 있다.

철학자들은 때로 "안다"는 말의 **강한** 의미와 **약한** 의미를 구별하기도 했다. 강한 의미로는 결정적 증거를 가질 때까지 알지 못한다. 진술에 관해 **더 이상** 의심할 수 있는 것이 **아무것도 없다**는 것을 나를 비롯해서 누구나 인정할 수 있을 때 그 증거는 결정적이다. 모든 증거를 입수해야 하며, 증거가 하나라도 빠지면 안 된다. 약한 의미, 즉 "일상생활"에서의 의미로는 진술에 유리한 증거가 우세하고 (찾아내려고 해도) 진술에 불리한 증거가 없을 때 우리는 안다. 이 의미로 볼 때, 사무실을 비운 그 몇 분 동안 책장에 책이 없었을 가능성이 있는데, 이것이 사실로 **판명되었다면**, 그른 명제를 알 수는 없기 때문에 나는 알지 못한다. 그러나 예상한 바대로 책장에 책이 없었을 가능성이 사실로 판명되지 않으므로 나는 그 몇 분 동안에도 책장에 책이 있다는 것을 안다. 나는 사무실에 없는 동안에도 여전히 책장에 책이 있었다는 것을 약한 의미로 안다. 옳은 명제를 좋은 근거를 가지고 믿을 때 나는 그 명제를 안다(나는 100페이지의 첫 낱말이 "철학"이었다는 것을 **강한** 의미로 아는가? 분명히 그런 것 같기도 하지만, 일단 기다려 보자. 철학자들은 아직까지 의심할 수 있을 것이라고는 누구도 생각하지 못했던 뜻밖의 상황을 교묘하게 고안해 내는데, 그 가운데 몇 가지는 3장에서 검토할 것이다).

　1. 우리는 피의자가 유죄라는 것을 언제 **아는가**? 법이 요구하는 모든 것은 합리적으로 의심할 수 없는 유죄가 아니라 **어떠한** 의심도 할 수 없는 유죄이다. 피의자가 자백을 하는 경우가 있는데, 그것은 유죄를 입증하지 못한다. 언제든 허위 자백이 있을 수 있기 때문이다. 그가 살해하는 것을 누군가 보았다고 증언을 해도 여전히 그것을 확신할 수 없다. 많은 목격자들이 위증하기 때문이다―그들은 거짓말을 하는 것이 아니라 범인 식별 과정에서 순전한 실수를 범하기도 한다. 그들은 용의자 대열의 3번 용의자가 그 사람이라고 확신하지만 기억이 그리 정확하지 못하다. 어느 정도 시간이 경과해서 그 사람에 대한 기억상이 그 사람과 더 이상 유사하지 않기 때문이다. 이 모든 경우에 증거는 있지만 그 용의자가 살인자라는 것을 알지는 못한다. 더 나아가 누군가 살인 사건을 전부 녹화했는데 칼을 휘두르는 그 사람 모습이 테이프에 기록되어 있다고 해 보자. 이제 우리는 그 용의자가 유죄라는 것을 안다고 할 수 있지 않을까?

　그럼에도 비디오카메라에 찍힌 사람이 그 용의자와 매우 비슷한 사람, 즉 그 용의자를 꼭 빼닮아서 그의 어머니마저도 분간할 수 없는 그런 사람일 가능성은 없는가? 칼을 휘두른 사람이 용의자와 매우 비슷한 사람이었을 수는 없는가? 하지만 DNA 증거가 있는데, 그것은 백만분의 일 차이로 진범을 식별하여 입건하게 한다. 이만 못한 증거로도 사람들을 죽음으로 몰아넣었는데, DNA 증거가 있으면 그가 유죄라는 것을 **아는** 것이 아닌가? 그러나 그것은 강한 의미로 아는 것이 아니다 ─ 앞으로 발견될 수 있는 어떤 증거에 의해서도 도저히 용의자와 진범이 구별되지 않아야 한다면, 그것은 강한 의미로 아는 것이 아니다. 말하자면 앞으로 발견될 증거의 어느 일부가 우연히 나타나서 우리의 안다는 주장을 아주 조금이라도 의심하게 하는 일이 없도록 모든 증거를 "입수해야" 한다면, 그것은 강한 의미로 아는 것이 아니다. 물론 일상에서는 "안다"는 말을 강한 의미로 사용하지 않는다. 그러나 "안다"는 말을 강한 의미로 사용하면, DNA 증거가 있다고 해도 그 용의자가 유죄라는 것을 안다고 할 수 없다. 안다는 주장을 반증하는 증거는 언제든 나타날 수 있다. 우리에게는 의심할 권리, 즉 "그것은 아는 것이 아니다 ─ 확실하게 아는 것이 아니다!"라고 말할 권리가 있다.

2. 한 가지 더 생각해 보자. 당신이 내 손을 어두컴컴한 곳이나 짙은 안개 속에서 바라본다거나 당신 눈에 무언가 이상이 있다면, 내 손이 있다는 것을 왜 의심하는지 이해할 수 있다. 이 경우에 우리는 채광이 좋은 이 방에서 몇 피트 떨어져 앉아 있다. 내가 손을 들어 올리면서 "여기 내 손을 보라"고 하자 당신은 "그게 손인지 의심스럽다"고 말한다. 당신은 "더 이상 무엇을 원하는가?" 내 손 여기 있잖아, 눈으로 봐. 더 가까이 와서 만져 봐. 그래도 만족스럽지 않은가? 사진을 찍어 보라. 원한다면 다른 사람을 증인으로 불러라. 그렇게 하고도 더 이상 원하는 것이 있는가? 그밖에 무슨 증거를 제시할 수 있겠는가? 앞의 조건들 중 어떤 것이 충족되지 않았다면 당신의 의심을 이해할 수 있지만, 그 조건들을 모두 충족시켰는데도 당신은 여전히 의심한다. 당신이 의심하는 것은 무엇인가? 어떤 시험을 해보아야 당신의 의심이 **해소**될 수 있을까? 내 손을 다시 만져 보고 싶은가? 그래, 여기 있다. 당신이 "의심스럽다"라는 말을 계속하는데, 나는 그때마다 의심을 해소하는 방법을 알려 준다. 당신은 그 방법을 시험해 보고도 여전히 "의심스럽다"고 말한다. 도대체 어떤 시험을 해보아야 의심스럽지 않을까?

당신은 "내가 잠시 후에 당신 손을 잡으려고 **해도** 여전히 무언가가 내 손에 삽입될지 의심스럽다"라고 말한다. 그래서 잠시 기다렸더니 당신이 내 손을 잡는다. 잠시 후 내 손을 또 한 번 잡아보고 싶은가? 내가 당신 손을 놓지 않는데도 여전히 내 손이 잡히지 않는다고 생각하는가? 의심하는 일은 서로 함께 하는 게임이다. 당신은

"의심스럽다"는 **말**을 하지만 그것은 이제 공허한 말이다. 당신은 더 이상 의심하는 것이 아니다.

우리는 "안다"는 말의 일상적 의미(약한 의미)와 철학적으로 엄격한 의미(강한 의미)를 구별했는데, 강한 의미의 "안다"는 확실하지 않으면 결코 안다고 인정하지 않는다. 하지만 그것으로 논쟁이 끝나지는 않는다. 지식에 관한 **회의주의자**는 지금까지 진술한 사례들에 너무 많은 것이 **가정**되어 있다고 주장한다. 펑크 난 타이어의 예를 제시하면서 우리는 펑크 난 타이어를 단순히 상상만 한 것이 아니라 **실제로 보았다**고 가정했다. 손의 경우에는 손이 있다고 꿈꾸는 것이 아니라 손이 실제로 있다고 가정했다. 회의주의자는 모든 것을 의심하는데, 심지어는 물리적 세계가 있다는 것까지도 의심하려고 한다. 회의주의자의 의심은 우리가 지금까지 언급한 것보다 훨씬 더 광범한 영역에 걸쳐 있다. 우리가 지금까지 의심한 것은 "시작"에 불과하다. 다음 장에서 더 많은 경우를 검토하게 될 것이다.

2. 지식의 근원

우리는 지식을 어떻게 얻는가? 이 물음에 대해 많은 답변이 제시되었지만, 그것들은 두 가지 주요 근원, 즉 **이성**과 **경험**으로 수렴된다. 이 두 가지 가운데 더 알기 쉬운 것은 경험인 것 같다. 우리는 나무를 보고 만질 수 있기 때문에 저 바깥에 나무가 있다는 것을 안다. 말하자면 감각 기관의 도움으로, 즉 감각 경험을 통해서 그 사실을 안다. 그런가 하면 "내가 생각해 냈다"—그것이 그렇게 될 수밖에 없다고 추리했다—고 말하는 경우도 있다. 예컨대 그 반 학생들이 모두 소풍을 갔는데, 엘리스가 그 반 학생이었다면, 엘리스 역시 소풍을 갔다. 산수, 대수, 삼각법, 미적분에서 우리는 "관찰하지" 않는다. 우리는 추리하고 생각해 낸다.

이성
고대 그리스 철학자 파르메니데스(515–440 B.C.)는 오로지 이성에 의해서만 무엇이 옳은지 판단할 수 있다고 주장했다. 그리고 이성에 따르면 우주에 변화 따위는 없다는 결론에 도달한다고 했다. 그는 어떻게 이런 이상한 결론에 도달했을까?

그는 무(無, nothing)와 같은 것은 없다고 말했다. 만일 우주에 텅 빈 공간이 있다면 그 공간은 무이다(실제로 그는 "무"라는 말이 텅 빈 공간을 의미한다고 했다). 우주가 창조되었다면 창조에 앞서 무가 있었을 것이기 때문에—그리고 무는 존재할 수 없고 존재하는 것은 언제나 어떤 사물, 즉 유(有, something)이기 때문에—우주는 창조될 수 없었다. 존재하는 것이 부분으로 나뉜다면 그 부분들 사이에 텅 빈 공간(무)이 있을 텐데 무는 존재할 수 없기 때문에 부분으로 나뉠 수 없다. 또한 존재하는 것이 소멸되면 (소멸되는 것이 무엇이든) 더 이상 존재하지 않기 때문에—소멸되는 것은 무로 대체될 수 있는데, 무는 있을 수 없기 때문에—존재하는 것은 결코 소멸될 수 없다.

따라서 파르메니데스는 변화가 일종의 환상이라고 추리했다. 이성은 변화가 있을 수 없다고 알려 주고, 또 이성은 의심할 여지가 없다고 알려 준다. 만일 경험이 변화가 존재한다고 알려 준다면, 경험은 우리를 속이고 있다—경험은 잘못 알려 주고 있다. 파르메니데스는 어떤 변화도 결코 일어날 수 없음을 증명했다고 주장했는데, 그렇다면 이 주장과 모순되는 주장은 모두 틀린 생각이다.

우리는 "파르메니데스가 '어떤 변화도 없다'고 말한 다음, 걸어서 밖으로 나가 버렸다"는 이야기를 하면서 그를 조롱하듯 비판할 수도 있다. 그러나 파르메니데스는 밖으로 나가는 행동이 변화를 포함하기 때문에 걸어서 밖으로 나가는 것도 환상이라고 말할 것 같다. 사실상 없던 것이 존재하게 된다는 생각은 모두 환상이기 때문에 파르메니데스 자신의 이 세상 삶도 환상이다. 그러나 이것이 파르메니데스를 곤란하게 하지는 않는다. 우주는 영원히 변하지 않는 것이어서 변화가 불가능하므로, 자기 자신의 인생사와 그가 걸어서 밖으로 나가는 것을 비롯하여 그가 존재하게-된다는-것 역시 불가능하기 때문이다.

우리는 물론 파르메니데스가 **올바르게** 추리하지 못했다고 지적할 수 있다. 그를 비판하는 사람들이 이구동성으로 지적하는 점은 그의 추리가 여러 모로 잘못되었다는 것이다. 예를 들면 왜 "무"가 "텅 빈 공간"과 동일한 의미여야 하는가? 우리는 "무"라는 말을 다양한 방식으로 사용한다. 이를테면 "당신 소식을 듣는 것보다 나를 더 기쁘게 하는 것은 없다"(Nothing would please me more than to here from you)고 말하는데, 이것은 분명히 텅 빈 공간을 부인하지 않는다. 또는 "지혜보다 나은 것은 없다. 버터를 바르지 않은 빵도 없는 것보다 낫다. 그러므로 버터를 바르지 않은 빵은 지혜보다 낫다."(Nothing is better than wisdom; dry bread is better than nothing; therefore dry bread is better than wisdom)와 같은 케케묵은 논증을 예로 들 수도 있다. 이것은 (동일한 논증에서 하나의 낱말을 서로 다른 의미로 사용하는) 애매어의 오류를 범한다. "지혜보다 나은 것은 없다"라는 말은 지혜가 제일 좋은 것임을 의미한다(이 경우에는 "nothing"이라는 말을 전혀 사용하지 않아도 된다). "버터를 바르지 않은 빵도 없는 것보다 낫다"라는 말은 버터를 바르지 않은 빵일지라도 먹을 것이 아무것도 없는 것보다 낫다는 것을 의미한다. 따라서 그 결론은 논리적으로 도출되지 않는다. 그 논증에는 또 다른 잘못이 있다. "무"는 단순히 "텅 빈 공간"만을 의미하지 않는다―우리는 "무"의 몇 가지 다른 의미를 검토했을 따름이다.

하지만 어떤 사람이 올바르게 추리**했다**고 해서 자신의 주장을 증명한 것은 아니지 않은가? 그리고 올바른 추리의 결론이 경험 내용과 모순되면 어느 쪽이 이기는가―이성인가 경험인가? 이 물음은 연역추리를 검토한 다음 다시 거론하게 될 것이다.

"이성"(reason)이라는 말이 항상 동일한 의미를 갖는 것은 아니다. 한 가지 분명한 의미는 **추리하는 능력**(reasoning)인데, 그 의미부터 살펴보도록 하겠다. 분명히 우리는 추리를 통해 진리에 도달할 수 있다―그러나 파르메니데스의 경우처럼 추리가 언제나 올바른 것은 아니다. 올바르게 추리할 때와 그렇지 않은 때를 구별하는 기준이 있는가? 우리에게 그 기준을 알려 주는 학문의 이름이 **논리학**(logic)이다. 논리학은 올바른 추리를 연구하는 학문이다. 그것은 별개의 독립된 연구 분야이며, 대다수의 대학이 논리학 교육에 전념한다. 논리학은 수학이 물리학이나 천문학과 관련 있는 깃처럼 칠학과 관련이 있다.

논리학. 누군가가 이런 방식으로 추리한다고 해 보자.

모든 암소는 푸르다.
나는 암소다.

그러므로 나는 푸르다.

어떤 사람은 "이 진술들은 옳지 않다!"고 말하고, 다른 사람은 "이 추리는 완전히 타당하다"고 말한다.

두 사람의 주장 모두 맞다. 첫 번째 사람은 암소가 푸르지 않다는 것 등등을 말하는데, 그 진술들이 모두 그르다고 주장한다. 두 번째 사람은 그 진술들이 그를지라도 추리는 **타당하다**(valid)—만일 모든 A가 B이고 모든 B가 C라면, 모든 A가 C라는 것에 논리적으로 도달한다(모든 A가 C라고 결론 내릴 권리가 있다)—고 주장한다. 논리학은 타당한 추리를 연구하는 학문이다. 논리학은 전제들("그러므로"라는 말의 앞에 나오는 진술들)이 옳은지 그른지 문제 삼지 않는다. 논리학에서 중요한 것은 **만일** 전제를 인정한다면 결론을 논리적으로 인정해야 한다는 것이다.

다음 논증을 살펴보자.

모든 암소는 포유동물이다.
모든 포유동물은 생물이다.
그러므로 모든 생물은 포유동물이다.

이 예에서는 두 전제가 모두 옳지만, 결론에 논리적으로 도달하지 못한다. 말하자면 그 추리가 부당하다(두 전제에서 끌어낼 수 있는 결론은 물론 "모든 암소는 생물이다"이다).

논증은 **내용**(content)과 상관없이 **형식**(form) 때문에 타당하거나 부당하다. 어떤 전제를 사용하는가는 중요하지 않다. 전제가 결론을 논리적으로 산출하는지(전제로부터 결론에 논리적으로 도달하는지)가 중요하다. 이를테면 "모든 A는 B이고, 모든 B는 C이다. 그러므로 모든 A는 C이다"라는 형식의 논증은 명제의 **타당한** 형식이다—A, B, C가 무엇이든 간에 그 논증은 타당하다.

명제의 타당한 형식의 실례는 다음과 같다.

1. 어떤 A도 B가 아니라면, 어떤 B도 A가 아니다(어떤 개도 고양이가 아니라면, 어떤 고양이

도 개가 아니다).

2. 만일 A가 B보다 크고 B가 C보다 크다면, A는 C보다 크다.

3. 만일 약간의 A가 B라면, 약간의 B는 A다(만일 약간의 개가 흰 동물이라면, 약간의 흰 동물은 개이다).

몇 가지 부당한 형식의 실례는 다음과 같다.

1. 만일 모든 A가 B라면, 모든 B는 A다(만일 모든 개가 포유동물이라면, 모든 포유동물은 개이다).

2. 만일 약간의 A가 B가 아니라면, 약간의 B는 A가 아니다(만일 약간의 시계가 정확한 시간을 알리는 것이 아니라면, 정확한 시간을 알리는 약간의 것은 시계가 아니다).

3. 만일 p가 q를 함의하고 q가 r을 함의한다면, r은 q를 함의한다(만일 "이것은 정사각형이다"라는 진술이 "이것은 직사각형이다"라는 진술을 함의하고, "이것은 직사각형이다"라는 진술이 "이것은 평행사변형이다"라는 진술을 함의한다면, "이것은 평행사변형이다"라는 진술은 "이것은 정사각형이다"라는 진술을 함의한다).

　백화점에서 월말 청구서를 받고서 총액이 정확히 계산되었는지 확인해 보는 것만으로는 청구서를 완전히 검사하는 것이 아니다. 계산은 정확하지만 구입 품목이 잘못 기재되었을 수도 있다—전혀 구입한 적이 없는 품목을 청구했을 수도 있다. 청구서가 정확한지 알기 위해서는 (1) 계산이 정확한지 알아야 하고, (2) 기입된 품목이 실제로 (청구서에 기입된 가격으로) 구입한 것인지 알아야 한다.

　논증은 (1) 추리가 타당하고, **그리고** (2) 전제가 옳으면 **정당한** 논증(sound argument)이라고 한다. 그런데 논리학은 전제가 옳은지 그른지 알려 주지 않는다. 논리학은 전제가 무엇이든 그 전제에서 그 결론을 타당하게 추리힐 수 있는지를 알려 줄 뿐이다.

　"그렇다면 논리학은 어떻게 새로운 정보를 제공할 수 있는가? (타당한 논증의) 결론에 나타나는 모든 내용은 이미 논증의 전제 속에 포함되어 있다." 이것은 옳은 말이기는 하나, "포함되어 있다"(contained)라는 말이 어떤 의미를 갖는가에 따라 새로운 정보의 제공 여부가 달라진다. 결론은 공기돌이 주머니 속에 들어 있는 것처럼 글자 뜻 그대로의 의미로 전제 속에 포함되어 있는 것이 아니다. 또한 결론이 전제에 **나타난다**(occur)는 의미로 포함되어 있는 것도 아니다. 예를 들어 "모든 사람은 머리를 가졌다. 존 스튜어트는 사람이다. 그러므로 존 스튜어트는 머리를 가졌다."라는 논증에서 "존 스튜어트는 머리를 가졌다"라는 진술은 전제에 나타나 있지 않다. 하지만 이 결론은 "전제에서 **논리적으로 연역될 수 있다**는 의미로 전제 속에 포함되어 있다. 그렇다면 우리는 여전히 다음과 같은 물음에 직면하게 된다. 즉 결론이 전제에서 연역될 때 우리는 전제를 진술하면서 미처 알지 못했던 무언가를 배우는가?

이 물음에 대한 답은 아주 간단하다. 우리는 결론에서 무언가를 배울 때도 있고 배우지 못할 때도 있다. 그것은 전적으로 논증의 복잡한 정도와 개인의 지적 능력에 달려 있다. "우리는 전에 알지 못했던 것을 연역추리를 통해 배우는가?"라는 물음은 사람마다 서로 다르게 답하는 심리학적 물음이다. 존 스튜어트에 관한 논증의 경우에는 결론이 우리에게 무언가 새로운 정부를 알려 주는 것 같지는 않다. 우리는 결론에 도달하기 전에 이미 그 내용을 알고 있다. 하지만 결론이 우리에게 새로운 지식을 제공하는 경우도 가끔 있다―우리는 전제가 모두 제시되지 않은 상태에서 결론을 내리는 경우가 있다.

높은 명성과 훌륭한 사회적 지위를 지닌 X 씨는 중대한 공식 모임을 주재해 달라는 요청을 받았다. 약속 시간이 다 되었는데도 X 씨가 도착하지 않자 그가 도착할 때까지 시간을 보내기 위해 가톨릭 신부에게 연설을 해 달라고 부탁했다. 신부는 고해 신부로서 첫 번째 고해 성사를 받던 중 극악무도한 살인자라고 고해한 사람을 상대해야 했을 때 당혹스러웠던 경험을 비롯하여 여러 가지 일화를 이야기했다. 잠시 후 X 씨가 도착했고, 그는 연설에서 다음과 같이 말했다. "내가 아는 신부님이―― 지금 이곳에 계십니다. 그 분이 나를 알아보지 못한다고 해도 그 분은 나의 오랜 친구입니다. 사실은 내가 그 분의 첫 번째 고해자였습니다."[2]

---

2   Alfred C. Ewing, *The Fundamental Questions of Philosophy* (London: Macmillan, 1951), p. 29.

물론 청중은 전제들—첫 번째 고해자가 살인자였고, X 씨가 첫 번째 고해자였다—을 기억하고 있었기에 결론을 타당하게 이끌어 냈을 텐데, 그 결론에 청중들 대부분이 깜짝 놀랐을 것이다.

어느 정도 복잡한 연역 논증에서 그 결론은 대부분의 사람들에게 뜻밖의 놀라움으로 **여겨질** 것이다. 이 논증을 검토해 보자.

> 만일 경비원이 그 시간에 주의를 기울이지 않았다면, 그 자동차가 언제 들어왔는지 알아차리지 못했을 것이다.
>
> 만일 목격자의 설명이 옳다면, 경비원은 그 시간에 출입했던 자동차에 주의를 기울이지 않았다.
>
> 그 차가 언제 들어왔는지 알아차렸거나 존스가 무언가를 숨기고 있다.
>
> 존스는 아무것도 숨기고 있지 않다.
>
> 그러므로 목격자의 설명은 옳지 않다.

논증에 포함된 모든 진술의 함의 내용과 모든 진술의 연결 관계를 즉시 깨달을 수 있을 정도로 완벽한 추리 능력을 갖춘 사람에게는 어떤 결론도 새로운 정보로 여겨지지 않을 것이다. 그러나 인간은 그렇게까지 재능을 타고나지는 못했기 때문에 "결론이 전제 속에 포함되어 있음에도(결론이 전제에서 연역될 수 있음에도)" 새로운 정보로 여겨지는 타당한 연역 논증의 결론들은 많이 있다.

증명. 다른 사람과 쟁점 토론을 할 때면 언제나 우리는 "그것을 **증명**해 보라"는 요구에 끊임없이 부딪친다. 무언가를 증명하는 것은 아마도 그것을 의심할 수 없도록 (때로는 합리적 의심을 할 수 없도록) 입증하는 것일 수 있다. 그러나 그것을 증명하는 방법은 우리가 어떤 종류의 상황에 대해 논의하는가에 따라 달라진다.

1. "증명한다"는 말이 아주 일반적 의미로 사용될 경우 우리는 매우 강한 증거를 제시함으로써 증명할 수 있다. 이를테면 피고가 "나의 주장을 법정에서 증명하겠다"라고 말할 때, 검사는 "살인 사건이 일어난 날 밤에 애틀랜타에 있었다는 것을 증명해 보라"고 요구한다(살인 사건은 시카고에서 일어났기 때문에 피고가 애틀랜타에 있었다면 살인 혐의를 벗게 될 것이다). 그래서 피고는 증거를 제시한다. 그의

아버지는 그가 그날 밤 실제로 애틀랜타에 있었다고 증언하고, 친구들은 애틀랜타에서 그를 보았다고 주장하고, 어떤 사람은 그날 아침 일찍 그가 시카고에서 출발하는 비행기에 탑승하는 것을 보았다고 진술한다. 물론 그 사람들 모두가 그를 보호하기 위해 거짓말을 하거나 신분 확인을 잘못할 수도 있기 때문에 (그들이 보았던 그 사람이 일란성 쌍둥이였을 수도 있기 때문에) 피고의 증거는 그가 살인범이 아니라는 것을 **증명**하지 못한다. 법정 소송에서 증거는 거의 언제나 정황 증거이지만, 그럼에도 사건은 광범한 증거 집단에 의해—특히 경찰관이 살인 사건이 일어난 집과 권총에서 다른 누군가의 지문을 발견할 경우—증명이 거의 마무리된다. 사실상 검사는 사건의 진상을 추호의 의심도 할 수 없게 증명해야 하는 것이 아니라 오로지 "합리적 의심을 할 수 없게" 증명하기만 하면 된다.

    2. 수학과 논리학에서 "증명"이란 말이 사용되는 의미로 어떤 것을 증명하는 것은 그것을 옳은 전제에서 타당하게 연역하는 것이다. 연역의 전제가 여전히 의심스러운 경우에는 타당하게 연역하는 것만으로는 충분하지 못하다.

    연역 논증에서는 때로 **공리**(axiom)라고 불리는 어떤 명제들을 전제로 사용하기도 한다. 공리는 논증 목적상 "옳다고 가정"된다. 공리는 상정(想定)된—논증의 맥락에서 승인된—명제이며, 상정된 명제는 옳다고 알려진 명제가 아닐 수도 있다. 우리는 논증의 전제를 이루는 공리들을 문제 삼지 않고서도 정교하고 타당하게 연역할 수 있다. 이 점에 대해서는 나중에 다시 검토하게 될 것이다. 이를테면 유클리드의 평행선 공리를 가정하면, 즉 "어떤 직선과 그 직선 밖에 한 점이 있을 때, 그 점을 지나면서 그 직선과 평행할 수 있는 직선은 오직 하나뿐이다"라는 진술을 가정하면, 우리는 유클리드 기하학의 많은 명제를 연역할 수 있다. 그 전제가 정말 그럴듯해 보이는데도—많은 사람이 그 전제를 명백히 옳다고 생각하는데도—기하학자들은 평행선 공리가 전혀 증명된 적이 없다는 것을 문제 삼았다. 그렇지만 이 공리를 가정하면 (공리에 다른 전제들을 덧붙여) 기하학이나 측량술이나 공학과 관련 있는 많은 명제가 연역될 수 있다.

    기하학 체계는 일정한 공리와 정의에서 출발하여 그로부터 정리(theorem)를 연역해 나가는데, (공리와 정의를 계속 추가함으로써) 더 많은 정리 등등을 산출하게 된다. 연역의 과정에 아무런 과오가 없다고 가정하면 그 정리들은 공리와 정의에서 타당하게 연역된다. 하지만 그 정리들은 옳은가? 그것은 전제들(이 경우에는 공리들)이 옳은가 그른가에 달려 있다. 평행선 공리는 우리 모두 고등학교에서 배운 유클리드 기하학의 일부분이다. 그러나 게오르크 리만과 니콜라이 로바체프스키의 새로운 기하학 체계에는 평행선 공리가 없기 때문에 유클리드 기하학의 정리와 다른 정리들이 타당하게 연역된다. 유클리드 기하학의 전제들은 대부분의 사람들에게 명백히 옳은 것으로 보인다. 그러나 기하학자들은 유클리드 체계의 전제들이 일상의 한정된 거리에는 잘 들어맞지만, 태양계 밖의 수백만 광년이나 되는 먼 거리에는 "휘어진 공간" 때문에 들어맞지 않는다고 말한다.

어쨌든 전제가 **옳은지 그른지**는 관찰하고 측정함으로써 경험적으로 발견될 수밖에 없다. 연역이 **타당한지 부당한지**는 연역 논리학의 규칙들에 따름으로써 밝혀진다. **순수** 기하학은 오로지 연역 체계의 타당성에만 관여하는데, **응용** 기하학은 (측량술이나 공학의 경우처럼) 연역의 전제들이 옳은지 그른지에 대해서도 관여한다.

그렇다면 파르메니데스가 제기한 문제에 관해서는 어떻게 말할 수 있는가? 논리학에서는 **만일** 전제들이 옳다면 결론은 반드시 그 전제들에서 연역된다. 그러나 논리학은 전제 자체가 옳다는 것을 알려 주지는 않는다. 파르메니데스의 추리가 타당할지라도 그것이 그의 전제가 옳다는 것을 밝혀 주지는 않는다.

논리학 혼자서는 어떤 전제가 옳은지 알려 주지 못한다. 논리학은 실제로 무엇이 **존재**하는지 알려 주지 못한다. 그렇다면 우리는 전제가 옳은지 어떻게 아는가?

그것은 전제에 달려 있다. 논증들의 전제 대부분은 "모든 고니는 희다"처럼 어떻게든 경험(반드시 당신의 경험은 아니고 누군가의 경험)에 관한 진술이다. 파르메니데스의 경우 전제들이 의심스러운데—예컨대 그는 "무"(Nothing)의 의미에 관해 분명히 잘못 말했는데—그래서 그의 추리 또한 의심스럽다. 다시 말해 어떤 것도 영원히 변하지 않는다(Nothing ever changes)는 결론이 그의 전제에서 연역되지 못한다.

이렇게 보면 이성과 경험은 전혀 상충하지 않는다. 연역추리는 전제에서 어떤 결론을 **타당하게** 이끌어 낼 수 있는지 알려 준다. 앞으로 보게 되겠지만, 귀납추리는 제시된 증거에 입각할 때 어떤 결론이 **나올 법**한지 알려 줄 뿐이다. 일반적으로 우리는 전제 자체가 **옳은지** 알기 위해 경험에 의존한다.

그러나 "이성"이라는 말은 지금까지 설명한 것보다 더 넓은 의미로 사용된다.

능력으로서의 이성. 지금까지 우리는 **연역추리** —논증의 결론이 전제에서 논리적으로 도출되는 경우를 확인하기 위해 사용할 수 있는 일반적 기준—를 검토했다. **귀납추리**에서는 결론이 전제에서 논리적으로 연역되지 않는다—우리는 전제를 주장하고 모순에 빠지지 않고 결론을 거부할 수 있다. 과학에서 추리는 통상적으로 이런 식의 추리인데, 귀납추리에 대해서는 과학철학을 논하는 4장에서 검토할 것이다. 귀납추리에서는 전제가 결론을 논리적으로 함의하는(수반하는) 것이 아니라 전제가 결론에 대해 증거를 제공한다.

그런데 "이성"이라는 말은 "추리"라는 말보다 더 널리 사용된다. 인간은 이성 **능력**을 갖는다. 이성은 개념을 구성하고 이해하는 것, 언어를 습득하고 사용하는 것, 세계에 관한 신념을 획득하여 그 신념에 따라 행동하는 것을 포함한다. 우리는 사자라는 개념을 가질 뿐만 아니라 실제로 눈으로 사자를 알아보며, 그 인식에 행동으로(또는 무반응으로) 반응한다. 이 모든 것은 철학과 인문학에서 "이성"이라는 용어를 폭넓게 사용하는 경우에 해당한다. 예를 들어 "사람들이 자신의 문제에 대한 해결책을 찾기 위해 이성을 사용한다"라고 말할 때 이성은 연역추리뿐만 아니라 방금 말한 모든 능력들의 집합체를 뜻한다. 고대 그리스 철학자들이 최초로 종교적 신앙보다 이성을 통해 윤리적 문제를 해결하려 했다고 말할 때도 일반적으로 언급되는 능력들의 집합체로서의 이성을 뜻한다.

인간만이 이런 능력을 갖는가? 동물은 그들 주위에 있는 사물을 분명하게 지각하여 행동할 때 그 사물을 참작한다. 동물은 언어라는 약정 체계를 갖고 있지 않기 때문에 (침팬지는 몇 가지 낱말을 이해할 수 있지만 아무래도 언어를 창안할 수는 없기 때문에) 아마 명제를 활용하는 추론(propositional reasoning)을 사용하지는 않을 것 같다. 어떤 동물은 바나나 나무에서 바나나를 따는 것처럼 문제에 대한 해결책을 생각해 내기도 한다. 그런 동물은 인간이 가진 지민들은 아님지라도 무하하게나마 "이성"이라는 속성을 어느 정도는 갖추고 있다.

"사고의 법칙"

우리는 하나의 명제에서 또 하나의 명제를 얻기 위해 논리학을 사용한다. 논리학은

만일 p가 옳으면, 반드시 q가 옳은지 그른지, 아니면 옳지도 그르지도 않은지를 알려 준다. 하지만 다른 명제와 관계없이 혼자 독립해 있는 명제들의 옳음이나 그름은 어떻게 알 수 있는가?

대부분의 명제—"눈은 희다"나 "나는 의자에 앉아 있다"—의 옳음이나 그름은 이런저런 종류의 **경험**에 의해 결정된다. 우리는 이것을 다음 장에서 검토할 것이다. 그에 앞서 많은 철학자가 **자명한**(self-evident) 명제라고 여겼던 명제들을 살펴보자. 그 명제들은 때로 **이성의 진리**(truth of reason)라고 불리기도 했다. 그 명제들은 제정신인 사람이라면 결코 의심할 수 없을 정도로 아주 명백하게 옳다고 한다. 예를 들면

여기 내가 있다.

나는 살아 있다.

1 + 1 = 2.

한 사람에게 명백하게 옳아 보이는 것이 다른 사람에게는 명백하지 않을 수 있다. 지구가 평평하고 해와 별이 지구 주위를 돈다는 것이 대부분의 사람에게 명백하게 여겨지던 때가 있었다. 그것은 이제 결코 명백하지 않으며, 지리학이나 천문학을 조금만 배운 사람들은 그것이 옳다고 믿지 않는다.

"여기 내가 있다"는 진술을 고찰해 보자. "여기"라는 말은 무엇을 의미하는가? "여기"는 어디가 됐건 내가 있는 곳을 의미하는 것으로 보인다. 그렇다면 "여기 내가 있다"는 "내가 있는 곳에 내가 있다"가 된다. 그런데 이것은 동어 반복(tautology, 그리스어로 *tautos*, 즉 "동일한 것")이다. 다시 말해 그 문장의 술어는 주어가 말하는 것의 전부나 일부를 반복하기만 한다.

"나는 살아 있다"의 경우는 어떤가? 이것이 살아 있는 사람이 한 말이라고 가정한다면 그 진술은 "살아 있는 사람인 나는 살아 있다"이다—이것 역시 동어 반복이다. 하지만 그것이 살아 있는 사람이 한 말이라는 가정이 없으면 그것은 동어 반복이 아니다. "나는 살아 있다"는 진술이 기계에서 나오는 소리일 수 있는데, 그 경우에 그것은 옳지도 않을 것이다.

우리 대부분이 그렇게 말하듯이 "2"가 "1 + 1"과 같은 의미라면, "1 + 1 = 2"
는 동어 반복이다. 수학적 진리에 관해서는 5장에서 검토할 것이다.

이 같은 논의를 계속 진행하다 보면 다른 예들을 만나게 되는데, 아리스토텔레스
가 맨 처음 진술한 아주 중요한 세 명제부터 고찰해 보자. 그 명제들은 "사고의 법
칙"(laws of thought)이라고 일컬어지기도 했는데, 이것은 오해의 소지가 있는 명
칭이다. 그것은 사람들이 어떻게 생각하는지를 진술하지 않는다 — 대부분의 사람
들은 불합리하게 생각하기도 하고 끊임없이 모순에 휘말리기도 한다. 그 명제들은
사고의 법칙이 아니라 사고의 논리적 **토대**(foundation), 즉 우리의 모든 진술에 전
제된 (가정된) 원리의 역할을 한다. 그 세 "법칙"은 다음과 같다.

1. 동일률: A는 A다.
2. 무모순율: 어떤 것도 A이면서 A-아닌-것일 수 없다.
3. 배중률: 어떤 것이든 A이거나 A-아닌-것이다.

이 세 진술은 말할 필요도 없을 만큼 명백하지 않은가? 게다가 이 진술들은 아무
런 정보도 제공하지 않는다. 이 식탁은 이 식탁이다. 그래서 어떻다는 것인가? 이것
이 무슨 말인가? 우리는 전에 알지 못하던 것을 어떻게 아는가? "A는 B다"는 정보
를 제공하지만, "A는 A다"는 그야말로 하나마나한 말인 것 같다.

그런데도 아리스토텔레스는 이 원리들 또는 법칙들을 모든 사고에 전제되어 있
는 것으로 간주했다. 그것들을 부정하면 어떤 일이 생기는지 생각해 보라.

A: 나는 A가 A라는 것을 부정한다.
B: 알았어. 근데 당신이 부정하는 그 부정은 부정인가?
A: 물론이지.
B: 그렇다면 **A는** A다. 당신은 방금 A는 A라는 것을 부정한다고 말하면서 A는 A
라는 것을 전제했다. 이 원리를 가정하지 않고서는 어떤 것에 관해 **생각할** 수도
없다. 일단 무언가를 가리키면서 그것을 A라고 해 보자. 그렇다면 당신이 언급
하거나 생각하는 것은 A이지 다른 것이 아니다. 당신이 언급하는 그 A가 어떻

게 동시에 A가 **아닐** 수 있겠는가? 당신이 생각하는 것이 의자라면 그것은 의자이지 토마토가 아니다.

　그렇다면 A가 B로 **되기**(become) 때문에 "A는 A다"가 항상 옳은 것이 아니라고 말하는 경우를 보자. 이를테면 "올챙이는 개구리가 되고 나면 더 이상 올챙이가 아니다.

　하지만 "A는 A다"는 "A였던 것이 B로 될 수 있다"는 것을 부정하지 않는다. 당신이 A를 가질 때 당신이 가진 것은 A이고, A가 B로 되었을 때 당신이 가진 것은 B이다. 어떤 것으로 변한다는 것은 경험과학의 흥미로운 주제이다. 그러나 동일률은 그 같은 "흥미로운 정보"를 전혀 포함하지 않는다. 동일률은 어떤 것이 A일 때 그것이 다름 아닌 A라고 말할 뿐이다. 따분하게 들릴지 모르겠으나 이것은 옳은 말이다.

　이번에는 누군가가 무모순율을 부정하려 한다고 해 보자.

A : 이것은 식탁이면서 또한 식탁이 아니다.

B : 그렇다면 당신이 언급하는 것은 무엇인가 — 식탁인가 식탁이 아닌가?

A : 둘 다이다. 이것이 식탁이면서 식탁이 아니라는 것이다.

B : 당신은 "식탁"이라는 낱말을 두 가지 다른 의미로 사용하는 것이 아닐까? 이것은 식탁(table, 하나의 가구)이지 책의 목차(table of contents)가 아니라는 말을 하는 것이 아닐까?

A : 그렇지 않다, 나는 동일한 의미로 사용한다.

B : 당신이 말하는 문장의 주어 명사는 무엇을 의미하는가? 처음에 식탁이라고 말한 다음 바로 이어서 식탁이 아니라고 말한다. 그렇다면 당신이 언급하는 것은 무엇인가?

A : 식탁 아닌 식탁이다.

B : 하지만 그것을 식탁이라고 해 놓고서 다시 바로 이어서 식탁이 아니라고 말하면 당신은 모순에 빠진다.

A : 그래, 내 말이 자체 모순이라고 하자. 그게 뭐가 어떤가?

B : 모순된 말은 이해 불가능한 말이다. 눈을 감고 식탁을 상상해 보라. 이제 식탁이

아닌 것을 상상한 다음 식탁과 식탁 아닌 것을 둘 다 동시에 상상하려고 해 보라.

A: 내가 그것을 상상할 수 있는지 없는지는 이 문제와 아무 상관도 없다. 나는 백만 각형 역시 상상할 수 없으니까.

B: 당신이 백만각형을 상상할 수 있든 없든 백만각형은 있을 수 있다. 백만각형이 있다는 말에는 아무 모순도 없다. 하지만 적어도 우리가 언급하는 것이 무엇인 지는 안다. 말하자면 백만각형을 상상하지 못한다 해도 그에 대한 개념은 갖는 다. 하지만 식탁의 경우에는 우리가 언급하는 것이 **무엇인지** 확인해야 한다. 우 리가 언급하는 것이 식탁이어도 상관없고, 식탁 아닌 다른 것이어도 상관없다. 하지만 식탁과 식탁 아닌 다른 것 둘 다일 수는 없다.

내가 오늘 저녁 일곱 시에 식사를 같이 하자고 초대했더니 당신이 "참석하겠다" 고 한다. 그런데 잠시 후 "참석하지 않겠다"고 한다. "마음이 바뀌었느냐"고 묻자 "그런 건 아니다"라고 대답한다. "당신은 참석하는가 참석하지 않는가?" "둘 다." "우리 집에 오기도 하고 오지 않기도 한다는 말인가?" "바로 그거야."

나는 당장 어떻게 해야 할까? 당신의 저녁 식사를 준비해야 할까 준비하지 말아 야 할까? 나는 저녁 식사를 준비할 수도 없고 준비하지 않을 수도 없다. 내가 "어떻 게 해야 할지 모르겠다"고 말하자 "당신은 모를지 몰라도 나는 안다. 나는 무모순율 을 초월한다"고 말한다. "그렇다면 당신이 '초월하는' 그 영역에서는 나의 초대에 응하는가 응하지 않는가?" "둘 다. 당신이 그것을 이해하지 못한다니 애석하다." "아냐! **당신** 역시 그것을 이해하지 못한다. 당신이 존재하면서 동시에 존재하지 않 을 수 있고, 여기 있으면서 동시에 여기 있지 않을 수 있을까?"

실재(reality)는 모순을 포함하지 않는다는 것이 아리스토텔레스의 기본 신념이 다. "이것은 X이다"와 "이것은 X가 아니다"는 동시에 둘 다 옳을 수 없다.

A: 그렇지만 실재는 모순을 포함한다. 사람들은 모순된 방식으로 행동한다. 그녀는 한 때 에너지 넘치는 활동가였으나 얼마 지나지 않아 아무 활동도 하지 않게 되 어 버렸다. 그녀는 우아하고 다정할 뿐만 아니라 지독하고 잔인하기도 하다. 동 일한 사람 안에 대립되는 특성들이 들어 있다.

B: 그녀는 시간 $t-1$에는 에너지가 넘치는데 $t-2$에는 의기소침해 한다—이 사실에는 전혀 모순이 없다.

A: 하지만 그녀는 다정하면서 동시에 잔인하다. 그런 사람은 얼마든지 있다.

B: 그녀 안에 두 가지 **잠재력**이 동시에 있을 수는 있지만, X를 **행하면서** 동시에 X를 행하지 않을 수는 없다.

A: 한 사람이 동일한 사람을 대상으로 서로 대립하는 감정을 가질 수 있다. 한 남자가 자기 아내를 사랑하면서 동시에 미워할 수 있다. 그는 그녀의 따뜻함과 매력 때문에 그녀를 사랑함과 동시에 근시안적 안목과 완고함 때문에 미워할 수 있다.

B: 아리스토텔레스가 말한 것은 어떤 것도 **동일한 점에서**(in the same respect) 동시에 A이면서 A가 아닐 수 없다는 것이다. 그는 그녀의 A와 B라는 성격을 좋아하면서 그녀의 C와 D라는 성격을 싫어할 수 있다. 그 같은 양면적 가치 태도 때문에 우리는 "그래, 그녀가 좋기도 하고 안 좋기도 해"라는 식의 말을 자주 한다. 이것은 무모순율을 어기는 것처럼 들리지만 사실은 그렇지 않다. 그는 특징 A를 동일한 점에서 좋아하면서 동시에 안 좋아할 수 없다. 모순되는 두 명제는 동시에 옳을 수 없다. 당신이 나에게 제시한 것은 단지 감정이 복잡한 경우에 불과하다. 당신은 옳으면서 동시에 옳지-않은 명제를 나에게 전혀 제시하지 않았다.

A: 나는 그 같은 경우가 얼마든지 있다고 생각한다. 누군가가 나에게 "굴을 좋아하는가?"라고 물으면, 잠시 생각한 다음 "나는 굴을 좋아하기도 하고 안 좋아하기도 해"라고 대답할 수 있다.

B: 말하자면 당신은 어떤 점에서는 좋아하지만 다른 점에서는 좋아하지 않는다. 당신은 굴에 대해 이중적 태도를 갖는다.

A: 내가 방금 요리한 캐서롤을 맛보면 나는 동일한 점에서—즉 그 맛과 관련하여—그것을 좋아할 수도 있고 **그리고** 동시에 싫어할 수도 있다.

B: 그렇다면 분명히 새콤함처럼 당신이 좋아하는 어떤 맛이 있고, 아마 향신료처럼 당신이 좋아하지 않는 다른 맛이 있다. 당신은 어떤 점(한 가지 점)에서는 캐서롤을 좋아하지만 다른 한 가지 점에서는 좋아하지 않는다.

배중률은 가장 비판을 많이 받는 법칙이다. 배중률은 A와 A-아닌-것 사이에 어떠한 중간 지대도 없다고—무엇이 됐건 그것은 A이거나 A-아닌-것이거나 둘 중 하나라고—주장한다.

1. "그러나 사실은 그렇지 않다"고 말하는 사람도 있다. "어떤 것이 뜨겁거나 차갑거나 둘 중 하나여야 하는 것은 아니다. 자동차가 빠르거나 느리거나 둘 중 하나로 가야 하는 것은 아니다. 그 액체는 뜨겁지도 않고 차갑지도 않고 미지근할 수 있다. 그 자동차는 빨리 가지도 않고 천천히 가지도 않고 적당한 속도로 갈 수 있다."

하지만 이 반론은 **부정어**(negative)를 **반대어**(opposite)와 혼동했다. 배중률은 자동차가 빠르게 가거나 느리게 가거나 둘 중 하나라고 주장하지 않는다. 또한 특정한 어떤 온도가 뜨겁거나 차갑거나 둘 중 하나라고 주장하지도 않고, 어떤 시험이 쉽거나 어렵거나 둘 중 하나라고 주장하지도 않는다. 이것들 각각은 한 쌍의 반대어라서 그것들 사이에 중간 지대가 있을 수 있다. 액체의 온도는 뜨겁지도 차갑지도 않고 미지근할 수 있다. 시험은 쉽지도 않고 어렵지도 않을 수 있다. 자동차는 빠르지도 느리지도 않은 중간 속도로 갈 수 있다. **반대어**(뜨겁다와 차갑다) 사이에는 물론 중간 지대가 있기 때문에 배중률은 중간 지대가 없다고 주장하지 않는다. 배중률이 주장하는 것은 어떤 용어와 그것의 **부정어**(뜨겁다와 뜨겁지-않다) 사이에 중간 지대가 없다는 것뿐이다. 뜨거운 것과 뜨겁지-않은-것 사이의 경계선을 어디에 긋는다고 해도 그들 사이의 중간 지대는 없다—배중률은 명칭 그대로 중간 지대를 완전히 배제한다. 이를테면 뜨겁지 않은 온도는 모두 뜨겁지-않은-것인데, 물론 미지근함과 차가움은 **둘 다** 뜨겁지-않은-것에 속한다.

2. "배중률에 따르면 존스는 집에 있거나 없거나 둘 중 하나여야 한다. 하지만 존스가 죽었으면 어떻게 될까? 그러면 그는 집에 있는 것도 없는 것도 아니다. 따라서 배중률은 이 경우에 적용되지 않는다."

그러나 이것은 **두** 개의 명제가 하나로 혼합된 명제이다. 인용된 진술에 따르면 (1) 존스라는 이름을 가진 사람이 있는데, (2) 그는 집에 있거나 없거나 **둘 중** 하나이다. 두 번째 진술은 첫 번째 진술이 옳다는 것을 전제한다. 만일 첫 번째 진술이 그르면 두 번째 진술은 어떤 사람에게도 적용되지 못한다. 두 진술을 하나씩 따로따로 검토해 보자. 존스는 살아 있는 사람이거나 살아 있는 사람이 아니거나 둘 중 하나이다(이 진술은 옳다). 그리고 존스가 살아 있는 사람이라면 그는 집에 있거나 없거나 둘 중 하나이다(이 진술 역시 옳다). 사고의 혼란은 이 두 부분을 혼동할 때 일어난다.

우리는 다음과 같은 복합 질문에 부딪치는 경우가 종종 있다. 당신은 이제 아내를 때리지 않는가? 당신은 부정한 아내와 이혼했는가? 당신은 이제 룸메이트의 치약을 사용하지 않는가? 이런 질문에 대해 우리는 "그렇다"거나 "아니다"라고 대답하기 일쑤다. 당신은 이제 아내를 때리지 않는가? 그렇다고 대답하면 당신은 과거에 아내를 때렸다! 아니라면 당신은 여전히 아내를 때린다! 많은 사람들이 이런 함정에 빠져드는데, 그것은 복합 질문을 두 가지 질문으로 분리하지 못하기 때문이다. 우선 첫째로 당신이 룸메이트의 치약을 언젠가 **사용한** 적이 있는지 생각해 보고 나서, 그 답이 "그렇다"일 경우에만 두 번째 물음 즉 "당신은 지금도 룸메이트의 치약을 사용하는가?"를 상대해야 한다.

3. "당신은 설인(雪人)의 존재를 믿거나 믿지 않거나 둘 중 하나다." "그렇지 않다. 회의주의자들은 설인의 존재를 믿는 것도 **아니고** 믿지 않는 것도 **아니다**—그들은 믿는 것과 믿지 않는 것 둘 다 보류한다. 설인의 존재를 믿는다고 하지도 않고, 믿지 않는다고 하지도 않는다. 말하자면 그들은 둘 중 어느 하나를 믿을 근거가 있다고 생각하지 않는다."

하지만 배중률은 설인의 존재를 믿거나 믿지 않거나 둘 중 하나라고 주장하지 않는다. 그것은 당신이 실제로 존재한다고 주장하지도 않는다. 배중률이 주장하는 바는 "설인의 존재를 믿는 것이 옳거나 옳지 않거나 둘 중 하나"라는 것뿐이다. 설인의 존재를 믿지 않는 것에는 그것을 믿지 않는 것뿐만 아니라 그것에 관해 알지 못하는 것(또는 그것에 관심을 보이지 않는 것 등등)도 포함된다—이것은 뜨겁지 않은 것에 차가운 것뿐만 아니라 미지근한 것도 포함되는 것과 마찬가지다.

증명의 한계. 당신은 "A는 A다" 또는 "어떤 것이 A이면서 동시에 A-아닌 것일 수 없다"는 것을 누군가에게 어떻게 증명할 수 있는가? 우리는 이런 명제가 옳다는 것을 정말 **알지** 못하는가?

모든 담화와 논증은 A가 A라는 것을 전제한다. 만일 A가 A가 아니라면 논증이 논증이 아니고, 증명이 증명이 아니다 등등. A가 A라는 것을 가정하지 않고서는 어떤 논증도 논증일 수 없다.

어떤 A도 B가 아니라면 어떤 B도 A가 아니라는 것을 어떻게 증명할 수 있을까? 두 개의 원을 그린 다음 하나는 "A"라고 하고 다른 것은 "B"라고 한다. 두 원은 서로 겹치지 않기 때문에 A에 속하는 어떤 것도 B에 속하지 않는다. 첫 번째 원에 "개"라는 이름을 붙이고, 두 번째 원에 "고양이"라는 이름을 붙인다. 이제 어떤 개도 고양이가 아니라면 어떤 고양이도 개일 수 없다 ─ 그 둘은 서로를 완전히 배척한다. 그러나 당신과 이야기하는 사람이 "그게 무슨 말인지 도무지 모르겠다"고 주장하면 어떻게 해야 할까? 그녀는 어떤 개도 고양이가 아니라는 것을 인정하면서도 어떤 고양이가 개인지를 묻는다. 당신은 그녀의 이해력을 의심한 나머지 "어떤 개도 고양이가 아니라면 어떤 고양이도 개일 수 없다"는 진술은 그녀가 인정하건 인정하지 않건 필연적 진리(necessary truth)라고 말한다. 그 진술이 옳다는 것과 그 진술이 옳다는 것을 그녀가 알지 못하는 것은 서로 다르다. "정말 안됐다. 바보!"라고 말해 보기도 하지만, 그렇다고 해서 그녀가 그 진술을 수긍하는 것도 아니다.

아무리 그녀를 납득시키려고 해도 끝내 납득시키지 못한다. 이 명제는 증명할 수 없을 정도로 기초적인 명제이기 때문이다. 어떤 명제를 증명하기 위해서는 그 명제를 연역해 낼 수 있는 **다른** 명제들을 제시해야 하는데, 아리스토텔레스의 사고의 법칙과 같은 기초적 명제의 경우에는 그 명제보다 더 선명하게 옳은 다른 명제들을 결코 제시할 수 없다. 당신은 "A는 A다"를 다른 명제에 의거하여 증명할 수 없다. 사실은 "A는 A다"를 증명하기 위해 제시되는 모든 명제는 예외 없이 "A는 A다"가 옳다는 것을 **전제한다**("P는 P다"라는 명제는 "A는 A다"의 또 다른 경우일 뿐이다).

당신은 "A는 A다"를 그 자체에 의거해서 증명할 수 없다. 그것은 순환 논증의 오류(증명하려는 바로 그것을 가정하는 오류)에 빠진다. 그리고 "A는 A다" 이외의 다른 모든 것이 "A는 A다"에 의존하기 때문에, "A는 A다"를 다른 어떤 것에 의거하여 증명할 수도 없다. "A는 A다"나 그 밖의 기초적인 필연적 진리를 다른 명제들에서 연역될 수 있다고 할지라도, 우리는 다른 그 명제들을 다시 증명해야 하는 문제에 부딪치게 된다. 그래서 다른 그 명제들을 여전히 또 다른 명제들에서 연역했다고 할지라도, 우리는 이 연역의 전제로 사용된 그 명제들을 또 다시 증명해야 한다.

설령 이런 식으로 증명할 수 있다고 해도 그것은 도움이 되지 못한다. 논리의 원리 L을 일군의 다른 진술들 K에서 연역할 수 있다고 해 보자. 그렇다면 K는 어떻게 증명할 것인가? 다른 어떤 것 J에 의거해서? 그렇다면 J는 또 어떻게 증명하는가? 이 같은 물음이 끝없이 되풀이된다. 우리는 **무한 후퇴**(infinite regress)에 빠진다. 우리는 논리의 원리를 그 자체에 의거해서 입증할 수도 없고, 논리의 원리가 아닌 다른 명제들에 의거해서 입증할 수도 없다. 그러므로 우리는 논리의 원리를 결코 입증할 수 없다(우리는 이처럼 논리의 원리를 입증할 수 없다는 주장을 하면서도 좀 더 복잡하기는 하나 "만일 P이면 Q이거나 R이다. Q가 아니다. R이 아니다. 그러므로 P가 아니다."를 논리의 원리로 사용한다).

증명이 무한히 계속되지 않으려면 어디선가 증명을 중단해야만 한다. 그러나 우리는 "증명해 보라"고 줄기차게 요구하는 데 너무 익숙해진 나머지 증명의 기반 자체마저도 증명되어야 한다고 생각하는 경향이 있다. 말하자면 "증명의 기반을 증명할 수 없으면 당신은 그것을 안다고 할 수 없다." 그런데 증명은 항상 **다른** 것에 의거해서 이루어지는 것이라서 다른 그것 역시 또 다른 것에 의거해서 증명되어야 하는 등 무한히 계속된다. 따라서 우리가 **할 수 있는** 일은 증명의 기반을 부정하면 어떤 결과가 나타나는지를 실제로 보여 주는 것이다.

그럼에도 꺼림칙한 마음이 계속 남아 있을 수 있다. 우리는 개개의 모든 진술이 다른 진술에 기초하기를 원한다. 그렇다면 우리는 '부인과 바위'라는 이야기에서 부인의 처지에 놓이게 된다. 어느 부인이 지구를 받치는 것이 무엇이냐고 묻는다. 지구를 받치는 것은 코끼리다. 코끼리를 받치는 것은 무엇인가? 바위. 그 바위를 받치는 것은? 다른 바위. 그 바위를 받치는 것은? 또 다른 바위…, 등등 끝없이 계속된다. 청중 속의 그 부인은 계속 되풀이해서 똑같은 질문을 한다. 마침내 화가 난 연사가 그녀에게 말한다. "부인, 바위를 받치는 것은 **계속 그 밑에 있는 또 다른 바위**란 말입니다."

바위를 받치는 것이 계속 그 밑에 있는 또 다른 바위라는 것은 도대체 어디까지 계속되어야 할까? 연사는 그녀에게 천문학을 잠깐 가르쳐서 위와 아래에 대한 소박한 생각을 바르게 고쳐 주는 것만으로도 끝없이 반복되는 질문을 막을 수 있다—그렇다고 해도 아마 그녀는 설명에 대한 불만감을 완전히 털어 버리지는 못할 것이다. 당신 역시 궁극적인 증명의 원리 자체가 증명되어야 한다는 생각을 버리지 못하는 한 증명에 관한 우리의 결론에 여전히 불만을 느낄 것이다. 우리가 할 수 있는 일은 왜 궁극적인 증명의 원리를 **받아들여야 하는지를 정당화**하려고 하는 것이다. 예를 들어 우리는 "A는 A다"라는 원리가 없으면 모든 논증과 담화가 불가능하다고 말함으로써 그 원리를 정당화할 수 있다.

경험

이제 지식의 주요 근원 중 하나인 경험에 대해 고찰해 보자. "경험"(experience)이라는 말이 다소 모호해서 그 말에 대체 무엇이 포함되어 있는지 선명하지 않다. 따라서 경험을 좀 더 다루기 쉽게 유형별로 구분할 필요가 있다. 지식의 근원이라고 주장하는 경험 유형들은 앞으로 보게 될 이유들 때문에 모두 동등하게 받아들여질 수 없다.

감각 지각. "당신 앞에 식탁이 있다는 것을 어떻게 아는가?" "내 감각 기관을 통해서 식탁을 보고 만진다. 당신이 원하면 식탁을 촬영할 수 있고, 다른 사람도 식탁을 보고 만질 수 있다. 더 이상 무엇을 원하는가?"

이것은 우리가 일반적으로 당연시하고 거의 신경을 쓰지 않을 정도로 아주 단순하고 명백한 지식 주장이다. 우리는 물리적 세계가 있다고 믿으며 우리의 감각 기관을 통해 물리적 세계를 지각할 수 있다고 믿는다. 그러나 지각에 의한 지식은 앞으로 보게 되듯이 예상외로 복잡하고 곤란한 주제인데, 이 주제를 다루는 데 다음 장을 전부 할애하고자 한다. 여기서는 그 같은 지식 주장에 대한 몇 가지 장애물을 언급하는 것만으로 충분할 것 같다.

1 우리의 감각 기관은 우리를 때로 오도한다. 말하자면 우리는 어떤 대상이 갖지 않은 성질을 그 대상이 가진 것처럼 지각하거나 전혀 존재하지 않는 대상을 지각하기도 한다.
2 감각 기관은 우리의 정신을 완전히 오도하는지도 모른다. 말하자면 우리가 항상 꿈을 꾸고 있어서 시각할 물리적 대상이 아예 없을 수도 있다.
3 우리는 우리가 지각하는 것보다 더 많은 것을 지각하는 경우가 자주 있다고 주장한다. 어떤 사람이 지난 밤 공중을 비행하는 우주선을 보았다고 말한다. 좀 더 정확히 서술하면 그녀는 밤하늘에서 어떤 발광체를 보았는데 (그녀가 실제로 본 것은 그것뿐이다), 그녀가 본

것을 우주선이라고 **해석**했다. 하지만 발광체를 보았다는 증거는 우주선을 보았다는 결론을 아직 보증하지 못한다.

더 자세히 검토하기까지는 물리적 세계에 대한 지식을 감각 기관을 통해서 얻는다고 해 두자. 우리가 이것을 믿지 않는다면 앞으로 열거할 지식의 다른 근원들은 아예 지식의 근원일 수도 없을 것이다. 왜냐하면 그 근원들 모두가 우리의 감각 기관을 통해서 이따금 신뢰할 만한 정보를 얻는다고 가정하기 때문이다.

내성. 우리는 또한 우리 자신의 사고와 감정에 대한 지식을 갖기도 한다. 나는 내가 지금 무슨 생각을 하는지 안다. 나는 내가 지금 치통을 앓는다(또는 앓지 않는다)는 것을 안다. 나는 내가 졸리다는 것을 안다. 등등. 나는 이것을 내가 지금 책상에 앉아 있다거나 책을 읽는다는 것만큼 확신할 수 있지 않을까?

그런데도 이 같은 진술을 할 때 한 가지 혼동하기 쉬운 것이 있는데, 그것은 우리가 느끼거나 생각하는 것을 보고하는 일과 우리가 느끼거나 생각하는 것을 **해석**(interpretation)하는 일을 혼동하는 것이다. 누군가가 "나에게 거대한 밀물처럼 화가 치미는 것을 느낀다"고 말하면, 그것은 그녀가 어떻게 느끼는지를 보고하는 것인가 아니면 그 보고에 무언가를 덧붙이는 것인가? "온 세상이 나를 저버린 것 같은 느낌이 든다"고 말하는 것은 어떤가? "나는 이러저러하다는 것을 느끼면서도 내가 왜 그렇게 느끼는지 모르지만 하여튼 나는 그렇게 느낀다!"라고 말하는 것은 어떤가?

치료 받는 환자에게 자기 느낌을 보고하라고 하면 그는 종종 치료사한테서 배운 단편적 이론을 짜 맞춘 내성적 보고를 한다. 환자가 "나의 오이디푸스 콤플렉스 감정이 약간 진정되었고 나의 공격성 일부가 소극성으로 바뀐 것 같다"고 하자 치료사는 이렇게 말한다. "나에게 심리학 이론을 말하지 말고 이 순간 당신의 느낌을 그대로 이야기하세요. 영화 《드라그넷》에서 잭 웹이 자주 말했듯이 '사실을 있는 그대로' 이야기하세요. 당신의 느낌을 말해요. 느낌을 말하는 것과 느낌을 일으킨 원인을 추측하는 것을 혼동하지 마세요. 원인을 추측하는 것은 내가 할 일입니다."

환자는 치료사의 권고대로 "나에게 당장 끔찍한 일이 일어날 것 같은 두려운 느낌이 든다"거나 "오늘 정말 기운이 없다. 나는 지금 바닷가에 웅크리고 누워 오후 내내 자고 싶다"라고 말한다. 그렇다면 느낌과 해석이 혼동되지 않았음이 분명해지기만 하면, 우리는 그 같은 많은 진술들이 옳다는 것을 다른 경우와 마찬가지로 확실하게 알고 있지 않을까? 이런 진술들은 우리의 의식 상태에 대한 직접적 보고인데 어떻게 잘못이 있을 수 있겠는가? 남들은 내가 느끼는 것을 나의 행동에서 추리하지만, 나는 내가 느끼는 것을 직접 안다—나는 내 느낌을 아는 최종 권위자이다. 다른 어느 누구도 나의 이러한 지식을 갖지 못한다!

그럼에도 당신이 어떠한 심리 상태에 있는지 알지 못하는 경우가 흔하다. 누군가가 당신에게 지금 "행복한가?"라고 물으면 어떻게 대답하겠는가? 당신은 자기에게 현재 치통이 있는지 어떤지는 알지만, 당신이 행복한지 어떤지는 모를 수 있다. 행복은 고통과 달리 순간적 상태에 불과한 것이 아니기 때문인 것 같다. 행복은 장기적 과업이다. 이를테면 방학이 끝날 때까지는 방학이 행복한지 어떤지 모를 수 있다. 낮 12시에 찌르는 것 같은 통증이 있다가 12시 1분에 감쪽같이 사라질 수는 있지만, 낮 12시에 행복하다가 12시 1분에 불행해지지는 않는다. 페르시아의 다리우스 왕은 "어느 누구든 그가 죽을 때까지는 행복한 사람이라고 말하지 마라"고 했다—이것은 죽어야 행복해진다는 것이 아니라 행복한 인생이었는지는 인생의 마지막까지 확신할 수 없다는 것을 의미한다.

게다가 행복하다거나 사랑한다는 것과 같은 상태는 순간적 느낌뿐만 아니라 일정한 방식으로 **행동**하려는 경향성—"성향 상태"(dispositional state)라고 일컬어지는 것—을 포함한다. 당신이 그녀를 사랑한다면 떨어져 있을 때 보고 싶을 것이고, 그녀가 병을 앓거나 고통스러워할 때 걱정이 될 것이다. 그런데 이런 경향성이 나타나지 않으면 남들은 "그는 사랑하지 않아. 그녀에게 홀딱 반했을 뿐이야"라고 말할 수 있다. 사람들은 자기 느낌을 그다지 신중하게 기술하지 않는다. 좌절감을 느낄 뿐인데도 화가 난다고 말하고, 일시적 생각에 지나지 않는데도 사랑한다고 말한다. 당신의 행동을 지켜보는 다른 사람이 당신보다 더 정확하게 말하는 경우가 종종 있는데, 그것은 그들이 당신의 느낌을 갖고 있기 때문이 아니라 당신이 행동을 당신보다 더 잘 관찰할 수 있기 때문이다.

심리학자들에 의하면, 우리는 "자신의 느낌과 접촉하지 못해서" 느낌을 잘못 기술할 뿐만 아니라 실제로 느끼는 것과 느낀다고 생각하는 것이 서로 다른 경우가 종종 나타난다고 한다. 어떤 여성이 자기는 우울하지 않다고 진심으로 주장한다. 그런데 몇 달간 치료를 받더니 "나는 항상 우울했기에 행복이 어떤 것인지 몰랐다. 행복해지고 나서야 비로소 내가 줄곧 우울 상태에 있었다는 것을 알게 되었다"라고 말한다. 어떤 사람은 "그녀가 우울함을 느끼지 않았기 때문에 사실상 우울했던 것이 아니다"라고 말하고, 다른 사람은 "그녀는 우울함과 대비되는 것(행복)을 전혀 경험하지 못했기 때문에 항상 우울했으면서도 우울한지를 몰랐다"라고 말할 것이다.

어떤 남성이 자기 아버지의 죽음에 마음속 깊이 슬픔을 느꼈다고 말한다. 그는 장례식에서 눈물을 억수로 흘리기도 했다. 그런데 그날 저녁 그는 흥청망청 술을 마셔 댔고, 여동생이 아버지 생전에 있었던 일들을 애틋한 마음으로 회상하는 모습을 보였는데도 전혀 개의치 않았다. 그는 슬픔을 느꼈는가 느끼지 않았는가? 어떤 사람은 "슬픔을 느끼기는 했으나 장례식을 하는 몇 분 동안만 느꼈다"고 말하고, 다른 사람은 "그가 느낀 것은 전혀 슬픔이 아니었다 — 그가 슬픔을 느꼈다고 말했을 때 그는 거짓말한 것이 아니라 착각했을 뿐이다. 그는 슬픔을 느끼려고 했고, 그것을 보여 주기 위해 눈물도 흘렸으나 그가 느낀 것은 슬픔이 아니었다. 그는 슬픔의 징후를 전혀 보여 주지 못했다"고 말할 것이다. 다음 대화를 살펴보자.

A: 그는 독일에 사는 자기 가족을 찾으려고 애쓴다. 가족과 연락하려고 온갖 노력을 다했으나 성공하지 못했다.

B: 나는 그가 진심으로 가족을 찾고자 **원하지** 않는다고 믿는다.

A: 하지만 그는 정말 진지하다. 그는 이 일에 대해 거짓말하지 않는다.

B: 나는 그가 거짓말한다고 주장하지 않는다. 그는 자기 합리화에 빠져 있을 뿐이다. 그는 자기가 진심으로 가족을 찾고자 원한다고 생각하므로 거짓말 탐지기 검사도 무난히 통과할 것이다.

A: 그의 말대로 그가 가족과 연락하기를 원한다고 하면 왜 안 되는가?

B: 그는 성공할 수 있으리라는 원대한 꿈을 가지고 가족을 떠나 미국으로 선너왔는데 성공하지 못했기 때문이다. 직업이 없을 때도 있었고 하위 직급에 최저 임금으로 고용된 때도 있었다. 그는 이것이 부끄러워 가족과 마주치고 싶지 않았다. 그런데 그는 이 사실을 자기 자신에게마저도 숨기고 있다.

그 사람 자신이 느끼는 것에 이름을 잘못 붙이고 있건 해석을 잘못하고 있건 그는 거짓말을 했다고—또는 그가 안다고 말하는 것이 옳지 않다고—비난 받지는 않는다. 그렇기는 하지만 그의 말이 부정확하다. 우리가 느끼는 것과 느낀다고 생각하는 것 사이에는 일종의 자기기만이라는 "보호 장막"이 있는 경우가 흔하다. 자기 자신의 느낌을 보고할 때는 "확실한 것 같은데도 실수가 있다."

"어떻다고 느끼는 것." "나는 X를 느낀다"(I feel X)는 진술도 오해의 소지가 충분하지만, 한층 더 오해하기 쉬운 것은 그 진술과 자주 혼동되는 다른 종류의 진술, 즉 "나는 X라고 느낀다"(I feel that X)는 진술인데, 여기서 X는 마음 상태가 아니라 명제이다.

1. "나는 피고가 유죄라고 느낀다." "나는 재판이 다시 시작되면 증인이 실토할 것이라고 느낀다." 이렇게 말하는 사람이 재판이나 관계자들의 "내부 사정"을 전혀 모른다고 해 보자. "나는 …라고 느낀다"는 것은 무엇을 의미하는가? 통상적으로 "나는 이 일이 일어날 것이라고 느낀다"는 "나는 이 일이 일어날 것이라고 **믿는다**"를 의미할 뿐이다. 일상생활에서 "나는 …라고 느낀다"는 "나는…라고 믿는다"와 (그다지 강하게는 아니지만) 흔히 동의어로 사용된다. "나는 그가 그녀와 다시 헤어질 것이라고 느낀다"는 진술을 예로 들어 보자. 물론 여기서 관건은 무엇을 느끼는가가 아니라 당사자인 그 남자가 과연 그녀와 다시 헤어질 것인가이다. 어떤 일이 일어날 것이라고 느낀다는 것은 어떤 일이 **일어난다**는 것이 아니라 어떤 일이 일어날 것이라고 믿는다는 것일 뿐이다.

2. 비가 올 때마다 매번 관절통을 경험하는 관절염 환자가 "내일 비가 올 것 같다. 나는 그것을 나의 뼈마디에서 느낄 수 있다"고 말한다. 여기서 그가 **어떤 감각을 느낀다**는 사실은 그 신념("내일 비가 올 것 같다")이 옳다는 증거일 수 있다. 이런 경우에 내적 느낌은, 기압이 내려가는 것이 폭풍우가 온다는 증거일 수 있는 것처럼, 누군가의 느낌에 **관한** 것이 아니라 (아직 오지 않는 비에 관한) 신념에 대한 증거일 수 있다. 이것은 누군가의 느낌과 예측된 사건 사이에 인과 관계가 있는 일부 특별한 경우에만 해당된다.

하지만 어떤 일이 일어날 것이라고 "느끼는"(믿는) 것과 어떤 일이 실제로 일어나는 것 사이에 인과 관계가 없는 경우가 대부분이다. 나는 내가 복권에 당첨될 것이라고 "느끼고", 100만 명의 다른 사람은 **자신들**이 그 복권에 당첨될 것이라고 생각하는데, 오직 한 사람만 당첨될 수 있다면, 우리 각자 자기가 당첨될 것이라고 "느낀다"(믿는다)는 사실이 도대체 어떻게 우리 모두 당첨**된다**는 증거일 수 있겠는가?

기억. "이 사람을 전에 만났다는 것을 당신은 어떻게 아는가?" "나는 그것을 기억한다." "어린 시절에 부모와 함께 미드 호수에 간 것을 당신은 어떻게 아는가?" "나는 그것이 어제 일인 것처럼 생생하게 기억한다." 우리는 안다고 주장할 때 끊임없이 기억을 이용한다. 어떤 사건을 기억하는 것은 지금 당장 일어난 사건을 보는 것과 마찬가지가 아닐까?

꼭 그런 것만은 아니다. 잘못 기억하는 경우가 허다하다. 당신은 지난 화요일에 만찬을 위해 데니의 집에 갔다고 "기억"하는데 갑자기 수요일이었던 것으로 기억이 바뀔 수도 있다―화요일에는 출장을 갔었다. 또는 당신이 아기였을 때 어머니 무릎에서 얼마나 까불어 댔는지 손님들에게 이야기하지만 전혀 사실이 아닐 수도 있다. 이를테면 당신 부모가 그 이야기를 계속 반복한 나머지 그런 일이 실제로 있었다고 확신하게 되었을 수도 있고, 그것이 순전히 어머니의 상상에서 나온 것인데도 당신마저 어머니 무릎에서 깡충대는 기억-심상을 갖게 되었을 수도 있다. 그런데도 "그 일을 기억하는가?"라는 질문을 받으면 당신은 "물론 기억한다"라고 말한다.

기억은 우리를 자주 기만한다. 치료사의 압박을 받을 경우 소녀는 그런 일이 전혀 없었음에도 아버지에게 성폭행을 당했다고 "기억할" 수도 있다. 그러나 치료사는 이것이 억눌려 있던 진짜 기억이라고 믿게 만든다. 아버지는 잘못 기억된 범죄로 유죄 판결을 받고 교도소에 가기까지 한다.

"잘못된 기억"을 만들어 내는 것은 비교적 쉬운 일이다.

워싱턴 대학교의 심리학 교수는 잘못된 기억을 만들어 내는 일이 얼마나 쉬운지를 보여주었다. 그 교수는 손위 형제자매나 그 밖의 친척 24명에게 네다섯 살 무렵에 쇼핑센터에서 잃어버린 청년에 관한 이야기를 지어내도록 했다. 참가자 중 18명은 그런 일이 일어난 적이 없다고 주장한 반면 6명은 그 이야기를 믿었을 뿐만 아니라 허구의 그 사건을 그들

자신의 기억으로 받아들였다.[3]

이 같은 경우를 보면 우리는 기억을 결코 신뢰해서는 안 된다고 결론 내릴 만큼 기억에 대해 회의적일 수 있다. 하지만 "**약간의** 기억은 잘못된 기억이다"(또는 외관상 기억으로 보일 뿐이다)에서 "**모든** 기억은 잘못된 기억이다"로 비약해서는 안 된다. 무슨 근거로 모든 기억이 잘못이라는 것을 안다고 말할 수 있는가? 모든 기억이 잘못이라는 것 역시 기억에 의존하고 있지 않은가?

어떻게 기억에 의존하지 않고 하나의 문장을 완성할 수 있을까? 문장의 마지막 낱말을 발언할 때 그 문장의 맨 처음 낱말들을 기억하지 못하면 내가 무엇을 주장하는지도 알 수 없다. 당신은 이 순간에 무엇을 지각하든 당신이 지금 지각하는 것과 마찬가지로 2초 전에 본 것도 정말로 선명하게 기억하는가? 물론 2초 전에 본 것을 때로 잘못 기억할 가능성이 있지만, 그 가능성은 지금 당장 지각하는 것을 "잘못 지각할" 가능성보다 정말로 더 큰가?

어떤 기억 작용이 실제로 과거에 일어났고, 또 그 기억 내용을 이루는 사태가 기억 작용 이전에 있었다는 사실을 모른다면 과거의 이 기억이 잘못되었다는 것을 어떻게 알 수 있겠는가? 그런데 나는 **그 사실**을 어떻게 아는가? 나의 기억이 과거에 나를 속였다는 것을 안다면 나는 분명히 과거에 관한 사실을 안다—그렇다면 나는 과거에 관한 그 사실을 기억에 의존하지 않고 어떻게 알 수 있겠는가?

내가 지난 일주일을 시카고에서 지낸 것으로 기억하는데, 어떤 주장에 따라 이 기억-판단이 잘못이라고 확신하게 되었다고 해 보자. 나는 이것을 어떻게 확신할 수 있었는가? 나는 지난주 로스앤젤레스에서 나와 대화를 나누었다고 (또는 나에게 어떤 말을 했다고) 주장하는 사람을 오늘 만났고, 그 사람과 무관한 또 다른 사람도 지난주 로스앤젤레스에서 나와 점심 식사를 했다고 주장한다. 나는 이들 가운데 어느 누구도 거짓말하는 것을 본 적이 없다. 이미 그들이 기억을 잘못하는 것 같다. 그렇지 않으면 내가 기억을 잘못하는지도 모른다. 그들은 내가 시카고에 있었다는 기억을 확신하는 것 못지않게 로스앤젤레스에서 나를 만났다는 기억을 확신했

---

3   *Time*, April 17, 1994, p. 55.

다. 나는 매일 일기를 쓰는데 지난주 수요일 일기를 보았더니 그 날 시카고에 머무른 것으로 기록되어 있다고 해 보자. 그것으로 내 주장은 증명된 것이 아닐까? 반드시 그런 것만은 아니다. 사람들은 실제로 일어난 사건만 기록하는 것이 아니라 일어났다고 **생각**할 따름인 사건을 가끔 기록하기도 한다.

  하지만 그렇게 중요한 대목에서 내가 나 자신을 속였겠는가? "나는 일기를 그날 그날 쓰기 때문에 나의 일기에 기록된 것은 거의 다 사실이다"라고 <u>스스로</u> 다짐할 수도 있다— 그러나 이렇게 판단하는 것 역시 기억에 의존하지 않는가? 그뿐 아니라 일기장의 잉크 자국 모양이 변하지 않았고, 맨 처음 일기장에 써 놓은 낱말들이 어쨌든 내가 지금 읽는 아주 다른 낱말들로 바뀌지 않았다는 것을 가정하는데, 이것 또한 기억에 의존한다. 만약 낱말들의 모양이 하룻밤 사이에 변했다면, 내가 지금 일기장에서 보는 것은 지난 수요일에 실제로 일어났던 일에 대한 증거일 수 없을 것이다.

  그런데 왜 잉크 자국이 이런 식으로 변하지 않았다고 확신하는가? 지금까지 그런 일이 없었으니까. 하지만 **이것**을 어떻게 아는가? 이 신념 역시 기억에 의거해 있다. 나는 잉크 자국이 그런 식으로 변하는 것을 한 번도 경험한 적이 없다는 것을 **기억**한다. 따라서 나는 일기와 대조함으로써 나의 기억-판단을 옹호하는데, 그 기억-판단은 "잉크 자국이 변하지 않는다"와 같은 온갖 종류의 가정들에 의해 또 다시 옹호되어야 한다. 물론 잉크 자국이 변하지 않는다는 가정 역시 과거의 잉크 자국에 대한 기억에 의존한다.

  그러므로 우리는 **약간의** 기억-판단이 옳다고 가정하지 않는 한 약간의 기억-판단이 그르다고 주장할 좋은 근거를 갖지 못한다. 약간의 기억-판단이 옳다는 것을 인정하지 않는 한 약간의 기억-판단이 그르다는 우리의 판단은 어떤 증거에 의해서도 옹호될 수 없기 때문에 아예 판단으로 성립할 수도 없다. 기억-판단을 옹호하는 모든 증거는 과거에서 나오고 그 증거 자체는 기억에서 도출된다.

  증언. 우리 대부분은 조지 워싱턴이 미국의 초대 대통령이라는 것, 에이브러햄 링컨이 암살당했다는 것, 우리가 태어나기 전에도 지구가 오랜 세월 존재했다는 것, 우리가 이래저래 나이를 상당히 먹었다는 것, 브루투스가 시저를 죽였다는 것, 그리고 수백만 년 전에 공룡이 지구를 떠돌아다녔다는 것을 — "안다"의 약한 의미로라도—안다고 주장할 것이다. 그러나 그 어느 것도 우리 자신이 직접 본 적도 없고 기억하지도 못한다—우리는 그곳에 있지 않았고 그 대부분이 우리가 태어나기 전에 일어난 일이다. 우리는 우리 자신의 출생마저도 기억하지 못한다. 출생 당시 그곳에 있었음에도 우리는 아무것도 기억할 수 없다.

링컨이 암살당했다는 것을 당신이 부인한다고 해 보자. 다른 사람이 링컨의 마지막 날 사진과 함께 역사책에 실린 이야기를 당신에게 보여 준다. 하지만 이 모든 이야기가 우리를 오해하게 하거나 우리에게 잘못된 정보를 주기 위해 꾸며 낸 거짓일 수는 없을까?

A: 그래, 그럴 **수** 있다고 생각한다. 이 역사책에서 말하는 어떤 사건들은 조지 워싱턴과 체리 나무 이야기처럼 전혀 일어나지 않았을 수도 있다. 그러나 역사가들은 링컨의 암살 관련 자료를 아주 철두철미하게 조사했기에 링컨이 암살당했다는 것은 전혀 의심하지 않더라도, 워싱턴과 체리 나무 이야기는 의심한다. 당신은 역사가들을 믿지 않는가?

B: 그렇다. 역사가들 역시 링컨이 암살당했다는 것을 꾸며 냈을 수 있다. 역사가들이 꾸며 내지 않았다는 것을 내가 어떻게 알겠는가?

A: 어느 역사가가 명성 때문이건 교수 승진 때문이건 다른 사람과 경쟁을 벌이고 있었는데, 만일 링컨이 암살당하지 않았다는 증거를 그가 조금이라도 갖고 있다면 그는 하룻밤 사이에 유명한 사람이 될 것이다. 따라서 우리가 링컨의 암살을 사실로 받아들이는 것은—당신이나 나나 그 사건을 전혀 관찰할 수 없어도— 완전히 정당화된다.

증언의 사슬이 길면 길수록 잘못될 가능성이 더 커질 수밖에 없다. 어떤 주장이 우리가 아는 다른 것과 상충하지 않는 한 우리는 결국 그 주장을 받아들이게 된다. 헤로도토스의 역사에 나오는 대부분의 이야기는 다른 자료들과 비교하여 사실로 확인될 수 있지만, 이집트에서 고양이가 분신자살했다는 이야기는 우리가 고양이에 관해 아는 모든 것과 상충하기 때문에 믿지 않는다. 누군가가 지금 막 방으로 들어와서 옆집이 여전히 그대로 있다고 말하면, 우리는 그 말에 어긋나는 사실을 전혀 알지 못하기 때문에 더 이상 의심 없이 그의 증언을 믿는다. 다시 말해 그것이 사물들의 정상적 상태이며(집은 무너지지 않는 한 그대로 유지되며), 그 상태를 확인하기로 하면 어떻게든 직접 확인해 볼 수 있다. 그러나 바로 그 사람이 방으로 들어와서 정원에 유니콘이 있다고 말하면, 우리는 유니콘을 본 적도 없고 유니콘을 본 사람을 알지도 못하기 때문에 직접 확인해 보지 않고도 (그리고 사진을 찍지 않고도) 그 말을 믿지 않는다.

6억 5천만 년 전에 살았던 공룡의 경우는 어떤가? 그 당시에는 아예 공룡의 존재를 관찰해서 증언할 수 있는 사람이 없었다. 그러나 우리는 고생물학자의 증언과 이 문제를 탐구한 다른 사람의 증언을 이용한다. 말하자면 연대측정 기술에 의거한 수많은 증거와 과학자들이 끊임없이 도전하여 힘들게 얻어 낸 무수한 증거물은 물론이고 잔존하는 뼈 조각들에서 나온 풍부한 증거를 이용한다. 공룡이 존재한다는 신념은—4장에서 보게 되듯이—다양한 증언 방법이 동원되는 복잡한 추리의 결론이다.

링컨의 경우 우리는 증언의 사슬이 암살 현장을 목격**했던** 사람들까지 거슬러 갈 것이라고 믿고 링컨이 암살당했다는 증언을 받아들인다. 공룡의 경우 우리는 어느 누구도 공룡을 보지 않았지만 **만일** 우리가 그곳에 있었다면 공룡을 직접 **보았을** 것이라고 믿고 공룡이 존재한다는 증언을 받아들인다. 증언에 입각한 주장들은 대부분 이와 같은 방식으로 받아들여진다. 요컨대 우리가 바로 그 장소나 그 시간에 있지 않았지만 그곳에 있었다면 지금 우리가 증언에 의거해 믿는 것을 직접 관찰할 수 있었을 것이라고 믿고 증언을 받아들인다.

모든 것을 직접 검증하라고 요구하는 것은 오히려 비경제적 절차이다. 당신이 읽은 모든 진술을 당신이 직접 검증할 수 있겠는가? 그렇게 하려면 시간이 엄청나게 걸려 다른 어떤 일도 할 수 없을 것이다. "믿지 않을 이유가 없는 한 믿겠다"는 모토가 "직접 확인할 수 있을 때까지는 아무것도 믿지 않겠다"는 것보다 더 좋은 성과를 가져온다.

"호랑이굴에 들어가야 호랑이를 잡는다"가 "안전제일"보다 낫다. 낯선 도시에서 우체국의 위치를 물었을 때 알려 주는 사람의 말을 믿지 않을 이유가 없는 한 나는 믿을 것이며, 그 사람 말이 사실이 아닌 것으로 밝혀지면 앞으로 그의 증언을 불신할 것이다(그러나 다른 사람의 증언을 무조건 불신하지는 않을 것이다). 우리가 아는 거의 모든 것은 다른 사람의 증언에 의존한다. 모든 사람이 다른 사람의 말이 옳다는 것을 자기 스스로 납득하기까지는 도무지 어느 누구의 말도 받아들이지 않는 그런 사회를 상상해 보라. 도시의 모든 백화점을 내 눈으로 직접 확인하기까지는 백화점에 식료품점이 있다고 믿지 않는다면, 백화점을 확인하는 것 말고는 다른 많은 일을 전혀 할 수 없을 것이다—어쩌면 식료품점을 이용하지 못하고 살아갈 것 같다.

확신. 당신의 진술이 옳다는 것을 어떻게 아는가? "나는 내 진술이 옳다고 확신한다." 두 번째 사람에게 묻는다. "당신은 저 사람의 진술이 옳지 **않다**는 것을 어떻게 아는가?" "확신에 의해서." 이제 어떻게 해야 할까? 이것으로 토론은 끝나고 싸움이 시작되는가?

확신(faith)의 문제점은 **확신하는 것만으로는** 어떤 신념도 정당화하지 못한다는데 있다. 두 사람이 서로 "확신 게임"을 할 수 있는데, 둘 중의 한 견해가 옳다고 하더라도 그것만으로는 누구의 견해가 옳은지 알아낼 수 없다. 당신은 성경의 모든 것이 옳다는 것을 확신에 의해 안다고 말하고, 다른 사람은 코란의 모든 것이 옳다는 것을 확신에 의해 안다고 당신과 마찬가지로 진심으로 말할 수 있지만 두 경전은 많은 점에서 서로 모순된다. 서로 모순되는 그 점에서는 두 경전 모두 옳을 수 없다.

어떤 것을 "확신에 의해" 안다고 주장하는 사람들은 반대편 사람들이 확신에 의해 안다고 주장하는 것을 인정하지 않으려는 경향이 있다. 자신의 신념에 대해서는 "확신으로 충분하다"고 정당화하면서도 반대편 사람들의 신념에 대해서는 확신에 의한 정당화를 인정하지 않는다. 하지만 자신의 신념을 정당화하는 바로 그 기준으로 다른 사람의 신념 역시 정당화할 수 있어야 한다. 확신의 문제점은 그것이 양날의 칼이라는 데 있다. 사람들은 자신에게 편리할 때는 확신이라는 기준을 사용하면서 다른 사람이 확신이라는 기준을 내세울 때는 인정하지 않는다.

우리는 가끔 "확신하는 **이유**를 말하기도 하는데, 그 이유는 확신 상태에 있지 않다. 당신이 믿음직한 친구라서 "나는 당신을 확신한다"고 말할 경우, 내가 당신을 확신하는 것은 순전히 "확신의 문제"만은 아니다. 내가 당신을 확신하는 **이유**는 당신이 항상 나에게 정직했고 믿음직했고 솔직했기 때문이다. 당신이 신뢰할 만하다는 것에 대한 **증거**를 갖는다면, 나는 단순히 "확신에 의해서" 당신을 신뢰하는 것이 아니다. 내가 지금까지 보았던 당신의 행동에 근거할 때 당신이 신뢰받을 만하기 때문에 당신을 신뢰하는 것이다. 그저 확신만으로 당신을 신뢰한다고 말하는 것은 당신을 신뢰하는 것이 아니다. 행동에 근거하여 신뢰하는 것은 당신을 처음 만난 자리에서 당신이 "나를 믿으시오"라고 말하는 것과 같지 않다.

"하지만 우리는 매일매일 확신을 사용하지 않을 수 없다. 확신이 없으면 계속 살아갈 수가 없다. 고속도로에서 자동차를 운전할 때 반대편에서 나를 향해 달려오는 자동차들이 나와 충돌하지 않을 것이라고 확신한다. 그런 확신을 갖지 않는다면 감히 운전할 수 없을 것이다."

정말 그럴까? 어떤 사람은 이렇게 응수할 수도 있다. "나는 다른 운전자들을 **확신하지** 않는다―나는 그들에 대해 아는 게 전혀 없다. 나는 증거에 따라 판단할 뿐이다―대부분의 운전자들은 다른 자동차와 충돌하지 않는다. 나는 충돌 위험이 있다는 것을 알고 있지만 그 위험은 감수할 만한 가치가 있다. 나는 운전자들을 절대 맹목적으로 신뢰하지 않는다. 나는 그들을 잠정적으로 신뢰할 따름이다. 말하자면 매우 안전하다고 믿는 것도 아니고, 충돌 위험 때문에 아예 운전을 하지 않을 정도로 못 믿는 것도 아니다. 어쨌든 나는 내 길을 가야 한다. 나는 장점과 단점 양쪽 모두 평가한다―이것은 결코 맹신이 아니다."

직관. "나는 이러저러하다는 것이 사실이라고 느낀다"고 말하는 대신 "나는 이러저러하다는 것이 사실임을 직관적으로 안다"고 말하는 경우가 가끔 있다. 우리는 안다고 주장하기 위해 때로 직관에 호소하기도 한다. "내 직관에 따르면 당신 말은 거짓말이다." 사막에서 길을 잃은 여행자들 가운데 한 사람이 "**저기**가 빠져나가는 길이다"라고 말한다. "당신은 그것을 어떻게 아는가?" "직관적으로 안다." 특히 이 같은 주장이 정확히 들어맞을 때 그 주장은 어떻게 생각나는 것일까?

사람들은 때로 지식을 주장하지 **않는** 경우에도 "직관"이라는 말을 사용한다. 작곡자는 새로운 작품을 어떻게 만들어 내는가? 그녀는 직관력을 가졌다. 직관력이란 무엇인가? 글쎄, 그녀는 정확히 설명하지 못한다. 언뜻 보기에 갑자기 어떤 아이디어가 떠오르자 그녀는 자신의 새로운 음악 작업에 몰두하기 시작한다. 그녀는 어떻게 그런 영감이 자기에게 떠올랐는지 알지 못하고, 그 영감을 어떻게 음악으로 만들어 낼 수 있었는지 설명할 도리가 없자 "직관"이라는 말을 사용하는 것 같다. 그녀 뿐 아니라 다른 어느 누구도 예술 창작의 과정에 관해 거의 아는 바가 없으며, 직관 은 작곡자가 아이디어를 **어떻게** 얻는가에 관해서 전혀 알려 주는 바가 없는데도 아 이디어를 직관에 의해 얻는다고 말하면 무언가 신비한 느낌을 갖게 된다.

작곡자는 직관에 의한 **지식**을 주장하지 않는다. 하지만 직관에 의한 지식을 주장 할 경우 우리는 그에 대해 어떻게 말해야 할까? 우리는 여행자들 가운데 한 사람이 사막에서 빠져나오는 길을 어떻게 알 수 있었는지 이해하지 못한다. 그녀는 직관적 으로 알았다고 주장한다. 그녀는 알았는가? 우리는 그것이 요행수일 뿐이라고 말하 는 경향이 있다. 이 같은 요행수는 종종 나타난다. 어떤 사람이 물음에 대한 답을 짐 작으로 말했는데 우연히 맞혔다. "어떻게 알았지?"라고 묻자 "직관적으로"라고 대 답한다. 문제는 어떤 것을 직관적으로 안다고 주장할 때 그것이 틀린 주장이라고 밝 혀지는 경우가 자주 있다는 것이다. 동일한 직관인데도 경우에 따라서 정답이 나오 기도 하고 오답이 나오기도 한다. 직관은 그것이 무엇이든 간에 매우 부정확하다. 그렇다면 어떻게 직관을 진리에 도달하는 길로 인정할 수 있겠는가? 어떤 사람이 짐작으로 맞힌 뒤에 "직관적으로 알았다"고 말하기는 쉽겠지만, 짐작한 것이 틀리 면 뭐라고 할까?

그러나 "느낌"의 경우처럼 "나는 직관적으로 안다"가 요행수 이상의 것을 말할 때가 있다. 어린 시절 "골무 감추기" 놀이에서 어떤 참가자들은 다른 참가자들보다 더 자주 더 빨리 골무의 위치를 찾아낼 줄 안다. "골무가 있는 곳을 어떻게 알았는 가?" "직관적으로 알았다." 그런데 그들이 "직관"이라고 하는 것은 사실상 주의 깊 은 관찰이다. 그들은 심리학자들이 **사소한 실마리**라고 하는 것에 주목한다―그들 은 남들이 알아차리지 못한 미묘한 "몸짓언어"에 주목하고, 골무를 감춘 사람이 애 써 바라보지 않는 곳을 알아내기 위해 그 사람을 주시하는 등 사소한 실마리에 주목 한다. 그들은 대부분이 사람들이 주목하지 않는 사소한 세부 행동과 몸짓언어를 사 전에 **주의 깊게 관찰함으로써** 골무의 위치를 확신할 수 있게 된다. "의사의 직관"은 대체로 남들이 전혀 주의를 기울이지 않는 세부 사항에 주목할 줄 아는 능력인 것 같다.

하지만 길잡이로 삼을 만한 사소한 실마리가 전혀 없는데도 그 사람 말이 매번 옳은 것으로 밝혀지면 우리는 뭐라고 말해야 할까? 그녀는 어떻게 해서 그렇게 정확하게 맞힐 수 있을까? 우리는 "행운"이라고 말할 수 있지만, 그녀가 계속해서 매번 정확하게 맞히는 경우에도 그때마다 행운이라고 그럴듯하게 둘러댈 수 있을까?

어떤 사람은 이렇게 말할 수도 있다. "아니다, 그녀는 **초감각적 지각 능력**(ESP)을 가졌다. 우리 대부분은 대상에 대한 지식을 갖기 위해서는 대상을 보고 만지고 들을 필요가 있다. 그러나 ESP를 가진 사람들은 감각 기관을 사용하지 않고서도 지식을 습득할 수 있는 특수한 능력을 가졌다."

ESP는 맹렬히 옹호되기도 했고 다방면에 걸쳐 공격을 받기도 했다. ESP의 정체를 밝히려는 사람들은 그들이 속임수를 쓴다거나 정보원, 비밀 거울, 숨겨진 카메라, 위장된 라디오 전파 등을 특수한 방식으로 이용한다고 주장한다—우리가 이미 가진 명확한 지식을 지지하기 위하여 ESP의 존재 가능성을 배제해야 한다고 주장한다. 하지만 ESP를 옹호하는 사람들은 감각 기관을 이용하여 해명할 수 없는 경우가 많다고 단언한다.

하지만 지금 우리가 당면한 문제는 ESP의 존재 여부—이것은 심리학자가 탐구하는 경험적 문제이다—가 아니라 **만일** ESP가 존재한다면 그것의 본성이 무엇인가이다. ESP는 어떤 능력인가? 누군가가 방금 전화로 아프가니스탄의 어떤 방문객 이름과 나이를 말해 주기까지는 그가 누구인지 한 번도 들어 본 적이 없는데도 그 방문객이 이 순간에 무엇을 하는지 "안다"면 그 사람은 이 지식을 **어떻게** 얻었는가? 그 사이에 무슨 일이 일어났는가? 그 사람은 "환영을 보거나" 심안(心眼)에 보이는 어떤 문장을 기록했을 뿐인가? 수많은 사람들이 그런 경험을 하는데, 항상 정확히 맞히는 것은 그 사람이다(그 사람이라고 해 보자). 이것을 어떻게 설명할 수 있겠는가?

한 가지 분명한 것은 "그것이 ESP이다"라거나 "그것이 직관이다"라고 **말하는** 것만으로는 안 된다는 것이다. 왜냐하면 ESP나 직관력이라는 것이 어떤 것인지 전혀 설명되지 않았기 때문이다. 그 사람이 항상 정확히 맞히기 때문에 그가 안다고 해 보자. 그러나 그것은 "그 사람은 어떻게—무슨 수단으로—매번 정확히 맞힐 수 있는가?"라는 물음에 대한 답이 아니다. 콜럼버스의 지도 제작자들은 지도의 일정 부분이 어느 지역에 해당하는지 알 수 없을 경우 그 부분에 "골칫거리"(Terror)라는 문구를 써 놓았는데, 그 문구가 탐험가들에게 그 지역의 실제 모습을 알려 주는 바가 없는 것과 마찬가지로 "직관"이라는 말이나 "ESP"라는 말을 젠체하며 말하는 것도 이 물음에 답하는 것이 아니다. "직관"이라는 말은 직관의 과정에 대해 아무것도 알려 주는 바가 없다. 우리는 감각 기관을 통해서 지각한다는 것이 어떤 것인지 알고 있지만, 감각하지 않고 지각한다는 것이 어떤 것인지 설명할 수 없다.

아직 고등학교에도 가지 않은 소녀가 지진의 진원지를 비롯하여 크건 작건 향후 20년 동안 캘리포니아에서 일어날 모든 지진 목록을 제시한다면 어떻게 말해야 할까? 이 아이가 향후 20년 동안 항상 정확히 맞히는 것으로 밝혀졌다고 해 보자. "너는 단층선과 지질구조판에 관해서 일반인보다 훨씬 더 많이 알아야 해"라고 말해 줄 수도 있다. 하지만 그녀는 그 같은 지식을 전혀 가지고 있지 않다. 그녀는 기껏해야 지질학이 무엇인지 아는 정도이다. 우리가 아는 한 이것은 우연한 일이 아닌데, 그것이 사실이라면 도대체 어떻게 말해야 할까?

물론 우리는 그녀가 알았다고 말하고 싶어진다─진정한 지식의 증거로서 언제나 정확히 맞히는 것보다 더 좋은 증거는 없다. (한 번 맞히는 것은 요행이거나 뜻밖의 행운일 수 있겠지만 전혀 실수 없이 5천 번을 맞히는 것은?) 이 경우에 마음에 걸리는 의문은 "그녀가 **어떻게** 알았을까?"이다. 어떤 과정을 거쳐 이렇게 전혀 틀림이 없는 기록에 도달했을까? 우리가 그 과정을 알지 못한다면, 회의주의자는 그 아이가 사실은 알지 못했다고 말하고 싶을 것이다. 그녀가 어떻게 알았는지 말할 수 없다면, 우리는 그녀가 알았다고 인정하기에 앞서 더 많이 연달아 성공할 것을 요구할 것이다. 그럼에도 첫째 "그녀는 아는가?"라는 물음과 둘째 "그녀는 **어떻게** 알았는가?"라는 두 물음을 구별하는 것이 중요하다. 두 번째 물음의 답을 제시할 수 없어도 첫 번째 물음의 답이 때로 정당화될 수 있기 때문이다.

연습문제

1. 다음과 같은 경우에 동물들이 "아는 것"인지 생각해 보시오.
    a. 개는 자기 주인이 누구인지 아는가?

b. 개는 자기가 나무에 오를 수 없다는 것을 아는가? 개에게 시도와 실패라는 것이 있는가? 고양이는 자기가 시행착오에 의해 배울 수 있다거나 배운다는 것을 줄곧 아는가?

c. 고양이는 자기 음식이 어디 있는지 아는가?

d. 개는 수영할 줄 아는가? 개는 그것이 수영이라는 것을 아는가?

e. 채소는 먹지만 고기는 먹지 않는 토끼는 자기에게 채소는 좋고 고기는 좋지 않다는 것을 아는가?

f. 독사는 자기가 독을 가졌고, 그 독이 잠재적 먹잇감인 다른 동물들을 공격하는 데 쓸모 있다는 것을 아는가? 독사와 비슷한 무독성 뱀은 자기가 독사와 똑같이 다른 동물들에게 위협적 존재라는 것을 아는가?(자기가 위협적 존재라는 것을 모른다면, 왜 무독성 뱀이 마치 독사인 것처럼 행동하는가?)

g. 하이에나를 비롯한 아프리카 육식동물은 영양들 가운데 암컷은 공격하지만 수컷은 공격하지 않는다. 이것은 공격자를 죽일 수 있는 예리한 뿔을 수컷이 가졌다는 것을 육식동물이 알고 있기 때문인가?

2. 다음과 같이 안다고 주장하는 것에 대해 평가하시오.

a. "당신은 자신이 좋아하는 것을 말할 수 있다. 당신은 그곳에 없었다. 나는 내가 무엇을 보았는지 안다. 내가 본 것은 외계인의 유인 우주선이었다.

b. 어떤 회의주의자는 자기 눈앞에 제 손이 있다는 것을 알지 못한다고 말한다. 말은 그렇게 하지만 사실상 그는 그것을 아는가?

3. 최근에 기하학을 공부한 사람에게 "원주율(*pi*)을 소수점 이하 넷째 자리까지 계산하면 얼마인가?"라고 묻자 "모르겠다"고 대답한다. 그는 잠시 후 기억을 되살려 "그래, 이제 알았다. 그것은 3.1416이다"라고 말한다.[4] 그는 처음에 모르겠다고 대답했을 때에도 알았을까? 다음에 대해 논평하시오.

a. "그가 p를 안다면 그는 p를 안다고 믿는다. 그런데 그는 p를 안다고 믿지 않았다. 따라

---

4 이것은 레러(Keith Lehrer)가 사용한 예이다. Keith Lehrer, Knowledge (Oxford: Clarendon Press, 1974), p. 60.

서 그는 처음 안다고 대답했을 때에는 p를 몰랐다.

b. "그는 자신의 답이 정답이라는 것을 알지 못했지만 정답을 알고 있었다."

c. "그는 정답을 기억하고 있었기 때문에 그것을 알았다."

4. 어떤 텔레비전 퀴즈 프로그램에서 한 여성에게 "조지 워싱턴은 몇 년에 사망했는가?"라고 물었다. 그녀는 "1799년"이라고 정답을 말하고 새 자동차를 받는다. 우리는 "그녀가 답을 알았다"고 말한다.

a. 우연히 짐작으로 맞혔을지라도 그녀는 답을 알았는가?

b. 역사책에서 본 것을 기억하고 있었기 때문에 그녀는 답을 알았는가?

c. 역사책에서 보기는 했지만 대답할 당시에 기억이 정확했는지 확신하지 못한다고 해 보자. 그녀는 답을 알았는가?

5. 다음과 같은 말을 언제나 진심으로 말할 수 있는가?

a. "나는 꿈꾼다."

b. "나는 잠잔다."

c. "나는 살아 있지 않다."

d. "나는 죽었다."

6. 다음 명제가 옳다는 것을 알기 위해 현재의 경험과 낱말들의 의미를 아는 것 이외에 무엇이 더 필요한가?

a. 나는 치통을 앓는다.

b. 나는 오늘 아침에 식사를 했다.

c. 나는 존재한다.

d. 나는 내일 비가 오기를 바란다.

e. 나는 내일 비가 올 것이라고 생각한다.

f. 내일 비가 올 것이다.

7. 다음은 실제 상태(occurrent state)인가 성향 상태(dispositional state)인가, 아니

면 양쪽 모두에 속하는가?

    a. 그는 화가 나 있다.

    b. 그녀는 성미가 급하다.

    c. 그는 종교적이다.

    d. 그녀가 격분하여 노발대발한다.

    e. 그는 뚱뚱하다.

    f. 그녀는 가만히 있지 못한다.

    g. 과일이 썩었다.

    h. 그녀의 얼굴이 창백하다.

    i. 금고가 비어 있다.

    j. 그의 입맛이 고급이다.

8. 다음 영어 문장에 들어 있는 "true"나 "truth"라는 말의 의미를 분석하시오.

    a. She is a true friend(그녀는 참다운 친구다).

    b. He is true to his wife(그는 아내에게 성실하다).

    c. This character (in a novel) is true to the way people of that kind behave in actual life((소설 속의) 이 인물은 그런 류의 사람이 실제 생활에서 행동하는 방식을 그대로 보여 준다).

    d. The equator is not a true physical place(적도는 실재하는 물리적 장소가 아니다).

    e. The true way of solving this problem is...(이 문제를 해결하는 올바른 방법은...).

    f. This line is not a true plumb(이 선은 정확한 수직선이 아니다).

    g. The true meaning of "democracy" is...("민주주의"의 진정한 의미는...).

    h. It's the truth that hurts(고통을 느끼는 게 사실이다).

    i. This is certainly a true portrait of her(이건 그녀를 꼭 빼닮은 초상화이다).

    j. You can't draw a true circle(당신은 정확한 원을 그릴 수 없다).

9. 다음 중에서 느낀 것에 관한 진술의 진리성이 "느낌"에 의해 보증되는 진술은 어느 것인가? 그 근거를 제시하시오.

a. 나는 불안을 느낀다.

b. 나는 몸이 찌뿌듯함을 느낀다.

c. 곧 아플 것 같은 느낌이다.

d. 곧 아플 것이라고 느낀다.

e. 무엇이든 할 수 있을 것 같은 느낌이다.

f. 목구멍에 개구리가 있는 것 같은 느낌이다.

g. 나는 그녀가 부당한 대우를 받았다고 느낀다.

h. 나는 신이 존재한다고 느낀다.

10. 내일 태양이 떠오를 것이라는 것은 지금 옳은가?

11. 다음 명제들이 옳다는 것을 **아는가**? (옳다고 믿을 뿐만 아니라 옳다고 믿을 근거도 있는가?) 당신의 답을 옹호하시오.

a. 그 길은 언덕의 저쪽 비탈을 따라 나 있다.

b. 이 분필은 놓으면 떨어질 것이다.

c. 이 건물의 1층은 지금 물에 잠기지 않았다.

d. 그 탁자에는 내가 지각하고 있지 않더라도 뒤쪽과 안쪽이 있다.

e. 내 앞에 있는 까마귀는 검다.

f. 모든 까마귀는 검다.

g. 당신은 시신경을 가졌다.

h. 당신은 이제 억만장자가 아니다.

i. 율리우스 시저는 한때 살았던 적이 있다.

j. 당신은 오늘 아침에 식사를 했다.

k. 내일 태양이 떠오를 것이다.

l. 나는 밀집이 아니라 피와 뼈의 생명 기관으로 이루어져 있다.

m. 이 책상은 엘리베이터에 들어가지 않으니 들고 계단으로 운반해야 한다.

n. 개는 절대로 고양이를 낳지 않을 것이다.

o. 당신은 나중에 오렌지의 아버지(또는 어머니)가 되지 않을 것이다.

    p. 당신은 지금 잠자고 있거나 죽지 않았다.

    q. 당신은 어제 저녁 식사로 좀약을 먹지 않았다.

    r. 이 탁자는 어제 이 방에 있던 것과 똑같다.

    s. 당신은 (부화되거나 자연히 생겨난 게 아니라) 부모로부터 태어났다.

    t. 모든 인간은 죽는다.

    u. 지구는 (거의) 둥글다.

    v. 지구는 5분 전에 생겨나지 않았다.

    w. 당신은 이 순간 꿈을 꾸고 있지 않다.

    x. 당신은 지금 여러 가지 색깔을 본다.

    y. 당신은 부모보다 젊다.

    z. 당신은 나이팅게일 새가 아니다.

12. 위의 명제들 가운데 강한 의미로 안다고 주장할 수 있는 것은 어떤 것인가? 그 근거는 무엇인가?

13. 이 주장을 평가하라. "약간의 명제는 확실해야 한다. 왜냐하면 어떤 명제도 확실하지 않다면 어떤 명제도 개연성을 지닐 수 없기 때문이다. 개연성(probability)은 확실성(certainty)에서 도출된 개념이다. 어떤 명제가 확실하다는 것이 무엇인지 몰랐다면, 명제의 개연성을 평가할 때 참고할 수 있는 기준을 갖지 못했을 것이고, '개연적'이란 말의 의미를 알 수도 없었을 것이다."

14.

    a. 로렌스(D. H. Lawrence)의 소설 "흔들 목마"〈*The Rocking Horse Winner*〉에서 어린 소년은 저녁에 정신없이 흔들 목마를 탈 때마다 다음 날 오후 경주에서 어떤 말이 우승할 것인지 예언을 하게 된다. 소년의 아저씨는 예언이 매번 계속해서 맞아떨어질 때까지 회의적 태도를 보인다. 어린 소년은 다음 날 경주에서 어떤 말이 우승할 것인지를 **알았다**고 할 수 있을까?

    b. 같은 소설의 첫 대목에서 우리는 소년의 어머니에 관한 이야기를 듣게 된다. "그녀는

자기 아이들을 바라볼 때마다 마음속이 차갑게 굳어가는 것을 느꼈다. 이 때문에 괴로워하면서도 그녀는 마치 아이들을 끔찍이 사랑하는 것처럼 더욱더 상냥하게 대하려고 했고 그들을 열심히 돌보았다. 마음속 어느 곳이 아이들을 사랑할 수 없도록, 아니 이 세상 누구도 사랑할 수 없도록 차갑게 굳어 버렸다는 것을 아는 것은 오직 그녀 자신뿐이었다. 사람들은 누구나 그녀를 향해 이렇게 말했다. '그녀는 정말 훌륭한 어머니야. 아이들을 얼마나 사랑하는지 몰라.' 그녀 자신과 아이들만은 그것이 사실이 아니라는 것을 알고 있었다. 그들은 서로의 눈에서 그것을 읽었다." 그녀는 자신이 이렇다는 것을 **알았는가**? 남들은 그녀의 그런 점을 알았는가?

15. 심령술사라고 자칭하는 사람이 다른 어느 누구도 예측할 수 없는 세계적 사건, 이를테면 세계대전이 일어날 날짜, 신종 에볼라 바이러스가 자이레에 나타날 날짜, 강도 8.0 이상의 모든 지진이 발생할 날짜와 시간, 그리고 기상학자도 예측할 수 없는 허리케인이 밀어닥칠 날짜와 강도를 정확하게 (예외 없이) 예측한다고 해 보자. 이런 일들이 일어나리라는 것을 그녀가 알았다고 할 수 있을까? 그녀가 정확하게 **짐작**할 수 있는 초자연적 능력을 가졌다고 할 수 있을까? 그렇다면 그 짐작은 왜 지식일 수 없을까? "그녀가 어떻게 알았는지는 모르겠으나 어쨌든 그녀는 알았다"라고 말할 수 없을까?

독서안내

Armstrong, D. M. *Belief, Faith, and Knowledge*. New York: Cambridge University Press, 1973.

Ayer, Alfred J. *Philosophical Papers*. New York: Macmillan, 1963.

Ayer, Alfred J. *The Problem of Knowledge*. New York: Macmillan, 1956.

Blanshard, Brand. *Reason and Analysis*. LaSalle, IL: Open Court, 1963.

Cohen, Jonathan. *An Essay on Belief and Acceptance*. New York: Oxford, 1992.

Flew Anthony, ed. *Essays in Conceptual Analysis*. London: Macmillan, 1956.

Flew, Antony, ed. *Logic and Language*. 1st and 2nd ser. Oxford: Blackwell, 1950 and 1953.

Fogelin, Robert. *Evidence and Meaning*. London: Routledge, 1967.

Haak, Susan. *Evidence and Enquiry*. Oxford: Blackwell, 1983.

Hartland-Swann, John. *An Analysis of Knowing*. London: Allen & Unwin, 1958.

Hume, David. *An Enquiry Concerning Human Understanding*. 1751. Many editions.

Lehrer, Keith. *Knowledge*. Oxford: Clarendon Press, 1974.

Locke, John. *An Essay Concerning Human Understanding*. Books 2 and 4. 1689. Many editions

Malcolm, Norman. *Knowledge and Certainty*. Englewood Cliffs, NJ: Prentice Hall, 1963.

Moore, George E. *Philosophical Papers*. London: Allen & Unwin, 1959.

Moore, George E. *Philosophical Studies*. London: Routledge & Kegan Paul, 1922.

Moore, George E. *Some Main Problems of Philosophy*. London: Allen & Unwin, 1952.

Pitcher, George. *Truth*. Englewood Cliffs, NJ: Prentice Hall, 1964.

Plantinga, Alvin. *Warrant*. New York: Oxford University Press, 1992.

Popper, Karl. *Objective Knowledge*. New York: Oxford University Press, 1972.

Price, H. H. *Thinking and Experience*. London. Hutchinson, 1953.

Russell, Bertrand. *Human Knowledge: Its Scope and Limits*. New York: Simon & Schuster, 1946.

Russell, Bertrand. *The Problems of Philosophy*. New York: Oxford University Press, 1912.

Unger, Peter. *Ignorance*. New York: Oxford University Press, 1979.

Williams, C.J.F. *Being, Identity, and Truth*. New York: Oxford University Press, 1992.

지각으로 파악하는 세계

1. 상식적 실재론

어떤 것이 확실해 보인다면 그것은 우리의 감각, 즉 시각, 청각, 촉각, 미각, 후각을 통해서 지식을 습득한 것이다. 우리가 그런 지식을 갖는다는 것을 어떻게 부정할 수 있겠는가? 감각을 통해서 얻은 지식에 관해 서로 질문을 주고받을 때마저도 우리는 그런 지식을 가정하고 있지 않은가?

그런데도 그런 지식을 의심하는 사람들이 있다. 그들은 감각을 통해서 얻은 세계에 관한 지식을 의심하는 **회의주의자들**이다. 물론 사람은 여러 가지 것에 관해 회의적일 수 있다. 종교나 도덕에 관해서, 또는 쿼크처럼 관찰 불가능한 것에 관해서 회의적일 수 있지만, 감각-지각(sense-perception)에 회의적인 사람은 드물다. 나는 의자를 보고, 의자에 다가가서, 의자에 앉는다. 이 사실을 어떻게 부정할 수 있겠는가?

"그러나 나는 그런 사물들이 존재한다는 것을 알지 못한다. 내가 아는 것은 그것이 지금 나에게 존재하는 것처럼 **보인다**는 것이다. 하지만 이것도 내가 잘못 생각하고 있는 것인지 모른다. 내가 본다고 생각하는 그런 사물들이 사실은 전혀 존재하지 않을 수도 있다."

흔히 근대철학의 창시자라고 여겨지는 르네 데카르트(1596-1650)는 1641년에 출간된 《성찰》에서 그 같은 사상을 말해 준다. "나는 이 세계의 어떤 것도—하늘도, 땅도, 정신도, 물체도—존재하지 않는다고 확신하게 되었다"라고 기록한 다음 "나 역시 존재하지 않는 것이 아닐까?"라는 의문을 덧붙였다.[1]

의심과 속임수

데카르트는 나 역시 존재하지 않는 것은 아니라고 했다. 내가 이 모든 것을 의심한다면, 적어도 의심하는 나는 존재해야 한다. 의심하는 누군가가 없이 어떻게 의심이 있을 수 있겠는가? 의심은 결코 누군가가 의심해 주기를 기다리며 어디론가 떠다니지 않는다. 따라서 내가 의심한다면 적어도 내가 의심하는 동안만이라도 의심하는 나는 존재한다. 나는 내가 의심한다는 것을 의식한다. 그러므로

> 의식이 존재한다. 정말 이것만큼은 나에게서 박탈할 수 없다. **나는 있다. 나는 존재한다.** 이것이야말로 확실하다. 그러면 얼마 동안 존재하는가? 내가 경험하는 그 동안에만 존재한다....나는 내가 있다는 것을 확실히 알고, 그와 동시에 이 모든 심상과 물체의 모든 본성이 온통 꿈에 불과한 것일 수 있다는 것을 확실히 안다....그렇다면 나는 어떤 존재인가? 의식하는 존재이다. 의식하는 존재는 어떤 존재인가? 의심하고 이해하고 긍정하고 부정하고 원하고 원하지 않는 존재이다....비록 내가 계속 잠을 자고 있을지라도, 나를 창조한 자가 나를 속이기 위해 온갖 힘을 쏟을지라도, 내가 존재한다는 사실보다 더 확실한 것이 어디 있겠는가?[2]

그러므로 나는 존재한다. 그러나 나는 내가 진짜 세계를 보고 듣고 한다는 것을 여전히 의심할 수 있다. 내가 존재한다고 해서 내 정신 바깥에 어떤 세계가 존재한다고 하는 것은 일종의 비약이다. 내가 진짜라고 여기는 것이 사실은 엄청난 속임수에 불과한 것이라고 가정해볼 수 있다. 데카르트는 다음과 같이 가정하고자 한다.

> 가장 강력하고 영리하며 전력을 다해서 나를 속이려는 악마가 있다. 그래서 하늘, 땅, 색깔, 모양, 소리, 그리고 모든 외부 대상은 기만적 환영에 불과하며, 악마는 이런 환영들을 이용해서 내가 섣불리 믿도록 함정을 만든다고 가정하고자 한다. 나는 나에게 손도, 눈도,

---

1 René Descartes, *Meditations I*, in Descartes, *Selections*, Modern Students Library edition (New York: Scribners, 1927), pp. 94–95.

2 René Descartes, "On the Passions of the Soul," in Descartes, *Selections*, Modern Students Library edition, pp. 95, 99.

살도, 피도, 감각 기관도 없고, 오직 가진 것이라고는 이 모든 것을 내가 가졌다는 그릇된 신념뿐이라고 자처하고자 한다.[3]

악마의 유일한 목적이 나를 속이는 것이라고 해 보자. 악마는 내가 나무, 집, 등등을 본다고 생각하게끔 내 정신 속에 착각을 주입한다―하지만 실제로는 아무것도 없다. 악마는 나를 속여서 나에게 신체가 없는데도 신체가 있다고 생각하게 할 수도 있다. 악마는 나를 속여서 내가 존재하지 않는데도 존재한다고 믿게 할 수는 없다. 왜냐하면 속임을 당하는 "내가" 있어야 하기 때문이다. 그러나 나를 제외한 다른 모든 것에 관해서는 나를 속이고 있는지도 모른다.

A: 그와 같은 악마가 있다고 믿는 것은 어리석은 짓이다. 나는 **증거**가 있는 것만을 믿는데, 그와 같은 악마가 존재한다고 믿을 증거가 전혀 없다.

B: 하지만 당신은 악마가 없다는 것을 어떻게 **아는가**?

A: 나는 악마가 없다는 것을 증명할 수 없다―그것은 제우스나 포세이돈 같은 그리스 신들이 존재하지 않는다는 것을 증명할 수 없는 것과 꼭 마찬가지다. 그러나 그리스 신들이 존재하지 않는다는 것을 증명할 수 없다고 해서 그것이 신들의 존재를 믿을 최소한의 이유라도 되는 것은 아니다.

B: 그리스 신들의 경우에 우리는 그들이 존재한다는 것이 어떤 상황일 수 있는지 안다. 어느 날 그들이 올림포스 산 정상에 나타나면 우리가 깜짝 놀라지 않겠는가? 그러나 그 같은 악마 사기꾼의 경우는 사정이 다르다. 나는 그 같은 사기꾼이 존재한다는 것이 어떤 상황일 수 있는지 전혀 알지도 못할 것 같다. 우리가 경험할 수 있는 어떤 것도 그 같은 사기꾼이 있음을 알려 주지 않을 것이기 때문이다.

A: 그래, 우리가 그 같은 사기꾼을 볼 수는 없지만, 사기꾼의 속임수를 통해서 그에 대한 증거를 잡을 수도 있다.

B: 그 같은 사기꾼을 상상하려고 해 보라. 그 사기꾼은 저쪽에 식탁이 있다고 생각

---

3 Ibid., p. 95.

하도록 나를 속인다. 나는 식탁에 다가가서 마주하고 앉는다. 그곳에 정말로 식탁이 있다. 아무런 속임수도 없었다. 나는 그 상태가 식탁의 존재 상태이고, 그 상태로 충분하다는 것을 안다.

A: 하지만 당신은 그 사기꾼이 당신을 **속여서** 저기에 식탁이 있다고 믿게 한다는 것을 알지 못한다. 그 사기꾼은 당신이 그 차이를 분간할 수 없도록 아주 교묘하게 당신의 정신 속에 감각-인상을 주입했다.

B: 아무런 차이도 **없다**는 그것이 바로 핵심이다. 우리는 누구나 식탁을 보고 만지는 것이라고 **말**한다. 이것은 동일한 것에 대한 두 가지 언어 표현이다—병은 하나인데 상표가 두 가지다. 서술 방식에는 차이가 있지만 서술 대상에는 아무런 차이도 없다. 말의 차이일 뿐 실제로는 전혀 차이가 없다.

A: **겉보기에는** 아무런 차이가 없을지 몰라도 우리가 말하는 식탁과 데카르트가 말하는 식탁 사이에는 차이가 있다. 사기꾼은 **우리가** 그 차이를 알아볼 수 없도록 아주 교묘하게 속인다.

B: 하지만 나는 그 차이를 도무지 모르겠다. 누군가가 나에게 "저쪽에 식탁이 없을지도 모른다"라고 말할 때 나는 그곳으로 가서 그것을 보고 만지고 그것에 앉아 사진을 찍는다. 일상적 담화에서 우리는 이것이 그곳에 식탁이 **있음**을 증명하는 것이라고 말한다. 그리고 사실이 그렇다. 이보다 더 좋은 증명이 있을 수 있는가? 잠시 후에 보고 만지는 식탁이 다른 식탁일 수도 있으나 그것 역시 하나의 식탁이다. 내가 속아서 식탁이 있다고 생각하는 것이 **아니다**. 실제로 그렇다—어떤 속임수도 없다.

A: 하지만 악마-가설이 의외로 옳을 수도 있다. 당신은 악마-가설이 옳지 않다는 것을 **알지** 못한다.

B: 그러나 나는 안다. 어떤 것이 X이기 위한 모든 기준을 충족시킨다면 그것은 X이다. X가 오리처럼 보이고, 오리처럼 걷고, 오리처럼 꽥꽥거리면 X는 오리나. 그것이 바로 오리가 있다고 말할 때 우리가 **의미하는** 것이다. 만일 반대 증거—마술 묘기라거나 착시 현상이라는 증거—를 조금이라도 제시하면 나는 그것이 오리라는 것을 의심할 것이다. 그러나 X이기 위한 모든 테스트—지금까지 우연

히 이루어진 테스트뿐만 아니라 **모든 테스트**—의 결과가 긍정적인 것으로 나오면, 정의상 그것은 X**이다.**

A: **우리가 알기에** 그것은 X이다. 그러나 데카르트의 악마는 여전히 우리를 속이고 있을 수 있다.

B: 아니다. 만일 속임수가 있다면 누군가가 속았다는 것을 어떻게든 알아야만 한다. 그렇지 않으면 "속임수"라는 말은 다른 어느 것과도 전혀 구별되지 않는다. 내가 사막을 헤매다가 물처럼 보이는 것을 본다. 그러나 그것에 다가가자 사라져 버린다. 그것이 신기루에 불과한 것임을 깨닫는 순간 내가 속았다는 것을 **알게** 된다. 이것이 아주 평범한 의미로 속는 경우인데, 나는 물처럼 보이는 것이 무엇인지 알았다. 당신은 **모든 것**—식탁을 보고 만지는 것 **그리고** 사막에서 신기루를 보는 것 — 을 하나로 뭉뚱그려서 그것들을 모두 속임수라고 말한다. 그것은 모든 동물을 하나로 싸잡아서 그것들을 모두 개라고 말하는 것이나 마찬가지다.

A: 하지만 데카르트의 사기꾼은 데카르트의 모든 감각 기관을 통해서 한꺼번에 속인다. 그 사기꾼의 속임수는 정말 교묘해서 결코 들키는 법이 없다. 그의 속임수는 언제나 거침없이 이루어진다. 그 사기꾼이 다음과 같은 일기를 쓴다고 해 보자. "오늘 나는 데카르트를 속여서 그가 진짜 물리적인 것을 보고 만진다고 믿게 했다." 그리고 그 다음 날에도 사기꾼은 "데카르트를 속이는 데 성공했다"라고 쓴다. 그의 속임수는 날마다 완벽하다. 데카르트는 물리적인 것을 본다고 생각하도록 끊임없이 속고, 사기꾼은 날마다 의기양양해 한다.

B: 당신이 보고 만지고 앉아 있는 의자는 진짜 의자다. 그것이 "진짜 의자"라는 말을 사용하는 방식이며, 진짜 의자와 "외관상으로만" 의자인 것을 구별하는 방식이다.

A: 그 사기꾼은 정말 감쪽같이 속이기 때문에 지기가 꾸미는 일을 어느 누구도 발견하지 못하도록 아주 교묘하게 속일 수 있다는 것을 안다. 그 사기꾼은 실제로 그 정도로 속인다.

B: 그 악마는 나를 속이려고 했지만 성공하지 못했다. 오아시스의 경우에는 내가 속았을지 몰라도 식탁의 경우에는 속지 않았다. 내가 식탁을 보고 만지고 앉아

있다면 그것은 속은 것이 아니다. 사기꾼이 속인 것은 제 자신이다. 내가 실제로
는 음식을 먹지 않으면서도 음식을 먹는다고 **생각**하도록 악마가 나를 속일 수
있다고 생각하는가? 사기꾼은 나를 **계속** 그렇게 속일 수 있을까? 그런데 실제
로 아무것도 먹지 않는다면 내가 어떻게 살아 있을 수 있겠는가?

A: 악마는 당신에게 신체가 있다고 생각하도록 당신을 속였다. 당신에게 신체가 있
다고 믿는 것마저도 하나의 속임수이다.

B: 나에게 신체가 없는가? 여기 내 손과 몸통이 있으며, 여기 앉아서 내 손과 몸통
을 본다. 그것을 의심할 수 있는가?

A: 물론이다. 사기꾼이 당신을 속이는 동안은 신체가 있다고 잘못 믿을 수 있다. 데
카르트가 말한 것처럼, 당신이 의심할 수 없는 것 한 가지는 당신이 의식의 주체
로 존재한다는 것인데, 그렇지 않으면 사기꾼의 속임수에 넘어가는 사람이 아예
있을 수 없다. 악마는 더 한층 성공할 수도 있다. 말하자면 당신의 경험 전체가
한낱 **꿈**일지도 모른다.

꿈

A: 사실은 물리적 세계가 아예 없는지도 모른다. 모든 것이 꿈이다. 당신이 깨어 있
다고 생각하지만 당신은 온통 꿈꾸고 있다.

B: 아니다. "꿈"이라는 말은 다른 것, 즉 생시(生時) 경험과 **대조**될 때에만 의미를
갖는다. 우리는 일상생활에서 꿈과 생시를 끊임없이 구별한다. "그것은 꿈이었
을 뿐이다." 우리는 꿈과 생시를 아무 어려움 없이 구별한다. 우리는 특히 꿈이
생생할 때 어떤 것이 꿈인지 생시인지 잠시 분간하지 못할 때가 있다. 여동생이
죽은 꿈을 꾸었는데 깨어 보니 여동생이 집에서 여기저기 돌아다닌다.

A: **그것** 역시 당신의 꿈이었는지도 모른다.

B: 잠시 그렇게 생각할 수도 있다. 그러니 다시 봐도 그녀가 저기 있고, 내가 그
녀와 얘기를 하고, 여전히 똑같은 집 똑같은 가구이고, 모든 것이 내가 잠들기
전에 경험했던 것과 **일관성**이 있다. 그와 대조적으로 꿈 경험은 아무리 생생하
다고 해도 한 순간이고 실체가 없다. 아침에 일어나 보니 전날 잠들었던 그 침대
이고, 내가 수도 없이 보았던 그 가구와 창문이며, 잠자리로 가서 졸다가 불을

W.L. = 생시 경험
D₁, D₂ 등 = 꿈 경험

꾸던 기억이 난다. 따라서 나는 여동생의 죽음을 목격한 경험이 꿈이었다고 판단한다.

A: 하지만 여동생의 죽음이 꿈이었다는 것을 어떻게 확신할 수 있는가? 여동생의 죽음이 현실이고 당신의 현재 경험이 꿈인지도 모른다. 말하자면 당신이 방금 잠에서 깨어나는 꿈을 꾸었는지도 모른다. 뭐가 뭔지 어떻게 알 수 있는가?

B: 꿈이라고 해서 생생함이 부족한 것은 아니다. 꿈 중에서도 특히 악몽은 생생하고 강력할 수 있다. 그렇지만 꿈은 지속적이지 못하다. 꿈 경험은 그 밖의 경험들과 **어울리지 못하는 고립된 경험**이다. 나는 점심 식사를 하고 교실에서 공부한 다음, 집으로 돌아가서 책을 읽고 텔레비전을 보다가 침대로 가서 잠을 잔다. 그러고는 이상한 경험을 수없이 하는데, 우리는 그것을 꿈이라고 한다. 꿈속에서 나는 아득히 먼 곳에 살거나 아주 먼 옛날에 사는 경험을 하며, 중력의 법칙이 작용하지 않는 경험 등등을 하게 된다. 나는 밤중에 이런 꿈을 여러 번 경험하기도 하는데, 그 꿈 경험들이 생시 경험과 일관성이 없는 것처럼 꿈 경험들 간에도 **서로** 일관성이 없다. 꿈이 경험이라는 것은 분명하지만 **닻이 없는** 경험이다. 꿈 경험은 생생하다고 해도 한 순간이고 실체가 없다. 꿈 경험은 생시 경험이 갖추고 있는 엄청난 정도의 내적 일관성과 확장성이 부족하다. 그렇기 때문에 그것을 꿈 경험이라고 하지 않고 생시 경험이라고 한다. 꿈 경험은 여타 경험과 **어울리지 못하는** 경험이다(그림 참조).

A: 나는 생시 경험과 꿈 경험을 구별할 줄 안다. 나는 이런 유형의 경험들이 실제로 **둘 다** 꿈일 가능성을 당신에게 말하고 있을 뿐이다. 생시 경험도 꿈이고, 꿈 경험도 꿈이다. 우리는 시종일관 **하나의 거대한 꿈**을 꾸고 있는지 모른다. 당신은 그렇지 않다는 것을 어떻게 아는가?

B: 당신 말이 매우 심오하게 들리기는 하나 당신은 단순한 언어적 술수에 현혹당하

고 있다. 이를테면 오직 하나의 색깔, 즉 파란색만 있다고 해 보자. 그렇다면 빨간색, 푸른색, 노란색 등은 어떻게 되는가? "이 색깔들은 모두 파란색의 여러 가지 색조(色調)이다. 즉 빨간-파란색, 푸른-파란색이 있고, 그런 다음 파란-파란색이 있다. 모두 다 파란색의 색조들이다." 그런데 색깔 명칭을 이렇게 바꾼다고 해서 무엇이 달라지는가? 혼란스러워지는 것 말고는 아무것도 없다. 색깔은 그전 그대로이고 색깔의 명칭만 달려졌다. 명칭 말고는 아무것도 변한 것이 없다.

그런데 꿈의 경우에 당신이 바로 이런 식이었다. 우리는 우리 삶의 대부분을 차지하는 경험, 즉 내적으로 일관성이 있는 수많은 경험을 언급하는 데 "생시 경험"이라는 말을 사용한다. 그 다음에 우리는 주된 경험 집단인 생시 경험과 어울리지 못하는 고립된 경험을 언급하는 데 "꿈"이라는 말을 사용한다. 당신은 그 모든 경험을 지칭하는 데 "꿈"이라는 말을 사용하고자 한다. 물론 꿈과 생시는 비슷한 것이 아니라 서로 다른 것인데도 말이다!

A: 하지만 꿈이든 생시든 경험이기는 마찬가지다.

B: 그렇지만 당신은 **모든** 경험을 지칭하는 데 "꿈 경험"이라는 말을 사용한다. 그것은 말장난에 불과하다. 얻은 것도 없고, 변한 것도 없다. 글쎄, "꿈"이라는 말이 당신에게 그렇게도 소중하다면 그 말을 당신에게 주겠다. 이제 **모든** 경험이 꿈이라고 하자. 그렇다면 시종일관 하나의 거대한 꿈을 꾸고 있는 셈인데, 그럼에도 우리는 일상적으로 꿈이라고 일컫는 것(고립된 경험)과 생시 경험이라고 **일컫는** 수많은 경험을 여전히 구별할 수 있다. 생시 경험 속에서는 자연 법칙이 작동하기 때문에 변화무쌍한 유령처럼 매순간 무질서하게 변하지 않는다.

게다가 우리는 과거에 겪었던 생시 경험—흔히 어린 시절까지 거슬러 올라가는 경험—에 의하여 꿈을 **설명**할 수 있다. 그러나 꿈은 접시를 닦는다거나 교실에 가는 것과 같은 생시 경험을 설명하지 못한다. 꿈은 꿈을 꾸는 사람의 마음속에만 존재한다. 남들은 당신의 꿈을 꾸지 못한다—그들은 **그들 자신의** 꿈을 꾼다. 기초적인 것은 생시 경험이다. 우리는 특별히 꿈 경험이 없어도 살아갈 수 있지만, 우리를 둘러싸고 있는 이 세계의 존재와 본성이 드러나는 것은 생시 경험이다.

착각과 환상

사악한 악마는 없다. 모든 경험이 꿈인 것도 아니다. 그렇다고 해서 "잘못된 감각" 에 관한 문제가 완전히 끝난 것은 아니다. 이를테면 저기에 없는 것을 있는 것처럼 보거나 저기에 있기는 하나 그것이 실제로 갖지 않은 성질을 갖는 것처럼 잘못 지각 하는 경우가 종종 있지 않은가? 그런데 우리가 이런 잘못을 끊임없이 범하지 않는 다는 것을 어떻게 알 수 있는가?

우리는 보통 물질적인 것들(물리적 대상)을 지각하거나 지각한다고 믿는다. 물질 적인 것들은 물리적 세계에 속해 있다. 물리적 세계는 공적 세계, 즉 눈과 귀 등이 정상인 사람이면 누구나 지각할 수 있는 세계이다. 나도 식탁을 만질 수 있고 당신 도 식탁을 만질 수 있다. 식탁은 꿈처럼 당신이나 나에게 사적이지 않다. 물리적 세 계에는 물질적인 것 이외에 다른 것들, 예컨대 전하와 자기장이나 전기장, 그리고 중력장과 같은 것들이 있다. 그러나 물질적인 것 또는 "물질"이라는 것을 잠시 생각 해 보자. 물질적인 것이란 무엇인가? 물질적인 것을 지각할 때 우리가 지각하거나 지각한다고 믿는 것은 무엇인가?

1. 우리는 물질적인 것이 지각되지 않을 때에도 물질적인 것이 존재한다고 믿는 다. 나무는 당신이 바라보지 않거나 눈을 깜박거리거나 잠을 자는 동안에도 계속해 서 존재한다. 나무는 **지각과 무관하게** 존재한다.

2. 물질적인 것은 하나 이상의 감각 기관으로 지각할 수 있다. 나무는 볼 수도 있 고 만질 수도 있다. 어떤 대상은 냄새와 맛과 소리가 나기도 한다. 종은 보고 만질 수 있을 뿐만 아니라 소리를 들을 수도 있다. 경우에 따라서는—1마일 땅속에 있는 바위나 하늘에 있는 달처럼—직접 만질 수 없는 것도 있다. 하지만 **만일** 그것을 만 지려고 가까이 다가가면 만질 수 있다고 믿는다.

3. 물질적인 것은 **인과적 힘**(causal power)을 갖기도 한다. 언덕에서 굴러 떨어 지는 바위는 가로놓인 것들의 위치를 바꿔 놓는다. 태양은 만질 수는 없어도 (태양 에 가까지 다가가기도 전에 타죽고 말 테니까) 열과 빛을 방출하고 주위의 물체들 에 중력 효과를 미친다.

이런 신념들은 인간의 보편적 신념에 속한다. 사람은 살다가 죽지만 지구는 그것 을 지각하는 유기체가 있든 없든 계속해서 존재한다. 이러한 신념을 일컬어 **지각 실**

재론(perceptual realism)이라고 한다.

그러나 우리는 또한 물질적인 것들을 실제로 있는 그대로 지각하지 못할 때가 가끔 있다고 믿는다. 물질적인 것의 성질을 잘못 판단하는 경우(착각, illusion)도 있고, 물질적인 것이 전혀 없는데도 그곳에서 무언가를 지각하는 경우(환상, halluci-nation)도 있다.

착각. 어떤 대상이 특정한 성질을 갖지 않았는데도 가졌다고 믿거나 특정한 성질을 가졌는데도 갖지 않았다고 믿을 때 착각은 일어난다. 저 멀리 산비탈의 녹색 나무가 자욱한 안개에 휩싸여 회청색으로 보인다. 암청색 옷이 (누르스름한) 인공조명 아래서 검은색으로 보인다. 이 건물이 저 건물보다 더 높은 것 같지만, 그것은 오로지 이 건물이 더 가까운 곳에 있기 때문이다. 둥근 동전인데도 45도 각도로 보면 타원으로 보이고, 90도 각도로 보면 평면으로 보인다. 레스토랑의 복도를 지나갈 때 많은 사람들이 "보이는데" 그것은 거울에 비친 모습일 뿐이다. 사람들은 거울의 맞은편에만 있다.

우리는 보통 이런 현상들에 속지 않는다. 말하자면 광학 법칙을 배워서 그런 현상들을 바로잡는다. 우리는 가까이 있는 것이 더 높게 보인다는 점을 참작하기 때문에 더 높게 보이는 건물이 실제로 더 높다고 믿지 않는다. 우리에게 가까이 있는 건물이 더 높게 보이는 것은 **착각** 현상이지만 그것이 실제로 더 높다고 단정하지 않는 한 우리는 그 건물에 관해 **망상**(delusion)을 갖는 것이 아니다. 망상은 순전히 잘못된 신념이다. 물리적인 것과의 거리나 시각 등등 때문에 그것이 달리 보일 수 있는 방법을 전혀 알지 못할 경우에 착각 현상이 망상으로 이어질 가능성이 있다.

우리는 저 멀리에 있는 것이 교묘하게 색칠한 조각상일 뿐인데도 어떤 사람을 본다고 생각하는 경우가 가끔 있다. 잘못 생각하게 하는 것은 감각 그 자체가 아니다. 감각은 다양한 이런 현상을 우리에게 **드러낼** 뿐이다. 우리가 현상에 속는다면 (현상으로 인해 망상에 빠진다면) 그것은 우리의 **판단**(judgment) 착오이다. 실재가 우리를 속인다고 해도 우리는 실제에 맞게 판단해야 한다. 곧은 막대기가 물속에서 휘어져 보이는데 그것이 정말로 **휘어졌다**고 말하면 나는 그 현상으로 인해 망상에 빠진다.

착각은 때로 지각의 외부 조건이 아니라 우리 자신의 내부 조건에 따라 일어나기

도 한다. 환각제를 복용하면 물체의 색깔이 다르게 보인다. 즉 물체의 색깔이 형형
색색으로 변하고 물체의 가장자리에 인광(燐光)이 자주 나타나는데, 약 기운이 떨
어지면 그 색깔이 정상으로 돌아온다. 모든 것이 잠시 노랗게 보이게 하는 약도 있
다. 초록-색안경을 끼면 하얀 벽이 초록색으로 보인다(이 경우는 색안경이 우리 내
부에 있지 않기 때문에 외부 조건이라고 할 수 있다).

환상. 눈앞에 빨간 점들이 전혀 없는데도 머리를 부딪치면 빨간 점들이 보이는 수
가 있다. 어떤 사람은 팔이 절단되었는데도 팔에서 고통을 느끼는 수가 있다. 알코
올 중독을 치료 중인 사람은 분홍색 쥐가 벽을 타고 오르내리는 것을 본다. 맥베스
는 살인에 광분한 나머지 환각 상태에서 "이것이 나를 노리는 비수란 말인가?"라고
말한다. 누군가가 문을 두드리기를 기대하면, 문에 아무도 없는데도 저녁 내내 문을
두드리는 소리를 "들을" 수 있다―기대감으로 인해 잘못된 믿음이 생겨난다. 식탁
에 꽃병이 있다고 믿도록 최면에 걸리면 식탁 위가 완전히 비어 있는데도 그곳에서
꽃병을 볼 수 있다.

우리가 지각이라고 일컫는 것(환상 또는 착각)은 그것을 어떻게 분류하는가에 따
라 환상일 수도 있고 착각일 수도 있다. 황혼녘 숲속에서 어떤 사람을 본다고 생각
하지만 그것은 구부러진 나뭇가지와 이동하는 그림자에 둘러싸여 특이한 모습을 보
이는 나무 그루터기에 불과하다. 이것은 어떤 사람을 본다고 생각하지만 아무도 없
기 때문에 환상이라고 할 수도 있고, 그 나무가 갖지 않은 성질을 갖는다고 보기 때
문에 착각이라고 할 수도 있다. 또는 어둠속에서 촛불을 켜고 손가락으로 눈가를 당
기면 촛불이 두 개로 보인다. 물론 두 개의 촛불이 있는 것은 아니다. 이것은 두 개
의 촛불 중 하나가 없기 때문에 환상인가, 아니면 한 개의 촛불이 갖지 않은 성질
(둘이라는 것)을 갖는다고 보기 때문에 착각인가? 둘이라는 것이 **한 개**의 촛불의
성질일 수 있는가?

왜 어떤 지각은 착각이나 환상이라고 말하고, 다른 지각은 정확하다거나 **사실적**
이라고 말하는가? 왜 물속에서 실제로 휘어진 막대기가 물 바깥에서 곧게 보일 뿐
이라고 말하지 않는가? 왜 그 옷이 실제로 검은색인데 햇빛에서 파란색으로 보일
뿐이라고 말하지 않고, 그 옷이 인공조명에서 검은색으로 보이는데도 실제로는 파
란색이라고 말하는가?

그것은 사람들이 일상적으로 정상 상태에서 그 막대기를 곧은 것으로 보고 그 옷을 파란색으로 보기 때문인가? 그렇지 않다. 그 막대기가 대부분의 시간을 물속에 잠겨 있더라도 우리는 여전히 그것이 곧다고 말할 것이고, (깨어 있는 대부분의 시간을 밤에 보내는 사람들이 그렇게 보듯이) 그 옷을 일상적으로 검은색으로 보더라도 우리는 여전히 그것이 실제로는 파란색이라고 말할 것이다. 우리가 사물의 성질을 기술할 때 사용하는 일정한 **표준 조건**이 있는데, 우리는 사물이 표준 조건 아래서 갖는 것으로 보이는 그런 성질을 갖는다고 말한다.

이런 표준 조건이 항상 똑같은 것은 아니다. 곧은 막대기는 물속에 잠겨 있을 때에도 만져 보면 곧게 **느껴진다**. 그리고 곧은 막대기가 휘어져 보이는 현상은 특정한 광학 법칙의 한 가지 실례이다. 대부분의 각도에서 타원으로 보이는 동전 역시 만져 보면 둥글게 느껴지며, 타원으로 보이는 현상 또한 잘 알려진 광학 법칙을 예시한다. 어느 백화점 보석상의 무반사 유리가 눈에 보이지 않기 때문에 그 유리의 바깥쪽에서 곧바로 다이아몬드를 만지려고 한다면, 우리는 유리를 볼 수 없어도 쾅하고 부딪치기 때문에 다이아몬드를 만질 수 없다는 것을 깨닫는다.

동전의 둥근 현상은 동전을 바라보는 각도에 따른 **일련의 일그러짐 현상** 가운데 동전이 일그러져 보이기 직전의 현상이다. 말하자면 동전을 위에서 수직으로 내려다보는 지점을 벗어날수록 동전의 모양이 점점 더 길게 보인다.

색깔의 경우에 우리는 인공조명보다 햇빛 아래서 볼 때 **색깔 식별**을 더 잘할 수 있기 때문에 햇빛을 표준 조건으로 사용한다. 우리는 다른 조명 상태에서 구별할 수 없는 많은 색조를 햇빛 아래서 구별할 수 있다—이것은 색맹이 구별할 수 없는 특정한 색깔(특히 적색과 녹색)을 색맹 아닌 사람이 구별할 수 있는 것과 마찬가지이다. 일반적으로 우리는 미래의 경험을 **최대한 예측 가능하게** 하는 그런 조건들을 표준으로 간주한다.

현미경과 망원경

우리의 육안으로는 헝겊조각이 부드럽고 한 색깔로 보이지만 현미경으로 보면 육안으로 보이지 않는 것들이 아주 자세히 보이게 된다. 우리는 그 같은 성질들을 현미경 아래서 더 세밀하게 구별할 수 있기 때문에 "헝겊조각이 실제로 어떻게 생겼는지 보고 싶다면 현미경을 통해서 보라"고 말한다.

보통 우리는 표준 조건에서 피가 빨갛게 보이기 때문에 피가 빨갛다고 말한다. 그러나 현미경을 통해서 핏방울을 보면 그것은 약간의 빨간 반점과 함께 거의 투명하게 보인다. 그렇다면 우리는 피가 실제로는 빨갛지 않은데 육안으로 빨갛게 보일 뿐이라고 말해야 할까? 이렇게 말하는 것이 피가 완전히 빨갛다고 말하는 것보다 확실히 더 정확하기는 하다. 우리는 현미경으로 볼 때 색깔과 구조를 더 많이 구별할 수 있다. 그와 동시에 일상적 관찰 역시 보통 사람들이 수천 년 동안 사용한 방식인데, 우리는 그런 방식으로 줄곧 생각하고 이야기 한다. 우리는 이런 방식으로 말할 수도 있다. 즉 "일상적으로 보면 그것은 빨간 것**이다**—그것은 일상적 관찰 조건 아래서 빨간 것으로 **보인다**고 할 수 있다. 그러나 현미경으로 보면 그것의 진짜 성질이 더 많이 드러나 보일 것이다." 내가 앉아 있는 의자가 아주 매끈해 보이는데, 그것이 바로 의자를 만지는 사람들이 느끼는 방식이기 때문에, 의자가 매끈하다고 말해도 의자에 관해 잘못 말하는 것이 아니다. 그러나 현미경으로 보면 우리의 촉감으로는 잘 느껴지지 않는 상당한 정도의 껄껄함이 드러나 보인다. 따라서 우리는 "그 의자가 실제로는 아주 껄껄하지만 손으로 만지면 껄껄함을 느낄 수 없다"고 말할 수 있다.

현미경은 그것 없이는 지각될 수 없을 만큼 아주 작은 대상들의 성질을 드러내 보인다. 그와 마찬가지로 망원경은 그것 없이는 자세히 볼 수 없을 만큼 아주 먼 대상들의 성질을 드러내 보인다. 여기에 무슨 문제가 있는가?

A: 북극성을 바라볼 때 나는 밤하늘의 아주 작은 광점(光點)을 볼 뿐인가?

B: 그렇다.

A: 그러나 사실상 내가 보는 것은 태양보다 수십 배 더 크고 지름이 수십만 마일이나 되는 거대한 별이며, 백열광을 내는 거대한 가스 덩어리이다.

B: 그래서?

A: 내가 보는 것이 어떻게 하나의 광점이면서 **동시에** 백열광을 내는 거대한 고압가스 덩어리일 수 있을까?

B: 그것은 전혀 문제가 안 된다. 내가 보는 것을 말하라고 하면 나는 북극성이 하나

의 광점에 불과하다고 말할 것이다. 그러나 내가 보는 그 광점이 북극성의 실제 모습은 아니다. 그것은 우리 눈에 보이는 것과 전혀 다른 속성을 갖는다. 사실상 ―우리가 하나의 광점으로만 보는―그 별은 수년 전에 소멸했을 수도 있다. 오늘밤에 당신이 보는 그 별빛은 대략 450년 전에 그 별을 출발하여 초당 186,000마일로 이동해 온 빛이다. 그 별은 이미 450년 전에 폭발했을 수도 있지만, 거기서 방사된 빛은 지금도 우리를 향해 오고 있다. 우리가 보는 것은 450년 전에 **있었던** 별이다.

   듣는 것뿐만 아니라 보는 것에도 시차(時差)가 있다. 창밖의 나무를 잠깐 내다볼 때에도 빛이 당신에게 도달하기까지―1초의 몇 분의 1이라도―시간이 약간 걸린다. 북극성의 경우도 이와 다르지 않다. 엄청나게 멀리 떨어져 있기 때문에 시간이 더 오래 걸릴 뿐이다.

A: 하지만 내가 보는 것은 **지금** 존재하는 것이어야 한다. 내가 하늘에서 보는 광점은 450년 전이 아니라 이 순간에 존재하는 것이다.

B: 그 광원(光源)이 더 이상 존재하지 않는다고 해도 그 광점은 지금 존재한다. 이것은 대부분의 사람에게 아주 놀라운 사실로 보이겠지만, 먼 곳의 천둥소리가 당신에게 들리는 순간 그 소리가 더 이상 존재하지 않는다는 사실과 마찬가지로 아무 문제도 없다. 그 광점 역시 당신이 보는 진짜 별이다. 그것은 옛날 실내 게임에서 "외투 소매를 통해서 별을 보는 것"이나 머리를 세게 부딪친 뒤에 별을 보는 것과 다르다. 그 광점과 광원의 거리가 엄청나게 멀어서 아무리 다르게 보이고 그 빛이 당신에게 오기까지 아무리 오래 걸린다고 해도 그 광점 역시 당신이 보는 별이다. 우리가 보는 그 별이 진짜 별이며 천문학자가 말하는 그런 속성들을 가진 별이라는 온갖 증거―망원경을 통한 증거뿐만 아니라 그 별의 중력 효과에 대한 관찰 증거 ―를 가지고 있다. 우리가 익히 알고 있듯이 사물들이 항상 있는 그대로 보이는 것은 아니다.

원자와 전자

현미경과 망원경으로 관찰함으로써 "사물의 실제 모습"을 더 많이 발견한다면, 너무 미세해서 현미경과 망원경으로 발견할 수 없는 것들은 어떻게 되는가? 우리는 식탁이 분자로 구성되고 분자는 다시 원자와 전자, 그 다음에 쿼크와 렙톤 등으로 구성된다고 믿는데, 이것들은 결코 도구를 통해서 관찰되지 않는다. 이것이 입자의 본성이라면, 그것은 과학 **이론**(scientific theory)에 속한다. 입자는 **추리**의 결과이지 관찰의 결과가 아니다. 이 정도로 미세한 실재는 감각의 한계로 인해 우리에게 드러나지 않는다.

그리스 초기의 철학자 데모크리토스(460–370년경 B.C.)는 물질의 궁극적 요소에 관한 이론을 제시했는데, 그것은 소박하기는 하나 대단히 선견지명이 있는 이론이었다. 그의 추종자인 루크레티우스(95–55 B.C.)는 장편 시《사물의 본성에 관하여》에서 자신의 견해를 널리 알렸다. 고대 원자론자인 이들은 우주가 텅 빈 공간 속에서 움직이는 아주 미세한 입자들로 구성된다고 주장했다. 데모크리토스는 이 입자를 (그리스어 *atomoi*, 즉 "나눌 수 없는"을 의미하는) 원자(atom)라고 했다. 원자는 서로 다른 질량, 크기, 모양을 갖지만 색깔이나 냄새나 맛은 갖지 않는다. 이 성질들은 눈, 코, 혀를 가진 지각하는 사람이 있을 경우에만 나타난다.

이 비슷한 견해가 근대 과학을 배경으로 존 로크(1632–1704)에 의해 개진되었다. 로크에 의하면, 물질적인 것은 **제일** 성질을 갖는데, 그것은 지각하는 사람이 없어도 존재하는 성질이다. 그러나 **제이** 성질이라는 것도 있는데, 그것은 지각하는 사람이 없으면 존재하지 않는 성질이다. 식초는 지각하는 사람에게 의존하지 않는 특정한 화학 성분으로 이루어져 있지만, 자극적인 냄새는 지각하는 사람이 있을 경우에만 존재한다.

그렇다면 제이 성질은 꿈처럼 "주관적"일까? 그렇지 않다. 로크에 의하면, 제이 성질은 **힘**(power)처럼 존재한다. 대상의 색깔은 지각하는 사람에게 특정한 종류의 감각을 불러일으키는 힘이다. 이 힘은 로크가 말한 "대상의 감각할 수 없는 부분"(즉 너무 작아서 지각되지 않는 부분) 안에 있다. 물체는 그것의 원자 구조 안에 있는 이런 힘으로 인하여 바로 그린 모양을 갖게 된다. 그 힘은 대상 안에 있지만, 우리가 보는 빨강과 파랑은 감각–인상(sense–impression)으로만 존재한다.

한 알의 밀을 두 부분으로 나누더라도 두 부분 모두 단단한 성질, 공간을 차지하는 성질, 모양을 유지하는 성질, 이동할 수 있는 성질을 여전히 지닌다. 그리고 둘로 나뉜 부분을 감각할 수 없을 때까지 계속 나누더라도 그것은 여전히 똑같은 성질을 지닌다. 그 부분들은 어느 것이나 그런 성질을 반드시 모두 간직하고 있다. 물체를 분할하는 것(맷돌이나 절굿공이 등의 기구를 이용하여 감각할 수 없을 때까지 계속 분할하는 것)은 물체의 단단한 성질, 공간을 차지하는 성질, 모양을 유지하는 성질, 이동할 수 있는 성질 가운데 어느 것도 제거할 수 없는데, 그것은 분할하기 이전에 한 덩어리였던 물질을 둘 이상의 물질 덩어리로 분리하는 것일 뿐이기 때문에, 아무리 작게 분리한다고 해도 그것들은 일정 수효의 물질 덩어리일 따름이다. 나는 이런 성질을 물체의 **고유 성질** 또는 **제일 성질**이라고 하며, 이 같은 제일 성질이 단단함, 공간 점유, 모양, 운동이나 정지, 수와 같은 단순 관념을 우리 내부에 불러일으키도록 해 준다고 생각한다.

둘째, 대상 자체 안에 전혀 속하지 않는 성질이 있는데, 그것은 대상의 제일 성질에 의해서 즉 대상의 감각할 수 없는 부분이 지닌 부피, 모양, 구조, 운동에 의해서 우리 내부에 색깔이나 소리나 맛 등등과 같은 여러 가지 감각을 불러일으키는 힘이다....나는 이것을 **제이 성질**이라고 한다.[4]

그렇다면 제이 성질이란 어떤 것인가—그것은 정신 속에만 존재하는가? 그 나무가 녹색이라는 것에 우리 모두 동의한다면, 녹색은 크기나 무게처럼 그 나무의 속성이지 않은가? 그렇지 않다. 로크에 의하면, 나무에 있는 것은 녹색이 아니라 녹색의 물리적 **기반**(physical basis)이다. 로크는 빛에 관한 입자설(粒子說)을 제기했는데, 오늘날 우리는 빛의 파장이 변함에 따라 다양한 색깔을 보게 된다는 파동설(波動說)을 이용하기도 한다. 어떤 파장은 빨간색을 보게 하고, 또 다른 파장은 오렌지색을 보게 한다는 식이다. 그렇다면 그 나무를 녹색으로 보게 하는 일정한 속성을 그 나무가 가지고 있기 때문에, 그 나무가 녹색이라는 것에 우리 모두 동의하는 것은 결코 우연한 일이 아니다.

불이나 눈(snow)의 구성 요소인 특정한 크기, 수, 모양, 운동은—누군가가 그것들을 감각 기관으로 지각하든 않든—불과 눈 속에 실제로 속해 있다. 이런 성질들은 불과 눈 속에

---

4   John Locke, *An Essay Concerning Human Understanding* (1689), Sections 9 and 10.

실제로 존재하기 때문에 그것들의 **진짜** 성질이라고 할 수 있다. 그러나 빛, 열, 힘, 차가움은 질병이나 고통이 만나(manna) 속에 실재하지 않는 것과 마찬가지로 물체 속에 실재하지 않는다. 이제 이런 성질들을 아무도 감각하지 못한다고 해 보자. 즉 눈으로 빛이나 색깔을 보지 못하고, 귀로 소리를 듣지 못하고, 혀로 맛을 느끼지 못하며, 코로 냄새를 맡지 못한다고 해 보자. 그러면 색깔, 맛, 냄새, 소리와 같은 특정한 관념들은 모두 사라지고 그 관념들의 원인, 즉 불이나 눈의 구성 요소인 크기, 모양, 운동만 남게 된다.[5]

그러면 이제 버클리 주교(George Berkeley, 1685~1753)가 로크를 반박할 때 제기했던 문제를 살펴보자. 버클리는 감각-경험에서 알 수 있는 것이 우리 자신의 감각 내용뿐이라고 말했다. 버클리에 따르면, 정신은 그 자신의 내용이나 관념에 대해서만 지식을 갖는다(오늘날 우리는 "방금 나에게 멋진 생각(bright idea)이 떠올랐다"고 말하는 경우처럼 "관념"이라는 말을 좁게 사용한다. 하지만 로크와 버클리는 그 말이 감각, 심상, 사고와 같은 모든 의식 내용을 포함할 만큼 넓은 의미로 사용했다). 우리의 지식이 우리의 감각(시각, 청각, 촉각 등)에 대한 지식에 불과하다면, 이런 감각들을 우리에게 불러일으키는 물리적 세계가 우리 바깥에 실제로 **존재한다**는 것을 어떻게 알 수 있겠는가? 제일 성질은 우리의 감각과 별도로 사물에 속하지만 제이 성질은 그렇지 않다는 것을 로크는 어떻게 알았을까? 우리는 감각이 외부 대상과 유사한지 또는 외부 대상과 어떻게든 대응하는지를 발견하기 위해 감각과 외부 대상을 비교할 수 있을까?

2. 버클리의 관념론

버클리는 어떤 대상도 정신과 무관하게 존재하지 않으며, 정신과 무관한 대상이 존재한다고 해도 알 수 없다고 주장했다. 독립적으로 존재하는 물질은 없다. 존재하는 것은 **정신**과 정신 속의 **관념**(감각, 느낌, 사고 등)이다. 정신과 관념은 우리가 아는

---

5 Ibid., Section 15-17.

모든 것이며, 존재하는 모든 것이다(버클리의 견해를 기술하기 위해 사용한 "관념론"(idealist)이라는 말은 "이상"(ideal)이라는 말에서 나온 것이 아니라 방금 기술한 바 있는 18세기 의미의 "관념"(idea)이라는 말에서 나왔다. 말하자면 모든 실재는 정신적인 것이며, 정신과 정신 속의 관념으로 이루어져 있다). "존재하는 것은 오로지 정신과 관념 그것뿐이다. 그 이상 아무것도 없다." 존재하는 것은 나무가 **아니라** 나무-인상이다. 우리의 정신 속에 나무라고 일컬어지는 나무-인상이 있을 뿐이다.

버클리의 견해에 대한 첫 번째 반응은 말도 안 된다며 발끈하는 것이다. "이봐! 저기에 나무와 산이 없다는 거야? 정말 미쳤군!" 사무엘 존슨(Samuel Johnson, 1709-1784)은 버클리의 견해를 어떻게 반박할 수 있겠느냐는 질문을 받자 돌멩이를 발로 걷어차면서 "이렇게 반박하겠다!"라고 말했다.

그러나 존슨의 반박은 전혀 반박이 아니었다. 버클리는 우리의 모든 경험이 환상이라고 믿지 않았다. 그는 시각 경험에 이어 나타난 촉각 경험(존슨이 돌멩이를 걷어찼을 때 그가 경험한 모든 것)을 부인하지 않았다. 그는 돌멩이나 나무나 의자가 있다는 것을 부인하지 않았다. 버클리가 부인한 것은 우리의 감각-인상 영역 바깥에 무언가가 존재한다는 것뿐이었다.

버클리는 정말 의자가 있다고 믿었지만, 우리의 의자 경험이 저 바깥에 우리와 무관하게 존재하는 어떤 것을 "묘사한다"(represent)고 믿지는 **않았다**. 오히려 그는 "의자"를 비롯한 모든 물리적-대상어가 **감각-경험들**의 **반복되는 패턴**이나 감각-경험들의 집합체에 대한 명칭일 뿐이라고 믿었다. 버클리는 다음과 같이 말하려고 했을 것이다. 즉 "'물리적 대상'이 우리의 감각-경험이 아닌 **다른** 것을 의미한다면, 나는 물리적 대상이 존재하지 않으며 설령 존재한다 할지라도 존재한다는 것을 알 수 없다고 단언한다. 그러나 '물리적 대상'이 감각-경험들의 집단이나 복합체를 의미한다면, 물리적 대상은 의심의 여지없이 존재한다. 사실상 우리는 길시정의된 패턴이나 집단에 속해 있는 감각-경험을 끊임없이 겪기 때문에 의식이 깨어 있을 때면 언제나 물리적 대상의 존재를 깨닫는다."

의자를 비롯한 물리적 대상이 감각-경험들의 패턴이나 집합체라는 말은 정확히 무엇을 의미하는가? 그 의미를 몇 마디로 말하기는 쉬운 일이 아니다. 우선 한 가지 예로서 어떤 식탁의 상판이 직사각형이라고 믿는 경우를 생각해 보자. 이제 나는 (일상적 의미로) 이 식탁의 상판을 바라보면서 나의 경험이 다음과 같은 특징을 갖는다는 것을 알게 된다.

1. 식탁 상판의 모습이 질서정연하게 변한다. 내가 식탁에서 멀어지면 점점 더 작게 보이고, 식탁에 다가가면 다시 점점 더 크게 보인다. 식탁을 위에서 보면 직사각형으로 보이지만, 다른 각도에서 보면 가까운 쪽이 더 좁은 사다리꼴처럼 보인다. 외관상의 모습과 크기는 보는 각도에 따라 질서정연하게 변한다.

2. 내가 정지해 있으면 식탁은 계속 똑같아 보인다. 그러나 내가 움직이면 겉모습이 변하는데, 이전의 위치로 되돌아가면 이전의 모습과 똑같아 보인다. 겉모습이 어떤 방식으로 변하는지 몇 차례만 경험하고 나면, 나의 위치가 달라질 때 그것이 어떻게 보일지 예측할 수 있다. 말하자면 감각-경험들의 전체 계열은 질서정연하고 예측 가능하다.

3. 내가 움직이면서 순간순간 경험하는 시각에 의한 감각-경험들은 서로 비슷하다. 모습 A가 모습 B로 점점 변해가고, B가 C로 점점 변해가며, C가 D로 점점 변하는데도 A는 D와 그다지 비슷하지 않을 수도 있다. 겉모습 1은 겉모습 50과 비슷하지 않지만, 그 둘은 겉모습의 계열로 연결되어 있는데, 그 계열에서 서로 인접해 있는 두 개의 겉모습은 매우 비슷하다. 이 변화 또한 점진적이고 규칙적이다.

4. 이 같은 겉모습의 계열에는 단절이 없다. 식탁을 보거나 식탁을 보면서 걸어 갈 때 (고개를 돌리거나 눈을 깜박이지 않는 한) 나는 연속해서 감각-경험을 한다. 어떤 모습이 나의 시야에서 갑자기 사라졌다가 다른 곳에 다시 불쑥 나타나지 않는다.

5. 겉모습의 계열에는 중심이 되는 모습이 있는데, 그 모습에서 벗어날수록 점점 더 중심과 **다른 모습의 계열**이 이루어진다(앞에서 들었던 동전의 예로 돌아가 보자. 동전의 둥근 겉모습은 찌그러져 보이는 모든 모습의 중심이 된다).

6. 나의 시각 경험은 촉각 경험의 **표시**로 작용한다. 내가 (시각에 의한 감각-경험을 기초로 삼아) 식탁이라고 믿게 되면 나는 촉각에 의한 감각-경험을 갖게 된다. 나의 시각 경험은 촉각 경험과 연관되기 쉽다. 물론 그렇지 않은 경우도 있다. 예컨대 내가 보고 있는 것이 거울에 비친 것임을 알지 못하고 식탁이라고 믿는 것에 다가간다면 거울에 부딪치기만 할 뿐 시각에 의한 감각-경험에 대응하는 촉각에

의한 감각-경험이 없을 것이다. 그때의 촉각 경험은 거울에 대한 것이지 식탁에 대한 것이 아니다. 거울 속에는 식탁이 없기 때문이다.

요컨대 식탁의 상판에 대한 감각-경험들은 **질서정연한 여러 계열**이 되고, 그 여러 계열이 모두 모여 이를테면 하나의 **집합체**(family)가 된다. 식탁의 모습들로 이루어진 모든 계열은 우리가 동전을 바라볼 때의 모습들로 이루어진 여러 계열과 다른 방식으로 "하나의 집합체"가 된다—동전의 모습들로 이루어진 여러 계열이 모두 모여 또 하나의 전혀 다른 집합체가 된다. 하나의 물리적 대상은 **감각-경험들로 이루어진 하나의 집합체**일 뿐 그 이상도 그 이하도 아니다. 다른 한편, 환상을 경험할 때 우리는 어느 집합체에도 속하지 않는 감각-경험을 한다. 이런 감각-경험은 (소속이 없는) **"야생"**(wild)이다. 어떤 사람이 흥분 상태에서 보는 분홍색 쥐는 어느 집합체에도 속하지 않기 때문에 "야생"이다.

버클리의 분석에 따르면, 우리 감각-경험의 대다수가 집합체에 속하고, 그 집합체가 실재한다는 것— "물리적 대상"이라는 것—은 참으로 다행스러운 일이다. 우리는 감각-경험이 집합체에 속하지 않는 상황을 쉽게 상상할 수 있다. 우리의 모든 감각-경험이 제멋대로 일어나는 상황, 즉 시각에 의한 감각-자료가 시야에서 온통 어지럽게 움직이고, 모습과 크기가 무질서하게 예측할 수 없는 방식으로 변하고, 시각에 의한 감각-경험이 그 다음 시각에 의한 감각-경험과 연속성이 없고, 특성이 매 순간 오락가락 변하고, 시각에 의한 감각-경험 다음에 촉각-경험이 일어나지 않으며, 주의를 환기시키기는 시각에 의한 감각-경험도 없이 갑자기 촉각에 의한 감각-경험이 일어나는 그런 상황을 잠시 상상해 보자. 당신은 자신의 대부분의 감각-자료나 심지어는 모든 감각-자료가 "야생"인 경우를 쉽게 상상할 수 있는데, 이 경우에는 감각-경험들의 집합체와 같은 것이 없기 때문에 나무나 식탁과 같은 물리적 대상도 없을 것이다. 어떤 사람은 최소한 하나의 집합체, 즉 자신의 신체만은 있을 것이라고 말할지 모른다. 하지만 자신이 신체마저 없을 수도 있다. 말하자면 당신은 지금 자신의 신체에 기속되는 감각-경험을 전혀 갖지 못한 채 무질서한 감각-경험의 계열을 가질 수도 있다. 그러나 다행스럽게도 우리의 경험은 이런 식으로 되어 있지 않다. 감각-경험은 대부분 집합체에 속해 있다.

버클리에 의하면, 어떤 것이 환상인지 아닌지 확인할 때 우리가 실제로 사용하는 기준은 그에 대한 감각-경험이 어떤 집합체에 속하는지 속하지 않는지 알아보는 것이다. 그 과정에서 우리는 감각-경험과 감각-경험을 **서로** 비교하는데 이것은 로크의 실재론과 다르다. 로크는 감각-경험과 감각-경험 바깥의 실재물이 대응하는지 알아보기 위해 감각-경험과 실재물을 비교하려고 한다. 로크에 의하면, 우리가 식탁을 경험하는데 식탁이 없으면 환상이고, 식탁이 있으면 환상이 아니다(그것은 **사실적**이다ㅡ "진짜" 지각이다). 그러나 우리는 감각-경험에 대응하는 것이 감각-경험 바깥에 있는지 발견하기 위해 감각-경험 밖으로 나갈 수 없기 때문에 그와 같은 대응성 기준을 결코 **적용**할 수 없다. 사실은 그와 같은 기준을 적용하려는 시도마저도 할 수 없다. 우리는 감각-경험을 감각-경험이 아닌 다른 것과 비교하는 것이 아니라 감각-경험과 비교한다.

환상의 경우에는 "그곳에 식탁이 없다"는 것이 물론 옳다. 그러나 버클리에 의하면 이것은 환상의 경우에는 식탁 경험들의 집합체가 없다는 것을 의미할 따름이다. 우리가 가진 경험이 야생인지 아닌지 알아내는 것은 아주 간단한 일이다. 사실적 지각과 환상의 차이는 감각-경험을 **서로** 비교해 봄으로써ㅡ특히 감각-경험이 어떤 집합체에 속하는지 확인해 봄으로써ㅡ언제든 밝힐 수 있다. 어떤 집합체에 속하지 않는 감각-경험을 우리는 환상이라고 한다.

이 부분에서 버클리는 오해를 많이 받았다. 어떤 사람들은 버클리에 따르면 모든 것이 가상적(假象的, imaginary)이라고 주장했다. 그러나 실재하는 식탁과 가상의 식탁 사이에는 많은 차이가 있다. 가상의 식탁에는 앉을 수도 없고, 책을 올려놓을 수도 없으며, 그 위에 올라갈 수도 없다. 그 감각-경험들은 하나의 집합체로써 일관성을 유지하지 못한다. 사무엘 존슨이 돌멩이를 발로 걷어차면서 "버클리의 견해를 이렇게 반박하겠다!"라고 외쳤을 때 그는 아무것도 반박하지 못했다. 왜냐하면 버클리는 단연코 돌멩이의 존재를 부인하지 않았기 때문이다. 버클리는 돌멩이가 (환성이 아니라) 감각-경험들의 집합체리고 말했을 뿐이며, 존슨이 돌멩이를 걷어참으로써 기껏 한 일은 자신의 견해, 즉 질서정연한 감각-경험들의 집합체에서 기대할 수 있는 것처럼 시각에 의한 돌멩이 경험 다음에는 촉각에 의한 돌멩이 경험이 뒤따른다는 것을 확인시켜 주었을 뿐이라고 말했을 것이다.

그리고 꿈 경험을 생시에 이루어지는 질서정연한 감각-경험 계열과 비교해 보면 꿈 경험 역시 "야생"이다. 꿈 경험 역시 "집합체를 벗어나" 있다. 이 모든 지각상의 구별―착각, 환상, 꿈―은 감각-경험을 **서로** 관련지어 비교함으로써 이루어지는 것이지, 감각-경험에 "대응하는" 미지의 어떤 것과 감각-경험을 비교함으로써 이루어지는 것이 아니다. 지각의 사실성 기준은 감각-경험들 사이의 **일관성**이지 감각-경험이 **아닌** 어떤 것과의 대응성이 아니다.

존재하는 것은 지각되는 것이다

이제 관념주의의 또 다른 측면을 검토해 보아야 한다. 관념주의에 따르면, 물리적 대상은 감각-경험들의 집합체이다. 그러나 경험은 경험되지 않은 상태로는 존재하지 않는다는 것이 분명하다. 그렇다면 물리적 대상도 경험되지 않은 상태로는 존재하지 않는다.

그러나 이 마지막 주장은 우리의 상식적 신념과 정면으로 충돌한다. 우리는 물리적 대상이 경험되건 경험되지 않건 계속 존재한다고 믿는다. 관념주의는 이것을 명확히 거부한다. 관념주의에 따르면, 모든 물리적 대상에 대하여 존재하는 것은 지각되는 것이다(*esse est percipi*). 관념주의는 모든 종류의 경험에 대한 상식적 주장을 물리적 대상에 그대로 똑같이 적용한다. 모든 종류의 경험은 경험되지 않은 상태로 존재하지 않으며 존재할 수도 없기 때문이다. 경험이 경험되지 않은 상태로 독자적으로 존재할 수 없다면, (관념주의자는 물리적 대상을 경험들의 결합물이라고 정의하는데) 경험들의 결합물 역시 독자적으로 존재할 수 없다. 고통과 쾌락은 경험되지 않은 상태로 존재하지 않는다. 고통과 쾌락이 존재한다는 것은 고통과 쾌락이 경험된다는 것이기 때문이다. 나무나 식탁의 경우도 이와 꼭 마찬가지이다. 관념주의에 의하면, 경험을 떠나서는 아무것도 존재할 수 없다. 식탁과 나무를 비롯한 물리적 대상은 경험들의 집합체이기 때문이다.

그러나 내가 그 방에서 나가더라도 그 식탁은 분명히 계속 존재한다고 말할 수 있지 않을까? 누군가 다른 사람이 그 방에 남아서 식탁을 계속 시각한다면 그렇게 말할 수 있을 것이다. 식탁은 그 사람의 경험으로서 존재한다. 하지만 모든 사람이 그 방에서 나간다고 해 보자. 그러면 그 식탁은 더 이상 존재하지 않는가? 식탁을 경험하는 사람이 없으면 식탁은 더 이상 존재하지 않는다. 그 방에 아무도 없다고 생각하고서 15분 동안 밖에 나갔다가 돌아왔더니 존스라는 친구가 "그 식탁은 줄곧 존재했다. 내가 벽에 있는 작은 구멍으로 들여다보고 있었는데, 네가 이 방에 있을 때 내가 경험했던 것과 똑같은 식탁-경험을 네가 없는 동안에도 내가 계속 경험했다고 확언할 수 있다"라고 말한다. 이것을 부인하는 관념주의자는 없을 것이다.

　그러나 그 방에 정말 **아무도 없다**—식탁을 경험할 수 있는 사람은 물론 어떤 종류의 생물체도 없다—고 해 보자. 그래도 그 식탁은 여전히 존재할까? 아니다. 존재하는 것은 지각되는 것인데, 지각되는 것이 없기 때문에 존재하는 것도 없다.

　어떤 사람은 "글쎄, 그 방에 아무도 없을 때 식탁이 존재하는 것과 존재하지 않는 것 사이에 무슨 차이가 있을까?"라고 물을 수 있다. "우리가 돌아올 때 항상 식탁이 있기만 하면 그만 아닌가? 아무도 지각하지 않는 동안에 식탁이 존재하건 존재하지 않건 우리의 실제 경험에는 전혀 차이가 나지 않는다." 물론 관념주의자도 이 점을 부인하지는 않을 것이다. 하지만 지각하는 사람이 없을 때에도 식탁이 여전히 존재하는지 묻는 물음이 실질적 물음이건 아니건 그 답이 무엇이고 그 답이 옳다는 것을 어떻게 알 수 있는지 이해하는 것은 흥미로운 일일 수 있다.

　어떤 사람은 "물리적 대상은 아무도 지각하지 않는 동안에도 여전히 존재하는데, 나는 그것을 간단히 증명할 수 있다"고 제안하기도 한다. "그 방에 캠코더를 설치하여 작동시킨 다음 모두 밖으로 나갔다고 해 보자. 몇 분 뒤에 돌아와서 캠코더를 확인해 보면, 우리는 아무도-없는-동안에도-계속-존재하는-식탁이라는 흥미진진한 드라마를 보게 된다."

　관념주의자는 그같은 실험을 믿지 않을 것이다. 관념주의에 따르면, 캠코더 자체도 물리적 대상이라서 그것 역시 경험되지 않으면 존재하지 않는 감각-경험들의 집합체이다. 캠코더와 식탁을 비롯해서 그 방 자체와 그 방이 있는 건물도 모두 똑같은 운명이다. 존재하는 것은 지각되는 것이라는 주장은 그 모든 것에 똑같이 적용된다.

　게다가 우리는 사건들의 전체 계열을 전적으로 경험에 의거해서 설명한다. 말하자면 식탁-경험을 한 다음 식탁과-캠코더-경험을 하고, 그 다음 밖으로 나가서 다른-방-경험을 하고, 다시 식탁과-캠코더-경험을 하고, 그러고 나서 스크린에-비친-식탁-경험을 한다. 관념주의자는 물론 어느 누구도 우리가 이 순서로 경험한다는 것을 의심하지 않는다. 그것이 **전부다**—이 순서로 일어나는 경험이 있을 뿐이다. 경험들의 계열을 떠나서는 아무것도 존재하지 않으며, 무언가 존재한다고 해도 알 수 없을 것이다.

이 대목에서 우리가 느끼는 실망감은 눈을 감으면 언제나 가로등이 꺼진다는 말을 형에게서 들었을 때 어린 동생이 느끼는 실망감과 비슷하다고 할 수 있다. 동생은 가로등을 열심히 주시하다가 일부러 눈을 감은 다음 다시 슬며시 눈을 떠보았다. 가로등은 여전히 빛나고 있었다. "형, 가로등이 꺼진다면서!"라고 동생이 말하자 "그래, 네가 눈을 감으면 꺼진다고 했잖아. 근데 네가 몰래 엿보고 있으니 눈을 뜨고 있는 거지"라고 형이 말했다. 동생이 달리 증명할 수 있는 방법이 있을까? 18세기의 어느 비평가가 말한 바와 같이 관념주의는 "너무나 불합리해서 도무지 논박할 수 없는 것"일까?

그렇다면 다음과 같은 방식으로 논증해 보자. 즉 "물리적 대상을 지각하지 않다가 다시 지각할 때의 상황을 설명하기 위해서는 지각되지 않는 경우에도 물리적 대상이 존재한다고 믿어야 한다." 당신이 벽난로에 불을 피우고 장작이 타는 것을 잠시 지켜보다가 30분 정도 밖에 나가 있었는데, 돌아와 보니 벽난로 속에는 아무것도 없고 시뻘건 숯덩이만 남았다. 벽난로에서 장작이 불에 타는 것을 지각한 사람이 전혀 없었음에도 장작이 탔다는 것은 분명하다. 당신이 밖에 나간 사이에도 장작은 탔고, 돌아와 보니 숯덩이만 남았다는 사실을 달리 어떻게 설명할 수 있겠는가? 당신이 밖에 나간 사이에도 장작이 불에 탔음이 분명한데, 불에 타기 위해서는 당신이 밖에 나간 사이에도 반드시 장작이 있었어야 한다.

또 다른 예를 보자. 당신이 어떤 집을 여러 번 보았고, 그 집의 그림자 또한 여러 번 보았는데, 이번에는 그림자는 보이지만 집은 아직 볼 수 없다. 그러나 당신도 다른 어느 누구도 그 집을 지각하고 있지 않음에도 그 순간에 집이 존재한다는 것은 분명하다. 그렇지 않으면 무엇이 그 그림자를 만들어 냈겠는가?

이 예들은 불과 그림자의 성질에 관한 확고한 자연 법칙에 호소하고 있다. 그러나 관념주의자는 우리가 관찰할 수 있는 경우에만 자연 법칙이 유효하다는 점을 상기시킨다. 자연 법칙을 관찰되지 않는 경우까지 확대 적용하는 것은 정당하지 않다는 것이다. 예컨대 "X를 관찰할 때마다 Y를 관찰했다. 그러므로 이번에 X를 관찰하면 Y를 관찰할 개연성이 있다"고 말할 수 있는데, 이것은 X를 관찰하지 **않을** 경우 어떤 일이 일어날 것인지에 대해서는 전혀 알려 주는 바가 없다. 관찰하는 사람이 없는 상태로 존재하는 것을 관찰을 통해 안다는 것은 불가능한 일이다. 물리적 대상이 지각하는 사람이 없는 상태로 계속 존재한다 할지라도, 관찰되지 않은 상태로 존재하는 물리적 대상을 관찰할 수는 없기 때문에, 지각하는 사람이 없는 상태로 물리적 대상이 계속 존재한다고 믿을 이유가 전혀 없다.

약한 관념주의 대 강한 관념주의

하지만 "물리적 대상이 관찰되지 않은 상태로 계속 존재한다 할지라도"라는 말이 오해를 일으킬 소지가 있다. 왜냐하면 이 말은 버클리가 절대 인정하지 않으려 했던 것, 즉 물리적 대상이 관찰되지 않은 상태로 존재하는 것이 가능하다거나 상상할 수라도 있다는 것을 가정하기 때문이다. 버클리에 따르면, 그것은 물리적 대상이 관찰되지 않은 상태로 존재할 **수**도 있다는 것이 아니라, 물리적 대상이 관찰되지 않은 상태로 존재한다 할지라도 그것을 알 수 없다는 것을 뜻한다(약한 관념주의). 좀 더 정확히 말하면, 물리적 대상이 관찰되지 않은 상태로 존재한다는 말은 **어법상 모순**이다(강한 관념주의)—또는 버클리의 말대로 둥근 사각형과 같은 "명백한 자가당착"이다. 물리적 대상은 감각-경험들의 집합체에 **불과하다**는 것을 잊으면 안 된다. 우리는 감각-경험들이 관찰되지 않은 상태로 존재할 수 있다고 믿지 않으며—우리는 누구나 그것이 어법상 모순이라고 인정하며—물리적 대상은 감각-경험들의 복합체일 뿐이므로 물리적 대상 역시 관찰되지 않은 상태로 존재할 수 없다. 이것은 다음과 같은 방식으로 추리된다.

1 우리는 물리적 대상들(나무, 산, 건물, 등등)에 대한 지식을 갖는다.
2 우리의 지식은 우리의 경험에 한정된다.
3 그러므로 물리적 대상은 경험들(경험들의 집합체)이다.
4 그러나 경험은 경험되지 않은 상태로 존재할 수 없기 때문에 물리적 대상 역시 경험되지 않은 상태로 존재할 수 없다.

관념주의자는 우리가 이 결론을 의외라고 생각한다면 그것은 세 번째 전제, 즉 물리적 대상이 감각-경험들의 집합체**라는** 것을 확실히 이해하지 못했기 때문이라고 주장한다. 우리가 그 결론을 의외라고 생각하는 것은 오로지 식탁이나 나무가 정신과 별개인 사물들의 세계에 속한다는 관념―즉 식탁이나 나무가 감각-경험들의 집합체가 아니라는 관념―이 우리의 마음속 깊이 잠재되어 있기 때문이다. 일단 이 점을 정확히 파악하고 나면, 고통이나 쾌락 또는 사고나 관념의 경우에 그것들이 경험되지 않은 상태로 존재하는지를 문젯거리로 삼지 않듯이 식탁이나 나무의 경우에도 지각되지 않은 상태로 존재하는지를 더 이상 문젯거리로 삼지 않을 것이다.

감각 – 경험의 원인

하지만 우리의 감각-경험에 **원인**이 있지 않을까? 일상적으로 우리는 나무에 대한 경험이 우리의 지각과 독립적으로 존재하는 나무 자체에 의해서 일어난다고 말한다. 버클리는 이런 식으로 말할 수 없는데, 나무가 감각-경험들의 복합체일 **뿐이라고** 주장했기 때문이다. 그렇지만 우리가 경험하는 그 감각-경험을 갖도록 하는 것은 무엇인가?

버클리는 다음과 같이 말했을 **수도** 있다. 즉 "물리적 대상은 감각-경험들의 집합체이기 때문에 'A가 B를 일으킨다'고 말할 때 그것은 **우리의 경험 안에서** 규칙적으로 A 다음에 B가 나타난다고 말하고 있다. 우리의 경험 **안에서는** 원인 관념이 아주 유용하지만, 경험을 **벗어나서는** 원인 관념을 사용할 수 없다. 경험을 벗어난 영역에 대해서는 아예 어떤 지식도 가질 수 없기 때문이다." (원인의 본성에 대해서는 5장에서 논의할 것이다.)

그러나 버클리는 독실한 주교답게 그렇게 말하지 않았다. 그는 우리의 모든 감각-경험이 신에 의해 직접 일어난다고 주장했다. 감각 경험들이―환싱 등을 제외하고―질서정연하게 일어나는 것은 신이 우리에게 감각-경험을 일으키는데, 우리가 감각-경험을 기초로 예측하고 그에 따라 행동할 수 있도록 신이 질서정연하게 감각-경험을 일으키기 때문이다. 신은 감각-경험들의-집합체가 형성될 수 없어서 물리적 대상이라고 할 수 있는 규칙성 있는 경험이 전혀 없도록 경험을 아주 무질서하게 만들 수 있었다. 그러나 신은 선하기 때문에 우리에게 질서정연한 감각-경험을 제공하는 쪽을 선택하였다. 신은 질서정연한 감각-경험을 우리의 정신 속에 직접 주입한다. 신은 실재론자가 말하는 물리적 대상이라는 매개물을 필요로 하지 않는다(우리는 이런 물리적 대상이 존재한다는 것을 도무지 알 수 없기 때문에, 물리적 대상이 존재한다고 해도 우리에게는 아무런 도움도 되지 않는다).

그러므로 실재는 **정신**과 **정신의 경험**으로 이루어진다. 신은 무한한 정신이고, 당신과 나는 유한한 정신이다. 정신(신의 정신과 우리의 정신)이 있고 정신의 경험(신의 경험과 우리의 경험)이 있다. 경험은 정신의 역사를 이루는 사건이다. 그것이 전부다―그 이상 아무것도 없다. 우리는 신이 경험하게 해 준 그대로 경험한다. 다른 어떤 것도 필요 없다.

우리가 똑같은 방향에서 바라볼 때 비슷한 감각-경험을 하게 되는 이유는 무엇일까? 비슷한 상황에서는 비슷한 감각-경험을 신이 제공하기 때문에 우리는 서로 의사소통을 할 수 있다. 내가 코끼리를 본 장소에서 당신은 나무를 보고, 다음 순간 그 장소에서 당신은 안락의자를 보고 나는 많은 양의 사과를 본다면 우리는 서로 의사소통을 할 수 없다. 그러나 신은 당신의 경험 계열과 나의 경험 계열을 서로 관련지음으로써 예측과 의사소통을 가능하게 한다. 신은 질서정연하게 작용한다 ― 신은 서로 다른 정신이 의사소통을 할 수 있게 할 뿐만 아니라 여러 사람이 겪는 감각-경험의 진행 과정을 조절함으로써 감각-경험의 계열 전체에서 규칙성을 알아차릴 수 있도록 정말 질서정연하게 작용한다. 그래서 과학이 가능해진다. 자연 법칙은 우리가 경험하는 질서정연한 감각-경험 계열로 표출된 신의 의지이다.

버클리의 이론은 다음과 같은 오행시로 적절히 평가된 바 있다.

젊은이가 말하기를
"안뜰 여기저기 아무도 없는데도
나무는 계속 그곳에 있네.
신께서 이것을 아시면
정말 묘하다고 생각하실 수밖에."

답신

젊은이에게.

그대의 놀람이 오히려 묘하다네.

안뜰 여기저기 언제나 **내가** 있지.

그 때문에 나무가 계속 있는 거라네.

내가 그 나무를 지켜보기 시작한 이후로.

　　　　　　　　친애하는 당신의 신에게서.[6]

비판

1. 여기까지 버클리를 뒤따른 대부분의 독자들은 신을 끌어들이는 이 대목에 실망하여 돌아설 수도 있다. 버클리는 정신이 익히 아는 것은 오직 자신의 관념[경험]뿐이라는 것을 출발점으로 삼았다. 만일 버클리의 말이 옳다면, 신은 경험의 대상이 아니기 때문에 경험을 일으키는 신이 있다는 것을 결코 알 수 없다. 신이 있다는 것을 안다면 우리는 결국 감각-경험 이외의 다른 것을 아는 셈이다. 그리고 감각-경험 이외의 다른 것, 즉 신을 알 **수** 있다면, 독립적으로 존재하는 물리적 대상의 세계를 우리 경험의 원인으로 끌어들이는 것이 더 낫지 않을까? 버클리는 신을 경험의 원인으로 끌어들임으로써 자신의 기본 전제, 즉 우리는 자신의 경험에 대해서만 지식을 가질 수 있다는 것을 위반한 것이 아닐까?

2. 버클리는 우리가 정신과 정신의 관념에 대해서만 지식을 가질 수 있다고 주장했다. 하지만 **다른 사람의 정신**에 대해서는 어떤가? 나는 자신의 경험들에 대해 지식을 가질 수 있다. 이를테면 어떤 경험들의 집합체가 식탁이고, 다른 집합체가 저기 있는 나무이며, 또 다른 집합체가 당신의 몸과 옷이다. 나는 당신의 경험을 가질 수는 없다. 나는 당신이 신체, 신체 동작, 얼굴 표정 등을 관찰할 수 있을 뿐이다. 당신에 대한 나의 지식은 내가 가진 이런 감각-경험들에 국한된다. 마찬가지로 나에 대한 당신의 지식은 나의 신체에 대해 당신이 가진 그런 감각-경험들에 국한된다.

6　옥스퍼드 대학 출신의 버클리 비평가 로널드 녹스(Ronald Knox)의 시.

이것은 분명히 아주 이상한 상황이다. 당신에게 나는 당신이 가진 특정한 감각-경험들에 불과한 것일 수 있으며, 나에게 당신은 내가 가진 특정한 감각-경험들에 불과한 것일 수 있다. 그러나 **나**는 나 자신을 특정한 감각-경험들 이상의 것이라고 알고 있으며, 아마 당신도 당신 자신을 특정한 감각-경험들 이상의 것이라고 알고 있을 것이다. 우리 **둘 다** 감각-경험을 가진 정신이지 않은가? 하지만 우리 둘 중 한 사람이 어떻게 둘 다 감각-경험을 가졌다는 것을 알 수 있을까? 만일 내가 알 수 있는 것이 내가 (어떤 정신이) 존재한다는 것과 그 정신에 대한 경험뿐이라면, 나의 지식은 나의 경험들에 한정되므로 나의 정신과 나의 정신이 갖는 경험이 **존재하는 모든 것**이라고 믿을 수밖에 없지 않은가? 달리 말하면 나는 **유아주의자**(solipsist)가 될 수밖에 없지 않은가? 유아주의(나-혼자만-있다는-주의)는 존재하는 것이 나의 정신과 나의 정신이 갖는 경험뿐이라는 신념이다. 나는 나 자신 이외의 다른 정신이 존재한다는 것을 전혀 알지 못하기 때문에 나 자신 이외의 다른 정신이 존재한다고 믿을 아무런 근거도 갖지 못한다. 그러므로 나는 나의 정신만이 유일한 정신이라고 주장한다.

사상사에서 유아주의자는 거의 없었다. 우리는 누구나 제 자신의 정신과 비슷한 정신을 가지고 자신처럼 생각하고 느끼고 감각-경험을 하는 다른 사람이 있다고 믿는다. 어떤 사람은 "나는 모든 사람이 유아주의자일 것이라고 믿을 정도로 유아주의를 확신한다!"는 식의 희한한 입장을 취하기도 했다. 만일 유아주의자가 자신의 견해를 알리기 위해 책을 쓴다면, 그는 그 책을 읽고 이해할 정신이 자신의 정신 이외에는 없다고 믿을 텐데, 그렇다면 그는 도대체 누구를 위해 책을 쓰는 것일까? 이 모든 것을 제쳐 둔다 해도, 결국은 사람 수만큼이나 많은 유아주의가 생겨나게 되어 유아주의 자체가 무너지고 말 것이다. 예컨대 존스가 유아주의자라면 그는 오직 존스만 존재한다고 믿는 반면에 스미스가 유아주의자라면 그녀는 오직 스미스만 존재한다고 믿는다—두 견해는 매우 다른 견해이며, 사실상 상충하는 견해이다. 존스가 존재하는 유일한 사람이라는 주장**과** 스미스가 존재하는 유일한 사람이라는 주장은 둘 다 옳을 수는 없다.

버클리는 유아주의자가 아니었다. 그런데 그는 유아주의를 어떻게 모면했을까? 버클리의 전제들에 따르다 보면 내몰릴 수밖에 없는 견해가 유아주의 아닌가? 버클리는 그렇지 않다고 했다. "존재하는 것은 지각되는 것이다"라는 말은 물리적 대상에만 적용될 뿐 정신에는 적용되지 않는다는 것이다. 정신의 경우 그 모토는 "존재하는 것은 지각하는 것(*percipere*)이다"(존재하는 것은 지각**되는** 것이라기보다는 지각하는 것이다). 한데 버클리는 이것을 어떻게 알 수 있었을까? 만일 인간의 정신이 그들 자신의 감각–경험 과정을 관찰하는 창문 이외에 다른 것을 관찰하는 창문을 전혀 갖지 않았다고 해도, 버클리의 정신만큼은 적어도 하나의 출입문을 가졌어야 한다. 그렇지 않으면 버클리가 어떻게 자신의 전제들을 그대로 유지하는 가운데 자신의 정신 이외에 다른 정신이 존재한다는 것을 알 수 있었단 말인가?

3. 버클리에 따르면, 물리적 대상은 감각–경험들의 집합체이고 감각–경험은 경험되지 않은 상태로는 존재할 수 없기 때문에, 물리적 대상이 경험되지 않은 상태로 존재한다는 진술은 자체 모순이다. "물리적 대상은 감각–경험들(감각–경험들의 집합체)일 **뿐이다**"라는 정의에 대한 일차 반응은 그런 정의가 불합리하다는 것이다. 그러나 "당신은 원하는 대로 용어를 정의할 수 있다." "나는 '원'을 18각형이라고 정의할 수" 있는데, 그러면 "원에는 모서리가 없다"는 진술은 그 정의에 의해 자체 모순이 된다. 하지만 도대체 무엇 때문에 그 같은 정의를 받아들여야 하는가?

물론 버클리는 "물리적 대상은 감각–경험들(감각–경험들의 집합체)일 뿐이다"라는 정의를 받아들여야 할 좋은 근거가 **있다**고 주장했다. 말하자면 그 정의를 받아들이지 않을 경우 물리적 대상의 존재에 관해서 철저한 회의주의에 빠진다는 것이었다. 버클리는 어떤 것이 정신과 무관하게 존재하는 상황을 상상해 보라고 한다.

그러나 당신은 한 예로 어느 누구에 의해서도 지각되지 않는 공원의 나무나 서재의 책을 상상하는 것보다 쉬운 일은 없다고 확실하게 주장할 것이다. 나는 당신이 그런 상상을 충분히 할 수 있고 또 그런 상상을 하는 데 아무런 어려움도 없다고 생각한다. 하지만 정말 긴히 들어주길 바라면서 하는 말인데, 이 모든 주장의 내용은 당신이 책이나 나무라고 부르는 관념은 마음속에 품고 있지만 그것들을 지각하는 사람에 대한 관념은 마음속에 품고 있지 않다는 것 이외에 무엇이란 말인가? 그러나 당신은 줄곧 그 책과 나무를 지각하거나 생각하지 않는가? 그러므로 이 사실은 당신의 취지에 완전히 어긋난다. 이 사실은 당신의 정신이 상상하거나 관념을 형성하는 능력을 가졌다는 것을 보여 줄 뿐이지, 당신의 사고 대상이 정신과 무관하게 존재한다고 생각할 수 있다는 것을 증명하지는 못한다. 내 주장에 대한 당신의 반론이 성립하려면, 당신이 책과 나무를 상상하거나 생각하지 않는 상태에서 그것들이 존재한다고 생각하는 일이 반드시 필요한데, 이것은 명백한 자가당착이다.[7]

하지만 "물리적 대상은 생각하는 정신과 무관하게 존재하는 것으로 생각될 수 없다"는 진술이 애매하다. 이 진술이 "물리적 대상은 생각하는 정신과 무관하게 존재하는-것으로-생각될 수 없다"를 의미한다면, 그것은 의심의 여지없이 옳다. 생각하는 정신을 먼저 갖추지 않고서는 물리적 대상이나 다른 무엇이 존재한다고 생각할 수 없기 때문이다. 그러나 우리는 이 진술을 같은 낱말들로 이루어지지만 의미가 아주 다른 진술, 즉 "물리적 대상은 생각하는-정신과-무관하게-존재하는 것으로 생각될 수 없다"와 혼동해서는 안 되는데, 이 진술은 하나마나한 사소한 진술이 아니라 사실상 그른 진술이다. 우리는 물리적 대상을 언제나 이런 식으로 생각하기 때문이다. 나는 정신이 없으면 생각할 수 없지만, 나는 정신과 무관하게 어떤 것이 **존재**한다고 생각할 수는 있다. 사고는 정신이 없으면 존재할 수 없는데, 그렇다고 해서 식탁과 나무도 정신이 없으면 존재할 수 없다는 것이 입증되는 것은 아니다. 식탁과 나무가 존재하든 존재하지 않든—그리고 혹시 식탁과 나무가 존재하는지 않는지 알 수 없다 할지라도—적어도 우리는 식탁과 나무가 정신과 무관하게 존재한다고 **생각**한다. 실재론자는—버클리가 말한 것처럼 실재론자가 잘못이라고 해도—식탁과 나무가 정신과 무관하게 존재한다고 생각하지 않는가?

또한 지각도 사고의 경우와 마찬가지이다. 정신이 없으면 생각할 수 없는 것처럼 정신이 없으면 지각할 수 없다는 것은 사실이지만, 그렇다고 해서 당신이 지각하는 **대상**이 정신과 무관하게 존재할 수 없다는 결론이 나오지는 않는다. 물론 그렇겠지만, 우리는 지각 대상이 정신과 무관하게 존재할 수 있다는 것을 적어도 버클리의 논증에 의해서는 증명할 수 없다. **지각하는 일**은 정신이 없으면 일어날 수 없지만, **당신이 지각하는 대상**은 정신과 무관하게 존재할 수 있다—이것은 적어도 논리적으로 가능하다. "물리적 대상"을 감각-경험들의 집합체라고 정의하지 않고 달리 정

7　George Berkeley, *Principles of Hume Knowledge* (1710), Paragraph 23.

의할 수 있는 적극적인 어떤 방법이 있는지는 두고 볼 일이다. 그러나 논리적 장애물이 제거된다면 새로운 정의를 모색할 수 있을 것이다.

4. 우리가—옳건 그르건—물리적 대상이 정신과 무관하게 존재한다고 생각한다면 약한 관념주의를 다시 고려해 보아야 할 것 같다. 약한 관념주의는 대상이 정신과 무관하게 존재할 수도 있지만, 대상이 관찰되지 않은 상태로 존재하는 것을 관찰할 수 없기 때문에 대상이 정신과 무관하게 존재한다고 믿을 근거가 전혀 없다고 주장한다. 그러나 이제는 이 주장마저도 옳은지 검토해 보아야 하겠다. 일상생활에서 우리는 물리적 대상이 관찰되지 않은 상태로 존재한다는 것을 서슴없이 믿는다. 내가 욕실의 욕조에 수도를 틀어 놓고 곧바로 나갔다가 나중에 들어가 보니 욕조에 물이 가득 차 있다면, 내가 없는 동안에도 욕조로 계속 물이 흘러내렸다고 생각한다. 그렇지 않고서는 욕조에 물이 채워진 것 등의 사실을 달리 설명할 도리가 없다고 믿기 때문이다. 하지만 관념주의자(약한 관념주의자)는 수도에서 물이 계속 흘러내렸다는 것을 증명할 방법이 없다고 주장한다. 지각되지 않은 상태로 존재하는 것을 지각할 수 없고, 우리가 수집할 수 있는 모든 증거 자료가 관찰된 것에 관한 것뿐이라면, 관찰되지 않은 것에 관해서는 결코 증거에 입각하여 논증할 수 없다. 따라서 물리적 대상이 관찰되지 않은 상태로 존재한다는 견해는 설령 자체 모순이 아니라고 하더라도 전혀 증거가 없는 견해이다.

이 주장은 과연 옳을까? **정말** 아무런 증거도 없을까? 내가 혼자 주방에 있다가 잠시 눈을 감았다면, 내가 눈을 감은 그 순간에는 식탁이 없었다고 해야만 할까? 만일 그 책상이 식탁보로 완전히 가려져 있어서 식탁보는 보이지만 식탁은 보이지 않는다면, 식탁보는 존재하지만 식탁은 존재하지 않는다고 해야 할까?

버클리에 의하면, 나의 감각-경험 계열은 **만일** 내가 없는 동안에도 욕조와 물이 존재했다면 나타날 수 있었던 바로 그것인데, 그 시간 동안 아무런 욕조 경험도 없었기 때문에 나의 감각-경험 계열이 없었다는 것은 당연하다(신의 감각-경험 계열은 예외다. 신은 자신 이외에 지각하는 사람이 전혀 없을지라도 그 욕조를 지각함으로써 욕조가 항상 존재하도록 하는 임무를 수행한다). 하지만 내가 없는 동안에도 욕조와 물과 식탁이 정말 존재**했다**고 말할 수 있다면, 무엇 때문에 그렇게 에둘러 말하는가?

글쎄, 그렇게 **말할** 수는 있지만, 무슨 **증거**를 제시할 수 있을까? 우리는 물리적 대상이 지각되지 않은 상태로 존재하는 것을 지각할 수 없으며, 물리적 대상이 지각될 때 존재한다는 것을 전제로 하여 물리적 대상이 지각되지 않을 때에도 존재한다는 것을 연역할 수도 없다.

일상생활에서 우리는 **관찰**에 의한 지식뿐만 아니라 **추리**에 의한 지식도 주장한다. 진흙에서 곰 발자국을 보면 곰을 보지 못했을지라도 곰이 그곳을 지나갔다고 추리한다. 아침에 일어나 보니 정원이 젖어 있다면, 지난 밤에 비가 내렸다고 추리한다. 마찬가지로 관찰되지 않은 상태로 존재하는 물리적 대상이 추리된 것이라고 말하면 왜 안 되는가? 우리가 밖에 나가 있던 몇 분 동안 욕조가 채워지는 것을 **보지** 못했지만 그 사이에 물이 채워졌다고 **추리**하는데, 우리의 추리가 정당하지 못한가? 그 몇 분 동안에도 욕조가 존재했고 그 사이에 물이 욕조에 계속 흘러들었다고 말하는 것이야말로 우리가 돌아왔을 때 왜 욕조에 물이 가득 차 있는가에 대한 **최선의 설명**이다. 이 상황을 달리 어떻게 설명할 수 있겠는가?

타인의 정신이 존재한다고 주장하는 경우도 마찬가지이다. 예컨대 내가 당신에게 "앞으로 2주 사이에 4일 동안 마사틀란에 다녀왔으면 하는데 어떻게 할 텐가?"라는 질문을 하자, 당신이 잠시 생각하더니 (또는 이맛살을 찌푸리면서 생각하는 척하더니) "다음 주에 중요한 다른 계획이 있기 때문에 만 달러를 주지 않으면 가지 않겠다"고 대답한다. 나의 질문에 당신이 이렇게 대답하는 것에 대한 최선의 설명은 당신도 나와 마찬가지로 하나의 정신이기에(또는 정신을 가지고 있기에), 생각하고, 숙고하고, 선택하고, 자신의 선택에 대한 이유를 제시한다는 것이다. 당신의 입에서 나오는 우리말 문장을 듣고서 그것을 달리 어떻게 설명할 수 있겠는가?

버클리는 오로지 **직접** 증거만 받아들일 것 같다. 이를테면 나무를 보고 만지는 것이 직접 증거, 즉 감각 증거이다. 그러나 어떤 사람은 나무의 그림자만 보는 것과 같은 **간접** 증거에 무슨 문제가 있느냐고 물을 수도 있다. 우리는 (식탁보를 들어 올리면 식탁을 볼 수 있을지라도) 식탁보로 덮여 있는 식탁을 관찰하지는 못하지만, 식탁이 여전히 있다고 추리한다. 식탁이 없으면 식탁보를 어떻게 덮을 수 있겠는가? 식탁 밑에서 잠자고 있는 고양이의 일부분이 식탁의 다리에 가려서 보이지 않을 경우, 우리가 보고 있는 그 부분만 있는 것이 아니라 온전한 형태의 고양이가 있다고 말하면 안 되는가? 우리는 눈에 보이는 부분을 근거로 하여 온전한 형태의 고양이가 있다고 **추리**하는데 그것 역시 정당한 추리이지 않은가? 우리는 생시에 날마다 거의 모든 순간 간접 증거를 사용한다. 도대체 간접 증거에 무슨 문제가 있기에 받아들일 수 없다는 것일까?

버클리는 우리의 지식이 우리 자신의 감각-경험에 한정되어 있어서 식탁의 다리에 가려진 고양이의 일부분에 대해서는 어떤 감각-경험도 갖지 못한다는 것을 간접 증거의 문제점이라고 했다. 그런데 이 생각은 결국 우리의 지식이 우리의 경험에 한정되어 있다는 버클리의 근본 전제(fundamental premise)가 되었다. 우리는 이 근본 전제를 좀 더 이해할 필요가 있는데, 앞으로 살펴보게 될 견해들은 버클리의 근본 전제를 다른 방식으로 다룬다. 이제 그와 같은 견해, 즉 **현상주의**(phenomenalism)라는 이론을 검토해 보자.

3. 현상주의

관념주의의 모든 특징들 가운데 "존재하는 것은 지각되는 것이다"라는 것만큼 조소와 불신의 대상이 되기 쉬운 것도 없다. 물리적 세계가 지각되지 않은 상태로 존재한다는 것은 우리 대부분이 깊이 간직하는 신념들 가운데 하나일 뿐만 아니라 우리가 완전히 정당하다고 여기는 신념이다 — 그렇게 믿는 것은 (어법상 모순일 수 있는) 물리적 세계가 지각되지 않은 상태로 존재하는 것을 지각하기 때문이 아니라, 물리적 세계가 누군가의 지각에 의존하여 존재한다고 믿을 만한 증거를 전혀 밝힐 수 없기 때문이다. 우리가 목욕탕에 있든 없든 욕조에는 물이 채워진다. 집주인이 여러 해 집을 비우고 나가 있어도 집은 여전히 그곳에 있다. 사람들이 죽어도 별들과 지구는 여전히 그대로 있으며, 당신과 내가 더 이상 이 세상에 없어도 우리는 별들과 지구가 계속 존재할 것이리고 믿을 온갖 근거를 갖는다.

그와 동시에 — 로크와 버클리가 주장했듯이 — 우리가 익히 아는 것은 오직 자신의 관념뿐이라는 말도 그럴듯해 보인다. 외부 세계에 무엇이 존재하든 우리는 오직 자신의 경험을 통해서만 알 수 있으며, 우리가 실제로 알 수 있는 것은 이런 경험 내용뿐이지 않은가?

현상주의라고 일컬어지는 이론은 이 두 가지 요소, 즉 물리적 세계가 지각되지 않은 상태로도 존재한다는 것과 오직 자신의 경험을 통해서만 물리적 세계를 알 수 있다는 것을 통합하려고 한다. 현상주의는 "존재하는 것은 지각되는 것이다"라고 주장하지 않고, "존재하는 것은 지각할 **수** 있는(perceivable) 것이다"라고 주장한다. 식탁은 내가 보고 있을 때 존재하는 것은 물론이고, 내가 보고 있지 않을 때에도 —식탁이 옆방에 있을 때에도— 존재한다. 왜냐하면 내가 직접 옆방에 가면 식탁이 그곳에 있기 때문이다. 나는 바로 그 지각 상황(건물 모퉁이를 돌아가 보거나 옆방으로 가 보는 것)이 되기만 하면 언제든 식탁에 대한 감각-경험을 **입수할 수** 있다. 어떤 나무를 베어서 불태웠다면 그 나무는 더 이상 존재하지 않을 것이고 더 이상 지각할 수 없다. 그러나 그 나무가 여전히 그곳에 있는데 내가 마침 건물의 반대쪽에 있어서 그 나무가 그대로 있는지 의심한다면, 나는 건물의 반대쪽으로 가서 그 나무를 직접 볼 수 있다. 존 스튜어트 밀(John Stuart Mill)은 물질을 **"언제든 감각할 수 있는 것"**이라고 했다.

그러나 내가 물리적 대상이 존재한다고 주장한다면 나는 **이 주장을 시험할** 수 있어야 한다. 말하자면 물리적 대상을 지각할 수 없는 경우에는 물리적 대상을 지각할 **수** 있는 조건을 구체화할 수 있어야 한다. 나의 책상 서랍에 시계가 있다고 말하고 나서 책상 서랍을 열어 보니 텅 비어 있다면 나는 내 말이 잘못이었음을 인정해야 한다. 물론 이 경우에는 책상 서랍을 열어 보기만 하면 되겠지만, 모든 지각 주장을 이렇게 간단히 검사할 수 있는 것은 아니다. 바다 밑바닥에 특정한 식물상과 동물상이 있다고 주장하는 사람은 수중 촬영 사진과 같은 증거를 제시할 수 있어야 한다. 우리는 또한 인간이나 다른 지각자가 이 지구상에 생존하기 오래 전 지질 시대에 진행된 사건에 관해서 말할 수도 있는데, 이 경우에는 그 지질 시대로 되돌아가서 그 사건을 지각할 수 **없기** 때문에 이를테면 화석과 같은 **간접** 증거에 의존할 수밖에 없다. 우리는 "(내가 살지 않았던) 그 시대에 살았다면 이런저런 것을 지각할 **수** 있었을 것이다"라고 말할 근거를 가져야 하며, 그 근거를 가지고 과거의 사건을 자세히 설명해야 한다. 지질학자가 늘 하는 일이 이런 것 아닌가? 지질학자는 지금 직접 볼 수 없는 과거의 흔적을 현재 속에서 찾는다. 그러나 지질학자는 과거가 자신의 기술

내용—**만일** 그가 그 시대에 살았다면 지각할 **수** 있었던 것—과 같다고 믿을 만한 근거를 제시한다. "7천만 년 전에 지구상에 공룡이 살았다"는 진술은 어떤 지각자가 공룡을 보았다는 것이 아니라, 그 지각자가 바로 그 장소와 시간에 있었다면 공룡을 지각할 **수** 있었을 것이라는 것을 의미한다. 이런저런 사건이 아주 먼 옛날에 실제로 일어났다고 말할 때 현상주의자가 주장하는 것은 과거의 사건을 지각할 **가능성**이지 과거에 누군가 실제로 지각한 것이 아니다.

감각-자료

정확히 지난 100년 동안 지각 이론을 두고 제기된 대부분의 논쟁은 우리가 보는 것 듣는 것 등이 정확히 **무엇**인가와 관련되어 있다. 당신은 "우리가 나무나 식탁 등을 본다"고 말할 수 있다. 물론 그렇게 말할 수 있는데, 우리가 지각할 때 아는 **것**이 정확히 무엇인가—어떠한 추리 단계도 없이 우리가 **직접적으로** (매개물 없이) 아는 것이 무엇인가? 로크와 버클리는 가장 넓은 의미의 "관념"이라고 했고, 흄은 "인상"이라고 했으며, 밀은 "감각"이라고 했다. 하지만 이 용어들 모두 우리를 혼란스럽게 한다. "감각"(sensation)이라는 말마저도 **우리가 감각하는 대상**(what we sense)을 의미하는지 **우리가 대상을 감각하는 것**(our sensing of it)을 의미하는지 분명하지 않다. 당신은 자신이 어떤 감각을 했다고 말할 수는 있어도 어떤 감각을 **본다**고 말할 수는 없다. 그렇다면 당신이 보는 것은 무엇인가? 당신이 특정한 시 감각을 **가질** 때 당신이 보는 **대상**은 감각이 아니라 (나무라고 **간주**할 수 있는) 특정한 형태의 색깔과 모양이다. 환상을 경험하는 경우에도 당신은 여전히 어떤 형태의 색깔과 모양을 경험한다. 20세기의 많은 철학자는—환상을 경험하건 현실을 지각하건 상관없이—당신이 보는 대상을 일컬어 **감각-자료**(sense-data)라고 했다.

현대 철학자 무어(G. E. Moore, 1873-1958)는 잘 알려져 있는 다음과 같은 구절에서 이 점을 논한다.

내가 이 봉투를 손에 들고 바라본다. 여러분도 모두 이 봉투를 보기 바란다. 이제 봉투를 다시 내려놓는다. 방금 무슨 일이 일어났는가? (여러분도 그 봉투를 보았다면) 우리 모두 그 봉투를 **보았다**는 것, 즉 우리 모두 **동일한** 봉투를 보았다는 것은 확실하다. 나도 보았고 여러분도 보았다. 우리 모두 **동일한** 대상을 보았다. 그리고 우리 모두 보았던 **그 대상** 역시 하나의 대상인데, 우리가 그 대상을 바라보던 어느 한 순간 그 대상이 차지한 자리는 공간 전체를 이루는 수많은 곳 가운데 오직 **한 곳**이었다....

그런데 우리가 그 봉투를 볼 때 우리 각자에게 무슨 일이 일어났는가? 우선 나에게 일어난 일의 **일부**를 기술해 보겠다. 나는 일정한 크기가 있고 모서리가 약간 뾰족하고 꽤 반듯한 선으로 둘러진 모양을 가진 희끄무레한 색깔 조각을 보았다. 내가 실제로 본 것은 희끄무레한 이 색깔 조각과 그것의 크기와 모양이다. 그래서 나는 이런 것들, 즉 그 색깔이나 크기나 모양을 감각-자료라고 부르자고 제안하는 바인데, **감각-자료**란 감각 기관에 **주어지는** 것이거나 감각 기관에 드러나는 것이다 ─ 이 경우의 감각-자료는 나의 시각 기관에 주어진 것이다. 많은 철학자는 내가 감각-자료라고 부르는 이런 것을 **감각**(sensation)이라고 했다. 한 예로 그들은 조금 전에 말한 특정한 그 색깔 조각을 감각이라고 했다. 그러나 내가 보기에 "감각"이라는 말이 우리를 오도하는 경향이 있는 것 같다. 물론 우리는 누구나 자신이 그 색깔을 보았을 때 내가 어떤 감각을 **했다**고 말할 것이다. 그러나 내가 어떤 감각을 **했다**고 말하는 것은 내가 색깔을 **보는** 경험을 했다는 것을 의미하는 것으로 여겨진다. 다시 말하면, 이 구절에서 "감각"이라는 말의 의미는 내가 색깔을 **보는 것**이지 내가 본다고 말하는 그 색깔이 아니다. 그 색깔은 내가 어떤 색깔에 대해 감각을 했다고 말할 때 내가 **했다**고 말하려는 그런 것으로 보이지 않는다. 내가 그 색깔을 **했다**고, 즉 내가 희끄무레한 특정한 회색을 했다거나 그 색깔로 이루어진 색깔 조각을 했다고 말하는 것은 매우 부자연스러운 일이다. 내가 확실하게 **했던** 것은 그 색깔과 색깔 조각을 보는 경험이었다. 그러므로 우리가 감각을 **한다**고 말할 때 "감각"이라는 말이 의미하는 것은 어떤 감각-자료를 감지하는 경험이지 특정한 감각-자료 자체가 **아니**라고 생각한다. 그렇다면 "감각"이라는 말이 우리를 오도하기 쉬운 이유는 이 말이 두 가지 다른 의미로 사용될 수 있다는 데 있으므로 그 두 가지 의미를 서로 구별하는 것이 매우 중요하다고 생각한다. "감각"이라는 말은 내가 보았던 색깔에 대해서 사용될 수도 있고, 내가 색깔을 보는 경험에 대해서 사용될 수도 있다....

이제 나는 조금 전에 나에게 일어난 일의 일부분을 말로 표현할 수 있게 되었는데, 그것은 내가 어떤 감각-자료를 보았다고 말하는 것이다. 즉 나는 특정한 크기와 모양을 지닌 희끄무레한 색깔 조각을 보았다. 그리고 나는 이것이야말로 적어도 여러분 모두에게 일어난 일의 일부분이라는 것을 조금도 의심하지 않는다. 여러분도 어떤 감각-자료를 보았는데, 여러분이 보았던 감각-자료 역시 내가 보았던 감각-자료와 거의 비슷했을 것이라고 생각한다. 여러분도 희끄무레하다고 말할 수 있고, 내가 보았던 것과 크기가 거의 다르지 않으며, 적어도 모서리가 약간 뾰족하고 꽤 반듯한 선으로 둘러져 있다는 점에서 모양이 비슷한 색깔 조각을 보았다. 그러나 내가 여기서 강조하려는 것은 (일상적으로 말해서) 우리 모두 **동일한** 봉투를 보았음에도 우리들 가운데 정확히 **동일한 감각-자료**를 본 사람은 아마 없을 것이라는 점이다. 일차적으로 우리는 약간씩 다른 색조의 색깔을 보았을 가능성이 높다. 우리 모두 보았던 색깔은 희끄무레한 회색이었지만, 우리가 제각기 보았던 색깔은 종이에 빛이 어떻게 비치는가에 따라서, 종이를 바라보는 위치가 상대적으로 다름에 따라서, 그리고 여러분의 시력 차이나 여러분과 봉투 사이의 거리 차이에 따라서 아마도 조금씩이라도 달랐을 것이다. 게다가 우리 모두 정확히 동일한 감각-자료를 보지 못했다는 것은 여러분이 보았던 색깔 조각의 크기와도 관련이 있는데, 여러분의 시력 차이나 여러분과 봉투 사이의 거리 차이에 따라서 여러분이 보았던 색깔 조각의 크기가 아마도 조금씩 달라졌을 것이다. 그뿐 아니라 그것은 모양과도 관련이 있어서 앞쪽에서 본 사람에게는 직사각형에 가까운 모양으로 보였겠지만, 측면에서 본 사람에게는 기울어진 평행사변형으로 보였을 것이다....

이 모든 것을 감안할 때, 우리 모두 동일한 봉투를 **보았다고 해도** 우리가 보았던 그 봉투가 우리가 보았던 그 감각-자료와 **동일하지** 않다는 것은 아주 분명한 것 같다. 다시 말하면 그 봉투는 우리가 제각기 보았던 감각-자료 집단과 정확히 동일한 것일 수 없다. 왜냐하면 한 사람이 경험한 감각-자료 집단은 나머지 모든 사람이 경험한 감각 자료 집단과 조금씩 다를 것이기 때문이다. 따라서 우리 제각기 경험한 감각-자료 집단은 **어느 것이든** 그 봉투와 정확히 동일한 것일 수 없다.[8]

당신과 내가 어떤 봉투를 함께 본다고 하자. 그러나 우리의 시야에 나타나는 것은 어느 정도 다르다. 당신이 나와 약간 다른 각도에서 그 봉투를 보거나 내가 당신

---

8   George E. Moore, *Some Main Problems of Philosophy* (London: Allen & Unwin, 1952), pp. 30-33.

보다 그 봉투에서 더 멀리 떨어져 있어서 나에게 조금 더 작게 보인다. 따라서 우리
둘 다 동일한 봉투를 보고 있을지라도 우리는 어느 정도 다른 감각-자료를 경험한
다. 나의 위치가 바뀌거나 보는 각도가 달라지거나 조명이 달라지면, 나는 방금 감
각했던 감각-자료와 어느 정도 다른 감각-자료를 본다. 내가 보는 봉투가 직전에
보았던 봉투와 약간 다르게 보인다는 말 이외에 달리 **기술**할 방법이 없다. 그럼에
도 내가 보는 **대상** ─ 봉투가 아니라 감각-자료 ─ 은 방금 보았던 것과 어느 정도
다르다.

현상주의자에 의하면, 나는 내가 특정한 감각-자료를 감각한다는 것을 의심할
수 없다. 이것은 의심의 여지가 없는 사실이다. 그러나 나는 내가 진짜 물리적 대상
을 지각하고 있는지 의심할 **수** 있다. 예를 들어 나는 내 앞에 토마토가 없어도 불그
스레하고 둥그스름한 감각-자료를 감각할 수 있다.

내가 토마토를 보면서도 그것에 대해 의심할 수 있는 것은 많이 있다. 나는 내가 보는 것
이 과연 토마토인지 아닌지, 이를테면 감쪽같이 색칠한 밀랍덩이는 아닌지 의심할 수 있
다. 나는 물체가 정말 그곳에 있기는 있는지 의심할 수도 있다. 내가 토마토라고 생각하는
것이 사실은 거울에 비친 것인지도 모른다. 내가 혹시 어떤 환상에 빠졌는지도 모른다. 그
러나 내가 의심할 수 없는 한 가지 사실이 있다. 그것은 내 시야 속의 일정한 장소에서 배
후의 다른 색깔-조각들보다 뚜렷이 드러나면서 둥글고 약간 불룩한 모양의 빨간 조각이
있다는 것이며, 이 색깔 장면 전체가 나의 의식에 직접 나타난다는 것이다. 빨간 조각이
실제로 무엇인지, 즉 그것이 물질인지 물질의 상태인지 사건인지, 또는 물리적인 것인지
심리적인 것인지, 아니면 어느 쪽도 아닌지에 대해서는 의심의 여지가 있다. 또 그 어떤
것이 나의 의식에 지각되기 이전과 이후에 잠깐 동안이라도 존속하는지 않는지, 다른 사
람도 나와 마찬가지로 빨간 조각을 의식할 수 있는지 없는지는 의심의 여지가 있다. 그러
나 그 색깔이 지금 **존재한다**는 것, 그리고 **내가** 그 색깔을 의식한다는 것을 적어도 그것을
의식하는 나는 결코 의심할 수 없다. 그래서 그 색깔 장면이 나의 의식에 "직접" 나타난다
는 말은 나의 의식이 추리나 다른 어떤 지적 과정을 거치지 않는다는 것을 의미한다.[9]

---

9   H. H. Price, *Perception*, (London : Methuen, 1933), p. 3.

물리적 대상은 그와 대조적으로 추리 ─ 감각-자료에 근거한 추리 ─ 에 의해 파악된다. 그러나 도대체 물질적인 것에 대한 지식이 왜 추리에 의존해야 하는지 의아해할 할 수도 있다. 나는 어느 경우나 마찬가지로 추리를 거치지 않고 직접 토마토를 의식하지 않는가? "나는 이러이러한 감각-자료를 직접 의식한다. 그러므로 저기에 있는 것은 토마토이다."라고 마음속으로 추리하지 않는다. 그것은 심리적 의미의 추리가 아니라 논리적 의미의 추리이다. 말하자면 일정한 감각-자료 경험을 근거로 삼아 물리적 대상에 관해 주장하게 된다. 추리의 근거는 확실한데 추리의 결론은 확실하지 않다. 우리가 어떤 경험을 한다는 것은 의심할 수 없지만, 물리적 대상이 있다는 것은 분명히 의심할 수 있다.

당신이 불그스레하고 둥그스름하며 볼록한 것을 감각할 경우 당신은 잘못 감각할 수 없다. 당신은 직접적인 (여과되지 않은, 매개물이 없는) 경험을 보고하기 때문이다. 그 경험이 갑자기 중단된다고 해도 당신은 그 순간의 감각-경험을 보고할 뿐이다. 그러나 저쪽에 진짜 식탁이 있다는 말은 일종의 예측 ─ 고개를 돌리거나 눈을 감지 않는 한 식탁이 시야에서 갑자기 사라지지 않을 것이라는 것, 식탁이 갑자기 양배추나 코끼리로 변하지 않을 것이라는 것 ─ 을 내포한다. 따라서 감각-경험을 계속 해 나가다 보면, 저쪽에 있는 것이 진짜 식탁인지에 관한 생각이 바뀔 수도 있는데(그것은 진짜 식탁이 아니라 교묘하게 꾸며진 착시 현상이었다), 어떤 물리적 대상에 속한다고 생각하는(또는 잘못 생각하는) 감각-경험을 그 순간에 경험했는지에 관한 생각은 바뀔 수 없다.

현상주의에 따르면, 감각-자료는 경험적 지식의 바로 그 토대가 된다. 누군가가 "당신이 나무를 본다는 증거가 무엇인가?"라고 물으면, 당신은 "내가 이러이러한 종류의 감각-경험을 했으니까"라고 말할 수 있다. 그러나 "당신이 지금 이러이러한 감각-경험을 했다는 증거가 무엇인가?"라고 물으면, 당신은 "그냥 내가 이러이러한 감각-경험을 했다는 것뿐 아무것두 없다"라고 말하는 것 말고 도대체 무슨 말을 할 수 있겠는가? 이쯤 되면 우리는 인식론적 사다리의 밑바닥에 도달하지 않았을까? 그 위쪽에 있는 지식의 사다리는 모두 이것에 의존해 있지 않을까?

4. 토대에 대한 반박

하지만 많은 철학자들은 감각-자료가 경험적 지식의 토대일 수 있다는 것을 의심했으며, 심지어는 토대라는 것이 정말 있기나 한지 의심했다.

1. **감지하기**. 물질적인 것은 어떤 성질을 가진 것으로 보이는데도 사실은 갖지 않은 경우가 종종 있다. 그러나 감각-자료 언어는 사물의 상태가 어떤지가 아니라 사물이 어떻게 보이는지 알려 주려는 것이다. 사물이 어떤 성질을 가진 것으로 보이든지 간에 그것은 감각-자료가 가진 성질이다. 따라서 감각-자료가 가진 것으로 보이지 않는 성질을 감각-자료가 가졌는지 묻는 것은 그 자체가 무의미하다. 푸른 숲이 멀리서 파르스름한 회색으로 보인다면, 우리가 멀리서 그 숲을 볼 때 경험하는 감각-자료는 파르스름한 회색**이다**.

당신이 장미 정원을 지나가는데 장미 색깔을 대부분 감지하지(notice) 못한다고 해 보자. 어떤 장미에 특별히 주의를 기울이지 않았기에 기억에 남는 것은 약간 밝은 색깔 반점들뿐이다. 그렇지만 감각-자료는 당신이 의식하는 것이므로 당신이 특정한 어떤 색깔을 의식하지 못했다면, 그 감각-자료가 일정한 어떤 색깔을 전혀 **갖지** 않았다고 말해야 하지 않을까? 하지만 어떻게 그럴 수 있는가? 당신은 장미의 색깔을 낱낱이 확인할 **수** 있었는데도 그것을 감지하지 못했을 뿐이다. "당신은 그것이 흑장미라는 것을 감지하지 못했는가?" "아니다, 나는 그 장미의 색깔이 짙은 색깔이라는 것을 감지했을 따름이다." 그렇다면 이제 당신의 감각-자료를 어떻게 기술하겠는가—짙은 색깔이기는 하지만 짙은 파란색이나 짙은 빨간색 또는 특정한 어떤 짙은 색깔은 아니라고 하겠는가? 과연 그럴 수 있는가?

우리는 수의 경우에도 비슷한 문제에 부딪친다. 암탉의 털에 일정한 수의 반점이 있는데도 당신은 그 반점이 얼마나 많은지 감지하지 못했다—당신은 그 반점의 수를 세지 못했다. 암탉이 얼마나 많은 반점을 가진 것으로 **보이는가**? 물론 수없이 많아 보인다. 얼마나 많은지 말할 수 없다. 하지만 그 반점들이 '명확한 수'로 표현되지 않는 '다수로 보이는 반점들'일 수 있는가? 한 무리를 이룬 개체들의 수효가 '명확한 수가 아닌 수'일 수 있을까? 이런 일은 물체들 집단에 관해서는 있을 수 없다. 그렇다면 감각-자료 집단의 경우에는 어떤가?

당신이 레오시 야나체크(Leoš Janáček)의 음악을 처음으로 듣는다고 해 보자. 처음에는 엄청나게 혼란스러운 불협화음으로 들린다. 그러나 몇 차례 들어서 음조와 선율을 어느 정도 감지하게 되었는데(그리고 기억하게 되었는데), 그와 똑같은 소리(매번 똑같이 녹음된 것을 들었다고 하자)가 잠시 후에 완전히 새롭게 들린다. 당신이 지금 듣는 것은 일종의 계시와 같고, 온통 혼란스럽게만 들리던 때를 상상할 수도 없다. 당신의 귀에 들리는 소리는 똑같았다―하지만 청각에 의한 감각-자료는 어떤 특성을 가졌는가? 그 특성을 묘사할 수 있을까?

검안사가 당신의 시력을 검사한다고 해 보자. 시력검사표에 있는 몇몇 글자가 흐릿하게 보인다. 검안사가 "이것이 E인가 F인가?"라고 묻는다. 검안사는 그 글자가 어떤 글자**인지** 아주 잘 안다―시력검사표가 여러 해 그 벽에 붙어 있었다. 그는 그 글자가 당신에게 어떻게 **보이는지** 알고자 한다. 그런데 당신은 E가 더 흐릿하게 보이는지 F가 더 흐릿하게 보이는지 알지 못한다. 당신은 말할 수 없다. 이때 매우 주의 깊게 감지하려고 하지만, 당신은 그 글자가 어떤 글자**인지**가 아니라 그 글자가 당신에게 어떻게 **보이는지** 여전히 확신할 수 없다.

당신은 "그것이 어떻게 보이는지 알지만, 나에게 보이는 그것을 어떻게 **묘사**할지 모르겠다"고 말할 수도 있다. 그러나 이것은 경험을 기술하기 위해 사용하는 언어와 관련하여 경험에 관한 근본적인 철학적 문제를 야기한다.

2. **감각-경험과 확실성.** "물리적 세계에 관한 진술은 오류를 범하기 쉽다. 사물은 보이는 것과 다를 수 있기 때문이다. 그러나 당신 자신의 감각-경험에 관한 진술은 확실하다." 현상주의는 주로 확실성을 추구하려는 욕구에서 비롯된다. 그러나 그 같은 확실성은 성취될 수 없을 것 같다. 우리는 내내 무지개를 쫓고 있었는지도 모른다.

당신의 직접 경험에 대한 당신의 보고가 잘못될 수 있는가? 물론 잘못될 수 있다. (1) 당신이 경험하는 것을 다른 사람에게 거짓으로 보고할 수 있다 (2) 당신이 말하려는 것과 말하는 것이 다를 수 있다―당신이 "말을 잘못할" 수도 있다. 하지만 가장 중요한 것은 (3) 당신이 경험하는 것을 **잘못 기술할**(misdescribe) 수 있다는 점이다. 게다가 당신이 그토록 확신하는 직접 경험의 경우에도 무언가 잘못 기술할 수 있다.

흰 벽에 있는 녹색 사각형을 계속 바라보다가 눈을 감으면 당신은 사각형 모양의 불그스름한 잔상을 가질 수 있다. 그 후에 누군가가 "그것이 확실히 빨간색이었는 가? 혹시 자홍색은 아니었는가?"라고 당신에게 말한다고 해 보자. 머뭇거리며 잠시 생각하더니 "맞아, 그 잔상은 자홍색이었어."라고 말한다. 물론 이 경우에는 물리적 대상이 아예 없었기 때문에 물리적 대상의 색깔에 관해서 잘못 말할 수는 없었다. 하지만 감각-자료 역시 다른 것과 마찬가지로 잘못 기술될 수 있다.

"그러나 그것은 기억 탓일 수도 있다. 당신은 그것이 당시에 어떻게 보였는지 전혀 기억하지 못한다." 혹시 그럴지도 모르겠다. 하지만 지금 일어나는 경험은 어떤 가? 현기증을 느끼자 당신 눈앞에 빨간 점들이 보인다. 당신은 그 점들을 빨갛다고 말함으로써 그것들을 잘못 기술할 수는 없을까? 그것들을 지금 보고 있기 때문에 기억상의 잘못은 없다―그래도 여전히 잘못 기술하는 오류를 범할 수는 있지 않을 까? ("그 점들이 나에게 빨갛게 **보이지만** 실제로는 빨갛지 않을 수도 있다"라고 말 하면 안 된다. 존재와 현상의 차이는 물리적 사물에 있는 것이지 물리적 사물이 보 이는 방식에 있는 것이 아니다. **현상**은 한 가지 방식으로 나타남과 동시에 다른 방 식으로 **나타날** 수 없다.)

당신이 그 점을 빨갛다고 말할 때 지금 이 순간의 경험을 기술하고 있을 뿐 빨간 대상들을 기술하고 있는 것이 아니라 할지라도, 당신은 그 점을 기술할 때 이미 그 순간의 경험을 **벗어난다**. "빨갛다"는 말은 당신의 지금 이 경험뿐만 아니라 다른 수 많은 경험―당신의 경험과 다른 사람들의 경험―을 기술한다. 이 말을 사용함으로 써 당신은 지금 경험하는 것을 과거에 경험**했던** 것과 연결시킨다. 그 점이 빨갛다고 말할 때 당신은 이 경험이 이전에 했던 다른 경험들과 **비슷하다고**, 즉 똑같은 말 ("빨갛다")을 사용할 수 있을 정도로 아주 비슷하다고 주장하는 것이다. 이 같은 주 장을 하면서 과연 오류를 범하지 않을 **수** 있을까?

기술어(descriptive term)는 고유명사가 아니다. 고유명사는 기술하지 않는다. 고유명사는 "저 사람이 프랭클린 루스벨트이다"처럼 하나의 개체(사람이나 사물) 를 **지칭**할 뿐이다. 그러나 기술어는 서로 비슷한 관계를 가진 많은 것들에 사용된 다. 어떤 것을 **기술**하는 것은 **그것과 비슷한 것**을 주장하는 것인데, 이 색깔 경험은 다른 수많은 경험들과 비슷하다. 따라서 이 색깔 경험을 말할 때―그 경험에 대한 기술어를 사용할 때—우리는 항상 그 순간의 자료를 **벗어난다**. 당신은 물론 당신이 감각하는 것을 감각한다—이것은 항진진술이다. 하지만 당신이 감각하는 것을 빨갛다고 기술하려면 당신은 "스스로 위험을 감수해야" 한다—그것은 이 경험과 다른 경험들을 하나로 묶는 것이며, 동일한 명칭을 붙일 정도로 이 경험이 다른 경험들과 **아주 비슷하다**고 주장하는 것이다. 이 같은 주장을 하면서 가끔이나마 오류를 범할 **수도** 있지 않겠는가?

따라서 물리적 대상의 특징을 보고하는 일이 잘못될 수 있는 것과 마찬가지로 직접 경험을 보고하는 일 역시 잘못될 가능성을 안고 있다—감각-자료의 경우에는 감각-자료를 보고하는 일이 많지 않기 때문에 잘못될 가능성이 더 적다고 할 수 있지만, 일반적 낱말을 사용하여 구체적 경험을 기술한다는 점에서는 물리적 대상의 경우와 똑같은 위험에 직면한다.

요컨대 경험적 지식의 토대가 되는 진술들(현상주의자에 의해 경험적 지식의 토대로 간주되는 감각-자료 진술들)이 한 가지만 있는 것 같지는 않다. 우리는 이런 식으로 말하기도 한다. "나는 우리 집 고양이가 현관에 앉아 있다는 것을 감지했지만, 고양이의 색깔은 감지하지 못했다. 그렇지만 나는 그 고양이가 검은색이므로 나에게 검게 **보였으리라고** 생각한다. 그 고양이가 다른 색깔로 보였다면 내가 그 색깔을 감지했을 것이기 때문이다." 이 경우에는 사물이 어떻게 **보이는가**에 관한 진술이 사물의 상태에 관한 진술에서 추리되었다. 당신이 고속도로를 주행하고 있었으나 도로변의 식물이 어떤 색깔로 보였는지 기억하지 못한다면, 나는 "그 도로변에는 언제나 채송화가 심어져 있는데 다른 식물들과 달리 회색빛을 띠고 있기 때문에 그 식물은 당연히 회색빛으로 보였을 것이다"라고 말할 수도 있다. **모든** 진술은 잇따른 경험에 비추어 수정되기 마련인데, 주어진 순간에 어떤 것이 우리에게 어떻게 보이는가에 관한 진술도 마찬가지이다.

주어진 깃

해석이나 분류 이전에 우리의 감각 기관에 직접 나타나는(또는 "나타난") 것을 일컬어 "주어진 것"(the given)이라고 한다. 우리는 고개를 돌리거나 눈을 감음으로써 우리가 보는 것을 바꿀 수 있지만 일단 눈을 뜨고 있는 한 우리가 보는 것을 멈출 수 없다. 그러나 우리가 보는 것을 말로 보고하기 위해서는 우리가 보는 것을 어떤 부류—빨갛다, 둥글다, 달콤하다 등등—로 **분류**해야만 한다. 그런데 일단 분류를 하게 되면 우리는 조금 전에 거론했던 오해의 가능성을 모두 떠안게 된다.

게다가 우리는 눈앞에 있는 자료들을 우리의 문화적 배경과 관심에 따라 다른 방식으로 분류하기도 한다. 서양의 인공물을 처음 보는 원시 부족은 괴상하게-보이는 이 물체를 자동차로 분류하지 않을 것이며, 그 같은 개념을 아예 갖고 있지도 않을 것이다. 그가 색맹인 것도 아니고 그의 감각 기관이 우리의 것과 다른 것도 아닌데, 그는 자신의 감각-자료를 다른 방식으로 해석하려고 할 것이다. 마찬가지로 어린 아이는 내 호주머니에 있는 이 물건을 펜이라고, 즉 글씨를 쓰는 것이라고 생각하지 않고, 매끈하고 반짝이는 깨물기 좋은 것이라고 생각할 수 있다. 색깔 스펙트럼처럼 외관상 선명하고 분명한 것도 서로 다른 문화에서 다양한 방식으로 "분할"되었다. 클래런스 I. 루이스(Clarence I. Lewis)는 다음과 같이 주장했다.

우리의 인지적 경험에는 두 가지 요소가 있는데, 하나는 정신에 나타나거나 정신에 주어지는 감각-자료와 같은 직접 자료이고, 다른 하나는 사고 활동을 나타내는 형식이나 구조나 해석이다....정신에 아무런 자료도 주어지지 않으면 지식은 완전히 공허하고 자의적일 수밖에 없으며, 어떤 것에 관해 확실하게 옳은 것이 있을 수 없다. 그리고 정신이 아무런 해석도 내리지 않는다면, 사고할 필요가 없게 되고, 오류 가능성에 대해서도 설명할 수 없게 된다.[10]

그렇다면 주어진 것은 의심의 여지없이 확실하지 않은가? 주어진 것은 그것이 해석되고 분류되기 전에는 확실하지 않은가? 적어도 이 단계에서는—확실하거나 불확실한 것은 주장, 진술, **명제**라는 것을 유념하기까지는—그것이 확실하다고 말하고 싶을 수도 있다. 명제는 개념을 포함하고, 개념은 분류를 포함하며, 이것들은 다시 오류 가능성을 포함한다. 우리가 주어진 것을 전혀 해석하지 않은 상태에서 시작할 수 있다고 할지라도, "주어진 것에서 시작하는 것" 그것만으로는 지식이 아니

10   Clarence I. Lewis, *Mind and the World Order* (New York: Scribners, 1929) p. 38.

다. 그것은 **익숙한 것**(acquaintance)일 뿐이다. 우리가 원한다면 그것을 "익숙지"라고 할 수 있으나, 그것은 어떤 것이 옳다거나 옳지 않다는 **사실**을 알려 주지 않는다. 어떤 것을 안다는 주장은 반드시 그 주장이 잘못될 가능성을 포함한다.

감각-자료에 대한 반박

여기에 흰 종이가 한 장 있다. 당신은 파란 색안경을 썼고, 나는 빨간 색안경을 썼다. 그래서 당신이 보는 것은 파란색 종이이고, 내가 보는 것은 빨간색 종이이다.

그렇지 않다. 우리가 보는 것은 흰색**인데** 푸르거나 빨갛게 **보일** 따름이다. 그 상황에서 **존재하는** 것은 오직 한 장의 흰 종이뿐이다. 그 나머지는 흰 종이 조각이 당신이나 나에게 **보이는** 방식에 지나지 않는다. 빨간 것이나 푸른 것은 그 흰 종이에 존재하지 않는다. 그래서 "출현론"(theory of appearing)이 제기된다.

동전은 둥근데도 여러 각도에서 보면 타원형으로 보인다. 감각-자료 이론가에 의하면, 내가 즉각 의식하는 것은 타원형의 감각-자료이다. 우리 모두가 보고 있는 것은 여러 각도에서 타원형의 모습으로 나타나는 둥근 동전이라고 말하면 어떨까? 그렇게 말하는 것이 상식적이지 않을까?

> 감각-지각을 할 때 **대상 자체**가 우리에게 나타난다....내가 둥근 동전을 타원형으로 볼 때 나는 타원형의 어떤 대체물을 보는 것이 아니라 둥근 표면의 동전을 본다. 이 둥근 표면이 나에게 타원형으로 나타난다는 것이 사실이지만, 그렇다고 해서 내가 둥근 표면을 직접 의식하지 못한다는 것이 증명되는 것은 아니다.[11]

이것은 **직접 실재론**(direct realism)에 해당하는 이론이다. 말하자면 나는 물리적 대상을 직접 의식하기 때문에 나와 대상 "사이에" 감각-자료와 같은 매개물을 필요로 하지 않는다. 대상과 나 자신만으로 충분하다. 대상을 지각하는 방식은 분명히 **관찰 조건**에 의존한다. 사물은 멀리서 보면 더 작게 보이고, 동선은 어떤 각도에서

---

11 Winston H. F. Barnes, "The Myth of Sense-data," *Proceedings of the Aristotelian Society*, vol. 45 (1944-1945): p. 112.

타원형으로 보이며, 흰 종이는 푸른 색안경을 쓰고 보면 푸르게 보인다. 그렇지만 우리가 보는 것은 여전히 물리적인 것이다. 사물이 우리에게 나타나는 방식 역시 **유기체의 본성**에 따라 달라진다. 물체는 대부분의 동물들에게 천연색이 아닌 흑백으로만 나타난다. 시각 장애인은 아무것도 볼 수 없고, 청각 장애인은 들을 수 없다. 어떤 약을 복용하면 온통 노랗게 보이는 등 다양한 방식으로 보인다. 그러나 당신과 나에게 아무리 다르게 보일지라도 우리가 보는 것은 여전히 물리적 대상 바로 그것이다.

다음 논증을 살펴보자.

1   나는 동전을 본다.
2   동전은 둥글다.
3   동전이 나에게 타원형으로 나타난다.
4   그러므로 나는 타원형의 감각-자료를 본다.

A: 이것은 잘못된 논증이다. 동전이 타원형으로 나타난다고 해서 타원형인 어떤 것이 그곳에 있다는 주장이 성립하는 것은 아니다. 그 상황에서 타원형**인** 것은 없다. 이 각도에서 나에게 타원형으로 보이는 둥근 동전이 있을 뿐이다.

B: 하지만 나의 시야에 타원형인 어떤 것이 **있다**. 바로 여기 있으며, 나는 그것을 의식한다. 눈에 보이는 타원형의 어떤 것이 없으면 내가 어떻게 그것을 타원형으로 볼 수 있겠는가?

A: 그렇지 않다. 물리적 대상과 그것이 **나타나는 방식**이 있을 뿐이다. 물리적 대상이 나타나는 방식은 그 자체로서 존재하지 않는다. 물론 나타나는 방식은 다양하다. 이를테면 어떤 것이 두 배 멀리 떨어져 있어도 똑같은 크기로 보일 것이라고 예상하는가? 황혼이나 어둠 속에서도 나무가 선명한 녹색으로 보일 것이리고 예상하는가? 빨간 열기구를 볼 때 안개가 있으면 빨간색을 볼 수 없지만, 내가 보고 있는 것이 열기구라는 것을 전혀 알지 못한다고 해도 내가 보는 것은 여전히 빨간 열기구이다 — 이것은 누(gnu)가 무엇이고 누를 식별하는 방법을 몰라도 동물원에서 보는 그 동물이 누라는 것과 마찬가지이다.

B: 촛불이 둘로 겹쳐 보이면 나는 두 개의 촛불을 보는 것일까? 한 개의 촛불과 두 개의 감각-자료가 있지 않은가? 두 개의 촛불 중 어느 것이 진짜 촛불일까?

A: 두 개처럼 보이는 한 개의 촛불이 있을 뿐이다.

B: 환상의 경우는 어떤가? 동전이 없는데도 동전을 볼 때 어떤 일이 일어나는가? 지금 나타나는 것은 무엇인가?

A: 엄밀히 말하면, 현상(appearance)과 같은 것은 없다. X 씨의 모습을 볼 경우, X 씨의 모습이 친절해 보인다는 것 이외에 또 다른 것이 있는가?

B: X 씨의 경우에는 또 다른 것이 없지만, 하나의 동전이 두 개로 보일 때에는 동전 이외에 두 개로 보이는 현상이 또 있다. 그리고 동전이 없는데도 동전을 보는 경우에는 현상은 있지만 동전은 없다. 그 현상을 나타나게끔 하는 것이 아무것도 없어도 우리는 무언가를 본다. 그것이 바로 우리가 감각-자료를 도입하는 이유이다.

A: 우리는 이 문제를 다음과 같이 정리해 볼 수도 있다. 즉 **형이상학적** 질서, 즉 **존재**의 질서(실재의 존립 질서)에서 물리적 우주는 우리와 완전히 독립적으로 존재한다. 그것은 우리가 존재하기 전부터 있었으며, 우리가 세상을 떠난 뒤에도 아마 오랜 동안 존속할 것이다. 우리가 없어도 얼마든지 발생하여 끊임없이 존재할 수 있는 실재의 세계가 계속 진행해 가는 거대한 드라마 속에서 우리 인간은 하나의 부수적 에피소드에 지나지 않는다.

B: 그렇다면 나는 (인식론자들이 연구하는) **인식론적** 질서, 즉 **지식**의 질서에서 첫 번째는 우리들, 즉 이 드라마를 보는 사람들(그리고 이 드라마에 참여하는 사람들)이다. 당신이 말하는 이 거대한 드라마를 고안하고 이해할 수 있는 것은 오로지 감각 능력과 인지 능력을 지닌 생물이 존재하기 때문이다. 그리고 우리의 감각-경험과 독립적으로 존재하는 물리적 질서에 대해 관념을 갖는 것도 순전히 이런 경험들이 일정한 패턴에 따르기 때문이다. 데이비드 흄은 우리 경험의 이런 질서정연함을 "항상성"(constancy)과 "일관성"(coherence)이라고 했다.

첫째, **항상성**. 내가 움직이면서 식탁을 보지 않는 한 식탁에 대한 나의 감각-경험은 매 순간 거의 동일하며, 운동 중인 사물들은 규칙적이고 충분히 예측 가능한 방식으로 움직인다. 사물들의 모양과 색깔이 시시각각 변하거나 이리저리 마구 움직임으로써 감각–자료가 불규칙하게 들쑥날쑥해지지도 않는다.

둘째, **일관성**. 나의 시각 경험은 대체로 촉각 경험에 의해 "뒷받침된다." 당신의 경험 역시 나의 경험이나 다른 지각자의 경험과 연관되어 있다. 이를테면 당신은 내가 보는 것을 볼 수 있다. 내가 "저쪽에 식탁이 있다"고 말할 경우, 당신은 "거기에 아무것도 없다"거나 "거기에 악어가 있다"라고 말하지 않는다. 만일 이런 항상성과 일관성이 유지되지 않았고, 그래서 감각–경험이 끊임없이 스쳐가는 주마등처럼 완전히 뒤죽박죽이었다면, 우리는 영속하는 물리적 질서 **개념**을 아예 갖지도 못했을 것이다.

A: 그렇다. 감각–경험은 물리적 대상에 **접근**하게 해 준다. 하지만 감각–경험은 우리가 접근할 수 **있는** 물리적 대상이 아니다. 물리적 질서는 대상들이 서로 맞물린 거대한 네트워크인데, 그것은 전반적으로 우리가 자연 법칙이라고 말하는 아주 한결같은 방식으로 작동한다.

최근 10년 사이에 지각 문제를 다루는 책들이 숱하게 출판되었다. 그 내용을 요약하는 것만도 많은 지면을 필요로 하는데, 겨우 시작 단계에서 이미 많은 지면을 할애했다. 이제 세계를 지각하는 일에 관한 문제는 여기서 멈추고 지각된 세계에 관한 문제로 넘어가자.

연습문제

1. 나무가 있는 곳을 주시하면 나는 나무를 본다. 거울을 통해서 나무를 본다면 나는 **나무**를 보는가 아니면 나무의 **상**(image)을 보는가? 내가 보는 것이 나무의 상이라면, 유리창을 통해서 나무를 보는 경우는 어떤가? 전자 현미경을 통해서 나무의 일부분을 보거나 5마일 떨어진 곳에서 망원경을 통해서 보거나 x–ray로 보거나 컴퓨터 화면상에서 보는 경우는 어떤가?

2. 내가 데카르트의 사악한 악마에 의해서가 아니라 통속의 뇌(brain in a vat)에 의

해서 일어난 착각이 아니라고 할 수 있을까? 내가 창밖을 내다보면서 **아무것도** ─ 모양도, 색깔도, 흑백도, 정말 아무것도 ─ 보지 **않는다**는 것이 가능할까?

3. 다음 예를 통해서 환상과 착각에 대해 고찰해 보시오.

   a. 우리가 영화를 본다. 스크린에 움직이는 것이 보이는데, 사실 그것은 우리가 눈으로 볼 때 움직인다고 착각할 정도로 빠른 속도로 계속 이어지는 일련의 스틸 사진이다. 우리 가 스틸 사진을 잘못 지각하고 있기 때문에 이것을 착각이라고 해야 하는가, 아니면 우리가 전혀 움직이지 않는 것을 움직인다고 보기 때문에 환상이라고 해야 하는가?

   b. 당신은 (LSD 상태에서) 다음과 같은 경험들을 구별할 수 있겠는가? "벽이 기막히게 아름다운 일련의 무늬 ─ 돋을새김의 채색된 드론워크 무늬인데, **끊임없이 변하는** 무늬 ─로 덮이기 시작한다. 색깔이 자꾸 많아진다. 형언할 수 없는 색깔이다. 그리고 어떤 때는 ─ 평상시에는 눈으로 보지 못하는 ─ 온갖 색깔과 무늬가 **벽에** 나타나기도 한 다....8피트 떨어진 곳에서 침대에 있는 밝은 청색 잠옷을 바라보면서 나는 그 청색 잠 옷의 **가장자리에 광채**가 둘러져 있는 것을 보았다. 그 광채는 가늘게 나풀거리며 이리 저리 움직이는 후광으로 보였는데 너무나 아름다워서 나를 황홀경에 빠뜨렸다. 황금 빛 진홍색의 선명한 광채. 그 순간 나는 이 광채가 **음악**이라는 것, 내가 **소리를 본다**는 것을 이해했다."[12] "내 주변에 있는 사람들의 얼굴이 조금씩 일그러졌는데, 약간 왜소 하고 익살스럽기는 하지만 오히려 특징적인 모습을 잘 강조한 만화가의 그림처럼 보 였다."[13]

4. "실재하는 대상은 촉각-대상이다"라는 버클리의 견해를 논평하시오. 이 견해에 대한 예외를 생각할 수 있겠는가? (참고: 인간은 지구 이외의 다른 행성들을 손으 로 만져 본 적이 없다. 그런데도 우리는 왜 다른 행성들을 실재하는 물리적 대상이 라고 생각하는가? 번개나 무지개나 별의 경우는 어떤가?)

---

12   R. H. Ward, "A Drug-taker's Notes," quoted in Sir Russell Brain, *The Nature of Experience* (Oxford: Oxford University Press, 1959), pp. 12-13.

13   W. Mayer-gross, "Experimental Psychoses and Other Mental Abnormalities Produced by Drugs," *British Medical Journal*, vol. 2 (1951), p. 317.

5. 우리가 시각이나 촉각에 의한 감각−경험을 전혀 해 보지 못하고 오로지 듣는 경험과 냄새 맡는 경험만 해 보았다면, 물리적 대상이라는 개념을 형성할 수 있었을까? 당신이 종을 보거나 만져 본 적은 없고 오로지 종소리를 듣기만 했다면, 당신은 "그 소리는 종에서 나는 소리다"라거나 "그 소리는 어떤 물리적 대상에서 나는 소리다"라는 말을 할 수 있을까?

6. 다음과 같이 구별할 때 사용되는 기준은 무엇인가?

   a. 저 멀리 산꼭대기에 있는 나무는 자줏빛을 띤 회색으로 보이지만 사실은 초록색이다.

   b. 점묘파 화가의 그림 중 특정 부분이 녹색으로 보이지만 사실은 푸른 점과 노란 점의 배열이다.

   c. 빨간 색안경을 끼고 보면 커튼이 파랗게 보이지 않는데도 우리는 그 커튼이 파란색이라고 말한다.[14]

   d. 기차가 멀어지면 기적소리가 낮게 들리고 다가오면 높게 들리는데도 우리는 기적소리의 음높이가 일정하다고 말한다.[15]

   e. 아무것도 먹지 않은 상태에서 오렌지를 먹으면 어떤 종류의 미각 경험을 하게 되고, 레몬을 먹은 뒤에 오렌지를 먹으면 그와 다른 미각 경험을 하게 되며, 설탕을 먹은 뒤에 오렌지를 먹으면 또 다른 미각 경험을 하게 되는데도 우리는 오렌지가 실제로는 일정한 미각 특성을 지닌다고 말한다.[16]

   f. 내가 경험한 잔상이 경험할 당시에 노랗게 보였더라도 실제로는 빨간 것일 수 있을까?

7. 어떤 대상이 일정한 거리에서 보면 균일한 색깔 이를테면 녹색으로 보이는데도, 가까이 다가가서 보면 작은 푸른 사각형과 노란 사각형으로 이루어져 있음을 알게 된다. 이렇게 가까이 다가가서 보면 더욱 세밀하게 구분되어 세부사항까지 보이기 때문에 그렇게 보는 것이 바람직하다고 생각한다. 하지만 이중으로 보는 경우는 어떤가? 나는 두 가지를 보고, 당신은 한 가지만 본다. 내가 보는 것이 더 세밀하게 구

14   Price, *Perception*, pp. 210–213.

15   Ibid., p. 214.

16   Ibid., pp. 214–215.

분되어 보이는 것일까? 혹시 "울퉁불퉁한 유리를 통해서 볼 때 평상시에 볼 때보다 더 세밀하게 구분되어 보이는 것이 아닐까?...당신이 균질의 평탄한 대상을 볼 때 나는 복잡한 모양으로 뒤틀린 대상을 본다. 그렇다면 우리 두 사람 가운데 내가 더 잘 본다고 해야 하지 않을까? 하지만 누구나 내가 잘못 본다고 말할 것이 분명하다." 왜 그런지 설명하시오.[17]

8. 다음 내용을 되도록 정확히 진술하시오.

   a. 어떤 감각-경험이 환상인지 아닌지 아는 방법.

   b. 어떤 감각-경험이 착각이라는 것을 아는 방법.

   c. 우리가 꿈꾼다는 것(또는 꿈꾸었다는 것)을 아는 방법.

   d. 우리의 모든 경험이 하나의 거대하고 긴 꿈이 아니라는 것을 아는 방법.

9. 내가 유일한 지각자인데, 나는 어떤 건물의 상층부 절반만 본다. 그러나 내가 그 건물의 하층부 절반을 보지 않아도 하층부 절반은 틀림없이 있다. 상층부를 받쳐 주는 하층부가 없으면 어떻게 그 건물이 계속 그곳에 서 있을 수 있겠는가? 버클리는 이에 대해 어떻게 응수할까?

10. 자기가 유아론자라고 선언한 사람에게 어떻게 말하겠는가? 유아주의가 반증될 수 있다고 생각하는가?

11. 다음 각각의 견해를 방어하는 논증이나 공격하는 논증을 제시하시오.

   a. "약한" 관념주의: 관찰하는 사람이 전혀 없어도 물리적 대상은 존재한다고 하는데, 그렇다고 해도 우리는 물리적 대상이 존재한다고 믿을 근거를 가질 수 없다. 왜냐하면 어느 누구도 관찰되지 않은 상태로 존재하는 것을 관찰할 수는 없기 때문이다.

   b. "강한" 관념주의: 물리적 대상이 관찰되지 않은 상태로 존재한다는 명제는 입증 증거가 없을 뿐만 아니라 그 명제에 찬성하는—또는 반대하는—증거가 아예 있을 수 없

---

17   Ibid., p. 224. Price가 제시한 답은 pp. 224-225에 있다.

다. 그 명제가 **자체 모순**이기 때문이다.

12. 다음과 같은 것들은 꿈과 생시를 구별하는 데 도움이 될 수 있을까?

    a. 나는 경험 계열 T_2를 경험하기 직전에 침실로 걸어갔고, 졸음이 몰려왔고, 잠을 자려고 했다는 것을 기억한다. 따라서 T_2는 꿈이었음에 틀림없다.

    b. 프로이트가 보여 주었듯이, 어떤 사람의 꿈 경험은 그의 생시 경험(특히 갈등 경험)을 추리하는 데 좋은 근거가 된다. 그러나 그의 생시 경험은 그가 어떤 꿈을 꿀 것인지를 추리하는 데 아무런 근거도 되지 못한다. 따라서 우리는 어느 쪽 추리가 더 성공적인지 알아냄으로써 꿈과 생시를 구별할 수 있다.

    c. 일정한 장소에 살고 있는 사람은 모두 아주 비슷한 생시 경험(똑같은 건물을 보는 경험 등등)을 하지만, 각자의 꿈은 다른 모든 사람의 꿈과 거의 일치하는 바가 없을 것이다. 나는 다른 사람도 나와 비슷한 경험을 했는지 알아보기 위해 내 경험과 다른 사람의 경험을 대조해 봄으로써 생시 경험을 꿈 경험과 구별할 수 있다.

13. "물리적 대상이 실제로 어떤 것인지는 아무도 모른다. 우리는 물리적 대상이 우리에게 어떻게 **나타나는지**를 알 뿐이지, 물리적 대상이 실제로 어떤 **상태인지**, 즉 물리적 대상이 실제로 어떤 성질을 가졌는지 알지 못한다." 이 견해에 대해 논평하시오.

14. "말실수를 한다든가 거짓말을 하지 않는 한 감각–자료 진술은 확실하다." "하지만 순수한 감각–자료 진술은 있을 수 없다." 이 두 주장을 평가하시오. 이 주장들은 현상주의에 대한 승인 가능성 문제와 무슨 관계가 있는가?

15. 모든 물리적 대상 명제는 예측을 함축한다는 주장의 의미를 설명하시오. 무엇에 대한 예측인가? "저쪽에 탁자가 있다"는 명제에 포함된 예측의 계열은 유한한가 무한한가? 당신의 답을 정당화하시오.

16. 버클리의 신의 존재에 대한 신념이 물리적 대상이 지속적으로 있다는 신념을

만족스럽게 설명하는 것과 마찬가지로 감각–경험들의 질서에 대해서도 만족스럽게 설명하는가? 자신의 견해를 옹호하시오.

17. 제일 성질과 제이 성질을 구별하는 여섯 가지 방법이 아래에 제시되어 있다. 차례대로 하나씩 검토해 보시오. 각각의 경우에 어떤 차이점이 있으며, 차이점이 있을 경우 모양은 제일 성질이 되고 색깔은 제이 성질이 되는가?(말하자면 "제일 성질"과 "제이 성질"의 구별이 로크의 입장을 지지하는가?)

  a. 제일 성질은 지각되지 않을 때에도 세계 속에 존재하지만, 제이 성질은 그렇지 않다.

  b. 제일 성질은 둘 이상의 감각 기관에 의해 지각되지만, 제이 성질은 그렇지 않다.

  c. 제일 성질은 제이 성질의 가변성을 갖지 않는다. 예컨대 모양은 한결같이 유지되지만 색깔은 변할 수 있다.

  d. 제일 성질은 대상을 물리적으로 분석한 뒤에도 여전히 대상에 남아 있는 성질이다. (데카르트는 밀랍을 녹이면—로크가 둘 다 제일 성질이라고 한—단단함과 모양이 없어지지만, 공간상의 위치를 갖는다는 성질은 결코 없어지지 않는다고 주장했다. 따라서 데카르트는 공간적 위치를 갖는다는 성질을 물질의 유일한 "제일 성질"로 간주했다. 하지만 밀랍을 녹이면 밀랍은 모양 자체가 없어지는가, 아니면 특정한 어떤 모양만 없어지는가?)

  e. 제일 성질은 가능한 한 많은 속성을 사물에서 분리하여 제거한 뒤에도 여전히 남아 있는 성질이다(색깔이나 냄새가 없어도 여전히 대상일 수 있지만, 모양이나 크기가 없으면 대상일 수 없다).

  f. 제일 성질은 대상의 "감각할 수 없는 부분"이 지닌 성질이다. 제일 성질은 낱낱의 분자가 가진 성질이다.

18. 당신은 자신이 가졌다고 생각하지 않는 경험을 가질 수 있을까?[18]

  a. 어떤 사람이 가리개도 눈이 가려진 상태에서 시뻘겋게 달군 쇠꼬챙이로 낙인찍힐 것이

---

18   a–c는 Don Locke, *Perception and the External World* (London: Allen & Unwin, 1967), pp. 86–87에서 인용했다.

라는 말을 들었다. 얼음조각이 그의 복부 맨살에 닿자 비명을 질렀다. 그는 차갑다는 감각을 뜨겁다는 감각으로 잘못 느꼈던 것일까?

b. 나는 치통을 심하게 앓는다. 볼이 욱신거리자 또다시 치통을 앓는다고 생각한다. 치통을 앓지 않으면서도 치통을 앓는다고 생각할 수 있을까?

c. 아무것도 느끼지는 못하고 단지 무릎에 난 피를 보고 있을 뿐인데도 고통을 느낀다고 생각할 수 있을까?

19. 당신의 물리학 지식에 입각하여 다음 물음에 답하시오.

　a. 분자를 물리적인 것이라고 해야 할까?

　b. 분자는 단단한가?

　c. 분자는 꿰뚫을 수 없는가?

　d. 분자를 딱딱하거나 부드럽다고 할 수 있는가?

　e. 원자나 전자는 이런 속성들 가운데 어느 속성을 가질까?

독서안내

Aune, bruce. *Knowledge, Mind, and Nature*. New York: Random House, 1970.

Austin, John L. *Sense and Sensibilia*. London: Oxford University Press, 1962.

Ayer, Alfred J. *Foundations of Empirical Knowledge*. New York: Macmillan, 1945.

Bennett, Jonathan. *Locke, Berkeley, and Hume*. New York: Oxford University Press, 1971.

Berkeley, George. *Principles of Human Knowledge*. 1710. Many editions.

Berkeley, George. *Three Dialogues between Hylas and Philonous*. 1713. Many editions.

Bouwsma, O. K. *Philosophical Papers*. Lincoln: University of Nebraska Press, 1963.

Clark, J. Austen. *Sensory Qualities*. New York: Oxford University Press, 1993.

Dancy, Jonathan. *Berkeley*. Oxford: Blackwell, 1993.

Dancy, Jonathan. *Perceptual Knowledge*. New York: Oxford University Press, 1988.

Descartes, René. *Meditations on First Philosophy*. 1641. Many editions.

Ewing, Alfred C. *Idealism: A Critical Survey*. London: Methuen, 1936.

Hankinson, R.J. *The Sceptics*. London: Routledge, 1995.

Kelley, David. *The Evidence of the Senses*. Baton Rouge: Louisiana State University Press, 1986.

Lewis, Clarence I. *Analysis of Knowledge and Valuation*. LaSalle, IL: Open Court, 1946.

Locke, Don. *Perception and Our Knowledge of the External World*. London: Allen & Unwin, 1967.

Locke, John. *An Essay Concerning Human Understanding*. Book 2. 1689. Many editions.

McGinn, Colin. *The Subjective View*. New York: Oxford University Press, 1983.

Malcolm, Norman. *Dreaming*. London: Routledge, 1959.

Malcolm, Norman. *Thought and Knowledge*. Ithaca: Cornell University Press, 1977.

Mathal, Rimal Krishna. *Perception*. New York: Oxford University Press, 1992.

Mill, John Stuart. *An Examination of Sir William Hamilton's Philosophy*. London: Longmans Green, 1865.

Moore, George E. "A Defense of Commonsense." In Moore, *Philosophical Papers*. London: Allen & Unwin, 1959.

Moore, George E. *Some Main Problems of Philosophy*. London: Allen & Unwin, 1952.

Mundle, C.W.K. *Perception: Facts and Theories*. New York: Oxford University Press, 1971.

Price, H. H. *Perception*. London: Methuen, 1933.

Price, H. H. *Hume's Theory of the External World*. London: Oxford University Press, 1940.

Robinson, J. Howard. *Perception*. London: Routledge, 1994.

Ross, J. J. *The Appeal to the Given*. London: Allen & Unwin, 1970.

Slote, Michael. *Reason and Skepticism*. Lonndon: Allen & Unwin, 1970.

Stace, Walter T. *Theory of Knowledge and Exisistence*. Oxford: Clarendon Press, 1932.

Stroud, Barry. *The Significance of Philosophic Skepticism*. London: Oxford University Press, 1984.

Swartz, R. J., ed. *Perceiving and Knowing*. York: Anchor Books, 1965.

Westphal, Jonathan. *Color: A Philosophical Introduction*. Oxford: Blackwell, 1991.

Williams, Michael. *Groundless Belief*. New Harven: Yale University Press, 1977.

Williams, Michael. *Unnatural Doubt: Epistemological Realism and the Roots of Skepticism*. Oxford: Blackwell, 1991.

Winkler, Kenneth. *Berkeley*. London: Oxford University Press, 1989.

Yolton, John. *John Locke and the Way of Ideas*. London: Oxford University Press, 1956.

과학적 지식

세계를 관찰할 때 우리는 사건들의 진행 과정 속에서 일정한 **규칙성**(regularity)에 주목한다. 많은 것이 동일한 방식으로 반복해서 나타난다. 태양은 서쪽이 아니라 동쪽에서 뜬다. 쇠는 녹슬지만 금은 녹슬지 않는다. 닭은 알을 낳지만 개는 알을 낳지 않는다. 우리는 산타야나(George Santayana, 1863–1952)가 말한 바 있는 "끊임없이 변하는 경험 속에 가느다랗게 뻗어 있는 질서라는 붉은 광맥"을 추적하여 규칙성의 지도를 작성하려고 한다.

우리가 규칙성에 관심을 갖는 것만큼 불규칙성에 관심을 갖는다면 불규칙성을 발견하는 것은 아주 쉬운 일이다. 어떤 나무는 열매가 많이 열리고, 어떤 나무는 열매가 전혀 열리지 않는다. 어떤 계절은 비가 많이 내리고 어떤 계절은 건조하다. 어떤 개는 순하고 어떤 개는 사납다. 모든 경험이 이렇게 불규칙하면 우리는 그 다음에 어떤 일이 일어날지 알 수 없다. 과거의 경험은 미래에 대해 아무런 지침도 되지 못한다.

그러나 다행스러운 것은 어느 정도 규칙성이 나타난다는 것이다. 하지만 대부분의 규칙성은 **불변**의 규칙성이 아니다. 당신의 아들 빌리는 감기에 걸린 이웃집 아들 자니와 가까이하지 않아도 어쨌든 감기에 걸릴 수 있으며, 자니와 함께 놀아도 감기에 걸리지 않을 수 있다. 하지만 빌리가 감기에 걸린 사람과 함께 놀면 감기에 걸릴 가능성이 더 높다. 따라서 우리는 자연의 진정한 불변성, 즉 일정한 유형의 사건이 예외 없이 나타나는 조건을 찾으려고 한다. 과학의 과업은 자연의 진정한 불변성을 찾으려는 것이라고 말할 수 있다.

우리는 진정한 불변성을 발견했다고 생각하지만 더 많은 연구에 의해 진정한 불변성이 아닌 것으로 드러나는 경우가 가끔 있다. 물이 언제나 100°C에 끓는다고 확신했지만, 산꼭대기에 올라가면 비등점이 그보다 약간 낮다는 것을 발견했다. 반복해서 관찰하다가 물의 비등점은 온도나 대기 중의 습도나 하루의 시간대와 관계가 있는 것이 아니라 주변의 대기 압력과 관계가 있다는 것을 발견했다. 그런 다음 우리는 물의 비등점에 관한 불변성을 표현하는 간명한 진술을 확립할 수 있었다.

우리는 무엇 때문에 이런 규칙성 발견에 관심을 갖는가? 그것은 미래의 사건을 **예측**하는 데 관심이 있기 때문이다. 미래의 사건을 예측할 수 있다면 우리는 그 예측에 따라 행동할 수 있다. 이를테면 태양이 서쪽에 낮게 보이면 하늘이 곧 어두워질 테니 밝을 때 할 수 있는 일을 하지 못할 것이라고 예측할 수 있다. 특정한 뱀에 독이 있다는 것을 경험을 통해 알게 되면 그런 뱀을 피할 수 있다. 과학은 사물들이 작용하는 방식의 **제일성**(齊一性, uniformity)을 체계적으로 추구하는데, 제일성을 일컬어 자연 법칙이라고 한다.

1. 자연 법칙

사람들이 보통 말하는 법(law)은 국가 원수가 선포하거나 입법부가 제정한 법령(그리고 때로는 지키도록 강요하는 법령)을 의미한다. 이런 의미의 법은 **규범적**(pre-scriptive)이다. 말하자면 법의 지배를 받는 사람들이 어떻게 행동해야 하고 어떻게 행동하면 안 되는지 규정한다. 그것은 "이렇게 하라," "그렇게 하지 마라"와 같이 명령한다.

그러나 자연 법칙(natural law)은 이와 다르다. 자연 법칙은 자연의 진행 과정에 대한 규정이 아니라 **기술**(description)이다. 케플러(Johannes Kepler, 1571–1630)가 제시한 행성의 운동 법칙은 이러이러한 궤도로 돌지 않으면 벌칙을 내릴 테니 이러이러한 궤도로 들어야 한다고 행성을 규정하지 않는다. 케플러의 운동 법칙은 행성이 실제로 어떻게 **움직이는가**를 기술한다. 의식 있는 존재만이 명령을 내릴 수 있기 때문에 의식 있는 존재만이 규범을 제정할 수 있다. 하지만 자연의 제일성은 그것을 기술하는 인간이 없어도 나타날 수 있다.

우리는 이제 몇 가지 혼동을 피할 수 있다.

(1) "법은 지켜야 한다." 모든 국법을 지켜야 하는지는 윤리의 문제이다. 그러나 자연 법칙은 누군가에게 내려진 지시나 명령이 아니므로 지키거나 지키지 않을 수 있는 그런 것이 아니다. 어떤 사람이 당신에게 "중력 법칙을 지켜라"고 말하면 어떻게 하겠는가? 돌멩이나 우주의 모든 물질 입자와 마찬가지로 당신의 운동도 중력 법칙의 **사례**이다. 그러나 중력 법칙은 물질이 어떻게 작용**하는지** 말해 줄 뿐이지 사물이 어떻게 작용**해야 하는지** 규정하지 않기 때문에, 당신은 중력 법칙을 지키거나 지키지 않는다고 말할 수 없다. 게다가 규범 법칙은 아무도 지키는 사람이 없어도 여전히 존속한다고 말할 수 있다.

(2) "법이 있는 곳에는 법을 만든 사람이 있다." 이것도 분명히 규범 법칙에 적용된다. 어떤 행동 지침이 규정되었다면 그것을 규정한 사람이 있어야 한다. 그러나 자연 법칙은 규정이 아니다. 자연 법칙은 자연의 진행 과정을 기술할 뿐이다(자연의 작용이 신에 의해 설계되었을 수도 있는데, 이것은 7장에서 논의될 또 하나의 문제이다).

(3) "법칙은 발견되는 것이지 만들어지는 것이 아니다." 이것은 오로지 기술 법칙에만 적용된다. 우리는 자연의 진행 과정을 **발견하는** 것이지 그런 방식으로 진행하도록 만드는 것이 아니다. 그러나 이런 제일성을 **공식화**하는 것은 인간이 하는 일이다.

자연 법칙은 일반적인 경험적 진술들과 비교하면 소규모의 명제 집단이다. 그 진리성이 세계를 관찰함으로써 확인될 수 있는 진술은 모두 경험적 진술이다. "암탉은 알을 낳는다." "1차 세계대전은 1914년부터 1918년까지 계속되었다." "그는 어제 폐렴 증세를 느꼈다." "뉴욕 시민은 약 800만 명이다"와 같은 진술은 모두 경험적 진술이다. 사실상 일상생활 속에서 발언하는 대부분의 진술은 경험적 진술이지만 이런 진술들 가운데 어느 것도 자연 법칙이 아니다. 자연 법칙은 특별한 부류의 경험적 진술이다. 자연 법칙은 경험 과학—물리학, 화학, 천문학, 지질학, 생물학, 심리학, 사회학, 경제학—의 핵심이기 때문에 자연 법칙이 어떤 것인지를 선명하게 이해하는 일이 매우 중요하다.

하나의 진술이 자연 법칙으로 간주될 수 있는 것은 어느 경우인가? 일상적으로 자연 법칙의 정의 특성이라고 여기는 것들이 몇 가지 있는데, 누구나 그 **모든** 특성을 정의 특성으로 인정하는 것은 아니다.

1. 자연 법칙은 **보편** 진술(universal statement), 즉 "모든 A는 B이다"거나 "어떤 것이 A라면 그것은 B이다(또는 B를 갖는다)"라는 형식을 지닌 진술이다. 단순한 예에 해당하는 것은 "모든 납은 327.5°C에서 녹는다." "모든 쇠는 산소와 접촉하면 녹슨다." "모든 구리는 전기를 전도한다"와 같은 진술들이다.

모든 A가 B인 것이 아니라 A의 95퍼센트만 B라면 그것은 통계 법칙이라고 불린다. 예를 들어 특정한 바이러스에 감염된 사람의 95퍼센트가 나았다는 것은 통계 법칙이다. 통계 법칙은 결코 법칙만은 못하지만, 그 후속 질문으로 왜 A의 95퍼센트는 B인데 나머지 5퍼센트는 B가 아닌지 그 이유를 물을 필요가 있다. 그 이유가 발견될 때도 있고 발견되지 않을 때도 있다—이유가 발견될 때 그것은 하나의 통계 법칙으로 유지된다.

하지만 보편 진술이라는 것만으로는 충분하지 않다. "이 개집 안에 있는 모든 개는 검다"는 진술은 자연 법칙으로 인정될 수 없다. 이 진술은 공간과 시간의 제약—이 개집, 오늘—을 받는다. "지금까지 내가 키웠던 모든 개가 검다"는 것으로 그 범위를 확대한다고 해도 그것 역시 모든 개에 대해서 주장하는 것이 아니며 어떤 품종의 모든 개에 대해서 주장하는 것도 아니다. 그래서 우리는 두 번째 조건을 필요로 한다.

2. 자연 법칙은 **제약이 없어야**(open-ended) 한다—시간과 공간의 제약을 받지 않아야 한다. A는 언제 어느 곳에 있든 B이거나 B를 가질 것이다. 쇠는 어느 곳에 있든 자성을 띤다. 납은 어느 곳에 있든 327.5°C에서 녹는다.

어떤 진술들은 한때 법칙으로 간주되었지만 보편적이지 않거나 제약이 있는 것으로 밝혀지기도 한다. "물이 100°C에서 끓는다"는 진술을 보자. 우리는 산꼭대기에 올라가면 물이 더 낮은 온도에서 끓는다는 것을 관찰한다. 그래서 물의 끓는 온도가 대기 압력에 따라 변한다는 것을 발견한다. 대기 압력이 클수록 비등점은 더 높아진다. 일단 이 사실이 발견되면 압력과 비등점 사이의 관계가 하나의 법칙으로 공식화될 수 있다.

3. 자연 법칙은 **가언** 진술(hypothetical statement)로 표현 가능해야 한다. 지금

까지 본 모든 까마귀가 검다 할지라도 앞으로 백변종 까마귀가 발견될 수 있기 때문에 이것은 자연 법칙으로 간주될 것 같지 않다(물론 검다는 것이 까마귀의 **정의 특성**으로 여겨질 경우 검다는 것이 까마귀에 대한 정의에 포함될 텐데, 그렇게 되면 "어떤 종류의 검은 동물은 모두 검다"와 같은 진술이 된다—이 진술은 옳기는 하지만 세계에 관해 아무런 정보도 제공하지 않는다). 까마귀라는 것과 검다는 것 사이의 연관성을 전혀 발견할 수 없다면, 우리는 "모든 까마귀는 검다"는 진술의 진리성을 담보하지 못한다. 일반적으로 색깔은 종 안에서 변이하는데, 까마귀라고 해서 색깔이 변이하지 말란 법이 없다. 따라서 우리는 "(언제 어느 곳이든) 까마귀가 **있다**면 그것은 검은색**이다**"라고 확언할 수 없다.

하지만 "이것이 돌멩이라면 (손에서 놓을 경우) **떨어진다**"와 같은 경우에는 어느 정도 제약이 가해져야 하는데, 이를테면 돌멩이는 별이나 지구와 같은 행성의 중력장 안에 있어야 하며(중력장을 벗어나면 돌멩이는 **어느 쪽으로** 떨어질까?), 대기의 비중이 돌멩이보다 더 크면 안 된다(비중이 크면 돌멩이는 풍선이 대기 중에 떠다니는 것처럼 공중을 떠다닐 것이다). 그러나 우리는 돌멩이가 떨어진다는 것뿐만 아니라 (구체적 조건 속에서) 돌멩이를 놓으면 **떨어진다**고 확신한다.

갈릴레이(1564-1642)는 모든 물체가 진공 속에서 등속으로 떨어지는데, 오로지 대기 때문에 등속으로 떨어지지 못한다고 확신했다. 갈릴레이의 법칙은 진공 상태에 가까워질수록 더욱더 정확히 들어맞는다. 갈릴레이가 분명히 옳았다. 우리가 완벽한 진공 상태에 **있다**면 모든 물체는 등속으로 떨어지기 때문이다.

4. 진술의 **일반성**(generality)이 크면 클수록 자연 법칙의 자격에 부합할 가능성이 커진다. 여러 금속의 비등점에 관한 법칙은 때로 "낮은 수준의 일반화"에 불과한 것으로 여겨지기도 한다. 납의 비등점이 현재와 달랐다고 해도 이것이 우주 내의 다른 많은 것에 영향을 끼치지 않았을 것이다. 새들 가운데 다리가 셋인 것들이 있었다고 해도 이것이 새 이외의 많은 것에 영향을 끼치지 않았을 것이다. 그러나 "마찰이 있으면 (항상) 열이 있다"는 것은 더 근본적인 것으로 보인다. 마찰이 분자 운동을 일으키는데, (물리적 의미의) 열은 분자 운동이기 때문이다.

일반성의 범위가 훨씬 더 넓은 것은 뉴턴(Sir Isaac Newton, 1642-1727)의 만유인력의 법칙, 즉 우주의 모든 물질 입자는 입자와 입자 사이의 거리의 제곱에 반비

례하고 질량의 곱에 비례하는 힘으로 다른 모든 물질 입자를 끌어당긴다는 법칙이다. 이것은 우주의 모든 물질 조각에 관한 주장이다. 만유인력의 법칙은 (뉴턴이 그 법칙을 공식화하는 데 영감을 얻은) 사과나무에서 사과가 떨어지는 것에서부터 궤도를 도는 행성의 운동과 그 밖의 많은 것들, 이를테면 뉴턴 시절에는 알려지지 않았던 이중성의 운동과 은하수의 형태에 이르기까지 총망라한다. 그야말로 가장 광범한 보편 진술이다(때로 그것은 법칙이 아니라 이론으로 불리기도 한다. 앞으로 보겠지만 법칙과 이론 사이의 경계는 선명하지 않다).

법칙은 그 범위가 보편적이기 때문에 과거와 현재뿐만 아니라 미래까지 포함한다. 모든 A가 B라면 **미래의** 모든 A 역시 B일 것이다. 우리는 법칙을 아는 그만큼 미래의 사건을 예측할 수 있다.

허셜(William Hoerschel)이 1721년에 망원경을 통해 최초로 천왕성을 관측했을 때 뉴턴은 이미 그 천체의 운동 법칙을 공식으로 진술한 상태였다. 천왕성의 운동이 주의 깊게 연구되었고 그 궤도가 작성되었다. 그러나 망원경을 통해 관측된 천왕성의 궤도는 뉴턴의 법칙을 근거로 예상될 수 있는 궤도가 아니었다. 뉴턴이 실수했거나 부정확했는가? 아니면 전혀 고려 대상이 아니었던 특별한 무언가가 나타난 것인가? 그 당시 서로 독자적으로 활동하던 두 천문학자는 천왕성 너머에 또 하나의 행성이 있다고 가정하면 천왕성의 일탈 궤도가 설명될 수 있을 것이라고 제안했다. 그들은 아직 발견되지 않은 행성의 위치를 계산했고, (그 당시) 최대 배율의 망원경을 이용하여 지금까지 보지 못했던 행성을 보았다. 그것은 또 하나의 희미한 별에 불과한 것처럼 보였기 때문에 (그것이 정말로 행성인지를 확인하기 위해) 별들 사이에서 그 천체의 느린 운동을 여러 달 동안 주의 깊게 추적했다. 뉴턴의 운동 법칙에 근거한 예측—뉴턴의 운동 법칙이 없이는 제시될 수 없었던 예측—이 아주 정확히 맞아떨어졌기 때문에 이 발견은 뉴턴 법칙의 진가를 엄청나게 높여 주었다.

그러나 법칙으로 보인다고 해서 반드시 법칙은 아니다. 그것은 가끔 수정과 제약을 필요로 한다. 뉴턴의 법칙들은 아인슈타인(Albert Einstein, 1875-1955)의 사실이 나타난 20세기에 이르기까지 끄떡없이 유지되었다. 아인슈타인은 빛이 무거운 물체의 중력에 끌리므로 태양 근처의 물체에서 나오는 빛이 태양의 중력으로 인해 굽을 수 있다고 가정했다. 정상적인 낮에는 햇빛 때문에 별들을 볼 수 없는데 1919

년 개기 일식 때 아인슈타인에 의해 예측된 (수성의) 위치 차이가 관측되었다. 그 후 비슷한 내용이 반복해서 관측되었고, 아인슈타인의 이론은 현재로서는 확고한 상태이다. 하지만 아인슈타인의 이론 역시 미래의 발견을 기다린다.

2. 설명

과학적 지식은 많은 것들이 왜 그렇게 나타나는지를 **설명**할 수 있게 해 준다.

수많은 특정 사건을 설명하는 데 반드시 과학적 지식이 필요한 것은 아니다. 왜 문을 열었는가? 날씨가 덥기 때문에 열었다. 그녀가 어젯밤 모임에 왜 오지 않았는가? 다른 약속이 있었기 때문에. 왜 개 짖는 소리가 이상한가? 언덕 쪽에 코요테가 있기 때문에. 왜 저기에 작은 자동문이 있는가? 매번 대문을 열지 않아도 개가 들락거리게 하고 싶기 때문에. 이 밖에도 수많은 경우들이 있다. 왜 그런 일이 일어나고 왜 그런 것이 있는지 모르는 사람이 있기 때문에 우리는 그것을 설명한다.

설명이 언제나 "왜"라는 물음에 응답하는 것만은 아니다. 설명이 명료화만을 요구하는 경우도 때로 있다. "그 시의 그 구절을 설명해 보라"—그 구절의 의미를 모르겠다. 또는 "당신이 무슨 일을 하고 있는지 설명해 보라." "나는 새집을 만들고 있다." 그런가 하면 우리가 설명할 때 어떤 일이 **어떻게** 일어나는지, 어떤 장치가 어떻게 작동하는지 질문자에게 알려 주기만 하면 되는 경우도 가끔 있다—그 버튼을 누르면 도미노가 모두 넘어질 것이다.

과학은 대체로 사건들이 **왜** 일어나는지를 설명하는 데 관심이 있다. 우리는 특정 사건이 왜 일어났는지 물을 수 있다. 어젯밤에 지하실의 수도관이 왜 터졌는가? 어젯밤에 수도관이 얼었기 때문이다. 우리는 이런저런 **종류**의 사건이 왜 규칙적으로 일어나는지 자주 묻는다. 왜 날씨가 추우면 수도관이 터지는가? 수도관에 물이 가득 차 있을 때 물이 얼면 팽창하기 때문이다.

우리는 **이론**(theory)을 도입하지 않으면 제대로 설명할 수 없다. 대부분의 액체와 달리 왜 물은 얼면 팽창하는가? 이에 대해 화학자는 물 분자의 결정 구조에 의해 설명한다. 그러나 분자의 결정 구조는 이론이다. 이것은 가설에 해당하는 일상적 의미의 이론("그가 밤중에 돌아왔다는 것이 내 이론이다")일 뿐만 아니라 화학자의 설명에서 언급된 것들(entities)이 우리의 감각 기관에 의해 **관찰될 수 없다**는 점에서 더욱 전문적 의미를 가진 이론이다. 물 분자는 이론이다. 최대 배율의 현미경으로 보아도 물 분자는 보이지 않기 때문이다. 행성의 기원 또한 우리가 관찰할 수 없는 것인데, 다른 이유로 인해—행성은 인간 관찰자가 존재하기 전에 나타났다—행성의 기원 역시 일반적으로 이론으로 간주된다.

3. 이론

타당한 연역 논증의 결론과 달리 이론은 결코 증명되지(결정적으로 입증되지) 않는다. 이론은 언제든지 더 많은 탐구에 비추어 수정된다. 다음과 같이 말하면 우리는 곧바로 논리적 오류임을 알아볼 수 있을 것이다.

> 만일 비가 내리면 도로가 젖을 것이다.
> 도로가 젖었다.
> 그러므로 비가 내렸다.

이것은 "후건 긍정 오류"라고 불린다. 살수차가 도로를 젖게 했을 수도 있다. 그런데 과학 이론의 경우도 이와 마찬가지이다.

> 만일 이론이 옳으면 관찰 가능한 어떤 귀결이 나타날 것이다.
> 관찰 가능한 어떤 귀결이 나타났다.
> 그러므로 이론이 옳다.

이것 역시 후건 긍정 오류의 예이다.

그렇다면 과학은 논리적 오류에 근거하는가? 과학이 논리적 확실성을 제공한다고 주장할 경우에만 그렇다. 그러나 과학은 물론 논리적 확실성을 제공하지 않는다. 관찰 가능한 사실은 결코 이론을 증명하지 못한다. 기껏해야 이런저런 정도로 이론을 **확증할**(confirm) 뿐이다. 이론은 관찰된 사실에 대한 기술에서 연역될 수 없다. 하지만 이론은 관찰된 사실을 설명할 수 있다.

그런데 설명 가운데에는 **잘못된** 설명이 많다. 어떤 사람은 바다의 폭풍우가 제우스의 분노에 의해 일어난다고 말하기도 한다. 만일 제우스가 존재한다면 그의 분노에 의해 폭풍우를 그럴듯하게 설명할 수 있을 것이다. 그 밖에도 많은 것들이 마법이나 요술로 설명된 적이 있었는데, 우리는 이런 것들을 잘못된 설명이라고 믿는다. "마녀가 없기" 때문이다. 그 같은 이론들을 **확증할 수 있는 증거**, 즉 조금이라도 그럴 법하게 하는 증거가 없다.

어떤 진술을 확증하는 것은 그 진술을 어느 정도 그럴 법하게 하는 것이다. 나는 내가 사는 도시에 수천 그루의 나무가 있다는 것을 확증할 수 있다. 어떤 사람은 또한 그 진술을 **검증할**(verify) 수 있다고, 즉 "완벽하게" 확증할 수 있다고 말하기도 한다. 다시 말하면 내가 그것을 안다고, 즉 내가 그에 대한 증거를 가질 뿐만 아니라 그것을 안다고 진지하게 말할 수 있을 정도로 그 진술을 확실하게 검증할 수 있다는 것이다(우리는 그 진술을 "강한" 의미가 아니라 "약한" 의미로 알 수 있다; 2장 참조). 내가 지금 책상에 앉아 있다는 것은 적어도 이 의미로 검증할 수 있지만, 자연에 관한 일반화는 "모든 고니가 희다"처럼 단순한 경우에도 검증할 수 없다. 흰 고니를 볼 때마다 그 진술을 이전보다 아주 조금 더 확증했다고 말할 수 있지만, 존재하는(존재했거나 존재하게 될) 모든 고니를 볼 수 없기 때문에 그 진술을 결코 검증할 수는 없다(설령 고니를 모두 보았다고 해도 그것이 전부인지 어떻게 알 수 있겠는가?)

하지만 내가 희지 않은 고니를 우연히 발견한다면—그것이 다른 종이 아니라 진짜 고니라면, 그리고 내가 환상을 보거나 꿈꾸는 것 등등이 아니라면—나는 "모든 고니가 희다"는 진술을 명확히 반증했다(그르다는 것을 입증했다). 그 진술이 검증되려면 무한히 많은 관찰을 해야 하지만, 그 진술이 그르게 되는 데에는 단 하나의 실례만 있으면 된다. 법칙은 예외가 하나만 있어도 반증된다.

그럼에도 과학 이론은 통상 단 한 번의 관찰로 반증되지는 않는다. 특히 과학 이론이 이미 잘 확증된 경우에 과학자들은 이론을 당분간 계속 유지하려고 한다. 토성이 궤도를 벗어난다면 그것은 또 다른 혜성 물체나 행성 물체의 중력 인력 때문이지 중력 법칙의 결함 때문이 아니다. 그 같은 물체가 전혀 발견되지 않았는데도 천문학자들은 지금까지 보지 못한 중력 물체를 찾아내는 자신의 능력보다 중력 법칙을 더 신뢰할 가능성이 있다.

그러나 경험 법칙이라고 해서 "상황 조건이 어떻게 변하든" 옳은 것은 아니다. 경험 법칙을 반증할 수 있는 무언가가 있어야 한다. 그렇다면 뉴턴의 법칙처럼 강하게 확증된 이론을 반박하거나 적어도 심각한 의심의 대상이 될 수 있게 하는 것은 어떤 종류의 사건일까?

태양보다 더 큰 또 다른 별이 태양에 가까이 접근했는데도 이렇다 할 중력 효과를 태양에 행사하지 못한다고 해 보자. 말하자면 수성과 금성처럼 태양에 가장 가까운 행성들이 태양보다 큰 별의 중력 효과로 인해 궤도를 완전히 벗어날 것으로 예상되는데도 그 별의 영향을 전혀 받지 않는다고 해 보자. 그런 일이 일어나면 과학 공동체는 깜짝 놀랄 것이고(충격을 받을 것이고), 어떻게든 설명하려고 할 것이다. 이를테면 그 별이 크기는 크지만 질량이 작은지도 모른다—그러나 그 가능성은 시험할 수 있다. 태양의 반대편에 (중력은 엄청나게 크지만 빛이 전혀 없는) 암흑성이 있어서 그 별의 영향을 상쇄시킨다고 말하면 어떨까—그러나 (다른 물체에 미치는 중력 효과를 이용해야 하지만) 이것 역시 조사할 수 있다.

법칙과 이론은 흔히 **다른 점들이 동등하다면**(*ceteris paribus*)이라는 단서를 포함하는 것으로 가정되기도 한다. 이를테면 암흑성의 별빛 차단처럼 어떤 점이 "동일하지 않다"고 밝혀지면 현재의 예측이 반박될 수는 있어도 이론이 훼손되지는 않는다.

과학 이론을 강화하기 위해서는 많은 경험적 관찰이 필요한데, 과학 이론을 무너뜨리기 위해서는 훨씬 더 많은 경험적 관찰이 필요하다. 과학적 주장은 (대체로) 저마다 따로따로 나타나지 않기 때문에, 과학 이론은 겉보기에 강력한 반면 증거에 직면해도 여전히 보존될 수 있다. 말하자면 과학 이론은 서로 맞물려 고도의 정합성을 유지하는 주장들의 집합체이기 때문에, 하나의 주장에서 무언가 잘못이 발견된다고 해도 그 주장의 잘못을 그 체계 안의 어딘가에 있는 또 다른 주장 탓으로 돌릴 수 있다.

개개의 과학적 주장은 저마다 따로따로 증거에 직면하지 않으며 그럴 수도 없다. 오히려…"가설들은 집단으로 시험된다."…우리는 비교적 커다란 주장 집단을 시험할 수 있을 뿐이다. 이것은 우리의 실험이 예측에서 벗어날 경우 어느 특정 주장 때문이었는지를 논리적으로 가려낼 수 없다는 것을 의미한다. 우리는 가설 집단에서 자신이 선호하지 않는 가설들 중 하나를 (어떻게든지) 거부함으로써 자신이 선호하는 가설이 반박당하지 않게 할 수 있다.[1]

질량 보존의 법칙―우주 안에 있는 물질의 총량은 항상 동일하게 유지된다는 것―은 물질이 에너지로 변형된다는 사실이 발견되면서 오래 전에 단념되었으나, 에너지 보존의 법칙―우주 안에 있는 에너지의 총량은 항상 동일하게 유지된다는 것―은 여전히 지배적 위치에 있다. 그러나 (에너지 보존의 법칙 역시 논란의 여지가 있음에도) 그 법칙이 살아남은 부분적 이유는 많은 "종류"의 에너지―화학 에너지, 운동 에너지, 위치 에너지 등등―가 있는데, 결과적으로 그 법칙을 옹호하기 위해서 에너지의 종류와 양을 다양한 방식으로 상정했기 때문이다.

　과학은 왜 이 같은 "요리"(cookery)를 용인하는가? 이미 확보한 많은 양의 확증 증거 때문에 법칙이나 이론이 과학 공동체의 승인을 받음으로써 신뢰할 수 있는 이론이 되고 나면, 우리는 이론 체계의 또 다른 쪽을 줄곧 공격하면서 엄청난 양의 반증이 나타나기까지 이론을 단념하지 않는다.

　그럼에도 이론을 단념하는 경우가 있을 수 있다. 에테르 이론―공기가 음파를 전달하는 것처럼 공간 전체에 가득 차 있는 것으로서 (예컨대 태양에서 지구로) 방사선을 전달하는 어떤 것이 있다는 것―은 에테르를 발견하려는 수많은 시도가 있었음에도 온통 부정적 결과만 나타나자 마침내 단념되었다. 반증에 영원히 영향을 받지 않는 과학 이론은 없다. 반증 증거를 충분히 수집하기까지 이론을 단념하지 않을 뿐이다―이것은 우리가 모르는 낯선 사람을 의심하게 하는 범죄 혐의 증거보다 오랜 친구를 의심하게 하는 혐의 증거를 더 많이 확보하려는 것과 마찬가지이다.

1　Philip Kitcher, "Believing Where We Cannot Prove," in his *Abusing Science* (Cambridge: MIT Press, 1982), p. 44.

천문학 이론

밤하늘을 쳐다볼 때 당신은 달과 행성과 항성을 보는데, 그것들은 (태양이 지평선 위로 올라오면 볼 수 없지만) 동쪽에서 서쪽으로 서서히 하늘을 가로질러 이동하다가 서쪽으로 기운 다음 몇 시간 뒤에 다시 떠오른다. 천체들은 모두 지구 주위를 돈다 ─우리 눈에 그렇게 보이지 않는가? 그 이상 어떤 감각 증거가 있을 수 있겠는가? 이것은 인류의 역사에서 대부분의 사람들에게 아주 명백한 사실로 여겨졌고, 그와 다르게 생각한 사람은 누구나 완전히 정신 나간 사람으로 간주되었다. 지구, 즉 당신이 서 있는 곳이 우주의 중심이며(또는 중심으로 보이며), 천체들이 지구를 중심으로 돈다.

고대 그리스인과 아랍인은 항성들이 하늘을 가로질러 이동하는데도 서로 간의 겉보기 위치 변화를 전혀 보이지 않고 별자리 모양을 똑같게 유지하는 반면에 태양과 달, 그리고 (그리스어로 "방랑자"를 의미하는) 행성은 항성들 사이를 떠돌아다닌다고 보았다. 이것은 어떻게 설명될 수 있을까? 태양과 달과 다섯 개의 가시적 행성은 제각기 텅 빈 투명한 천구(天球)의 안쪽 면에 붙어 있고, 다섯 개의 행성은 제각기 상대적 운동이 다르기 때문에 그 자신의 천구를 갖는다고 생각했다. 항성들은 모두 가장 바깥쪽 천구의 안쪽에 붙어 있다. 투명한 천구 이론은 거의 명백한 관찰 사실처럼 보였다.

이집트의 천문학자 톨레미(Ptolemy, 활동 연대 A.D. 127–151)는 행성 운동의 어떤 특이성에 주목했다. 예를 들어 목성은 항성들 사이에서 얼마 동안은 약간 동쪽으로 움직이다가 일시적으로 되돌아 서쪽으로 움직이는 (역행 운동을 하는) 경우가 있다. 이런 현상이 왜 일어나는 것일까? 톨레미는 원이 가장 완벽한 곡선이라서 모든 천체가 원운동을 한다고 믿었다. 그러나 행성들이 대원(大圓)의 원주상에 있는 점들을 중심으로 소원(小圓)을 그리며 돈다고 가정하면(소원을 일컬어 "주전원"이라 한다), 겉보기에 행성의 궤도를 벗어나 역행 운동을 설명할 수 있다. 좀 더 세밀하게 관찰함으로써 행성 운동의 또 다른 작은 변화가 발견될 때마다 그 변화는 또 다른 주전원을 도입함으로써 설명할 수 있다(작은 주전원 궤도는 그보다 큰 주전원 궤도를 돌고, 이 주전원 궤도는 다시 그보다 큰 주전원 궤도를 돈다). 행성들이 주전원 운동을 한다는 것을 **예측**할 수 있는 일반 이론은 없었으나, 일단 주전원 이론을 받아들이면 그 이론을 이용하여 행성들의 진로를 몇 년간 계속 추적할 뿐만 아니라 (행성들의 궤도가 몇 년 주기로 규칙적으로 변하기 때문에) 행성들의 미래 위치를 예측하는 일도 가능했다.

그런데도 오늘날 주전원 이론을 믿는 사람은 아무도 없다. 코페르니쿠스(Copernicus, 1473–1543)는 지구가 다른 행성들과 함께 태양의 주위를 돈다고 주장했다. 이렇게 가정하면 역행 운동을 비롯한 모든 운동을 아주 간단히 설명할 수 있다. 목성보다 태양에 더 가까이 있는 지구는 태양의 주위를 목성보다 빠른 속도로 돌기 때문에, 지구가 태양과 목성 사이의 궤도를 돌 때는 지구보다 더 멀리 떨어져 있는 행성이 원래의 진행 방향과 반대 방향으로 가는 것처럼 보이는데, 이것은 경주 트랙에서 고속으로 질주하는 경주차의 운전자에게 바깥 트랙을 천천히 달리는 운전자가 잠시 반대 방향으로 가는 것처럼 보이는 것과 마찬가지이다. 하지만 톨레미의 이론과 코페르니쿠스의 이론 사이에는 관찰 가능한 차이가 없었다. 말하자면 톨레미의 이론은 행성 운동이 예측대로 진행되지 않을 때마다 새로운 주전원을 가정해야 하므로 좀 더 번거롭기만 할 뿐 두 이론 모두 동일한 관찰 자료를 설명했다.

그런데 톨레미의 이론에서는 도출될 수 없지만 코페르니쿠스의 이론에서는 도출될 수 있는 한 가지 관찰 가능한 귀결이 있었다. 요컨대 지구가 태양의 주위를 어떤 궤도로 돈다면, 6월의 지구는 12월의 지구 위치와 3억 킬로미터 떨어져 있을 것이므로, 가까이 있는 항성들의 위치를 그보다 멀리 있는 항성들에 비춰 볼 때 가까이 있는 항성들의 겉보기 위치에 약간의 차이(시차, 視差)가 있을 수밖에 없다 —이것은 이쪽 창문에서 근처의 나무를 본 다음에 저쪽 창문에서 멀리 있는 언덕을 배경으로 그 나무를 보면 다른 위치에 있는 것처럼 보이는 것과 마찬가지이다. 하지만 망원경으로 주의 깊게 관찰했음에도 그런 시차가 전혀 관측되지 않았으며, 이것은 코페르니쿠스의 견해에 대한 반박 증거로 간주되었다. 코페르니쿠스는 자신의 견해를 단념하지 않았고, 항성들이 너무 멀리 떨어져 있어서 시차가 감지될 수 없다고 주장했는데, 이 주장을 뒷받침하는 어떤 관찰 증거를 스스로 확보하고 있었던 것은 아니다. 결국 그가 옳았다는 것이 밝혀지기는 했지만, 코페르니쿠스는 1543년에 죽었고, 시차는 1838년에 최초로 발견되었다. 지구에서 가장 가까운 항성이 수 조 마일이나 떨어져 있을 것이라고 생각한 사람은 아무도 없었다. 따라서 코페르니쿠스의

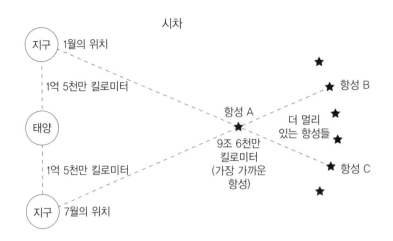

시차

지구는 태양에서 1억 5천만 킬로미터 떨어져 있다. 지구는 태양 주위의 궤도를 돌기 때문에 1월의 지구 위치와 6개월 뒤 7월의 위치 사이에는 3억 킬로미터의 거리 차이가 생긴다. 따라서 1월에는 항성 A가 더 멀리 있는 항성 C를 배경으로 보이지만 7월에는 항성 A가 더 멀리 있는 항성 B를 배경으로 보일 것이다.

설명이 톨레미의 이론에 임시방편으로 도입될 수밖에 없었던 번거로운 주전원을 필요로 하지는 않았지만, 톨레미와 마찬가지로 코페르니쿠스도 생존 당시의 경험적 증거만으로는 자신의 견해를 확증하지 못했다.

만일 두 이론 모두 일련의 동일한 관찰 사실을 설명한다면, 최소한의 일반 원리를 필요로 한다는 점에서 둘 가운데 더 단순한 이론이 받아들여질 가능성이 있다. 한 사람이 그 집을 털었다는 증거가 있다면, 열 사람이 그 집을 털었다는 이론을 진지하게 받아들일 사람은 없을 것 같다. 물론 가장 단순한 이론이 모든 사실을 설명하지 못할 수도 있다. 여러 사람의 지문이 발견되었다면 단독 범행 이론은 그 사실을 설명할 수 없을 것이다. 그리고 단순한 이론이 일정한 시점까지의 모든 관찰 사실을 설명할 수 있다고 하더라도 나중에 발견된 사실들을 설명하기에는 그 이론이 부적합할 수도 있다—그렇게 되면 단순한 이론이 폐기될 수밖에 없다(인지의 구조에 대한 가장 단순한 이론은 이미 오래 전에 단념되었다). 그러나 단순한 이론이 설명되어야 할 모든 사실을 제대로 설명한다면—시차에 대한 확증 증거가 나타나기 훨씬 이전에 코페르니쿠스의 이론이 그랬던 것처럼—(다른 점들이 동등하다면) 살아남는 것은 단순한 이론이다. 단순한 이론은 단정하고 깔끔하고 우아하고 미적 만족감을 느끼게 한다―그리고 되도록 적은 것을 가지고 되도록 많은 것을 설명하는 것이야말로 과학의 오랜 숙원이었다. 알려진 모든 사실을 설명하는 가장 단순한 이론을 받아들이라는 것, 이것은 오컴의 면도날이라고 알려진 격언이다. 오컴의 면도날―필요 없이 존재하는 것들(entities)을 늘리지 마라― 은 중세에 오컴(William of Ockham, 1285-1349)에 의해 처음으로 제시되었다.

우리는 강력한 망원경으로도 행성들이 태양의 주위를 도는 것을 도형이나 태양계 모형에서 보듯이 볼 수 없다. 우리가 보는 것은 하늘의 여러 장소에 잇따라 나타나는 천왕성과 그 밖의 행성들이다. 우리는 관찰된 운동을 근거로 삼아 행성이 태양의 주위를 돈다고 **추리**할 따름이다. 우리가 혹시 10억 마일 떨어진 곳까지 여행할 수 있다면 행성이 도는 것을 볼 수 있을지도 모른다. 그러나 우리는 그렇게 할 수 없기 때문에 행성이 태양의 주위를 돈다는 것은 관찰된 사실이 아니라 이론이다. 그럼에도 그것은 강하게 확증된 이론이다. 우리는 지동설―태양이 태양계의 중심이며 행성들이 태양의 주위를 돈다는 이론―이 없이는 불가능했을 복잡한 계산을 근거로 삼아 보이저호와 우주 탐사 로켓을 천왕성 저편까지 보냈다.

지질학 이론
우리는 이제 또 다른 이론을 검토해 볼 텐데, 이 이론은 하나의 과학이 다른 여러 과학의 관찰 자료를 보강하여 정합성 있는 통일 이론을 세우려는 방침에 따라 천문학과 생물학의 자료를 필요로 하는 이론이다.

공룡을 비롯해서 몸집이 큰 파충류의 화석 유물이 지구의 여러 곳에서 수 세기 전부터 많이 발굴되었다. 암석의 연대를 확인하는 다양한 방법에 따르면 이런 파충류는 대략 6,500만 년 전까지 번성하다가 갑자기 지구상에서 사라졌다. 왜 그렇게 갑자기 사라졌을까? 생물학자와 고생물학자는 그 이상한 사건을 설명하기 위해 오랫동안 고심했다.[2]

과학에서 흔히 일어나듯이, 그 문제와 아무런 관련도 없어 보이는 한 가지 단서

2　혜성 이론에 관한 자세한 설명은 Jonathan Weiner, *Planet Earth* (New York: Bantam Books, 1986)를 보라.

가 발견되었다. 그것은 이탈리아의 깊은 골짜기에 있는 백악기와 제삼기의 경계를 이루는 암석층—공룡이 멸종한 그 시기에 형성된 암석층—에서 발견된 얇은 점토 층이었다.

"그래서 어떻다는 건데?"라고 묻는 사람도 있을 텐데, 아무튼 이 점토층에서 많은 양의 이리듐(iridium)이 발견되었다—이리듐은 지표면에서는 거의 찾아볼 수 없는 금속인데, 이 지층에서 일반 함량의 10,000배나 높은 이리듐이 검출되었다. 이리듐은 비중이 무거워서 지구가 용해 상태에 있는 동안 지구의 내부로 침전되었을 가능성이 있다. 따라서 이리듐은 화산 활동을 통해서 밖으로 분출되었거나 아니면 지구가 소행성이나 혜성과 충돌할 때 지구에 떨어졌을 수도 있다. 이것이 이리듐의 출현을 설명하려는 두 가지 이론이다. 과연 어느 쪽이 맞는 이론일까?

이 점토층에서는 이리듐과 같은 시기에 형성된 다른 침전물이 나왔는데, 지질학자들은 점토를 채로 거르는 과정에서 부서져 여과된 것으로 보이는 석영 가루를 발견했다. 이 같은 석영 가루는 운석 분화구 근처나 핵폭탄 실험 장소나 (아폴로가 착륙했을 때) 달에서 발견된 것 말고는 지금까지 발견된 적이 없었다. 지질학자들은 이런 특징을 지닌 석영이 만들어질 수 있는 유일한 방법이 강력한 폭발로 인해 엄청난 열과 압력을 받는 경우뿐이라고 생각했다.

그러는 동안 생물학자들은 지난 5억년 사이에 멸종된 동물들의 목록을 작성하는 일에 몰두해 있었다. 엄청난 양의 자료를 컴퓨터에 입력해 놓고 보니 놀랍게도 동물들의 멸종이 되풀이해서 발생하는 패턴—오랜 세월 끊임없이 진화를 거친 다음 짧은 기간에 사라져 버리는 패턴—을 나타냈다. 동물들이 멸종하는 데 일정한 주기—대략 2천 600만년의 순환 주기—가 있었다.

그렇다면 **그것**은 또다시 어떻게 설명되었는가? 아주 짧은 빙하기가 있었다는 것이다. 이 단계에서 천문학자들의 설명이 등장하는데, 그것은 지구 바깥의 것들—태양 표면의 폭발이나 초신성—까지 포함하는 설명이었다. 그러니 이 이론들은 모두 증거 부족으로 일단 기부되었다. 그래서 대부분의 별들이 이중성이라는 것, 말하자면 대부분의 별들이 망원경으로 보이거나 사진에 찍히지도 않지만 그 밖의 다른 별들에 미치는 중력 효과에 의해 탐지될 수 있다는 주장이 제기되었다. 천문학자들은 태양 역시 눈으로 볼 수 없는 동반성(同伴星)을 가진 이중성이라고 가정하고, 태양의 동반성이 혜성처럼 곡률이 큰 타원 궤도를 돈다고 가정하자고 했다. 태양의 동반성이 태양에서 멀리 떨어져 있는 수천 년 동안은 태양계에 영향을 미치지 않지만, 태양에 가까이 접근하면 훨씬 더 빨리 움직이는데, 이것은 혜성이 태양에 접근할 때 속도가 빨라지는 것과 마찬가지이다.

그래도 사람들은 여전히 "그래서 어떻다는 건데? 그게 공룡과 무슨 상관이야?"라고 말할 수 있다. 그러나 이 문제와 관련 있는 한 가지 천문학적 사실이 최근에 발견된 바 있다. 태양계의 바깥쪽—태양에서 가장 멀리 떨어져 있는 명왕성의 궤도 바깥쪽—에는 (발견자의 이름을 따서 오르트 성운(Oort Cloud)이라 불리는) 거대한 혜성군이 있다는 것이다. 천문학자들은 태양의 보이지 않는 동반성이 약 2천 600만년마다 오르트 성운과 교차할 때 이 혜성들 대부분이 그 중력에 끌려들어 왔는데, 그 가운데 약간의 혜성이 지구 궤도의 안쪽까지 끌려들어 왔다는 가설을 세웠다. 이 충격으로 인해 생긴 먼지가 햇빛을 가려서 식물이 죽게 되고 식물을 먹고 사는 동물이 죽게 되었다는 것이다.

2천 600만년 주기는 오늘날까지 반복해서 확증되었다. 그 퍼즐에서 빠져 있는 연결 고리는 여태껏 한 번도 탐지된 적이 없는 태양의 신비한 동반성이다. 우리 은하계에는 이 같은 별이 수백만 개나 있는데, 이들 가운데 어느 하나의 위치를 중력 효과만으로 알아낸다는 것은 지극히 어려운 일이다. 하지만 이 일이 이루어진다면 그 퍼즐에서 빠져 있는 아주 중요한 조각이 맞춰질 것이며, 혜성 이론은 훨씬 더 강하게 확증될 수 있을 것이다. 지금 당장 이 이론을 확신할 수 있는 사람은 아무도 없다.

첫째로 이 설명은 무엇보다 당장 경험 과학이 사실과 법칙과 이론이 상호 연결된 거대한 그물망임을 예증한다. 체계는 **정합성**이 있어야 한다. 체계 안에서 모순이 발견되면 그 모순은 반드시 제거되어야 한다. 사실을 관찰했다고 생각했는데 잘못 관찰했을 수도 있고, 사실을 잘못 해석했을 수도 있다. 그러니 잘못이 전혀 없는데도 여전히 부정합성이 발견된다면 우리는 어떤 이론을 단념하거나 수정해야 한다.

둘째로 시험 절차들이 **상호의존적**임을 보여 준다. 어떤 물체의 온도를 측정하려고 할 때 우리는 온도의 상승과 온도계 수은의 상승 사이에 상관관계가 있다고 가정한다. 물론 이것은 하나의 가정에 불과한 것이 아니라 수 세기 동안 수없이 확증되었다. 암석의 연대를 측정하려는 경우에는 일정한 시험 절차—이를테면 우라늄이 납으로 붕괴하는 비율에 기초를 둔 탄소-14 검사—가 정확하다는 것이 가정되는데, 시험 절차의 정확성 역시 (각각 다른 시기에) 확증되었다. 연대 측정법이 부정확하다는 증거가 나타났다면, 2천 600만년 주기설이 의심받았을 것이다. 어느 하나의 진술이라도 의심을 받게 되면 그로 인해 체계 내의 다른 모든 진술에 파문이 일게 된다.

셋째로 우리가 제시하려는 가설이 이미 확증된 이론과 정합하도록 하려면 어떻게 해야 하는지를 알려 준다. 천왕성 궤도의 섭동(攝動)이 감지되자 과학자들은 두 선택지, 즉 뉴턴 역학이 부정확한 것이거나 천왕성에 중력을 미치는 것으로서 지금까지 관측되지 않은 행성이 있다는 것 가운데 하나를 선택해야 했다. 뉴턴 역학은 이미 강하게 확증되었기에 후자가 선택되었다. 정말 믿을 수 있는 친구한테도 배신당할 수는 있지만, 친구와 우정이 깊으면 깊을수록 배신의 증거를 더 많이 확인하려고 한다. 천문학자들은 뉴턴 역학을 선택했다. 천왕성에 중력을 미치는 행성이 관측되었을 때 그 선택은 정확한 선택으로 밝혀졌다. 훨씬 확증이 덜 된 혜성 이론에서도 관측되지 않은 동반성이 태양에 있다는 가설을 내세웠다. 그와 같은 별이 존재한다고 해도 끝내 발견되지 않을 수도 있다. 최근의 컴퓨터 공학을 이용한 것이기는 하나 천문학자들은 그 별을 세 번에 한 번쯤은 발견할 가능성이 있다고 추정했다.

태양의 동반성이 발견되지 않으면 그것은 혜성 이론에 불리하게 작용하는 것일까? 만일 발견되지 않으면 그것은 동물의 멸종 주기에 관한 전체적 설명에서 하나의 공백이 될 것이 분명하므로 혜성 이론에 계속 의문 부호가 따라다닐 것이다. 여러 해가 흘렀는데도 태양의 동반성이 발견되지 않으면, 어떤 과학자들은 이렇게 말할 것이다. "그 별은 틀림없이 그곳에 있다. 이리듐과 외계의 대상들과 오르트 성운을 포함하는 완전한 설명은 우리가 관찰한 것에 대한 설명으로 아주 잘 들어맞는 설명이다. 우리는 일련의 설명에서 하나의 연결 고리, 즉 어느 설명에서나 발견하기 매우 어려운 연결 고리가 있기 마련인데 그 연결 고리를 찾아내지 못했다고 해서 혜성 가설을 도외시할 것이 아니라 계속 받아들이는 것이 바람직하다." 하지만 다음과 같이 말하는 과학자들도 있을 것이다. "메울 수 없는 공백을 메우려고 애쓰지 마라. 실제로 하나의 중요한 연결 고리가 빠져 있다. 태양의 동반성이 존재한다고 믿을 독자적 증거가 없다—설명의 줄거리를 빈틈없이 맞추려고 태양의 동반성을 **가정**할(postulate) 따름이다."

이 논쟁에는 많은 가설들—어떤 방식으로든 귀납적 증거에 입각해 있는 추측들—이 포함되어 있는데, 그 가설들은 엄밀한 의미에서 이론을 포함하지는 않는다. 말하자면 그 가설들은 현미경이나 망원경으로도 확인할 수 없는 관찰 불가능한 것을 다루는 것이 아니라 우리의 감각 기관으로 확인할 수 있는 거시적 대상을 다룬다. 지구상에 있는 이리듐, 암석, 분화구, 그리고 지구와 충돌하는 암석은 모두 다 우리가 관찰할 수 있는 것이다. 그 가설들은 수백만 년 전에 일어난 일이기 때문에 우리가 **지금** 관찰할 수 없다는 의미에서만 이론이라고 할 수 있다. 우리는 지구의 깊은 협곡 등에 대한 **현재**의 관찰에서 이를테면 거대한 운석이 지구와 충돌하여 식물을 말라죽게 하고 다른 많은 생물과 함께 공룡을 멸종시킨 것과 같은 **과거**의 사건들을 추리한다. 우리는 이런 과거의 사건들을 **지금** 목격할 수 없기 때문에 과거에 일어난 일에 관한 진술을 이론이라고 할 수 있다. 공룡에 관한 진술은 그 진술 대상이 시간상 너무 멀리 떨어져 있어서 관찰할 수 없기 때문에 이론이고, 전자에 관한 진술은 그 진술 대상이 너무 작아서 감각 기관으로 감지할 수 없기 때문에 이론이다.

물리학 이론

물리학은 과학 이론의 주요 집합 장소이다. 물리학자들은 원자와 전자뿐만 아니라 쿼크와 렙톤처럼 한층 더 미세한 것들을 끊임없이 다루는데, 배율을 최대한 향상시킨 현미경으로도 그것들을 볼 수 있다고 주장하는 사람은 없다. 그것들에 대한 직접 증거가 없는데도 물리학자들은 왜 그것들이 존재한다고 믿는가? 그것들이 존재한다고 믿을 만한 증거는 무엇**인가**?

관찰된 것을 관찰된 다른 것에 의해서 설명할 수 없을 때 과학자들은 관찰된 것을 만질래지 않은 것에 의해서, 때로는 건드릴 수 없는 것에 의해 설명하려고 한다. 이것은 "물질의 궁극 요소"에 관한 문제를 거론할 때 나타난다.

우리는 이미 고대 그리스 철학자 데모크리토스(3장 참조)의 일부 견해를 검토한 바 있다. 그의 추종자인 루크레티우스는 〈사물의 본성에 관하여〉라는 장편의 시에서 다음과 같은 관찰과 그 관찰을 설명하는 이론을 제시했다.

루크레티우스는 돌계단이 해마다 조금씩 닳아 가는 것에 주목했다. 우리는 돌계단이 닳았다는 것을 1년이 아니라 5년이 되어도 알아차리기 쉽지 않지만, 미세한 마모일지라도 때가 되면 눈에 보이게 된다. 돌계단은 하나씩 떨어져 나가는 눈에 보이지 않는 아주 작은 입자들로 이루어져 있는 것이 틀림없다. 또는 딸기 주스 한 방울을 물통에 떨어뜨리면 곧바로 액체 전체가 빨갛게 된다. 주스의 미세한 입자들은 통속의 물 전체를 빨갛게 할 정도로 빠르게 움직인다. 마찬가지로 물속에 용해된 설탕도 액체 전체를 거의 즉시 단맛으로 변화시킨다. 루크레티우스에 의하면, 이에 대한 최선의 (유일한) 설명은 물질적인 것이 이런 미세한 입자로 이루어졌다는 것이다.

하나의 분필을 두 조각으로 잘라서 내 손가락에 문지름으로써 손가락을 하얗게 할 수 있다. 분필 조각은 더 작은 조각으로 이루어지고, 이 조각은 또 다시 더 작은 조각으로 이루어진다. 그러나 그 과정의 마지막 단계에 이르면 그 이상 더 나눌 수 없는 입자가 있는데, 이것이 원자이다. 원자는 보거나 만질 수 없지만 그 존재를 사실로 받아들일 경우 우리가 관찰하는 엄청나게 많은 것을 설명할 수 있다. 루크레티우스 역시 그렇게 주장했다.

고대의 이 같은 원자 이론은 소박하기는 했으나 세부적인 면을 제외하면 현대 이론과 크게 다르지 않았다. 양자와 전자를 포함하는 더 세련된 원자 이론은 수많은 화학적 사실을 설명하도록 고안되었다. 이를테면 왜 A 원소는 B나 C 원소와는 결합하면서 D나 E 원소와는 결합하지 않으며, 왜 어떤 원소들, 즉 불활성 기체들은 어떤 것과도 결합하지 않는가? 왜 어떤 원소나 화합물은 그런 성질을 가지며, 왜 그것들은 그런 온도에서는 증발하거나 발화하고 다른 온도에서는 어는가? 관찰할 수 없는 수많은 것들—입자, 파장, 에너지, 힘의 장—이 도입됨으로써 20세기 이전에는 꿈에도 생각하지 못했던 완전히 새로운 물리적 실재의 세계에 들어서게 되었다.

현상이 세계 너머에는, 즉 일상적인 상식의 세계와 보통 사람의 관찰이나 경험의 세계 너머에는 현상의 세계를 지속시키면서 우리의 감각 기관에 모습을 드러내는 또 다른 질서를 갖춘 실재가 있다. 그런데 과학이 밝혀내는 세계가 바로 이 같은 실재의 세계—관찰할 수 없는 것들과 눈에 보이지 않는 힘, 파장, 세포, 입자, 이 모든 것들이 우리가 이전에는 어떤 것으로도 뚫고 들어갈 수 없었던 아주 깊은 수준에까지 서로 맞물려 조직화되고 구조

화되어 있는 세계—이다.[3]

　"물질의 궁극 요소"가 감각 기관이나 도구에 의해 관찰될 수 없기 때문에 물질의 궁극 요소가 존재하지 않는다고 단언할 수도 있다. 이를테면 "물질에 관한 현상주의자"는 이런 이론들이 관찰된 현상 자체를 그럴듯하게 꾸며서 말하는 것에 불과하다고 주장할 수도 있다. 하지만 대부분의 물리학자들은 그런 제안을 받아들이려 하지 않는다. 그들은 궁극 요소에 이르기까지 **실제로** 물질적인 것으로 구성**된** 것에 관여한다고 주장한다. 전자는 추리된 것이지만, 그것 역시 존재한다고 주장한다.

　하지만 **모든 것**이 설명될 수 있는 것은 **아니다**. A는 B에 의해 설명되고, B는 C에 의해 설명되고 등등. 그러나 이 과정에서 마지막은 항상 설명되지 않은 상태로 남는다. 아무리 설명 과정이 길게 이어진다고 해도 왜 모든 것이 그런 상태로 존재하거나 그런 방식으로 작용하는지 설명할 수 없다. **"원초적 사실"**(brute fact)이라는 것은 그대로 남는다—"그것이 바로 실재의 존재 방식인데 왜 그런 방식으로 존재하는지 말할 수 없다." 어떤 것을 설명한다는 것은 더 넓은 맥락의 다른 것(법칙이나 이론)에 포섭하는 것인데, 다른 그것은 다시 설명되거나 설명되지 않은 상태로 남는다. 물질의 궁극 요소가 무엇이든 간에, 그리고 우리가 궁극 요소를 확인할 수 없다 하더라도, 그것은 특정한 방식으로 존재한다. 말하자면 우주의 궁극적 법칙은 수많은 다른 것들을 설명하면서도 제 자신은 설명되지 않은 상태로 남아 있다. 한때 뉴턴의 법칙이 우주 내의 운동에 대한 궁극적 설명을 제공한다고 생각했는데, 아인슈타인은 뉴턴의 법칙보다 더 일반적인 "통일장 이론"의 특수한 경우가 중력이라고 주장했다. 물리학 전체를 망라하는 어떤 일반 이론도 널리 인정된 바 없음에도 아인슈타인은 중력, 전기, 자기(磁氣)가 모두 그 같은 일반 이론에 포함되기를 희망했다. 만일 그렇게 된다면, 그것이　결국 다시 설명되지 않는 한　"원초적 사실"이 될 것이다.

3　Bryan Magee, *Philosophy and the Real World* (La Salle, IL: Open Court, 1985), pp. 34-35.

창발과 환원가능성

A: 나는 우주에 서로 다른 수준의 실재가 있다고 생각한다.

B: 그게 무슨 말인가?

A: 우주는 대부분 무기물로 구성되어 있다. 그러나 이곳 지구상에는—우리가 아직
은 알지 못하지만 아마 다른 곳에도—생물이 성장하고 번식하고 죽는다. 무기
물에는 이런 성질이 전혀 없다. 그리고 생물이 일정한 수준의 복잡성에 도달할
때 다른 무언가가 나타난다. 말하자면 생물이 **의식 있는 존재**가 된다—의식 있
는 존재는 자신의 환경을 알아차리고, 사물을 지각함으로써 그 지각 내용을 기
반으로 행동하며, 고통과 쾌락, 욕구와 좌절 등등을 느낀다.

B: 의식에 대해서는 나중에 (6장에서) 거론하겠다. 그런데 당신은 왜 생명을 "다른
수준"으로 여기는가? 물론 생물은 무생물이 하지 못하는 것을 한다. 하지만 배
터리처럼 전기로 충전된 것들 역시 돌멩이가 하지 못하는 것을 한다. 뭐가 그리
대단하단 말인가?

A: **창발적**(emergent)이라고 할 만한 특성들이 있다. 당신이 이전에 발생한 것에
대해 완전한 지식을 갖는다 해도 당신은 그 특성들을 예측할 수 없을 것이다. 그
특성들은 앞선 어느 것보다도 더 높은 수준으로 "창발된다."

B: 물은 수소와 산소로 이루어진다. 수소는 상온에서 기체 상태이며 가연성이 높
다. 산소 역시 상온에서 기체 상태인데도 가연성이 아니다—산소는 연소의 필
요조건이다. 수소와 산소가 결합하면 물이 되는데, 물은 상온에서 기체가 아니
라 액체이며, 가연성도 아니고 연소의 필요조건도 아니다—그와 정반대로 물은
불을 **끄는** 데 사용된다. 두 원소가 결합하여 전혀 다른 것을 생성하다니 이상하
지 않은가?

　화학에는 이런 예들이 가득하다. 나트륨은 공기나 물에 노출될 때 부식성이
강하며, 염소는 독성이 있는 녹황색 기체이다—그러나 나트륨과 염소가 결합하
면 일상의 식탁용 소금이 된다.

A: 그건 그렇다—하지만 물이나 소금을 경험한 적이 전혀 없는데도 물이나 소금의
원소들이 결합되기 이전에 가졌던 속성들을 따로따로 아는 것만으로 물이나 소
금의 속성을 예측할 수 있을까? 그 결합의 본성을 예측할 수 없다면 원소들이

결합하여 나타내는 속성을 창발적 속성이라고 할 수 있다. 우리는 원소들이 결합하기 이전에 가졌던 속성들을 관찰하는 것만으로는 원소들이 결합함으로써 어떤 속성을 가질지 예측할 수 없다. 수소와 산소에 대해 "완전한 지식"을 갖는다고 해도 그것만으로는 물의 속성을 예측하지 못한다.

B: 당신이 말하는 "완전한 지식"(complete knowledge)이란 말이 무얼 뜻하는지 모르겠다. 우리가 물의 속성들을 예측하기 **전에는** 수소와 산소에 대한 우리의 지식이 불완전하다고 우기는 것 아닐까? 그렇다면 당신의 주장은 동어반복이다. 즉 "(X를 예측할 수 있게 하는 지식을 포함한) 완전한 지식은 우리가 X를 예측할 수 있게 한다.

A: 내가 하는 말은 물의 원소들의 작용을 따로따로 완전히 안다고 해도 물의 원소들이 물로 결합될 때 어떤 속성을 가질지 예측할 수 없다는 것이다.

B: 화학 분야의 학위를 가진 사람은 두 원소의 결합물을 아직 관찰한 적이 없어도 두 원소가 결합하여 무엇이 될 것인지에 대해 상당히 좋은 생각을 가질 수 있을 것이라고 생각한다. 예를 들어 "할로겐"족의 몇몇 원소, 즉 염소와 브롬을 본 적이 있다면, 당신은 새로 발견된 원소인 플루오르가 어떻게 작용할 것인지에 대해 상당히 좋은 생각을 가질 수 있다. 화학자들이 물의 예에 관해 어떻게 말할지 모르겠으나 물의 예에는 내가 자극받을 만한 내용은 아무것도 없다.

A: 내가 관심을 갖는 것은 생물이다. 유기체의 화학적 성분들을 완전히 안다고 해도 우리는 그 성분들이 결합하면 생물이 될 것이라는 것, 즉 성장하고 번식하고 자신의 환경을 알아차리는 생물이 될 것이라는 것을 예측할 수 없다. 그리고 우리는 그 성분들이 결합하면 유기체가 그렇듯이 목적을 이루는 쪽으로 작용하리라는 것을 예측할 수도 없다. 말벌과 꿀벌의 복잡하게 뒤얽힌 동작, 이를테면 벌집을 짓기에 앞서 지형을 익히기 위해 주변을 기웃거리며 정찰하는 것과 같은 동작을 고찰해 보자. 이것은 분명히 무기물에서 관찰할 수 있는 것과 다른 수준의 실재이다.

B: 당신이 말하는 "실재의 수준"이 무엇을 의미하는지 모르겠다. 그것은 분명히 무기물의 본성에서 발견하는 것과 다른 종류의 행동이다. 당신은 유기물이 결코 무기물에서 나오지 않았다는 말을 하는 것인가? 대다수의 생물학자들은 그 점

에 대해 분명히 이의를 제기할 것이다. 도킨스(Richard Dawkins)는《눈먼 시계 공》에서 유기물이 어떻게 발생했는지에 대해 지극히 정합성 있는 설명을 제시한 다.[4]

A: 사실상 내가 언급하려는 것은 **환원가능성**(reducibility) 문제이다. 당신은 무기 물에 관한 임의의 명제들에서 생물에 관한 명제를 논리적으로 연역할 수 없다. 무기물과 유기물 사이에는 실재의 "틈새"가 있다.

B: 우선 좀 더 단순한 사례를 보도록 하자. 물리학자들은 물리학의 한 분야인 열역 학이 또 하나의 분야인 역학으로 환원된다고 하는데, 이 말의 의미는 무엇인가? "열"은 역학이 아니라 열역학의 핵심 용어이다. 그렇지만 당신이 **만일** 열의 운 동 이론, 즉 열이 분자 운동이라는 것(열에 대한 느낌이 아니라 물리적인 열 현 상이라는 것)을 가정한다면 (즉 물리학자들의 가정이 옳다면) 열에 관한 모든 명제는 의미의 손실 없이 분자 운동에 관한 명제들로 번역될 수 있다. 그와 같은 가정을 인정할 경우 열역학은 역학으로 환원될 수 (역학에서 연역될 수) 있다.

A: 내가 주장하는 바는 그것이 생물학에서는 이루어질 수 **없다**는 것이다.

B: 사례를 하나 더 보는 것이 좋겠다. 오늘날 우리는 화학이—문제의 결말을 속단 하지 않도록 무기 화학이라고 하자—완전히 물리학으로 환원될 수 있다고 주장 할 만한 좋은 근거를 갖게 되었다. 비중, 색깔, 녹는 점, 그리고 원소와 화합물의 화학적 속성에 관해 말할 수 있는 모든 것이 분자 구조 이론에서 연역될 수 있 다. 분자, 원자, 전자에 관한 물리학자들의 주장을 인정한다면, 그로부터 화학이 완전히 도출된다. 화학이 물리학으로 환원되었다.

A: 그런지도 모르겠다. 하지만 염소에 대해 완전히 안다고 해도 당신은 염소가 인 간의 코에 닿았을 때 톡 쏘는 냄새가 난다는 말을 할 수 없을 것이다.

B: 아니다, 당신은 인간의 코에 대해서 우선 알아야 한다.

A: 그리고 인간의 의식에 대해서도 알아야 한다. 당신은 염소의 냄새를 실제로 맡 기까지는 그것이 어떤 냄새인지 결코 예측할 수 없다.

B: 다시 말하지만, 의식에 대해서는 나중에 언급하겠다. 당신은 물리학과 무기 화

4　Richard Dawkins, *The Blind Watchmaker* (New York: Norton, 1987).

학에 관해 알려진 것을 어떤 사람이 모두 알 수 있다고 해도 이런 물리적인 것들이 결합하여 생물체가 될 것이라는 생각을 할 수 없다고 말하는 것 같다.

A: 그렇다, 그것이 내 말이다.

B: 당신 말이 옳은지도 모른다. 하지만 당신 말이 옳다는 것을 어떻게 그렇게 확신하는지 모르겠다. 우리는 복잡한 화합물에 관해 과거에 알았고 또한 지구상에 생명체가 살기 시작한 수십억 년 전의 존재 상황에 관해 과거에 알았던 것보다 훨씬 더 많이 안다. 여러 가지 복잡한 화합물의 속성들뿐만 아니라 수십억 년 전의 존재 상황을 정확히 안다고 해도 생물, 즉 자기 복제하는 존재의 발생을 예측할 수 없을 것이라는 것을 당신은 어떻게 **확신**할 수 있는가?

A: 한 가지 분명한 것이 있는데, 그것은 생물학에서 목적론적 설명, 즉 기능이나 목적에 의한 설명을 사용한다는 것이다. 그러나 물리학과 천문학에서는 목적론적 설명을 사용해서는 안 된다.

생물학적 설명

무기물과 달리 생물은 태어나거나 부화된다. 생물은 성장하고, 종족을 번식하고, 죽는다. 원자나 별은 이런 과정을 겪지 않는다. 생물학에서는 물리학이나 천문학이나 무기 화학에서 사용하는 것과 전적으로 다른 종류의 설명을 사용하는 것 같다. 구체적으로 말하면 우리는 생물체를 다룰 때 **목적**(purpose) 관념을 자주 사용한다. 그런 주장들을 검토해 보자.

1 새가 둥지를 만드는 데 필요한 재료를 모으기 위해 날아다닌다.
2 이런 종류의 새는 낮에 나타나는 적을 피하기 위해 밤에 먹잇감을 구한다.
3 북극에 사는 포유동물들은 대개 흰색인데, 흰색은 눈을 배경으로 보호색이 되어 준다.
4 이런 꽃은 날벌레를 잡기 위해 끈적거리는 물질을 가지고 있다.
5 몸이 위험에 빠지면 그 유기체를 살리기 위해 수백만의 적혈구가 몸의 필요한 부분으로 이동한다.

우리는 마치 이런 생물들이 어떤 목적을 가지고 있어서 그 목적을 달성하기 위해 그렇게 행동하는 것처럼 **말한다**. 생물학자는 유기체의 어떤 기관이 궁금해지면 "그 기관의 목적이 무엇인가?"라고 묻고, 그 기관이 어떤 목적에 기여하는지 알 수 있을 때까지 궁금해 할 수도 있다. 원시 인간에게는 조약돌처럼 소화되지 않는 것을 저장하는 데 맹장이 쓸모가 있었다는 말을 들을 때까지 끝내 "맹장의 목적이 무엇인가?"라고 묻는 사람이 있을 수 있다. 그러나 물리학에서는 결코 그런 물음을 묻지 않는다. 우리는 행성들이 태양에 빨려 들지 않기 위해 그런 속도로 궤도를 돈다고 말하지 않는다. 원시 인간은 폭풍과 지진을 신들이 분노를 표출하는 것으로 설명하려고 했지만, 과학은 더 이상 그 같은 말을 자연 현상에 대한 설명으로 받아들이지 않는다.

목적에 의거한 설명은 다윈의 생존경쟁이나 "적자생존"과 같은 진화론적 설명이 나타나면서 더 이상 생물학에서 받아들여지지 않았다. 북극 여우의 색깔이 흰 것은 살아남기 **위한** 것이 아니다. 북극 여우는 흰색이 무엇인지 모른다. 하지만 북극에서는 희다는 것이 보호색 구실을 한다. 색깔이 흰 동물은 눈 덮인 배경에서 쉽게 발견되지 않아 잡아먹힐 가능성이 더 적기 때문에 생존하여 유전자를 자손에게 전달한다. 하나의 눈이나 세 개의 다리를 가지고 태어난 동물은 생존하여 번식할 가능성이 더 적다.

그런데도 생물 개체에게 어떤 목적이 스며들어 **있어서** 그 목적을 달성하기 위해 특정한 행동을 하는 경우가 자주 있는 것 같다. 다람쥐는 겨울을 위해 나무 열매를 저장하고, 새는 둥지를 지으며, 사슴은 육식 동물에게 잡아먹히지 않으려고 재빨리 달린다. 우리는 이런 목적적 설명 또는 목적론적 설명(그리스어 *telos*("목적"이나 "목표")를 어원으로 하는 teleological explanation)에 대해 어떻게 말할 수 있을까? 이 물음에 답하려면 우선적으로 "목적"이라는 말이 사용되는 여러 가지 방식을 구별해야 한다.

1. 우리는 어떤 사람이 무슨 목적으로 그렇게 행동하는지 말함으로써 그 사람이 왜 그렇게 행동하는지를 설명한다. "당신은 오늘 아침에 왜 시내에 갔는가?" "치과에 가려고"라는 말은 적절한 대답이다. 그녀는 마음속에 품고 있던 목적을 달성하기 위해 시내에 갔다. 사람들이 왜 그렇게 행동하는가에 대해 보편적으로 받아들이는 적절한 답변은 그들이 그렇게 행동함으로써 자기네 마음속에 가진 어떤 목적으

로 성취하고자 한다는 것이다.

우리는 이런 종류의 설명을 가끔 동물에게까지 확장하기도 한다. 그 개는 왜 철망 문을 할퀴는가? 안으로 들어가고 싶기 때문이다. 그 소는 왜 비어 있는 물통 옆에 서 있는가? 목이 마르기 때문이다. 우리는 이런 목적적 설명을 확장하기 위해 "생명의 사다리"의 어디까지 내려가야 할지 확신할 수 없다. 이를테면 바다가재는 삶아져 죽고 싶지 않기 때문에 뜨거운 물속에서 이리저리 꿈틀거리는 것일까? **우리가** 마치 바다가재의 상황에 처해 있는 것처럼 생각한 나머지 바다가재가 고통스러워서 고통을 유발하는 상황을 벗어나려는 것이 아니기를 바라지만, 우리는 삶아지지 않으려고 꿈틀거리는 바다가재를 보고 몹시 꺼림칙한 느낌을 가질 수도 있다.

2. 우리는 "목적"이라는 말을 다른 의미로 사용하기도 한다. 망치의 목적은 무엇인가? 못을 박는 것 등등. 에어컨의 목적은 무엇인가? 방을 시원하게 하는 것. 물론 망치와 에어컨은 목적을 가진 생물이 아니다. 하지만 망치와 에어컨은 그것을 만든 사람의 목적을 **반영**한다는 의미로 목적을 갖는다. 망치 자체는 아무런 목적도 갖지 않지만 **인간**이 망치를 만들 때 어떤 목적을 갖는데, 그것은 망치나 자동차나 컴퓨터나 신전의 목적에 관해 언급할 때 우리가 말하는 것이다.

3. 끝으로 한층 더 어리둥절하게 하는 경우가 있다. "심장의 목적은 무엇인가?"라고 묻고, "온몸에 혈액을 공급하는 것"이라고 대답한다. 그러나 심장이 유기체의 일부이기는 하나 심장 자체는 목적을 가진 의식 있는 존재가 아니기 때문에 앞서 말한 "목적"의 첫 번째 의미로 그 작용을 설명할 수 없다. 또한 심장은 인간이 만든 제작물이 아니기 때문에 "목적"의 두 번째 의미를 사용할 수도 없다. 이 경우에는 심장을 만든 사람이 없기 때문에 그것을 만든 사람의 목적을 반영하는 것도 아니다. 그렇다면 우리는 혹시 신이 심장을 가진 인간을 만들 때 염두에 두었던 목적을 묻는지도 모른다. 신학자가 묻는 것이 바로 그런 것일 수도 있다. 그러나 그 같은 물음을 묻는 생물학자나 의사는 신학적 물음을 묻고 있지 않다. 그는 신이 인간과 인간의 심장을 만들었다고 믿을 수도 있고 믿지 않을 수도 있지만, 그가 묻는 물음은 신의 목적에 관한 물음이 아니다─그는 그것이 별개의 물음이라고 말할 것이다.

그렇다면 그가 묻는 것은 무엇인가? 그는 심장의 **기능**(function)이 무엇인지, 즉 몸이 살아있게 하고 작동하게 하는 데 어떤 역할을 하는지 묻는다. 심장은 신체 조직 전체에서 어떤 역할을 하는가? 심장이 **하는 일**이 무엇인가? 그런데 그것은 결코 목적에 관한 물음이 아니다—그것을 굳이 "목적"이라고 하고 싶다면 그것은 의도적인 동기 부여로서의 목적이 아니라 기능으로서의 목적일 뿐이다.

하지만 이것으로 물음이 끝나지 않는다. 유기체가—그리고 유기체의 여러 기관들이—왜 꼭 그런 방식으로 기능하는지 어떻게 설명할 것인가? 기화기는 우리 인간이 만들어 냈기 때문에 그것이 왜 그렇게 기능하는지 안다. 하지만 심장, 간, 폐, 혈관 등이 왜 꼭 그런 방식으로 기능하는지 어떻게 설명할 것인가?

여기서 진화론적 생물학이 설명을 제공하려고 개입한다. 만일 어떤 동물이 생명에 필수적인 이런 특징들 가운데 하나를 갖지 않고 태어났다면, 그 동물은 죽게 되어 번식하지 못했을 것이고, 그 종족이 멸종되었을 것이다. 심장을 갖지 않은 동물은 오래가지 못했을 것이다. 마찬가지로 다람쥐는 진화의 어느 과정에서 나무 열매를 모으게 되었다. 다람쥐가 무언가 의도적 목적을 가지고 그런 일을 한 것이 아니라, 그런 일을 하도록 "유전적으로 프로그램되었을" 뿐이다. 나무 열매를 모으지 않은 다람쥐는 겨울에 굶어 죽게 되어 유전자를 전달하지 못했다. 그리고 산양은 단단하고 표면이 거친 발을 갖지 않으면 미끄러운 비탈에서 떨어져 죽기 때문에 그런 발을 가졌고, 살아남아 번식한 산양은 정지마찰력이 더 좋은 발을 가진 산양이었다.

일단 살아있는 유기체가 이 세상에 나타났다 하면, 우리는 "진화론적 생존"을 설명의 원리로 삼아 그 유기체의 수많은 특성과 행동을 설명할 수 있다. 그러나 이 설명은 물론 유기체가 이 세상에 이미 존재한다고 가정한다. 하지만 어떻게 해서 생물이 이 세상에 있게 되었는가? 유기체가 무기물에서 생겨났는가? 그렇다면 정확히 어떻게 생겨났는가? 이 대목에서 신의 창조가 생명의 존재에 대한 유일한 설명이라고 말하는 사람들과 무기물에서의 진화가 생명의 존재에 대한 충분한 설명이라고 말하는 사람들 사이에 논쟁이 계속 진행되고 있다. 우리가 종교 철학을 본격적으로 시각학 단계는 아니지만, 이것은 생물의 존재에 대한 생물학적 설명(진화론)과 종교적 실명(창조론)이 정립하는 한 가지 논쟁점이다.

창조 대 진화

창조론자(C): 당신은 생명이 무기물에서 생겨났다고 주장한다. 그런 일이 일어날 확률이 얼마나 될까? 거의 제로에 가깝지 않을까?

진화론자(E): 그 거리에서 바로 그 순간에 어떤 음주 운전자가 당신을 들이받는 사고가 일어날 확률처럼— 확률이 매우 낮은 사건들이 날마다 수없이 일어난다. 만일 몇 년 전에 그런 사고가 일어날 것이라는 데 내기를 걸 수밖에 없었다면 당신이 이길 가능성이 얼마나 낮았겠는가?

C: 평생 동안 이런 **종류**의 사고가 몇몇 지역 주민에게 일어날 가능성은 웬만큼 있다고 하더라도, 그 거리에서 바로 그 순간에 그런 사고가 일어날 가능성은 매우 낮을 것으로 생각된다. 하지만 생물이 무생물에서 생겨날 가능성은 그보다 훨씬 더 낮다. 예컨대 모든 생물이 가진 한 가지 성분이 단백질인데, 가장 단순한 단백질 분자만 해도 매우 특수한 방식으로 조직된 다섯 종류의 원자 약 2,000개로 이루어져 있다. 무기물 분자가 합성하여 이 단백질 분자가 될 확률은 2.02×10의 221제곱으로 계산되었다. 드누이(Pierre Lecomte duNouy)는 《인간의 운명》이라는 유명한 책에서 다음과 같이 말했다.

> 그 같은 확률이 나타나는 데 필요한 물질의 부피는 완전히 상상을 초월한다. 그 부피는 반지름이 10의 82제곱 광년 걸릴 정도로 거대한 구체에 해당하는 것일 수 있다. 그것은 우리에게서 가장 멀리 떨어져 있는 은하계를 비롯한 우주 전체의 부피와 비교할 수 없을 정도로 큰데, 가장 먼 은하계라고 해 봐야 겨우 200만 광년에 불과하다. 요컨대 우리는 아인슈타인의 우주보다 1,000의 7제곱을 세 번 한 것보다 더 큰 부피라고 상상할 수밖에 없다. [그리고] 우연한 동요와 정상적인 열에 의한 동요로 인해 고도의 비대칭 분자 한 개가 만들어질 확률은 사실상 제로이다....물질의 부피를 우리 지구를 기준으로 환산할 때 통상 그런 분자를 한 개 만들어내는 데 필요한 시간은 약 100의 243제곱 억년 걸린다.
>
>   그러나 지구가 존재한지 기껏 20억 년 되었고, 지구의 열이 식기 시작하던 10억 년 전쯤에 생명체가 나타났다는 것을 잊어서는 안 된다.[5]

E: 그것은 1946년에 쓴 책이다. 그 이후에 지구의 나이가 50억년 이상으로 수정되

---

[5]   Pierre Lecomte duNouy, *Human Destiny* (New York: Harper & Row, 1946), p. 34.

었고, 생명체는 지구가 생긴 지 10억년도 안되어 나타난 것으로 여겨진다. 우주의 생명체 출현은 거의 개연성이 없는 일**이다.** 태양계의 모든 행성들과 우리가 아는 수백만의 모든 항성들 가운데 생명체의 사례가 알려진 곳은 한 군데도 없다. 생물의 진화로 이어지는 조건이 거의 조성되지 않기 때문일 것이다. 그러나 나는 우리가 생물의 진화 조건에 대해 확신할 만큼 충분히 안다고 생각하지 않는다. 최근 50년 사이에 우리는 생화학에 대한 지식과 생명체가 시작되던 초기 몇 세기의 지구 생존 조건에 대한 지식을 훨씬 더 많이 갖게 되었다. 생물의 진화 조건이 조성되기까지는 수많은 단계가 있다.

약간의 석회(산화칼슘)를 탄소로 가열하여 탄화칼슘을 산출하고, 이어서 탄화칼슘은 물과 반응하여 아세틸렌을 만들어 낸다. 아세틸렌은 아세트알데히드를 산출하기 위해 산화될 수 있으며, 또한 아세트알데히드의 혼합물이 산화하여 아세트산을 만들어 낸다. 그러나 그 과정의 모든 단계에서는 특정한 압력과 온도에서 특정한 성분들이 결합되며, 그 결과 바라던 반응이 자발적으로 나타난다.[6]

만일 당신이 1단계에서 시작한 다음 100단계를 보고 그 결과에 놀라지 말고 **차근차근** 과정을 밟아 나가면, 연속적인 단계 하나하나의 결과가 결코 개연성이 없는 것으로 보이지 않는다. 당신이 과정의 각 단계를 조심스럽게 연구하면, 최종 결과는 개연적일 뿐만 아니라 불가피한 것으로 보인다. 조건 A가 주어지면 B가 발생하고, 조건 C가 주어지면 D가 발생하고 등등. 그 과정을 차근차근 밟아 나가면 그것은 결코 개연성이 없는 것으로 보이지 않는다. 어린아이가 집의 주춧돌을 본 다음 3개월 뒤에 돌아와 완공된 집을 보게 되면 생명체의 출현에 놀라는 것처럼 놀랄 것이다.

C: 우리는 누구나 집을 짓는 과정을 볼 수 있다. 우리는 그 과정을 여러 차례 본 적이 있다—그것에는 전혀 신비로울 것이 없다. 집을 짓는 과정은 생명체의 경우와 다르다.

---

6 Wallace I. Matson, *The Existence of God* (Ithaca: Cornell University Press, 1963), p. 106.

E: 생명체를 신비롭게 여기는 것은 생명체 출현 과정의 수많은 단계를 겨우 이해하기 시작했을 뿐이기 때문이다. 어쨌든 당신이 (기껏해야 50년 전 드누이의 자료를 근거로 삼아) 생명체가 도무지 존재했을 것 같지 않다고 주장한다면, 신의 의지에서 생명체가 창조되었다는 이론에 어떻게 **어떤** 확률을 부여할 수 있겠는가? 신의 창조와 같은 유일무이한 사건에 어떻게 수치상의 확률을 부여할 수 있겠는가? 당신은 그와 같은 유일무이한 일회성 사건이 일어날 확률을 무엇을 근거로 **추정**하겠는가?

C: 신의 창조와 같은 유일무이한 행위에 어떤 확률을 부여하려는 것이 아니다. 하지만 생명체가 생명체-아닌-것에서 생겨날 가능성이 거의 없으므로, 일어날 것 같지도 않은 일을 두고 별로 왈가왈부할 것이 없을 것 같다.

E: 진화는 적어도 생물이 어떻게 진화하는가에 대해서 다소 **일관된 설명**을 제공한다—미생물의 상태만으로 수십억 년이 흐른 다음 점차 미세한 수중 생물이 나타났고, 이어서 어류와 파충류가 나왔으며, 마지막으로 포유동물이 등장했다. 진화의 과정이 암석에 감춰져 있었는데 암석에서 화석이 발견됨으로써 진화의 모습이 드러나기 시작했다는 설명은 상당히 일관성이 있다. 진화의 과정에 여전히 틈새가 남아 있기는 하지만 우리는 진화가 **어떻게** 진행되었는지 대략이나마 알고 있다. 당신의 설명은 무언가 붙잡을 수 있는 실마리를 전혀 제공하지 않는다. 이를테면 신이 모든 생물을 창조하고서 그 증거를 암석에 몰래 넣어 두었는지 어땠는지 어떻게 조사할 수 있겠는가? 나는 창조론자의 이론이 옳은지, 또는 그에 대한 **증거**를 어떻게든 수집할 수 있는지 알기 위해 우리가 취할 수 있는 단 하나의 명확한 조치도 생각할 수 없다. 그것은 과학의 막다른 골목이다.

C: 신의 방식이 불가사의해서 과학적 방법으로 검증할 수 없다면 그것은 내 잘못이 아니다.

E: 그런데 내가 옳다면 당신은 창조론을 옹호하기 위해 "신의 방식"에 호소할 필요가 없다.

C: 생물이 도대체 어떻게 생겨났는지 몰라도 생물이 존재한다는 것은 분명한 사실이다. 그러므로 생물의 존재는 어떻게든 설명되어야 한다. 당신은 온갖 지식과 미적 감각을 지닌 인간 존재가 태고의 끈적끈적한 물질에 그 기원을 두는 이론

으로 설명될 수 있다고 믿는다. 나는 그렇다고 믿지 않는다. 나는 신이 모든 생물을 창조했고, 바로 그 신이 또한 우주와 우주 안에 있는 모든 것을 창조했다고 말하는 것이 더 그럴직하다고 생각한다. 생명체의 기원에 대한 나의 견해는 훨씬 더 광범한 신의 존재에 관한 이론의 일부분이다. 그러나 신의 존재에 관한 일반적 이론은 나중에 거론하도록 하겠다(7장의 설계 논증에 관한 부분 참조).

E: 생명체는 오늘날 그대로 재현할 수 없는 상황 속에서 생겨났다. 그러나 생물학자들은 그 상황이 어떤 상황이었는지에 대해 상당히 구체적인 생각을 가지고 있다. 생명체가 생겨나는 일련의 과정이 웬만큼 확증된 셈이다(진화 생물학 책을 한 번 읽어 보기 바란다).

C: 진화를 인정한다고 해도 나는 여전히 신이 진화의 전 과정을 창시했다고 주장할 수 있다. 진화와 창조는 서로 배타적이지 않다.

E: 진화 이론으로 진화 과정을 설명할 때 우리는 다른 어떤 것도 **필요로 하지** 않는다.

C: 과학자들은 창조론을 신중히 고려할 만한 하나의 가능성으로 받아들이지도 않는다.

E: 창조론은 과학적 시험 대상이 아니기 때문에 우리는 그것을 과학에서 거론하지 않는다. 창조론을 확증할 방법이 없다. 신학적 신념들은 과학의 영역 바깥에 있다. 진화의 전 과정 배후에 신이 있다는 것을 생물학자가 어떻게 확증하겠는가? 그것을 확증하기 위해 생물학자가 과연 무엇을 관찰할 수 있겠는가?

C: 우리는 노아 시대에 홍수가 발생했음을 확증할 수 있다.

E: 그것은 신의 창조가 아니라 홍수를 확증하려는 것이다. 그런데 창세기에 묘사된 것과 같은 홍수를 입증하는 증거는 전혀 없다. 나는 과학자로서 창조 이야기를 도무지 이해할 수 없다. 나는 원인(原人) 화석 루시(Lucy)나 100만년쯤 된 고대인의 유적을 발굴하여 인간의 진화사에서 그것이 차지하는 위치를 보여 줄 수 있다. 당신은 창조론자로서 나에게 무엇을 보여 줄 수 있는가?

C: 나는 당신에게 특이한 유골이나 그 밖의 유물을 보여 줄 수 없다. 내가 보여 줄 수 있는 것은 이 행성에 사는 모든 생명체의 드라마인데, 그렇다고 해서 당신이 신을 확신할 것 같지는 않다.

E: 물론이다. 당신이 말하는 생명체의 드라마는 먹이사슬에 의해 생존하는 생물들의 수백만 년에 걸친 생존 경쟁이기 때문이다. 그 경쟁은 먹느냐 먹히느냐의 무자비한 경쟁이다. 당신은 이런 생물들 가운데 어느 쪽이기를 바라는가? (7장의 악의 문제에 대한 논의 참조)

4. 가능성

"나는 발자국을 전혀 발견하지 못했다. 그가 발자국을 없애려고 했더라도 무언가 흔적을 남겼을 텐데, 그 집에 어떻게 들어갔는지 도무지 모르겠다. 혹시 헬리콥터에서 떨어져 산타클로스처럼 굴뚝으로 내려왔을 수도 있다."

"글쎄, 뭐든지 가능하다."

하지만 모든 것이 **가능한** 것은 아니다. 우리의 일상 대화에서 "가능하다"(possible)라는 말을 실제로 어떻게 사용하는지 보자. "당신의 아주머니 베스가 당신을 보러 올 텐데, 아마 내일 도착할 수 있을 것 같다." 이것은 아주머니가 내일 도착한다는 것이 확실하다거나 매우 개연적이라는 것을 의미하는 것이 아니라, 어쨌든 그 확률이 제로보다 크다는 것을 의미한다―우리는 그 확률이 얼마나 되는지 정확히 알지 못하지만, 그것이 가능하다고 말할 수는 있다. "그녀가 네 살에 미적분을 배웠다는 것이 가능한 일이기는 하나 도저히 믿지 않는다." "자동차가 배전기 없이 달린다는 것은 불가능하다."

어떤 것이 불가능하다고 말할 때 우리는 가끔 그것이 **경험적으로**(empirically) 불가능하다는 것, 즉 자연 법칙에 맞지 않다는 것을 의미한다. "그 자동차는 다른 차와 충돌하지 않는 한 그런 상태가 될 수 없다." "인쇄된 낱장들은 합쳐서 제본해야 페이지가 된다. 인쇄에서 세로 이제 않으면 그 기계에서는 책이 페이지가 되지 못한다."

물론 우리는 경험적 가능성과 불가능성을 때로 잘못 판단하기도 한다. 공기보다 무거운 물체는 공중을 날아갈 수 없다고 생각하던 때가 있었다. 기차가 맨 처음 발명되었을 때는 기차가 시속 80킬로미터 이상으로 가면 그 속도에서는 공기를 충분히 들이마실 수 없기 때문에 모든 승객이 질식사할 수 있다고 생각했다. 이것은 물론 잘못된 판단이었다. 그러나 과학자들은 빛보다 더 빨리 움직이는 것은 없으며 단단한 물체가 찌그러지려면 단단한 다른 물체와 충돌해야 한다는 것을 아주 탁월한 증거에 입각하여 여전히 믿는다. 하지만 자연 법칙에 대한 우리의 지식이 확장됨에 따라 경험적으로 불가능하다고 생각되었던 많은 것들이 가능한 것으로 밝혀졌다 (어떤 일이 실제로 일어난다면 그것은 불가능하지 않다).

우리는 "가능하다"라는 말을 **기술적으로**(technically) 가능하다는 의미로 사용하기도 한다. 사람들이 명왕성에 가는 일은 자연 법칙에 어긋나지는 않는다 해도 현재로서는 기술적으로 가능하지 않다. 명왕성에 갈 수 있는 우주선을 만들 수 없기 때문이다. 물론 기술적으로 가능한 것은 자연 법칙을 응용할 수 있는 우리의 능력이 확장됨에 따라 달라진다. 음속을 넘어서는 비행기가 1940년에는 기술적으로 가능하지 않았지만, 지금은 예사로운 일이 되었다. 기술적 가능성은 자연 법칙을 응용하여 새로운 것을 발명할 수 있는 인간의 능력에 좌우된다. 우리가 아는 한 자연 법칙은 변하지 않지만 (자연 법칙에 대한 우리의 지식이 변할 뿐이지만) 자연 법칙을 이용할 수 있는 우리의 능력은 끊임없이 변한다.

어떤 것에 대한 진술이 전혀 모순을 포함하지 않으면 우리는 그것이 **논리적으로** (logically) 가능하다고 말한다. 빛보다 더 빨리 이동하는 것은 논리적으로 가능하다(어떤 것이 초속 32만 킬로미터로 움직인다는 진술에는 아무런 모순도 없다). 그러나 정사각형이 곡선으로 이루어져 있다는 말에는 모순이 있다. 곡선을 가진 도형은 정의상 정사각형이 아니기 때문이다. 원의 모든 점은 정의상 원의 중심에서 등거리이지만, 정사각형의 중심에서 모서리까지의 거리는 그 변의 이등분점까지의 거리보다 멀다. 어떤 탑의 높이가 30미터이면서 동시에 45미터라는 것은 논리적으로 불가능하다(그 탑의 높이가 30미터라면 그것은 45미터일 수 없다). 어떤 것이 제 자신의 정의와 모순되는 특징을 갖는 것은 논리적으로 불가능하다. 그러나 동일한 낱말에 대해 두 가지 다른 정의를 갖는다면, 그 낱말의 한 의미로는 어떤 것이 논리적으로 가능하지만 다른 의미로는 논리적으로 불가능할 수도 있다. 이를테면 "당신은 일어난 적이 없는 어떤 일을 기억할 수 있는가?" 한 의미로는 (어떤 일을 "기억한다"라는 말이 그 일이 실제로 일어났다는 뜻이라면) "아니다"가 답이지만, 다른 의미로는 (어떤 일을 "기억한다"라는 말이 기억하는 것으로 보인다든가 기억하는 것으로 느낀다는 뜻이라면) "그렇다"가 답이다.

시간 여행

우리는 과거를 목격할 수 있는가? 물론이다. 사진 앨범을 보거나 다큐멘터리 영화를 볼 때마다 우리는 과거를 목격한다. 말하자면 과거에 일어난 일들을 지금 본다.

빛은 초속 299,869킬로미터의 유한 속도를 갖는다. 빛보다 더 빨리 이동하는 방법을 알 수 있다면, 우리가 어쩌면 해왕성을 지나서 광파를 따라잡음으로써 과거의 사건을 목격하고 무슨 일이 일어났는지 직접 볼 수 있지 않을까? 그러나 우리는 이것이 불가능하다고 알고 있다. 아인슈타인에 따르면, 빛의 속도는 다른 형태의 복사선과 더불어 최대 가능 속도이며, 어느 누구도 아인슈타인의 이 주장을 반박하지 못했다. 이것이 사실이라면 우리는 결코 광파를 따라잡을 수 없다. 물론 우리는 이집트인이 영화와 같은 촬영 장치를 가지고 있었는데 그 장치가 발견되어 이집트인이 피라미드 만드는 것을 본다고 상상할 수는 있다.

하지만 우리가 **과거로 여행하여** 이집트인이 피라미드 만드는 것을 직접 목격할 수 없을까? 우리는 기원 전 1200년에 일어난 일을 2015년에 볼 수 있다. 말하자면 우리 자신이 기원 전 1200년으로 **돌아가서** 피라미드 만드는 것을 **직접** 목격할 수 있다. 이것이 논리적으로 가능하지 않을까? 무엇이든 모순을 포함하지만 않으면 논리적으로 가능한데 여기에 무슨 모순이 있을까?

A: 어떻게 시간을 "거슬러"(backward) 갈 수 있을까? 오늘이 1월 22일 화요일이라면 내일은 1월 23일이지 않은가? 내일이 없을 수도 있겠지만, 만일 내일이 있고 오늘이 1월 22일이라면 내일은 1월 23일일 수밖에 없지 않은가?

B: 아니, 시간을 거슬러 간다는 것은 시간 여행(time travel)을 의미한다. 오늘에서 내일로 가는 것이 아니라 오늘에서 **어제**나 이전의 어느 날로 간다. 우리는 실제로 시간을 거슬러 간다. 자동차를 후진할 때처럼 공간을 거슬러 간다고 말하는데, 지금은 시간을 거슬러 가는 것에 관해 이야기하고 있다.

A: 당신이 어떻게 기원 전 1200년에 있으면서 동시에 기원 후 2016년에도 있을 수

있겠는가?

B: 그러나 시간 여행은 그런 것이 아니다. 우리가 동시에 두 시기(時期)에 있는 것이 아니다. 우리는 더 이상 기원 후 2016년에 **있는** 것이 아니고 기원 전 1200년에 있다. 웰스(H. G. Wells)의 《타임머신》에서처럼 당신은 몇 개의 레버를 누르면 수천 년 전의 과거로 돌아간다. 과거로 돌아가는 것처럼 보이는 것이 아니다 —**실제로** 과거로 돌아간다.

하지만 문제가 있다. 피라미드를 만든 지 수십 세기가 지났다. 그런 일들은 과거에 일어난 일이다. 이미 끝난 일이다. 그리고 그런 일들은 모두 **당신 없이** 일어났다 — 당신은 20세기에 이르러서야 태어났다. 고대 문명은 왔다 갔고, 그 어디에서도 당신 모습은 찾아볼 수 없다. 그렇다면 어떻게 지금 그곳으로 **돌아가서** 그 당시에 살던 사람들 사이에 **있을** 수 있단 말인가? 그 일은 당신 없이 일어났는데도, 당신이 그곳으로 돌아가서 그 일에 참여할 수 있다고, 즉 그 일이 당신 없이 일어나지 **않았**다고 말하려고 한다. 그 일은 당신 없이 일어났는데도 당신 없이 일어나지 않았다 —확실히 그것은 모순이다.

과거는 이미 일어난 것이다. 신마저도 일어난 것을 **일어나지 않게** 할 수는 없다. 피라미드가 100,000 명의 일꾼에 의해 만들어졌다고 해 보자. 이제 당신이 "과거로 가서" 이 일꾼들에 합류한다면 일꾼이 100,001 명이 될 것이다. 일꾼은 100,000 명이었지 100,001 명이 아니었다. 일꾼이 100,000 명이었으면서 동시에 100,001 명이었다고 말하는 것에 모순이 있다.

논리적으로 가능한 것들은 수없이 많다. 언젠가 우리는 지금 기술적으로 가능하지 않은 방식으로 우주를 날아다닐 수 있을지 모르겠으나, 과거를 일어난 것과 다르게 일어나도록 할 수는 없다—과거는 "확정되어" 있어서 어떤 것도 그것을 바꿀 수 없다. 우리는 과거에 범죄를 저지른 사람들을 저빌할 수는 있지만, 살인이 **일어나지 않도록** 되돌릴 수도 없고 사람들이 고통과 고난을 겪지 않도록 되돌릴 수도 없다.

타임머신을 타고 미래로 간다고 해도 과거의 경우와 다를 바가 없다. 오늘의 어떤 젊은이가 미래로 "가서" 3000년에 정지한다고 해 보자. 타임머신에서 밖으로 나와 어떤 여자를 만나 결혼하고 아이를 낳은 다음 그들 모두 2020년으로 "돌아간다." 3000년 이전에 태어나지 않은 사람이 2020년으로 "돌아가서" 그 당시 사건들의 과정에 영향을 미칠 수 있을까? 그가 2100년에 세계를 완전히 폭파시키는 무언가를 만들어서 모든 인간 존재를 말살했다면 어떻게 될까? 그렇게 되면 3000년에는 더 이상 인간이 없을 텐데 어떻게 3000년에 아이가 태어날 수 있을까?

> 브라이트라는 이름의 젊은 숙녀가 있었다.
> 그녀는 빛보다 훨씬 더 빠른 속도로 여행할 수 있었다.
> 어느 날 한 남자와 눈이 맞아 함께 도망쳤는데
> 상대성 이론의 방법을 이용하여
> 그 전날 밤에 돌아 왔다.

그러나 그녀가 불쾌한 결혼 경험 때문에 아예 "그 전날 밤에" 도망치지 않기로 했다면 어땠을까? (하지만 그녀는 이미 달아났다!) 어린 시절로 "거슬러간다"든가 어린 시절로 "되돌아간다"라는 말은 얼마든지 할 수 있지만, 그렇다고 **이미** 지나간 어린 시절이 조금이라도 바뀔 수 있을까? 다음 달에 씨앗을 심고서 오늘 수확할 수 있을까? 그리고 아예 씨앗을 심지 않기로 하면 어떻게 될까?

5. 귀납의 문제

"모든 개가 포유동물이고, 모든 포유동물이 생명체라면, 모든 개는 생명체이다." 이것은 **연역** 논증이다. 우리는 결론을 전제에서 논리적으로 연역할 수 있다. 전제가 옳다면 결론이 (논리적으로) **반드시** 옳다. 배에 탄 모든 사람이 익사했는데, 마벨이 그 배에 탔다면, 마벨은 익사했나. 그것은 마벨이 익사했나는 것을 증명하는 것이 아니다. 마벨이 배에 타지 않았을 수도 있고, 혹시 배에 탄 사람이 모두 다 죽은 것이 아닐 수도 있다. **만일** 배에 탄 모든 사람이 익사했는데 그녀가 배에 탔다면 그녀가 익사했다는 것을 알려 줄 뿐이다.

귀납추리는 다르다. 귀납 논증은 연역적으로 타당하지 않기 때문에 결론이 전제에서 논리적으로 도출되지 않는다. 전제는 결론에 대해 **증거**를 제공할 뿐이다. 전제는 결론을 더 개연성 있게 만들기는 하지만 확실하게 만들지는 못한다. 돌멩이를 손에서 놓을 때마다 떨어진다면 당신은 돌멩이가 다음에도 떨어질 **개연성이 있다** (probable)고 생각한다.

당신은 그것이 **확실하다**고 말할지도 모른다. 그러나 어쨌든 그것은 **논리적으로** 확실하지 않다. "돌멩이가 매번 떨어졌으므로 다음에도 떨어질 것이다"는 논리적으로 타당한 논증이 아니다. 돌멩이가 떨어지는 것과 같은 그런 종류의 자연적 사건이 과거에 예외 없이 수천 번 일어났다면, 우리는 다음에도 똑같이 일어날 것이라고 더욱더 확신한다. 그것이 과거에 수천 번 이렇게 일어났다는 사실은 미래에도 계속 그럴 것이라는 **증거**로 간주된다.

하지만 어떤 일이 과거에 반복해서 일어났다는 사실이 미래에도 계속 일어날 것이라는 증거로 간주되지 **않는** 경우가 가끔 있다.

1. 어떤 어린이가 지난 5년 동안 일주일에 여러 번 학교 운동장에서 놀았다. 하지만 그가 열두 살이 되어도 앞으로 5년 동안 계속 그럴 개연성이 있는 것은 아니다. 왜 그런가? 대부분의 어린이는 일정한 나이가 되면 그렇게 놀지 않고 다른 방식으로 즐기기 시작하기 때문이다. 어린이는 몇 년 동안 계속 운동장에서 놀다가 점차 다른 것으로 옮아갈 개연성이 있는데, 이것에는 어느 정도 귀납적 증거가 있다.

2. 지난 수 세기 동안 사람들은 동물을 타고 이리저리 이동했다. 당신이 200년 전에 살았다면 동물이 앞으로 계속 주요 교통수단이 될 개연성이 있다고 말했겠는가? 아마 당신이 다른 교통수단을 전혀 보지 못했다면 말을 타는 것이 걷는 것보다 빠르므로 계속 말을 탈 것이라고 말했을 것이다. 그러나 자전거나 자동차와 같은 몇 가지 새로운 발명품을 알았다면 당신은 "새로운 발명품이 더 빠르고 더 능률적이다. 이런 것들이 주로 말과 낙타를 대신할 개연성이 있다고 생각한다."라고 말했을 것이다. 사람들은 하나의 관습을 무한정 고수하기보다는 그들에게 가장 편리한 것을 계속 추구할 가능성이 더 많다.

3. 끝자리가 0인 년도에 선출된 미국 대통령이 모두 임기 중에 죽었다면, 그것은 끝자리가 0인 년도에 취임하는 차기 대통령 역시 임기 중에 죽을 것이라는 증거로 간주될 수 있는가? 그것은 증거로 간주될 수 없다. 왜 그런가? 그 사건(임기 중에

죽은 것)과 년도를 나타내는 숫자 사이에 아무런 연관도 없기 때문이다. 당신은 "그것은 우연의 일치다—그것이 다시 일어날 수는 있지만 그럴 가능성은 희박하다"라고 말할 것이고, 다음에도 일어나면 깜짝 놀랄 것이다.

4. 스무 살 된 사람이 20 × 365일 동안 밤에 잠들었다가 깨어났기 때문에 오늘밤에 잠들었다가 내일 아침에 깨어날 개연성이 매우 높다고 말한다. 그렇다면 아흔 살 된 사람은 **그가** 내일 아침에 깨어날 것이라는 증거를 훨씬 더 많이 갖는다고 말한다. 그는 90 × 365일 밤의 증거를 가지고 있다! 하지만 우리는 아흔 살 된 사람이 내일 깨어날 개연성보다 스무 살 된 사람이 내일 깨어날 개연성이 더 높다고 확신한다. 그러나 증거는 아흔 살 된 사람의 증거가 훨씬 더 많지 않은가?

왜 스무 살 된 사람의 경우에 개연성이 더 높다고 확신하는가? 우리는 귀납을 믿지만 "단순한 매거(枚擧)에 의한 귀납"은 믿지 않는다. 나이가 많다는 것만으로는 증거가 되지 못한다. 사실상 귀납적 증거는 완전히 그 반대이다. 스무 살보다는 아흔 살에 훨씬 더 많은 사람들이 죽기 때문이다. 게다가 우리는 세포의 퇴화와 질병의 발생률에 관해 어느 정도 아는데, 이 모든 증거가 스무 살 된 사람을 옹호한다. 우리는 아흔 살 된 사람보다 스무 살 된 사람 쪽에 걸 것이다. 생물학 법칙은 젊고 활기찬 사람 쪽을 지지한다.

그것이 자연 법칙인 경우에는 — 동물을 교통수단으로 이용하는 것과 같은 역사적 현상과 달리—미래에도 계속 그럴 것이라고 기대한다. 하지만 우리는 **왜** 미래에도 계속 그럴 것이라고 기대하는가?

자연 법칙은 제약이 없는 것으로 **정의**된다. 어떤 자연 법칙이 2020년에 끝난다면 그것은 자연 법칙**일** 수 없다. 자연 법칙에 제약이 없다는 것은 의심의 여지없이 옳다—제약이 있으면 우리는 그것을 자연 법칙으로 여기지 않는다. 그러나 자연 법칙에 제약이 없다고 해서 제일성이 미래에도 계속 **유지되는** 것은 아니다. 우리는 정의를 통해서 어떤 것을 존재하게 할 수 없으며, "법칙"을 제약이 없는 것으로 정의한다고 해서 미래에도 법칙이 계속 작동할 것이라고 말할 수 없다. 낱말은 우리가 원하는 대로 정의할 수 있지만, 그렇다고 해서 우리의 정의에 대응하는 실재가 반드시 있는 것은 아니다. 우리 요구에 맞는 자연 법칙은 아예 **없는지**도 모른다. 데이비드 흄은 이 문제를 다음과 같은 유명한 구절에서 아주 인상적으로 제기했다.

내가 전에 먹은 빵은 나에게 영양을 공급했다. 말하자면 일군의 그러한 감각 성질이 그때 그러한 신비의 힘을 제공했다. 하지만 다른 빵 역시 다른 때 나에게 반드시 영양을 공급하고, 그 비슷한 감각 성질이 반드시 언제나 그 비슷한 신비의 힘을 수반한다는 결론에 도달할 수 있을까? 그 결론은 결코 필연적 것으로 보이지 않는다. 어쨌든 이 경우에 나의 정신에 의해 도출되는 어떤 결론이 있다는 것을 인정할 수밖에 없는데, 그 정신은 설명을 필요로 하는 일정한 조처나 사고 과정이나 추리를 거쳐 그 결론에 도달한다. **나는 그러한 대상이 언제나 그러한 결과를 수반한다는 것을 알기 때문에 외관상 비슷한 다른 대상도 그 비슷한 결과를 수반할 것이라고 예견한다.** 나는 한쪽 명제가 다른 쪽 명제에서 정당하게 추리될 수 있다는 것을 제발 인정하고 싶다. 사실상 나는 그런 추리가 항상 이루어진다는 것을 안다. 그러나 당신이 보기에 그 추리가 일련의 추론으로 이루어진다는 것이 분명하다면, 당신이 직접 추론해 보기 바란다. 이 명제들 사이의 연결 관계가 직관적이지 않다. 그 같은 추리가 실제로 추론과 논증으로 이루어진다면, 어떤 중간 단계가 있어야만 정신이 그 추리를 할 수 있다. 그 중간 단계가 무엇인지 나로서는 도저히 모르겠다고 고백할 수밖에 없다....

자연의 과정이 변할 수 있다는 것과 우리가 경험한 것과 외관상 비슷한 대상이 다른 결과나 반대 결과를 수반할 수 있다는 것은 전혀 모순을 함의하지 않으므로 이 경우에는 어떤 연역 논증도 성립하지 않는다는 것이 분명한 것 같다. 구름 속에서 떨어지고 거의 모든 점에서 눈과 비슷한데도 그 물체가 짠맛이나 뜨거운 느낌을 갖는다는 것을 선명하고 분명하게 생각할 수 없을까? 모든 나무가 12월과 1월에 잎이 무성하다가 5월과 6월에 낙엽이 질 것이라는 주장만큼 확연하게 이해할 수 있는 명제가 있을까? 그렇다면 이해할 수 있고 분명하게 생각될 수 있는 것은 무엇이든 모순을 함의하지 않으므로 결코 연역 논증이나 추상적 추론에 의해 선천적으로 반증될 수 없다.[7]

어떤 사람은 이렇게 말할 수도 있다. "그렇다, 우리는 과거에 관한 명제에서 미래에 관한 명제를 타당하게 연역할 수 없다. 말해지면 그것이 연역이라면 다당해야 하

---

7   David Hume, "Skeptical Doubts Concerning the Operations of the Understanding," *Treatise of Human Nature* (1736), Part 2.

는데 이 경우에는 타당하지 않다. 그러나 여기서 말하는 증거는 **귀납적** 증거이다. 귀납이 우리에게 알려 주는 것은 확실성이 아니라 개연성이기 때문에, 돌멩이가 항상 떨어졌다면 내일도 떨어질 개연성이 있다는 것이지 확실성이 있다는 것은 아니다." 하지만 이것 역시 흄이 의문시하는 것, 즉 귀납 논증의 승인 가능성 문제이다. 귀납을 계속 신뢰할 수 있게 해 주는 귀납적 증거가 있다고 말하는 것은 귀납의 문제를 해결하기 위해 귀납을 전제로 가정하는 것이다.

> 당신은 [미래에 관한] 한쪽 명제가 [과거에 관한] 다른 쪽 명제에서 추리된다고 말한다. 그러나 당신은 그 추리가 직관적이지도 않고 연역적이지도 않다는 것을 인정해야 한다. 그렇다면 그것은 어떤 성질의 추리인가? 그것이 경험에 의거하는 추리라고 말하는 것은 입증하려는 것을 전제로 가정하는 것이다. 왜냐하면 경험을 근거로 하는 모든 추리는 미래가 과거와 유사하다는 것을 기본 전제로 가정하기 때문이다....따라서 경험을 근거로 하는 모든 논증이 미래가 과거와 유사하다는 가정에 기반을 두기 때문에 그러한 논증으로는 미래와 과거의 유사성을 결코 증명할 수 없다. 자연의 진행 과정이 지금까지 매우 규칙적이었다는 것을 받아들인다 해도, 무언가 새로운 논증이나 추리 없이 자연의 규칙성만으로는 미래가 계속 과거와 유사할 것이라는 것을 증명하지 못한다.[8]

따라서 흄은 귀납의 문제에 대한 도전을 내려놓는다. 이 난관을 어떻게 벗어날 수 있을까?

우리는 때로 자연의 제일성 원리(Principle of Uniformity of Nature)라고 불리는 일반 원리, 즉 "자연 법칙은 과거에 성립하던 그대로 미래에도 성립한다"는 일반 원리를 내세움으로써 이 난관을 벗어나려고 시도해 볼 수도 있다. 우리가 언급하려는 것은 동전을 던졌을 때 앞면만 계속 나오는 경우처럼 법칙의 변화 없이 완전히 변하는 특징 시간이나 시간 계열이 아니다. 우리는 오히려 자연 법칙 자체를 언급하려고 한다. 그런데 진정한 자연 법칙은 정의상 과거와 현재뿐만 아니라 미래에도 적용되기 때문에 자연 법칙을 "추정 법칙"(presumed law)이라고 말하는 사람도 있

---

8   Ibid., Part 2.

다. 이 원리로 무장한 사람은 "법칙 X는 과거에 유지되었으므로 미래에도 유지될 것이다"라고 주장할 수 있다. 다음 논증은 타당하다.

> 어떤 종류의 사건들(자연 법칙의 사례들)이 과거에 규칙적으로 일어났다면 미래에도 계속 규칙적으로 일어날 것이다.
> 이런 종류의 사건이 과거에 규칙적으로 일어났다.
> 그러므로 이런 종류의 사건은 미래에도 규칙적으로 일어날 것이다.

그러나 이 논증이 타당하다고 해서 문제가 해결된 것은 아니다. 이 논증의 대전제, 즉 자연의 제일성 원리 역시 우리가 입증해야 하기 때문이다. 제일성 원리를 증명하려는 과정에서 제일성 원리를 가정하는 것은 "부당가정의 오류"라는 논리적 오류이다. 자기 신발 끈을 붙잡고 자기 자신을 들어 올릴 수는 없는 법이다.

흄은 **왜** 과거에 관찰한 제일성이 미래에도 계속될 것이라고 기대하는지를 **관습**이나 **습관**으로 설명하려고 했다. 어떤 사람이 과거에 우리에게 우호적이었거나 적대적이었다면 우리는 다시 똑같은 방식으로 행동할 것이라고 기대한다. 과거에 주인에게 학대받은 개는 주인을 경계하는 행동을 하는 경향이 있겠지만, 좋은 대우를 받은 개는 꼬리를 흔들면서 앞으로도 친절하게 대해 줄 것으로 기대할 것이다. 그러나 이 설명은 우리가 **왜** 이렇게 행동하는지, 즉 우리가 천성적으로 귀납적 존재라는 것을 설명해 줄 따름이다. 그것은 우리가 찾는 답, 즉 귀납적 기대에 대한 **정당화**가 아니다("과거에 항상 우리의 기대대로 일어났으니 정당화된 것이다"라고 말해 봤자 소용없다. 무슨 권리로 미래에도 그럴 것이라고 주장하는가의 문제는 여전히 해결되지 않은 상태로 그대로 남기 때문이다).

귀납의 문제에 대한 해결 방안

이 같은 난문제를 해결하는 방안이 있을까? 몇 가지 제안을 검토해 보도록 하자.

1. 한 가지 가능한 것은 **언어적 해결책**이다.

회의주의자(S): 과거에 자연의 제일성이 있었던 것처럼 미래에도 있을 것이라는 증거가 없다.

상식철학자(C): **증거가 없다**고 할 수 있을까? 과거에 연필을 놓칠 때마다 항상 연필은 떨어졌다. 연필이 갑자기 하늘로 치솟거나 가루로 변한 적은 한 번도 없었다. 나는 이러한 사실과 단단한 물체의 움직임에 관해 내가 배운 모든 것에 의거하여 이런 물체의 움직임에 관해 확신하게 되고, 연필이 다음에도 역시 떨어질 것이라고 확신하게 된다. 이것은 전혀 증거가 **아닌가**? 이것이 증거가 아니라면 무엇이 증거일 **수** 있는가? 이것이야말로 좋은 증거의 본보기임에 틀림없다. 연필이 되풀이해서 떨어지는 것이 증거가 아니라면 무엇이 증거일 수 있는가?

연필이 떨어지는 사례에서 연필이 다음에도 떨어질 것이라는 좋은 증거가 없다고 말할 경우, 당신은 그것이 좋은 증거가 아니라면 무엇을 좋은 증거라고 할 것인가? 우리에게 **부족한** 것이 무엇인가? 당신은 무엇이 보충되기를 원하는가? 원하는 것이 보충되면 만족하겠는가? 당신이 만족할 수 있는 것은 "아무것도 없다"고 말할 것이 뻔하다. 당신이 증거라고 할 수 있는 것, 보충되면 증거라고 할 수 있는 것으로서 지금 갖추지 못한 것은 미래의 사건 그 자체의 발생 말고는 아무것도 없기 때문이다―그런데 미래의 사건이 발생하면 그것은 더 이상 미래의 사건이 아니다.

미래에 대한 증거가 전혀 없다고 말할 때 당신은 새롭거나 놀랄 만한 어떤 사건을 기다리는 것 같지 않다. 당신은 마술 모자에서 토끼가 뛰쳐나오기를 기다리는 것 같지도 않고, 우리가 발견하기만 하면 당신의 회의주의를 떨쳐 낼 수 있는 중대한 경험적 발견을 기다리는 것 같지도 않다. 지금 당신에게 보여 줄 수 있는 것은 **지금**이지 미래가 아닌데도, 당신은 지금 일어나는 것은 무엇이든 미래에 대한 증거로 인정하려 하지 않는다는 단순한 이유 때문에 당신의 회의주의를 진정시킬 만한 것이 **아무것도 없다**.

S. 나는 아직도 당신이 나의 물음에 답을 했다고 보지 않는다. 내일 돌멩이가 떨어진다는 증거를 어떻게 오늘 가질 수 있는가?

C: 당신은 실제로 일어나는 미래 사건만을 유일한 증거로 인정하려고 하지만, 이 경우에 실제로 일어나는 사건은 더 이상 미래의 사건이 아니다. 현재로서는 당신의 비위에 맞는 것이 아무것도 없다. 우리 모두가 증거로 제시하는 것을 당신

은 증거로 간주하려 하지 않는다. 현재의 사건은 당신의 고려 대상이 전혀 아니다. 내가 무슨 말을 해도 그것은 증거가 아니라는 말을 반복할 뿐이다.

당신은 현재의 사건을 증거로 인정하지 않는다. 무엇으로 인정하지 않는가? 증거로 인정하지 않는가? 그렇다면 무엇이 증거인가? 당신은 증거가 없다고 말한다. 무엇이 없다는 것인가? 당신이 말하는 증거의 의미는 무엇인가? 당신은 X가 없다는 말을 끊임없이 반복하면서도 당신이 X라고 하는 것이 무엇인지 말하려 하지 않는다.

증거라는 말을 다른 말로 바꾸어도 사정은 마찬가지다. 당신은 "연필을 놓치면 다음에도 떨어진다고 **믿을 근거가** 없다"고 말한다. 하지만 연필이 떨어질 경우 무엇이 그 근거일 수 있는지 말해 주면 좋겠다. 만일 근거일 수 있는 것이 아무것도 없다면, 그것은 당신이 이 맥락에서 "근거"라는 말에 어떤 의미도 부여하려 하지 않기 때문이다. 당신은 근거가 없다고 말한다. 무엇이 없다는 것인가? 근거가 없다는 것이다. 하지만 근거라고 할 수 있는 것이 아무것도 없다면 근거가 없다는 말은 무슨 말인가? 당신은 "근거"라는 말을 어떤 의미로 사용하는지 우리에게 말해 주지 않았다. 연필을 놓칠 때마다 연필이 떨어졌다는 사실은 앞으로도 계속 그럴 것이라는 생각에 대한 좋은 근거의 **본보기**임에 틀림없다. 이것이 좋은 근거가 아니라면 도대체 무엇이 좋은 근거이겠는가?

S: 연필이 항상 떨어졌다고 해서 앞으로도 계속 그럴 것이라고 믿을 좋은 근거가 되는 것은 아니다. 연필이 실제로 떨어질 때까지는 연필이 떨어질 것이라고 믿을 근거도 없고 떨어지지 않을 것이라고 믿을 근거도 없다. 당신은 물론 과거를 미래에 대한 증거로 인정하는 그런 방식으로 "증거"라는 **말을** 사용할 수도 있다. 당신은 과거가 미래에 대한 증거가 **된다**는 것을 어떻게 아는지 모르겠다. 도대체 과거가 미래와 무슨 관계가 있는가? 미래의 제일성이 과거의 제일성과 유사할 것이라는 것을 그토록 확신하게 하는 것은 무엇인가? 당신이 대답할 수 있는 것은 오로지 그 같은 유사성이 **과거에 나타났다**는 것뿐이다. 당신이 증거라고 말하는 것이 흔히 증거라고 **일컬어진다**는 것을 인정하지만, 그렇다고 해서 그 증거가 무언가를 증명하는 증거가 되는 것은 아니다 — 그것은 어떤 낱말이 일반적으로 어떻게 사용되는가를 말해 주고 있을 뿐이다. 당신은 과거의 자료가

미래에 대한 증거로 인정**되어야** 하는지 어떤지에 대해서는 전혀 관심을 보이지 않는다.

2. 귀납을 다른 방식으로 옹호해 보자. 우리는 결코 과거에 관한 진술에서 미래에 관한 진술을 **연역**할 수 없다. 그리고 귀납은 우리가 지금 문제 삼는 것이기 때문에 그것을 **귀납적으로** 증명할 수도 없다. 말하자면 (쟁점을 전제로 가정하는) 부당가정의 오류를 범하지 않고서는 그것을 귀납적으로 증명할 수 없다. 하지만 우리는 무언가 다른 방식을 시도해 볼 수 있다. 이를테면 귀납에 대한 **실용적 정당화**—제일성 원리 자체가 아니라 제일성 원리의 **채택**에 대한 정당화—를 제시할 수 있다. 우리는 제일성 원리를 과학적 탐구를 위한 일종의 **규칙**(rule)으로 해석할 수 있다. 야구 규칙을 채택하는 것은 야구 게임을 더 재미있게 하거나 도전 의식을 북돋울 경우에만 정당화된다. 자연의 제일성 원리를 채택하는 것은 그 원리를 채택함으로써 실현될 수 있는 목표들에 의하여, 즉 자연의 작용을 이해하고, 자연의 작용에 대한 이해를 통하여 미래의 사건을 예측하고 때로는 미래의 사건들을 통제할 수도 있다는 것에 의하여 정당화된다.

우리는 물론 미래까지 계속되는 자연의 질서가 존재하는지 알지 못한다. 그러나 **만일** 그런 자연의 질서가 존재한다면, 우리가 과학적 방법이라고 말하는 것—자료를 관찰하는 것, 외관상의 제일성에 주목하는 것, 제일성의 예외일 수 있는 것을 발견하는 것, 조건을 달리하는 것, 설명적 가설을 고안하는 것—이야말로 미래를 발견하기 위한 **최선책**이다. 어림짐작, 탁상공론, 수정점(水晶占), 직관, 신비 체험은 미래를 발견할 수 없다. 철저한 관찰과 실험만이 미래를 발견할 수 있게 해 준다. 우리는 의사한테서 "수술 받으면 살지 모르겠으나 수술 받지 않으면 죽을 것이다"라는 말을 들은 환자의 처지에 놓인 셈이다. 그렇다면 수술을 받는다 해도 살지 죽을지 미지수일지망정 수술을 받는 것이 "최선책"이다.'

그럼에도 의문은 여전히 남는다. **지금까지는** 철저한 관찰과 실험의 방법, 그리고

---

9   이 견해는 한스 라이헨바흐에 의해 맨 처음 제시되었다. Hans Reichenbach, *Experience and Prediction* (Chicago: University of Chicago Press, 1953), p. 349.

이론의 고안은 엄청나게 인상적인 과학적 성과를 거두었다. 수정점과 초월적 명상은 그렇지 못했다. 그러나 앞으로도 이런 상황이 계속되리라는 보장이 있는가? 현재는 생산성이 없는 "비과학적" 방법—점술, 수정점, 주문 암송, 가수면 상태 몰입—으로 여겨지지만, 내일부터는 오히려 그런 방법들 가운데 어느 것에 의해 자연의 비밀이 풀린다면 어떻게 될까? 만일 자연의 진행 과정이 갑자기 변한다면, **오늘날** "과학적 방법"이라고 불리는 것이 현재 도외시되는 다른 처방들보다 더 훌륭한 예측의 기반이라는 것을 어떻게 장담하는가? 자연의 진행 과정이 변하면 우리의 "과학적 방법"은 미래를 예측하는 데 전혀 쓸모가 없을 수도 있다. 그렇게 변해 버린 상황 속에서 설령 예측의 방법이 있다고 하더라도 **어떤 방법**이 적절할지 과연 말할 수 있을까?

　3. 또한 귀납이 연역을 본보기로 삼아야 한다는 요구가 귀납에 대한 불합리한 요구라는 입장을 취하는 사람들도 있다. 그렇다, 우리는 미래를 언급하지 않는 전제들에서 미래에 관한 결론을 타당하게 연역할 수 없다. 그러니 달리 무슨 수가 있겠는가? 귀납은 연역의 불완전한 형태가 아니다. 귀납은 애당초 연역이 아니다—귀납은 연역과 완전히 다른 것이다. 개한테 왜 고양이가 아니냐고 탓해 봐야 아무 소용도 없다.

　따라서 귀납에 대한 **일반적** 정당화 같은 것은 있을 수 없다는 주장이 있어 왔다. 귀납 전체를 탐구 대상으로 삼는 것은 잘못이다. 우리가 할 수 있는 일은 어떤 귀납 추리가 신뢰할 수 있는 결과를 산출하는지를 알아내기 위하여 귀납추리의 **특정한 절차**를 정당화하는 것이다. 우리는 "무작위 표본 추출은 신뢰할 수 있는 결과를 산출하는가?"라고 물을 수 있다. 그러나 귀납 일반을 정당화하는 일은 할 수도 없고 할 필요도 없다.

　특정한 어떤 신념에 대해서 그 신념을 받아들이는 것이 정당한지 묻는 것은 일반적으로 적절한 일이다. 이런 물음을 통해서 우리는 그 신념에 대한 좋은 증거나 잘못된 증거가 있는지, 또는 증거가 과연 있기는 있는지 묻는다. 특정한 어떤 신념에 대해서 "정당화되었다"든가 "근거가 충분하다"는 형용사구를 적용하거나 보류하는 경우 우리는 귀납적 표준에 호소하고 귀납적 표준을 적용한다. 그러나 우리는 귀납적 표준을 적용하는 것이 정당화되거나 근거가 충분한지 물을 때 도대체 어떤 표준에 호소하는가? 이 물음에 답할 수 없다면 그것은 무의미한 물음이다.

그 물음을 "그 법률은 정당한가?"라는 물음과 비교해 보자. 특정한 행위나 행정 규제가 정당한지 부당한지 묻는 것 또는 어떤 국가에서는 입법 기관의 특정한 법률 제정조차도 그것이 정당한지 부당한지 묻는 것은 전적으로 의미 있는 물음이다. 그 물음에 대한 답은 법률 제도에 호소함으로써, 말하자면 일군의 법률적 (또는 헌법상의) 규정과 표준을 적용함으로써 얻는다. 그러나 국가의 법률 전체, 법률 제도 전체가 정당한지 부당한지 일반적으로 묻는 것은 아무런 의미도 없다. 우리는 이 물음에 답하기 위하여 어떤 법률적 표준에 호소하는가? 귀납이 일반적으로 정당화되거나 정당화될 수 있는 절차인지 묻는 물음에 무언가 의미를 부여할 수 있다고 해도 그것은 사소한 의미일 수밖에 없다....우리는 그 물음을 "귀납적으로 도달한 모든 결론은 정당화되는가?" 즉 "사람들은 자신이 끌어낸 결론에 대해 언제나 적절한 증거를 갖는가?"를 의미하는 물음으로 해석해 볼 수도 있다. 이 물음에 대한 답은 간단하지만 시시하다. 그 답은 사람들이 적절한 증거를 가질 때도 있고 그렇지 못할 때도 있다는 것이다.[10]

이것은 물론 우리의 "상식"에 호소하는 입장이다. 하지만 흄의 물음으로 제기된 논쟁은 아직도 완전히 끝나지 않았다. 흄의 물음은 정말 답을 찾았는가? 자연의 진행 과정이 10분 후에 돌변하지 않는다는 증거를 제시한 사람이 있는가? 그렇다면 모든 것이 다시 원점으로 돌아간다—서로 비길 수밖에 없는 게임인지도 모른다. **만일** 이것이 사실이라면 우리는 "일반적으로 증거로 간주되는 것"을 진짜 증거**라고** 잘못 믿었을 수도 있다. 과학자들은 자연이 과거에 작동한 것처럼 앞으로도 계속 작동할 것이라고 믿는데, 이것은 "과학적 신앙" 이상의 어떤 것일까? 과학자들은 흄의 물음에 아랑곳하지 않고 할일을 해 나가지만, 철학자들은 그 물음에 계속 사로잡힌다(그리고 계속 시달린다).

---

10 P. F. Strawson, *Introduction to Logical Theory* (London : Methuen, 1952), p. 257.

연습문제

1. 다음 대화에서 당신이 동의하는 것과 동의하지 않는 것은 무엇인가?

A: 내가 한 가지 확신하는 것은 자연이 **하나**(one)라는 것이다.

B: 당신 말이 무슨 말인지 모르겠다. 자연이 수많은 사물 집단으로 이루어진다고 말하는 게 어떨까?

A: 내 말은 자연이 하나의 **체계**(system)라는 뜻이다. 자연에 있는 개개의 모든 것은 다른 모든 것과 서로 연결된다.

B: 어떻게 그럴 수 있는지 도무지 이해가 되지 않는다. 목성에서 발생한 폭풍우가 내가 지금 이 불을 켜려고 한다는 사실과 어떻게 연결되는가? 전자가 후자에게 영향을 미친다니 이해할 수 없다.

A: 목성의 폭풍우가 지구상의 많은 것들에 영향을 미치기는 하나, 목성의 폭풍우가 이 특정한 행위에 영향을 미친다는 것을 증명할 수는 없다. 하지만 목성의 사건들과 지구상의 사건들은 둘 다 동일한 **자연 법칙**의 지배를 받는다.

B: 당신이 말하는 법칙은 사람들이 지키지 않으면 벌을 부과하도록 입법 기관에서 제정한 통상적 의미의 행동 규칙을 의미하는 것이 아니지?

A: 그렇다, 그것은 자연의 진행 방식을 의미한다. 지구상의 돌멩이와 목성의 돌멩이는 둘 다 동일한 만유인력의 법칙의 지배를 받는다.

B: 그건 그렇다고 하자. 하지만 만유인력의 법칙은 이를테면 왜 생물체가 번식하고 죽는가와 같은 것들 대부분을 설명하지 못한다.

A: 그것도 결국 다른 법칙들에 의해 설명된다. 우주에서 일어나는 모든 것은 어떤 법칙이나 법칙들에 의해 설명된다.

B: 그런데 당신은 그것을 어떻게 아는가? 내가 묻는 질문에 답변을 하는 데에도 무슨 법칙이 있는가? 당신이 아는 법칙이 있으면 말해 주기 바란다.

A: 지금 당장 말할 수는 없다. 심리학이 하나의 과학으로서 그런 법칙을 발견하기에는 아직 충분하지 않다. 그럼에도 나는 개개의 모든 사건이 어떤 법칙의 사례라는 것을 확신한다.

A의 주장과 B의 주장을 평가하시오.

2. 기술 법칙과 규범 법칙의 차이점을 염두에 두고 다음 주장들을 평가하시오.

 a. 우리는 자연 법칙에 복종하지 않으면 안 된다.

 b. 내가 내일 할 일은 자연 법칙에 의해 예정되어 있다.

 c. 법칙이 있으면 법칙의 제정자가 있기 마련이다.

 d. 법칙은 만들어지는 것이 아니라 발견되는 것이다.

 e. 자연 법칙은 우주를 지배한다.

 f. 우리의 행동은 심리 법칙에 따르지 않을 수 없다.

3. 다음 명제들 가운데 어느 것이 자연 법칙으로 인정될 수 있는가? 그 이유는 무엇인가?

 a. 쇠는 산소와 접촉하면 녹이 슨다.

 b. 금에는 전성(展性)이 있다.

 c. 모든 사람은 죽는다(모든 사람은 언젠가 죽는다).

 d. 생물체가 번식할 때 그 자손은 항상 같은 종에 속한다.

4. 다음 진술들이 설명하는 진술인지 평가하시오. 불만족스러운 설명일 경우 무엇 때문에 불만족스러운 설명이 되는지 말하시오.

 a. 왜 새들은 둥지를 짓는가? 알을 낳고 새끼를 기를 장소를 갖기 원하기 때문이다.

 b. 왜 새들은 둥지는 짓는가? 그것이 새들의 본능이기 때문이다.

 c. 왜 대부분의 생물체는 부화되어 새끼로 성장할 수 있는 것보다 더 많은 알을 낳는가? 경쟁하는 생물체, 추위, 폭풍우, 그 밖의 피해 요인들에 의해 멸종되지 않고 종족을 보존하려고 하기 때문이다.

 d. 왜 이 물질은 더 뜨거워짐에 따라 (단위 부피의) 무게가 더 가벼워지는가? 이 물질은 플로지스톤이라는 보이지 않는 물질을 함유하는데, 플로지스톤을 더 많이 함유할수록 더 뜨거워지기 때문이다. 말하자면 플로지스톤은 물질보다 훨씬 가벼워서 플로지스톤이 빠져나갈수록 물질이 더 무거워지기 때문이다.

e. 왜 그는 어제 밤에 도착했는가? 그것이 신의 뜻이며, 신의 뜻은 언제나 이루어지기 때문이다.

5. "왜 그녀는 그를 찔러 죽였는가?" 답변 1: "그가 너무나 미워서 무엇보다도 자기 눈앞에서 죽는 것을 보고 싶었기 때문이다." 답변 2: "그녀의 두뇌 속에 있는 어떤 물질 입자가 작용한 결과, 전기화학적 충격이 어떤 신경 회로를 따라 흘러가서 어떤 원심 신경을 자극하자 그녀의 손과 팔의 근육이 활성화되어 어떤 방식으로 움직이게 했기 때문이다." 이 두 설명은 서로 상충하는가? 목적적 설명은 답변 2와 같은 "기계론적" 설명과 상충할 수밖에 없는가? 두 설명 사이에 어떤 관계가 있다고 생각하는가? 두 설명 모두 하나의 전체적 설명의 부분들인가?

6. 다음 대화의 단점뿐만 아니라 장점이라고 생각하는 것에 주목하여 대화를 검토해 보시오.

A: 뉴턴은 그때까지 전혀 발견되지 않은 경험적 사실을 발견했는가?

B: 그렇다, 그는 중력을 발견했다.

A: 하지만 뉴턴이 사과가 떨어진다고 말하지 않았어도 사과는 떨어진다.

B: 그는 사과가 **왜** 떨어지는가를 설명했다. 사과는 중력 때문에 떨어진다.

A: 그러나 중력은 사과가 **왜** 떨어지는가에 대한 설명이 아니다. 중력은 우리에게 익숙한 사실, 즉 사물이 **실제로** 떨어진다는 사실을 진술하는 특이한 낱말일 뿐이다. 그것은 사물이 실제로 떨어진다는 익숙한 사실을 더 일반적 용어로 다시 기술하는 것일 뿐이지 설명이 아니다(몸 상태가 이렇게 된 것은 쇠약해졌기 때문이라는 의사의 말과 비교해 보라). 사과와 기타 등등의 낙하가 중력이지 무엇이 중력인가?

B: 그렇다면 당신은 나의 요점을 인정한 셈이다. 중력은 실제로 사과의 낙하 이상의 것이다―중력은 사과 **그리고 기타 등등**의 낙하이다. 뉴턴은 과수원의 사과를 하늘의 별들과 관련지었다. 그는 겉보기에 관련이 없어 보이는 사건들을 일반적 법칙 아래 포섭했는데, 이렇게 함으로써 그 사건들을 설명했다. 마치 어떤

초거성(超巨星)이 발휘한 끌어당기는 힘이 중력인 것처럼 물활론적으로 생각한다면 그것은 물론 잘못이다. 중력은 끌어당기는 힘이 아니다. 중력이라는 말은 물질이 명확하고 구체적인 어떤 방식으로 작용한다는 사실을 지칭할 따름이다. 그러나 물질이 이런 방식으로 작용한다는 중력 법칙이야말로 진정한 설명이기 때문에, 행성의 공전과 사과의 낙하를 비롯하여 엄청나게 많은 현상들을 설명한다.

7. 혜성 이론에 대한 설명에서 이론은 무엇이고 관찰된 사실은 무엇인가? "관찰"이나 "관찰된 사실"이라는 것이 그것을 명확하게 진술할 때 얼마나 많은 이론을 가정하는지 생각해 보시오.

8. "과학의 법칙은 **발견**되지만 과학의 이론은 **고안**된다." 이 구별은 정당한가? 중력법칙은 발견되었는가 고안되었는가?

9. 다음을 **과학적** 이론으로 인정할 수 있는가? 왜 과학적 이론이고 왜 과학적 이론이 아닌가?

  a. 지난 밤 사이에—모든 측정 도구를 포함하여—모든 것이 이전 크기의 두 배로 팽창했다. 우리가 그 차이를 알 수 있을까? 모든 것이 팽창했다는 말이 무언가를 의미한다면 그 의미는 무엇일까?

  b. "우리들 가운데 누군가의 혈류(血流) 속 세포에 사는데 그 존재에 대한 직접 증거든 간접 증거든 전혀 증거를 갖지 못할 정도로 아주 작은 사람들의 사회를 상상해 보자. 또한 그 사람들 자신이 우리가 사용하는 것과 같은 과학적 도구들을 가졌고, 우리들에 필적할 만한 과학적 방법과 과학적 지식 체계를 가졌다고 상상해 보자. 이런 상상을 하는 사람들 가운데에는 그들이 사는 우주가 일종의 거인(Great Man)이라는 대담한 제안을 하는 사람이 있다. 이 가설은 과학적 근거에 입각하여 용인될 수 있는 것인가, 아니면 "형이상학적"이라는 이유로 웃어넘길 수밖에 없는 것인가? 왜 우리 자신의 수준에서는 그 비슷한 가설을 제기할 수 없을까? 말하자면 **우리가** 거인의 일부분이고, 우리가 아는 우주 전체는 거대한 혈류의 일부분에 불과한 것인지도 모른다고 생각할

수는 없을까?

10. 연역과 귀납 둘 다 증명할 수 없는 기초 원리를 가졌다는 점에서 귀납은 연역과 마찬가지이다. 우리는 동일률이나 모순율을 증명할 수 없으면서도 받아들인다. 왜 자연의 제일성 원리는 똑같이 취급하면 안 되는가?

11. 다음은 논리적으로 가능한가? 당신의 답을 정당화하시오.

　a. 공중으로 10,000 피트 뛰어오르는 것.

　b. 소리를 보는 것.

　c. 무의식적 욕구를 갖는 것.

　d. 존재하지 않는 것을 보는 것.

　e. 내일 신문을 오늘 읽는 것.

　f. 강을 건너가서 원래 출발했던 쪽에 있는 것.

　g. 눈 없이 보는 것.

　h. 호되게 혼나기.

　i. 단단한 쇠막대가 물에 뜨는 것.

　j. 이 세상의 어떤 동물도 들을 수 없는 소리가 있다는 것.

　k. 책상이 책상 위에 있는 책을 먹는 것.

　l. 상자 표면 전체가 순수한 빨간색이면서 동시에 순수한 파란색인 것.

　m. 화요일 다음에 (날짜 변경선을 통과하지 않고 동일한 지점에 계속 머물러 있는데도) 수요일 없이 목요일이 되는 것.

　n. 어떤 세계도 결코 존재하지 않는 것.

　o. 공간의 일부가 공간의 다른 어떤 부분으로 이동하는 것.

　p. 생각하는 사람 없이 생각이 떠오르는 것.

　q. 직선이 두 점 사이의 최단 거리가 아닌 것.

　r. 어떤 사람이 더 이상 물리적 신체를 갖지 않고서도 경험을 하는 것(이에 대한 자세한 논의는 6장 참조).

12. 다음과 같은 새가 존재한다는 것이 논리적으로 가능한가?

   a. 둥지의 밑바닥에 뚫린 구멍을 통해서 위로 알을 낳는 새.

   b. 사납게 날카로운 소리로 울어 대면서 몸체가 완전히 사라질 때까지 계속해서 점점 더 작은 동심원을 그리면서 맴도는 새.

독서안내

Blackburn, Simon. *Essays in Quasi-Realism*. London: Oxford University Press, 1993.

Burtt, E. A. *Metaphysical Foundations of Modern Science*. New York: Harcourt Brace, 1932.

Charles, David, and Kathleen Lennon, eds. *Reduction, Explanation, and Realism*. New York: Oxford University Press, 1992.

Cohen, Jonathan. *Introduction to the Philosophy of Induction and Probability*. New York: Oxford University Press, 1989.

Elias, Norbert. *Time*. Oxford: Blackwell, 1992.

Fraassen, Bas van. *Laws and Symmetry*. Clarendon, 1992.

Goodman, Nelson. *Fact, Fiction, and Forecast*. Indianapolis: Bobbs Merrill, 1955.

Hanson, Norwood. *Patterns of Discovery*. Cambridge: Cambridge University Press, 1958.

Hempel, Carl. *Aspects of Scientific Explanation*. New York: Free Press, 1966.

Hempel, Carl. *Philosophy of Natural Science*. Englewood Cliffs, NJ: Prentice Hall, 1966.

Katz, Jerrold. *The Problem of Induction and Its Solution*. Chicago: University of Chicago Press, 1962.

Kitcher, Philip. *Abusing Science*. Cambridge Press, 1982.

Kuhn, Thomas. *The Structure of Scientific Revolution*. Chicago: University of Chicago Press, 1970.

Moser, Paul. *Philosophy after Objectivity*. New York: Oxford University Press, 1993.

Nagel, Ernest. *The Structure of Science*. New York: Harcourt Brace, 1961.

Putnam, Hilary. *Mind, Language, and Reality*. 2vols. Cambridge: Cambridge University

Press, 1975.

Putnam, Hilary. *The Many Faces of Realism*. LaSalle, IL: Open Court, 1991.

Ray, Christopher. *Time, Space, and Philosophy*. London: Roudedge, 1991.

Reichenbach, Hans. *Experience and Prediction*. Chicago: University of Chicago Press, 1953.

Ruben, David Hillel. *Explanation*. London: Oxford University Press, 1993.

Salmon, Wesley. "An Encounter with David Hume." In Joel Feinberg, ed., *Reason and Responsibility*. Belmont, CA: Wadsworth, 1981.

Salmon, Wesley. *Foundations of Scientific Inference*. Pittsburgh: University of Pittsburgh Press, 1968.

Salmon, Wesley. *Limitations of Deductivism*. Berkeley: University of California Press, 1988.

Sellars, Wilfrid. *Science and Metaphysics*. London: Routledge, 1968.

Sellars, Wilfrid. *Science, Perception, & Reality*. London: Routledge and Kegan Paul, 1963.

Sklar, Lawrence. *Philosophy of Physics*. Boulder, CO: Westview Press, 1992.

Skyrms, Brian. *Choice and Chance* Belmont, CA: Dickensen, 1964.

Smart, J.J.C. *Between Science and Philosophy*. New York: Random House, 1968.

Smatt, J.J.C. *Problems of Space and Time*. New York: Macmillan, 1964.

Sober, Elliott. *Philosophy of Biology*. Boulder, CO: Westview Press, 1993.

Will, Frederick L. *Induction and Justification*. Ithaca: Cornell University Press, 1974.

Woodford, Andrew. *Teleology*. Cambridge: Cambridge University Press, 1976.

자유와 필연

경험 과학에서 법칙이나 이론은 궁극적으로 경험적 관찰에 의해 시험된다. 이론의 주장 내용이 감각-경험과 크게 동떨어진 것으로 보일 수도 있고, 이론과 우리의 경험 사이에 아주 많은 단계가 있을 수도 있다. 우리는 어떤 이론을 유지하기 위해 다른 이론을 단념하거나 이론의 한 측면을 단념함으로써 이론들이 논박당하지 않도록 재정립하거나 개정할 수 있다. 그러나 과학은 결국 경험에 의해 **반증**될 수밖에 없다. 과학은 "무슨 일이 일어나든 상관없이" 옳을 수 있는 것이 아니다.

1. 수학

하지만 경험적 반증을 전혀 필요로 하지 않는 것으로 보이는 다른 진술들이 있는데, 그럼에도 우리는 그 진술들을 옳다고 말한다. 2 + 2 = 4라는 것은 **옳지** 않은가? 우리는 멀리 떨어진 어떤 행성에서 어떤 일이 일어나는지 알 수 없으며, 그곳에 (혹시 생명체가 있다 하더라도) 어떤 종류의 생명체가 있는지 짐작도 못하지만, 거기에 어떤 것이 두 개 있고 또 두 개 있다면 네 개가 있다는 것은 알지 않는가? 그것은 우리 세계에서만 옳은 것이 아니다 **모든 가능 세계**에서 옳지 않은가?

자연에 관한 진리를 발견하기 위한 실험실은 있지만, 수학 실험실이 있는 것은 아니며, 수학 실험실을 필요로 하지도 않는다. 3 × 12 = 36이라는 것을 발견하기 위해 시험관이나 분젠 버너를 필요로 하지 않는다. 우리는 논리학에서처럼 그것을 연역적으로 계산하는 방법을 안다. 우리는 세계로 나가서 조사할 필요가 없다. 수학은 "순수 이성"(pure reason)의 문제이지 경험의 문제가 아니다.

그래, 그런 것 같다. 수학이 순수 이성의 문제임을 명확히 밝히기 위해 다음 몇 가지 사항을 검토해 보자.

2 + 2는 언제나 4가 된다는 것을 어떻게 아는가? 이 나무 두 그루와 저 나무 두 그루를 볼 때마다 그 나무들이 언제나 모두 네 그루가 된다. 그리고 개 네 마리, 책 네 권, 상자 네 개 등등의 경우도 마찬가지다. 그렇다면 "2 + 2 = 4"는 지금까지 전혀 예외가 발견된 적이 없는 경험적 **일반 진술**일까? 두 사물에 두 사물을 더했을 때 네 사물이 되지 않는 것을 한 번도 본 적이 없다고 말하면 그만일까? "2 + 2 = 4"는 화학 법칙, 이를테면 물의 비등점에 관한 법칙 같은 것일까? 물은 기압이 낮아질수록 더 낮은 온도에서 끓는다. 그렇다면 기압이 다르거나 중력이 다르거나 온도가 다르면 2 + 2는 4보다 작을 수 있을까?

화성이나 우주의 다른 곳에서는 2 더하기 2가 4와 같지 **않을** 수도 있을까? 화성에서 무슨 일이 일어나는지, 그곳에 (생명체가 있다면) 어떤 종의 생명체가 있는지, 화성에 화산암이 있는지 등등에 대해서 별로 알지 못하지만—지구에서든, 화성에서든, 다른 어느 곳에서든—두 사물이 있고 또 두 사물이 있으면 네 사물이 있다는 것을 **알** 수 없을까? 두 사물과 두 사물의 합이 시간과 장소에 따라 네 사물이 되지 않을 수도 있을까?

만일 그럴 수 없다면, "2 + 2 = 4"와 같은 산술학 진술은 추후의 경험을 고려하여 항상 수정되는 과학의 진술과 완전히 다르다. 우리는 물론 2 + 2 = 4라는 것을 저학년 때 **배운다**(그것은 태어날 때부터 알고 있었던 것이 아니다). 그러나 우리가 배운 **내용**은 중력 법칙과 같은 자연 법칙이 아니라 "A와 not-A 둘 다는 아니다"(무모순율)나 "p가 q를 함의하고 q가 r을 함의하면 p가 r을 함의한다"(논리의 원리)와 같은 "영원한 진리"이다. 사실 오늘날에는 산술학 진술이 자연 법칙 같은 진술이라고 말할 사람은 거의 아무도 없다. 수학은 논리학처럼 **필연적 진리**로 이루어져 있다.

하지만 누군가가 다음과 같이 주장한다고 해 보자. "산술학 명제가 **언제나 옳은 것은 아니다.** 2 더하기 2가 언제나 4가 되는 것은 아니다. 예를 들어 물 2 리터에 알코올 2 리터를 더하면 4 리터가 되어야 한다—그러나 4 리터가 되지 않는다. 두 물질의 분자가 상호 침투하기 때문에 4 리터가 약간 안된다. 사자 두 마리와 새끼 양 두 마리를 한곳에 두고 잠시 후에 봤더니 넷이 아니라 둘만—사자 두 마리만—남는다. 두 아메바가 분열하자 넷이 되었다—둘이었던 것이 지금은 넷이다! 산술학 명제가 모든 경우에 옳지 않다면—산술학 명제가 관찰에 의해 가끔 그른 것으로 나타난다면—어떻게 산술학 명제가 필연 명제(necessary proposition)일 수 있겠는가?"

　　그러나 여기에 오해가 있다. 2 ＋ 2 ＝ 4라고 말할 때 우리는 둘**이었던** 아메바가 넷이 **되었다**든가 넷이었던 것이 잠시 후에 둘이 되었다는 것(사자가 새끼 양을 잡아먹었다는 것)을 절대 부정하지 않는다. **만일** 당신이 둘과 둘을 갖는다면 **바로 그 순간** 넷을 갖는다는 것뿐이다. 산술학은 자연의 진행 과정—어떻게 두 사물이 네 사물로 될 수 있고 어떻게 넷이었던 것이 두 사물이 될 수 있는지—에 대해서는 아무것도 알려 주지 않는다. 산술학은 결코 세계에 어떤 것 넷이 있는지 알려 주지 않으며, 그러한 넷을 확인할 수 있는 세계가 **있다**는 것조차도 알려 주지 않는다. **만일** 둘이 있고 또 둘이 있으면, **그러면** 반드시 넷이 있다는 것, 즉 둘이 있고 또 둘이 있다는 말과 넷이 있다는 말이 똑같은 말이라는 것뿐이다. 사자 두 마리와 새끼 양 두 마리가 있으면 넷이 있다. 사자 두 마리만 있으면 둘—즉 하나 더하기 하나—만 있다. 두 마리가 백만 마리를 낳는다고 해도 이것은 "2 ＋ 2 ＝ 4"나 그 밖의 어떤 산술학 명제를 어기는 것이 아니다. 토끼 두 마리는 머잖아 백만 마리가 된다. 그런데 두 마리가 백만 마리가 되거나 아예 멸종된다고 해도 이 사건은 전혀 산술학의 법칙을 반박하지 못한다. 무엇이 무엇으로 변하고, 무엇이 무엇으로 되며, 이것이 저것으로 바뀐다—이 모든 것은 세계에 일어나는 일과 관련되어 있다. 산술학의 법칙은—두 사물이 다른 두 사물과 함께 나란히 있건, 녹아 버리건, 폭발하건, 방을 무너뜨리건—물리적 세계에서 일어나는 일과 아무런 관계도 없다. 두 사물이 **녹아서 하나로 되면** 어떻게 될까—그러면 1 ＝ 2라고 말할 수 있을까? 아니다, 우리는 (2장에서 거론했던) 동일률을 건드리지 않고서도 A가 B로 될 수 있는 것처럼 둘**이었던** 것이 하나가 **되었다**고 말할 수 있다. "4"는 "2 ＋ 2"를 말하는 또 하나의 방식이고, "2 ＋ 2"는 "1 ＋ 1 ＋ 1 ＋ 1"을 말하는 또 하나의 방식이기 때문에 2 ＋ 2 ＝ 4이다.

그러나 나무가 이쪽에 두 그루 저쪽에 두 그루 있는데, 나무를 셀 때마다 신기하게도 또 한 그루가 갑자기 나타나서 다섯 그루가 된다고 해 보자. "2 + 2"는 그때 (가끔씩이나마) 5와 같을 수 없을까? 아니다, "2 + 2 = 4"는 나무를 세는 과정 (counting process)에서 무슨 일이 일어나든 여전히 옳다. 혹시 나무를 셀 때마다 계속 착각이 일어날 수도 있고, 수차례 세어 본 결과 또 한 그루가 나타날 수도 있다. 그렇다면 나무가 두 그루에 두 그루가 있는 것이 아니라, 두 그루에 두 그루에 한 그루, 즉 다섯 그루가 있는 셈이다.

순수한 산술학 진술(사물이 아니라 수에 관한 진술)과 세계의 사물들에 일어나는 것에 관한 진술이 뒤섞이거나 결합되면 두 종류의 진술을 혼동하기 쉽다. "2 + 2 = 4"는 산술학의 진리이지만, "사과 두 개에 사과 두 개를 더하면 사과 네 개가 된다"는 산술학의 진리가 아니다. 물과 알코올을 더하지 못하는 것처럼 사과와 사과를 더하지 못한다. 그것들을 한곳에 함께 놓고 무슨 일이 일어나는지 지켜보라. 사과의 경우에는 누군가가 만질 때까지 그대로 나란히 놓여 있다―그것은 자연의 사실이지 산술학의 사실이 아니다. "사과 두 개에 사과 두 개를 더하면 사과 네 개가 된다"라는 진술보다는 "사과 두 개 옆에 다른 사과 두 개를 놓으면 (폭발하거나 녹아내는 것이 아니라) 결국 네 개의 사과가 될 것이다"라는 진술이 더 정확한 진술이다 ―두 번째 진술이 수에 관한 것이 아니라 자연에 관한 것임을 더 선명하게 보여준다.

우리는 두 종류의 진술을 어떻게 구별하는가? "'사과 두 개에 사과 두 개를 더하면 사과 네 개가 된다'라고 말할 때 우리가 언급하는 것이 사과이건 코끼리이건 모래알이건 목요일에 관한 생각이건 **무슨 상관인가?**"라고 물음으로써 두 종류의 진술을 구별할 수 있다. 만일 상관이 있다면 그것은 산술학의 진술이 아니다. 이를테면 물과 나트륨의 경우에는 폭발해서 넷이 안 될 수도 있다. 그러나 우리가 언급하는 것이 사과이건 다른 것이건 **상관없다**면, 다시 말해 순전히 **수**에 관한 것이라면, 그것은 산술학의 진술이지 자연의 진행 과정에 관한 진술이 아니다. 초등학교 수학 교과서는 "수를 사물로 구체화"하려다 보니 두 종류의 진술을 뒤섞는 경우가 가끔 있다. 예컨대 "2에 2를 더하면"이라고 말하는 대신 "알코올 두 스푼에 알코올 두 스푼을 더하면"이라고 말하는데, "알코올 두 스푼에 알코올 두 스푼을 더하면"이라는 진술은 알코올이나 다른 어떤 물질에 관한 것이 아닌데도 수에 관해 말하지 않고 알코올에 관해 말하는 것처럼 보인다.

　당신이 나무를 센다고 해 보자. 왼쪽에 두 그루 오른쪽에 두 그루가 있는데, 나무가 모두 몇 그루인지 세어 볼 때마다 항상 네 그루가 아니라 다섯 그루가 된다. 이런 일이 계속 일어나면 어떻게 말할 수 있을까? "2 더하기 2는 때로 5가 되기도 한다"라고 수학 교과서를 수정해야 할까? 전혀 그럴 필요 없다. "2 더하기 2는 4가 된다"는 **수를 세는 과정에서 무슨 일이 일어나든 아무 상관없이** 여전히 옳다. 나무를 몇 차례 세어 보아도 매번 다섯 그루라면, 나무를 셀 때마다 계속 착각이 일어났다고 판단할 수도 있고, 나무를 세는 사이에 또 한 그루가 자라났거나 순식간에 나타났다고 판단할 수도 있다. 그러나 그러한 경우에 2 더하기 2가 때로 5가 되기도 한다고 말해서는 **안 된다.** 만일 나무가 모두 몇 그루인지 세어 볼 때마다 항상 한 그루가 더 발견된다면, 나무 두 그루 더하기 두 그루에다가 나무를 셀 때 순식간에 나타나는 것으로 보이는 한 그루를 합해서 모두 다섯 그루라고 말해야 한다. 산술학은 아무 상관없이 그대로 유지된다.

　그 밖의 필연적 진리. 그러나 어떤 것에 의해서도 반증될 수 없는 또 다른 진술들이 있다(있는 것 같다). 철학자들은 이것을 다른 방식으로 진술한다. 즉 그 진술들은 그를 가능성이 없다. 그 진술들은 필연적으로 옳다. 그 진술들은 모든 가능 세계에서 옳다. 그러한 진술로 알려진 몇 가지 예를 살펴보자.

1. 어떤 것도 전체가 빨간색이면서 동시에 전체가 파란색일 수 없다.

A: 우리는 빨간색 페인트와 파란색 페인트를 혼합해서 대상의 표면 전체가 동시에 두 색깔이 되게 할 수 있다.

B: 그렇지만 그것은 전체가 빨간색이면서 진체가 파란색은 아니다. 그것은 두 색깔이 혼합된 색깔이다.

A: 그것은 빨간색과 파란색의 줄무늬일 수도 있고 얼룩무늬일 수도 있다.

B: 물론 그런 것도 있지만, 그것 역시 전체가 온통 빨간색이면서 전체가 온통 파란색은 아니다.

A: 빨간 것은 빨갛고 파란 것은 파랗다. 빨간 것이면서 파란 것일 수 없다는 것은 당연하다.

B: 그러나 대리석은 빨간색이면서 동시에 단단한 것일 수 있다. 왜 그것은 빨간색 이면서 동시에 파란색일 수 없을까?

A: 빨갛다는 것이 파랗다는 것은 배척하지만(exclude) 단단하다는 것은 배척하지 않기 때문이다.

B: 하지만 왜 파랗다는 것이 빨갛다는 것에는 배척되고 단단하다는 것에는 배척되 지 않는가?

A: 그것은 정의상 그렇다. 색채어들은 서로 배척하게끔 정의되었다.

B: 왜 색채어들이 그렇게 정의되었다고 생각하는가? 내가 말했듯이 빨강은 단단함 을 배척하지 않는다. 왜 그럴까?

A: 색채어들이 왜 그런 식으로 정의되었는지 모르겠다. 하지만 현재 정의된 대로라 면 색채어들은 서로 배척한다.

B: 문제는 "빨간색"과 "파란색"을 결코 언어로 정의할 수 없다는 것이다. 바로 그것 때문에 빨간색과 파란색의 경우는 "그 꽃병의 높이는 12인치이면서 동시에 18 인치일 수 없다"는 경우와 다르다. 그 꽃병의 높이가 18인치라면 그것은 또한 18인치 **아닌 것**(예컨대 12인치)일 수 없다. 말하자면 그 꽃병이 18인치이면서 동시에 18인치 아닌 것이라고 말하면 그것은 모순이다.

A: 그런데 빨간색이면서 동시에 단단하다고 말하는 것은 왜 모순이 아닐까? 단단 한 것도 빨간색-아닌-것이고, 파란색도 빨간색-아닌-것이다. 뭐가 다른가?

B: 단단하다는 빨갛다와 그저 **다를** 뿐이다 — 많다, 시끄럽다, 향기롭다 등등이 모 두 빨갛다와 다른 것이나 마찬가지다. 그러나 파랗다는 빨갛다와 **다르기만** 한 것이 아니다. 그것은 또한 빨갛다와 **양립 불가능**하다.

A: 그렇다, 실제로 두 성질은 양립 불가능하다. 당신이 괜찮다면 이것을 "자연적 필 연성"(natural necessity)이라고 말할 수도 있다. 어떤 것이 빨간색이라면 그것 은 파란색일 수 없다. 그러나 빨간색과 단단함의 경우에는 어떤 것이 빨갛다고 해도 그것은 단단할 **수** 있다 — 종종 그런 경우가 있다. "빨갛다, 그러므로 파랗 지 않다"고 말할 수 있지만 "빨갛다, 그러므로 단단하지 않다"고 말할 수 없는

것은 "자연의 필연성" 때문이다.

B: 이것은 철학자들이 말하는 한정의 원리(Principle of Determinables)에 대한 예시이다. 빨간색, 노란색, 파란색 등등은 모두 색깔이라는 일반적 이름, 즉 범주 아래 한정되는 것이며, 사각형, 원형, 타원형 등은 모두 모양이라는 범주 아래 한정된 것이다. 한정의 원리는 어떤 범주에 속한 어떤 것으로 이미 한정한 것을 동일한 범주에 속하는 다른 것으로 동시에 한정할 수 없다는 원리이다. 따라서 동일한 시간과 장소에 빨간 것(전체가 빨간 것)과 전체가 파란 것은 동시에 있을 수 없지만, 모양과 단단함은 서로 범주가 달라서 동시에 그것을 한정할 수 있기 때문에 전체가 빨간 물체는 동시에 전체가 단단할 수 있다.

A: 아주 깔끔하게 정리되었다. 그런데 당신은 한정의 원리를 어디서 얻는가? 그것의 출처는 어디인가? 그것은 과연 증명될 수 있는가? 나는 그것을 형이상학적 필연성이라고 생각한다. 그것은 내일이라도 예외가 나타날 수 있는 과학적 일반 진술 같은 것이 아니다. 그 원리에는 어떤 예외도 있을 **수 없다**. 전체가 빨간 것은 (동시에) 전체가 파란 것을 완전히 배척한다. 그것이 실재의 본모습이다. 필연적으로 그렇게 실재한다.

2. 두 사물이 동시에 동일한 장소에 있을 수 없으며, 하나의 사물이 동시에 다른 두 장소에 있을 수 없다.

당신이 문으로 들어가는 것을 봄과 동시에 당신이 다른 문으로 들어가는 것을 본다고 해 보자. 그것은 불가능하지 않을까? 당신이 한 장소에 있다면 당신은 다른 장소에 있을 수 없기 때문이다. 착각일 수도 있고 거울에 비친 모습일 수도 있지만, **당신**은 이쪽 문에 있으면서 동시에 저쪽 문에 있을 수 없다. 그것은 한 사람이 아니라 두 사람일 수 있다. 한 사람이 동시에 두 장소에 있을 수는 없다.

그리고 이 주장은 한 장소를 동시에 차지하는 두 사물에 대해서도 똑같이 성립한다. 두 권의 책이 책상의 한쪽 모서리 바로 그곳에 동시에 있을 수는 없다. 그곳에 있는 것은 한 권의 책이다. 만일 두 권의 책이 있다면, 그것들은 다른 두 장소에 있어야 한다.

A: 두 개의 촛불을 녹여서 하나로 만들면 두 사물이 동일한 장소에 있을 수 있지 않을까? 또는 두 대의 자동차가 충돌하면 두 대의 자동차가 동시에 동일한 장소에 있을 수 있지 않을까?

B: 자동차 두 대가 서로 동일한 장소를 차지하려고 하다가 충돌 사고가 났다고 말할 수는 있다. 하지만 그때 일어난 일은 자동차 한 대의 일부가 충돌 직전에 차지했던 공간 부분을 지금은 다른 자동차의 일부가 차지했다는 것뿐이다.

A: 그러나 정확히 어느 한 지점을 주시할 경우에는 두 사물이 그 지점을 동시에 점유할 수 없다.

B: 당신이 생각하는 "지점"(spot)이 얼마나 큰지 모르겠다. 두 아메바가 그 지점을 차지할 수 없는가? 두 개의 먼지 입자도? 사람들이 사용하는 "동일한 장소"라는 말이 아주 모호하다. 만일 동일한 장소가 동일한 자동차 주차 공간을 의미한다면 두 대의 자전거가 동일한 장소에 있을 수 있다. 자전거는 둘 다 주차장 15-C에 있다.

A: 깨끗한 액체를 파란 액체와 혼합하면 두 액체가 동시에 동일한 장소에 있지 않은가?

B: 일상적인 용법으로 말하면, "그렇다, 두 액체 분자 모두 동일한 영역, 이를테면 동일한 100분의 1 입방인치에 있다"고 할 수도 있다.

A: 그렇지만 각각의 분자는 여전히 다른 장소에 있다. 두 분자가 동시에 동일한 장소에 있을 수 있을까?

B: 동일한 100만분의 1 영역에? 당신이 말하는 "동일한 장소"가 무엇인지 아직도 확실하지 않다.

A: "동일한 장소"에 대한 명확한 정의가 있을 것 같지는 않다. 내가 확신하는 것은 오직 일정한 영역에 두 사물이 있으면 그것들이 다른 두 장소에 있다고 **말할 수 있다는 것** 그것을 다른 두 장소라고 말할 수 있다는 것 뿐이며, 단 하나의 사물만 있으면 그것이 내리식 한 장이건, 넌시 한 점이건, 분사 하나건, 그것이 다른 두 장소에 있지 않다는 것뿐이다. 모호한 것은 "동일한 장소"라는 그 구절이지, 동일한 장소에 관한 우리의 생각이 아니다.

B: 그것은 동일한 장소라고 **말할** 때 우리가 **어디까지**를 동일한 장소라고 말하려는

가의 문제이다.

A: 이제 간략히 정리해 보자. "2 + 2 = 4"는 그것을 부정하면 자체모순이기 때문에 필연적 진리이다—그것을 부정하는 것은 "1 + 1 + 1 + 1"이 "1 + 1 + 1 + 1"과 같지 않다고 말하는 것이다. 바로 그 점에서 "2 + 2 = 4"는 "A는 A다"와 같으며, "모든 A가 B이고 모든 B가 C면, 모든 A는 C다"와 같다. 이것은 필연적 진리, 즉 논리적 진리(logical truth)이다. 필연적 진리를 부정하는 사람은 1 + 1 + 1 + 1이 1 + 1 + 1 + 1이 **아니**라거나 A는 A가 아니라고 주장하는 것인데, 이것은 자체모순이기 때문에 필연적 진리에 대한 부정은 이해 불가능하다.

B: "어떤 사물 전체가 빨간색이면서 파란색일 수 없다"는 것 역시 필연적 진리인데, 그것을 부정하면 어떻게 모순이 되는지 모르겠다. "그것이 빨간색이면서 단단하다"라는 말에는 어떤 모순도 없다. "그것이 빨간색이면서 파란색이다"의 경우도 마찬가지 아닐까? "빨간색이면서 빨간색-아닌-것"은 자체모순이지만 "빨간색이면서 파란색"은 자체모순이 아니다. 그것이 자체모순이라는 것을 증명할 수 있는가? "빨간색이면서 파란색"이 자체모순이 아니라면 그것은 자연의 사실, 즉 공원에 있는 나무들의 수효처럼 현 상태와 다를 수도 있는 자연의 사실일까? 하지만 "2 + 2 = 4"는 그 밖의 다른 것일 수 없는 논리적 진리이다.

A: 그런데 공원에 있는 나무들의 수효처럼 현 상태와 다를 수도 있는 자연의 사실이란 것이 무엇인가?

B: 그것이 문제가 아니다. "2 + 2 = 4"는 논리적 진리이지만, "그것이 빨간색이면서 동시에 파란색이다"는 (그렇지 않은 세계를 상상하려고 하는) 필연적 진리이기는 하나 논리적 진리가 아니라는 것이 문제다. "그것은 빨간색이면서 동시에 단단하다"는 종종 옳은데 그것을 부정하는 것이 모순이 아닌 것처럼 "그것은 빨간색이면서 동시에 파란색이다"도 모순이 아니라고 생각한다! 우리가 마침내 필연적인 종합적 진리(synthetic necessary truth)의 진정한 예를 알게 된 것 아닐까?

2. 칸트와 선천적 종합 판단

당신은 자연이 한결같이 일정한 방식으로 작동한다는 것을 확신하고 싶은가? 그리고 우주 전체에 인과 관계가 작용한다는 것, 자연 법칙이 모든 시간과 공간에서 유지된다는 것, 7 + 5가 언제나 12와 같다는 것을 확신하고 싶은가? 임마누엘 칸트(Immanuel Kant, 1724–1804)는 방법이 있다고 했다. 그러나 그것은 결코 쉬운 일이 아니다.

칸트는 모든 판단이 두 종류로 나뉠 수 있다고 했는데, 그 두 종류를 일컬어 **분석 판단**(analytic judgment)과 **종합 판단**(synthetic judgment)이라고 했다. 분석 판단에서 술어는 이미 주어에 있는 것의 전부 또는 일부를 반복하고, 종합 판단에서 술어는 주어에 있는 것 이상의 무언가를 주장한다. 분석 판단의 형식은 "모든 A는 A다"이고, 종합 판단의 형식은 "모든 A는 B다"이다. "모든 총각은 총각이다"는 분석 판단이다. 따라서 "총각"의 정의인 미혼 남자를 "총각"에 대입하여 "모든 미혼 남자는 미혼 남자이다"라는 분석 판단을 얻을 경우 "모든 총각은 미혼이다" 역시 분석 판단이 된다. 그러나 "모든 총각은 키가 크다"는 분석 판단이 아니라 종합 판단이다 (그리고 이것은 그른 판단이다).

분석 명제는 "모든 AB는 A다"라는 형식을 갖기도 하는데, 술어에는 정의 전체가 아니라 정의 특성만 나타난다. 예를 들어 "모든 삼각형은 변이 셋이다"와 "모든 아버지는 남자다"는 술어가 정의의 일부만을 포함하고 있음에도 둘 다 분석 진술이다. 분석 진술은 또한 전적으로 그 진술 안에 있는 낱말들의 의미에 의해서 옳게 된다. 이를테면 남자가 아닌 어느 누구도 (우리가 "아버지"라는 말을 사용하는 것처럼) 아버지라고 불릴 수 없기 때문에 모든 아버지는 남자다.

칸트는 이어서 또 한 쌍의 용어, 즉 **"선천적"**(a priori)이라는 용어와 **"후천적"**(a posteriori)이라는 용어를 도입한다. 이 용어들은 ("분석적"이나 "종합적"이라는 용어와 달리) 명제 자체와 관련되는 것이 아니라 명제에 대한 **지식**과 관련된다. 선천적 진리는 "경험과 무관하게" 알려질 수 있는 것이다—이 말은 우리가 선천적 진리를 학습할 필요가 없다든가 선천적 진리의 **낱말들**에 대한 학습 경험이 필요 없다는 것이 아니라, 우리가 자연 법칙을 발견하는 것처럼 사례들을 모음으로써 선천적 진리를 귀납적으로 발견할 필요가 없다는 것일 뿐이다. 모든 분석 진술은 선천적으로 알려질 수 있다. 분석 진술이 옳은지 알기 위해서는 분석 진술에 포함된 용어들의 의미만 알면 된다. 자연을 고려할 필요가 없다. 그와 대조적으로 "모든 까마귀는 검다"는 오직 후천적으로만 — 즉 사람들이 까마귀를 경험한 다음에(posterior to) — 알 수 있다. 그리고 물론 물이 얼고 납이 녹는 등의 온도에 관한 법칙 역시 까마귀의 경우와 마찬가지이다 — 모든 것이 감각-경험을 통해 사례별로 입증되어야 한다. 자연 법칙은 모두 후천적이다. 자연 법칙은 오로지 경험에 의해서만 확증될 수 있으며, 경험의 지지를 받지 못하는 자연 법칙 또한 경험에 의해 반박될 수 있다.

우리가 분석 명제를 선천적으로 알 수 있는지에 관해서는 논란의 여지가 없다. 분석 명제는 분명히 선천적으로 알려질 수 있다. 총각이 미혼인지 알기 위해 총각을 조사할 필요가 없다. 총각이 미혼이라는 것은 "총각의 정의"에 의해 알려진다. 그리고 오로지 후천적으로만 알려질 수 있는 진술이 종합적인가에 관해서도 논란의 여지가 없다. 모든 까마귀가 검은지, 푸른 눈을 가진 모든 하얀 수고양이가 귀머거리인지는 경험에 의해 알려질 수밖에 없다. 이와 같이 오로지 후천적으로만 알 수 있는 진술들은 종합적이다 — 술어에 나타나는 것(검다)이 주어에서 언급된 것(까마귀)을 넘어선다.

그러나 칸트는 세 번째 범주, 즉 종합적이면서 **동시에** 선천적으로 알 수 있는 진술들이 있다고 주장했다. "어떻게 이것이 가능한가?"라고 의아해할 것이다. 어떤 진술이 경험과 무관하게 옳은 것임에도 — 사례들을 전혀 조사하지 않고도 모든 경우에 대해 옳다는 것을 알 수 있음에도 — 어떻게 분석 진술과 달리 ("모든 총각은 미혼이다"처럼) 낱말의 의미에 관한 지식이 아니라 언어 바깥의 세계에 관한 지식을 제공할 수 있을까? 어떤 진술이 세계에 관해 옳은 것임에도 어떻게 세계의 가능한 어떤 경험에 의해서도 논박당하지 않을 수 있을까? "모든 A는 B다"가 옳은지 발견하기 위해 수많은 사례를 조사하지 않고서도 세계의 상태를 알 수 있다면 얼마나 좋을까? 어떤 사람이 "모든 고니는 희다"라고 말하는데 그 진술이 분석적이 아니라면 — 즉 희다는 것이 "고니"에 대한 정의의 일부가 아니라면 — 어떻게 그 진술이 선천적으로 옳다는 것, 즉 그 진술이 옳다는 것을 발견하기 위해 모든 고니를 조사하지 않고서도 옳다는 것을 아는 일이 가능할까? 대부분의 철학자는 선천적인 종합적 진리를 가망 없는 환상이라고—케이크를 먹으면서 동시에 가지고 있으려는 것과 같다고—생각했다.

칸트 이전의 많은 철학자는 인간이 실재에 대해 선천적 지식을 가질 수 있다고 주장했다. 이들은 **경험주의**, 즉 실재에 대한 지식은 언제나 후천적이라는 견해와 대조를 이루는 **이성주의** 전통의 철학자들이다. 우리가 1장에서 논의한 이성주의는 관념들 가운데 본유 관념(innate idea)도 있다는 견해인 "개념 이성주의"였지만, 여기서 말하는 이성주의는 명제적 지식에 관한 이성주의이다. 그러나 이성주의자들도 어떤 명제들에 이런 특권적 지위를 부여하는 것에 대해서는 서로 의견을 달리하는 경우가 가끔 있었다. 어느 누구도 "아버지는 남자다"와 같은 분석 진술이 선천적으로 알려질 수 있다는 것을 부인하지 않았다. "아버지"라는 낱말이 남자 부모를 의미하므로 "아버지는 남자다"는 진술은 "남자 부모는 남자 부모다"가 되고 만다. 하지만 경험주의자가 부인한 것은 실재에 대한 선천적 지식이 있다는 것이다. (아리스토텔레스의 사고의 법칙은 아리스토텔레스가 주장한 것처럼 실재에 관한 법칙인데, 이 점에서 아리스토텔레스는 이성주의자였다. 그러나 사고의 법칙이 어떤 지위를 갖든 그것은 종합 명제가 아니다. 이를테면 "A는 A다"를 부정하는 것은 "A는 A가 아니다"는 것인데 그것은 자체모순이다—아리스토텔레스의 사고의 법칙이 선천적인 **종합적** 지식일까?)

어떤 명제가 선천적 종합 명제인지, 그리고 그 명제가 선천적 종합 명제라는 주장이 어떻게 정당화되는지는 항상 이성주의자들의 걱정거리였다. 그러나 칸트는 이 도전에 응수할 수 있는 고유의 독창적인 방법을 가지고 있었다. 칸트 자신이 제기한 물음은 "선천적인 종합적 지식이 있는가?"—칸트는 있다고 답했다—가 아니라 오히려 "선천적인 종합적 지식이 **어떻게** 가능한가?"였다. 그의 유명한《순수이성 비판》은 이 물음에 답하려는 데 대부분의 지면을 할애하였다.

우리는 통상 우리의 지식이 "사물이 존재하는 방식에 따라야" 한다고 믿는다. 칸트 역시 그래야 한다고 생각했지만, "대상이 우리의 지식에 따라야 한다"는 것 또한 옳다고 했다. 하지만 우리는 "어떻게 이것이 가능한가?"라고 물을 수 있다. 우리 자신의 정신 능력이 세계의 존재 방식을 결정한다는 것인가? 세계가 우리의 바람과 요구에 따른다는 것인가? 칸트는 그렇지 않다고 부정했지만, 우리의 감각 기관을 통해 지각하고 이성을 통해 이해하는 바로 그 세계가 우리의 지각 방식과 인지 방식에 따라 각색될 수밖에 없다고 했다. 노골적인 예를 하나 들어 보자. 만일 우리가 벗을 수 없는 푸른 색안경(그리고 끼고 있는지도 모르는 푸른 색안경)을 통해서 항상 세계를 본다면 모든 것이 우리에게 푸르게 보일 것이다 ―이것은 모든 것이 **푸르다**는 것이 아니라 우리가 끼고 있는 색안경 렌즈의 본성 때문에 우리에게 푸르게 보인다는 것이다.

우리가 지각하는 세계는 "있는 그대로의 실재하는" 세계가 아니라 우리의 감각 기관과 지성(understanding)을 통해 여과된 세계이다. 있는 그대로의 세계와 우리에게 나타나는 세계는 아주 다르다.

"대상이 우리의 지식에 따라야 한다"는 주장을 처음 들으면 누구나 정말 터무니없다고 생각할 것이 분명하다. 우리의 타고난 능력이 이 세계 속에서 일어나는 일을 결정한다거나 이 세계 속에서 일어나는 일에 어떻게든 영향을 미치기도 한다는 것이 도대체 어떻게 있을 수 있겠는가? 우리는 세계를 우리에게 발견되는 상태 그대로 받아들일 수밖에 없다. 세계가 우리의 필요나 요구에 어떻게든 따라야 한다고 생각하는 것은 대단히 불합리하다. 그러나 이 반론에 충분히 설득력이 있다고 느낀 칸트는 이 반론에 응수하기 위해 있는 그대로의 **실재하는** 세계와 **우리에게 나타나는** 세계가 확연하게 다르다고 주장했다. 존재하는 것은 존재한다. 존재하는 것의 본성은 그저 존재한다는 그것뿐이다. 존재하는 것은 우리 자신과 무관하게 존재할 수 있다. 하지만 존재하는 것이 인간에게 특정한 방식으로 **나타남으로써** 인간에 의해 분류되고 해석되고 범주화되고 특정한 방식으로 기술된다는 것 역시 틀림없는 사실이다. 만일 우리의 감각 기관이 현재 상태와 근본적으로 달랐다면, 이 세계도 물론 우리에게 근본적으로 달리 보였을 것이다. 그리고 우리의 언어와 사고방식이 완전히 달랐다면, 우리가 지금까지 제시한 세계에 대한 기술 역시 오늘날의 것과 달랐을 것이다. 따라서 설령 우리의 감각 능력과 사고 능력이 존재 자체의 본성과 전혀 다르지 않다고 할지라도 우리의 능력은 우리에게 나타나는 세계의 특성을 어느 정도 결정한다. 말하자면 우리의 능력은 우리에게 나타나는 세계의 일반적인 **형식**(form)을 결정한다. 세계 자체가 어떤 것이든 간에 그것은 우리에게 나타나기 때문에 우리가 보는 대로 보일 수밖에 없다. 그렇다면 칸트가 말하는 세계는 현상으로서의 세계이며, "우리의 지식에 따라야"

하는 것은 **현상**으로서의 대상이다.[1]

칸트는 우리가 세계에서 **발견하는** 것과 우리가 세계에 **부여하는** 것을 구별해야 한다고 했다. 예를 들어 우리는 고니가 희고 대부분의 동물이 네 발을 가졌다는 것을 발견하지만, 그렇지 않은 경우 또한 쉽게 상상할 수 있다. 하지만 우리는 (예를 들어) 12차원을 가진 공간을 상상할 수 있을까? 우리는 오직 하나의 공간만 있다는 것, 시간 계열의 본성이 지금까지 알려진 우주와 알려지지 않은 우주 공간에서 동일하다는 것을 "발견할" 수 있을까?

칸트는 시간과 공간에 관한 주장이 다양한 선택지를 가진 일상의 사실적 주장과 다르다고 했다. 우리는 우주가 무엇을 포함하고 있든 간에 우주는 3차원 공간이라는 가정, 그리고 어떤 사건이 일어나든 간에 그 사건은 단 하나의 시간 계열 안에서 제자리를 차지한다는 가정을 가지고 우주에 **다가간다**. 우리는 실재 자체가 어떤 상태인지 알지 못한다. 그러나 현상의 세계, 즉 현상계는 오로지 우리가 지각하는 방식으로만 나타날 수 있다. 우리의 감성(sensibility)은 우리가 시간적 특성과 공간적 특성을 가진 것만을 지각할 수 있는 그런 것이다. 따라서 우리에게 나타나는 세계(현상계)는 시간적 특성과 공간적 특성을 **반드시** 가져야 한다. 현상계가 이런 특성을 갖는다는 것은 종합적이면서 동시에 선천적이다.

칸트는 일상적인 감각-지각의 세계와 과학의 세계를 **현상계**라고 일컬었다. 현상계는 **공간적**이다—이것이 저것보다 크고, 이것과 저것이 일정한 거리로 떨어져 있다. 그리고 현상계는 또한 **시간적**이다—이 사건이 저 사건 앞에 일어나고, 이 사건이 저 사건 다음에 일어나며, 이 사건과 저 사건이 동시에 일어난다. 그러나 시간과 공간—무엇이든지 우리가 알 수 있는 것이 되려면 반드시 통과해야 하는 시간과 공간—은 "우리 직관의 형식", 즉 실재가 불가피하게 우리에게 나타나는 통로일 뿐이다. 시간과 공간은 오직 현상계에만 속한다. 시간과 공간은 우리의 경험을 주조(鑄造)하는 틀이다. 시간이나 공간을 차지하지 않은 대상은 아예 생각할 수도 없다. 그

1   G. J. Warnock, "Kant," in D. J. O'Connor, ed., *A Critical History of Western Philosophy* (New York: Free Press, 1964), p. 300.

러나 이 사실은 실재의 본성이 아니라 인간 정신의 본성을 반영한다. 현상계의 공간은 3차원(길이, 너비, 높이)이다. 현상계의 공간이 27차원이었으면 더 좋았을까? 우리는 오직 **하나의** 공간만 있다는 것을 결코 의심하지 않으며, 그와 다른 공간은 상상할 수도 없다. 우리의 상상은 시간과 공간을 통해 "여과된" 것—현상계—에 한정된다. 우리는 또한 시간이 어디서나 동일하다고 여기기 때문에 A가 B에 선행하고 B가 C에 선행하면 A가 C에 선행할 것이라고 생각한다. 따라서 이것은 현상계에 관한 필연적 진리**이다.** 그것이 바로 현상계에서 시간이 우리에게 나타나는 방식이다.

시간과 공간뿐만 아니라 열두 개의 **범주**(categories)도 있는데 (이것들을 일일이 열거하지는 않겠다), 인간의 정신은 이 범주들에 의하여 경험된 자료들을 통합한다. 이 범주들 가운데 하나가 **실체**(substance)이다. 우리는 (쇠와 같은) 사물과 (무겁다, 자성이 있다와 같은) 사물의 속성에 의해 현상계를 지각한다. 또 하나의 범주는 **인과성**(causality)이다. 우리는 사건들이 서로를 일으킨다거나 원인과 결과의 관계를 맺는다고 말한다. 또 다른 범주는 **수**(number)이다. 우리는 일정한 수효의 사물들이 있다고 말하며, 그 사물들의 수를 헤아린다—그러나 이 범주(수)는 현상계에만 존재한다.

그물로 물고기를 잡는데 그물코의 가로와 세로가 2인치라면, 2인치 미만의 물고기는 그물을 빠져 나갈 것이므로 2인치 미만의 물고기는 잡을 수 없다. 그런데 그물이 물속에 있어서 작은 물고기가 빠져 나가는 것을 볼 수 없다면, 우리는 그 바다에 2인치 미만의 물고기가 하나도 없다고 보고할 수도 있다. 하지만 이것은 바다 속에 있는 것들에 대한 사실적 보고가 아니라, 그물의 본성에 대한 보고에 불과한 것일 수 있다. 우리가 바다 속의 물고기에 관해 옳은 진술을 했다고 생각할지도 모르겠으나 사실은 그렇지 않을 수 있다. 칸트에 따르면 현상계에 대한 우리의 지식도 이와 마찬가지이다. 말하자면 우리는 현상계에 대한 지식을 실재 세계(본체계)에 대한 지식이라고 잘못 믿는다. 우리는 본체계(noumenal world)에 대해 아무 말도 할 수 없고, 본체계에 절대 다가갈 수 없다.

본체계는 시간적이거나 공간적인 세계가 아니다. 우리는 "말도 안 되는 소리!"라고 항변할 수도 있다. "실재 세계에서는 아리스토텔레스가 데카르트 이전에 태어나지 않았고, 코끼리가 생쥐보다 크지 않다고 말할 셈인가? 뉴욕이 실제로 마이애미의 북쪽에 있지 않은가? 그리고 시간상의 전후가 없다면, 농작물을 수확하기 전에 농작물을 심은 것이 아니고, 지구상에 사람이 살기 전에 공룡이 살았던 것이 아니란 말인가? 나는 나의 부모가 태어난 **후에** 태어나지 않았는가? 게다가 시간이 실재하지 않는다면 도대체 시간을 나타내는 낱말들을 어떻게 **배웠겠는가?** 이것은 또다시 파르메니데스의 문제인데 — 파르메니데스는 "운동이 실재하지 않는다"고 했다 — 사실은 시간의 실재성을 부인하는 사람이면 누구나 부딪치는 문제가 아니겠는가? 우리는 현상계의 시간(감각적인 시간: "강의가 시작되고 30분이 지났는데 몇 시간 된 것 같다)과 시계의 시간을 구별하기는 하되 시간의 존재를 전적으로 부정하지는 않는다."

본체계의 이러한 불합리성 이외에 칸트의 견해에 대한 다른 반대들도 있었다. 예를 들어 칸트는 "7 + 5 = 12"와 같은 산술학 명제가 종합 명제라고 주장했지만, 다른 많은 사람은 산술학 명제가 분석 명제라고, 즉 "2"는 1 + 1을 **의미할** 따름이며 "1 + 1 = 1 + 1"은 분석 명제라고 말한다. 또한 칸트는 유클리드 기하학(칸트 시절의 유일한 기하학)의 명제들이 종합적이면서 선천적이라고 주장했는데, 오늘날 대부분의 기하학자는 그 명제들이 선천적이 아니라 세계에 관한 매우 일반적인 경험적 진술이라고, 즉 유클리드 기하학이 실제적 공간의 본성을 반영하는 한에서만 옳다고 말할 것이다.

그리고 한층 더 일반적인 비판들도 있다. 예를 들어 실재가 정신에 의해 "여과"된다면, 정신의 본성이 변하지 않는다는 것은 어떻게 아는가? 게다가 본체계가 있다는 것은 관찰된 것이 아니라 **추리**의 결론인데, 실재의 커튼이 본체계를 가리고 있다면 칸트는 본체계에 관한 주장을 어떻게 정당화시켰는가? (칸트는 이 문제를 장황하게 설명했다. 그는 본체계를 받아들이지 않을 경우 모순에 직면할 수 있음을 증명하고자 했다.)

코페르니쿠스는 태양이 지구의 주위를 도는 것이 아니라 지구가 태양의 주위를 돈다고 주장함으로써 천문학에서 혁명을 일으켰다. 칸트는 자신이 철학에서 코페르니쿠스적 혁명을 일으켰다고 믿었다. 말하자면 우리의 정신이 실재의 본성을 반영하는 것이 아니라, 실재라고 여겨지는 것이 우리 정신의 본성을 반영한다고 믿었다. 그것은 흥미진진하고 상상력 넘치는 창의적 노력이었다. 그러나 완곡하게 말해서 모든 사람이 칸트 주장의 진리성을 확신한 것은 아니었다.

3. 인과성

원인이란 무엇인가?

우리는 아직 필연성 문제를 마무리하지 못했다. "필연적이다"(필요하다, necessary)는 말은 그것이 항상 똑같은 것을 의미하지는 않지만 일상생활에서 끊임없이 사용된다. "연소(燃燒)가 일어나기 위해서는 산소가 필요하다." "체중을 줄이기 위해서는 건강에 좋은 다이어트를 계속할 필요가 있다." B가 일어나기 위해 A가 요구될 경우, 우리는 선행 조건 A가 충족되지 않는 한 결과 B를 얻을 수 없다.

어떤 목적을 위한 수단으로 필요한 것이 다른 목적에는 필요하지 않을 수도 있다. "좋은 컨디션을 유지하기 위해서는 규칙적인 운동이 필요하다." 운동은 **바로 그** 목적을 위한 수단으로 필요하겠지만, 우리가 그 목적 달성에 관심을 갖지 않을 수도 있다. "범죄 조직의 존경을 받기 위해서는 적어도 한 번의 살인이 필요하다." 한 번의 살인이 없이는 목적(목표)이 달성되지 않겠지만, 목적 자체의 가치에 반대하는 사람이 있을 수 있다. "당신이 올림픽에 출전하고 싶다면, …할 필요가 있다." "그러나 나는 올림픽에 출전하고 싶지 않다!"

이 모든 것은 **경험적으로** 필연적인(필요한) 조건인데, 세계 안에서 일어나는 일이기 때문에 A 없이는 B를 얻지 못한다. 그러나 그것들은 **논리적으로** 필연적인 조건은 아니다. 어떤 사람이 특별히 다이어트를 하지 않아도 체중이 줄 수 있다고 말하는 것은 전혀 모순이 아니다. 그러나 어떤 것도 세 변을 갖지 않는 한 삼각형**일** 수 없기 때문에, 세 변이 있다는 것은 그것이 삼각형이기 위해 논리적으로 필연적인 조건**이다.** "X가 삼각형인데도 세 변을 갖지 않는다"는 진술은 자체모순이다.

필연성은 자연 속에 있는가? 이 물음이 무엇을 묻는 물음인지 명확하지 않다. 이것은 "그렇게 일어날 **수밖에 없는** 사건들이 있는가?"를 묻는가? 사람들은 어째서 돌멩이가 떨어**진다**고 말할 뿐만 아니라 돌멩이가 떨어질 **수밖에 없다**고 말하는가?

1. "해야 한다"(할 수밖에 없다, must)는 말의 "본거지" 또는 "홈 경기장"은 **명령**의 맥락 속에 있다. 어린이는 오늘 저녁에 숙제를 해야 한다는 말을 듣는다. 숙제를 하지 않으면 벌을 받는다. 그러나 나무가 불에 타야 한다거나 물이 아래쪽으로 흘러야 한다고 말할 때 그것은 나무와 물이 명령을 받는다는 말일까?

자연의 진행 과정을 **기술**하는 자연 법칙을 입법부에 의해 제정된 법률과 같은 **규범** 법칙과 혼동하기 쉬운데, 규범 법칙은 요컨대 "당신이 이러이러한 것을 하지 않으면 당신은 이러이러한 벌을 받는다"고 말하는 것이다.

역사적으로 "법칙"(law)이라는 말의 두 의미가 구별되지 않았다. 자연의 제일성은 신 또는 신들의 의지의 표현으로 이해되었다. 신은 자연의 힘이 특정한 방식으로 작용하도록 **명령**한다. 다시 말해 신은 모든 일이 자신의 뜻대로 이루어지게 **만든다**. 신은 어느 통치 권력보다 강력하기 때문에 신의 법칙은 침범할 수 없다. 신의 법칙은 신이 우주에 부과한 신적 질서의 표현이다. 벌이 죄에서 오듯이 결과는 원인에서 온다. 사건들이 그런 방식으로 일어날 "수밖에 없다"는 말에는 세계에 대한 이런 유신론적 개념이 포함되어 있다. 하지만 "자연 속에 필연성이 있는 것처럼 말하는 사람들에게 질문해야 할 것은 그들의 말 가운데 자연 법칙이 신의 뜻에 의해 강제된 규범 법칙이라는 의미가 함축되어 있는가이다. 그런 의미가 함축되어 있지 않다면 그들의 필연성 이야기는 부적절한 은유에 불과하다."[2]

반복적 결합. 인과성을 논한 가장 영향력 있는 철학자는 데이비드 흄이었다. "A가 B를 일으킨다"고 말할 때 이 말은 통상 무엇을 의미하는가? 흄은 인과성의 통상적인 의미 세 가지를 언급했는데, 그 중 세 번째가 단연코 가장 중요하다.

1. **시간적 선후**. 원인은 결과에 앞선다. 농작물은 거둔 뒤에 심는 것이 아니라 심은 뒤에 거둔다. 말은 듣는 사람에게 전달된 뒤에 발언하는 것이 아니라 발언한 뒤에 듣는 사람에게 전달된다.

당신이 미래 목표로 인해 (미래 목표에 도달하기 위해) 오늘 당신이 공부한다고 말하는 경우가 가끔 있다. 그러나 당신이 지금 공부하게끔 인과적 영향을 미치는 것

---

2   Alfred. J. Ayer, *Foundations of Empirical Knowledge* (London: Macmillan, 1945), p. 198.

은 미래 목표가 아니라(그 미래는 아직 존재하지 않는다), 미래 목표에 대한 당신의 현재의 태도이다.

2. **시간과 공간의 근접성**. 몇 미터 떨어진 곳에서 화약이 폭발할 경우 중간에 도화선이 없으면 폭발은 일어나지 않는다. 전기는 전선을 타고 흐른다. 전등과 전원 사이의 전선이 끊어지면 전등이 켜지지 않는다. "원격 작용"(action at a distance)이란 것은 없다.

흄은 이 조건을 두고 약간 망설였는데 그럴 만한 이유가 있었다. 태양의 빛과 열이 지구의 공기를 따뜻하게 할 때 태양과 지구 사이에는 빈 공간 말고 무엇이 있는가? 19세기의 에테르 가설에 따르면, 감지할 수 없고 무게가 없는 매질(媒質), 즉 복사에너지를 전달하는 에테르가 있다. 그러나 이에 대한 어떤 증거도 발견되지 않았으며, 그 이론이 단념된 것은 이미 1세기도 넘었다. 게다가 중력 작용은 물체들이 서로 가까이 있어야 일어나는 것도 아니다.

3. **필연적 연결**. 통상적인 인과성 개념에는 원인과 결과가 필연적으로 연결되어 있다는 생각이 들어 있다. 다시 말해 원인이 나타나면 결과가 **반드시** 나타나야 한다는 것, 즉 나타나지 **않을 수 없다**는 것이다.

그러나 흄은 이 부분에서 통상적인 견해(어쩌면 철학자들만의 통상적인 견해)가 잘못이라고 했다. 우리는 필연적 연결이나 "해야 한다" 또는 "할 수밖에 없다"를 사건들 사이에서 결코 관찰할 수 없다.

바깥의 대상들을 두루 살펴보면서 원인의 작용을 고찰할 때 우리는 단 하나의 사례에서도 어떤 힘이나 필연적 연결을 발견할 수 없다. 그리고 결과를 원인과 결합함으로써 결과가 원인의 필수불가결한 귀결이 되게 하는 어떤 성질도 결코 발견할 수 없다. 우리가 사실 속에서 실제로 발견하는 것은 원인 다음에 결과가 나타난다는 것뿐이다. 하나의 당구공에 충격을 가하면 두 번째 당구공이 움직이게 된다. 이것이 **외부** 감각 기관에 나타나는 **모든** 것이다. 정신은 대상들이 이렇게 잇따라 나타나는 것에서 어떤 감정이나 **내적** 인상을 전혀 느끼지 못한다. 따라서 원인과 결과에 대한 단 하나의 어떤 특정 사례에서도 힘이나 필연적 연결 관념을 암시하는 부분을 찾아볼 수 없다.

우리는 어떤 대상의 겉모습을 한 번 보고서 그로부터 어떤 결과가 나올 것인지 추측할 수 없다. 그러나 원인의 힘이나 에너지가 정신에 의해 발견될 수 있다면 우리는 경험하지 않고서도 결과를 예견할 수 있으며, 그 결과에 관해 사고와 추론만으로 확신을 가지고 곧바로 단언할 수 있을 것이다.[3]

자연에 필연적 연결이 있다거나 필연적으로 원인 다음에 결과가 나타나야 한다고 주장하는 사람들은 관찰할 수 있는 것의 한계를 넘어선다. 우리는 하나의 사건 다음에 또 하나의 사건이 나타날 **수밖에 없음**을 관찰하는 것이 아니라 하나의 사건 다음에 또 하나의 사건이 실제로 **나타남**을 관찰할 따름이다. **명제들 사이의 관계**에는 필연성이 있을 수 있지만("모든 A가 B라면 모든 B는 A여야 한다") **자연적 사건 계열**에는 필연성이 있을 수 없다. 흄에 의하면, "경험을 고려함이 없이 면밀히 숙고하는 것만으로는 어떤 대상도 다른 것의 원인으로 결정될 수 없으며, 그런 방식으로는 어떤 대상도 다른 것의 원인이 아닌 것으로 확실하게 결정될 수 없다." 모든 경우에 무슨 일이 일어날지 기다려 보아야 한다. 무슨 일이 일어날지 (경험에 앞서) 선천적으로 말할 수 없다.

두 기차가 동일한 선로 위를 고속으로 마주보고 접근하면 충돌할 **수밖에 없지** 않을까? 흄은 그렇지 않다고 했다. 단단한 물체들이 어떻게 작용하고 움직이는지 경험하기 전에는 단단한 물체들이 서로 접근할 때 무슨 일이 일어날지 전혀 알 수 없다는 것이다. 미리 경험하지 않고서는 단단한 물체들이 옥수수 죽으로 변하거나 흔적도 없이 사라져 버릴 것이라고 말할 수 없는 것과 마찬가지로 그것들이 충돌할 것이라는 말도 할 수 없다. 우리는 경험을 배경으로 **가지고** 있어야만 그것들이 충돌할 것이라는 것을 예측할 수 있다. 어떤 규칙적 사건 계열이 수많은 경우에 관찰되는데, 무엇이 무엇을 일으킨다고 주장할 수 있게 하는 것은 바로 이러한 **규칙성 경험**이다. 흄의 말대로 A와 B가 경험 속에서 **반복적으로 결합**할 경우에만 어느 정도 자신 있게 A가 B를 일으킨다고 말할 수 있다. 흄을 따르는 현대 철학자 한 사람의 말을 들어 보자.

---

3 David Hume, *An Enquiry Concerning Human Understanding*, Selby-Bigge ed. (Oxford University, 1951), Section 7.

전류가 자석 바늘을 기울어지게 한다는 말은 전류가 있을 때면 언제나 자석 바늘이 기울어진다는 것을 의미한다. 인과 법칙은 **언제나**(always)라는 말이 추가됨으로써 우발적 사건과 구별된다. 극장의 스크린에 폐기물이 폭발하는 영상이 나타나면서 가벼운 지진으로 인해 영화관이 흔들린 적이 있었다. 그 순간 관객들은 스크린의 폐기물 폭발로 인해 극장이 흔들린다는 느낌을 가졌다....

　　인과 법칙을 단순한 우연의 일치와 구별하게 하는 것은 오로지 반복뿐이기 때문에, 인과 관계의 의미는 예외 없는 반복을 진술하는 데 있다....원인이 일종의 숨겨진 끈에 의해 결과와 연결되어 있다는 관념, 즉 원인 다음에 결과가 나타나지 않을 수 없다는 관념은 의인화에서 비롯된 것이므로 반드시 필요한 것은 아니다. 따라서 "**만일-면-언제나**"(if-then-always)가 인과 관계의 모든 의미이다. 스크린에 폭발 영상이 보일 때면 언제나 극장이 흔들린다면 두 사건 사이에 인과 관계가 있을 것이다.[4]

　　흄에 의하면, 인과성에서 필연적 연결이 떨어져 나가면 남는 것은 사건들 사이의 **반복적 결합**뿐이다. 하지만 **왜** 특정한 A가 특정한 B와 결합하는지 알고 싶지 않은가—예를 들어 왜 비소를 먹으면 죽게 되는가? 우리는 때로 반복적 결합을 한층 더 세분할 수도 있는데, 비소가 흡수되면서 위벽에 나타나는 출혈 등처럼 유기체에서 일어나는 일을 관찰할 수 있다. 그러나 흄에 의하면 이것은 반복적 결합이 더 많아진 것에 불과하다. 다시 말해 처음의 반복적 결합(독물 섭취, 죽음)이 더 세세한 반복적 결합으로 구분되었는데, 이것은 처음의 반복적 결합이 왜 나타나는지 설명하도록 해준다.

　　개인 대 개인의 인과성. 그러나 사람들이 자기 자신의 내적 상태를 원인으로 갖는 경우에는 사정이 다르다. 사람들은 **힘**(power)에 대한 내적 경험을 갖는다. 그런데도 어떤 반복적 결합을 관찰하지 않고서는 우리에게 팔다리를 움직이려는 힘이 있다는 것을 알지 못하고, 사랑하는 사람이 부끄러운 짓을 했다는 것이 밝혀지면 괴로울 것이라는 것을 알지 못할까? 반복적으로 시행착오를 겪지 않고서는 우리가 무슨 일

4　Hans Reichenbach, *The Rise of Scientific Philosophy* (Berkeley, CA: University of California Press, 1951), pp. 157-158.

을 할 수 있는지 알지 못할까?

흄은 이 경우에도 반복적 결합을 관찰할 필요가 있다고 했다. 내가 힘에 대한 내적 **감각**을 갖는다고 해도 **실제로** 무슨 힘을 가졌는지 그 힘을 써 보아야 한다는 것이다. 내가 팔을 올리려고 결심하면 팔이 올라간다. 그러나 나의 심장이나 가슴뼈는 움직이려고 결심해도 움직일 수 없다. 어린이가 새가 되어 하늘을 날 수 있다고 느끼는 것처럼 나도 그렇게 느낄 수 있다. 그러나 사다리를 타고 올라가 날아가려고 하면 곧바로 곤두박질치고 만다. 어린이는 "나는 무엇이든 할 수 있다"고 느끼지만, 오직 경험만이 할 수 있는 것과 할 수 없는 것을 판가름한다. 어린 시절부터 우리는 괴로움이 실망에서 온다는 것, 그리고 무릎을 앞쪽이 아니라 뒤쪽으로 굽힐 수 있다는 것, 무릎 굽히는 것을 처음에 어떻게 배웠는지 기억하지 못하지만 "항상 어떻게 굽히는지 안다"고 생각하는 것을 **줄곧** 경험한 바 있다. 내가 평상시처럼 걸어가려고 나의 다리를 움직여 보지만 더 이상 움직일 수 없음을 알게 된다고 해 보자. 나에게 방금 마비발작이 일어났기 때문이다. 그러나 마비발작이 일어난 경우에도 나의 다리가 "나의 의지의 명령에 복종하던" 이전의 경우와 마찬가지로 다리를 움직이려는 힘을 분명하게 의식한다. 흄에 따르면, "어느 경우에도 결코...필연적 연관성을...의식하지 못한다. 우리는 의지가 미치는 영향을 오로지 경험에서 배운다. 그리고 경험은 하나의 사건 다음에 또 하나의 사건이 얼마나 반복적으로 나타나는지를 알려 줄 뿐이다."[5]

인과성에 관한 흄의 소극적 주장—자연은 (필연적 연결이 무엇이든 간에) 우리에게 어떠한 필연적 연결도 제공하지 않는다는 것—은 널리 받아들여졌으나, 그의 적극적 주장—우리에게 남는 것은 사건들 사이의 반복적 결합이라는 것—은 잘못된 것이라거나 세부사항이 미흡하다는 비판을 받았다.

1. 반복적 결합의 실례이기는 하지만 인과성의 실례가 아닌 것들이 많이 나타날 수 있다. 밤이 지나면 규칙적으로 낮이 오고 낮이 지나면 밤이 오지만 낮과 밤 사이에 인과 관계가 있는 것은 아니다. 아이들의 머리카락이 상당히 규칙적으로 자라노 자라지만 첫 번째 것이 두 번째 것의 원인은 아니다.

---

5   Hume, *An Enquiry Concerning Human Understanding*, Part 7.

얼마나 반복적으로 결합해야 반복적 결합일까? A가 B 다음에 나타나는 것을 백 번 관찰하면 충분할까? 아니면 천 번? 그러다가 한두 번 예외가 나타나면 어떻게 될까 —A가 B를 일으키지 않는다거나 A가 B를 가끔씩 일으킨다고 해야 할까?

2. 인과성의 실례이기는 하지만 반복적 결합의 실례가 아닌 것들이 많이 나타날 수 있다. 심장마비가 종종 사망의 원인이기도 하지만 심장마비가 사망으로 이어지지 않는 경우가 많으며 사망이 심장마비에서 비롯되지 않는 경우도 많다. 성냥을 그으면 불이 켜진다고 하지만 성냥을 그었는데도 불이 켜지지 않을 때가 가끔 있다. 우울하고 화난 것이 자기 부인을 폭행한 원인이라고 하는데, 이것은 단 한 번 일어난 일인데도 실제로 인과 관계이지 않은가?

일상생활에서 우리는 두 사건 사이에 상당한 반복적 결합이 있을 경우 인과 관계가 "근처 어딘가에 숨어 있지" 않을까 **의심**하기도 한다. 규칙적인 상관관계가 많으면 많을수록 더욱 더 인과 관계가 있지 않을까 의심한다. 담배를 피우지 않는 사람들 가운데에도 폐암에 걸리는 사람이 있고, 담배를 피우는 사람들 가운데에도 폐암에 걸리지 않는 사람이 많지만, 그래도 흡연과 폐암 사이에는 무언가 상관관계가 있다. 아무래도 수많은 다른 요인들이 변수로 작용하는 것 같다. 결과 B와 반복적으로 결합한다고 알려진 하나의 요인 A는 없지만 어느 정도 규칙성을 가지고 작용하는 수많은 요인이 있다.

필요조건과 충분조건. 존 스튜어트 밀은 흄의 설명을 더 구체화하려고 했다. 규칙성은 있지만 인과 관계가 없는 경우가 많이 있다. 그러나 여기서 말하는 규칙성이 어떤 종류의 규칙성인지부터 분명하게 밝혀야 한다.

1. **필요조건**. C가 E의 필요조건(necessary condition)이라는 말은 C가 일어나지 않으면 E가 일어나지 않는다는 것을 의미할 따름이다. 산소는 불의 필요조건이다 즉 산소가 없으면 불이 일어나지 않는다. 산소가 있다는 것만으로는 충분하지 않지만 —불은 다른 조건들에도 의존한다— 산소가 있다는 것은 "필연적 연결"의 의미가 아니라 C가 없으면 E가 일어나지 않을 것이라는 의미로만 필요조건이다.

우리는 대개 필요조건을 원인이라고 하지 않는다. 도로가 젖은 원인은 방금 비가 내렸다는 것이지만 비는 도로가 젖는 것의 필요조건이 아니다. 살수차 역시 도로를 젖게 만들기 때문이다. 당신이 병에 걸리려면 당신이 우선 살아 있을 필요가 있겠지만 살아 있다는 것이 병의 원인으로 간주될 수는 없다.

여기서 한 가지 중요한 구별을 해야 한다. 지금까지 우리는 C가 E를 일으킨다고 말할 때 마치 C와 E가 특정 사건인 것처럼 느슨하게 말했다. 그러나 특정 사건은 반복될 수 없다. 어떤 돌멩이가 떨어지는 것은 하나의 특정 사건인데, 이 돌멩이가 다시 떨어진다면 이것은 **또 하나의** 사건—**동일한** 특정 사건이 아니라 동일한 부류나 유형의 사건—이다. 따라서 "C가 E를 일으킨다"를 더 정확하게 표현하면 "C 유형의 사건이나 조건(산소의 출현)이 나타나지 않으면 E 유형의 사건(연소)은 일어나지 않는다"라고 명확하게 진술될 수 있다. 지금까지 예로 들었던 인과 관계는 바로 이런 식의 인과 관계였다.

그러나 "이 **특정** 사건이나 조건 C가 없으면 이 특정 사건 E가 일어나지 않을 것이다"라고 말하는 경우도 있다. 예를 들어 속도위반 차량이 그녀의 자동차와 충돌하지 않았다면 그녀가 그때 (적어도 그 사고로 인해) 죽지 않았을 것이다. 이것은 누군가의 자동차가 속도위반 차량과 충돌한 것이 일반적인 죽음의 필요조건이라는 말이 아니다. 죽음의 원인은 다양하기 때문에 자동차 사고는 결코 죽음의 필요조건이 아니다. 사람은 모두 죽기 마련이지만 대부분의 사람은 자동차 사고로 죽지 않는다. 그럼에도 바로 그 차량과 충돌하지만 **않았다면** 그녀는 이때 죽지 않을 수도 있었다. 말하자면 이 특정 사건(충돌)이 일어나지 않았다면 이 특정 결과(그녀의 죽음)는 일어나지 않았을 것이다.

변호인은 이 같은 "않았다면"(but for) 테스트를 종종 이용한다. 그녀가 차도로 걸어가지만 **않았다면** 지나가는 자동차에 부딪치지 않았을 것이다. 테러리스트의 폭탄이 터진 그 순간 공항에 있지 **않았다면** 폭발로 인해 죽지 않았을 것이다. 여기서 이것은 유형 1의 사건이나 조건(폭탄 폭발)이 유형 2의 사건(죽음)에 언제나 필요하다는 것이 아니라, **이** 사건(폭탄 폭발)이 없었으면 그 사람이 그렇게 죽지는 않았을 것이라는 것을 의미할 뿐이다. 따라서 우리는 그 폭탄 폭발을 그 죽음의 원인이라고 한다.

하지만 변호인이 모든 경우에 "않았다면" 테스트를 이용하는 것은 아니다. "부모가 나를 낳지 않았다면 나는 이 범죄를 저지르지 않았을 것이다. 그러므로 나의 부모가 이 범죄 행위의 원인이다." 당신에게 부모가 있다는 것은 당신이 생존하기 위한 필요조건일 뿐만 아니라 당신이 지금 무언가를 행하기 위한 필요조건이다. 그런데도 부모가 있다는 것이 당신의 범죄 행위의 필요조건이라는 이유만으로 부모가 범죄 행위의 원인이라고 주장하는 것은 어리석은 일이라고 할 수 있다.

"이 특정 사건이 일어나지 않았다면 저 특정 사건이 일어나지 않았을 것이기" 때문에 C가 E의 원인이라고 주장하는 경우에 우리는 이것을 어떻게 아는가? 우리는 무슨 권리로 그렇게 주장하는가? 이러한 진술들은 자연의 진행 과정에 대한 우리의 일반적인 배경 지식에 근거하는 것 같다. 폭탄 폭발은 사람들에게 부상을 입히고, 흔히 신체의 주요 기관을 망가뜨리거나 출혈이 너무 많아 죽음에 이르게 한다. 폭탄 폭발은 일반적인 죽음의 필요조건이 아니다(사람들은 다른 원인으로도 죽는다). 그럼에도 이 폭탄 폭발이 일어나지 않았다면 그때 그렇게 죽지 않았을 것이다. 따라서 우리는 그 폭발을 그 죽음의 원인이라고 한다.

2. **충분조건**. 모든 사건에는 그 사건을 일으키기에 충분한 일군의 조건들이 있는데, 그러한 조건들이 없었다면 그 사건은 일어나지 않았을 것이다. 그러나 밀이 인과성을 정의하기 위해 충분조건을 이용했을 때 그는 더 많은 것을 의미했다. 밀은 이렇게 주장했다. "철학적으로 말하면, 원인은 긍정적 조건과 부정적 조건이 모두 합해진 조건들 전체, 즉 각종 우연적 사건들 전체인데, 이 모든 조건과 사건이 갖추어지면 일정한 결과가 **변함없이**(invariably) 뒤따라 나타난다."[6] 어떤 사건의 원인을 진술하는 것은 이 같은 조건들 전체를 빠짐없이 열거하는 것이다.

예를 들어 연소의 원인은 무엇인가? 첫째, 연소성 물질이 있어야 한다. 둘째, 물질이 (물질의 종류에 따라 다른) 특정한 온도까지 가열되어야 한다. 셋째, 산소가 있어야 한다. 이 모든 조건이 갖추어질 때 물질이 연소한다—조건이 충분하다.

"반복적으로 결합하지만 원인이 아닌 경우"로서 앞에서 검토한 바 있는 몇 가지 사례에 이것이 어떻게 작용하는지 보자. 낮과 밤 사이에 반복적 결합이 있지 않은가? 하지만 밀이 말했듯이 낮은 밤의 원인이 아니며 밤도 낮의 원인이 아니다. 만일 지구의 자전 주기가 공전 주기와 같았으면, 수성처럼 한쪽은 항상 낮이고 다른 쪽은

6　John Stuart Mill, *A System of Logic* (1842), Book 3, Chapter 5.

항상 밤이었을 것이다. 그리고 만일 태양빛이 소멸되었다면 지구가 계속해서 온통 밤이었을 것이다. 낮과 밤의 교차는 다음과 같은 요인들에 의존한다. (1) 태양빛이 있어야 한다. (2) 지구가 자전해야 한다. (3) 태양빛을 가릴 수 있는 불투명체가 지구와 태양 사이에 없어야 한다. 낮과 밤이 번갈아 나타나는 원인은 이 세 조건 모두이다.

대부분의 인과성 사례는 이보다 더 복잡하다. 자동차가 원활히 작동하기 위한 충분조건 집단은 무엇인가? 충분조건에 해당하는 것은 수천 가지에 달한다. 그리고 하나의 생명체가 생존하기 위한 충분조건은 두말할 것 없이 훨씬 더 많다. 하나의 조건만으로 충분한 조건은 "부정적 사건"(negative event)의 조건—어떤 일이 일어나지 **못하게** 하는 조건—이다. 전기 라디오의 작동을 중지시키기 위해서는 플러그를 뽑는 것만으로 충분하다. 전기 라디오의 작동을 중지시킬 수 있는 많은 조건들 가운데 어느 하나만 있어도 작동을 중지시키기에 충분하다.

대개는 단 하나의 **사건**만으로 어떤 일이 일어나지 않는다. 결과의 원인은 조건들의 집단 전체인데, 그 가운데에는 (도화선에 불을 붙이는 것과 같은) 사건이 있는가 하면 (젖지 않은 화약과 같은) 물질 조건도 있고 (대기 중의 산소와 같은) 환경 조건도 있다. 밀은 우리 대부분이 당연시하는 요인들을 조심스럽게 목록에 포함시켰는데, 그것들은 대기 중의 산소나 중력의 영향과 같은 아주 명백한 요인들만큼 결과가 나타나는 데 아주 중요한 것들이었다.

밀은 방대한 충분조건 집단 가운데 다음 중 어느 것에 해당하는 것을 (매우 부정확하지만) **진짜** 원인으로 간주한다고 했다. (1) 청자가 아직 알지 못하는 조건(우리가 계단에서 굴러 떨어졌을 때 그 결과에 중력 작용 역시 중요한데도 중력 작용 때문이 아니라 미끄러져서 굴러 떨어졌다고 말한다). (2) 결과가 일어나기 직전에 일어난 사건—"근접 원인"(화약이 폭발하려면 도화선에 불을 붙이기 전에 많은 조건들 역시 충족되어야 하는데도 도화선에 불을 붙였기 때문에 화약이 폭발했다고 말한다). (3) 겉보기에 그 역할이 가장 두드러진 조건(총알이 발사된 것은 총알이 장전되어 있었기 때문이라기보다 오히려 방아쇠를 당겼기 때문이라고 말한다).

많은 조건이 어떤 결과와 관련될 수 있는데, 사람들마다 그 사건에 대한 관심과 해석에 따라 각자 다른 조건을 원인으로 선택할 것이다. 자동차가 산길 도로에서 미끄러지면 어떤 사람은 운전자가 모퉁이를 너무 빨리 돌려고 했기 때문에 미끄러졌다고 말할 수 있다. 다른 사람은 그 자동차의 제동 장치가 고장 났거나 타이어가 마모되었기 때문에 미끄러졌다고 말하고, 또 다른 사람은 그 모퉁이의 경사가 잘못되었거나 그 자동차가 낡은 구형이었다고 말할 것이다.[7] 그리고 그것들 모두 맞는 말일 수 있다—그것들 모두 결과와 무언가 관련되어 있다.

3. **원인의 다수성**. 여러 조건이 모여서 충분조건을 이루는데, 이 각각의 조건은 어김없이 필요조건인가? 조건 1, 2, 3이 결합하여 E를 일으키기에 충분한 경우가 있는가 하면, 조건 1, 2, 3이 나타나지 않아도 조건 4, 5, 6이 결합하여 E를 일으키기에 충분한 경우도 있다. 그렇다면 우리는 E의 **두 가지** 충분조건을 갖는다. 게다가 조건이 겹치는 경우도 있다. 이를테면 조건 1, 2, 3이 E의 충분조건인데, 조건 1, 2, 4 역시 E의 충분조건일 수 있다. 이 경우에 조건 1과 2가 없으면 E가 일어나지 않기 때문에 조건 1과 2는 필요조건이지만, 조건 3과 4는 그것들이 없어도 E가 때로 일어나기 때문에 필요조건이 아니다.

물론 동일한 결과가 서로 다른 조건 집단에서 일어나는 것처럼 보이는 경우도 있다. 외투에 묻은 얼룩을 제거하고 싶으면 휘발유나 사염화탄소 또는 그 밖의 여러 가지 화학 약품을 이용해서 얼룩을 제거할 수 있다. 우리는 생물체 안에 화학 반응을 일으킴으로써 어떤 유기화합물을 만들어 낼 수도 있고, 원소들을 합성하거나 유기화합물보다 더 단순한 화합물들을 합성함으로써 유기화합물을 만들어 낼 수도 있다. 당신은 대학에서 선동적인 문서를 작성하거나 총장의 책상 밑에 폭탄을 장치하는 것 등으로 인해 퇴학을 당할 수 있다.

다른 한편 원인이 겉보기에 많은 것처럼 보일 뿐인 경우도 종종 나타난다. 때로는 충분조건 진술에 **너무 많은 것**이 포함되기도 한다. 플러그를 뽑는 것이 전기 라디오를 작동하지 않게 하는 충분조건이라면, 플러그를 뽑는 것에 달이 보름달이라는 것을 **덧붙여도** 역시 충분조건이다. 말하자면 당신이 플러그를 뽑고 달이 보름달일 때마다 라디오 작동이 멈추기 때문이다. 그러나 달이 보름달이든 아니든 간에 플

---

7   H.L.A. Hart and A.M. Honore, *Causation in the Law* (Oxford: Clarendon Press, 1964), Chapter 4의 예를 보라.

러그를 뽑기만 하면 라디오 작동이 멈추기 때문에 달은 인과적 요인으로 간주되지 않는다.

이와 같은 예에서는 달과 무관하다는 것을 쉽게 알 수 있지만, 그다지 명확하지 않은 예들도 있다. 이를테면 당구공 B가 일정한 방향으로 움직이는 것은 다른 당구공 A에 맞았기 때문만이 아니라, 팔꿈치로 건드렸다든가, 당구대가 흔들렸다든가, 땅이 약간 진동했기 때문이라고 할 수 있다. 그러나 이것은 원인의 수가 정말로 많은 경우라고 할 수 없다. 당구공이 그 방향으로 움직이기 위해 필요하고 충분한 조건은 그 당구공에 일정한 정도의 힘이 그 방향으로 가해졌다는 사실이다. 누가 또는 무엇이 그 당구공에 힘을 가했는가는 문제가 되지 않으므로, 당구공을 일정한 방향으로 움직이게 하는 조건들의 목록에 그런 구체적인 것들을 언급할 필요가 없다. 따라서 위의 세 문단에서 검토한 여러 가지 조건 가운데 3과 4를 충분조건에 포함시키는 것은 너무 많은 것을 포함시키는 셈이다. 실제로 원인 역할을 하는 것은 3과 4가 공통으로 갖는 성분 C이기 때문이다. 그렇다면 조건들의 전체 집단은 조건 1, 2와 C로 이루어지므로 다수성 문제가 없어지게 된다.

때로는 **일반적 유형**의 동일한 결과가 서로 다른 수단에 의해 일어나기도 한다. 이를테면 집은 벼락 맞아 타 버릴 수도 있고, 난로 과열이나 방화 등으로 인해 타 버릴 수도 있다. "집이 불에 탄다"가 결과라면, 그 결과는 분명히 서로 다른 조건 집단에 의해 일어날 수 있다. 그러나 화재 피해를 조사하는 보험회사 조사관은 화재 현장을 세밀히 조사함으로써 벼락으로 인한 화재와 난로 과열로 인한 화재의 차이점을 대부분 감식할 수 있다. 이 두 경우에 결과가 다소 **다르기** 때문에 "화재로 인한 파손"은 저마다 다른 구체적인 여러 결과를 망라하는 말이다. 원인을 분석하는 것처럼 결과를 주의 깊게 분석하여 차이점을 밝혀낸다면, 우리는 원인이 다수인 경우는 결코 없다는 결론에 도달할 수 있다.

인과 원리
일어나는 모든 것에는 원인이 있는가?

우리는 지금 세계에서 일어나는 일에 대해 아는 것이 아주 조금밖에 없는데, 과거에 대해서는 아는 것이 더 적고, 미래는 가 봐야 안다. 그렇다면 '모든 사건에 원인이 있는가?' 라는 물음에 대해 단호하게 **아니**라고 대답하는 것 말고 다른 도리가 없지 않을까? 이 자루 속에 백만 개의 구슬이 들어 있는데 그 가운데 여섯 개를 조사해서 모두 검다는 것을 확인했다. "그 자루 속에 있는 모든 구슬이 검은가?"라고 묻는다면 당신은 위와 똑같은 이유로 아니라고 대답할 수밖에 없지 않겠는가?

하지만 원인에 관해 이런 질문을 받으면 많은 사람은 자신 있게 그렇다고 대답할 것이다. 그들은 사건의 원인은 대부분 모르지만 사건에 원인이 있다는 것은 안다고 말할 것이다. 우주에 일어나는 모든 것에 원인이 있다고 믿는 것은 인과 원리 (Causal Principle)를 믿는 것인데, 인과 원리는 종종 **결정론**(determinism)이라고 불리기도 한다.

결정론은 원인이 어떤 종류의 원인인지 말하지 않는다. 무엇이든 원인이 될 수 있다. 신학적 결정론은 모든 것이 신에 의해 직간접으로 일으켜졌다고 주장한다. 과학적 결정론은 일어나는 모든 것이 (초자연적 원인과 대비되는) 자연적 세계 안에 있는 선행 원인의 결과라고 주장한다. 기계론적 결정론은 일어나는 모든 것이 물리적 세계 내의 사건과 조건에 의해 일어난다고 주장한다—따라서 정신적 인과 관계는 부정한다(이에 대한 더 많은 논의는 6장에서 하겠다).

고대 이래 많은 철학자는 모든 것이 무언가에 의해 일어난다는 것을 **사실**로 믿었다. 오늘날 달라진 것은 원인이 **무엇**인지 이를테면 질병의 원인, 경제적 인플레이션의 원인, 우울증이나 자기도취증과 같은 심리 상태의 원인이 무엇인지를 훨씬 더 많이 알게 되었다는 점이다.

사람들은 대부분 인과 원리가 틀림없이 옳다고 말한다. 어떤 종류의 암의 원인을 발견하기 위해 수년간 연구를 거듭한 의학 연구원이 "그 암에는 원인이 없다고 생각한다"라고 말한다고 해 보자. 그는 의학계의 웃음거리가 될 것이고, 마땅히 그래야 하지 않겠는가?

그럼에도 그 연구원이 그렇게 확신한 데에는 그럴 만한 무언가가 있지 않을까? 그는 왜 납의 녹는점에 관한 경험적 일반 진술보다 인과 원리가 더 명백하게 옳다고 생각해야 할까? 인과 원리에 관한 주장은 납에 관한 어느 주장보다도 훨씬 더 광범하고 포괄적인 주장이다. 다시 말해 납의 녹는점은 막대한 우주에서 소수의 것들하고만 관련되어 있지만, 인과 관계는 사건의 종류와 장소를 불문하고 모든 사건을 망라하게끔 되어 있다. 우리는 이런 거창한 주장을 어떻게 그렇게 확신할 수 있을까?

여기에 원인이 알려지지 않은 어떤 것이 있다. 우리가 그 원인을 발견한다—그러면 우리는 물론 그것에 원인이 있다는 것을 안다. 그러나 우리가 원인을 발견하지 못한다고 해 보자. 그러면 우리는 "그것에 원인이 있는데 아직 원인을 발견하지 못했다"고 말할 수 있다. 수천 번을 시도하여 원인을 발견하지 못한다고 해도, 우리는 여전히 원인이 있는데 발견하지 못했다고 말할 수 있다. 원인을 발견하는 것은 인과 원리를 한 번 더 확증하는 것이 되지만, 원인을 발견하지 못하는 것은 인과 원리를 반증하는 것으로 간주되지 않는다. 인과 원리는 어떤 종류의 경험 법칙, 즉 어떤 것에 의해서도 반증되지 않는 경험 법칙일까?

"그래, 원인을 발견하지 못한다면 그것은 우리가 아주 열심히 찾아보지 않았음을 보여 줄 따름이다." 여러 차례 다시 시도해 보지만 여전히 실패한다. "당신은 아직도 아주 열심히 찾아보지 않았다." 얼마나 열심히 하는 것이 "아주 열심히" 하는 것인가? "원인을 발견할 때까지!" 하지만 이것은 인과 원리를 항진명제(tautology)로 만들고 만다. 말하자면 원인을 발견할 때까지 찾아보면 원인을 발견할 것이다! 물론 **그것**이 기세등등한 인과 원리의 목표일 수는 없지 않겠는가?

과학자들은 어떤 것의 원인을 발견한다는 것이 어떤 것인지 안다. 그들은 사건 E를 일으키기에 충분하다고 생각하는 일군의 요인들에 주의를 기울이고, 그 조건들을 재현하여 E가 다시 일어나는지 확인해 본 다음, 그 조건들은 인과적으로 관련이 있지만 다른 조건들은 인과적으로 관련이 없다는 것을 확신하기 위해 조건을 변경해 보아도 반복적으로 E가 일어난다면 E의 원인(즉 E 유형의 사건들의 원인)이 발견되었다고 판단한다. 그렇지만 그것의 **원인이 없음을 발견한다는 것**은 어떤 것일까? 눈을 감고 **그러한** 발견을 상상해 보라. 다음과 같은 말로 끝맺고 싶지 않을까? "우리는 그것의 원인이 **없다**는 것을 결코 발견할 수 없다. 원인이 아직 발견되지 않았다는 것 말고는 할 말이 없다."

하지만 결국은 원인 발견을 단념하고 아무 원인도 **없다**고 결론짓지 않을까? 예를 들어 우리는 전등이 켜지거나 꺼지는 조건이 있다고 믿으며, 그 조건이 무엇인지 안다고 믿는다. 스위치를 누르면 불이 켜진다. 스위치를 반대쪽으로 누르면 불이 꺼진다. 물론 이것이 유일한 인과 조건은 아니다. 스위치를 눌러도 불이 켜지지 않을 때가 있다. 그러나 조사해서 스위치가 탔다는 것을 발견하고 스위치를 교체하자 불이 켜진다. 언젠가 스위치를 다시 눌렀더니 불이 켜지지 않는데, 전등에는 아무 이상이 없다(그 전등을 다른 곳에 끼웠더니 불이 켜진다). 따라서 우리는 배선에 결함이 있거나 어딘가에 합선이 생겼거나 (모든 전기가 동시에 꺼졌다면) 전원이 차단되었거나 발전소에 문제가 발생했다고 판단한다. 그러나 전등이 작동하는 조건 집단은 한정되어 있다. 전등이 꺼져서 이 모든 조건을 검사해 보아도 우리 능력으로 아무런 잘못도 발견할 수 없다면 달리 어찌할 도리가 없다. 우리는 지금 인과 원리가 잘못이라거나 인과 원리에 예외가 있다는 말을 하는 것일까? 아니다, 우리는 끝내 다음과 같이 주장할 것이다. 우리가 아직 알지 못하는 어떤 조건이 있는데 그 조건을 알면 전등이 켜질 것이다. 따라서 인과 원리는 아직 건재하다.

그러나 겉보기에 이런 조건들과 아무런 관계없이 전등이 켜졌다 꺼졌다 한다고 해보자. 어떤 때는 전등에 불이 들어왔다가 전혀 예측할 수 없게 다시 꺼진다. 어떤 때는 전선이 끊어졌는데도 갑자기 전등이 켜진다. 이것은 우리가 아는 모든 것에 어긋난다 — 하지만 그런 일이 일어났다고 해 보자. 글쎄, 전등의 점멸이 혹시 하루의 시간대나 대기 중의 습도나 오존 상태나 방의 온도에 의존하는지도 모른다. 이 요인들을 변경해 보지만 아무런 작동도 하지 않는다. 우리는 "전등의 점멸이 무언가에 의존한다!"고 말하지만, 무언가에 대해 더 이상 생각할 수 없으며, 그 사이에 전등은 예측할 수 없는 특유의 방식으로 켜지고 꺼진다. 이제 어떻게 할까? 이쯤에서 완전히 단념하고 "이 사건에는 **원인이 없다**" — 인과 원리가 틀렸다 — 고 주장할 때가 된 것인가? 그렇다면 이것이야말로 인과 원리가 틀렸음을 입증하는 상황을 묘사한 것이 아닐까?

그래도 여전히 문제는 남는다. 이 사건에 원인이 없다고 **주장**할 수는 있지만, 이 사건에 정말 원인이 없는 것인지, 원인이 없다고 믿을 만한 좋은 이유가 있는 것인지 마음이 놓이지 않는다. 이 사건에 아무런 원인도 없다고 주장할 수는 있지만, 이 주장이 옳다는 것을 어떻게 알 수 있을까? 그리고 앞으로 언젠가 진짜 원인이 나타나면 어떻게 될까? 그렇다면 원인을 찾으려고 온갖 노력과 열정을 쏟아 부은 끝이라 할지라도 원인이 없다고 주장하는 것은 아무튼 시기상조가 아닐까?

1. **인과 원리는 반박될 수 없는가?** 어떤 결과를 얻기 위해 실험실에서 실험을 했

는데 화합물에서 예상하지 못한 침전물이 생겼다고 해 보자. 화학 선생님에게 보여 주고 싶은데 퇴근하고 없었기 때문에 다음 날 오전에 선생님을 깜짝 놀라게 할 생각으로 다시 그 실험을 해 보았다. 그런데 이번에는 침전물이 생기지 않았다. "결과가 달리 나타난 것을 보니 이번에 실험 장치가 무언가 달리 설정되었음에 틀림없다"고 실망스러워한다. 이번에 결과가 달리 나왔다면 원인 요인 가운데 적어도 하나라도 달랐던 것 아닐까? 우리 식으로 말하면 원인 요인 가운데 적어도 하나라도 "다를 수밖에 없지" 않을까?

당신이 보기에 모든 점에서 동일한 두 개의 시계가 동일한 온도와 대기 조건을 가진 동일한 방에 나란히 놓여 있는데, 하나는 여전히 시간이 정확하고 다른 하나는 아주 조금씩 빨라진다면, 당신은 두 시계의 시간 차이를 설명하기 위해서 하나 이상의 조건이 다르다(다를 수밖에 없다?)고 결론짓지 않겠는가? 하지만 그 조건들이 전혀 다르지 **않을** 수도 있다고 말하면 어떻게 응수하겠는가? 결과가 다르다는 바로 그 사실을─원인의 차이를 전혀 발견하지 못했을지라도─원인이 다르다는 증거로 간주할 수는 없을까? 조금 전에 벽을 향해 공을 던졌던 방식과 정확히 동일한 방식으로─동일한 속도로, 동일한 방향으로, 동일한 출발점에서, 동일한 환경 조건에서─공을 던질 수 있다면, 당신은 공이 지난번과 동일한 방식으로 튕겨 나와 당신 손에 되돌아올 것이라고 믿지 않는가? 그리고 동일한 방식으로 되돌아오지 않는다면 무언가 조건들이 다르기 때문이라고 믿지 않는가?

원인에 아무런 차이가 없어도 결과에 차이가 있다는 것을 받아들이지 않고 우리가 할 수 있는 일은 무엇인가? 우리는 이전에 관련 있다고 생각했던 요인 집단 이외에 다른 요인을 찾아볼 수 있다. 이를테면 두 시계의 시간 차이는 1마일 밖의 전선과 관련이 있는지도 모르고, 달의 모습과 관련이 있는지도 모르며, 혹시 시계를 바라보는 사람이 있다는 사실과 관련이 있는지도 모른다. 결과에 차이가 있을 때는 언제나 원인에 **무언가** 차이가 있지 않을까? 원인은 같지만 결과가 다른 경우를 계속 찾아가다 보면, (결과가 다른데도) 원인이 동일하다는 것을 증명하기 위해서 우주의 전체 상태가 두 경우에 정확히 동일했음을 보여 줄 수 있어야 한다─**그래야만** 서로 다른 결과가 동일한 원인에서 나올 수 있다는 것을 증명할 수 있다. 그러나 당신은 이것을 절대로 증명할 수 없다. 수많은 조건이 다음번에 또 달라진다. 그리고 수많은 조건이 달라지지 않는다고 해도 **당신**이 (최소한 당신의 심리 상태라도) 달라질 수 있다. 따라서 당신은 "결과가 다른데도 원인의 차이가 없는" 명확한 경우를 결코 찾아낼 수 없다.

하지만 인과 원리가 어떤 것에 의해서도 반박될 수 없다면서 인과 원리를 관찰에 의해 **옹호**하는 것은 이상하지 않은가? 과학자들은 애당초 세계에 대한 반복적 관찰을 근거로 인과 원리를 정립하지 않았는가? 사물들이 내일 아침부터 아주 무질서하게 나타나기 시작한다고 해 보자. 이렇다 할 아무런 이유도 없이 돌멩이가 땅으로 떨어지기도 하고 공중에 머물기도 한다. 고양이가 짖기도 하고 개가 야옹하기도 한다. 탁자가 개구리로 변하기도 하고 말벌이 베갯잇으로 변하기도 한다. 이쯤 되면 인과 원리를 단념해야 하지 않을까? 우리는 여전히 이렇게 말할 수 없을까? "아니다, 인과 원리는 계속 반복되는데, 예전에 비해 사건들이 엄청나게 복잡해져서 요즘에는 그 원인을 발견하기가 훨씬 더 어려워졌다."

2. 명제가 아니라 규칙인가? 인과 원리가 결코 반증될 수 없다고 할지라도, 방금 묘사한 것과 같은 사건들은 인과 원리를 **단념**하게 할 수도 있다. 인과 원리는—그리고 어쩌면 과학의 다른 원리들도—결코 세계에 관한 진술이 아니며, 그러므로 옳지도 그르지도 않다고 제안된 바 있다. 인과 원리는 우리가 세계에서 습득하는 것이 아니라 우리가 세계에 부여하는 것—채택하려면 채택하고 단념하려면 단념할 수 있는 것—일 수도 있다.

채택하거나 단념하는 것은 우리가 **하는** 일이다. 우리는 행동 규칙, 관습, 일하는 방법을 채택할 수 있다. 일반적으로 인정된 야구 규칙은 "타자가 스트라이크 셋이면 아웃이다." 아마도 그 규칙은 야구 게임을 더 재미있게 하고 도전 의식을 북돋우기 때문에 채택되었을 것이다. 규칙은 여러 가지 이유로 변경될 수 있지만 규칙 그 자체는 옳지도 그르지도 않다. 규칙은 그것에 따를 때 일정한 목적이나 목표를 달성하기 때문에 채택되고 달성하지 못하면 채택되지 않는다. 인과 원리를 일종의 과학 게임 규칙, 즉 그것을 채택함으로써 과학 게임을 더욱 효과적이게 하거나 다른 어떤 바람직한 결과를 가져오게 하는 규칙이라고 생각하면 안 될까? 그 규칙을 채택하면 우리는 원인을 발견하도록 더욱 고무될 수 있다.

우리가 인과 원리를 채택하는 것은 원인을 끊임없이 발견하도록 우리를 고무하거나, 사건과 의존 관계에 있는 조건들이 더 많이 발견될 것이라는 **희망**을 주거나, 심지어는 작은 격려(원인을 발견하지 못해 힘들어할 때 용기를 북돋우는 휘파람)로 라도 작용하는 가치가 있기 때문이다. 그리고 우리는 그 규칙을 **단념**할 수도 있다 —이것은 인과 원리가 그르다고 의심하는 것도 아니고(규칙은 옳거나 그르지 않 다), 우주에 대한 기술이 아니라고 의심하는 것도 아니다(규칙은 우주를 기술하는 것이 아니라, 우주 속에서 우리가 발견하고자 하는 것을 규정할 뿐이다). 광산에 더 이상 금이 없기 때문이 아니라 더 이상 금을 채굴할 가치가 없기 때문에 광산을 단 념하듯이—예컨대 금이 너무 소량이거나 너무 드문드문 흩어져 있거나 채굴하기가 너무 어려워서 그냥 "폐광하자"고 말하듯이—인과 원리를 단념할 수 있다.

　3. **다시 경험적 해석으로.** 하지만 인과 원리를 과연 단념할 수 있을까? 인과 원리 는 실제로 절차 규칙으로 작용하는가? 일부 과학에서는 절차 규칙으로 작용하기도 한다. 의학에서는 질병의 원인이 아직 발견되지 않았을지라도 원인이 실제로 있으 나 아직 발견되지 않았다고 항상 가정한다. 심리학에서는 환자가 어떤 자극에 대해 다소 예상치 못한 방식으로 반응하면 "이 행동의 원인은 무엇인가?"라고 묻고서— 그 원인을 발견하지 못해도—그 원인이 실제로 있는지에 대해서는 숙고하지 않는 다. 기상 예보관이 일주일 이상의 날씨를 예보할 경우 열렬한 인과 원리 지지자마저 도 그 예보를 신뢰하지 못한 나머지 실망하여 인과 원리를 포기할지도 모른다. 하지 만 그것은 원인들이 너무 복잡해서 추적되지 않기 때문이며, 그 원인을 모두 발견할 수 있는 방법이 전혀 없기 때문이다.

　과연 이러한 가정은 옳은가?

　서구 과학의 기본 관념은 지구상의 당구대 위에 있는 당구공의 움직임을 설명하려고 할 때 또 다른 은하계의 어떤 행성에 나뭇잎 떨어지는 것까지 고려할 필요는 없다는 것이다. 아주 작은 영향은 무시될 수 있다. 사물들이 작동하는 방식에는 수렴 현상이 있으며, 임의 의 작은 영향이 임의의 커다란 결과로까지 확대되지는 않는다.[8]

8　James Gleick, *Chaos* (New York: Penguin Books, 1987), p. 15.

날씨 예보에는 "나비효과"라는 것이 작용한다.

> 지역 날씨의 경우에는―세계 기상 예보관에게 지역 날씨는 일시적인 폭우와 눈보라를 의미할 수 있다―어느 예보나 한 순간에 신뢰도가 떨어진다. 작은 모래 바람이나 돌풍에서 시작하여 위성만이 포착할 수 있는 대륙만한 크기의 회오리바람에 이르기까지 일련의 난기류가 끊임없이 상승함에 따라 예보의 오차와 불확실성이 대폭 증가한다.[9]

특정 지역에서 특정 시간에 우연히 날아가는 나비가 폭풍우의 발생에 영향을 미칠 수도 있다. 이것은 진정한 카오스인가 아니면 엄청난 인과적 복잡성인가? 금세기에 이르러 결정론의 주요 원천인 물리학에 커다란 틈새가 생기기 시작했다. 물리학의 세부 사항이 너무 전문적이고 방정식이 너무 복잡해서 물리학도들조차도 대개 이해하지 못한다. 하지만 그 결론은 선행하는 조건 집단에 의해 결정되지 않고서도 어떤 원자적 사건과 아원자적 사건이 일어나는 것으로 보인다는 것이다. 예를 들어 어떤 원자들은 자석의 양극과 음극 사이를 통과할 때 위쪽이나 아래쪽으로 편향되는데, 특정한 원자가 어느 쪽으로 편향될 것인지 예측할 방법이 전혀 없다.

우리는 "그러나 그것은 오로지 우리가 아직 원인을 모르기 때문이다―분명히 원인이 있다"라고 주장할 수도 있다. 하지만 이것은 바로 현대 물리학(하이젠베르크의 불확정성 원리)이 부정하는 주장이다. 말하자면 아원자 수준의 사건이 비결정론적이라는 것은 자연적 사실이다. 불완전한 것이 아원자 수준의 사건에 대한 우리의 지식만이 아니기 때문이다. 일부 물리학자들은 이 결론에 반대하므로―반대자의 한 사람인 아인슈타인은 신은 우주와 주사위 놀이를 하지 않는다고 했다―이 문제는 여전히 논쟁중이다. 그러나 비인과적 "입자 물리학"의 가능성이 인정되거나 신중하게 고려되기까지 하는 사실만 보아도 오늘날의 물리학자들은 보편적 인과 원리를 필연적 진리라고 생각하지도 않고 채택되거나 탐닉되는 게임 규칙이라고 생각하지도 않음을 알 수 있다.

입자 물리학이 통계 법칙으로 정립될 수 있다는 주장이 제시된 바 있다. 이를테

---

9 Ibid., p. 20.

면 특정한 입자들의 40퍼센트가 이쪽으로 진행하고 60퍼센트가 저쪽으로 진행한다. 과학자들은 A의 40퍼센트가 B이고 A의 60퍼센트가 C라면 이 차이 자체에 어떤 원인이 있을 수밖에 없다고 가정하려고 했다. 이것은 다른 과학에서도 당연시되었다. 이를테면 어떤 약이나 백신이 일부 사람들에게는 효과가 있으나 다른 사람들에게는 효과가 없을 경우 우리는 그와 같은 차이의 원인이 있을 수밖에 없다고 가정한다. 그러나 입자 물리학은 그것을 더 이상 가정하지 않는다. 우리는 그 차이를 더 이상 우리의 무지 탓으로 돌리지 않아도 된다. 우리는 비결정론적인 것이 자연 그 자체라고 믿는다.

4. 결정론과 자유

많은 사람이 결정론에 대해 경계심을 갖는데, 그것은 물리학 법칙이 통계적인 것이 되지 않을까 불안하기 때문이 아니라 결정론이 자유와 양립할 수 없다고 믿기 때문이다. 나는 내가 선택한 대로 행동하지만 나의 선택 자체는 원인에 의해—나의 이전 선택, 나의 기질적 특성, 나의 어린 시절의 환경, 내가 조절한 나의 유전적 특징에 의해—일어난다. 우리는 자발적 선택의 근원으로 거슬러 올라갈 때에도 얼마 안 가서 우리가 선택할 수 없는 것들에 도달하게 된다. 버트런드 러셀(Bertrand Russell, 1872-1970)은 우리가 원하는 대로 행동할 수는 있지만, 우리가 원하는 대로 원할 수는 없다고 말한 적이 있다.

하지만 이 모든 것이 현대 물리학의 비결정론적 성향과 무슨 관계가 있을까? 어떤 전자의 진행 과정이 결정되지 않았다는 사실이 (그것이 사실이라고 해도) 우리의 행동할 자유나 선택할 자유에 어떻게 영향을 미치겠는가? 아원자 입자들이 통계 법칙의 "지배를 받을" 수도 있겠으나 그런 입자들이 수십억 개 있는 경우 어떻게 하나의 입자가 어떤 차이를 만들어 내겠는가? 우리는 국가의 모든 국민들 가운데 어느 개인이 금년 한 해에 누구를 살해할지 알 수 없으나, 얼마나 많은 사람이 살해될지는 어느 정도 (범위 내에서) 확신할 수 있다. 그러나 이것은 분명히 살인자 개인이 무슨 일을 하려는 선택의 자유에 영향을 미치지 않는다.

우선 "자유"(freedom)라는 말의 의미부터 살펴보자. 사람들이 자유롭다고 표명할 때 그들이 주장하는 것은 정확히 무엇일까?

자유

거의 모든 사람은 어떤 방식으로든 어떤 조건 속에서든 인간으로서 자유롭다고 믿는다. 100퍼센트 자유롭다고 말할 사람은 없겠지만, 우리는 누구나 다양한 정도로 다양한 측면에서 자유를 누린다. 한 사람이 어떤 행위를 하거나 하려고 하는데 **장애물이 전혀 없다**면 그 행위 과정에 관하여 완전히 자유로운 셈이다. 당신이 하려고만 하면 모두 다 이루어진다. 신이 "빛이 있으라"고 말하자 빛이 있었다. 하지만 어느 인간도 그렇게 자유롭지는 않다. 우리의 자유는 제한되어 있다. 어떤 식으로 제한되어 있을까?

우리는 새처럼 하늘을 자유롭게 날지 못한다. 우리가 날개를 가지고 태어나지 않았기 때문이다. 우리는 자유롭게 남자나 여자로 태어나지 못한다. 우리가 그것을 통제할 수 없기 때문이다. 남자는 자유롭게 아이를 임신하지 못한다. 우리는 또한 "유전자의 노예"이다―우리가 전혀 통제할 수 없는 유전성 질병을 비롯하여 유전적인 조건과 경향이 있다.

어떤 철학자들은 이들 가운데 어느 것도 우리의 자유를 제한하는 것이 아니라고 했다. 그러나 이것은 말장난처럼 보인다. 당신이 어린 아이처럼 필사적으로 날아가려고 했으나 날아갈 수 없다면 당신은 분명히 날아갈 수 없음을 당신의 자유에 대한 제한으로 여길 것이다. 그리고 다리가 마비된 상태로 태어났다면 걸을 수 없음은 분명히 자유에 대한 제한이다.

아무튼 우리가 선택함으로써 수행할 수 있는 그런 행위를 우리는 자유롭게 수행**한다.** 나는 자유롭게 책을 읽거나 주방으로 걸어간다. 그러나 나는 자유롭게 달로 날아가거나 뱀파이어로 변하지 못한다.

하지만 나는 또한 많은 것**으로부터** 자유롭다. 나는 독재자의 일시적 기분으로부터 자유로운데, (독재자의 나라에서 살았다면) 아마 투옥당하거나 총살당했을 것이다. 그러나 나는 국경을 넘거나 사업할 자유를 억제하는 규제들로부터 자유롭지 않다. 나의 자유에 대한 이런 제약들은 다른 사람의 행위 결과에 따른 것이다. 나는 다른 사람에 의한 지배**로부터** 자유로운 만큼 자유롭고, 다른 사람의 강압적인 간섭을 받지 않고 나 스스로 자유롭게 결정하는 만큼 자유롭다. "로부터의 자유"(freedom from)는 소극적 자유라고 부른다.

다른 사람이 우리를 **강요**하면 우리는 다른 사람의 지시로부터 자유롭지 않다. 논란거리가 많기는 하지만, 우리 스스로 통제할 수 없는 내적 **충동**이 있을 경우 우리의 소극적 자유는 제약을 받는다.

누군가가 어떤 일을 억지로 시킨다면 당신은 그 일을 자유롭게 하는 것이 아니다. 강도가 권총을 들이대고 돈을 요구한다. 당신은 생명보다는 (더 정확히 말하면 당신의 돈**과** 생명보다는) 돈을 포기한다. 당신이 아무런 선택도 하지 않은 것은 아니다―당신이 강도의 요구를 거부할 경우 돈을 (아마 생명까지) 빼앗길 수도 있다. 당신이 선택했다고 할지라도 그것은 선택하도록 강요된 것이었기 때문에 자유로운 선택이 아니다―당신이 원하는 선택(아무것도 잃지 않는 것)은 당신이 선택할 수 있는 것이 아니다. 그 점에서 당신의 자유는 제한되었다. 당신은 강도의 강요로부터 자유롭지 못했다.

강요에는 다양한 정도가 있다. 어떤 사람은 방아쇠를 당기겠다고 윽박지르는 것보다 더 강하게 강요한다. "내 말대로 하지 않으면 너를 죽이겠다." "내 말대로 하지 않으면 그곳에 불을 지르겠다." "내 말대로 하지 않으면 너를 영원히 보지 않겠다." "내 말대로 하지 않으면 네 집에서 나가겠다." "내말대로 하지 않으면 재채기를 하겠다." 이 모든 것이 위협이지만 그 심각성은 점점 약화된다. 우리는 아마 "그래, 재채기 해 봐"라고 말할 것이며, 장모가 사위집에서 나가겠다는 경우라면 "이게 위협이야 약속이야?"라고 말할 수도 있을 것이다. 위협이 진짜라는 것(당신이 복종하지 않으면 상대방이 위협을 단행할 것이라는 것), 상대방이 위협을 실행할 힘과 의지를 가졌다는 것, **그리고** 명령에 따르지 않을 경우 아주 심각한 손해를 입을 것이라는 것을 믿지 않으면 당신은 강요된 것이 아니다.

최면술사가 시키는 대로 하면 그것은 강요된 것인가? 어떤 여자가 강렬한 개성을 가진 남자의 말에 완전히 사로잡혀서 그의 명령을 "도무지 거부할 수 없다"면 그 여자는 강요된 것인가? 당신의 요구에 따르도록 하려면 그녀에게 "어떻게 해야 하는지"를 아주 철저하게 알고 있을 경우 당신은 그녀를 강요하는 것인가?

　우리는 대체로 강요를 외적 구속, 즉 다른 사람에 의한 구속이라고 말한다. 그러나 사람들은 또한 억제할 수 없고 벗어나기 힘든 강력한 내적 **충동**을 느끼기도 한다. 한 젊은이가 아주 어렸을 때부터 전제적인 아버지를 싫어하여 (마치 아버지를 책망하듯이) "직장 상사를 책망하는 것" 때문에 자주 실직했는데 나중에 전기 기사가 되어서도 마찬가지였다. 그의 행동을 끊임없이 상기시키면서 몇 년 동안 정신 치료를 했음에도 이 같은 무의식적인 동일시를 끊어 내지 못했다. 그는 자기 집 주인이 아니다.

　그리고 민첩한 행동을 몹시 싫어하는 사람도 있다. 그는 항상 약속 시간에 늦는다. 자기 아이가 잠들 때까지 가족 식사에 나타나지 않고 끝없이 기다리게 하니 가족은 미칠 지경이다. 그의 행동으로 인해 결혼생활과 가정생활이 파탄 났고, 일자리를 잃었으며, 집주인이 화가 났다. 약속 시간에 정확히 도착할 수 있는 상황인데도 필사적으로 막판 위급 사태를 만들어 내서 끝내 약속을 어길 정도로 아주 강력한 어떤 힘에 사로잡힌 것처럼 보인다. 마치 역사속의 히틀러가 그를 죽이거나 고문하겠다고 위협하는 것처럼 "마음속의 히틀러"가 실제로 그의 인생을 파괴한다. 그는 자기 안에 그처럼 몰아붙이는 힘이 존재함을 인정하지 않았으나 주위 사람들은 모두 그 그림자에 시달렸다.

　다리가 없다는 것이 이동의 자유에 대한 장애라는 사실은 누구나 인정한다. 그러나 방금 묘사한 바와 같은 고질적인 심리적 장애(심리학자들은 그것을 성격 장애라고 한다)는 사지가 마비되었을 때만큼 심신이 쇠약해질 수 있음에도 일반적으로 자유에 대한 장애로 인정되지 않는다. 많은 사람이 수년간 심각한 우울증에 빠져 있어서 기차를 들어 올리는 것만큼이나 우울증을 벗어나기가 힘들다고 하는데, 사람들은—마치 한 순간에 간단히 해치울 수 있는 것인 양—"우울하면 무언가 할 일을 찾아야지 신세를 한탄하면서 가만히 앉아 있기만 하면 안 된다"고 말한다. 우울증 상태가 호전되는 때도 있고 (어느 날 사라졌는데 아무도 이유는 모른다) 긴기긴에 걸친 심리 치료로 완화되는 때도 있지만, 우울증에 빠져 있는 동안에는 마치 허리케인에 휩쓸려 파도에 부딪치는 것처럼 달리 어찌할 도리가 없다.

　자유에 관한 통속적인 오해가 많다. 이를테면 심리학 교육을 받지 않은 사람들은 내적 충동이 일어나는 정도에 대해서 거의 알지 못한다. 그들은 정신 분열증이나 내

인성 울증(內因性 鬱症)이나 손발이 없는 것만큼이나 장애를 초래하는 다른 심리적 질병들을 직접 경험하지 못한다. 그러면서도 인간의 **모든** 행동이 그 같은 질병 상태에서 기인한다는 것을 믿지 않는다. 우리의 자유가 생각보다 훨씬 더 제한되어 있기는 하지만 우리는 어느 정도 자유를 누린다.

하지만 자유에 관한 또 다른 문제— "자유 의지"(free will) 문제—가 있는데, 그것은 일상생활에서 부딪치는 문제라기보다는 주로 철학자들이 만들어 낸 것이다. 이 문제를 거론하면서 일부 철학자들은 자유가 환상이므로 사실은 **어느 누구도** 결코 자유롭지 **않다**고 결론지었다. 우리의 모든 행위는 선행하는 조건들(원인들)에 의해 결정되는데, 이것이 사실이라면 우리가 어떻게 자유로울 수 있겠는가? 하지만 여기에는 구분되어야 하는 여러 가지 사고의 가닥이 있다.

운명론

그러한 사고의 가닥 가운데 하나가 **운명론**(fatalism)인데, 때로 결정론과 혼동되기도 한다. 운명론에 따르면 일어날 일은 무엇이든 일어나도록 "운명으로 정해져" 있다는 것이다. 일어날 일은 어느 것이나 달리 일어날 수 없다. 일어날 일은 모두 일어나도록 운명으로 정해져 있다.

하지만 이 모든 말이 무슨 뜻인지 전혀 명료하지 않다. 당신이 무슨 일을 하려고 아무리 노력한다 해도 당신의 노력이 성공하지 못할 것이라는 의미인가? (그런데 혹시 성공하면 어떻게 될까? 그렇다면 그것은 당신의 노력 덕분에 성공한 것이 아니라 당신의 노력이 성공하도록 "운명으로 정해져" 있었기 때문이다.)

우리는 "운명론이야말로 **터무니없는 것**이지 않은가?"라고 의문을 제기할 수 있다(철학에서는 어떤 견해에 따라 행동하거나 살아갈 수 없을 때 그 견해를 터무니없는 것이라고 말한다). 우리는 어떤 진술에 따른 행동과 따르지 않은 행동에 차이를 일으키는 진술보다 더 확실한 경험적 진술은 없다고 말할 수 있다. 당신은 이러운 시험에 합격하기 위해 열심히 공부해서 합격한다. 당신이 합격하도록 "운명으로 정해졌다"고 말하는 것은 당신의 노력을 모욕하는 것이 아닐까?

한 학생이 이렇게 말한다. "내가 이 시험에 합격할 운명이면 공부를 하든 않든 합격할 것이고, 내가 시험에 합격하려고 노력한들 떨어질 운명이면 떨어질 것이다."

그래서 그 학생은 전혀 공부를 하지 않고 시험에서 떨어진다. 이것이 그가 시험에 떨어질 "운명으로 정해졌고", 그가 공부를 하지 않은 것이 시험에 떨어진 것과 무관함을 보여 주는 것일까?

"내가 오늘 식사를 할 운명이라면 내가 무엇을 하든 상관없이 식사를 할 것인가?"라고 말하면 어떨까? 당신이 식사를 하는 데 필요한 일을 전혀 하지 않는다면 머잖아 굶어 죽을 것이라는 것은 아주 분명하지 않은가?

오늘 저녁에 식사를 할 것인지 말 것인지와 같은 가까운 미래에 관한 운명론자는 지극히 드물다. 오늘 저녁에 식사를 하려면 어떻게 행동해야 하는지 아주 잘 알고 있기 때문이다. 그러나 지금으로부터 수백 년 뒤에 미국 문명에 일어날 일처럼 그들이 전혀 통제할 수 없는 장기적인 결과에 관해서는 좀 더 운명론적일 가능성이 많다. 물론 일식처럼 어느 누구도 통제할 수 없는 사건들이 수없이 많다. "그런 사건들에 관해서는 운명론적인 것으로 간주하는 편이 더 낫다"고 말하고 싶으면 그렇게 할 수도 있겠으나, 분명히 이것은 그런 사건들이 어떻게든 "일어나도록 운명으로 정해졌다"는 것이 아니라 우리가 그런 사건들을 변경할 수 없다는 것을 의미할 따름이다.

어떤 사람들은 일어나는 모든 것이 신에 의해 일어나도록 예정되었다고 주장했다. 무슨 일이 일어나든 신에 의해 일어난다는 것이다. 이것은 운명론이 아니라 **예정설**(predestination)이다. 말하자면 "운명"에 의해 일어나는 대신 (그 일이 무슨 일이든) 신의 의지에 의해 일어난다. 그러나 여기서 말하는 신은 우주에 사건을 일으키는 무한한 능력을 가진 의식 있는 존재로 여겨진다. 신은 인간과 유사하지만 더없이 위대하고 더없이 자비로운 존재이다—신은 비인격적인 "운명"이 아니다.

고대 그리스인들은 때로 "운명의 여신"(the Fates)을 언급하기도 했다. 호머의 《일리아드》와 《오디세이》, 그리고 몇몇 그리스 비극에는 인간이 결코 해낼 수 없는 어떤 일들이 있다. 만일 인간이 그런 일들을 하려고 하면 "운명의 여신"이 제지한다. 이들 "운명의 여신"의 정체가 무엇이고 어떻게 작용했는지 전혀 분명하지 않다. 그러나 운명의 여신은 신들과 똑같은 존재가 아니었다. 신들은 그들의 다양한 목적을 완수하는 데 전념하는 의식 있는 존재였다.

이와 달리 결정론은 운명 또는 운명으로 정해진 것에 관해 아무 말도 하지 않는다. 결정론은 일어나는 모든 일이 이런저런 원인을 갖는다고 주장할 따름이다. 하지만 인간 역시 세계에서 일어나는 사건들의 원인이다. 나는 옆방으로 가기로 결정하고 나서 옆방으로 간다. 나의 결정이 내 행위의 원인(또는 하나의 원인 요인)이다. 어떤 일을 하려고 결정하면 나는 그 일을 한다. 그것이 바로 나의 자유이다. 그것이 자유가 아니라면 무엇이 자유인가? **내가** 내 행위의 원인일 수 있기 때문에 나는 자유롭다.

우리는 다른 사람을 상대할 때 줄곧 결정론이 옳다고 가정한다. 당신은 아이의 행동을 변화시키려고 할 때 당신이 채택한 시정 조치가 아이의 행동에 변화를 일으키기 바란다. 그 아이의 행동에 아무런 원인도 없다면 그 행동을 어떻게 변화시킬 수 있겠는가? 우리는 어떤 사람이나 어떤 것을 변화시키려고 할 때면 항상 인과성을 전제한다. 사실상 "변화시키는 것"은 "변화를 일으키는(cause) 것"을 의미하지 않는가?

비결정론

비결정론에 따르면 모든 사건이 원인을 갖는 것은 아니다. 대부분의 사건이 원인을 갖지만, 인간사 특히 인간이 결정을 내릴 때 우리가 하는 일은 선행 조건의 결과가 전혀 아니다. 당신에게 **일어나는** 일은 선행 조건의 결과일 수 있지만 당신이 **하는** 일은 선행 조건의 결과가 아니다. 당신이 하는 일이 선행 조건의 **영향**을 받을 수는 있지만 선행 조건에 의해 **결정**되지는 않는다. **내가** 나의 행위의 시발점이며, 내가 시발점인 행위는 앞서 존재하는 조건들의 불가피한 결과가 아니다. 내가 하는 일은 **나에게 달려 있다**. 나는 나의 과거에 일어난 일과 전혀 "일치하지 않는" 어떤 일을 하려고 선택하는 경우도 있다. 나의 과거를 샅샅이 아는 사람도 그때 내가 무엇을 하려고 했는지 예측할 수 없었을 것이다. 인간의 행위는 인과성을 초월한다.

결정론자는 이 견해를 아주 터무니없는 것으로 여긴다. 결정론자는 "당신은 그러한 견해에 대해 아무런 증거도 갖지 않았다. 자유 의지를 구제하려면 비결정론이 필요하다고 생각하기 때문에 그것을 끌어들였을 뿐이다. 그런데 당신은 자유 의지를 구제하지 못한다"라고 주장할 것이다. 일어나는 모든 것은 과거에 일어난 일의 결과이며, 이것은 "성격으로 인한 행위"도 포함한다. (이를테면 사울이 다마스쿠스로 가던 중 갑자기 개종한 것처럼—이것 역시 과거에 그 뿌리가 있다.)

　당신이 몇 년간 알고 지낸 믿음직한 친구가 있는데, 이 친구가 전혀 원인 없는—그녀의 성격이나 과거 성향에 그 뿌리가 있는 것도 아닌—어떤 행동을 한다고 해보자. 이제 더 이상 그녀를 신뢰할 이유가 없어진다. 그녀는 친구인 것처럼 행동했을 수도 있다—어쨌든 그녀의 행동에는 원인이 없으므로 그녀가 어떤 행동을 할지 알 수 없다. 그녀가 무슨 행동을 해도—청천벽력에도 원인이 있다는 것을 제외하면—청천벽력처럼 보이지 않겠는가? 만일 그런 일이 일어난다면 그것이 **그녀의** 행위일 수 있을까? 그것은 오히려 그녀에게 **우연히 일어난** 어떤 일이지 않을까? 믿을 만한 착실한 친구가 자유 의지의 발작으로 갑자기 살인자가 될 수도 있다. 요컨대 그녀의 행위는 그녀의 습관 형성이나 과거 성향과 무관하다. 어떤 행동이 그저 난데없이 불쑥 나타난다면 그것을 **그녀의** 행동이라고 할 수나 있을까? 결정론자는 그것을 그녀의 행동이라고 할 수 없다고 말한다. 자유를 구제하려는 일념으로 고안된 비결정론이 실제로는 자유의 최대 적이 된다. 원인 없는 행위는 당신에게서 나온 행위가 아니고 당신에게 기반을 둔 행위도 아니므로 당신이 책임질 수 있는 것도 아니다. 자유는 결정론을 전제하므로 결정론이 없이는 자유를 생각할 수 없다.

　우리의 모든 행위에 원인이 있을까? 결정론자는 물론 그렇다고 한다. 우리는 행위에 원인이 있다는 것을 다행으로 여겨야 할 것 같은데, 그렇지 않으면 비결정론자의 원인 없는 행위에 속수무책일 것이기 때문이다. 결정론자는 우리의 행위가 **우리에 의해** 일어난다고 말한다. 자유는 "내가 나의 행위를 일으킨다"(능동태)라고 말하고, 결정론은 "나의 행위가 나에 의해 일어난다"(수동태)라고 말한다—둘 다 똑같은 주장이다. 도대체 인과성이 없으면 인간의 **행위**에 대해 어떻게 설명할 수 있겠는가?

예측가능성
일식과 월식은 그와 관련된 모든 원인 요인을 알기 때문에 예측될 수 있다. 일식과 월식의 발생은 전적으로 이전 사건들에 의해 (자연 법칙에 따라) 결정된다. 그러나 비결정론자에 따르면 인간의 행위는 전혀 예측 가능하지 않으며, 인간이 하는 일들 가운데 일부는 전혀 과거의 사건이나 조건에 의해 일어나지 않기 때문에 결코 예측

가능하지 않다. 인간의 행위가 예측 가능하지 않은 것은 그 상황 속에 내재하는 것이지 원인에 대한 지식이 부족하기 때문만은 아니다.

다른 한편, 결정론은 인간의 행위를 포함하여 모든 사건이 그 인과적 뿌리를 과거에 둔다고 주장한다. 당신이 X를 할 것이라고 예측하는데 그 대신 Y를 한다면 이것은 내가 간과한 원인 요인이 있음을 보여 줄 뿐이다. 일식과 월식에서는 원인 요인을 알지만 인간의 행위에서는 원인 요인을 알지 못한다. 그 차이는 인과성이 없다는 데 있는 것이 아니라 원인 요인을 알지 못한다는 데 있다.

내가 당신을 수년간 잘 알고 지냈는데 당신이 시종일관 나에게 정직했다고 해 보자. 그런데 누군가의 좋은 평판을 망칠 수 있는 어떤 일을 하도록 당신에게 돈을 제공했다는 말이 들려온다고 해 보자. 나는 당신이 그 돈을 받지 않을 것이라고 예측한다. 달리 말하면 나는 당신이 그 돈을 받지 않을 것이라는 것을 안다. 결정론자는 당신에 대한 나의 지식이 결코 **당신의** 자유를 방해하지 않는다는 점이 중요하다고 말한다. 당신은 X를 하든 말든 여전히 자유롭다—그것은 여전히 당신의 선택이다. 그것은 당신에게 달려 있다. 나는 당신이 어떤 것을 자유롭게 선택할 것이라고 예측할 뿐이다. 어느 누구도 당신에게 강요하지 않기 때문에 당신은 자유롭게 선택한다. 당신이 압력을 받았을 수도 있지만, 내가 당신의 과거 행동에서 가끔 목격했듯이 당신에게는 압력을 이겨 낼 능력이 있다.

하지만 비결정론자는 인간에게는 무언가 다른 점이 있다고 주장한다. 다른 점이 아주 많지만, 사람들은 적어도 다른 사람의 예측이 어긋나도록 의도적으로 행동할 수 있다는 것이다. 내가 일식이나 월식을 예측한다고 해서 해와 달이 내 예측의 영향을 받는 것은 아니다. 그러나 당신이 5분 안에 방을 나갈 것이라고 예측하면 당신은 나의 예측을 반박하기 위해 그냥 방에 그대로 있을 수도 있다. 이것은 당신이 하려는 일을 예측할 수 있는 나의 능력에 제한을 가한다.

결정론자는 당황하지 않고 이렇게 말한다. "당신이 방에서 나가려고 함에도 당신이 방에 머무는 원인들 가운데에는 당신이 방에 머물지 않을 것이라고 내가 예측한 사실도 들어 있다. 나의 예측에 대한 지식이 당신의 그 다음 행동에 영향을 미친 원인 요인이었다. 사실은 내가 당신을 지금보다 더 잘 알았다면 당신이 순전히 나의 예측을 반박하기 위해 그 같이 행동한다는 것을 예측할 수 있었을 것이다."

인간의 창의성을 생각해 보자. 인간의 창의성을 구체적으로 어떻게 예측할 수 있을까? 베토벤이 태어날 것이라는 것, 그가 작곡가가 될 것이라는 것, 그리고 그처럼 독특한 작품들을 창작할 것이라는 것을 예측하려면 어떻게 해야 할까? 수없이 많은 조건들이 필요할 것이다. 어쨌든 그가 태어날 것이라는 것을 예측하려면 그의 부모가 만나서 일정한 시간에 성관계를 가질 것이라는 것을 예견하는 예언자가 있어야 한다. 누가 그 온갖 것을 모두 예측할 수 있겠는가? 그가 음악적 재능을 가졌다는 것을 알았다면 당신은 그가 작곡가가 될 것이라고 추측했을 수도 있다(그리고 그 추측이 전부였을 것이다). 하지만 당신은 그가 어떤 작품을 작곡할 것이며 그 각각의 작품들에서 낱낱이 어떤 음표를 사용하려고 하는지 어떻게 예측할 수 있을까? 베토벤 자신이 구상하기도 전에 당신이 그 작품들을 창작했어야 하지 않을까? 모든 예술가 한 사람 한 사람을 특징짓는 창의적인 노력의 발현을 누가 어떻게 예측할 수 있겠는가? 다음과 같은 분석을 기초로 한다고 해도 그러한 예측을 할 수 없을 것이다.

> 그 환경과 도구의 성질에 대한 철저한 분석—피아노의 특징, 고전주의 시대 말기의 음악사, 낭만주의 운동에 대한 올바른 인식, 그리고 소나타 형식의 특성을 참작함으로써 베토벤의 피아노 소나타를 예견할 수 있는 철저한 분석.[10]

하지만 작곡 과정에 대한 지식이 충분하지 않을 수도 있는데, 그로 인해 당신은 그가 어떤 작품을 작곡할 것이며 각각의 그 모든 작품에서 낱낱이 어떤 음표를 사용하려는지 예측할 수 없을 것이다. 그것을 예측하려면 당신은 베토벤의 모든 뇌세포에서 무슨 일이 일어나는지 정확히 알아야 한다. 그렇다면 그것은 베토벤 자신이 구상하기 **이전에** 그 작품들을 창작하는 것과 다름없지 않은가?

과학적 창의성의 경우도 이와 마찬가지이다. 어떤 사람이 아인슈타인의 업적을 예측하려면 그는 아인슈타인이 태어날 것이라는 것(앞에서 말했듯이 엄청나게 어

---

10 Stephen A. Mitchell, *Relational Concepts in Psychoanalysis* (Cambridge: Harvard University Press, 1988), p. 257.

려운 일) 뿐만 아니라 아인슈타인 자신이 전혀 생각해 본 적도 없는 상대성 이론의 세부 사항을 알아야 한다.

우연

우리는 누구나 어쩌다가 우연히 일어나는 사건들에 대해 이야기한다. 우연한 사건은 비결정론을 함의하지 않을까? 결정론자는 우연한 사건이 비결정론을 전혀 함의하지 않는다고 응수한다. 하지만 "우연"(chance)이라는 말이 애매하다.

1. **우연의 일치**. 같은 날 오후에 같은 동네에서 두 건의 화재가 발생한 것은 우연의 일치였다 — 즉 두 건의 화재 사이에는 어떤 인과 관계도 없으므로 한쪽에서 화재가 나지 않았을지라도 다른 쪽에서 화재가 났을 수 있다. 그럼에도 두 건의 화재는 제각기 다른 원인을 갖는다. 당신과 내가 어제 어떤 슈퍼마켓에서 우연히 만난 것도 이와 마찬가지다 — 즉 두 사람 중 어느 누구도 상대방을 만날 생각으로 그곳에 가지 않았다. 하지만 이것은 결코 당신이나 내가 그곳에 간 원인이 없다는 말이 아니다.

2. **원인에 대한 무지**. 생물학자가 돌연변이는 우연히 일어난다고 말할 때 이것은 돌연변이에 어떤 원인도 없다는 것이 아니라, 돌연변이의 원인을 알지 못하기 때문에 그 발생을 예측할 수 없다는 것을 의미할 뿐이다. 그 축구 경기가 어떻게 판가름 날지는 우연의 문제라고 말할 때에도 그 경기 결과에 원인이 없다는 것이 아니라 경기 결과에 영향을 미치는 수천 가지 요인들 가운데 우리가 모르는 것이 조금이라도 있다는 것을 의미할 뿐이다.

3. **수학적 확률**. 한 벌의 카드 52 장이 있는데 그 중에서 스페이드 에이스를 뽑을 확률은 52분의 1이다. 동전에는 앞면과 뒷면만 있기 때문에 다음에 던져서 앞면이 나올 확률은 2분의 1, 즉 50 퍼센트이다. 지금까지 동전을 던진 결과가 실제로 어떻게 나타났는지 전혀 모른다고 해도, 우리는 앞면이 나올 확률이 2분의 1이라고 믿는다. 수학적 확률에서 우리는 가능성 전체의 수(카드는 52, 동전은 2)를 헤아려 분모로 하고, (단 한 번만 뽑거나 던진다고 가정하므로) 분자는 1인 분수로 표현한다. 동전을 던졌을 때 어느 면이 나올지는 우연의 문제라고 말할 때, 그것은 아무런 원인도 없이 앞면이나 뒷면이 나온다는 것이 아니라, 앞면이나 뒷면이 나오는 것과 관

런 있는 요인들, 이를테면 던지는 방향, 밀어 올리는 힘, 동전이 책상에 닿기까지 뒤집히는 횟수 등등을 모른다는 것을 의미한다. 하지만 원인을 모른다는 것은 원인이 없다는 것이 아니다.

4. **통계적 확률**. 통계적 확률은 과거의 발생 빈도에 근거한다. 지금까지 태어난 사람의 50.2 퍼센트가 남자라면 다음에 태어날 아이가 남자일 확률은 50.2 퍼센트이다. 동전을 던진 횟수의 50 퍼센트가 앞면이었다면, 우리는 다음에 앞면이 나올 확률이 50 퍼센트라고 말한다. 하지만 이것은 빈도가 달라지면 확률의 수치에 대한 평가가 달라지므로 수학적 확률과 동일한 확률이 아니다. 동전을 수천 번 던져보아도 항상 앞면만 나온다면, 우리는 동전이 "앞면만 나오게 조작되지" 않았을까 의심한 나머지 다음번 내기에서는—동전의 조작 여부와 전혀 상관없이 평가하는 수학적 확률이 아니라—통계적 확률을 이용할 수도 있다.

5. **원인이 없는 경우**. "우연"이라는 말이 아무 원인도 없음을 의미하는가? 일상생활에서는 전혀 그렇지 않다. 누군가가 축구 경기의 결과나 다음에 동전을 던진 결과에 아무 원인도 없다고 주장한다면, 사람들은 대부분 이 같은 주장을 믿지 않고 비웃을 것이다.

자유와 양립할 수 없는 결정론

비결정론자(I): 가석방 교도관이 석방자에게 "당신은 이제 교도소에서 나간다. 당신의 새로운 직장에서는 당신이 교도소에서 나왔다는 것을 아무도 모를 것이다. 어느 누구도 당신을 교도소에서 나온 사람처럼 대우하지 않을 것이다. 미래는 **당신 것**이다. 미래를 결정할 사람은 당신 자신이다."라고 말한다. 이 말에 동의하지 않는가?

결정론자(D): 물론 동의한다. 당신이 어떻게 하느냐에 따라 당신의 직장에서 일어날 일과 미래에 일어날 일이 결정된다. 이 같은 예는 우리에게 아주 익숙한—그리고 옳은—인과 관계 진술이다. 자유는 결정론이 옳은 만큼만 존재한다.

I: 그런데 모든 것에 원인이 있다면 인간의 모든 행위에도 원인이 있다.

D: 물론이다.

I: 하지만 당신이 직장에서 태만하다고 해 보자—당신 말대로라면 그것에도 역시

원인이 있지 않을까? 혹시 당신의 아버지가 폭력적이었기에 당신이 윗사람 말을 잘 듣지 않는지도 모른다. 혹시 9시에 출근해서 5시에 퇴근하는 직업에 적응을 못하는지도 모른다. 혹시 당신이 재정적으로 매우 쪼들리는데 부인이 또 다시 임신한 상태이기 때문에 마약 거래를 해서라도 더 많은 돈을 벌고 싶은 유혹을 견디기가 너무 어려운지도 모른다. 그 모든 것들이 당신을 태만하게 할 수도 있지 않을까? 당신의 미래는—당신으로 인하여, 당신의 행위로 인해—황폐해질 뿐만 아니라 당신을 **통하여** 황폐해진다. 이런 난관들로 인해 직장에서 태만하게 되고 급기야 해고되기에 이르는 인과성의 흐름이 만들어진다. 결정론에 따르면 당신은 인과적 흐름의 한 토막(chip)에 불과하다. 나는 비결정론자로서 원인이 결과를 반드시 일으키는 것이 아니라 결과를 일으키는 경향성을 갖는다고 생각한다. 당신은 어린 시절의 성장 배경에서 받은 대부분의 나쁜 영향을 열심히 노력함으로써 극복할 수 있다.

D: 당신의 성장 배경의 다른 것들—당신이 개발한 습관, 당신이 성취한 철저한 자기 훈련—이 있으면 당신은 당연히 나쁜 영향을 극복할 수 있고, 그렇지 않으면 극복할 수 없다. 각각의 경우에 인과 관계가 있지만, 원인에서 결과로 이어지는 경로는 원인 자체에 있는 수없이 복잡한 요인들에 의존한다.

I: 그래서 어떤 사람들은 과거에 의지력을 개발해 두었다가 의지력이 필요할 때 불러낼 수 있도록 내부에 비축해 놓았기 때문에 자기 자신의 의지력을 발휘하는 능력을 갖기도 한다. 그러나 결정론에 따르면 의지력을 발휘하는 것은 온통 전에 일어난 일에 의존하고, 전에 일어난 **그 일**은 그 전에 일어난 일에 의존하는 등 끝없이 전에 일어난 일에 의존한다. 만일 욕구가 선택을 결정하고, 선택이 후속 행위를 결정한다면, 자신의 욕구에서 자유롭지 못한 사람이 어떻게 자신의 행위에서는 자유로울 수 있겠는가? 사람들은 대체로 자유롭지 못하다. 다시 말하지만, 우리는 원하는 대로 힐 수 있을 때도 있고 힐 수 없는 때도 있다. 당신이 사유라고 하는 것은 "자유로운 것처럼 시늉하는 것"에 불과하지 않을까? 사람들은 자기 자신처럼 행동하는 것이 자유롭다고 **느끼지만** 그것은 별로 중요하지 않다. 왜냐하면 대부분의 사람들은 존 로크가 말한 "행위의 내적 동인(動因)"에 대한 관념을 아주 조금밖에 갖지 않기 때문이다. 사람들은 자신의 행위가 자기

자신한테서 비롯된다고 느끼지만, 실제로 (결정론이 옳다면) 그들이 자유롭지 못한 것은 시계판 위에서 자유롭게 움직이는 시계 바늘이 자유롭지 못한 것과 마찬가지다. 그들의 행위는 선행 조건의 불가피한 결과물이고, 그 선행 조건 역시 그보다 선행하는 조건의 불가피한 결과물이라는 것 등이다. 이 같은 사건들의 연쇄에서 머지않아 우리는 어느 누구도 전혀 통제할 수 없는 조건들에 도달하게 된다. 결정론이 옳다면 당신은 자신을 출생시킨 조건들과 자신을 성장시킨 조건들의 결과물이다.

D: 빈민가 출신의 대학 총장이 그처럼 많지 않다면, 빈민가 출신의 사람들이 어린 시절의 외부 환경 때문에 범죄자가 된다고 말할 수도 있다.

I: 하지만 당신은 그에 대한 답을 알고 있다. 성공한 사람들의 이력에는 실패자가 갖지 않은 **다른** 원인 요인, 이를테면 부모의 신뢰와 좋은 가정교육 또는 지독한 가난에도 희망을 잃지 않는 것과 같은 요인이 있었다.

　　나는 결정론의 논리적 귀결에 대한 당신의 견해를 따를 뿐이다. 말하자면 가장 포괄적인 의미에서 당신은 (부모가 살았던 것처럼 살지 않겠다는 결심을 포함하여) 자신의 인생에 시종일관 작용하는 영향력 전체의 결과물이기 때문에 결코 자유롭지 않다. 결과물이 어떻게 나오든 간에—당신에 따르면—그것은 과거의 그런 요인들 때문이다. 그렇다면 에드워드 피츠제럴드(Edward Fitzgerald, 1809-1883)가 그의 《오마르 하이얌의 루바이야트》에서 내린 결론을 당신이 어떻게 피해갈 수 있을지 모르겠다.

　　이 세상 최초의 흙으로 마지막 인간을 빚었고
　　이 세상 최초의 흙에 마지막 수확의 씨앗을 뿌렸다네.
　　창조의 첫째 날 아침에 기록했다네.
　　최후의 심판 날 새벽에 읽을 것을.(73연)

D: 이런 말은 결정론을 생각하는 사람의 마음을 사로잡을 것 같은 강력한 심상을 불러일으키기도 한다. 하지만 그것은 우리를 혼란스럽게 만든다. 누가 최후의 심판을 하게 되어 있는가—신인가? 운명인가? 누가, 무엇이 흙으로 인간을 빚

는가? 최초의 사건이 일어났다고 가정하더라도 최후의 사건이 "불가피하다"는 것을 어떻게 아는가?

여기에는 또 다른 잘못이 있다. 일상생활에서 어떤 사람이 자유롭다고 말할 때 우리는 결코 "인과 관계에서 벗어나는 자유"를 의미하지 않는다—우리는 항상 사건에는 원인이 있다고 가정하며, 실생활에서는 개똥철학(bad philosophy)에 오염되지 않는 한 아무도 비결정론자가 아니다. 어떤 사람의 행위가 자유롭다는 말은 이 행위가 **일정한 방식으로** 일어났다는 것, 이를테면 강요되지 않았다는 것을 의미할 뿐이다. 내가 현관문으로 걸어갈 수 있으면 나는 그것을 자유롭게 하지만, 나의 손발이 마비되면 나는 그것을 자유롭게 하지 못한다. 우리는 자유로운 행위와 자유롭지 못한 행위를 끊임없이 구별하는데, 그것을 모든 사람이 명확히 설명할 수는 없어도 구별은 한다. 나는 당신이 이 중요한 구별을 완전히 흐려 놓지 않을까 걱정이 된다.

마찬가지로 당신은 사건이 "필연적 결과물" 등이라고 주장한다. 그러나 "필연적이다"(inevitable)는 것은 **피할 수 없다**(unavoidable)는 것을 뜻한다. 우리가 언젠가 죽는다는 것을 피할 수 없기 때문에 죽음은 필연적이다. 그러나 어떤 질병에 걸리지 않으면 그 질병으로 인한 죽음은 피할 수 있다. 그리고 건강에 유의함으로써 어느 정도 요절을 피할 수 있다. 피할 수 있는 것이 있고 피할 수 없는 것이 있다. 당신은 이것들을 모두 "필연적"이라고 말함으로써 동일한 범주 속에 뭉뚱그린다. 당신은 이런 의미론적 책략을 써서 나의 입장을 희화화한다.

I: 그래도 내 말이 맞다. 결정론에 따르면, E가 D의 결과이고 D가 C의 결과인데, 당신이 (근본적 어떤 욕구) C에 관해서 자유롭지 못하면, 당신은 E에 관해서도 자유롭지 못하다.

D: 그렇지 않다, E는 D **그리고** 다른 수많은 원인 요인의 결과이며, D는 C **그리고** 다른 수많은 원인 요인의 결과이다. 이것이 어떤 사람이 경우에는 범죄 행위를 할 만큼 강한 욕구인데도 범죄 행위로 나타나지 않는 반면에, 다른 사람의 경우에는 똑같은 강도의 욕구인데도 범죄 행위로 나타나는 이유이다. 예컨대 의지력이 한 가지 원인 요인인데, 이것은 연습과 자기 훈련을 통해 계발될 수 있는 것이다. 빈민가 출신의 많은 아이들이 범죄에 손을 대지만, 그들 가운데에는 대학

총장이 된 사람도 있고 유명 작가가 된 사람도 있다. 당신은 인과 계열에 대한 잘못된 심상, 즉 C가 D와 연결되고 D가 E와 연결되므로 당신이 일단 C를 갖게 되면 E를 피할 수 없다는 생각에 현혹되어 있다. 그러나 실제로는 전혀 그렇지 않다. 그것은 첫 번째 도미노 패를 밀면 다른 모든 패가 계속 넘어가도록 일렬로 늘어세운 도미노 패와 같은 것이 아니다. 인간 사회의 인과 관계는 그보다 훨씬 더 복잡하다. 각 단계마다 다수의 인과 관계가 있다. 어떤 사람이 상대방에게 해주는 격려, 칭찬과 비난, 충고, 설득은 흔히 상대방의 행위를—상대방이 선택하는 것과 심지어는 원하는 것까지도—변화시키는 원인으로 효과를 발휘할 수 있다. 하지만 이런 원인 요인이 상대방의 행위를 변화시키지 못하는 경우도 있다 —그 변화에 영향을 미치는 원인 요인들이 엄청나게 많이 얽혀 있기 때문이다.

I : 하지만 결정론이 옳다면, 다수의 원인 요인 C-1, C-2, C-3가 나타나면 이 요인들의 결과인 E가 (피할 수 없다는 의미로) 필연적으로 나타난다는 것을 인정할 수밖에 없지 않을까?

D : 천만에. E가 일어나지 않기를 바라는 나의 욕구는 당연히 E가 일어나지 않게 하는 원인 요인일 수 있다. 나는 공부하고 싶은 마음은 없지만 낙제(E)를 면하고 싶어서 어쨌든 공부를 한다. 나의 욕구, 나의 의지력, 나의 통제를 다양한 정도로 받는 수많은 다른 것들이 결과를 **변화시킬** 수 있다. **나의 의지 역시 원인 요인이다.** 따라서 결과는 필연적이지 **않다.**

I : 그러나 일정한 순간에 나타나는 당신의 의지력 역시 당신의 통제를 받지 않는 다양한 원인 요인에 의해 결정되지 않는가? 그 원인 요인 가운데 당신의 통제를 받는 것들이 있다고 할지라도 그것들 역시 당신의 통제를 받지 **않는** 선행 요인들의 결과이지 않은가? 어쨌든 결론적으로 당신의 행위는 당신의 힘이 미칠 수 없는 여러 요인들의 결과이다. 당신은 지금까지의 전 생애에 걸쳐 당신에게 작용하는 원인 요인 때문에 현재의 당신이 된 것이다. 결정론이 옳다면 당신이 모든 행위, 모든 선택, 모든 욕구는 그것들이 의존해 있는 다수의 선행 조건의 결과이다. 당신은 결코 그런 조건들이 **주어지면** 자신이 한 것과 **다르게** 행위할 수 없을 것이다. (인과적으로 말하면) 당신은 자신이 했던 일을 **할 수밖에 없다.** 결정론이 옳다면 전혀 선택의 여지가 없다.

D: 당신은 또다시 낱말을 잘못 사용한다. 첫째, 내가 지금 당장 **앉을 수밖에 없어서** 앉은 것이 아니다. 내가 선택해서 자유롭게, 즉 강요 없이 앉았다. (예를 들어 누군가 나를 의자에 주저앉힘으로써) 내가 앉도록 실제로 강요되었다면 내가 자유롭게 앉은 것이 아니라고 할 수 있다. 강요되는 것도 인과 관계의 한 형태, 즉 사건이 일어나는 한 가지 방식이다. 강요된 모든 행위는 원인에 의해 일어나지만, 원인에 의해 일어나는 모든 행위가 강요된 것은 아니다. 나는 바로 지금 강요되지 않았으므로 나의 행위는 자유롭다.

둘째, 내가 행위한 것과 다르게 행위할 **수 없다**는 것도 옳지 않다. 내가 의자에 앉았지만, 의자에 앉지 않고 물을 마시러 주방으로 갈 수 있다. 나는 거의 주방 가까이 갔다가 마음을 바꾸었다. 내가 주방으로 갈 **수 있다**는 것을 의심할 수 있을까? 나의 팔다리가 갑자기 마비되었다면 주방으로 갈 수 없겠지만, 팔다리가 마비되지 않았으니까 주방으로 갈 수 있다. 지금 당장 당신과 대화를 그만둘 수 있으나 아마 그렇게 하지 않을 것이다. 내가 실제로 하지는 않을지라도 할 **수 있는** 일이 수없이 많다. 결정론에 따르면 내가 했던 그대로 할 수밖에 없다고 말하지 마라. 전혀 그렇지 않다. 내가 X를 할 **수 있다**는 말은 내가 X를 할 **능력**을 가졌다는 말이다. 내가 주방으로 걸어갈 수는 있지만 달을 향해 날아갈 수는 없다. 나는 주방으로 걸어갈 수 있는 능력을 가졌다—내가 주방으로 걸어가는 것을 보고 싶은가? 내가 주방으로 걸어가면 어떻게 할 텐가?

I: 내가 말하려는 것은 결정론이 옳다면 당신이 실제로 했던 것과 다른 것을 할 수 없다는 것뿐이다. 과거에 당신이 했던 것은 당신이 선택한 것이 아니다. 그러므로 당신은 다른 것을 할 수 없다.

D: 내가 다른 것을 원해도 할 수 없다는 것인가? 말도 안 된다. 내가 창문을 열고 싶으면 그렇게 했을 것이다. 당신과 대화를 그만 두고 싶었으면 그렇게 했을 것이다. 우리가 보통 "그렇게 할 수 있다"고 말할 때 그것은 "**만일** 그렇게 하려고 선택하면 그렇게 할 **수 있다**"는 것을 의미한다. 내가 선택하지 않는다는 사실은 내가 선택하더라도 그렇게 할 수 없다는 것을 입증하지 못한다.

I: 당신이 선택하면 그것을 할 수 있다는 것은 인정한다. 하지만 당신이 말하는 결정론이 옳다면, 당신이 어떤 선택을 하건 그것은 이미 결정되었다.

D: 결정되었다고? 나도 모르게 결정되었단 말인가? (이것은 흔히 "결정되었다"는 말에 달라붙어 오해를 불러일으키는 부수적 의미이다.) 아니다, 나를 **통해서** 그리고 나에 **의해서** 결정된다. **나** 역시 원인 요인이다! 다른 부모에게서 태어나거나 다른 환경에서 어린 시절을 보내는 것은 내가 자유롭게 선택할 수 있는 일이 아니다(만일 자유롭게 선택할 수 있었다면 다른 부모나 다른 환경을 선택했을 수도 있다). 하지만 나의 **선택**에 관해서는 자유롭다. 내가 X를 하려고 선택했고, 나의 선택에 분명히 원인이 있지만, 내가 X를 선택했고, 결과적으로 내가 X를 했다. 이것 말고 달리 무엇을 원하는가? 내가 X를 선택했지만 실제로는 X 대신 Y를 행하기 원하는가? **이것**이 바로 당신이 생각하는 자유인가? 그렇다면 나는 자유를 원하지 않는다. 나는 X를 선택하면 X로 이어지고, Y를 선택하면 Y로 이어지기 바란다—그래서 **나의 선택**이 X가 일어나는지 또는 Y가 일어나는지에 **차이를 만들기** 바란다. 당신은 이와 달리 무슨 자유를 더 원하는가?

I: 당신은 자신의 입장에서 도출되는 귀결을 계속 회피한다. 당신이 선택하는 그 순간 (당신에게 작용하는 요인들이 무엇이든) 당신은 그 요인들의 영향을 받기 때문에, (결정론이 옳다면) 어떤 것을 선택할지 심사숙고한다고 해도 그 요인들의 영향에 의한 선택의 결과와 다른 결과가 나올 수 없다. 당신은 선택의 결과가 달라질 수 있다고 생각하지만 그것은 착각이다.

D: 하지만 내가 다른 결과를 원했다면 결과가 달라졌을 것이다. 이것이 나의 자유이다.

I: 아니다. 당신은 자신의 견해에 함축된 것을 깨닫지 못한다. 정확히 **이** 조건 집단이 주어지면 당신은 **이** 특정 행위만 할 수 있다. 만일 조건 집단이 약간 달랐다면 (예를 들어 당신이 X보다 오히려 Y를 바랐다면) 당신은 물론 **다른** 행위를 했을 것이다. 어쨌든 결정론이 옳다면, 당신은 오로지 자신이 실제로 **한** 것만 할 수 있다.

D: 당신은 이번에도 낱말을 잘못 사용하여 혼란에 빠졌다. 당신이 나에게 하고 싶은 말은 X에 이르는 **모든 조건**이 다음에도 정확히 동일하면 X가 아닌 다른 것을 할 **수 없다**는 것이다. 그런데 당신은 내가 선택했다는 사실이 그러한 조건들 가운데 **하나**라는 것을 잊고 있다. 따라서 내가 X를 선택했다면 X를 했을 것이고,

Y를 선택했다면 Y를 했을 것이다. 나는 둘 중 어느 하나를 선택할 **수 있었다**. 그것은 나의 결심 여하에 따라 달라진다. 당신이 나에게 인정하라는 것은 자체 모순에 해당한다. 당신이 나에게 하고 싶은 말은 **모든** 조건이 동일했다면 내가 달리 행위할 수 없었을 것이라는 것이다. 그러나 내가 다른 선택을 했다면 그로 인해서 한 가지 조건이 변하기 때문에 이전의 조건들과 완전히 동일할 수 **없다**는 것을 당신은 잊고 있다. 내가 달리 선택했다면 행위 조건들 가운데 하나, 즉 선택이 달랐을 것이므로 모든 조건이 동일할 수 없다.

I: 내 말은 모든 조건이 동일해도 달리 행위할 수 있다는 것이다. 골프하는 사람은 짧은 퍼트를 놓치면 자책하는데, 그것은 공이 홀에 들어갔을 때와 동일하게 퍼팅을 했으면 공을 넣을 **수 있었기** 때문이다. 존 오스틴은 다음과 같이 말한다.

> 만일 조건이 달랐다면 내가 공을 홀에 넣을 수 있었다는 것이 아니다. 물론 조건이 달랐다면 공을 넣을 수 있었을 것이다. 그러나 공을 홀에 넣었을 때와 정확히 동일한 조건이면 공을 넣을 수 있을 것이라는 주장에는 문제가 있다.
>
> 또한 "내가 이번에 공을 넣을 수 있다"는 것은 이번에 내가 노력하거나 다른 방식으로 해보면 공을 넣을 것이라는 것을 의미하지도 않는다. 내가 노력해도 공을 넣지 못할 수 있는데, 그럼에도 나는 공을 넣을 수 없다고 확신하지 않기 때문이다. 게다가 공을 넣지 못했음에도 그때 공을 넣을 수 있다는 나의 신념은 더 많은 시험을 통해 더욱 확증될 것이기 때문이다.[11]

D: 흥미롭게 들리기는 하나 전혀 그렇지 않다. **정확히 동일한 상황**에 놓일 경우, 공을 홀에 넣을 수 있다고 생각하겠지만 실제로는 성공할 수 없다. 외적 조건(이슬비가 내리기 시작했다)이나 내적 조건(나는 전날 밤 잠을 충분히 자지 못했고, ~~자신감이 충만하지 않았기 때문에 주춤거렸다~~)에 **무언가** 차이가 있기 때문이다. 내가 이번에 성공하고 다음에 실패한다면 거기에는 무언가 차이가 있다. (성공하지 못했음에도) 내적 조건과 외적 조건을 비롯해서 **모든** 조건이 동일했다면

---

11 John Austin, *Philosophical Papers* (London: Oxford University Press, 1961), pp. 119–120.

성공할 수 있었을 것이라는 것은 분명히 옳지 않다.

I: 당신은 자신 있게 말하는데, 나는 어떻게 그것을 안다고 주장하는지 모르겠다. 물론 당신은 모든 조건이 정확히 동일했음에도 내가 했던 것과 달리 할 수 없었다는 것을 증명하지 못했다. 상식적으로 당신이 증명할 수 있는 것은 어떤 조건이 이전과 달랐다면 (이를테면 이슬비가 내리기 시작했다면) 내가 달리 행위할 수 있었다는 것이 아니라, 다른 모든 것이 동일함에도 내가 달리 행위할 수 있다는 것이다.

D: 그렇다면 왜 성공의 경우와 실패의 경우가 다른가? 그것은 마술이었는가?

I: 아니다, 그것은 자유 의지 때문이다. 당신이 자신의 행위에 대해 책임지기 위해서는 당신에게 자유 의지가 있어야 한다. "도덕적 책임이 성립하기 위해서는 행위자가 자기 자신을 포함하여 행위에 선행하는 우주 안의 모든 것이 동일하다고 할지라도 여러 행위들 가운데 하나를 선택할 수 있어야 한다."[12] 우리는 피할 수 있는 행위에 대해 책임을 부과한다.

D: 우리는 실용적인 의도로 책임을 부과할 수 있다. 아이 보는 사람이 아이를 돌보지 않을 경우 우리는 "당신에게 책임이 있다"고 말한다─즉 그가 아이를 돌보지 않았는데 다른 사람이 돌보지 말라고 억지로 시키지 않았다. 그러나 **모든** 조건이 동일했음에도 그가 달리 행위할 수 있었다는 (어쨌든 아무도 사용하지 않는) **당신의** 의미로는 그에게 책임이 없다.

I: 어떤 행위가 자유롭기 위해서는 그 행위를 수행하는 행위자에 의해 일어나야 하지만, 어떤 선행 조건도 그 행위를 수행하는 데 충분하지 않다(이것은 "행위자 이론"이라 불린다)고 주장하면 어떨까?

행위자 이론

결정론과 자유를 조정하려는 또 하나의 시도가 있다.

---

12   J. D. Mabbott, in H. D. Lewis, ed., *Contemporary British Philosophy*, 3rd ser. (New York: Humanities Press, 1952), pp. 301-302.

자유로운 행위의 경우, 그 행위는 행위를 수행한 행위자가 일으킨 것이어야 하지만, 어떤 선행 조건도 바로 그 행위를 수행하기에 충분하지 않은 그런 것이어야 한다....

이 개념은 인간 자신을 어떤 존재, 즉 단순히 영향을 받기만 하는 어떤 대상이라기보다 행위하는 존재 또는 행위자인 존재로 규정하는데, 대상의 작용은 그것이 일으키지 않은 조건들의 인과적 귀결에 지나지 않는다. 내가 어떤 일을 수행했다고 믿을 때 나는 그 일을 수행하도록 하고 그 일이 일어나게 한 것이 나의 내부에 있는 어떤 것, 이를테면 나 자신과 동일하지 않은 나의 어떤 주관적 상태가 아니라 바로 나(I)였다고 믿는다.[13]

나는 내가 **스스로 작동하는**(self-moving) 존재, 즉 행위의 진정한 창발자라고 믿는다. 이런 행위는 나에 의해 일어나기는 하지만 선행하는 조건들의 필연적 결과물은 아니다. 만일 필연적 결과물이라면 나는 행위자(행위 주체)가 아니라 인과적 계열을 이어가는 수단이나 도구에 불과할 것이다. 나는 내 행위의 진정한 창발자, 내 행위의 **제일원인**이다.

만일 이 "행위자 이론"(theory of agency)이 옳다면, 어떤 행위는 사실상 나에 의해서 일어나지 않는다는 비결정론과 모든 행위, 욕구, 충동, 사고가 선행 조건들의 귀결이라는 결정론을 동시에 벗어날 수 있게 된다.

하지만 행위자 이론이 옳은가? 우리의 행위가 우리의 결단에 의해 일어난다는 것은 정말 그럴듯하다. 그러나 우리의 결단이 이전에 일어난 사건의 인과적 결과물이 아니라 **자발적**(self-originating)이라는 것이 옳을 수 있을까? (말로만 하지 말고 실제로 눈을 감고 이 상황을 상상해 보자.) "자기-원인"이라는 것이 무엇일까? 그 자체의 원인일 수 있는 것은 어떤 것일까? 어떤 것이 그 자체의 원인일 수 있다면, 그것은 선행 조건들과 어떤 관계가 있을까?

대충 말하면, 결정론이나 비결정론은 이해할 수는 있으나 비위에 거슬리는 반면 행위자 이론은 비위에 맞기는 하나 이해할 수 없는 것으로 보인다. 시유을 돋우는 선택은 없디!

---

13   Richard Taylor, *Metaphysics*, 3rd ed. (Englewood Cliffs, NJ: Prentice Hall, 1983), p. 50.

I: 일상생활에서 우리는 "원인"이라는 말을 이중으로 사용하는 것 같다. 순전히 물리적 사건들의 인과 관계를 언급할 때 우리는 "원인"이라는 말을 (물론 논리적 필연성이 아닌) 인과적 **필연성**의 의미로 사용한다. 월식의 원인은 달이 지구와 태양 사이에 놓인 것이며, 자연 법칙과 초기 조건이 주어지면 월식 이외에 다른 어떤 결과도 경험적으로 불가능하다. 그러나 우리는 인간의 행위를 언급할 때는 "원인"이라는 말을 그렇게 엄격한 의미로 사용하지 않는다. 당신의 생일을 기념하고 싶기 때문에 내가 파티를 열어 주면, 파티를 열어 준 원인이 있기는 하지만 (많은 요인들이 있으나 그 가운데 주된 요인은 내가 당신의 생일을 기념하고 싶다는 것이다), 이 경우에는 파티가 인과적으로 **필연적**이라거나 파티 이외에 다른 어떤 결과도 **불가능하다**고 말하지 않는다.

D: 나도 그렇게 생각한다. 당신은 우리에게 언어 사용에 관해 알려 주었다. 여기서 우리에게 알려 준 것은 일상적 담화에서 사용되는 "원인"의 서로 다른 의미였다. 하지만 당신이 제시한 실례는 "원인"이라는 말이 항상 완전히 동일한 방식으로 사용되지는 않는다는 것 이외에 무엇을 입증하는가? 그것은 실재에 관해 아무것도 입증하지 않는다. 그 파티가 열리기에 충분한 조건 집단이 없다는 것 (그리고 조건 집단이 그대로 반복되면 동일한 사건이 일어난다거나 그와 동일한 사건이 반복된다는 것)을 입증하지도 않는다. 그 조건들이 너무 많고 복잡해서 우리는 그 전체를 도무지 파악할 길이 없다.

　　이것은 또다시 오스틴의 실례이지 않은가? 오스틴은 자신의 정신 자세와 내적 상태를 비롯한 조건들이 다를 경우뿐만 아니라 조건들이 그 당시에 있었던 조건들 그대로일 경우에도 짧은 퍼트가 성공하지 못하게 할 수 있다고 주장한다. 그런데 나는 이것을 인정하지 않는다. 모든 조건이 동일했다면 결과가 동일했을 것이다. 하지만 모든 조건이 완전히 동일한 경우는 결코 없다.

I: 사람들은 특히 도덕적으로 곤란한 상황에 처하면 "나에게 선택의 여지가 없었다"라고 말하는 경우가 가끔 있는 것 같다. 어떤 사람이 유죄와 무죄 가운데 하나를 직접 선택해야 했는데, 그는 유죄를 선택하고 나서 "나에게 선택의 여지가 없었다"라고 말한다—그러나 그는 선택을 **했다**. 그렇게 말한 것은 유죄와 무죄 가운데 하나를 선택한다는 것 자체가 그에게는 도덕적으로 용납할 수 없는 것이

었기 때문이다. 비텐베르크의 교회 정문에 95개 조항의 논제를 내걸었던 마르틴 루터가 "제가 여기 서 있나이다. 저는 달리 어찌할 수 없습니다."라고 말한 것도 마찬가지다. 그는 도덕적으로 마땅히 해야 할 일을 했다고 느꼈다. 그러나 그는 선택했다—그 일을 해야 할지 말아야 할지 선택했다. 그에게 선택의 여지가 없었다고 믿는다면 우리는 그를 (개신교도처럼) 찬양하거나 (가톨릭교도처럼) 비난하지 않을 것이다. 그의 팔다리가 갑자기 마비되어 교회 정문에 논제를 내걸 수 없었다면, 그가 선택했다고 말할 수 없으며, 그의 행위를 도덕적으로 지지하거나 비난할 수 없을 것이다. 우리가 그의 행위에 대해 찬양하거나 비난하는 것은 그가 선택했기 때문이다. 실제로 모든 행위가 선행하는 사건과 조건에 의해 인과적으로 반드시 일어난다고 믿는다면 그는 교회 정문에 논제를 내걸지 않을 수 없었다—따라서 그의 행위에 대한 도덕적 책임이 완전히 없어지게 되므로 우리는 그를 찬양할 수 없을 것이다. 우리는 누구나 **행위자**이다. 행위자는 행위를 **창발하는**(originate) 사람이지, 인과적 흐름의 한 토막에 불과한 것이 아니다. 당신이 신봉하는 결정론이 당신을 하찮은 존재로 여기도록 논리적으로 언질을 줄까 봐 걱정이다.

D: 그래, 당연히 내가 행위를 창발한다. 이를테면 작곡가는 어떤 교향곡에 대한 착상이 떠오르면 그것을 기록한다. 그녀는 창조자이다—그녀는 지금까지 어디에도 없던 것을 창발했다. 그녀는 새롭고 색다른 무언가를 만들어 냈다. 나는 이 가운데 어느 것도 부인하지 않는다. 내가 주장하는 것은 그녀가 이 교향곡을 창작하기까지 복잡한 원인 계열 집단이 있었다는 것뿐이다. 우리는 그 계열의 대부분을 알지 못하며, **그녀도** 그 대부분을 알지 못한다. 그녀는 자신의 착상이 어디서 왔는지 전혀 모르지만, 나는 그녀의 착상에 원인이 있다고 확신한다. 한 사람이 창발하고 창조하지만, 창발하거나 창조하는 것은 거대한 원인 요인 집단을 갖는다. 창발하거나 창조하는 것은 갑자기 불쑥 나타나지 않으며, 나중에 조건이 달라지면 다시 나타나지 않는다.

I: 다시 말하지만 원인은 결과를 반드시 일으키는 것이 아니라 결과를 일으키는 경향을 갖는다. 당신이 특정한 배경과 재능을 가지고 있고 특정한 훈련을 받았다는 것은 당신이 모차르트가 될 가능성을 높여 주지만, 반드시 모차르트가 되는

결과를 일으키지는 않는다.

D: 당신이 원인 요인을 충분히 열거하지 않았기 때문에 그로부터 반드시 그 결과가 일어나지 않는 것은 당연하다. 모차르트라는 이 특정인이 이 특정한 시간에 이 특정한 음표들을 기록하게 한 수많은 요인이 있었는데, 우리는 결코 그 모든 요인을 알지 못한다. 그러나 그것은 원인 요인이 없다는 것을 의미하지 않는다. 이 시간과 장소에 조합을 이루어 모차르트를 만들어 낸 방대한 조건 집단이 있다.

I: 그런데 이것이 옳다는 것을 어떻게 그렇게 확신할 수 있는지 모르겠다. 우리는 그에 대해 어느 정도 훌륭한 증거를 일부 과학에서 확보한다. 우리는 인과적으로 반드시 일식을 일으키는 조건 집단이 있으며, 그 조건 집단이 없이는 일식이 일어나지 않을 것이라고 확신한다. 그러나 일식을 일으킨 조건 집단보다 훨씬 더 많고 복잡한 어떤 조건 집단, 이를테면 모차르트를 배출하거나 모차르트가 자발적으로 행위할 수 있게 하는 어떤 조건 집단이 있다고 믿을 만한 증거가 전혀 없다. 당신은 17세기 뉴턴의 역학 모형이나 라플라스(Pierre Laplace, 1749-1827)의 철학적 사변, 즉 법칙과 초기 조건을 알면 미래의 모든 사건을 예측할 수 있다는 것에 현혹되어 있다. 이것이 천문학에서는 옳을지 모르겠으나, 당신은 이것을 **정당한 이유도 없이** 인간의 행위 영역으로 확대한다. 당신은 아직도 라플라스의 악마에 현혹당하고 있다. 당신은 그것이 인간의 행위 또는 생물학이나 인류학에 이르기까지 확대될 수 있다고 믿을 만한 증거를 전혀 갖지 못한다. 그것은 전혀 보증되지 않은 약속어음이다. 그러나 내가 보기에 결정론이 라플라스의 악마에게 쩔쩔매는 것 같다. 돌바크(Baron Paul d'Holbach, 1729-1789)는 《자연의 체계》에서 다음과 같이 주장했다.

인간의 삶은 자연의 명령에 따라 지구상에 그려 가는 궤도인데, 인간은 그 궤도에서 한순간도 벗어날 수 없다. 그는 자신의 동의 없이 태어난다. 그의 유기체는 결코 자신에 의해 결정되지 않는다. 그의 관념은 자발적으로 형성되지 않는다. 그의 습관은 그에게 영향을 미치는 주변 환경의 지배를 받는다. 그는 보이는 원인이건 숨겨진 원인이건 끊임없이 원인의 영향을 받는데, 원인은 그의 통제를 벗어나 있고, 그의 생존 방식을 필연적으로 규제하고, 그의 사고방식에 특징을 부여하며, 그의 행위 방식을 결정한다. 그는 선하거나 악하고, 행복하거나 비참하고, 현명하거나 어리석고, 합리적이거나 불합리한데, 그의 의지는 이런 다양한 상태와 전혀 관계가 없다. 그럼에도 그는 족쇄가 자신을 속박하고 있건만 마치 자유로운 행위자인 것처럼 행세하고, 그를 움직이게 하는 원인과 관계없이 자신의 의지를 결정하고 자신의 상황을 규제하는 것처럼 행동한다.

나는 이것이 결정론자로서 당신이 도달할 수밖에 없는 논리적 결론이라고 생각한다. 나는 비결정론자로서 그것을 거부한다.

우리가 아무리 벗어나려고 해도 인간의 행위에 관한 이 두 견해 사이에는 엄청난 긴장감이 있다. 인간을 인생 드라마 안에서 연기하는 배우처럼 "내적 관점"에서 볼 때, 우리는 자신을 외적 힘의 결과물, 인과적 흐름의 한 토막으로 여기는 것이 아니라, 행위의 진정한 **창발자**로 여긴다. 우리는 생각하고, 심사숙고하고, 행위하는 이유를 제시하며, (좋거나 나쁜) 이유에 따라 행위한다. 이런 식으로 보면, 어떤 일은 자유롭게 하고 어떤 일은 자유롭게 하지 못한다는 것에 의심의 여지가 없다. 그것은 우리에게 달려 있다. 하지만 그와 달리 우리는 인간 행위의 내면적 동기를 더 많이 발견하면 할수록 우리의 행위를 더욱더 "객관적으로" 외적 관점에서 보게 되며, 겉보기에 가장 자유로운 행위를 왜 모든 정신과 의사가 우리에게 반복해서 지적할 수 있는 충동이나 내적 방어의 결과라고 하는지 알게 된다. 이런 식으로 보면 우리는 자신을 행위의 창발자라고 믿고 있음에도 사실은 창발자가 아니다. 우리는 우리를 통해서 우리 주변으로 흘러가는 인과적 흐름의 표류물이며, 우리가 연루된 사건들의 진행 과정에 나타나는 하나의 부수적 사건에 불과하다. 이 두 견해, 즉 인간의 행위를 바라볼 수 있는 두 관점을 어떻게 조정할 것인지는 수세기에 걸쳐 논쟁을 거듭했음에도 이제까지의 놀라움과 역설의 장 못지않게 오늘날까지 여전히 남아 있는 문제이다.

연습문제

1. 다음 중 선천적인 종합적 진리가 있는가? 그 이유를 설명하시오.

   a. 모양이 있는 것은 모두 크기가 있다.

   b. 부피가 있는 것은 모두 모양이 있다.

   c. 모양이 있는 것은 모두 색깔이 있다.

   d. 모든 소리에는 높이와 크기와 음색이 있다.

   e. 모든 색깔에는 색조(色調)와 휘도(輝度)와 채도(彩度)가 있다.

   f. 모양을 갖는 것은 모두 공간을 점유한다.

   g. 공간을 점유하는 것은 모두 모양을 갖는다.

   h. $40,694 + 27,593 = 68,287$.

   i. 직선은 두 점 사이의 최단 거리이다.

   j. 어떤 선 L이 있는데 어떤 점 P가 그 선상에 있지 않다면, P를 지나면서 L과 평행하는 선은 오직 하나만 그을 수 있다.

   k. P가 옳다면 P는 또한 그르지 않다.

   l. P가 옳거나 P가 그르거나 둘 중 하나다

   m. A가 B의 북쪽에 있고, B가 C의 북쪽에 있다면, A는 C의 북쪽에 있다.

   n. A가 B의 동쪽에 있고, B가 C의 동쪽에 있다면, A는 C의 동쪽에 있다.

   o. 샌프란시스코가 도쿄의 동쪽에 있고, 도쿄가 런던의 동쪽에 있다면, 샌프란시스코는 런던의 동쪽에 있다.

   p. 사람은 자기 어머니가 세상을 떠난 3개월 뒤에 태어날 수 없다.

   q. 사람은 자기 아버지가 세상을 떠난 3개월 뒤에 태어날 수 없다.

   r. 모든 정육면체에는 12개의 모서리가 있다.

   s. A가 B 이전에 일어나고, B가 C 이전에 일어난다면, A는 C 이진에 일어닌다.

   t. A가 B를 고용하고, B가 C를 고용한다면, A는 C를 고용한다.

   u. 모든 짝수는 두 소수의 합이다(골드바하의 정리).

   v. A가 B와 구별 불가능하고, B가 C와 구별 불가능하다면, A는 C와 구별 불가능하다.

2. 다음 각각의 문장이 표현하는 명제는 필연적 (선천적) 진리인가? 과연 진리일
수 있는가? 당신의 답을 정당화하시오.

    a. "색깔이 있는 것은 모두 모양이 있다."

      하늘은 어떤가?

    b. "모양이 있는 것은 모두 색깔이 있다."

      입방체 얼음은 어떤가?

    c. "모양이 있는 것은 모두 크기가 있다."

      무지개나 눈앞에 보이는 둥근 반점은 어떤가?

    d. "모양이 있는 것은 모두 부피가 있다."

      삼각형은 어떤가? (3차원적 모양을 의미한다면 위의 진술은 옳은가?)

    e. "부피가 있는 것은 모두 모양이 있다."

      유리잔 속의 물이나 방에 방출된 가스는 어떤가?

    f. "모든 물질은 고체거나 액체거나 기체다."

      단 하나의 분자는 어떤 상태인가?

    g. 자연적 사건들은 서로 모순될 수 없다. 오직 명제들만 서로 모순될 수 있다.

    h. 옳은 명제들은 서로 모순될 수 없다.

3. 다음 문장에서 "해야 한다"(틀림없다, 수밖에 없다, must)라는 말이 어떻게 사용
되는가?

    a. 당신은 당신이 말한 대로 해야 한다. 그렇지 않으면 벌을 받을 것이다.

    b. 내일은 날씨가 무조건 좋아야 한다. 그렇지 않으면 우리 소풍이 엉망이 될 것이다.

    c. 어제 나에게 10 달러가 있었는데, 지금까지 한 푼도 잃어버리거나 쓰거나 받은 적이
      없다면, 나에게는 여전히 10 달러가 있어야 한다.

    d. 헤미를 잡으려면 일단 헤미가 있어야 한다.

    e. 주제 B를 이해하려면 먼저 주제 A를 논의해야 한다.

    f. 케이크를 잘 만들려면 식용유를 충분히 묻힌 커다란 케이크 냄비가 세 개 있어야 한다.

    g. 당신이 왜 그런 말을 해야 하는가?

    h. 아주 철저하게 집중했음에 틀림없다. 그렇지 않으면 그 일을 해내지 못했을 것이다.

i. 당신은 독심술사임에 틀림없다.

j. 요즈음 당신 집 뜰이 아주 아름답게 보일 수밖에 없다.

k. 집안이 온통 엉망이다─우리가 없는 사이에 틀림없이 누군가 집에 들어왔었다.

4. 다음 보기에서 A는 B의 필요조건이다. A가 여기 5장에서 살펴본 것처럼 **인과적으로** 필요한 조건인지, 아니면 4장에서 살펴본 것처럼 **논리적으로** 필요한 조건인지 설명하시오.

A	B
a. 산소가 있음	연소 발생
b. 세 각이 있음	삼각형임
c. 공간을 점유함	모양이 있음
d. 나트륨이 있음	소금이 있음
e. 습기가 있음	농작물의 성장
f. 투명한 물체가 있음	그 물체를 통해서 바라봄
g. 열이 있음	불꽃 발생

5. 다음 보기에서 A와 B의 관계가 필요조건 관계, 충분조건 관계, 필요충분조건 관계, 필요조건도 충분조건도 아닌 관계 가운데 어디에 해당하는지 밝히시오.

A	B
a. 과식	병
b. 손을 올리고 결심함	손을 올림
c. 논문 삭성	논문 읽음
d. 달리기	피로감
e. 소켓에서 플러그 제거	라디오 작동 중지
f. 소켓에 플러그를 삽입	라디오가 작동
g. 유리창에 돌을 던짐	유리창 파손

    h. 마찰의 발생　　　　　　　열의 발생

    i. 도로에 비가 내림　　　　　도로가 젖음

6. 다음 원인 진술들 가운데 어떤 점에서 **너무 많이** 포함되어 있고, 어떤 점에서 **너무 적게** 포함되어 있는가? (원인에 관한 밀의 설명이 옳다고 가정하시오.)

    a. 성냥을 그으면 불이 켜진다.

    b. 독약을 먹으면 죽게 된다.

    c. 불붙은 성냥을 종이 더미에 던지면 불이 난다.

    d. 푸른 옷을 입은 남자가 던졌기 때문에 그 다트가 표적에 꽂혔다.

    e. 상류에 폭우가 쏟아졌기 때문에 그 강이 범람했다.

7. 다음 경우에 정말 원인의 다수성이 있다고 생각하는가?

    a. 두통의 원인에는 여러 가지가 있다. 눈의 피로, 정서적 긴장 등등.

    b. 동일한 소식이 전화, 전보, 편지 등등에 의해서 전달될 수 있다.

    c. 돌은 당신이 들어서 옮길 수도 있고, 내가 들어서 옮길 수도 있고, 도르래 등에 의해서 옮길 수도 있다.

    d. 여자는 성적 접촉에 의해 임신할 수도 있고, 인공 수정에 의해 임신할 수도 있다.

    e. 죽음에는 여러 가지 원인이 있다. 심장병, 암, 폐렴, 자동차 사고, 익사, 약물 중독, 자상(刺傷) 등등.

    f. 얼룩은 여러 가지 화학 약품으로 뺄 수 있다.

    g. 침식 작용에는 여러 가지 원인이 있을 수 있다. 바람, 급류, 등고선 경작[경농]의 실패 등등.

8. 다음 표현들을 비판적으로 분석하시오. 만일 결함이 발견되면 그것을 어떻게 수정될 수 있는지 밀하시오.

    a. 첫 번째 당구공이 두 번째 당구공을 움직이게 **강제했다.**

    b. 첫 번째 공이 두 번째 공에 부딪히면 두 번째 공은 움직이지 **않을 수 없다.**

    c. 첫 번째 공이 두 번째 공에 부딪히면 두 번째 공의 운동은 **불가피하다.**

d. 첫 번째 공이 두 번째 공에 부딪혀 두 번째 공을 움직**이게 했다.**

e. 첫 번째 공이 두 번째 공에 부딪혀 두 번째 공의 운동을 **일으켰다.**

9. 원인에 대한 규칙성("반복적 결합") 견해(예를 들어 흄, 라이헨바흐, 슐리크의 견해)에 따르면, "성냥을 긋는 일과 바로 이어서 일어날 수도 있는 지진 사이에 특별한 연관이 없는 것과 마찬가지로, 성냥을 긋는 일과 바로 이어서 일어나는 불꽃 사이에도 특별한 연관이 없을 것이다. 이 견해는 성냥을 그으면 그 다음에 대개 불꽃이 나타나지만 지진은 거의 나타나지 않는다는 것일 뿐, 그것이 전부다. 성냥을 긋는 일이 그 다음에 불꽃이 나타나게 **한다**고 말할 수 없다....이 견해에 따르면, 어떤 원인을 제시하는 일은 ... 그 결과가 왜 일어났는지 전혀 설명하지 못하고, 단지 원인이 결과보다 먼저 일어났다는 것을 알려 줄 뿐이다."[14] 이 인용 구절의 문장을 낱낱이 평가하시오(예컨대 "C가 E를 일으켰다"는 진술에 대한 "규칙성 견해"의 해석은 "왜 C가 E를 일으켰는가?"를 정말로 설명할 수 없는가?)

10. 다음 원인들 가운데 어떤 것을 진짜 원인이라고 할 수 있는가?

   a. 산들바람이 불지 않았으면 그 불이 이웃집으로 옮겨붙지 않았을 텐데, 그럼에도 어떤 사람은 그 화재의 원인이 번갯불이지 바람이 아니라고 주장한다. 만일 누군가가 번갯불로 타다 남은 불씨를 일부러 부채질을 해서 키웠거나, 불씨가 꺼져 가던 참인데 어떤 지프차가 연료통의 휘발유를 흘리면서 지나갔다면, 화재의 원인을 번갯불이라고 할 수 없는가?

   b. 우리는 정원사가 그 꽃나무에 물을 주지 않기 때문에 죽었다고 주장한다. 하지만 당신이나 나 또는 미국 대통령이 그 꽃나무에 물을 주지 않기 때문에 죽었다고 말해도 될까?

   c. 고층건물에서 A가 B를 떠밀었다. B가 중간쯤 떨어질 때 C가 중간층의 창문에서 총으로 B를 쏘았다. B가 죽은 원인은 무엇인가?

14   Alfred C. Ewing, *The Fundamental Questions of Philosophy* (New York: Macmillan, 1951), p. 160.

d. 전시에 호송 임무를 맡은 선박은 전쟁으로 인한 사고 이외의 해양 사고에 대해서도 보험료를 받게 되어 있다. 군 당국의 명령을 받은 한 선박이 불빛을 약하게 한 채 갈지자로 항해하다가 뜻밖에 높은 파도를 만나 길을 잃어버리고 표류하다가 안개에 가려 있던 암초에 부딪혔다. 이 선박은 보험료를 받을 수 있을까?

11. "어떤 사람이 암의 원인을 발견했다고 주장한 다음, 자신이 정말로 원인을 발견하기는 했지만 그 원인이 의지대로 조작되거나 제어될 수 있는 것이 아니었기 때문에 실제로는 전혀 쓸모없을 것이라는 말을 덧붙인다고 해 보자....어느 누구도 이 사람이 정말 암의 원인을 발견했다고 인정하지 않을 것이다. 그는 "원인"이라는 말이 (의학의 맥락에서) 무슨 의미로 쓰이는지 모른다는 지적을 받을 것이다. 의학의 맥락에서 'x가 y를 일으킨다'는 형식의 명제는 'x는 의지대로 조작되거나 제어될 수 있는 것이다'라는 명제를 '원인'에 대한 정의의 일부분으로 함의하기 때문이다."[15] 이 주장에 동의하는가? 어느 쪽이든 이유를 제시하시오.

12. "나는 C가 E를 일으켰다는 것을 알기 위해 둘 이상의 경우를 조사할 필요가 없다. 만일 누군가가 나에게 뇌물을 주어 어떤 일을 하도록 한다면, 나는 이 한 경우만으로도 뇌물이 나의 행위를 일으켰다는 것을 안다. 나는 그 이상 어떤 실례도 필요로 하지 않으며, 어떤 예측도 내가 앞으로 다시 뇌물을 받을 것이라는 것을 함축하지 않는다. 만일 당신이 나에게 음악회에 참석하도록 권유한다면, 나는 당신의 권유로 인해 음악회에 가게 될 것이다. 당신의 권유를 다시는 받지 않을 수도 있으나, 나는 이 하나의 실례만으로도 당신의 권유로 인해 내가 지금 음악회에 가게 되었다는 것을 안다. 나는 (30년 동안 보지 못했던) 여동생이 미리 알리지 않고 느닷없이 인도에서 왔다는 사실이 나를 깜짝 놀라게 했다는 것을 안다—이런 일이 다시 일어난다고 해도, 나는 절대 놀라지 않을 것이다." 이 견해를 평가하시오?

---

15 Collingwood, "On the So-called Idea of Causation," in *Proceedings of the Aristotelian Society*, 1938, p. 87.

13. 당신은 다음과 같은 추론에 동의하는가? "원인과 결과는 동시에 일어나야 한다. 왜냐하면 결과는 (충분조건의) 마지막 조건이 충족되는 바로 그 순간에 일어나기 때문이다. 그 마지막 조건과 결과 사이에 시간 간격이 조금이라도 있다면 결과에 앞서 일어나는 다른 사건이 반드시 있어야 한다. 그렇지 않다면 왜 결과가 즉시 일어나지 않는가?"

14. "나는 그것이 옳기 때문에 말했다." 어떤 진술의 진리성이 그 진술을 발언하는 원인(또는 원인 요인)일 수 있을까? "나는 그것이 옳기 때문에 말했다"는 진술을 어떻게 고쳐야 더 정확한 표현이 될까?

15. "나의 입술과 연결된 파이프, 담배, 그리고 담배 연기로 구성되는 물질의 배열이 물리적 우주의 물질을 지배하는 법칙들에 의해서 이미 예정되어 있다면, 내가 오늘 밤 담배를 피울지 말지 정신적 갈등을 겪는 일이 무슨 의미가 있겠는가?"(Arthur S. Eddington). 이것을 평가하시오.

16. 다음 진술을 평가하시오.

    a. 내가 자유롭다고 **느끼기** 때문에 결정론은 옳을 수 없다. 나는 이것을 직관적으로 안다. 이것은 어느 논증보다도 훌륭한 증명이다.

    b. 자유는 결정론과 양립할 수 없다.

    c. 자유는 운명론과 양립할 수 없다.

    d. 자유는 비결정론과 양립할 수 없다.

    e. 자연 법칙은 모든 것을 일어나는 그대로 일어나게 한다.

    f. 나의 배경은 내가 그렇게 행동할 수밖에 없도록 강제한다.

    g. 내가 다른 영양을 받았다면 나는 다르게 행동했을 것이나. 그리고 두 경우에 나에게 미친 영향력이 완전히 동일했다면, 나는 두 번째 경우에도 첫 번째 경우와 동일한 방식으로 행동했을 것이다—그렇게 행동하지 않을 수 없었을 것이다. 따라서 나는 자유롭지 않다.

    h. 나는 내가 행위한 방식과 달리 행위할 수 없었다. 내가 심사숙고해서 수행하는 행위가

어떤 것이든 (행위할 당시에는 알지 못했을지라도) 나에게 열려 있는 길, 그 특이한 상황에서 내가 할 수 있는 것은 오직 **하나**밖에 없었는데, 그것은 내가 수행한 바로 그 행위였다.

i. 인간이 **심사숙고한다**는 것은 옳다—여하튼 결정론에 관한 어느 이론보다도 더 분명하게 옳다. 그런데 심사숙고한다는 것은 그 당시에는 어떤 결과가 일어날지 미심쩍어 하면서도 여러 가지 선택지 가운데 하나를 선택하는 것이다. 그러나 심사숙고의 결과가 이미 "예정되어" 있다면 그것은 진정한 심사숙고가 아니다. 인간이 심사숙고하는 경우가 실제로 있기 때문에 결정론은 그를 수밖에 없다.

j. "결정론에 따르면, 모든 욕구, 모든 충동, 모든 생각이 선행 조건의 필연적 귀결이다"라고 말한다. 그러나 이 경우에 "필연적이다"(inevitable)라는 말이 잘못 사용되었다. "필연적이다"라는 말은 "피할 수 없다"라는 말과 동의어인데, 모든 것이 피할 수 없는 것이라는 주장은 옳지 않다. 피할 수 있는 것도 있기 때문이다. 이 경우에 범하는 오류는 일부에 적용될 수 있는 어떤 낱말을 채택하여 그 낱말이 모든 것에 적용될 수 있도록 그 의미를 임의로 확장시키는 평범한 오류이다.

k. 하이젠베르크의 불확정성 원리는 이제 물리학에서 상당히 긍정적으로 받아들여진다. 비결정론이 무생물계에서 유효하다면 인간에게도 유효해야 하지 않겠는가? 비결정론이 인간에게도 유효할 경우 우리는 비로소 자유를 확보하게 된다.

독서안내

필연성

Benaceraf, Paul, and Hilary Putnam, eds. *Philosophy of Mathematics*. Englewood Cliffs, NJ: Prentice Hall, 1964

Bencivenga, Ernanno. *Kant's Copernican Revolution*. London: Oxford University Press, 1987.

Blanshard, Brand. *The Nature of Thought*. 2 vols. London: Allen & Unwin, 1939.

Frege, Gottlob. *The Foundations of Arithmetic*. Oxford: Blackwell, 1953.

Kant, Immanuel. *Critique of Pure Reason*. Translated by Norman Kemp Smith. London: Macmillan, 1929. Originally published 1781.

Kripke, Saul. *Naming and Necessity*. Cambridge: Cambridge University Press, 1979.

Nagel, Ernest. *Logic without Metaphysics*. New York: Free Press, 1956.

Plantinga, Alvin. *The Nature of Necessity*. Oxford: Clarendon Press, 1974.

Quine, Willard V. *From a Logical Point of View*. Cambridge: Harvard University Press, 1953.

Ramsey, F. P. *Foundations of Mathematics*. London: Routledge, 1931.

Wittgenstein, Ludwig. *Remarks on the Foundations of Mathematics*. Oxford: Blackwell, 1958.

인과성, 결정론, 자유

Ayer, Alfred J. "Freedom and Necessity." In Ayer, *Philosophical Papers*. London: Macmillan, 1963.

Beardsley, Elizabeth. "Determinism and Moral Perspectives." In Joel Feinberg, ed., *Reason and Responsibility*. Belmont, CA: Dickensen, 1981.

Berofsky, Bernard, ed. *Free Will and Determinism*. New York: Harper, 1966.

Campbell, C. A. *In Defense of Free Will*. Glasgow: Jackson 8c Co., 1938.

Double, Richard. *The Non-Reality of Free Will*. New York: Oxford University Press, 1990.

Ducasse, Curet J. *Truth, Knowledge, and Causation*. London: Roudedge, 1968.

Enteman, Willlam, ed. *The Problem of Free Will*. New York: Scribners, 1967.

French, Peter, and Curtis Brown, eds. "Backward Causation." In *Puzzles, Paradoxes, and Problems*. New York: St. Martin's Press, 1987.

Heil, John, and Alfred Mele. *Mental Causation*. London: Oxford University Press, 1003.

Hobart, R. E. "Free-Will as Involving Determinism and Inconceivable without It." *Mind*, vol 43 (1934), pp. 1-27. Widely reprinted.

Holbach, Baron Paul d' *The System of Nature*. 1795. Vol. 1, Chapters 11 and 12.

Honderich, Ted. *A Theory of Determinism. Mind and Brain* (Vol. 1) and *The Consequences of Determinism* (Vol. 2). London: Oxford University Press, 1990.

Hook, Sidney, ed. *Determinism and Freedom in the Age of Modern Science*. New York: New York University Press, 1957.

Hospers, John. "Free-Will and Psychoanalysis." In Joel Feinberg, ed., *Reason and Responsibility*. Belmont, CA: Dickensen, 1981.

Hume, David. "On the Idea of Necessary Connection." In Hume, *An Enquiry Concerning Human Understanding*. 1751. Many editions.

Inwagen, Peter van. *An Essay on Free Will*. London: Oxford University Press, 1983.

Inwagen, Peter van. *Metaphysics*. Boulder, CO: Westview Press, 1993.

James, William. "The Dilemma of Determinism." In James, *The Will to Believe*. New York: Longmans Green, 1897.

Kim, Jaegwon, and Ernest Sosa, eds. *A Companion to Metaphysics*. New York: Oxford University Press, 1993.

Lehrer, Keith, ed. *Freedom and Determinism*. New York: Random House, 1966.

Lucas, J. R. *Responsibility*. London: Oxford University Press, 1993.

Mackie, J. L. *The Cement of the Universe*. Oxford: Clarendon Press, 1974.

Mill, John Stuart. "Are Human Actions Subject to the Law of Causality?" In Mill, *A System of Logic*. 1842. Book 3, Chapter 3, and Book 9, Chapter 2.

Morgenbersser, Sidney, and James Walsh, eds. *Free Will*. Englewood Cliffs, NJ: Prentice Hall, 1962.

Oppenheim, Felix. *Dimensions of Freedom*. New York: Sl Martin's Press, 1961.

Pears, David. *Freedom of the Will*. London: Macmillan, 1965.

Rashdall, Hastings. *Theory of Good and Evil*. 2 vols. London: Oxford University Press, 1924. Book 1, Chapter 3.

Ryle, Gilbert. "It Was to Be." In Ryle, *Dilemmas*. Cambridge: Cambridge University Press, 1954.

Salmon, Wesley. "Determinism and Indeterminism in Modern Science." In Joel Feinberg, ed., *Reason and Responsibility*. Belmont, CA: Dickensen, 1981.

Suppes, Patrick. *Determinism, Computation, and Free Will*. Oxford: Blackwell, 1993.

Taylor, Richard. *Metaphysics*. 3rd ed. Englewood Cliffs, NJ: Prentice Hall, 1983.

Watson, Gary. *Free Will*. London: Oxford University Press, 1982.

Wolf, Susan. *Freedom without Reason*. London: Oxford University Press, 1990.

정신과 신체

당신은 머리와 두 손발을 가졌으며, 이들 모두 당신의 신체라고 불리는 것의 일부분이다. 그러나 당신은 분명히 정신도 가졌다. 정신은 직접 볼 수 없기 때문에 신체를 갖는 것만큼 명확하지 않을 수도 있다. 그럼에도 당신은 생각하고 심사숙고하고 결심을 하는데 정신이 없어도 이런 일을 할 수 있을까?

물론 뇌가 없으면 생각할 수 없지만, 이것은 뇌를 갖는 것이 생각하기 위한 필요조건이라는 것, 즉 그것이 없으면 생각할 수 없다는 것을 의미할 뿐이다. 그러나 생각하는 것은 뇌 자체가 아니다(뇌 자체가 아니라고 주장하는 경향이 있다)—뇌는 생각하기 위한 수단이지 생각**하는** 것이 아니다.

그렇다면 무엇이 생각을 하는가? 생각하는 것은 물론 정신이다—이것이 적절한 답이지 않을까? 르네 데카르트가 말하기를 "나는 생각하는 정신이다"라고 했다. 뇌는 매개체이고 정신이 바로 당신이다. 정신이 당신의 본질이거나 당신의 소유물일까?

나 자신에 관해 말할 때 때로 나의 신체를 의미하기도 한다. 내 키가 6피트라고 말할 때 그것은 내 신체의 키가 6피트라는 것을 의미한다. 내 몸무게가 170파운드라고 말할 때 그것은 내 신체의 무게가 170파운드라는 것을 의미한다. 그럼에도 나는 나의 신체가 아니다. "나는 신체**이다**"라고 말하지 않고 "나는 신체를 **가졌다**"라고 말하는 것이 옳지 않은가?

보통 "나"라는 대명사를 사용할 때 나는 어쨌든 나의 신체를 언급하는 것 같지는 않다. "나는 프랑스 파리를 생각한다"는 "나의 신체가 파리를 생각한다"거나 심지어는 "나의 뇌가 파리를 생각한다"를 의미하지 않는다. 뇌가 없으면 생각할 수 없겠지만 그렇다고 해서 뇌가 생각하는 것은 아니다. 내가 생각하고 의아해 하고 꿈꾸고 희망하고 믿을 때, 나의 신체나 신체의 일부가 이런 일을 하는 것 같지는 않다.

내가 정신이라는 것은 그와 연합된 (연결된?) 신체를 가지고 나타나기도 하지만 전혀 신체를 갖지 않아도 여전히 나라고 할 수 있는 그러한 것일까? 아우구스티누스(Saint Augustine, 354-430)는 죽음이 나를 신체에서 벗어나게 해 줄 때까지 신체에 "속박된" 영혼(soul)을 나라고 믿었다. 영혼이 무엇인지는 그리 선명하지 않다—영혼이 불멸할 수도 있다는 점만 제외하면 정신과 동일한 것일까? 내가 정신을 가졌다는 것을 인정하면서도 내가 영혼을 가졌다는 것을 부인하거나 의심할 수 있을까?

정신이란 무엇**인가**? 당신의 생각이나 느낌을 담는 일종의 그릇일까? 이것은 비유적 표현, 즉 말하는 방식일 따름이다. 데카르트는 물리적 원소와 화합물이 물리적 실체인 것처럼 정신이 심적 **실체**(mental substance)라고 주장했다. 하지만 그 같은 실체는 어떤 것일까? 어떤 것일지 상상해 보자. 부분으로 나눌 수 있을까? 구성 성분이나 요소는 무엇일까? 도대체 어떤 의미로 그것을 하나의 실체라고 말하는 것일까?

"정신"(마음, mind)이라는 말은 "나는 내 마음을 바꿨다"라는 문장의 경우처럼 대상을 지칭하는 용어로 나타난다. 그러나 단지 이 사실만으로 그 낱말에 대응하는 것이 있다고 추정하면 안 된다. 개개의 모든 실질 형태소(명사)에 해당하는 어떤 실체가 있다고 가정하면 안 된다("어떤 일이 오늘 나에게 일어났다"라고 말하지만, 그 일을 일으킨 어떤 것이나 실체가 있는가?). 나는 "내 정신이 오늘 매우 또렷하지는 않다"고 말할 수 있다. 하지만 이로부터 또렷하다는 성질을 지닌 어떤 것, 즉 내 정신이 있다고 판단해야 할까?

때로 "정신"(마음)이라는 낱말을 사용하면서 우리는 똑같은 상황을 언급하기 위해 다른 용어들로 대체할 수 있다. "내 마음을 바꾸지 않겠다"는 것은 현재의 내 의견을 유지하기로 결심했다는 것을 의미한다. "그것은 순전히 당신 마음속에 있을 뿐이다"라는 것은 그것이 당신의 상상일 뿐이라는 것을 의미한다. "그녀가 자기 자신의 마음을 가지고 있다"는 것은 그녀가 자립적이라거나 경우에 따라 아주 고집스럽다는 것을 의미한다. "그녀가 창조적인 정신을 가졌다"는 것은 그녀가 새롭고 독창적인 아이디어를 많이 내놓았다는 것을 의미한다. "그녀가 건전한 정신을 가졌다"는 것은 그녀가 분별력이 있다는 것을 의미한다.

이와 같이 다른 용어로 대체하면 정신이 제거되는가? 그녀가 자립 정신을 가지고 스스로 **생각한다**면, 그녀는 권위만으로 신념을 받아들이지 않는다. 하지만 생각하는 것은 정신 활동, 즉 정신이 하는 일이지 않은가? "내 마음을 바꿨다"는 말은 내가 전에 생각하던 것을 이제 더 이상 생각하지 않는다는 것을 의미한다. "당신의 속마음이 무엇인가?"라는 물음은 당신이 무슨 생각을 하는지 묻고 있다. 어떤 사람이 정신과 같은 그런 것은 없다고 말하면, 그를 과연 정신 없는(mindless) 사람이라고 단정할 수 있을까?

그럼에도 일부 철학자들은 (뇌를 포함한) 신체만 있을 뿐 정신이 독립적인 어떤 것으로 존재하지 않는다고 주장했다. **물질주의**(materialism)는 물질은 있고 정신은 없다는 견해이다. 데모크리토스의 말처럼 존재하는 것은 운동 상태의 물질 입자들 뿐이다. 물론 에너지와 중력과 전기장과 자기장 역시 존재하지만, 이들 모두 물리적 영역 안에 있다. 물질주의는 그 영역 이외에 어떤 "영역"도 없다고 주장한다.

이 주장은 생각, 느낌, 감각이라는 것이 전혀 없다고까지 주장하는가? 그렇지 않다. "나는 어떤 생각도 없다고 생각한다"라는 진술은 자가당착이다. 만일 어떤 생각도 없다면 당신은 어떤 생각도 없다고 생각할 수 없을 것이다. 물질주의는 생각, 느낌, 감각마저도 물리적인 것, 즉 물리학과 화학과 생물학에 의해 연구되는 물리적 세계의 일부분이라고 주장할 뿐이다.

데모크리토스는 우주가 "물질과 진공"(빈 공간)만으로 구성된다고 믿었다. 만물은 원자로 구성된다. 신체도 원자로 구성된다. 정신도 역시 아주 미세한 원자들로 구성된다. 그렇다면 이런 원자들로 구성된 세계를 **지각**하는 것은 무엇인가? 데모크리토스가 정신 원자(mind atom)라고 했던 **다른** 원자들이 그 지각 작용을 한다. 외부 세계의 원자를 지각하는 것은 정신 원자이다.

그러나 이 견해는 별로 그럴듯해 보이지 않는다. 세계가 원자로 구성된다고 해도 세계를 **지각**하는 것은 물질이 아닌 것이라야 하지 않을까? 어떻게 물질 자체가 **의식**하는 것일 수 있을까? 의식 원자가 있는 것일까? 의식은 다른 어떤 것, 즉 우리의 **의식 대상**인 원자와 다를 수밖에 없는 어떤 것이 아닐까?

1. 물리적인 것과 정신적인 것

우리가 정신과 신체에 관해 무슨 말을 하든 시간과 공간 속에 물리적 사건과 물리적 사건의 진행 과정이 있으며, 또한 정신적 사건, 즉 의식하는 경험 역시 있는 것 같다. 그 동안 도전을 가장 많이 받았던 것은 정신적인 부분이다. 우리가 여기서 서술하려는 것은 그 쟁점에 대한 "전통적 설명"인데, 이런 서술 방식에 대해 누구나 동의하는 것은 아니다. 하지만 동의 여부와 관계없이 그 쟁점을 파악하기 위해서는 이 같은 접근 방식에 익숙해지는 것이 중요하다.

당신이 어떤 소리를 들을 때 무슨 일이 일어나는가? 소리의 파장—번갈아 일어나는 공기의 응축과 희박—으로 인하여 공기 입자들이 당신의 고막에 반복하여 부딪쳐서 고막이 떨게 된다. 고막은 내이(內耳)의 나선형 관의 한쪽 끝을 덮는 얇은 막과 세 개의 작은 뼈로 연결되어 있다. 고막의 떨림이 이 세 개의 뼈를 타고 나선형 관의 끝에 있는 얇은 막에 전달된다. 나선형 관은 페리림프라는 액체로 채워져 있는데, 이 뼈들에 붙어 있는 얇은 막이 떨리게 되면 그 떨림이 이 액체를 타고 통과하게 된다. 첫 번째 나선형 관의 안쪽에 또 다른 관이 있는데, 거기에는 엔도림프라는 액체가 채워져 있다. 그래서 페리림프가 떨리면 안쪽 관의 얇은 벽이 떨리어 엔도림프에 파동이 일어난다. 엔도림프가 들어 있는 관의 얇은 벽 안쪽에는 작은 털들이 나 있는데, 이 털들은 엔도림프가 떨리면 그에 따라 떨리게 되어 있다. 이 털들의 뿌리에 청각 신경이 연결되어 있으며, 이 털들의 떨림은 청각 신경에 전달되어 청각 중추라고 불리는 뇌 부위에 자극을 일으킨다.

모든 과정은 아주 짧은 순간에 일어난다. 그런데 이제 청각 신경이 뇌의 적절한 부위에 일정한 자극을 전달하자 다른 일이 일어난다. **당신이 어떤 소리를 듣는다** (청각 자료를 감각한다). 이것은 "완전히 새로운 일"—**의식하는 일**—이다. 우리는 시각 경험, 후각 경험, 미각 경험, 촉각 경험에 이르는 과정에 대해서도 똑같이 설명할 수 있다. 우리는 물리적 사건에 관해 밀힐 수 있는 것과 다른 이러한 경험-사건에 관해 무슨 말을 할 수 있을까?

1. 우리는 물리적 사물, 사건, 과정의 위치를 공간 속 어디선가 항상 확인할 수 있다. 물리적 사물, 사건, 과정은 **어디선가** 일어난다. 감각 과정이나 신경 과정은 사람

의 머리 안쪽에서 일어난다. 하지만 감각 경험 자체는 어떤가? 당신이 종소리를 들을 경우 당신의 청각 경험은 어디서 일어나는가? 소리의 **파장**은 당신의 신체와 인접한 공간, 즉 종과 당신의 귀 사이에 있다. 더구나 청각 경험은 공간의 일정한 위치에 있는 물리적 대상인 종 속에 있는 것도 아니다. 그렇다면 청각 경험은 어디에 있는가—당신의 머릿속 어딘가에 있는가? 외과 의사가 당신의 머리를 해부하면 당신의 청각 경험을 항상 발견할 수 있는가? 당신의 두개골이 투명해서 적절한 장비를 갖춘 외과 의사가 그 속에서 진행되는 것을 목격할 수 있다면, 그 의사가 당신의 청신경에 대한 자극은 목격할 수 있겠지만 당신의 소리 **경험**까지도 목격할 수 있을까?

감각-경험이 당신의 신체 바깥에 있는 어떤 것에 의해 일어나지 않는다고 해 보자. 당신이 "눈앞에 있는 빨간 반점을 본다"고 해 보자. 그 반점은 어디에 있는가? 당신의 눈앞 몇 인치 지점에 있는가? 그 반점은 전혀 물리적 공간에 있는 것 같지 않다(우리는 때로 그것들이 **현상적 공간** 또는 경험된 공간에 있다고 말하기도 한다).

"하지만 그 반점은 실재하지 않는다. 결코 존재하지 않는다." 정말 존재하지 않는가? 그 반점은 표범에게 있는 반점과 같은 것은 아니지만, 우리는 반점을 보는 경험을 실제로 하며, 당신이 반점을 보았다는 그 사실은 당신의 전체 인생 경력에 포함될 것이다. 만일 반점이 실재하지 않는다고 주장한다면, 그것은 반점이 공적인 물리적 세계, 즉 당신뿐만 아니라 다른 사람도 볼 수 있는 세계, 사진으로 찍을 수 있는 세계 등등의 일부분이 아니라는 것을 의미할 따름이지 않은가? 하지만 그 반점은 당신의 경험에 실제로 나타난다는 의미로 실재한다. 그렇다고 해서 그 반점이 당신의 머릿속에 있는 것도 아니고, 당신의 머리 바깥쪽, 즉 당신이 바라보는 책장 근처에 있는 것 같지도 않다. 그 반점은 결코 물리적 공간에 있지 않다.

그 반점은 **공간을 점유하는**(extended) 것처럼 보인다—어떤 것이 다른 것보다 더 크게 보인다. 그렇다면 그 반점들은 얼마나 큰가? 2인치쯤 되는가? 엠파이어스테이트 빌딩은 일정한 높이를 갖는다. 엠파이어스테이트 빌딩의 모형 역시 일정한 높이를 갖는다. 하지만 엠파이어스테이트 빌딩에 대한 **심상**(image)의 높이는 얼마나 될까? 혹시 그 모형의 십분의 일쯤 될까? 어떻게 알 수 있을까? 당신 뇌의 후두

엽에 일정한 높이의 심상이 있을까? 만일 있다면, **그것**이 당신이 보는 그것일까? (당신이 자신의 머리 내부를 볼 수 있을까?)

2. 물리적 대상, 과정, 사건은 모두 공적으로 관찰 가능하다. 그것들 가운데에는 당신의 머릿속에서 일어나는 것처럼 알아 내기 어려운 것들도 있다. 그럼에도 신경학자들은 여러 가지 도구를 이용하여 그것들을 관찰할 수 있고 또 실제로 관찰한다. 신경학자들은 그것들을 관찰하는 다른 전문가들과 협의할 수 있다. 하지만 당신 이외에 다른 누가 당신의 경험을 가질 수 있는가?

당신 이외에 어느 누가 당신의 고통을 느낄 수 있는가? 당신은 고통스러워하는 누군가와 깊이 **공감**할 수 있다. 말하자면 당신 자신이 직접 고통을 느끼는 것처럼 아주 깊이 공감할 수 있다. 하지만 그 경우에 당신이 느끼는 것은 **그녀의** 고통인가, 아니면 (그녀와 공감하는) 당신 자신의 고통인가? 그녀는 그녀의 고통을 느끼고 당신은 당신의 고통을 느끼지 않는가? 그렇다면 그 고통은 하나가 아니라 둘이지 않은가?

이를테면 신경학적 법칙이 현재의 우리 법칙과 달라서 누군가 다른 사람이 몸을 다쳤을 때 당신이 고통을 느낀다고 해 보자. 당신은 "당신의 몸에 있는 고통을 내가 느낀다"라고 말할 수는 있지만, "내가 나의 고통을 느끼는 것이 아니라 당신의 고통을 느낀다"라고 말할 수 있을까? 당신이 다른 사람의 고통을 느낀다고 해도 그 고통은 다른 사람의 고통이 아니라 당신의 고통이지 않은가? 그 경험은 **당신에게 사적인** 것이라서 다른 어느 누구도 결코 경험할 수 없지 않은가?

"그러나 적어도 나는 **일정한 장소에** 고통을 느낀다—두통을 앓을 때는 머리에 고통을 느끼고, 치통을 앓을 때는 치아에 고통을 느낀다." 다시 말해 고통은 당신 신체의 **어딘가에** 있는 것으로 경험된다. 고통은 이미 절단된 팔다리에도 나타날 수 있다. 다른 어느 누구도 당신의 고통을 느낄 수 없지만 당신의 고통은 정해진 장소에 있지 않은가? 게다가 고통은 정해진 장소에 있는 것으로 **경험**된다. 고통은 당신의 현상적 공간(깊보기 공간, 경험된 공간) 속에 있다. 당신은 통증이 있는 곳과 다른 장소에 통증을 느낄 수도 있다. 이를테면 위궤양이 있는 사람은 등허리에서 통증을 경험하는 수가 가끔 있다. 하지만 그 통증은 물리적 공간에 있는가? 다른 사람도 그곳에 그 통증을 경험할 수 있는가? 아니다, 그 통증은 여전히 당신에게 사적이다.

당신 몸의 이곳저곳을 톡톡 두드리면서 "어디가 아파요?"라고 묻는 내과 의사는 오로지 당신의 몸을 보고 있을 뿐이다. 그녀는 당신의 고통을 느낄 수 없다. 그녀는 당신에 대한 검사와 당신의 아프다는 말을 근거로 하여 당신이 아프다고 **추리**할 수밖에 없다. 당신이 머리를 맞았을 때 눈앞에서 빨간 반점을 보는 것처럼 당신의 고통 역시 당신에게 사적이다.

다른 사람의 정신

내 손가락을 다쳐서 피가 날 때 나는 최대한 가장 직접적인 방식으로 내가 고통스럽다는 것을 안다. 말하자면 나는 그것을 느낀다. 나는 그것을 나의 행동이나 내가 느끼는 다른 것에서 **추리**하는 것이 아니라 **직접 자각**한다─철학자들은 이것을 때로 "직접지"(immediate acquaintance)라고도 한다. 그러나 **당신의** 손가락을 다쳐서 피가 날 경우 나는 당신이 고통을 느낀다는 것을 당신과 동일한 방식으로 알지 못한다. 나는 손가락의 피를 보고 손가락을 다쳤다는 당신의 말을 듣는 등의 사실에서 당신의 고통을 **추리**는 하지만 그것을 느끼지는 못한다(나는 마치 내가 다친 것처럼 느낄 수 있고, 당신이 고통을 겪는다는 생각으로 인해서 괴로움을 느낄 수 있지만, 그것은 내 손가락을 다쳤을 때 내가 고통을 느끼는 방식으로 당신의 고통을 느끼는 것은 아니다). 내가 당신의 고통을 느끼거나 당신이 내 고통을 느끼는 일은 불가능한 것 같다. 우리는 각자 자신의 경험을 자각할 뿐이지 다른 사람의 경험을 직접 자각하지는 못한다.

　이것은 당신이 고통스러워한다는 **사실**을 내가 알 수 없다는 말이 아니다. 나는 "안다"는 말의 약한 의미일지언정 당신이 고통스러워한다는 것을 안다고 할 수 있다. 나는 당신이 고통스러워한다고 믿을 만한 강한 증거를 갖지만, 그것에 반대할 만한 증거는 전혀 갖지 못한다. 일반적으로 나는 내 손가락을 다쳤을 때 고통스러운 것처럼 당신도 고통스러워한다고 믿을 민한 좋은 근거를 갖는다. 그래서 나는 "나는 고통스럽다"라는 명제가 옳다는 것을 ("안다"는 말의 강한 의미로) 알 수 있을 뿐만 아니라 "당신은 고통스럽다"라는 명제가 옳다는 것을 ("안다"는 말의 약한 의미로) 알 수도 있다. 그러나 당신이 고통을 느낀다는 **사실**을 내가 안다고 할지라도 **당신의 고통을 직접 느낌으로써** 아는 것은 아니다. 그와 같은 직접적인 접근 수단은 오직 나에게만 유효하다. 내가 당신의 얼굴을 보고 "당신은 오늘 분명히 불안을 느낀다"라고 말할 수 있고, 당신은 내 말을 인정할 수도 있다. 그러나 자기 자신의 경우에는 거울을 보면서 "오늘 내 얼굴이 긴장해 있고 찌푸려 있는 것을 보니 불안을 느끼고 있음이 틀림없다"라고 말할 필요가 없다. 나 자신의 경우에는 그런 추리를 하지 않아도 된다. 나는 내가 불안한지 불안하지 않은지 곧바로 안다("불안"이라는 **말**이 나의 느낌을 제대로 표현하는지 의심스러울 뿐이다. 혹시 "긴장"이라는 말이 더 적절할지도 모른다. 나는 내가 느끼는 것을 느끼지만, 내가 느끼는 것을 말로 표현하기가 쉽지 않을 수도 있다).

따라서 당신이 고통스러워 한다는 것을 내가 알 수 있다고 해도, 나는 여전히 당신의 고통을 **느끼거나**, 당신의 생각을 생각하거나, 당신의 불안을 경험할 수 없다. 당신이 불안해하는 것("태풍이 다가온다")을 나에게 말하면, 나 역시 불안을 느낄 수 있다. 하지만 그렇다고 해도 나는 나의 불안을 느끼고 당신은 당신의 불안을 느낀다. 당신이 느끼는 불안이 있고 내가 느끼는 불안이 있는데, 당신이 나의 불안을 경험할 수 없듯이 나 역시 당신의 불안을 경험할 수 없다. 내가 당신의 경험을 경험할 수 없고 당신이 나의 경험을 경험할 수 없다는 것은 사실상 필연적 진리로 보일 수도 있다.

하지만 그것이 필연적 진리일까? 생리 법칙이 서로 다른 두 사람 A와 B가 있다고 해 보자. A가 칼에 베이면 B가 고통을 느끼고, B가 베이면 A가 고통을 느낀다. 이것이 곧 A가 B의 고통을 느끼고 B가 A의 고통을 느끼는 경우가 아닐까? 그렇다고 **주장**할 수도 있다. 만일 "나의 고통"이 "내 몸에서 느껴지는 고통"을 의미한다면 그 주장은 옳다. 그러나 "나의 고통"을 다른 의미로 받아들이면 그 주장은 그르다. B의 몸이 다쳤을 때 A가 고통을 느낄 수도 있고, A의 몸이 다쳤을 때 B가 고통을 느낄 수도 있다. 하지만 이러한 세계는 매우 이상한 종류의 세계이다. 이를테면 나는 당신에게 "또 다시 두통을 앓고 싶지 않으니까 머리를 맞지 마라"라고 말할 수도 있다. 그럼에도 나의 몸이 다쳤을 때 당신이 자신의 고통을 느끼는 것처럼 당신 몸이 다쳤을 때 나는—당신 몸이 다쳤을 때 느끼는 고통이기는 하나—**나의** 고통을 느끼는 것이 아닐까? 고통을 느끼게 되는 원인 조건은 다르지만, 나는 여전히 나의 고통을 느끼고 당신은 당신의 고통을 느낄 것이다. "나의 고통"은—그것을 느끼게 되는 원인 조건과 상관없이—**내가 느끼는 고통**이다. 당신이 손가락을 베었을 때 내가 고통을 느낀다고 할지라도, 그 고통을 **가진** 사람은 바로 나이기 때문에 그것은 여전히 나의 고통이다.

그렇다면 "내가 당신의 고통을 느낀다"는 것과 "당신이 나의 고통을 느낀다"는 것은—생물학 법칙에 어긋나므로—경험적으로 불가능할 뿐만 아니라 논리적으로도 불가능하게 보인다. 다시 말해 그것은 내 고통을 내가 느끼는 것이 아니라 당신의 고통을 내가 느낀다는 주장을 수반한다. 고통을 포함하는 경험들은 본질적으로 사적이다. 원이 사각형일 수 없는 것과 마찬가지로 내가 당신의 고통을 가질 수 없다. 하지만 그 경우에 나는 당신이 고통스러워한다는 것을 도저히 **검증**할 수 없다. 나는 당신의 얼굴 표정이 어떤가를 검증할 수 있을 뿐인데, 필요하다면 거짓말 탐지기 시험 결과와 뇌 사진을 추가할 수는 있다. 그러나 내가 당신의 고통을 직접 느낄 수는 없다. 그 같은 수단들을 이용해서 나는 당신이 어떤 생각이나 느낌을 가졌는지 발견할 수 있다—당신이 이러이러한 것을 느낀다는 **사실**을 ("안다"는 말의 약한 의미로라도) 알 수 있다. 그러나 당신이 어떤 느낌을 느낀다는 **사실**을 아는 것은 내 자신이 그것을 직접 느끼는 것과 결코 동일하지 않다. 내가 당신을 잘 안다면 "당신이 경험하는 것을 정확히 안다"라고 진심으로 말할 수도 있지만, 그것은 내가 그것을 직접 느끼는 것과 동일한 것이 아니다. 당신이 고통스러워할 때 내가 당신에게 깊이 공감하여 고통을 느낄 수도 있지만, 내가 느끼는 고통은 여전히 내 것이고 당신이 느끼는 고통은 당신 것이다.

당신이 고통을 느낀다는 명제를 내가 검증할 수 있을까? 만일 검증한다는 것이 당신이 고통을 느낀다고 믿을 수 있는 모든 증거나 아니면 있을 수 있는 최선의 증거라도 갖는다는 것을 의미한다면 검증할 수 없다. 기껏해야 나는 당신이 일정한 방식으로 행동하고 거짓말 탐지기 검사에 일정한 방식으로 반응하는 것을 검증할 뿐이다.

그렇다면 당신이 고통스러워한다고 말하는 것은 당신이 일정한 방식으로 행동하고 거짓말 탐지기 검사에 반응하는 것 등등에 불과한 것일 수도 있다. 그러나 이것은 터무니없는 견해이다. 당신이 방금 칼에 심하게 다쳐서 몹시 괴로워하는 행동을 보고 당신이 고통스러워한다고 말하는 것은 당신이 **마치** 고통을 느끼는 것**처럼** 행동한다는 것을 의미할 뿐일까? 당신의 행동을 보고 당신이 고통스러워한다고 말하는 것은 당신의 행동이 당신이 고통을 느끼는 **징후**라는 것을 의미하기 마련이다—그리고 당신이 고통을 느낀다고 말할 때 당신에 관해 말하는 것은 내가 고통스럽다고 말할 때 나 자신에 관해 말하는 것과 똑같다. "나는 고통스럽다"와 "당신은 고통스럽다"의 유일한 차이는 인칭 대명사뿐이다. 내가 나에 관해서 말하는 **것**과 당신에 관해서 말하는 **것**은 두 경우 모두 똑같다. 문제는 나 자신의 경우에 내가 직접 고통을 검증할 수 있는 것처럼 당신의 경우에도 어떻게 직접 검증할 수 있는가이다.

"글쎄, 나는 당신이 고통을 느낀다는 것을 적어도 **확증**할 수는 있다." 당신이 칼에 베어서 비명을 지른다는 사실은 당신이 고통스러워한다고 믿을 좋은 **확증 실례**임에 틀림없다. 당신이 거짓으로 비명을 지를 때도 있지만 주의 깊게 관찰하면 그것이 거짓이라는 것 역시 확증할 수 있다.

대부분의 사람들은 검증보다 오히려 확증에 만족하는 것 같다. 그러나 회의론자는 계속 의문을 제기한다. 당신이 고통스러워하거나 다른 사람이 경험하는 것을 도대체 내가 어떻게 알겠는가? 당신이 고통이나 쾌락을 경험한다거나 어떤 종류의 감각이나 생각이나 느낌을 가졌다는 것을 내가 어떻게 알겠는가? 당신은 매일 상당히 복잡한 운동을 하지만, 아침마다 감기는 태엽의 힘으로 돌아가는 시계처럼 실제로는 전혀 아무 것도 경험하지 못하는 교묘하게 조립된 자동기계일 수는 없을까? 당신이 나보다 더 빨리 수학 문제를 푸는 것은 사실이다. 하지만 컴퓨터 역시 수학 문제를 풀도록 프로그램이 되면 수학 문제를 풀 수 있다. 당신이 컴퓨터 과학자가 설정한 느낌이나 생각만 가진 고등 컴퓨터가 아니라는 것을 내가 어떻게 알겠는가? 당신이 그렇게 동작할 수밖에 없는 프로그램을 갖춘 컴퓨터라면, 내가 그 차이를 어떻게 알 수 있겠는가? 당신이 하는 일을 그대로 하고, 당신이 하는 말을 그대로 하며, 당신이 하는 개개의 행동 모두를 그대로 똑같이 한다—당신이 컴퓨터가 아니라는 것을 어떻게 알 수 있겠는가? 당신이 고통을 느낀다는 것은 오로지 추리의 근거인 징후들을 통해서만 알 수 있다—하지만 그 징후들이 똑같다면 어떻게 되겠는가? 컴퓨터가 느낌을 갖는다고 믿지 않는데 당신이 컴퓨터와 똑같은 행동을 한다면 (컴퓨터 역시 고통 행동을 보이면서 고통스럽다고 말할 수도 있다) 무슨 근거로 당신은 고통을 경험하지만 컴퓨터는 고통을 경험하지 못한다고 할 수 있겠는가? 내가 확증할 수 있는 것은 오로지 당신의 행동뿐이며, 그것 이외에 다른 무언가가 있다는 어떤 증거도 없다.

이러한 심상치 않은 문제에 대처하기 위해 종종 **유비 논증**(argument from analogy)에 호소하기도 한다. 내 손가락을 베었을 때(A) 나는 고통을 느낀다(B). 그러므로 나는 당신의 손가락을 베었을 때(A′) 당신도 고통을 느낀다(B′)고 추리한다. 이 유비 논증은 당신이 고통을 느낀다는 결론에 확실성을 부여하지는 못하지만 매우 개연적이게 하지 않는가? 어쨌든 당신은 내가 고통을 느낄 때 하는 것과 똑같이 행동한다. 게다가 당신 역시—나와 마찬가지로—피부와 뼈와 신경과 혈관을 가졌다. 따라서 내 손가락을 베었을 때 고통을 느낀다면 유비(유사성)에 의해서 당신 역시 손가락을 베었을 때 고통을 느낀다고 추리할 수 있지 않을까?

문제는 이 같은 유비 논증이 약해 보인다는 점이다. 어떤 사람의 창고에 쌓인 상자 더미에 다가가서 상자 하나를 열어 보니 책이 가득 들어 있다고 하자. 더 이상 나머지 상자를 열어 보지 않고, "모든 상자가 아주 비슷하게 보이니까 모든 상자에 책이 들어 있다"고 추리한다. 물론 이것은 아주 안전한 추리가 아니기 때문에, 당신은 이 추리를 그다지 신뢰하지 않을 것이다. 그 상자들 속에는 여러 가지 것—자질구레한 장신구, 종이, 어린이 장난감—이 들어 있을 수도 있다. 당신이 상자를 하나만 열어 본다면, 당신은 모든 상자에 책이 들어 있다고 주장하기가 곤란해진다. 한 상자만 남기고 나머지 상자를 모두 열어 보았더니 책이 들어 있으므로 마지막 상자에도 책이 들어 있을 것이라고 추리했다면 훨씬 더 좋았을 것이다. 오직 한 경우만을 근거로 삼는 유비 논증은 매우 빈약한 논증이다.

하지만 우리는 다른 사람의 정신에 관해서 바로 그 입장에 서 있지 않은가? 나 자신의 경우에는 (1) 나의 행동과 (2) 내가 느끼는 고통이 있다. 그러나 다른 모든 경우에는 내 앞에 나타나는 행동이 있을 뿐이다. 따라서 나는 한 상자에 책이 들어 있는 것을 보았다는 빈약한 근거에 입각하여 모든 상자에 책이 들어 있다고 단정하는 사람의 입장에 서 있지 않은가?

그래도 나는 겨우 한 상자의 내용물을 검사한 뒤에 모든 상자에 책이 들어 있다고 확신하는 것보다 당신이 손가락을 베었을 때 고통을 느낀다는 것을 훨씬 더 확신한다. 왜 그럴까? 이것은 불합리한 단정이나 편견에 불과한 것일까? 아니면 당신이 느낌을 갖는다는 나의 믿음이 약한 유비 논증이 아닌 다른 어떤 것에 근거해 있는 것일까?

다음의 세 진술을 살펴보자.

1. "내가 당신에게 빌려 준 책이 어디 있습니까?"라고 묻는다.
2. 당신은 내 질문을 이해하고 잠시 생각한다.
3. 당신은 "미안합니다─깜박 잊고 집에 놓고 왔습니다"라고 말한다.

첫 번째 진술은 내 입에서 나오는 낱말들에 대한 보고이다. 나는 이 낱말들을 발언할 뿐만 아니라 발언하는 것을 직접 들을 수 있다. 세 번째 진술 역시 내가 들을 수 있는 것이다. 당신이 입술을 움직여서 그 낱말들을 발언한다. 문제는 두 번째 진술에 있다. 나는 당신의 생각을 경험할 수 없는데, 어떻게 두 번째 진술이 옳다는 것을 아는가? 존 스튜어트 밀은 다음과 같이 말했다.

> 나의 결론은 다른 사람도 나처럼 느낌을 갖는다는 것이다. 왜냐하면 첫째, 다른 사람도 나처럼 신체가 있기 때문인데, 나는 나 자신의 경우에 신체가 느낌의 선행 조건이라는 것을 안다. 둘째, 다른 사람도 행위와 그 밖의 외적 표시를 나타내기 때문인데, 나는 나 자신의 경우에 행위와 그 밖의 외적 표시가 느낌에 의해 일어난다는 것을 경험을 통해 안다....다른 사람의 경우에 나는 그 사슬의 첫 번째 고리와 마지막 고리에 대해서는 직접 감각 증거를 갖지만, 중간 고리에 대해서는 직접 감각 증거를 갖지 못한다. 하지만 나는 첫 번째 고리와 마지막 고리를 잇는 사슬이 다른 사람의 경우에도 나의 경우와 마찬가지로 규칙적이고 변함없다는 것을 발견한다. 나 자신의 경우에, 나는 첫 번째 고리가 중간 고리를 거쳐 마지막 고리를 만들어 내며, 중간 고리가 없이는 마지막 고리를 만들어 낼 수 없다는 것을 안다. 그러므로 경험에 의거하여 반드시 그 중간 고리가 있다고 결론 내리지 않을 수 없는데, 그 중간 고리는 다른 사람의 경우에 나 자신의 경우와 동일하거나 나르거나 둘 중 하나일 수밖에 없다. 말하자면 나는 다른 사람이 살아 있다고 믿거나 자동 기계라고 믿거나 둘 중 하나를 믿을 수밖에 없다. 그런데 나는 다른 사람이 살아 있다고 믿음으로써, 즉 다른 사람의 중간 고리 역시 내가 경험하는 중간 고리와 본성이 동일하다고 추정함으로써

나 자신의 존재에 대한 실제 이야기임을 경험상 알고 있는 바로 그 일반화를 현상적 존재인 다른 사람에게도 적용한다.[1]

내가 어떤 사람에게 질문을 하자 내가 물었던 바로 그 질문에 대답하는 말들이 그 사람의 입에서 나온다. 만일 그 사람의 신체에 그 질문을 이해하는 정신이 없다면 어떻게 이런 일이 있을 수 있겠는가? 그 질문을 이해하기 위해서는 그 사람도 나처럼 의식을 가져야 하지 않을까? 그 사람도 나처럼 의식을 가졌다는 믿음이야말로 나의 질문에 대답할 수 있는 그의 능력에 대한 **최선의 설명**임에 틀림없다.

많은 사람들은 이것으로 다른 사람의 정신에 관한 문제가 해결되었다고 믿고 흡족해 할 수 있다. 그러나 이 설명에 대해 제기된 몇 가지 성가신 문제가 있다.

1. 우리는 도대체 어떻게 "고통"이나 "화"와 같은 낱말들—그리고 우리가 사용하는 다른 낱말들—을 우리의 "내적 상태"를 언급하는 데 사용할 수 있게 되었는가? 어린 시절 우리는 부모가 "저것은 의자다." "저것은 자동차다"처럼 주로 가리키는 행위를 하면서 낱말을 발언하는 것을 보고 낱말의 사용법을 배운다. 그러나 당신은 분명히 고통이나 화를 가리킬 수 없다. 그렇다면 어린이는 감각어나 느낌말의 사용법을 어떻게 배울까? 우리 자신은 어떻게 해서 낱말들을 바르게 사용할 수 있게 되었을까? "고통"과 같은 낱말이 어떻게 해서 **"공적 언어"**(public language)의 일부가 되었을까?

당신이 예컨대 산골짜기를 볼 때마다 어떤 특별한 느낌을 갖는다고 해 보자. 당신은 그 특이한 감각에 어떤 이름을 붙일 수도 있으며, 당신이 다른 때 그와 똑같은 특이한 느낌을 갖게 되면 그 이름을 다시 사용할 수도 있다. 하지만 그 이름은 아직 공적 언어의 일부가 아니다. 당신은 그 이름을 오직 "자기 자신과 소통하는" 경우에만 사용할 수 있기 때문이다. 당신은 이 특별한 느낌을 다른 사람과 소통하려고 애써 보지만 나른 사람은 당신이 뜻하는 바를 선혀 이해하지 못한다. 그러나 "고통"이라는 낱말은 그렇지 않다. 당신은 당신의 부모와 다른 사람이 "고통"이라는 낱말을

1   John Stuart Mill, *An Examination of Sir William Hamilton's Philosophy*, 6th ed. (London: Longmans Green, 1889), pp. 243–244.

사용하는 것을 보고 그 낱말의 사용법을 배웠는데, 그 낱말을 바르게 사용하기 위해서 부모나 다른 사람의 고통을 느낄 필요가 없었으며, 당신이 직접 고통을 느낄 필요도 없었다. 오로지 필요한 것은 다른 사람이 그 낱말을 어떤 경우에 사용하는지―다른 사람이 그 낱말을 사용할 때 어떻게 행동하는지―관찰하는 것뿐이었으며, 그렇게 해서 당신은 그 낱말을 스스로 사용할 수 있게 되었다. 당신의 아버지가 손가락을 칼에 베어 아프다고 말했는데, 나중에 당신이 손가락을 베이면 당신 자신에게도 똑같이 말할 수 있을 것이다―그리고 당신이 손가락을 베었을 때의 그 느낌이 "고통"임을 확인할 수 있을 것이다.

따라서 이것은 당신에게 고통-감각과 같은 "내적 상태"가 없다는 말이 아니라 다른 사람이 "고통"이라는 낱말을 사용하면서 보여 주는 행동을 관찰함으로써만 어떤 것이 고통임을 확인할 수 있게 된다는 말이다. 어린이는 유비 논증이 가정하는 것처럼 제 자신의 경우로부터 시작하지 않는다. 어린이는 다른 사람이 낱말을 사용하는 맥락을 주시함으로써 공적 언어에 속하는 낱말을 배우는 방식으로 "고통"이라는 낱말을 배운다. 따라서 당신이 직접 공포를 느껴 보지 않고서도 당신은 "공포"의 의미를 배울 수 있다.

2. 당신은 **당신**이 어떤 종류의 경험을 가졌다는 것을 정말 알 수 있는가? 우리는 이미 2장에서 어떤 경험을 표현할 때 그 경험 자체를 훨씬 넘어서는 요소들을 포함시킴으로써 종종 경험을 잘못 보고하는 경우를 보았다. 그러나 고통이나 쾌락처럼 기초적인 경험의 경우에는 잘못 보고할 개연성이 극미할 것 같다. 당신의 의식이 완전히 깨어 있는 동안에 어떤 사람이 당신의 살갗을 칼로 찌르면 당신은 당신이 고통을 느낀다는 것을 알지 않는가? 하지만 이것에 대해서마저도 의심이 제기되었다.

고통스럽다는 당신의 보고가 옳은지 시험하기 위해서 뇌파계를 이용한다고 해 보자. 이 장치는 당신의 고통 수준을 시험하기 위해서 고안되었다. 당신은 고통스럽나고 신시하게 보고하고 있으나 이 보고가 뇌파계의 증거와 상충하면 어떻게 될까? 당신이 고통스럽다고 말할 때 당신이 진실을 말하지 않는다고 결론 내려야 할까?

당신은 당연히 큰소리로 말할 것이다. "천만에, 나는 내가 고통스럽다는 것을 **안다**. 그 장치에 내가 고통을 느끼지 않는다고 나타난다면, 틀린 것은 바로 그 장치다. 어쨌든 **나**는 내가 고통스럽다는 것을 안다―나는 고통을 느낀다! 그 장치는 간접 시험—그 장치가 고장 나면 틀릴 수 있는 간접 시험—을 제공할 뿐이다."

　　아무리 훌륭한 증거일지라도 그 같은 생리학 이론은 환자가 고통스럽다고 생각하는 것이
틀렸다는 것을 증명하기 위해 사용될 수 없다.....그러므로 환자의 인식론적 권위는 최상의
생리학 이론보다 더 우선적일 수밖에 없다.[2]

　　하지만 조금 더 생각해 보자. 존스는 자신이 "고통"이라는 낱말을 바르게 사용한
다는 것을 어떻게 아는가? 그는 무슨 **기준**으로 "고통"이라는 낱말을 사용하는가?
그는 자신이 느끼는 것을 느끼지만, 자신이 느끼는 것을 고통이라고 말하는 것이 혹
시 잘못된 표현일 수도 있다. 물론 자신이 느끼는 것을 일단 인지하고 나면 그것을
제대로 표현할 수 있겠지만, 어떤 사람이 거울에 비친 자기 모습을 볼 뿐인데도 방
에 있는 다른 사람을 본다고 생각할 수 있는 것처럼 자신이 느끼는 것을 혹시 인지
하지 못할 수도 있다.

　　뇌파계는 고통-보고와 변함없이 상관관계를 유지하는 뇌 과정이 존스의 뇌 속에서 일어
난다는 것을 보여 준다. 그러나 존스는 자신이 고통-행동을 나타내기는 하지만 고통을 느
끼지 않는다고 생각한다.....그런데 이것은 당신이 찔리거나 부딪치는 등의 경우에 느끼는
것이 고통인 것과 마찬가지로 당신이 화상을 입은 경우에 느끼는 것도 **고통**이라는 것을 존
스가 모른다는 말일까? 아니면 존스는 자신이 화상을 입은 경우에 전혀 고통을 느끼지 않
는다는 말일까? 존스가 화상을 입은 경우에 느끼는 것 **역시** "고통"이라고 한다는 것을 존
스에게 알려 준다고 해 보자. 존스는 화상을 입은 경우에 **무언가**를 실제로 느낀다는 것을
인정하기는 하지만, 자신이 느끼는 것이 찔리거나 부딪치는 등의 경우에 느끼는 것과 완
전히 **다르다**고 주장한다고 해 보자. 존스는 왜 그렇게 주장할까? 그가 "고통"이라는 말을
제대로 배우지 못한 것일까, 아니면 문제의 그 상황에서 그가 통상 느끼던 감각과 다른 감
각을 느낀다는 것을 정확하게 (실제로 오류불가능하게) 보고하는 것일까?[3]

――――――

2　　Kurt Baier, "Smart on Sensations," *Australian Journal of Philosophy* (1962), p. 47.

3　　Richard Rorty, "Mind-Body Identity, Privacy, and Categories," *Review of Metaphysics*, vol.
19 (1965), pp. 24-25.

만일 진지한 고통 보고의 확실성이 이렇게 의심 가능하다면, 우리는 이제 몇 가지 심상찮은 문제에 직면하게 된다. 하나의 진지한 고통 보고가—장치의 보고와 상충된다면—잘 확증된 과학 이론을 한방에 무너뜨릴 수 있을까? 우리의 고통에 관한 확실성이 "그녀는 고통이라는 감각이 어떤 감각인지 정말 아는가?" 그리고 "그녀는 자신이 고통스러운지 아닌지에 대한 훌륭한 심판관인가?"와 같은 물음에 의해 과연 흔들릴 수 있을까? 고통 보고의 진리성은 다른 출처에서 나온 증거에 의해서 **결코** 무효화될 수 없는 것일까?

또 다른 종류의 사례를 살펴보자. 당신이 "이 방이 덥다"고 말한다. 그러나 온도계를 보니 섭씨 13도를 가리킨다. 다른 온도계 모두 마찬가지다. 당신은 자신이 옳고 온도계가 틀렸다고 확신하는가? 이 경우에 우리는 온도계가 맞고 방이 덥지 않은데도 당신이 덥다고 **느낄** 뿐이라고 말한다. 혹시 당신에게 약간 열이 있는지도 모른다. 여기서 우리는 당신의 개인적인 판단을 신뢰하는 것이 아니라 온도계를 신뢰한다. 당신의 개인적인 고통 보고보다 뇌파계를 신뢰하는 것도 이와 마찬가지가 아닐까?

당신은 "하지만 경우가 다르다"고 주장할 수도 있다. 당신은 방이 덥다고 말하지 말고 덥다고 **느낀다**고 말했어야 한다. 이 말에 시비를 걸 사람은 없을 것이다. 당신의 더위 경험이 실제 온도와 일치하지 않을 뿐이다. 하지만 고통 보고의 경우에 당사자가 고통을 느낀다는데 그것을 어떻게 부인할 수 있을까? **당신**이 고통을 겪는 당사자라면, 뇌파계가 틀렸다고 서슴없이 말하지 않을까? 당신이 고통을 느끼는지에 대한 최종 심판관은 **당신** 아닐까? 이것이야말로 아주 선명하고 확고부동한 경우가 아닐까?

그러나 일부 철학자들은 이것에 대해서조차 의문을 품었다. 우리는 "고통"이라는 낱말을—다른 낱말과 마찬가지로—일정한 행동과 환경의 맥락에서 배운다. 바로 그것이 우리가 고통을 느낄 때 그것을 인지하는 방법이며, 고통을 정확하게 지칭하는 방법이다. 하지만 다음 주장을 음미해 볼 필요가 있다.

생리학과 공학이 발달함에 따라서 ("'고통'이라는 낱말의 사용법을 아는 것"에 대한) 이런 공적 기준이 변한다고 해 보자. 특히 휴대용 뇌파계-겸-학습-장치, 즉 특정한 뇌-과정이 나타날 때마다 그에 적합한 용어를 들려주는 장치를 아이들에게 제공함으로써 ("고통스러운"이나 "간지러운"과 같은) 대조적인 경험 술어에 대한 학습 효과를 높일 수 있다고 해 보자. 이제 "특정한 뇌-과정"은 "구태의연한 방식으로 '고통'의 사용법을 가르친 사람들이 '나는 고통스럽다'고 진지하게 발언하는 것과 변함없이 상관관계를 유지하는 뇌-과정"을 의미하게 된다....이 상황에 이르면 다음과 같은 말도 의미를 갖게 된다. 즉 "당신은 자신이 고통스럽다고 말하고, 나는 당신이 진지하다고 확신하는데도, 당신의 뇌가 '고통'에 반응하도록 조절된 상태가 아니라서 그 조절 기능이 작동하지 않는 것으로 나타나므로, 당신은 고통이 무엇인지 아직 이해하지 못하고 있음을 자기 스스로 알 수 있다." 이러한 상황에서는 우리의 고통에 관해 우리가 "틀릴 수 없다는 것"은 그대로 유지되지만, 우리의 보고를 무효화할 수 있는 표준적 절차가 있기 때문에 당사자의 "최종적인 인식론적 권위"는 무너질 것이다.[4]

하지만 일인칭 보고가 이런 식으로 무효화될 수 있는지는 여전히 문제로 남는다. 경험을 보고하는 당사자가 거짓말하거나 낱말을 부정확하게 사용함으로써 경험을 잘못 보고할 수는 있다. 그러나 거짓말하는 것도 아니고 경험을 잘못 보고하는 것도 아니라면 당사자가 어떻게 틀릴 수 있겠는가? 일인칭 보고가 물리적 증거와 정합하지 않고, 물리적 증거가 고려할 만한 것이면, 일인칭 보고는 다른 명제와 정합하지 않을 때 거부되어야 한다고 주장하는 사람도 있고, 물리적 증거가 일인칭 보고와 정합하지 않으면, 물리적 증거를 거부하고 일인칭 보고를 유지해야 한다고 주장하는 사람도 있을 것이다.

컴퓨터가 의식을 가질 수 있는가?

컴퓨터는 인간의 정신이 할 수 있는 것보다 훨씬 더 빠른 속도로 더 많은 정보를 쏟아 낼 수 있다. 우리는 컴퓨터가 사물을 이해할 수 있고 질문에 대한 "답을 안다"고 말한다. 그렇다면 컴퓨터 역시 의식한다고 할 수 없을까? 컴퓨터가 정신적인 일을 하고 종종 훨씬 더 많이 하는데도 왜 컴퓨터가 정신을 **가졌다**고 하면 안 될까? 아니

---

4   Ibid., p. 25.

면 컴퓨터는 사람들이 아는 것과 동일한 의미로 알지 못한다고—컴퓨터가 답을 제시하기는 하지만 답을 제시하는 자신의 능력을 자각하지 못한다고—해야 할까?

미래의 컴퓨터는 (스탠리 큐브릭 감독의 《2001: 스페이스 오디세이》에 나오는 컴퓨터처럼) 질문에 답할 수 있을 뿐만 아니라 시를 쓰고 사람이나 다른 컴퓨터가 더 뛰어나면 부러움을 나타낸다고 해 보자. 그것이 컴퓨터라는 사실을 모르고 완전히 행동으로만 판단한다면, 다른 사람이 의식을 가졌다고 주장할 때 우리가 현재 가진 것과 동일한 근거로 그 컴퓨터도 의식을 가졌다고 주장할 수 있지 않을까?

"하지만 그 컴퓨터는 피와 살이 아니라 튜브와 컴퓨터 칩으로 만들어졌다. 그것을 열고 내부를 보면 그것이 의식을 가졌다고 할 수 없지 않을까?" 어떤 사람은 "아니다, 그렇지 않다. 그것의 **출처**가 무슨 상관인가?"라고 응수할 수도 있다. 그것이 태어난 것이 아니라 제조되었지만 의식 있는 존재가 하는 일을 할 수 있다면, 왜 그것이 의식을 **가졌다**고 믿지 못하는가? 이 가능성을 부인하는 것은 "인종적 편견"에 불과한 것이 아닐까?

다른 사람들은 그렇지 않다고 주장한다. 컴퓨터에 의식이 있다거나 컴퓨터가 정신을 가졌다고 추상적으로 말할 수 있겠으나 이제 구체적으로 말해 보도록 하자.

구체적인 정신 상태와 과정—갈증을 느끼는 것, 화장실에 가고 싶은 것, 소득세를 걱정하는 것, 수학 퍼즐을 풀려고 애쓰는 것, 우울함을 느끼는 것, "나비"의 프랑스어를 떠올리는 것—을 살펴보자....

우리가 특히 좋아하는 PDP-10 컴퓨터에 갈증을 자극하는 형식언어 프로그램을 설치해 보자. 우리는 "아, 목말라요!"라거나 "누가 마실 것을 좀 주시겠어요?" 등을 마지막에 출력하도록 프로그램을 설정할 수도 있다. 그로 인하여 이제 그 컴퓨터가 말 그대로 갈증을 느낀다고 가정하거나 또는 그 밖의 다른 정신 현상, 이를테면 이야기를 이해하거나 우울함을 느끼거나 손금항목(損金項目)을 꺼림하도록 자극함으로써 결과적으로 그런 일들이 실제로 일어날 수밖에 없다고 가정할 최소한의 근거라도 갖게 되었다고 생각할 수 있을까?...

그래, 컴퓨터에서 작동하는 우리의 갈증-자극 프로그램이 온전히 빈 맥주 깡통, 즉 레버로 조작되고 풍차의 동력을 이용하는 수백만 개(또는 수조 개)의 빈 맥주 깡통으로 만들어진다고 상상해 보자. 우리는 그 프로그램이 맥주 깡통을 서로 부딪치게 하여 시냅시스의 신경세포를 자극함으로써 신경세포와 맥주 깡통의 충돌 사이에 엄밀한 대응이 이루어지게 한다고 상상할 수 있다. 그 계열의 마지막 단계에서 그 위에 "목말라요"가 기록된 맥주 깡통이 튀어나온다. 이제...이 루브 골드버그(Rube Goldberg) 장치가 당신과 내가 목마르다고 할 때의 의미 그대로 갈증을 느낀다고 생각할 수 있을까?[5]

2. 물리적인 것과 정신적인 것의 관계

우리는 이제까지 두 집단의 사건이나 두 집단의 성질, 즉 물리적인 것과 정신적인 것을 검토했다. 일정한 분자 운동이 물리적 세계에 있는가 하면, 의식 상태도 있다. 물리적인 것과 정신적인 것은 동일하지는 않지만 분명히 밀접한 관계가 있다.

물리적인 것과 정신적인 것이 인과적으로 **상호작용한다**(interact)는 것은 많은 철학자들에게 명백한 것처럼 보였다. 우리는 누구나 물리적인 것이 정신적인 것을 일으킨다는 것을 알지 않는가? 어떤 음식을 먹으면 복통을 느끼고, 소방차 소리를 들으면 불안을 느끼고, 누명을 쓰고 체포되면 분노를 느끼고, 선생님의 강의를 들으면 어떤 생각을 갖는다 등등. 이런 예들은 무한정 늘어놓을 수 있는 익숙한 것들이다. 마찬가지로 정신적인 것 역시 물리적인 것을 일으킨다는 것도 경험적 사실이지 않은가? 연기 자욱한 방에서 덥다거나 답답하다고 느끼면 그 불편함이 신선한 공기가 있는 곳으로 나가게 한다. 두려움을 느끼면 그 결과 심장 박동이 빨라진다. 산책하려고 결심하면 당신의 다리가 그 결심에 따라 움직인다. 그것이 어떻게 일어나는지 전혀 모르지만 그것이 일어난다는 것은 알지 않는가? 의지력(의지 작용)이 몸을 움직이게 한다. 이것은 신비롭지만 익숙한 일이다. 그리고 우리는 일반적으로 정신이 신체에 커다란 영향을 미친다는 것—당신이 침착하고 자신감이 있고 낙천적이면 심각한 질병도 더 쉽게 회복된다는 것—을 알지 않는가?

---

5   John Searle, "The Myth of the Computer," *New York Review of Books*, 1982: reprinted in G. Lee Bowie, Meredith Michaels and Robert Solomon, eds., *Twenty Questions* (Fort Worth, TX: Harcourt Brace, 1992), pp. 209–210.

뇌는 물리적인 것과 정신적인 것의 "접촉점"으로 보인다. 말하자면 어떤 것도 뇌를 거치지 않고는 의식을 일으키지 못하며, 어떤 정신적 사건이나 조건도 뇌 없이는 물리적 귀결을 가질 수 없다. 하지만 뇌는 그 자체가 의자나 나무처럼 일정한 크기와 무게와 위치를 가진 물리적인 것이다. 물리적인 것과 정신적인 것의 "틈새"는 그 자체가 물리적인 것으로는 메워지지 않는다. 책상을 의식하기 직전 마지막으로 일어난 뇌 사건이 어떻게 **의식**을 일으키는가? 분자 운동이 분자 운동 **아닌** 것을 일으키는가?

그 둘 사이의 관계는 정말 신비한 것 같다. 예를 들어 우리는 왜 일정한 길이의 광파가 망막을 자극하면 "빨강"이라는 특유한 색깔을 경험하고, 조금만 더 짧아도 "주황"이라는 또 하나의 특유한 색깔을 경험할까? 무슨 이유로 반드시 그렇게 되지, 그 반대가 되거나 완전히 다른 것이 되지 않을까? 이렇게 신비한 심리-물리 상관관계를 어떻게 설명할 수 있을까?

물리적인 영역에도 마찬가지로 신비한 것들이 있을 수 있다. 나무토막에 열이 가해지면 불이 붙는다. 맨 처음 나무토막에 열이 가해졌을 때 완전히 다른 것, 즉 불이 일어난다는 것을 누군들 예측할 수 있었겠는가? 이에 대해서는 무언가 설명이 있는 것 같다. 어쨌든 이것은 완전히 물리적인 영역 안에 있다. 그것은 하나의 물리적 상태가 또 하나의 물리적 상태를 일으키는 것이다. 하지만 물리적인 것과 정신적인 것의 관계는 정말 불가해한 것 같다. 대뇌 피질에 어떤 일이 생기면 갑자기 순식간에 어떤 의식 상태에 도달한다. 그럼에도 우리가 이런 인과 관계에 대한 설명을 알지 못한다고 해서 이런 인과 관계가 일어나지 않는다는 것이 증명되는 것은 결코 아닌 것 같다. 게다가 우리는 매일 수많은 사례를 통해서 이런 인과 관계가 일어나는 것을 확인한다.

하지만 모든 사람이 이렇게 생각하지는 않는다. 토마스 헉슬리(Thomas H. Huxley, 1825-1895)에 의해 유명해진 **부수현상론**(epiphenomenalism)이라는 이론은 정신 상태가 결코 아무것도 일으키지 않는다고 주장한다. 물리 상태가 정신 상태를 일으키기는 하지만 그 반대는 성립하지 않는다. 물리적인 것과 정신적인 것의 관계는 기관차와 기관차가 내뿜는 연기의 관계와 같다. 간(肝)이 화를 일으키듯이 뇌는 생각을 일으킨다고 말하기도 한다. 정신적인 것만으로는—연기를 내뿜는 기관차의 이동에 연기가 아무런 영향도 미치지 못하고, 그림자가 그림자를 만든 물체에 아무런 영향도 미치지 못하는 것처럼—인과적으로 무기력하다. 그림자는 물체가 이동한 결과이지 원인이 아니다. 헉슬리는 우리가 "의식하는 자동 기계"라고 했다.

그러나 우리는 이 주장이 터무니없다고 생각한다. 우리는 물리적인 것이 정신적인 것을 일으키는 증거를 엄청나게 많이 가지고 있다. 그렇다면 정신적인 것이 물리적인 것을 일으키는 증거도 그만큼 가지고 있지 않을까? 방에서 나가려는 당신의 결심은 당신을 방에서 나가게 하지 않는가? 어떤 사람이 느끼는 우울함은 때로 자살에 이르게 하지 않는가? 당신이 무엇을 느끼고 무엇을 생각하는가에 따라 당신의 행위가 영향을 받는다는 것을 어떻게 부인할 수 있는가?

부수현상론자들은 바로 그것을 부인한다. 당신이 경험하는 모든 것은 어떤 신체 상태에 의해 일어나며, 정신적 사건의 근접 원인(결과가 일어나기 직전에 일어난 마지막 원인)은 항상—오늘날에도 조금밖에 알지 못하는—복잡한 어떤 뇌 상태이다. 파리를 생각하게 하는 뇌 상태와 런던을 생각하게 하는 뇌 상태가 다르다고(다를 수밖에 없다고?) 할지라도, 당신이 파리를 생각할 때의 뇌 상태와 런던을 생각할 때의 뇌 상태가 어떻게 다른지는 아무도 모른다. 하지만 런던을 생각하는 것은 영국 지도를 가지러 책장에 가는 것과 같은 후속 행위의 원인이 아니다. 후속 행위를 일으키는 것은 뇌 상태이지 의식적인 생각 자체가 아니다. 의식적인 생각은 뇌 상태를 "표현한다." 생각 자체만으로는 인과적으로 무기력하지만 생각이 "반영하는" 뇌 상태는 무기력하지 않다. 그 영국 지도를 책장에서 꺼내게 하는 것은 뇌 상태이다.

일상적인 방식으로 말하면, 손이 난로에 닿을 경우 고통을 느끼게 되고 **그리고** 고통을 느낌으로써 난로에서 손을 떼게 된다는 것은 옳다. 뜨거운 난로 접촉이 고통을 느끼게 하는 뇌 속의 C−섬유라는 곳에 신경을 통해 전달되는데, 난로에서 손을 떼게 하는 것은 C−섬유에 대한 자극이다. 원인과 결과의 물리적 연쇄가 단절되지 않는다. 고통은 난로에서 손을 떼라고 "당신에게 말하지만," 원심 신경에 영향을 미침으로써 난로에서 손을 떼도록 실제적인 원인 작용을 하는 것은 물리적 세계 속의 고통 "대행자(representative)"인 C−섬유이다.

어떤 사람은 정신적인 것이 물리적인 것의 어떤 **기능**(function)이라고 말하기도 한다. 이를테면 바퀴가 굴러가는 것은 바퀴 자체와 다르지만, 바퀴 없이는 바퀴가 굴러갈 수 없다. 뇌는 인과적 작용-기반(base-of-operation)이고, 정신적인 것은 바퀴가 굴러가며 일으키는 불꽃과 같다.

그렇다면 정신은 전혀 아무것도 **일으키지** 못하는가? 부수현상론에 따르면, 정신은 아무것도 일으키지 못하지만 뇌 상태는 방에서 걸어 나가는 것과 같은 신체 운동을 (근육과 원심 신경을 통해서) 일으킨다. 그리고 뇌는 **당신**의 일부분이다. 정신이 신체에 영향을 미친다고 말할 때 정확히 말하려면 뇌에서 진행하는 사건들이 신체에 영향을 미친다고 말해야 한다. 뇌는 당신의 일부분이지 않은가?

누군가 "뇌는 당신의 일부분이지만 **당신**이 통제할 수 있는 부분이 아니다"라고 말할 수도 있다. 그러나 그것은 정신-신체 문제의 모든 물음 가운데 가장 심오한 물음, 즉 "당신은 정확히 어떤 존재인가?"라는 물음에 이르게 한다. 우리는 다음 절에서 이 물음을 다시 검토할 것이다. 그렇지만 물리 상태와 정신 상태의 관계에 대한 검토가 아직 끝나지 않았다.

물질주의

대다수의 사람들이 당연시한 물리적인 것과 심리적인 것의 구별에 대해 강력하게 반대한 견해들이 있었다. 하나는 오직 행동만 있다는 견해이고, 또 하나는 오직 뇌 상태만 있다는 견해이다.

행동주의. 방법론적 행동주의는 하나의 신조나 이론이라기보다 종종 심리학에서 사용되는 절차 양식이다. 사람들의 내성적 보고를 들을 때 당신은 내성적 보고가 가끔 잘못되는 경우—거짓말하는 것이 아니라 자신의 경험을 정확하게 보고하지 못하는 경우—를 발견한다. 사람들의 행동—몸짓언어, 즉 사람들이 하는 것과 하지 않는 것—을 주의 깊게 관찰하는 것이 더 믿을 만하다. 심리학을 연구하는 방법으로서 경험에 대한 보고보다 행동에 의존하는 것이 바람직한지 그렇지 않은지는 심리학자의 문제이지 철학자의 문제는 아니다.

하지만 **형이상학적** 행동주의는 실재에 관한 신조, 즉 "내적 상태"는 없고 오직 행동만 있다는 신조이다. 우리가 말하는 정신적 사건은 사실상 일정한 방식으로 행동하려는 복잡한 성향이다.

유리가 깨지기 쉽다는 말은 유리가 일정한 **성향적** 특성을 갖는다는 말이다. 유리는 아주 작은 힘만 가해도 쉽게 깨지는 경향이 있다. 한 장의 유리가 전혀 깨지지 않은 상태이지만 그것은 여전히 깨지기 쉽다. 말하자면 전혀 깨지지 않은 유리일지라도 망치 등에 맞으면 깨질 **수** 있다는 것은 여전히 옳다. 유리는 화학자들에 의해 간단히 설명되는 특정한 분자 상태이기 때문에 깨지기 쉽다는 성향을 갖는다.

마찬가지로 어떤 사람이 다혈질이라는 말은 걸핏하면 화내는 행동을 한다는 말이다. 누군가 비위에 거슬리는 말을 하면, 그는 물리적 폭력으로 앙갚음을 하거나 일반적인 사람들에 비해 더 쉽게 자극적인 말을 한다. 이런 식으로 행동하려는 경향은 어떤 사람의 뇌 상태(또는 과다 분비된 아드레날린)에서 기인한다. 어찌됐건 유리가 깨지기 쉽다는 말이 유리에 압력이 가해지면 유리가 어떤 상태가 된다는 말이듯이, 그가 화났다는 말은 그가 어떤 방식으로 행동하려고 한다는 말이다.

방법론적 행동주의에 대하여 어떻게 말하든 간에 형이상학적 행동주의는 그다지 신뢰할 만한 것으로 보이지 않는다. 어떤 사람이 (쉽게 화내는) 어떤 성향 상태에 있다면 이것은 그가 대부분의 다른 사람들보다 더 쉽게 **화를 느낀다**는 말과 관련되지 않는가? 그리고 느껴진 그 화는 그 사람 자신이 가진 "내적 상태"가 아닌가? 하지만 "내적 상태"—느껴진 화—는 행동 자체가 아니라 (가끔이나마) 행동의 원인이다. 말하자면 화를 **느끼기** 때문에 고양이를 팽개치는 행동을 한다. 화를 느끼는 것이야말로 그 전체 과정의 필수적인 부분이 아닌가?

동일론. 이 견해에 따르면, 우리가 말하는 정신 상태는 뇌 상태일 뿐이**다**—뇌 상태와 동일하다. 당신이 어떤 생각을 갖는 것은 (전문적인 신경학자만이 그 상태를 정확히 말할 수 있겠지만) 일정한 뇌 상태에 **불과하다**. 생각과 뇌 상태가 어떤 방식으로 독특하게 서로 연관된다는 것이 아니라, 부유하다는 것이 재산이 많다는 것과 동일하듯이 생각과 뇌 상태는 **완전히 동일한 것**이다. 동일론은 현대판 물질주의이다. 동일론자는 마치 두 개의 공깃돌이 똑같은 것처럼 동일한 성질을 갖는다는 점에서 의식하는 일이 뇌 상태와 동일한 것이 아니라고 한다. 공깃돌은 여전히 두 개다. 의식하는 일과 뇌 상태는 최대한 강한 의미에서 동일하다고—고대인이 두 개의 다른 것으로 믿었던 샛별과 개밥바라기가 하나의 동일한 금성인 것처럼 말 그대로 동일**하다**고—주장한다. 둘이라고 생각했던 것이 사실은 하나다.

그러나 어떻게 하나일 수 있는가? 의식 상태는 물리 상태와 다르지 않은가? 의식적 사건은 성질 A를 갖지만 물리적 사건은 성질 A를 갖지 않는다면, 의식적 사건과 물리적 사건이 어떻게 하나의 동일한 성질일 수 있겠는가?

정신적 사건을 기술하는 말("나는 졸음을 느낀다")과 물리적 사건을 기술하는 말("나의 뇌가 이러이러한 상태이다")이 어떻게 동일한 의미를 가질 수 있는가? 동일론은 그 말들이 동일한 의미를 갖지 않는다고 주장한다. 내가 잔상(殘像)을 본다는 말은 나의 뇌가 어떤 상태에 있다는 것을 **의미**하지 않는다—나는 나의 뇌가 어떤 상태인지 전혀 알지도 못한다. 하지만 두 낱말이나 구절이 동일한 의미를 갖지 않을지라도 동일한 것을 **언급**할 수 있다. "미국의 부통령"과 "미국의 상원의장"은 동일인을 지시한다. 동일인이 법률상 두 개의 공직을 맡고 있지만, 나는 그가 곧 상원 의장이라는 사실을 모른 채 부통령을 언급할 수 있다.

모든 번개가 실제로 전기 방전이라 할지라도, "번개"라는 말은 "전기 방전"과 동일한 의미를 갖지 않는다. 이것은 샛별과 개밥바라기가 동일한 대상, 즉 금성이라는 것을 발견하는 것과 같은 경험적 발견이었다. "나는 번개를 본다"는 "나는 전기 방전을 본다"와 동일한 의미를 갖지 않는다(전기 방전 이론은 언젠가 폐기될 수도 있다).

하지만 후자에 관해서 모르고서도 전자에 관해서 알 수 있는 사실들이 있다면 그것들이 어떻게 수적으로 동일할 수 있는가?

동일론자는 수적으로(numerically) 동일할 수 있다고 주장한다. 나는 어떤 사람이 미국의 상원 의장이기도 하다는 것을 모르고서도 그가 미국의 부통령이라는 것을 알 수 있다. 내가 보는 대상이 빨갛다는 것은 알면서도 그것이 풍선이라는 것을 모를 수 있는데, 그래도 그 빨간 대상이 풍선이라는 것은 사실이다. 누구나 자신의 생각과 느낌이 실제로 뇌 상태라는 것을 모르고서도 자신의 생각과 느낌을 말할 수 있다.

나는 또한 A와 B가 동일한 것임에도 A는 기대하지만 B는 기대하지 않을 수 있다. 이를테면 흰 잔상을 보는 것이 일정한 뇌 상태에 있는 것**이라고** 할지라도, 나는 스크린에서 흰 잔상을 볼 것으로 기대할 수는 있지만 바로 그 뇌 상태에서 흰 잔상을 볼 것으로 기대할 수는 없다. 그 동일성은 두 **용어** 사이의 의미의 동일성이 아니라 두 가지라고 주장된 것들의 사실적(경험적) 동일성이다.

하지만 경험이 뇌 상태 없이 나타난다는 것이 **논리적으로 가능**하지 않을까? 동일론자는 그것이 논리적으로는 가능하지만 현실적으로 **옳지** 않다고 주장한다. 만일 뇌 상태와 동일하지 않은 경험이 있다면, 이것은—번개가 전기 방전이 아닌 것으로 밝혀지면 번개와 전기 방전의 동일성이 반증되는 것처럼—경험과 뇌 상태가 동일하다고 주장하는 동일론을 반증할 것이다.

두 탐험가가 미개척지의 지도를 작성하는데, 돌아오는 길에 서로 메모를 비교해 본다. 각자 자기가 어떤 산을 발견했다고 생각하고, 그 산에 각각 다른 이름을 붙인다. 그러나 서로 대화를 나누고 지도를 비교해 본 뒤 그들이 동일한 산을 발견했다는 것, 즉 각자 다른 방향에서 그 산에 올라갔다는 것을 알게 된다. 동일론자는 두 개의 산이라고 주장된 것들처럼 의식적 사건과 뇌 상태가 수적으로 동일하다고 주장한다.

그러나 동일론에 대한 비판자는 다음과 같이 반대할 수 있다. 만일 두 개의 산이라고 주장된 것이 정말 동일한 산이라면, 그것들은 동일한 특성을 가져야만 한다. 만일 두 개의 대상이라고 주장된 산이 수적으로 동일하다면, 그 두 산은 완전히 동일한 특성을 가져야만 한다(그렇지 않으면 그것들은 둘이지 하나가 아니다). 개밥바라기가 갖지 않은 특성을 샛별이 가진다면 그것들 역시 동일한 별이 아니다.

그뿐 아니라 비판자는 샛별과 개밥바라기가 다른 특성을 가지고 **있다**는 것이 명백한 사실이지 않느냐고 몰아붙인다. 뇌 과정은 뇌가 있는 곳, 즉 물리적 공간의 특정 영역에 위치한다. 하지만 의식이 뇌 속에—뇌에 **의존**할 뿐만 아니라 말 그대로 뇌 **속에**—있는가? 그곳에서 의식을 발견한 사람은 아직 아무도 없다. 의식 상태가 뇌 속에 있지 않다면, 그것은 뇌 속에 **있는** 것과 수적으로 동일할 수 없다.

또한 뇌 과정은—관찰 조건이 맞으면 다른 사람도 조사할 수 있는— 모든 물리적 과정처럼 공적으로 관찰 가능하다. 하지만 의식 상태는 그렇지 않다고 비판자는 주장한다. 당신만이 당신의 고통, 당신의 감각 자료, 당신의 환각 상태의 빨간 점을 경험할 수 있다. 따라서 뇌 사건은 의식 상태가 갖지 않은 특성을 적어도 하나는 갖는다.

동일론자에 의하면, 고통은—열이 분자 운동인 것처럼—C-섬유에 대한 자극이다(C-섬유에 대한 자극과 수적으로 동일하다). 만일 그렇다면, 고통이 없는 C-섬유에 대한 자극이나 C-섬유에 대한 자극이 없는 고통은 결코 있을 수 없다. 동일론자는 고통과 C-섬유에 대한 자극이 결국 하나의 동일한 것이라고 주장한다. 둘 중 하나가 없는 사례는 어디에도 **없다**—당신은 그 사례를 보여 줄 수 있는가?

그러나 동일론에 대한 비판자는 다음과 같이 주장한다. "열 = 분자 운동"은 물리적 의미의 열에 대해서만 옳다. 그것은 우리가 뜨거운 난로를 만질 때 느끼는 열 **감각**에 관해서는 전혀 언급하는 바가 없다. 크립키(Saul Kripke)는 다음과 같이 말한다.

신이 세계를 창조하는 것을 상상한다고 해 보자. 열과 분자 운동을 동일하게 하려면 신은 어떤 일을 해야 할까? 여기서 신은 열, 즉 바로 그 분자 운동을 창조하기만 하면 된다....[그러나] 신은 분자 운동을 창조하는 것 이외에 분자 운동을 열로 느끼게 하는 일을 추가로 수행해야 한다....이 일을 수행하려면 신은 그 분자 운동이 열 감각 S를 일으킨다는 것을 직접 확인할 수 있는 의식 있는 어떤 존재를 창조해야 한다.[6]

이 열 감각을 느끼게 하려면 신은 적절한 유형의 물리적 자극을 수용할 수 있는 C-섬유를 가진 존재를 창조하기만 하면 될 것 같다. 여기서는 그 존재가 의식 있는 존재인지 아닌지는 상관없다. 그러나 그뿐만 아니라 C-섬유 자극이 고통과 대응하거나 고통으로 느껴지게 하려면 신은 C-섬유 자극을 창조하는 것 이외에 무언가를 추가로 수행해야 한다.

신은 그 존재가 C-섬유 자극을 반드시 **고통**으로 느끼게 해야지 간지럼이나 따뜻함으로 느끼게 해서도 안 되고, 아무것도 느끼지 못하게 해서도 안 되며 또한 신의 능력에 달려 있는 것처럼 느끼게 해서도 안 된다. 만일 C-섬유 자극을 어떤 것으로 느끼게 하는가가 신의 능력에 달려 있다면, 신이 창조하는 고통과 C-섬유 자극의 관계가 동일성 관계일 수

---

6 Saul Kripke, *Naming and Necessity* (Cambridge : Harvard University Press, 1978), p. 153.

없다.[7]

동일론이 간과하는 것은 무엇인가? 그것은 생각이나 느낌이 경험자에게 **어떤 식으로 느껴진다**는 사실이다. 우리는 "정신적 용어와 물리적 용어가 어떻게 동일한 것을 언급하는지 알지 못한다.……그리고 다른 학문 분야들의 이론적 동일시(theoretical identification)와 일반적인 유사성이 있다고 해서 정신적 용어와 물리적 용어가 동일시될 수 있는 것이 아니다."[8]

"**내적 관점**"을 취할 경우, 우리는 사물들이 어떤 식으로 보이고 어떤 식으로 느껴지는지 주시한다─우리는 자연 과학의 도움을 받을 필요가 전혀 없다. 시인과 소설가는 "내적 관점"을 탐구한다. 그러나 과학자들처럼 "**외적 관점**"을 취할 경우, 우리는 인간의 뇌에 있는 물질 입자를 포함하여 운동 상태의 물질 입자를 본다. 우리가 내적 관점을 외적 관점으로 환원하려고 하지 않는 한, 외적 관점은 물론 정당한 과학적 탐구의 주제이다. 우리는 두 유형의 노력을 기울이는데, 깨져 버린 험프티─덤프티를 되돌릴 수 있는 만능 이론은 없다.

우리에게 필요한 것은 우리가 갖지 못한 이론, 즉 화학 원소로 구성되어 있고 공간을 점유하고 있는 물질 조직일 뿐만 아니라 개인적인 세계관을 가지고 경우에 따라 자기 인식 능력을 갖추기도 한 의식 있는 유기체에 대한 이론이다. 현재 우리가 이해하지 못하는 어떤 방식으로 이런 물질들이 적절하게 결합되고 조직될 때 우리의 신체뿐만 아니라 정신이 생겨난다. 우리 각자는 생물학적으로 발생된 복잡한 물질 조직인데, 그 물질 조직이 풍부한 비물질적 속성을 갖는다는 것이야말로 불가사의한 진실이다. 실재에 대한 통합적 이론이 이것을 설명해야 하는데, 나는 이런 이론이 혹시라도 몇 세기 안에 만들어지면 우리의 우주관을 더 이상 비할 바 없이 송두리째 바꿔 놓을 것이라고 믿는다.[9]

7　Ibid., pp. 153-154.

8　Thomas Nagel, "How Does It Feel to be a Bat?" *Philosophical Review*, vol. 83, no. 4 (1974), pp. 435-450.

9　Thomas Nagel, *The View from Nowhere* (New York : Oxford University Press, 1986), p. 5.

3. 사람의 정체

나는 누구인가? 간단한 답은 그저 당신의 이름을 말하는 것이다. 그렇다면 나는 어떤 존재인가? 나는 하나의 신체이다—뇌를 가진 신체이고, 세상에 널리 알려진 생각들을 가진 신체이며, 명성을 얻으려는 열망을 가진 신체이다. 나는 신체**이면서** 정신이라고 말하는 사람도 있다—그러나 이 말은 신체와 정신이 어떻게 관련되는지 정확히 진술할 수 없으면 별로 도움이 되지 않는다.

내가 말하려는 것은 **나의 자아**(myself)이다. 하지만 이 자아는 어떤 존재인가? 이 문제를 성찰하면서 데이비드 흄은 구체적인 어떤 생각이나 느낌은 항상 마주치지만, 생각이나 느낌이 서로 결합하는 것 이외에 "나"(자아)와 마주쳐 본 적이 없다고 고백했다.

> 어떤 철학자들은 **자아**라고 일컫는 것을 우리가 매 순간 직접 의식한다고, 즉 자아의 존재를 느끼고 자아가 끊임없이 존재하는 것을 느낀다고 생각한다.... 나의 경우에는 내가 **나의 자아**라고 일컫는 것에 최대한 직접 접근할 수 있는데, 그때마다 나는 이런저런 특정한 지각, 즉 뜨거움이나 차가움, 빛이나 그림자, 사랑이나 미움, 고통이나 쾌락에 대한 지각과 마주친다. 나는 언제든지 지각하지 않고서는 결코 나의 자아를 알아차릴 수 없으며, 지각되는 것 이외에 어떤 것도 결코 관찰할 수 없다.[10]

이 주장은 때로 "다발 이론"(bundle theory)이라고 불리기도 한다—한 다발의 경험이 있는데, 그 다발은 어떤 끈으로도 묶여 있지 않다.

그렇다면 다발 속에 있는 일련의 상태가 어떻게 **이 사람**의 역사로 통합되는가? 다발 속의 여러 경험은 소유주, 즉 "그것들을 가진 사람"을 필요로 하지 않을까? 생각과 느낌과 의아함은 아무도 그것을 가진 사람 없이 떠돌아다니지 않는다. 생각은 생각하는 사람을 필요로 한다—자유롭게 떠돌아다니는 생각은 어디에도 없다. 생각은 누군가에게 속한다. 생각은 어떤 자아의 역사 속에 통합된다. 나의 온 생애에

---

10   David Hume, *Treatise of Human Nature* (1739), Book 1, Part 4, Chapter 6.

걸친 경험들이 하나의 계열을 이루고, 당신의 경험들이 또 하나의 계열을 이룬다. 내 다발의 어느 부분도 당신 다발의 부분이 아니다. 그렇다면 나의 다발 속에 있는 경험들을 하나로 묶어 주는 것은 무엇일까?

흄의 동료인 토마스 리드(Thomas Reid, 1710~1796)는 우리가 경험들의 소유주를 더 이상 분석할 수 있든 없든 그 **소유주**가 있다는 것은 기본적 사실이므로 더 이상 분석하려는 시도에 반대한다고 주장했다.

> 나라는 사람의 정체(my personal identity)는 분할될 수 없는 **나의 자아**라는 것이 끊임없이 존재한다는 것을 함축한다. 이 자아가 무엇이든 간에 그것은 생각하고, 숙고하고, 결심하고, 행위하고, 고통을 겪는 어떤 것이다. 나는 생각이 아니고, 나는 행위가 아니고, 나는 느낌이 아니다. 나는 생각하고, 행위하고, 고통을 겪는 어떤 것이다. 나의 생각과 행위와 느낌은 매 순간 변한다. 그것들은 결코 영속하는 것이 아니라 잇달아 생기는 것(successive existence)이다. 하지만 그것들이 속해 있는 자아로서의 나는 영원불변하며, 내가 나의 것이라고 말하는 잇달아 생기는 모든 생각, 행위, 느낌과 동일한 관계를 맺는다. 이것이 나라는 사람의 정체에 대해 내가 갖는 생각이다.[11]

사람의 정체는 어떻게 확인되는가?

나는 십년 전의 나와 동일인인가? 상당히 변하기는 했지만 그래도 나는 동일한 신체를 가졌다. 나의 십년 전 신체 세포는 모두 없어졌다. 그러나 조금씩 눈에 띄지 않게 대체되었고, 전체적인 구조는 거의 그대로 남아 있다. 개구리가 올챙이로 변하듯 갑자기 변했다면 모를까 거의 동일한 신체를 가졌다. 십년의 세월이 흘렀음에도 친구들이 나를 알아본다. 옛날 사진과 요즈음 사진을 비교하면서 그때나 지금이나 여전하다고 말하기도 한다.

하지만 얼굴 모습만 봐서는 안 된다. 나는 증거 없이는 승인하려고 하지 않던 지적으로 호기심 많은 그때 그 사람이다. 나는 여전히 논쟁 등등을 좋아한다. 나에게는 약간 독특한 방식으로 질문에 응답하는 버릇이 있는데, 내 지인들은 내 목소리가

---

11   Thomas Reid, *Essays on the Intellectual Powers of Man* (1785), Essay 3, Chapter 4.

변했음에도 전화할 때 그 버릇만으로 나를 알아보기도 한다.

하지만 그 십년 사이에 나의 주의 주장과 생활 방식이 완전히 바뀌었다고 해 보자. 공동체에 가입했고, 책 한 권 없는 산골에서 간소한 삶을 살았다. 친구 관계도 모두 끊었다. 다양한 운동을 하고 하루에 몇 시간씩 명상을 한다. 가족이 나를 신체적으로 알아볼 수도 있겠지만, 가족마저도 "예전의 그가 아니다"라고 말할지 모른다. 이런 경우가 실제로 있을 수 있을까?

물론 이런 경우를 의미론적 다툼으로 보려고 하는 사람도 있다. 말하자면 어떤 점에서는 내가 똑같은 사람이고, 다른 점에서는 똑같은 사람이 아니라는 것이다. 내가 지금 얼마나 다른 사람인지 강조하고 싶으면 "나는 더 이상 그런 사람이 아니다"라고 말한다. 그러나 "**나**는 더 이상...아니다"라고 말하면, 그 사람이 여전히 나이지 다른 사람이 아니라는 것을 인정하는 것 아닌가?

신체의 연속성. 대부분의 사람들은 이른바 그 문제를 간단히 해결한다. 내가 동일한 신체를 갖는 한 나는 동일인이다. 여기서 말하는 동일한 신체는 몇 년 전과 동일하게 보여야 한다는 것이 아니라, 내가 갖고 태어났고 내가 사는 동안 **연속해서** (continuously) 존재하는 신체가 있다는 것을 뜻한다. 그 기간 내내 이 신체가 존재하지 않은 순간이 없었다. 그 기간 내내 비디오카메라가 내 뒤를 따라다녔다면 나의 존재를 연속해서 기록할 수 있었을 것이다—기록이 중단되거나 차단되거나 틈새가 생긴 적이 전혀 없다. 나의 모습과 나의 취미와 나의 관심사가 아무리 많이 변했다고 해도 그것은 시종일관 여전히 **나**였다. 사울이 자신의 이름을 바울로 개명해도 그는 여전히 다마스쿠스로 가다가 환영을 보았던 그 사람과 동일인이다.

다른 사람의 경우에는 내가 그들을 연속해서 보지 못하기 때문에 나의 경우처럼 확신할 수는 없다. 내가 당신을 "알아보지만" 당신에게 일란성 쌍둥이가 있다는 사실을 몰랐다. 당신이 《마르탱 게르의 귀향》(책이나 영화)에 나오는 마을 사람 중 한 사람이라면 당신은 확신하지 않을 근거를 갖는다. 십년이 흘러 상당히 변했어도 동일인으로 보이기는 하지만, 그래도 그 사람은 꼭 빼닮은 사람인지도 **모른다**. 나른 한편 그 사람은 마르탱과 동일인이 아니면 도무지 알 수 없는 (알 수 없을 것 같은) 많은 것 —마르탱이나 어쩌면 그의 부인만 아는 은밀한 사항—을 이야기한다. 그 사람이 마르탱이 아니라면 이 모든 것을 어떻게 알겠는가? (신체의 연속성 이론에 따르면) 이 부분에서 마르탱의 신체에 관한 우리의 지식이 불완전하다. 십년 전 우리가 보았던 그 신체가 오늘 보는 그 신체와 동일한지, 그리고 그 사람이 그 기간 내내 **연속해서 존재했는지** 모르기 때문에 그가 동일인이라고 확신하지 못한다. 확실하게 말할 방법은 없지만, 십년 전에 보았던 그 신체와 지금 보는 그 신체가 완전히 동일한 신체라는 것을 발견하려면 앞으로 어떻게 해야 하는지는 안다.

1. 기억상실증에 걸려 아무것도 기억하지 못하는 어떤 부인이 있다고 해 보자. 그렇더라도 그녀의 신체가 동일한 신체인 한 그녀가 동일인이 아니라고는 못한다. 이것은 비디오카메라의 연속 기록에 의해 증명될 수 있다.

2. 그녀의 인격이 갑자기 변했다고—그녀가 지킬 박사와 하이드 부인이라고—생각해 보자. 그럼에도 그녀는 동일한 신체를 가졌기 때문에 동일인이다—갑자기 놀라운 인격 변화를 겪었을지라도 그녀는 여전히 사라 스미스이다.

3. 그녀가 다중인격이라고 해 보자. 사라는 자신을 때로 제인이라고도 하는데, 그녀가 제인일 때는 평소의 친절한 자아라기보다는 적개심 많은 자아이며, 사라가 했던 말이나 행동을 기억하지 못한다. 그리고 때로는 자신을 베티라고도 하는데, 그때는 (《이브의 세 얼굴》에서처럼) 다시 완전히 달라져서 사라나 제인이 했던 것을 전혀 기억하지 못한다. 이제 이렇게 말할 수 있다. "그녀가 세 가지 다른 **인격**을 가졌지만, 그녀는 여전히 이러이러한 날에 태어났고 이러이러한 마을에서 성장했다는 등등의 그 사람과 동일인이다."

4. 그녀가 자동차 사고로 전혀 의식 없는 식물인간이 됐을지라도, 그녀는 제 자신이 누구인지 모르기는 하나 여전히 병원 침대에 누워 있는 사라 스미스이다. 어떤 사람이 이중인격이나 다중인격을 가졌을 경우 또는 무의식 상태로 그저 숨만 쉬는 유기체일 경우, 우리는 가끔 "그녀는 과거의 그녀가 아니다"라고 말하지만, 이것은 그녀가 이러이러한 날과 장소에서 태어났다는 등등의 그 사람이 아니라는 것이 아니라 그녀의 인격이 달라졌다는 것을 의미하는 것으로 볼 수 있다. "그녀는 더 이상 동일인이 아니다"라고 말할 때 우리는 비유적으로 말하고 있지는 않을까? 그 사람은 여전히 동일한 "그녀"이지 않은가, 그리고 "그녀는 더 이상 동일인이 아니다"라고 말할 때조차도 이 말은 그녀가 여전히 동일인이라는 것을 함축하지 않는가?

이 모든 경우에 신체의 연속성이 유지되었다. 그래서 우리는 "그 사람이 여전히 동일인이다"라고 말하기 위해 이 기준을 사용할 수 있다(이 기준을 실제로 사용한다).

이제 몇 가지 다른 경우를 보자. 그것들은 실제 사례일 수는 없지만 논리적으로 가능하기는 하다(최소한 그렇게 보인다). 우리의 물음은 "그런 일이 일어나는가?"가 아니라 "그런 일이 일어난다면 어떻게 말해야 하고 왜 그렇게 말해야 하는가?"이다.

당신이 아침에 일어나 보니 당신의 신체가 어제의 신체와 완전히 달라 보인다. 당신은 이제 특별한 다리를 가졌고 온몸에 털이 나기 시작하며, 기껏 타조처럼 꽥꽥거리는 소리를 낼 수 있을 뿐 말은 한마디도 못한다. 물론 아무도 당신을 알아보지 못한다. 사람들 모두 당신이 다른 사람(또는 다른 것)이라고 생각한다. 하지만 **당신**은 느닷없는 변신임에도 그것이 여전히 당신이라는 것을 안다.

이번에는 단테의 《지옥》에 나오는 괴물들처럼 당신의 신체가 점차 변하여 여우나 원숭이로 바뀌는 것을 당신이 직접 지켜본다고 해 보자. 여기에 신체의 연속성은 여전히 있다—어느 한 순간도 그 신체가 존재하지 않은 적이 없다. 그러나 그것은 더 이상 사람의 신체가 아니라 원숭이의 신체이다. 신체의 연속성은 있지만 **인간의**-신체 연속성은 없다. 당신은 지금 사람인가 원숭이인가?

프란츠 카프카의 《변신》이라는 소설에서 주인공 그레고르가 갑자기 딱정벌레로 변신한다. 그는 (음성 기관을 갖지 않아서) 더 이상 말을 하지 못하며, 예전처럼 돌아다닐 수도 없지만, 그는 여전히 딱정벌레의 몸을 가진 그레고르가 아닌가? 그는 변신하기 이전의 생활을 기억하고 있어서 가족과 대화를 해 보려고 하는데, 하마터면 집사에게 밟혀 죽을 뻔했다. "자, 그렇다면 그는 더 이상 사람이 아니라 딱정벌레다." 그럼에도 그는 사람의 정신을 가졌고, 사람으로서의 삶을 기억한다. 그는 아직도 그레고르임에 틀림없다.

《천국의 시도 조단》이라는 영화에서 프로 권투 선수가 천국의 기록 실수로 인해 하늘나라로 가게 된다. 그의 신체는 비행기 사고로 회복 불가능하게 으스러졌는데, 그가 직장 생활을 계속할 수 있도록 새로운 신체를 달라고 요구한다. 그에게 다른 사람의 신체가 제공된다. 물론 아무도 그를 알아보지 못하지만, 자신의 기억들을 고스란히 간직한 채 세계 챔피언의 꿈을 이룬다. 이 모든 것은 분명히 환상이다—하지만 당신은 영화 관람객처럼 그 사람이 여전히 다른 신체를 가진 동일인이라고 확신할 수 없을까? 당신이 확신하지 못한다고 해도 **그는** 확신한다 — 그는 알고 있지 않을까?

어떤 교수가 뉴욕에서 강의하다가 갑자기 사라지는데 신기하게도 1분 뒤에 시애틀에 다시 나타난다 — 똑같은 외모, 똑같은 옷, 똑같은 인격에 심지어는 계속해서 똑같은 강의를 한다. 이 경우는 신체의 연속성 기준을 어길 수 있다. 그 1분 동안 그의 신체가 없었다. 하지만 **그는** 그 1분 동안 있었는가? 만일 있었다면 어디에 있었을까? 그 또는 그의 신체는 어떻게 그 1분 사이에 뉴욕에서 시애틀로 갔을까? 신체가 있다가 없다가 다시 있을 수 있을까?

기억.

A : 나는 당신이 지난밤 나와 대화를 나누던 그 사람과 동일인이라는 것을 어떻게 아는가? 그거야 물론 내가 당신을 **알아보기** 때문이다 — 당신 모습이 똑같다. 당신의 사진만 보여 줘도 나는 그게 지난밤의 당신이라는 것을 알아볼 것이다. 당신 모습이 똑같다.

B : 혹시 내 모습이 똑같지 않다면? 그 사이에 사고로 내 얼굴이 흉측해졌다면 어떻게 될까? 당신이 나를 알아볼 수 없을 정도로 분장을 했다면 어떻게 될까?

A : 나는 당신과 잠시만 함께 있어 보아도 그 사람이 여전히 당신이라는 것을 알 수 있다 — 당신의 특이한 유머 감각, 당신의 이해력과 같은 정신적 특성, 당신의 독특한 감정 이입, 당신의 외유내강, 당신의 개인적인 성격 특성.

B : 하지만 당신은 나의 물리적 신체를 봐야만 이런 것들을 안다.

A : 그건 그렇지만, 오로지 당신임을 알아보게 하는 것은 역시 정신적 특성이다. 당신의 신체가 동일하게 보이지만, 당신과 대화를 해 보면 근본적으로 어떤 점이 다른지 금세 알아차린다. 이를테면 이제 함께 토론했던 국제 관계에 관해 더 이상 아무것도 모른다. 영어를 못한다. 태도가 완전히 변해서 길거리 깡패에 훨씬 더 가깝다. 결국 나는 당신의 신체가 동일함에도 이 사람은 진짜 **당신**이 아니라고 할 수밖에 없다. 내가 말을 건네는 그 사람은 나에게 낯선 사람, 즉 당신의 신체를 가진 낯선 사람이다. 신체의 연속성이 모든 것이라고 말하는 것, 즉 그것이

당신의 신체인 한 여전히 당신이라고 말하는 것은 잘못이다. 만일 정신적 특성이 완전히 다르다면—이를테면 2세기 전 포르투갈 소작농의 정신적 특성이라면—나는 어쨌든 다른 누군가가 당신의 신체 속으로 들어왔거나 당신의 신체를 완전히 빼닮은 신체일 가능성이 많다고 할 수밖에 없다. 하지만 기억상실증이나 다중인격이나 다마스쿠스로 가는 성 바울과 같은 갑작스런 성격 변화의 경우는 이런 경우와 다르다.

신체의 연속성이 없는데도 당신을 동일인이라고 하게끔 하는 정신적 특성이나 특성들은 무엇인가? 존 로크나 토마스 리드와 같은 철학자들은 일관된 특성, 즉 십년이나 이십년 전의 당신과 동일인이게 하는 특성은 **기억**(memory)이라고 주장한다.

우리는 왜 그 사람이 여전히 동일한 프로권투 선수라거나 동일한 그레고르라고 말하는가? 그것은 다른 신체에서 자기 존재를 **기억**하기 때문이지 않은가? 신체의 연속성 기준이 충족되지 않았어도 우리는 변신 상태의 그 사람이 변신 이전의 자기 삶을 기억하기 때문에 그 사람이 연속해서 존재하는 동일인(동일한 자아)이라고 말한다. 그것이 동일한 자아인지 아닌지 결정하는 것은 (우리가 지금 제안하듯이) 기억이지 신체의 연속성이 아니다. 신체의 연속성이 없어도 기억이 살아 있는 한 동일인이다.

이 모든 것에 대해 알맞은 증거는 기억이다. 나는 20년 전에 이런 사람과 대화를 나눈 것을 기억한다. 나는 그 대화에서 여러 가지 일들이 있었다고 기억한다. 나의 기억은 이런 일이 있었다는 것뿐만 아니라 지금 그 일을 기억하는 내가 그 일을 했다는 것을 입증한다. 그 일을 내가 했다면, 그때 내가 존재했어야 하고, 그때부터 현재까지 끊임없이 존재했어야 한다.[12]

그러나 이것 또한 충분하지 않다. 한 사람의 기억은 오류가 있을 수 있고 때로 중단되기도 한다. 당신이 기억하지 못하는 많은 일들이 당신에게 일어나지 않는가?

---

12   Thomas Reid, *Essays on the Intellectual Powers of Man*, Essay 3, Chapter 4.

리드는 우리에게 주의를 준다.

내가 나의 어떤 행위를 기억한다고 해서 내가 그 행위를 한 사람이 되는 것은 아니다. 어떤 행위에 대한 나의 기억은 내가 그 행위를 했음을 확실히 알게 해 준다. 그러나 내가 그 행위를 기억하지 못한다고 해도 내가 그 행위를 했을 수 있다. 내가 그 행위를 했다고 말함으로써 드러난 그 행위와 나의 관계는 내가 전혀 기억하지 못해도 동일하게 유지된다. 내가 그런 일을 기억한다고 해서 내가 그런 일을 했다고 말하는 것은...세계가 창조되었다는 나의 믿음이 세계를 창조하게 만들었다고 말하는 것만큼이나 대단히 불합리한 것으로 보인다.[13]

만일 기억만으로 충분하다면, 우리는 다음과 같은 이상한 결과에 도달한다.

...어떤 사람이 특정한 행위를 한 사람이면서 동시에 하지 않은 사람이 될 수 있다. 어떤 용감한 장교가 학창 시절에 과수원의 과일을 훔친 잘못으로 체벌을 받았고, 첫 번째 군사 작전에서 적의 군기(軍旗)를 빼앗았으며, 나중에 장군이 되었다고 해 보자. 그리고 그가 군기를 빼앗던 당시에는 학교에서 체벌 받은 것을 알았는데, 장군이 되던 당시에는 군기를 빼앗은 것은 의식했지만 체벌 받은 것은 완전히 잊었다고 해 보자. 이런 것들을 가정하면, 학교에서 체벌 받은 그가 군기를 빼앗은 사람과 동일인이고, 군기를 빼앗은 사람이 장군이 된 사람과 동일인이다. 그러므로 그 장군이 학교에서 체벌 받은 사람과 동일인이라는 결론이 논리적으로 도출된다. 하지만 그 장군은 자신이 체벌 받던 때를 아직도 전혀 기억해 내지 못한다. 따라서...그는 체벌 받은 그 사람이 아니다. 그러므로 그 장군은 학교에서 체벌 받은 그 사람과 동일인이면서 동시에 동일인이 아니다.[14]

그렇다면 기억은 동일인이기 위한 절대적 기준일 수 없다. 필수적인 어떤 기준이 있을까? 혹시 동일한 신체를 가져야 하는 것이 아니라 적어도 뇌만은 동일한 **뇌**를

---

13   Ibid.
14   Reid, *Essays on the Intellectual Powers of Man*, Essay 3, Chapter 6.

가져야 한다고 제안할지 모르겠다. 당신의 맹장이나 쓸개를 제거해도 당신은 여전히 동일인이다. 당신은 인공 팔다리를 이식받거나 심지어는 인공 심장을 이식받을 수도 있는데, 그래도 여전히 그 사람이 당신이라는 것에는 아무 문제가 없다. 당신은 약간의 차이점이 있기는 하나 여전히 동일한 신체를 가졌다. 그러나 뇌를 이식하면 어떻게 될까? 당신과 내가 (외과 의사를 통해서) 발가락을 교환해도 여전히 동일인일 수 있다면, 왜 뇌를 교환하는 것에 대해서는 망설일까? 당신과 내가 뇌를 교환하면 어떤 것이 나일까?

자동차 사고로 화이트의 사지가 마비되었고 신체의 대부분이 망가졌지만 뇌는 변함없이 정상적으로 기능한다고 해 보자. 그는 얼마 살지 못한다. 브라운은 건강한 신체를 가졌으나 뇌 질환으로 곧 죽는다. 외과 의사는 화이트의 뇌를 떼어 내어, 브라운의 뇌를 제거한 다음, 브라운의 뇌가 있던 곳에 화이트의 뇌를 이식한다. 지금 살아있는 사람은 누구인가, 화이트인가 브라운인가?

변호사는 아마 건강한 신체를 가진 브라운이 생존자라고 주장할 것 같다. 생존자는 브라운의 신분증이나 기타 법적 소유물뿐만 아니라 브라운의 지문과 브라운의 DNA를 가졌다. 변호사는 화이트가 법적으로 죽었고, 사실상 그의 신체가 매장되었다고 생각할 것이다. 신체의 연속성 기준에 의해서 생존자는 브라운이다.

하지만 살아 있는 뇌는 화이트의 인격, 화이트의 습관, 그리고 화이트의 어린 시절 수많은 기억을 비롯하여 화이트의 모든 기억 흔적을 고스란히 간직하고 있다. 그렇다면 생존자는 화이트가 아닐까?

"그것은 명명법의 문제 — 당신이 누구를 생존자라고 **말**하거나 **규정**하려는가의 문제—일 뿐이다." 이것으로 과연 충분할까? 신체 기준을 사용하면 브라운이 생존자이고, 기억과-인격 기준을 사용하면 화이트가 생존자이다. "당신이 선택하라"고 말하면 그만일까? 그것은 사실의 문제이지 언어나 명명의 문제가 아니지 않은가, 누가 생존자일까? 당신이 화이트인데 뇌를 교체한다는 말을 듣는다면 생존자가 누구인가는 당신에게 중요한 문제이지 않은가? 당신이 화이트라면, 임박한 죽음을 맞이하겠는가 아니면 당신의 동일한 기억을 완비한 다른 사람의 신체에서 다시 살기를 희망하겠는가? 그것은 **당신**에게 많은 차이를 가져오지 않겠는가?

우리는 물론 화이트가 생존자라고 말하고 싶어진다. 브라운의 신체는 예전의 삶과 아무런 연관도 없다. 화이트는 과거를 기억하고, 과거를 되돌아보고, 과거에서 교훈을 이끌어 낼 수도 있다. 정신적 존재로서의 브라운은 죽었다. 이것이 우리가 채택하는 선택지라면, 결정적인 것은 끊임없이 존재하는 신체라기보다는 결국 기억 **이라고** 말하는 것 아닌가?

환생. 오늘날 많은 사람은 자기네가 오래 전에 살았던 다른 어떤 사람의 환생(re-incarnation)이라거나 화신(embodiment)이라고 주장한다. 어느 정도 능력을 갖춘 음악도인 제프리 존스는 겉보기에 진지한 태도로 자기가 세바스찬 바흐의 환생이라고 주장한다. 그는 바흐의 신체가 먼지로 변한지 오래되었다는 것을 인정한다. 따라서 신체의 연속성은 사라졌다. 그렇다면 그는 바흐의 기억들을 가졌는가? 아니다, 그것 역시 기억하지 못한다. 물론 바흐에 관한 책을 많이 읽었고, 하루에 몇 시간씩 바흐의 건반 음악을 연주하다 보니 바흐가 틀림없이 가졌을 법한 일부 경험에 대해 다소 감각을 갖게 되었다. 그는 바흐와 자신을 아주 강하게 동일시하면서 바흐의 음악에 "심취한" 나머지 자기가 바로 환생한 바흐**라고** 주장한다.

우리는 이런 경우를 어떻게 이해해야 할까? 다른 많은 학생 역시 입수할 수 있는 바흐의 삶에 대한 지식 이외에 그를 바흐와 연결시켜 주는 무언가가 있을까? "당신이 다른 사람의 환생이 아니라 바흐의 환생이라는 것을 증명하라"고 요구할 경우 그는 아무런 증거도 제시하지 못할 것이다. 그는 또한 카이사르나 네로나 시골뜨기의 환생일 수도 있다. 그것은 그가 이런 사람들 가운데 어떤 사람이었다는 것을 **기억한다**는 것이 아니다. 그것은 그가 기원전 1세기에 로마에 살았다거나 기원후 8세기에 독일에 살았다는 것이 아니다. 그는 아무튼 1980년에 태어났다.

그 주장은 공허한 것 같다. 다음 두 진술을 생각해 보자. (1) 바흐는 1685년에 태어나서 1750년에 죽었고, 제프리 존스는 1980년에 태어났다. (2) 제프리 존스는 바흐였음을 기억하는 사람이 아니라 바흐의 환생이다. 이 두 진술의 차이점은 무엇인가? 두 번째 진술은 아무 시식이기는 하나 첫 번째 진술을 완진히 오모하시 않는가?

예를 약간 바꿔 보자. 에이브러햄 링컨의 노년 모습과 아주 흡사한 어떤 남자가 당신네 마을에 나타난다. 당신이 닮았다는 말을 건네자 그는 자기가 링컨**이라고** 말한다. "저런, 링컨은 사실 1865년에 사망했지 않은가?"라고 말하자 그에게 이런 일이 있었다고 실토한다. 즉 그가 기억하는 것은 포드 극장에서 저격당한 뒤 의식을 잃은 것인데, 오늘 아침 낯선 마을에서 깨어나기까지 그가 기억하는 것은 오직 그것뿐이라고 한다.

당신은 환생을 사칭하는 미심쩍은 사람을 보면 묵살해 버리는 경향이 있음에도 어쨌든 그를 한번 시험해 보려고 마음먹는다. 그러자 그가 당신에게 링컨의 삶을 아주 자세히 이야기하는데, 당신은 이미 링컨에 관한 많은 것을 책에서 읽었다. 그런데 당신이 링컨 연구에 일가견이 있음에도 그가 말하는 많은 것이 전혀 들어 본 적이 없는 것이다. 그의 말이 모두 옳은지 모르겠으나 그 중 일부는 조사해 볼 수 있다. 그는 1837년 금속 상자에 일기를 넣어서 스프링필드 근처의 어떤 참나무 속에 숨겨두었다고 말한다. 그곳에 가보니 정말 일기가 있다. 역사가들에게 자문을 구하지만 그들 모두 금시초문이다. 그러나 그들이 관심을 가지고 조사해 보니 그 일기가 진짜라는 것이다. 필적 감정사들은 만장일치로 그것이 링컨의 필적이라고 주장한다. 화학적 연대 측정도 모두 그 연대가 정확하다고 인정한다. 그 사람의 말을 거짓말 탐지기로 조사해 보아도 아무 이상이 없다. 그는 어떤 역사가도 기록한 적이 없는 남북전쟁 중 링컨의 일상생활을 우리에게 자세히 이야기하는데, 우리가 조사할 수 있는 것은 모두 사실로 확인된다. 링컨의 삶에 대한 그 밖의 많은 세부 사항도 마찬가지다.

이제 뭐라고 해야 할까? 우연의 일치라고 일축해 버릴 수도 있다—일기 등등의 경우에 우연히 맞아떨어졌을 뿐이다. 하지만 이런 일이 실수 없이 백 번 계속 일어난다면 우연의 일치 주장은 어느 정도 설득력을 잃는다. 이 남자와 링컨 사이에 **어떤** 연관이 있다. 당신이 그 연관을 모를 뿐이다.

"어쩌면 그가 진짜 기억하는 것이 아닐 수도 있다. 기억하는 것처럼 **생각**할 뿐이다." 이것은 사실상 기억에 관한 문제이다. 당신은 일어나지 않은 일을 기억하는 것처럼 생각할 수 있다. 당신이 갓난이이 때 했던 일들을 어머니에게서 너무 자주 듣다 보면 갓난아이 때 일어난 일들을 당신이 실제로 "기억하는" 것처럼 생각할 수도 있다. 그렇다면 링컨 운운하는 것도 기억하는 것처럼 생각할 뿐인지도 모른다.

하지만 그가 기억하는 것처럼 생각할 뿐이라면 어떻게 항상 그렇게 맞아떨어지겠는가? 그의 주장은 온갖 조사를 통과했고, 그가 말하는 것에서—적어도 우리가 검증할 수 있는 그의 주장들에서—많은 지식을 새로 얻는다. 이쯤에서 **무언가** 결론을 내려야 하지 않을까? 하지만 그 무언가가 무얼까? 링컨이 지금은 1865년에 스프링필드에 묻힌 그 신체가 아닌 다른 신체에서 "살고" 있지만, 그의 정신과 기억이 아주 생생하게 살아 있는 이 사람이 링컨이라고 결론짓는 것이 그럴듯하지 않을까?

우리는 귀납적 이유로 이 같은 결론에 거부감을 가질 수 있다. 그것은 우리의 아주 소중한 몇몇 신념들—사람은 계속해서 다른 신체에 거주할 수 없다는 것과 사람의 존재는 간헐적일 수 없다는 것—과 모순될 수 있다. 그럼에도 그 남자의 환생 증거는 이러한 신념들을 아예 버리거나 의심이라도 해 보라는 암시를 주고 있지 않은가?

당신은 이러한 링컨 드라마를 시청하는 외부 관찰자에 불과하기 때문에 확신하지 못한다. 햄릿은 "호레이쇼, 하늘과 땅에는 자네의 철학에 있는 것보다 훨씬 더 많은 것들이 있다네."라고 말했다. 하지만 하늘에도 땅에도 없는 많은 것들이 누군가의 철학에 있을 수도 있다. 그러나 **당신**이 1861년에서 1865년까지 재직한 미국 대통령이었다고 기억하는데, 그때부터 오늘 아침 깨어날 때까지는 아무것도 기억하지 못한다면, 내적 관점을 가진 **당신**은 당신이 바로 그 사람이라고 말하는 것이 당연하지 않을까? 그렇다면 우리는 그것을 마땅히 "환생"이라고 말할 수도 있지 않을까?

재구성. 다음과 같은 기계를 생각해 보자.

어떤 사람이 기계 속으로 들어가면 그의 신체를 이루는 분자 하나하나의 유형과 위치를 기록한 다음 그를 분해시키는 기계. 이 과정은 불과 몇 초 안에 원자 파편 더미가 기록실 바닥에 쌓이는 것으로 끝난다. 그 사람의 신체 분자 구조에 관한 정보를 담은 테이프는 그 기계에 다시 피드백될 수 있다. 따라서 필요한 원료가 주어지면 그 기계가 사람을 만들어 내는데, 그 사람은 모습과 말투가 원래 기계에 들어간 사람과 똑같을 뿐만 아니라 자기가 바로 그 사람이라고 믿는다.[15]

15 Charles B. Daniels, "Personal Identity," in Peter A. French and Curtis Brown, eds., *Puzzles, Paradoxes, and Problems* (New York: St. Martin's Press, 1987), pp. 49-50.

이 예는 뉴욕이 아니라 시애틀에서 갑자기 자기 자신을 발견하는 그 교수의 예와 마찬가지로 신체의 연속성 기준을 어긴다. 추측컨대 경우마다 신체가 없는 순간적인 중단이 있었다. 책상의 존재가 한 순간 중단된다는 것을 알기만 해도 불안할 텐데, 이 같은 신체의 중단은 더 이상 말할 것도 없다(우리는 "그 사이에 별일 없었는가?"라고 묻게 될 것이다).

하지만 당신의 뇌를 포함하여 당신의 모든 신체 원자가 정확하게 복제되었다면 그것으로 충분하지 않은가? 당신은 그 기계에 들어가기 전에 일어난 모든 일을 기억한다. 그리고 불과 몇 초가 지났을 뿐이다―당신이 잠자느라 매일 중단된 시간에 비하면 엄청나게 짧은 시간이다. 그래도 좀 섬뜩하기는 하다. 하지만 우주선《엔터프라이즈》에서 사람들이 원자로 분해되었다가 머나먼 어떤 행성에서 다시 복원되는 데 익숙해지듯이 당신도 그 기계에 들어가는 데 익숙해질 수 있다.

> 과학자들은 로켓을 타고 여러 해에 걸쳐 여행하는 대신에 이곳 지구에 있는 자기네 기계 안으로 들어갔다가 몇 시간 뒤에 식민 행성에 있는 비슷한 기계에서 나올 수 있다고 주장한다. 그 기계는 당신 신체의 모든 세포 상태(모든 세포가 차례차례 분해되는 과정)를 완전히 스캔하여 이 모든 정보를 컴퓨터에 입력한다. 그런 다음 그 정보가 식민 행성에 있는 기계에 무선 신호 형태로 전송되면, 온갖 사소한 것 하나까지 완전히 똑같은 당신의 복제품이 그 기계에서 만들어져 나온다.[16]

머나먼 행성에 나타난 그 신체는 당신이 그 기계 안으로 들어갈 때 가졌던 모든 인격 특성과 지구상의 모든 삶의 기억을 고스란히 간직하고 있다. 당신 신체의 구성 요소였던 원자들은 지구에 그대로 남겨 두고 머나먼 행성의 다른 원자들로 대체된다. 따라서 그 신체는 새로운 신체이다. 말하자면 그 기계를 통해 어떤 재료도 전송되지 않았다. 역시 연속성에 틈새기 있다. 당신은 몇 시간 동안 전혀 존재하지 않았다. 그래도 그것이 당신이지 않을까? 그 틈새를 이어 주는 것 역시 당신의 기억이

---

16   Peter Carruthers, *Introducing Persons* (Albany: State University of New York Press, 1986), pp. 191-192.

지 않은가? 새로운 행성에서의 생활은 지구에서의 삶의 연장선에 불과한 것 같다. 당신은 지구에서 세웠던 몇 가지 계획을 완수할 수도 있다. 게다가 살아 있는 사람은 틀림없이 당신이다—그렇잖은가?

이제 좀 더 복잡한 경우를 보자. 당신이 기계 안으로 들어가면 그 기계가 당신 신체의 모든 세포를 스캔하여 그 정보를 머나먼 행성에 있는 기계로 전송한다—여기까지는 이전과 모두 같다. 그러나 이번에는 그 기계가 당신을 **둘**로, 즉 두 개의 동일한 기억 집단을 가진 두 개의 동일한 신체로 복제한다고 해 보자. 그들 중 어느 것이 당신일까? 혹시 그들 둘 다 당신일까? **당신**이 둘일 수 있을까? 당신이 두 정신과 두 개의 동일한 기억 집단을 가질 수 있을까? 당신은 당신 자신과 우연히 만나고, 당신 자신과 대화를 나누고, 당신 자신을 남겨 두고 돌아와서 또 하나의 당신 자신과 마주할 수 있을까? 그리고 그 기계가 당신을 두 번 복제할 수 있다면 왜 세 번, 백 번은 안 될까? 하나하나 낱낱이 당신의 기억을 갖는다. 하지만 그들 모두 당신일 수 있을까?

혹시 그들 가운데 아무도 당신이 아닐지도 모른다. 그렇다면 그 경우에 당신에게 무슨 일이 일어났을까? 당신이 죽었을까? 언제? 한 번의 복제는 괜찮다—그러나 두 번 이상 복제되면 죽는가? 당신은 복제가 죽는 것만큼 나쁘다고 생각하는가?

우리가 복제된 자아를 상상할 수 있다면 기억은 어떻게 될까? 당신이 다른 사람의 기억을 가질 수 있을까? 아니다. 당신은 당신 자신의 기억을 가질 수 있을 뿐이다. 당신의 내적 상태는 사적이다. 하지만 다음과 같은 시나리오를 생각해 보자.

제인은 폴의 기억-흔적 일부를 자신의 뇌에 복제하는 것에 동의했다. 회복실에서 의식을 차린 뒤 제인은 생생하고 뚜렷한 새로운 기억 집단을 갖게 된다. 대리석이 깔린 광장을 걷는 것. 날아가는 비둘기의 퍼덕거리는 소리와 갈매기의 울음소리를 듣는 것, 그리고 파란 물 위에 햇빛이 반짝이는 것이 기억나는 것 같다. 흰 기지 매우 선명하게 떠오르는 기억이 있다. 바다 건너편 섬에서 팔라디오풍의 성당이 먹구름을 배경으로 눈부시게 나타나는 모습이 기억나는 것 같다.[17]

---

17   Derek Parfit, *Reason and Persons* (Oxford: Clarendon Press, 1983), p. 220.

그녀는 팔라디오풍의 이 성당을 보았다. 그것은 베니스의 산조르조 섬에 있다. 그녀는 자기가 이탈리아에 가 본 적이 없다는 것을 안다. 그러나 폴은 베니스에 자주 간다. 그녀는 폴의 일부 기억이 자기에게 복제되었다는 것을 안다. 혹시 그녀는 **그의** 베니스에서의 일부 경험을 기억하는 것이 아닐까?

"그녀는 기억하는 것이 아니라 기억하는 것처럼 생각할 뿐이다." 그러나 그녀의 뚜렷한 기억은 사실과 일치한다. 게다가 그녀는 폴의 기억 흔적 일부를 자신의 뇌 속에 가졌다. 이것으로 그녀가 기억한다는 것이 설명될 수 있다. 하지만 그녀가 폴의 기억 흔적을 갖지 않았는데도 여전히 똑같은 기억이나 뚜렷한 기억을 갖는다면 어떻게 될까? 그렇다면 우리는 어떻게 말해야 할까?

문제를 훨씬 더 복잡하게 만들기 위해 내가 둘로 나뉠 수 있다면 어떻게 될까?

내 몸이 치명적인 부상을 당했는데 두 형의 뇌 역시 치명적인 부상을 당했다. 나의 뇌를 둘로 나눠서 두 형의 몸에 각각 절반씩 성공적으로 이식하였다. 이식으로 생겨난 사람들은 각자 자기가 나라고 믿고, 나의 삶이 기억나는 것 같다고 믿고, 나의 인격을 가졌다고 믿으며, 그 밖의 다른 모든 점에서 심리적으로 나와 연관되어 있다고 믿는다. 그리고 그는 내 몸과 매우 비슷한 몸을 가졌다....나에게 무슨 일이 생긴 것일까?

혹시 이식으로 생겨난 두 사람 중 하나가 나일까? 이에 반대하는 사람은 이 경우에 내 뇌의 절반씩이 서로 완전히 비슷해서 애당초 각자가 이식으로 생겨난 사람이라고 주장한다. 이런 사실들이 주어지면, 내가 어떻게 그 두 사람 가운데 오직 한 사람으로만 생존할 수 있겠는가? 어떻게 해야 내가 다른 사람이 아닌 그 두 사람 가운데 한 사람이 될 수 있을까?...

그 두 "결과물"이 우리에게 보이는 대로 서로 다른 두 사람이라고 해 보자. 내가 여전히 두 사람으로 생존한다고 주장할 수 있을까?[18]

이 모든 무모한 것을 어디서 멈출 수 있을까? 우리의 예를 교묘하게 만들면 만들수록 원래의 개념 장치를 변경하거나 수정할 필요성이 많아지는 것 같다. 그 사이에

---

18   Ibid., pp. 254-256.

실재 문제는 어떻게 되었는가? 논리적 가능성에 관해 한없이 사색할 수는 있지만, 이 모든 이야기 가운데 무언가 조금이라도 그럴듯한 것이 있는가?

불멸. 대부분의 종교는 불멸 개념, 즉 신체의 죽음 이후에도 끊임없이 살아가는 동일인 개념을 갖는다. 어떤 사람이 자신의 종교에서 사후 생존을 가르치기 때문에 사후 생존을 믿는다면, 그 사람의 불멸 신념은 당연히 자신의 종교적 신념과 운명을 같이한다.

종교적 신념과 무관한 형태의 사후 생존 이야기도 많이 있다. 예를 들어 어떤 사람이 자기 아버지가 세상을 떠나고 몇 달 뒤 아버지의 환영을 본다. 그때 아버지가 두 번째 유언장이 있다는 것과 그 장소를 그에게 알려 주는데, 아버지 이야기 그대로 두 번째 유언장이 발견된다. 또는 여행 중인 세일즈맨이 호텔방에서 주문서를 작성하는데 바로 그때 "어떤 사람이 책상에 한쪽 팔을 걸치고 내 왼편에 앉아 있다는 것을... 내가 갑자기 의식하게 되었다. 날쌔게 고개를 돌려 보니 분명히 죽은 내 여동생이었다."고 말한다. 여동생은 9년 전에 죽었다. 그는 환영의 오른쪽 뺨에 새빨간 줄 아니면 긁힌 자국이 있었다는 말을 하면서 그때 일어난 일을 부모님에게 이야기한다. 그러자 "충격에 빠진 어머니가 부들부들 떨면서 말을 꺼낸다. 여동생이 죽은 뒤 어머니 자신의 잘못으로 뺨에 긁힌 자국이 생겼는데, 흉한 모습을 차마 볼 수 없어서 가루약을 발라 그 흔적을 모두 없앴고, 그 사실을 누구에게도 말한 적이 없었다는 것이다."[19]

이런 모든 사례를 일축하는 성향을 가진 사람도 있지만, 사람들은 결국 사후 생존을 원하고, 어떤 증거를 동원해서라도 자기가 믿고 싶은 것이 옳다고 믿는다. 게다가 환영이니 뭐니 하는 사례들이 수없이 많은데, 그 사례들에 누누이 충격을 받다 보니 그것들 모두 우연의 일치라거나 교묘한 속임수라거나 희망사항에 불과하다고 묵살하기가 어렵다.

그래도 몇 가지 질문은 유효하다. 누군가 환영을 보았다는 주장이 끊이지 않는

19   이 사례들과 그 밖의 많은 사례들이 C. J. Ducasse, *A Philosophical Scrutiny of Religion* (New York: Ronald Press, 1953)에 제시되어 있다. 다른 것들도 보기 바란다. C. D. Broad, *Lectures on Psychical Research*; R. H. Thouless, *Experimental Psychical Research*; Gardner Murphy, *The Challenge of Psychical Research*.

다. 그 환영의 실체는 무엇일까? 그것이 고인의 "영혼"이라면 영혼은 어떤 종류의 존재일까? 영혼은 연속해서 존재할까 아니면 아주 짧은 순간만 존재할까? 만일 연속해서 존재한다면 그것이 나타나기 전에는 어디에 있었고 나타난 뒤에는 어디에 있을까? 만일 연속해서 존재하지 않는다면 도대체 어디서 "불쑥" 튀어나왔을까? 그것은 아마 질량이나 신체 기관을 갖지 않았고 먹거나 마시지도 않는 것 같다. 그 것은 정확히 어떻게 존재할까? 흔히들 유령이 말을 하는 것처럼 이야기하는데 혀가 없이 어떻게 말을 할 수 있을까? 유령이 우리를 볼까 아니면 우리에게 보이기만 할 까? 사람들은 그런 유령이 나타난다면 정확히 어떤 모습으로 나타나는지 알고 싶어 한다. 그러나 이런 임의의 존재가 어떤 존재인지 도무지 설명할 길이 없는데 도대체 무슨 말을 할 수 있을까? 우리가 말할 수 있는 것은 밑도 끝도 없는 그 이야기들이 그르다는 것이 아니라, 그 이야기들에 사용된 개념이 명확하지 못해서 그 이야기들 이 스스로 답을 마련하지 못하는 수많은 의문을 일으킨다는 것이다.

이 같은 "사후 생존에 대한 간접 증거"는 개념이 명확하지 못해서 경험적으로 결론짓기가 매우 어렵다. 일반적으로 사람들은 죽었다가 살아나서 저승의 삶을 이야기하지 않는다. 하지만 사후 생존을 확인하는 더 직접적인 방법이 있으면 어떻게 될까? 당신의 신체가 죽은 뒤에도 당신이 생존하는지 알고 싶으면 직접 **기다려 보라**(wait and see). 당신이 생존한다면 당신의 소망이 실현되었음을 알게 될 것이고, 당신이 생존하지 않는다면 당신이 살아 있음을 알아차리지 못할 것이다.

당신이 병원 침대에 누워 있다가 당신이 곧 죽는다는 의사의 말을 듣는가 싶더니 하얀 구름과 천사들의 합창에 둘러싸인 것 같은 전혀 다른 환경에서 깨어난 것을 기억한다면, 당신의 신체가 죽은 뒤에도 당신이 생존한다는 것을 분명히 알 수 있을 것이다. 당신은 지구에서의 삶과 병원에서의 그 장면을 기억하며, 이것이 이승의 마지막 경험인지 아닌지 어리둥절해 하던 것을 기억한다—그런데 그것이 마지막 경험이 아니었음이 밝혀졌다. 이 모든 것을 아주 쉽게 상상할 수 있을 것 같다. 당신은 이것이 사실인지 아닌지 모르지만, "이게 사실**이다**"라고 말하려면 어떤 조건들이 충족되어야 하는지는 안다. 그러나 당신이 생존하지 않는다면 당신은 아무것도 모른다.

하지만 아직도 질문이 남아 있다. 사후 생존은 어떤 방식의 생존일까? 그리고 이

승에서 저승으로 어떻게 갈까?

1. 새로운 신체에서의 생존. 이것은 대부분의 사람들이 상상하는 생존 방식이다. 이승의 신체는 무덤에서 먼지가 되기 때문에 사후 생존을 위해서는 새로운 신체가 필요하다. 우리는 이 새로운 신체를 어떻게 얻는가? 이것은 아마 신이 직접 하는 일일 것 같다. 그렇지 않으면 어떻게 죽은 신체가 새롭고 더 좋은 신체로 대체되기를 기대할 수 있겠는가? 불멸에 대한 믿음이 거의 언제나 신에 대한 믿음과 연결되어 있다는 것은 결코 우연이 아니다.

사람들은 제 자신이 신체의 죽음 뒤에도 생존할 것이라고 상상한다면, 대체로 제 자신이 어떻게든 완벽한 신체이기는 하나 다른 사람이 알아볼 수 있도록 이전의 신체를 여전히 빼닮은 신체를 가질 것이라고 상상한다. 대부분의 사람들은 신체가 없어서 눈으로 볼 수 없는—아마 어떤 것과도 전혀 구분할 수 없는—영혼으로 생존할 가능성에 대해서는 거의 매력을 느끼지 못한다. 사람들은 그들이 알고 지내던 친구나 가족과 재회하기 원한다.

자동차 사고로 갑자기 남편을 잃은 부인이 내세에서 남편을 만나는 장면을 상상한다. 남편을 만나서 그와 다시 얘기할 것을 고대하며 틀림없이 남편을 알아볼 수 있을 것으로 믿는다. 남편의 모습이 죽기 전과 똑같을 것 같지는 않다. 그가 과체중이었지만 천국에서는 틀림없이 과체중이 아닐 것이다. 그가 사고로 한쪽 다리를 잃었지만 내세에서는 그 다리가 없지 않을 것이다. 그의 얼굴에 흉터가 있었지만 (그 흉터에 매력을 느꼈었다 해도) 이제 그곳에서는 틀림없이 흉터가 없을 것이다. 그가 식사 후에 베란다에 앉아 있었고 살짝 익힌 스테이크를 좋아했던 것처럼 지금도 여전히 습관이 똑같고 호불호가 똑같을까? 이것은 거의 그럴 것 같지 않다. 천국에는 세속적인 광경이 없을 것이고, 거기서는 동물을 식용으로 살생하지 않을 것이기 때문이다. 그에게 여전히 소화 기관이 있을까? 여전히 옷을 입을까? 성욕을 느낄까? 성욕이 없는 남편은 걸고 상상할 수도 없다 하지만 내세에 남녀가 있기나 할까? 그가 예순 살에 죽었다면 천국에서 예순-나이의 신체를 가졌을까 아니면 바라건대 서른-나이의 신체를 가졌을까? 그리고 그는 영원히 똑같은 모습을 유지할까? 곰곰이 생각할수록 점점 더 예전의 남편이 생존할 것 같지가 않다. 남편의 모습이 마음속에 그리던 것보다 훨씬 더 흐릿해져서 이제는 남편의 생존을 원하기나 하는지 확신하지 못할 지경이다. 그녀가 지금 다시 만나기를 고대하는 "그"는 어떤 존재일까?

2. **신체를 떠난 존재**. 어쩌면 신체 없이 생존한다고 상상하는 편이 더 나을 수도 있다. 우리는 이미 유령과 환영의 삶이 지닌 몇 가지 문제를 지적했는데, 유령과 환영은 이를테면 시각적 모습만이라도 갖춘 어떤 양상의 신체를 갖는다. 이제 신체가 완전히 제거되고 순전히 정신만 있는 존재를 상상하려고 해 보자.

당신이 어느 날 밤에 침실에서 잠을 자다가 몇 시간 뒤에 깨어 보니 창문으로 햇빛이 흘러 들어오고, 시계는 여덟시를 가리키고, 침대 건너편 벽에 거울이 걸려 있으며, 오늘 무슨 일을 할지 생각에 잠긴다. 침대에 누운 상태에서 당신의 몸이 있어야 할 곳을 내려다보는데 몸이 전혀 보이지 않는다. 담요와 침대 시트는 있는데 그 안에 몸이 없다. 깜짝 놀라서 거울을 들여다보니 침대와 베개와 담요는 거울에 보이는데 얼굴이나 몸은 보이지 않는다. "혹시 내가 웰스(H. G. Wells)의 《투명인간》처럼 보이지 않게 된 것은 아닐까?" 투명인간은 보이지는 않지만 만질 수는 있다. 당신의 몸을 만져 보려고 하지만 아무것도 만져지지 않는다. 누가 방에 들어와도 당신을 보거나 만질 수 없다—사람들이 침대 위를 손으로 전부 훑어보지만 손에 닿는 것이 하나도 없다. 당신이 여전히 존재한다는 것을 이제 아무도 알지 못할 것이라는 생각에 극도로 불안해진다. 거울 쪽으로 걸어가려고 하지만 발이 없다. 거울에 다가가면 당신의 시각 경험이라도 가질 수 있을 텐데 아예 신체가 없다. 당신은 걸을 수 없다.

이제 신체 없는 존재를 완벽하게 상상해 낸 것일까? 천만에. 이 같은 묘사 가운데에도 신체에 대한 언급이 숨어 있다. 당신은 본다—눈으로? 하지만 당신에게는 눈이 없다. 당신이 침대의 다리 쪽으로 향한다—하지만 당신에게 머리가 없다면 어떻게 이쪽으로 향한 다음 저쪽으로 향할 수 있겠는가? 당신은 신체가 없기 때문에 당신의 신체를 만질 수 없다—그런데 당신의 신체를 무엇으로 만져 보았는가? 당신의 손가락으로 만져 보았는가? 하지만 당신에게는 손가락이 없다—손도 팔도 다른 아무것도 없다. 당신의 신체를 만져 보려고 **시도**하는 것조차도 신체가 없으면 무슨 의미가 있겠는가? 당신이 거울 쪽으로 움직이거나 움직이는 것처럼 보인다—하지만 움직인다거나 움직이는 것처럼 보인다는 것은 무엇인가? 당신에게는 신체가 없다. 당신에게는 아무것도 없다. 당신이 사물에 다가갈수록 그것들이 점점 더 크게 보인다—무엇으로 사물에 다가가는가? 당신의 발로? 신체 없이 존재하는 경우를 상상하려고 발버둥치지만 우리가 묘사하려는 모든 활동에 당신의 신체가 연루되는 것 같다.

　　우리 자신이 신체를 가졌다는 생각에 익숙해져서 그 습관을 버릴 수 없다는 것만이 문제일까? 우리가 신체 없이 존재하는 경우를 상상할 수 없다는 것만이 난점은 아닌 것 같다. 우리는 정말 기상천외한 상상을 할 수 있다. 그 난점은 개념상의 난점으로 보인다. 움직일 수 있는 것이 전혀 없는데 어떻게 움직인다는 개념을 가질 수 있고, 만질 수 있는 것이 전혀 없는데 어떻게 만진다는 개념을 가질 수 있겠는가? 등등.

　　"그러나 어떤 사람이 눈을 갖지 않았어도 그녀는 시각에 의한 감각-자료를 상상할 수 있다. 그녀는 현 세계에서 볼 수 있는 감각 기관인 눈이 없어도 시각 자료를 상상할 수 있다." 그러나 과연 상상할 수 있을까? 만지는 경우를 상상해 보자—만지는 것은 어떤 것과 물리적 접촉을 하는 것인데 신체 없이 어떻게 물리적 접촉을 할 수 있을까? 사실은 신체 없이 본다는 관념마저도 살아남지 못한다.

　　어떤 사람이 본다는 개념을 가졌음을 보여 주는 것은 그가 직접 본다는 것뿐만 아니라, 그가 "본다"는 말에 대한 우리의 일상적인 사용을 이해할 수 있다는 것이다. 우리의 시각 개념은 그 밖의 다른 개념 집단 전체와 연관될 경우에만 생명력을 갖는데, 개념 집단 가운데 어떤 개념들은 볼 수 있는 대상들의 특성과 관련되고, 다른 개념들은 사물을 보는 사람들의 행동과 관련된다. 다음과 같은 발언은 시각 개념이 어떻게 활용되는지를 보여 준다. "그것이 너무 멀리 떨어져서 볼 수 없다—이제 그것이 보이기 시작한다!" "그가 뒤를 돌아보지 않았기 때문에 나를 볼 수 없었다." "내가 그의 눈길을 붙잡았다" 등등....

　　그리고 한 개념의 활용은 다른 개념들의 활용과 서로 얽혀 있다. 그러나 거미줄의 경우처럼 한 개념과 다른 개념들의 연결망 중 일부가 끊어져도 무난할 수 있지만, 너무 많이 끊어지면 연결망 전체가 붕괴된다—그 개념을 사용할 수 없게 된다. 나는 보는 일, 듣는 일, 고통, 감정 등이 신체와 무관하게 나타난다고 생각하려고 할 때 바로 그런 붕괴가 일

어난다고 믿는다.[20]

신체를 떠난 존재 개념에 대해 무슨 말이든 할 말이 남아 있을까? 데카르트는 자기 자신이 정신, 즉 "의식의 중심"이라고 믿었다. 성 아우구스티누스는 죽을 때 벗어나는 외부의 올가미에 불과한 것이 신체라고 말했다. 생각들이 있고 또한 생각들은 생각하는 자가 없으면 존재할 수 없기 때문에 생각하는 자가 있다. 그런데 생각하는 자는 어떤 존재이며, 그는/그녀는/그것은 다른 것과 어떻게 구별될 수 있을까? 혹시 다른 정신이나 유령의 공동체에서는 생각하는 그 존재를 상상해 볼 수 있을까? 그 같은 유령은 신체 없이 어떻게 가장 기본적인 것만이라도 세계와 상호작용할 수 있을까? (생각하는 자를 유령과 구별할 수 있는 방법이 과연 있을까?) 그리고 신체를 떠난 이 같은 정신이 무슨 일을 **할** 수 있을까? 신체를 떠난 정신에 관한 묘사를 이해할 수나 있을까? 지금까지의 묘사가 사람의 불멸에 대한 누군가의 개념을 제대로 만족시키는 것인지는 분명히 의문의 여지가 있다.

연습문제

1. 다음 표현들에서 "정신"(마음, mind)이라는 말을 다른 말로 대체할 수 있는가?

   a. 당신은 그것을 실제로는 보지 못했다—당신의 마음 안에 있을 뿐이다.

   b. 그녀의 마음은 어리석은 생각으로 가득 차 있다.

   c. 이런 이상한 생각이 마음 한 구석에서 불쑥 솟아올라 떠나지 않았다.

   d. 그녀는 주의가 산만했다—이런 저런 생각이 그녀의 정신에 오락가락했다.

   e. 그의 정신은 지나친 책임감으로 인해 너무 많은 압박을 받고 있다.

   f. 그가 마음을 너무 자주 바꾸는 탓에 그가 정말 믿는 것이 무엇인지 아무도 모른다.

---

20 Peter Geach, *Mental Acts: The Content and Their Objects* (London: Routledge & Kegan Paul, 1963), pp. 112–113.

2. 다음 주장을 평가하시오.

    a. 정신적 사건은 뇌-사건에 불과하다.

    b. 내가 어떤 것을 보는 것은 항상 나의 뇌에서 일어나는 어떤 것이다.

    c. 정신적 사건과 물리적 사건은 논리적으로 상호 연관된다.

    d. 정신적 텔레파시가 사실이라면, 나는 당신의 고통을 직접 경험할 수 있다.

    e. 정신적 텔레파시가 사실이라면, 한 사람의 경험은 다른 사람과 공유될 수 있으므로 결코 사적이지 않다.

    f. 내가 당신의 입장에서 당신과 공감함으로써 (고통을 겪는 것과 같은) 당신의 경험을 공유할 수 있으므로, (텔레파시가 없어도) 정신적 사건은 사적이지 않다.

    g. 어느 외과 의사도 누군가의 뇌를 해부하여 정신적 사건을 발견한 적이 없는데, 아마도 아주 정밀하게 조사하지 않았기 때문인 것 같다.

3. "사후에 생존하는 것은 정신(mind)이 아니라 **영혼**(soul)이다." "영혼"이라는 말이 "정신"과 동의어가 아니라면, "영혼"은 어떤 의미를 가질 수 있는가? 영혼은 실체인가? 그것도 정신적 실체인가? 영혼에 관한 이론은 정신에 관한 이론과 다른가? (다르다면 어떻게 다른가?)

4. 다음과 같은 것이 논리적으로 가능하다고 생각하는가? 어느 쪽이든 그 이유를 말하시오. 각각의 경우에 우선 실례로 인정될 수 있는 상황을 묘사하고 나서 논리적 가능성 여부를 검토하시오.

    a. 정신이 물질의 매개 없이 다른 정신에 영향을 미치는 것

    b. 정신이 신체 없이 존재하는 것

    c. 정신이 신체를 만지는 것

    d. 한 사람이 두 신체를 갖는 것

    e. 한 사람이 두 정신을 갖는 것

    f. 하나의 정신이 (예컨대 팔을 들어 올리려고 함으로써) 두 개의 신체를 직접 통제하는 것

    g. 하나의 신체가 두 개의 정신에 의해 통제되는 것

5. 당신의 개나 고양이가 다음과 같은 일을 한다고 믿는가? 각각의 경우에 그 이유를 제시하시오.

    a. 욕구를 갖는다.

    b. 희망을 갖는다.

    c. 두려움을 느낀다.

    d. 항상 무언가를 걱정한다.

    e. 미래에 대해 무언가 두려워한다.

    f. 당신이 없을 때 당신을 생각한다.

    g. 당신이 어디에 있는지 궁금해 한다.

    h. 당신을 사랑한다.

    i. 당신이 주는 음식에 고마워한다.

    j. 어떤 개념을 갖는다.

    k. 어떤 믿음을 갖는다.

    l. 어떤 명제가 옳다는 것을 안다.

6. 다음 두 주장을 검토하시오. (1) "나폴레옹은 대부분의 사람보다 더 강한 권력 충동을 가졌다." (2) "그렇지 않다. 나폴레옹이 권력에 대해서 더 많은 욕구를 가진 것이 아니라, 권력 이외의 모든 것에 대해서 다른 사람보다 훨씬 더 **적은** 욕구를 가졌다." 어떤 식으로 말해야 할까? 두 주장에 차이가 있는가?

7. 매우 뜨거운 것이 당신에게 닿는다고 예상하면, 당신은 뜨거운 감각을 느낄 것으로 기대한다—그래서 실제로 당신에게 닿는 것이 얼음인데도 당신은 뜨거운 감각을 **느낀다**. 뜨거운 감각을 느낄 것으로 기대하게 하는 것은 무엇인가—잘못된 신념인가, 아니면 뜨거운 감각인가?

8. "내 앞에 있는 이 책상이 나무로 만들어지지 않았다면 그것은 그 책상이 아닐 것이다. 다시 말해 이 책상의 크기와 모양이 달랐다면, 이 책상에 꼭 이렇게 생긴 긁힌 자국이 없었다면, 이 순간 이 책상 위에 바로 이런 책들이 놓이지 않았다면, 그것은

그 책상이 아닐 것이다. 따라서 이 책상의 모든 속성은 이것이 그 책상이 되는 데 필요한 속성이다. 마찬가지로 당신이 다른 시간에 태어났다면 당신은 그 사람이 아니었을 것이다. 말하자면 당신이 다른 성으로 태어났다면, 당신이 지금의 그 눈 색깔을 갖지 않았다면, 당신의 부모가 지금의 부모가 아니었다면, 당신이 지금 읽는 바로 그 책을 읽지 않는다면, 당신은 그 사람이 아닐 것이다." 이 주장에 대해 논하시오.

9. 어떤 사람이 자기 자신의 장례식을 목격하는 일이 논리적으로 가능할까?[21]

10. 만일 신체가 **간헐적으로** 존재한다면 사람의 정체에 관해서 어떻게 말할 수 있을까? 어떤 신체가 2분 동안은 있다가 매번 1분 동안은 없어지는데―당신은 그 신체가 움직이는 것을 보고, 입에서 나오는 말소리도 듣는다―그러나 그 1분 동안은 전혀 아무것도 없다. 보이는 것도 없고, 만져지는 것도 없고, 사진에 찍히는 것도 없고, X-레이에 나타나는 것도 없고, 물리적 대상 여부를 알아보는 시험을 충족시키는 것도 전혀 없다. 그 사람이 그 1분 사이에 존재했다는 가설에 (의미가 있다면) 무슨 의미를 부여할 수 있을까? 1분 동안 사라졌다가 다시 나타나는 사람이 매번 사라지기 전의 사람과 **동일인**이라고 주장할 수 있도록 해 주는 것은 (그런 것이 있다면) 무엇일까? (그가 동일한 장소에 나타나야 하거나 사라지기 전에 지녔던 것과 동일한 물리적 특성을 지녀야 하는가? 당신은 그 사람이 "정말 동일인"인지를 무슨 기준으로 결정할 것인가?)

11. 다음과 같은 말하기 방식 가운데 어느 것을 더 좋아하며, 그 이유는 무엇인가?
    a. "나는 정신이다." 아니면 "나는 정신을 가졌다."
    b. "나는 신체이다." 아니면 "나는 신체를 가졌다."
    c. "나는 신체를 가진 정신 또는 신체와 결합된 정신이다." 아니면 "나는 정신을 가진 신

---

21 Antony Flew의 다음 두 논문을 보라. "Can a Man Witness His Own Funeral?" *Hilbert Journal* (1956); and "Sense and Survival," *The Humanist* (1960).

체 또는 정신과 결합된 신체이다."

d. "나는 정신과 신체를 가진 사람이다." 아니면 "나는 정신이자 신체인 사람이다."

12. 다음과 같은 경우에 여전히 "그 사람은 동일인이다"라고 할 수 있겠는가?

a. 그녀는 모든 기억을 영원히 상실했지만 신체는 그대로이다.

b. 그녀는 원숭이로 변했지만 인간의 기억은 그대로이다.

c. 그녀는 원숭이로 변했을 뿐만 아니라 인간의 기억도 상실했다.

d. 눈앞에서 그녀의 신체가 분해되었는데도, 그녀의 목소리(또는 그녀의 것과 똑같이 들리는 목소리)는 계속 들린다.

e. 그녀의 신체가 눈앞에서 갑자기 사라졌다가 그녀의 신체(또는 그녀의 신체와 똑같은 또 하나의 신체)가 10년 뒤에 다시 돌아 왔는데, 그 여성의 기억과 인격 특성을 그대로 갖추고 있다.

13. 다음 견해들 가운데 하나를 옹호하시오.

a. 다른 사람이 고통을 느낀다는 것을 알 수 있으며 증거를 제시할 수 있다.

b. 다른 사람이 고통을 느낀다는 신념에 대해 충분한 근거(well-founded)를 제시할 수는 있지만 그 신념이 지식이 되지는 못한다.

c. 다른 사람이 고통을 느낀다는 신념에 대해 결코 충분한 근거를 제시하지 못한다.

14. 당신과 여러 차례 이야기를 나누었던 사람이 죽었는데, 사후에 그의 두개골을 열었더니 뼈와 조직이 아니라 플라스틱 튜브와 전기 배선이 드러난다면, 이 발견으로 인해서 당신은 그가 정신없는 자동 기계에 불과했을 뿐 전혀 의식 있는 인간이 아니었다고 믿게 되거나 의심하게 될까? 그렇다면 왜 그렇고, 그렇지 않다면 왜 그렇지 않은가? (누군가가 당신의 두개골을 열었더니 플라스틱 배관과 복잡한 회로만 발견했다면, 그 사람은 당신이 지금까지 계속해서 의식 상태가 없는 자동 기계였다고 말할 자격을 갖게 되는가?)

15. 컴퓨터가 고통을 느낄 수 있는가? 컴퓨터가 고통스럽다고 말하는 것을 비롯하

여 인간의 반응과 어느 정도 동일한 반응을 나타낼 수 있다고 가정한다면, 이로 인해 당신은 컴퓨터가 고통을 느낄 수 있다고 말하는 쪽으로 기우는가? (아니면 기울지 않는가?) 고통은 필연적으로 사람 신체의 조직 손상에 대한 반응인가, 아니면 그렇지 않을 수도 있는 우연적 사실에 지나지 않는가?

16. 지구상에 나타나는 외계의 생물체가 고통을 느끼는지 어떻게 알아낼 수 있을까? 외계의 생물체는 손에 불이 닿아도 움츠리지 않는다—그렇다면 우리처럼 화상을 입지 않을 수도 있다.

17. 링컨의 기억을 갖춘 한 사람이 아니라 링컨을 빼닮은 여섯 사람이 나타났는데, 그들 모두가 나무속의 일기와 같은 몇 가지 증거를 제시할 수 있기 때문에 저마다 자기가 진짜 링컨의 부활이라고 주장한다. 당신은 이제 여섯 사람의 진짜 링컨이 있다고 하겠는가? 그들은 모두 동일인인가, 아니면 모두 가짜인가, 이도 저도 아니면 그들은 무엇인가?

18. 맞은 편 의자에 어떤 사람이 앉아 있었는데 그가 갑자기 사라져 버린다. 당신은 그를 볼 수도 만질 수도 없지만 전처럼 그와 계속 이야기를 나눈다. 당신은 그가 여전히 존재한다고 하겠는가? 그 목소리가 계속 들리는 동안만 존재하는가? 시각과 촉각은 어떤 것을 물리적 대상으로 알아보는 수단인데, 우리가 보지도 만지지도 못하고 그저 소리만 듣는다면 어떻게 되겠는가? 당신은 그 사람이 여전히 존재한다고 하겠는가, 아니면 여전히 존재하는 것은 목소리뿐이라고 하겠는가?

19. 의식은 있지만 전혀 신체를 갖지 않은 경우를 묘사하려고 해 보라. 당신이 보기에 신체 없는 의식은 불가능한가, 아니면 신체 없는 의식을 상상하기에는 우리의 상상력이 부족한 것일까?

독서안내

Armstrong, D. W. *A Materialist Theory of Mind*. London: Routledge, 1964.

Ayer, Alfred J. *The Concept of a Person and Other Essays*. London: Macmillan, 1964.

Bitler, Joseph. "Of a Personal Identity." In Butler, *The Analogy of Religion*. 1736. Many editions.

Borst, C. V., ed. *The Mind–Brain Identity Theory*. New Ybrk: St. Martin's Press, 1970.

Broad, C. D. *The Mind and Its Place in Nature*. London: Routledge, 1925.

Carruthers, Peter. *Introducing Persons*. Albany: State University of New York Press, 1986.

Davidson, Donald. *Actions and Events*. Oxford: Clarendon Press, 1980.

Dennett, Daniel. *Brainstorms*. Cambridge: MIT Press, 1978.

Dennett, Daniel. *Content and Consciousness*. London: Routledge, 1986.

Ewing, A. C. "Ryle's Attack on Dualism." In H. D. Lewis, ed., *Clarity Is Not Enough*. London: Allen & Unwin, 1963.

Feyerabend, M., and Grover Maxwell, eds. *Mind Matter, and Method*. Minneapolis: University of Minnesota Press, 1966.

Flew, Antony, ed. *Body, Mind, and Death*. New York: Macmillan, 1962.

Foster, John. *The Immaterial Self*. London: Routledge, 1991.

Fullerton, G. S. *A System of Metaphysics*. Part 3. New York: Macmillan, 1904.

Glover, Jonathan. *The Philosophy of Mind*. London: Oxford University Press, 1976.

Graham, George. *Philosophy of Mind: An Introduction*. Oxford: Blackwell, 1993.

Hirsch, Eli. *The Concept of Identity*. London: Oxford University Press, 1982.

Hodgson, David. *Consciousness and Choice in a Quantum World*. London: Oxford University Press, 1991.

Hook, Sidney, ed. *Dimensions of Mind*. New York: New York University Press, 1966.

Kenny, Anthony. *The Metaphysics of Mind*. London: Oxford University Press, 1990.

Koestler, Arthur. *The Ghost in the Machine*. New York: Macmillan, 1967.

Kripke, Saul. *Naming and Necessity*. Chapter 3. Cambridge: Harvard University Press, 1972.

Levin, Michael. *Metaphysics and the Mind-Body Problem*. London: Oxford University Press, 1970.

Locke, John. *An Essay Concerning Human Understanding*. 2nd ed. 1694. Book 2, Chapter 27.

Lockwood, Michael. *Mind, Brain, and the Quantum*. Oxford: Blackwell, 1991.

McGinn, Colin. *The Problem of Consciousness*. Oxford: Blackwell, 1993.

Malcolm, Norman. *Memory and Mind*. Ithaca: Cornell University Press, 1977.

Nagel, thomas. *The View from Nowhere*. New York: Oxford University Press, 1986.

Ornstein, Jack. *The Mind and the Brain*. The Hague: Nijhoff, 1972.

Parfit, Derek. *Reasons and Persons*. London: Oxford University Press, 1983.

Perry, John. *Personal Identity*. Berkeley: University of California Press, 1975.

Popper, Karl. *Knowledge and the Mind-Body Problem*. London: Routledge, 1964.

Putnam, Hilary. *Mind, Language, and Reality*. New York: Cambridge University Press, 1975.

Reid, Thomas. *Essays on the Intellectual Powers of Man*. 1785.

Rorty, Amelie, ed. *The Identity of Persons*. Berkeley: University of California Press, 1976.

Rosenthal, David, ed. *The Nature of Mind*. New York: Oxford University Press, 1991.

Ryle, Gilbert. *The Concept of Mind*. London: Hutchinson, 1949.

Shaffer, Jerome. *Philosophy of Mind*. Prentice Hall, 1968

Shoemaker, Sidney; *Self-Knowledge and Self-Identity*. Ithaca: Cornell University Press, 1963.

Strawson, P. F. *Individuals*. London: Methuen, 1959.

Strawson, P. F. *Studies in Thought and Action*. London: Oxford University Press, 1968.

Unger, Peter. *Identity, Consciousness, and Value*. London: Oxford University Press, 1992.

Vesey, Godfrey. *Body and Mind*. London: Allen & Unwin, 1964.

Vessey, Godfrey. *The Embodied Mind*. London: Allen & Unwin, 1965.

Warner, Richard, and Thomas Szubka. *The Mind-Body Problem*. Oxford: Blackwell, 1994.

Williams, Bernard. *Problems of the Self*. Cambridge: Cambridge University Press, 1973.

Wisdom, John. *Other Minds*. Oxford: Blackwell, 1949.

Wittgenstein, Ludwig. *Philosophical Investigations*. Translated by Elizabeth Anscombe. Oxford: Blackwell, 1953.

종교 철학

"종교"라는 말이 항상 동일한 의미를 갖는 것은 아니다. 어떤 사람들은 이 말을 신(또는 신들)에 대한 신앙을 의미하는 말로 사용한다. 이 의미로 보면, 신이나 신들을 믿지 않는 사람은 종교가 없는 사람이다. 다른 사람들의 경우에 종교는 반드시 신에 대해서만이 아니라 어떤 것에 대해서 온 마음을 다하여 서약하거나 헌신하는 것을 의미한다. 이 의미로 보면, 어떤 인도주의적 사업에 완전히 헌신하는 사람 역시 종교적인 사람이라고 하는데, 그가 스스로 헌신하는 대의명분이 곧 "그의 종교"이다. 마르크스주의나 멸종 위기의 종을 보존하기 위해 자신의 인생을 바치는 사람을 두고 "그것이 그의 종교다"라고 말할 수도 있다. 심지어는 "한 사람이 자신의 여가 시간에 하는 일이면 무엇이든" 그것이 그 사람의 종교라고 정의된 적도 있다. "종교"라는 말의 다양한 사용은 거의 끝이 없을 정도이다. 한 사람은 이런 의미들 가운데 어느 한 의미로 종교를 가질 수 있는데, 그것은 그 사람이 신에 대한 믿음을 갖는다는 첫 번째 의미에서 파생된 것일 뿐이다.

신을 믿는다고 해서 반드시 종교적인 사람은 아니다. 어떤 사람은 신을 믿는다는 일종의 **형식적** 동의를 할 수도 있다. 말하자면 신을 믿는가 라는 질문을 받으면 대답은 신을 믿는다고 하면서도, 그 믿음이 자기 인생의 일부분을 차지하는 것도 아니고, 거의 또는 전혀 그 믿음에 관해 생각하거나 그 신념에 따라 행동하지도 않는다. 종교적 믿음을 공언하는 것과 달리, 종교적인 것은 기도하는 것, 종교 단체의 일원이 되는 것, 영적 문제에 관해 생각하고 명상하는 것, 종교적 삶의 방식에 충실히 따르는 것, 정서적으로 종교적 이상에 몰입하는 것을 포함한다 — 물론 이런 것들을 반드시 모두 포함하는 것은 아니다.

철학자들은 종교의 많은 부분에 관심을 갖지 않는다. 철학자들은 신앙인의 심리 상태나 성직자 단체의 문제에 관여하지 않는다. 철학이 항상 그렇듯이 철학자들은 종교적 믿음의 내용인 **신념의 정당화**에 관여한다. 종교적 신념이 논증에 의해 옹호되거나 반박될 수 있다면 어떤 논증에 의해 옹호되거나 반박될 수 있는가? 또한 여기서는 신이나 신들에 대한 신념의 정당화 문제만 검토할 것이므로, 윤리적 신념들은 갖추었으나 신에 대해 어떤 신념도 공언하지 않는 불교와 같은 종교에 관해서는 전혀 언급하지 않을 것이다.

어떤 종류의 신념이 신에 대한 신념일까? 신에 대한 신념은 "초자연적 존재"에 대한 신념이라고도 한다. 하지만 "초자연적 존재"는 무엇을 의미하는가? "초자연적이다"라는 말은 글자 뜻 그대로 "자연을 초월한다"를 의미한다. 그러나 "초월"이라는 말은 여기서 글자 뜻 그대로의 의미로 이해될 수 없다. 우주는 모든 공간을 포함하므로 사실상 우주를 초월하는 것은 아무것도 없다. 신을 믿는 사람은 행성과 항성과 은하계로 이루어진 물질적 우주, 다시 말하면 원자와 에너지와 물리 과학에 의해 관찰되거나 가정된 것들뿐만 아니라 다른 어떤 것 ─ 어떤 힘(또는 힘들) ─ 이 있다고 주장한다. 이 힘은 우주를 창조하거나 지속시키는 힘이며, 자연 법칙을 창조하고 자연 법칙을 뜻대로 중단시킬 수 있는 힘인데, 이 힘이 반드시 이 모든 일을 수행한 것은 아니다. 고대 그리스의 종교에서 신들은 우주를 창조하는 것이 아니라 우주에 새로운 형식을 부여할 뿐이었다. 그리고 **이신론**(deism)에 따르면, 신은 물질적 우주를 지속시키는 것이 아니라 물질적 우주를 창조하기만 하고 그 다음부터는 일종의 기계 장치처럼 우주가 그 자체의 힘으로 움직이게 놓아둔다. 다른 한편 **유신론**(theism)에 따르면, 신은 우주를 창조할 뿐만 아니라 우주를 지속시키거나 이끌어간다(기독교, 이슬람교, 유대교는 모두 유신론적이다). 대부분의 종교에 따르면, 이 힘은 **인간적** 특성을 갖는다 ─ 이 힘은 자비, 사랑, 복수와 같은 성질을 가진 인격체이다. 그러나 명령을 내리고 명령을 어기는 사람을 벌하는 **힘** 이외에 실제로 인간적 특성을 진혀 갖추지 않은 초자연적 힘을 믿는 종교들도 있다. 하지만 어느 경우든 물리학과 그 밖의 과학들에 의해서 연구되는 물질과 에너지로 이루어진 우주 **이외**에 다른 어떤 것 ─ 이를테면 초자연적 정신이나 "우주 의식" ─ 이 실제로 있다고 믿는데, 어쨌든 감각 기관으로 지각되거나 과학에 의해 탐구되는 우주 이외에 다른 어떤 힘이 존재한다고 믿는다. 어떤 초자연적 존재이든 간에 그 존재를 부정하는 사람은 **무신론자**(atheist)이며, 유신론과 무신론 어느 쪽도 승인하지 않고 판단을 보류하는 사람은 **불가지론자**(agnostic)이다.

그러한 최고의 힘이 오직 하나만 있다고 주장하는 종교를 **일신교**(monotheism)라고 한다―예를 들어 기독교, 이슬람교, 유대교가 일신교이다. 그러한 다수의 힘이 있다고 주장하는 종교를 **다신교**(polytheism)라고 한다―다신교의 전형적인 예는 대부분의 고대 종교에서 믿은 신들뿐만 아니라 고대 그리스 사람들이 믿은 수많은 신들(제우스, 아폴로, 미네르바, 포세이돈 등등)이다.

신(또는 신들)에 대한 신념은 정당한가? 아마 이 논의에서 가장 확실한 출발점은 신에 대한 직접 경험을 내세우는 주장일 것이다. 만일 신을 경험한다면, 신은 그 경험 대상으로 존재해야 한다.

1. 종교적 경험

A : 내가 어떤 것에 대한 경험을 한다면, 그 어떤 것은 존재한다. 나는 신에 대한 경험을 한다, 그러므로 신은 존재한다. 그야말로 간단하다. 과연 정교한 신 존재 증명들을 살펴볼 필요가 있을까?

B : 경험한다는 것만으로는 충분치 않기 때문에 신 존재 증명들을 살펴볼 필요가 있다. 신앙인이 말하는 경험은 경험을 **넘어선** 어떤 것, 즉 신앙인의 마음속에만 존재하는 것이 아니라 저 바깥에 실제로 존재하는 어떤 것을 가리킨다. 그리고 주관적 경험에서 객관적 실재로 나아가기 위해서는 증명이 필요하며 적어도 증거라도 필요하다.

A : 나는 내 자신 안에 신이 있음(God's presence)을 느낀다. 이것은 내가 직접 하는 경험이다.

B : 그런데 당신이 느끼는 것이 정말로 신이라는 것을 어떻게 아는가?

A : 내가 지금 보는 이것이 책상이라는 것을 아는 것과 동일한 방식으로 안다.

B : 이것은 결코 간단히 끝날 이야기가 아니다. 우선 종교적 경험이란 것이 무엇인

가? 승려는 명상을 하고 자아와 우주를 "일체화"하기 위해 수년을 바치지만, "저 바깥에" 신이 있다고 주장하지 않는다. 천주교 사제는 날마다 수차례 기도하면서 신이 있다고 주장하고, 겸손함에 관한 예수의 말씀에 영감을 받아 가난한 자를 보살피기 위해 빈민가를 찾아간다. 부족민들은 자신들 가운데 한 사람을 인간 제물로 바치는 일에 도취되어 미친 듯이 춤을 춘다. 다른 사람들은 마법 의식과 주문을 통해 "신적 존재"에 동화된다. 기독교 복음 전도사는 일반 대중에게 강간과 음주에 반대하는 연설을 할 때 자신이 직접 신의 계시를 받았다고 주장하면서 친애하는 군중을 향해 설교한다. 이 모든 것이 종교적 경험이라면 종교적 경험이 사람마다 문화마다 굉장히 다르다는 것은 분명해 보인다.

A: 그런 것을 종교적 경험이라고 해 보자. 그 모든 종교적 경험을 종교적 경험으로 만드는 것은 무엇인가? 종교적 경험이 신 또는 신들에 대한 경험이라는 것은 확실하다.

B: 불교 신자들은 종교적 경험을 신에 대한 경험이라고 하지 않으니까 논외로 하자.

A: 불교 신자들의 경험은 종교적 경험이 아니다. 종교적 경험은 신에 대한 경험이다.

B: 당신의 주장에는 문제가 있다. 모든 종교적 경험이 신에 대한 경험이라 해도, 신에 대한 신념이 서로 모순되면 어떻게 하겠는가? 경험 자체는 서로 모순되지 않고 서로 다를 뿐이다. 하지만 신에 대한 신념은 서로 모순된다. 최근 조사에 따르면, 약 4,000만 명의 미국인이 그리스도를 통해 신을 직접 경험한다고 한다. 다른 사람들은 그리스도의 신이 아니라 구약의 신을 직접 경험한다고 한다. 또 다른 사람들은 알라를 직접 경험한다고 한다. 분명히 신에 대한 신념은 서로 모순된다.

일반적으로 종교마다 그 종교의 신만이 유일하게 진짜라고 주장하며, 그 밖의 신은 사이비에 불과하거나 신자들이 열성적이기는 하나 현혹당하고 있다고 주장한다. 기독교는 오로지 그리스도를 통해서만 구원이 가능하다고 믿는데, 이것은 오로지 알라를 통해서만 구원이 이루어진다고 믿는 이슬람교와 모순된다. 그 신념이 둘 다 옳을 수는 없다. 보다시피, 종교적 경험이 신을 증명한다면 종교적 경험에 의해 증명되는 신이 너무 많다. 다시 말해서 경험은 X와 X-아닌-것을 둘 다 증명할 수 없다. 경쟁하는 이런 주장들 가운데 어떤 것을 종교적 경험이라고 해야 할까?

A: 기독교인이 말할 수 있는 것은 기독교인만이 진짜 종교적 경험을 갖는다는 것 ―다른 종교를 믿는 사람들의 경험은 진짜 종교적 경험이 아니거나 혹시 종교적 경험을 갖는다 해도 그 대상을 잘못 착각하고 있다는 것―이다.

B: 종교적 경험 가운데 어느 것이 착각인지 어떻게 구별하는가? 다른 종교의 신자들 역시 자기네 종교의 신자들과 꼭 마찬가지로 열성적이고, 강한 숭배의 감정을 가지며, 무한한 힘에 직면하여 경외심과 신비감과 인간의 무력감을 느낀다. 다른 종교들이 가짜 신(false gods)을 숭배한다는 것을 증명하기 위해 종교적 경험을 이용할 때의 차이에 비하면 (신자의 수만큼이나 각양각색인) 종교적 경험 자체의 차이는 분명히 작다.

　　이런 가짜 신에 대한 경험은 환상을 경험하는 것과 같다. 환상에 빠진 사람은 존재하지 않는 어떤 것을 본다. 어떤 사람은 다른 종교들이 존재하지 않는 신성을 주장한다고 말할 수도 있다. 그러나 그 말에는 문제가 있다. 신성에 대한 옳은 주장과 그른 주장이 어떻게 구별된단 말인가?

A: 그것은 종교적 경험에 의해서만이 아니라 계시―모두가 읽고 따를 수 있는 고귀하거나 (가급적이면) 신성한 경전의 음성―에 의해서도 구별될 수 있다.

B: 하지만 다른 종교들 역시 자신의 신성한 경전을 가지고 있으며, 다른 종교들 또한 자신의 신성한 경전이 신의 계시로 쓰였고 다른 경전들은 신의 계시로 쓰이지 않았다고 주장한다. 종교 집단마다 종교적 진리의 독점권을 주장한다.

A: 어떤 본질적 진실이 모든 종교에 있고, 모든 종교가 핵심적 진실을 포함하고 있다고 상정해 보자―게다가 모든 종교는 역사적 배경에 따라 그 진실을 달리 표현할 뿐이라고 상정해 보자. 그래서 그 진실을 어떤 사람들은 야훼로, 어떤 사람들은 예수로, 어떤 사람들은 알라로 표현한다고 볼 수도 있다. 우리는 모든 종교에서 어떤 진실, 즉 모든 종교가 공통으로 갖는 것을 찾아낸 다음 그것을 믿을 수도 있다.

B: 나는 그 일이 가능하리라고 생각하지 않는다. (1) 우선 이것을 인정할 종교는 없다. 이를테면 예수의 신성과 예수의 부활에 대한 믿음은 기독교에 본질적인 믿음이다―이 신념들은 기독교의 "역사적 부산물"에 불과한 것이 아니다. 이 신

념들을 제거하고 나면 남는 것이 무엇이든 그것은 기독교가 아니다. (2) 게다가 모든 종교가 공통으로 가질 수 있는 것이 무엇인가? 사랑을 찬양하는 기독교와 불교가 고문과 인간 제물을 필요로 하는 아즈텍족의 종교와 무엇을 공통으로 갖겠는가? 이 종교들은 완전히 정반대이다. 이 종교들이 공통으로 갖는 유일한 것은 그들의 신이 지닌 **힘**─세계를 창조하는 힘, 자연 법칙을 지속시키는 힘, 그리고 그들의 종교가 원한다면 사람을 때려죽이는 힘─에 대한 믿음뿐이다. 원시 종교의 신들이 그들의 힘을 분배한다지만 그들이 공통으로 갖는 것은 여전히 신들의 힘에 대한 믿음이다.

A: 나는 그 모든 것이 해석상의 차이에 불과하다고 생각한다. 다양한 신성 개념은 다양한 문화에서 생겨난다. 신성 개념은 모두 "흐릿하게 보이는데," 신성 개념은 오로지 "애매한" 부분에서만 서로 모순된다.

B: 그것은 당신이 어떤 부분을 "애매하다"고 하는가에 달려 있다. 생각해 보라. 동일한 존재는 모순된 속성을 가질 수 없다. 당신은 사랑의 신을 믿으면서 동시에 증오의 신을 믿을 수는 없다. 당신은 신이 속성 A를 갖는다고 말하고 다른 사람은 신이 속성 not-A를 갖는다고 말하면, 적어도 우리 두 사람 중 한 사람은 틀림없이 잘못 말했다. 구약 성서에서 첫 아이를 낳으면 불의 제단에 제물로 바칠 것을 모든 남녀에게 요구하는 바알(Baal) 신에 관해 읽은 기독교인과 유대인은 "이건 **내가** 믿는 신이 아니다!"라고 말해야 옳다.

A: 종교적 경험은 대부분 해석상의 문제다. 우리는 자기 방식으로 "원문을 해석하는" 경향이 있다. 어떤 사람은 그가 실제로 보는 것이 밤하늘의 불빛일 뿐인데도 우주선을 본다고 말한다. 우리는 누구나 자신의 경험을 여러 가지 방식으로 개념화한다. 로르샤흐 테스트를 받는 사람 중에는 어떤 모양의 무늬를 딱정벌레라고 해석하는 사람도 있고 그 모양을 박쥐라고 해석하는 사람도 있다. 어느 해석을 정확하다고 하겠는가?

B: 로르샤흐 테스트의 여러 모양에 대한 "정확한 해석"은 없다. 그것들은 하나하나의 모양에서 당신이 보고 싶은 것 또는 당신이 무의식적으로 보려는 것이 무엇이든 그것을 볼 수 있게 도안되었다. 그래서 사람에 따라 모양이 달리 보인다. 그것은 의도적으로 애매하게 도안되었다. 이것을 종교적 경험과 비교할 셈

인가?

A: 그렇다—사람마다 종교적 경험을 자기 방식으로 해석할 수 있다는 점에서 그 테스트와 비교할 수 있다.

B: 한 사람은 자신의 종교적 경험을 바알 신에 대한 경험이라고 해석할 수 있고, 또 한 사람은 동일한 경험을 기독교 신에 대한 경험이라고 해석할 수 있단 말인가? 당신이 종교적 경험을 어떻게 묘사하고 어떻게 해석하든 간에 A는 A-아닌-것 일 수 없으며, 어떤 것이 A이면서 동시에 A-아닌-것일 수 없다. 당신은 무모순 율을 피할 수 없다. 당신이 보거나 생각하는 것이 A라면, 당신이 보거나 생각하 는 것은 동시에 A-아닌-것일 수 없다. 당신이 "A이면서 동시에 A-아닌-것이 다—당신이 식사하러 오면서 동시에 식사하러 오지 않는다"—고 말하면, 당신 의 말을 전혀 이해할 수 없으며, 당신이 무슨 주장을 하는지 아무도 알지 못할 것이다.

A: 당신은 종교가 사실상 인간 전체에 걸쳐 보편적인 것이라는 사실—인간이 자신 의 종교적 경험 대상을 아무리 다양하게 묘사한다 해도 인간은 누구나 어떤 종 류의 종교적 신념을 갖는다는 사실—에 아무런 중요성도 부여하지 않는가?

B: 천만에. 동서고금을 막론하고 사람들은 냉혹한 세상에서 불안감을 느끼면서 "잔 인한 운명의 팔매질과 화살"에서 보호받기 원한다. 이것이 우리 인간의 조건인 데, 사람들의 기도에 지금 이 세상에서 응답해 주든 아니면 내세에서 더 잘 살게 해주든 간에 이러한 인간의 조건에서 구원해 줄 어떤 것을 갈망한다는 것은 지 극히 당연하다. 마술이나 마법에 대한 믿음이 거의 보편적이지만, 나는 그것이 보편적이기 때문에 받아들이지는 않는다. 인간의 착각 또한 보편적이다.

A: 그렇다면 당신은 동서고금을 막론하고 사람들이 신적 존재 또는 신적 존재들을 믿는다는 사실을 그런 존재가 존재한다는 증거로 인정하지 않는가?

B: 그것은 사람들이 배고파 하기 때문에 사람들에게 힝싱 식량이 구이질 것이다고 말하는 것이나 다름없으며, 사람들이 유령을 믿는다는 사실이 유령이 존재한다 는 것을 증명한다고 말하는 것이나 마찬가지다. 사람들의 경험을 믿는다면 경험 대상의 존재에 대한 **증거**를 제시해야지 당신의 주장만 되풀이해서는 안 된다.

A: 하지만 그 증거는 경험 자체에 있다.

B: 제발 그런식으로 말하지 말고. 당신의 입장을 인식론적으로 명확히 밝혀야 한다. 당신은 신을 직접 경험하기 때문에 어떤 증거도 필요 없다고 주장한다. 그러나 신에 대한 경험은 신의 존재에 대한 증거를 제시하는 것이 아니다. 모든 종교가 주장하듯이, 당신이 믿는 대상이 경험 자체를 **넘어선** 어떤 것이라면—그렇다면 그것은 무엇이며 당신의 주장은 어떤 기준에 의해 정당화되는가?

사막을 여행하는 사람은 오아시스를 본다고 주장한다. 그러나 나중에 그는 계속 이어지는 경험을 근거로 그 주장을 철회한다(그는 더 이상 오아시스를 볼 수도 없고 만질 수도 없다 등등). 오아시스가 실제로 저 바깥에 존재한다고 오아시스의 객관성을 주장하지만 그 주장은 시험을 통과하지 못한다. 사람들이 신에 관해 주장하는 것도 이와 똑같다고 본다. 종교적 신념은 사막의 오아시스에 대한 신념보다 더 심층적이고, 더 근원적이고, 더 이러저러하기 때문에 더 많은 의미가 부여된다. 그러나 종교적 신념과 오아시스에 대한 신념은 인식론적으로 동등하다. 어떤 경험을 한다는 사실 그것만으로는 그 경험 자체를 넘어서 어떤 것이 존재한다는 것을 결코 보증하지 못한다.

당신이 증거에 관해 논하고 싶다면 그렇게 해 보자—신에 대한 전통적인 논증들이 모두 **증거**에 관한 것이며, "자연 신학"이 모두 **증거**에 관한 것이다. 그것은 신의 존재를 추리할 수 있는 **근거**에 관한 논의이다. 이제 이 논의를 시작해 보자. 그러나 복잡한 증거 문제를 단순화시킴으로써 그에 관한 지식을 "손쉽게" 얻으려고 해서는 안 된다. 내가 주장하는 바는 어떤 경험을 아무리 소중하게 여긴다 해도 그 경험만으로는 경험 자체를 넘어선 어떤 것을 결코 증명하지 못한다는 것이다. 그리고 그러한 경험을 했다는 단순한 사실을 경험 자체를 넘어선 어떤 것을 증명하는 것으로 간주한다면, 미치광이나 시골뜨기마저도 금방 지어낼 수 있을 만큼 완전히 터무니없는 주장이라고 할 수밖에 없다. 마냥 빠른 길로 갈 수만은 없다.

이제 신의 존재에 대한 전통적인 **논증들**을 음미해 보기로 하자.

2. 존재론적 논증

중세의 가톨릭 대주교 안셀무스(Saint Anselm, 1033–1109)에 따르면, 신은 그 이상 위대한 존재를 생각할 수 없는 가장 위대한 존재이다. 우리는 유니콘이 실제로 존재하지 않는다 해도 유니콘을 생각할 수 있다(안셀무스는 유니콘이 "지성 안에만" 존재한다고 했다). 이와 마찬가지로 신을 존재하지 않는 것으로 생각할 수 없을까? 안셀무스는 그렇게 생각할 수 없다고 주장한다. 유니콘과 달리 신은 필연적으로 존재한다는 것이다. 신은 그 이상 위대한 존재를 생각할 수 없는 존재이므로, 신이 실제로 존재하지 않으면 우리의 신 개념은 실제로 존재하는 신만큼 위대하지 못한 존재에 대한 개념일 텐데, 우리의 관념은 실제로 존재하는 신에 대한 관념이다. 그러므로 신은 존재한다.

이 논증에 대한 한 가지 명백한 응수는 "어떤 것을 정의에 의해 존재하게 할 수 없다"는 것이다. 유니콘을 앞이마에 튀어나온 하나의 뿔을 가진 말이라고 정의할 수 있으므로 나는 유니콘 개념을 갖는다. 그러나 이 정의에서 유니콘이 존재한다는 결론이 나오지는 않는다. 정의에서 존재한다는 결론이 나온다면, 나는 상상만으로 이 세계에 수많은 동물이 살게 할 수 있다. 안셀무스도 이것을 알고 있지만 신의 경우는 다르다고 한다. 왜냐하면 생각할 수 있는 가장 위대한 존재인 신은 **가장 위대하기 위해서는** 존재해야 하기 때문이다. 만일 신이 존재하지 않는다면—유니콘처럼 "지성 안에"만 존재한다면—신은 존재**하는** 것만큼 위대하지 않을 것이므로 생각할 수 있는 가장 위대한 존재가 아닐 것이다.

"가장 위대하다"라는 말이 무슨 말인지 전혀 명료하지 못하다. 힘의 위대함인가? 사랑의 위대함인가? 정의의 위대함인가? 그러나 그것은 존재론적 논증의 경우에 실제로 아무 문제도 되지 않는다. 중요한 것은 어떤 것이 생각할 수 있는 가장 위대한 존재이기 위해서는 실제로 존재해야 한다는 것인데, 그렇지 않으면 위대함의 한 가지 필수 요소를 갖추지 못하게 되어 결국은 가장 위대한 존재가 되지 못한다는 점이다.

하지만 우리는 여전히 존재론적 논증이 무엇을 증명하는지 물을 수 있다. 나는 완전한 섬—이 세계에 있을 수 있는 어떤 섬도 그 이상 완전할 수 없을 만큼 (어느 모로 보나) 완전한 섬—을 상상할 수 없을까? 그리고 존재론적 논증처럼 그러한 섬이 존재하지 않는다면 존재하는 것만큼 완전하지 않을 것이므로 완전한 섬이 존재해야 한다고 말할 수 없을까? 그러나 안셀무스는 또 다시 그렇게 말할 수 없다고 주장한다. 당신은 그 이상 더 큰(더 완전한) **섬**이 있을 수 없는 그러한 섬을 상상할 수 있다는 것이다. 그러나 (불완전한 인간처럼) 이 "완전한" 섬보다 더 크고 더 완전하기까지 한 것들이 얼마든지 있을 수 있다. 그러나 신에 대한 관념은 그 이상 **더 위대한 어떤 종류의 것도** 생각할 수 **없는** 어떤 것에 대한 관념이므로, 신의 완전함이 실현되기 위해서는 실제로 존재해야 한다. 우리의 지성 안에만 존재하는 최고로 위대한 신과 우리의 지성**뿐만 아니라** 실재의 세계 안에도 존재하는 최고로 위대한 존재 가운데 후자가 더 위대하다는 것은 의심의 여지가 없다.

하지만 우리는 존재가 위대함이나 완전함의 본질적 속성인지 물을 수 있다. 어떤 것이 속성 A, B, C를 가질 때 완전하다면, 그것이 속성 A, B, C를 갖추고 **그리고** 존재할 경우 조금이라도 더 완전할까? 두 경우에 우리가 생각하는 것은 동일한 "어떤 것"이지 않을까? 이것이 바로 임마누엘 칸트의 존재론적 논증에 대한 비판의 요점이다. 칸트는 **존재는 속성이 아니라**고 단언했다. 유니콘이 하나의 뿔을 가진 말이라고 말한 다음 그런 동물이 실제로 존재한다는 말을 추가하면 당신은 유니콘의 속성 목록에 무언가를 추가한 것일까? 칸트는 전혀 그렇지 않다고 했다. 당신은 그 목록에 어떤 속성을 추가하는 것이 아니라 이 모든 속성을 가진 어떤 것이 **존재한다**는 말을 하고 있을 뿐이다. 그러나 X가 **존재한다**고 말하는 것은 X가 일정한 **속성**을 갖는다고 말하는 것과 차원이 다른 말이다. 완전한 원은 원주상의 모든 점이 원의 중점과 같은 거리에 있다는 속성을 갖지만, 그렇다고 해서 그런 도형이 어딘가에 존재한다는 결론이 나오는 것은 아니다. 그리고 완전한 원이 어딘가에 존재한다 하더라도 그 사실로 인해 이미 그려진 원에 어떤 속성이 추가되는 것도 아니다. **X가 존재하는가**의 문제와 **X가 어떤 속성을 갖는가**의 문제는 서로 다른 문제이다. 칸트는 존재론적 논증이 존재를 속성으로 가정하는 잘못을 범했다고 주장했으며, 그런 이유로 존재론적 논증을 받아들이지 않았다.

3. 우주론적 논증

우주론적 논증은 여러 가지 형태가 있으나 그것들 모두 익숙한 경험적 사실, 즉 우주에는 사물이 존재하고 사건이 일어나며 원인이 작용한다는 것과 이 모든 경험적 사실이 원인이나 설명을 필요로 한다는 것을 그 출발점으로 삼는다. 그리고 이것을 충족시킬 수 있는 것은 오로지 신뿐이라고 주장한다.

토마스 아퀴나스(Saint Thomas Aquinas, 1225-1274)와 사무엘 클라크(Samuel Clarke, 1675-1729)는 우주론적 논증의 주된 옹호자에 속한다. 신의 존재에 대한 아퀴나스의 다섯 개의 논증 가운데 처음 세 논증은 우주론적 논증 형태를 취한다 (그는 존재론적 논증을 거부했다). 그의 다섯 개의 논증 가운데 첫 번째 논증은 운동의 존재, 즉 우주 만물이 어떻게 움직이기 시작했는지를 설명하려고 한다. 그러나 이 논증은 "사물의 자연 상태"가 정지 상태임을 가정하는데, 운동 역시 정지 상태와 마찬가지로 "자연 상태"라는 뉴턴 경의 견해는 오늘날 토마스의 첫 번째 논증을 받아들이기 어렵게 만들었다. 이미 정지한 물체는 계속 정지하려는 경향이 있고, 이미 운동 중인 물체는 계속 운동하려는 경향이 있다. 그런데 왜 정지 상태는 설명을 필요로 하지 않고 운동만 설명을 필요로 하는 것일까?

원인 논증

우주론적 논증 가운데 가장 널리 알려진 형태는 항상 토마스의 두 번째 논증인 **원인 논증**(causal argument)이었다. 이 논증은 일어나는 모든 것이 원인을 갖는다고 주장한다. (인과 논증은 이 명제가 옳다고 가정한다.) 그러나 모든 것이 원인을 갖는다면 우주 역시 원인을 가져야 하는데 그 원인이 바로 신이다.

원인을 갖는 것은 사건, 즉 일어나는 일, 일어날 일이다. 엄밀히 말하면 원인을 갖는 것은 사물이 아니라 사물의 발생이나 변화, 즉 사건이나 과정이다. 그리고 우주는 물론 사건이나 과정이 아니다. 사실상 우주는 하나의 사물도 아니다. 그것은 발생하는 사물과 사건과 과정의 집합 전체라고 할 수 있다. "우주"는 그 모든 것을 동시에 지칭하는 집합명사이다. 그렇다면 우주 안에 있는 낱낱의 사건에 원인이 있다고 가정해 보자. 그렇다고 해서 전체로서의 우주에도 원인이 있다는 결론이 나올

까? 만일 전체로서의 우주에도 원인이 있다면, 우주의 원인은 낱낱의 모든 사건이 제각기 가진 원인들의 총합만큼 있다고 할 수 있다.

그러나 의문은 여전히 계속된다. 운동중인 원인 계열 전체를 움직이게 하는 제일 원인이 있어야 하지 않을까? 적어도 최초의 사건은 있어야 하지 않을까? 하지만 신은 통상 최초의 사건으로 간주되는 것이 아니라 오히려 물질적 우주를 창조함으로써 우주 최초의 사건을 **일으킨** 영속적 존재로 간주된다. 어느 경우든 우리는 똑같은 문제에 직면한다―신이 최초의 사건이든 최초의 영속적 존재이든 간에 신은 우주의 역사를 이루는 원인과 사건의 계열 전체를 출발시켜야 하지 않을까?

방금 말한 바와 같은 원인 논증에 치명적인 한 가지 매우 기초적인 문제점이 있다. 그것은 모든 것이 원인을 갖는다면 신 역시 원인을 갖는다는 것이다. 신의 원인은 무엇일까? 많은 어린이들이 이런 질문을 하여 부모를 당혹스럽게 한다. 그러나 이 질문은 한마디로 답할 수 있는 것이 아니다. 모든 것이 예외 없이 원인을 갖는다면 그것은 신 역시 원인을 갖는다는 것을 포함하지 않는가?

"하지만 신은 다른 모든 것의 원인이면서도 그 자신은 어떤 원인도 갖지 않는다." 그러나 이 주장이 옳다면 원인 논증의 기본 전제―모든 것은 원인을 갖는다―는 그르다. 현 상태로서의 원인 논증의 결론("신은 어떤 원인도 갖지 않는다")은 그 논증의 전제("모든 것은 원인을 갖는다")와 모순된다. 인과 논증의 전제가 옳으면 결론이 옳을 수 없고, 결론이 옳으면 전제가 옳을 수 없다. 전제와 결론이 서로 모순된다. 쇼펜하우어(Arthur Schopenhauer, 1788-1860)가 지적했듯이, 대부분의 사람은 택시를 이용하는 방식으로 원인 논증을 이용하기 때문에 이 모순점을 알아차리지 못한다. 사람들은 자기가 가고 싶은 곳에 가기 위해 택시를 이용하는데, 목적지에 도착하고 나면 그 뒤에 택시에 무슨 일이 일어나는지 관심을 갖지 않는다. 그들은 신에 도달하기 위해서 인과 원리를 이용하는데, 원인 논증이 타당하다면 그 논증이 신에게도 적용되어야 한다는 사실을 전혀 생각하지 않는다.

그렇다면 이제 달리 해석하여 신을 **제외한** 모든 것이 원인을 갖는다고 수정해 보자. 신은 어떤 것의 결과도 아니면서, 즉 그 자신은 어떤 것에 의해서도 생겨나지 않으면서 모든 것의 원인이다. 하지만 신이 어떤 원인도 갖지 않는다면 신은 자기 자신을 원인으로 갖는 것일까? 그런데 어떻게 그럴 수 있을까―X가 이미 존재한다면 X는 생길 필요가 없을 것이고, X가 생기지 않아서 아직 존재하지 않는다면 그것이 어떻게 무언가를 일으킬 수 있겠는가? **자기 원인**(causa sui, 그 자체의 원인)이란 무엇일까? 그것은 그저 무의미한 말에 불과하지 않을까?

"하지만 우리는 어디선가 멈춰야 한다. 원인을 찾아 끝없이 영원히 거슬러 갈 수는 없다. 제일 원인, 즉 신에서 멈추면 왜 안 되는가?" 그러나 다른 철학자들은 다음과 같이 질문함으로써 그 질문을 되돌려 보낸다. "**왜** 거기서 멈추는가? 당신이 거기서 더 나아가기를 원해서 신의 원인도 있다고 말한다면, 신의 원인은 무엇인가?" 등등. 또는 당신이 거기서 그 과정을 멈추려고 한다면, 물리적 우주에서 멈추고 물리적 우주가 더 이상 원인을 갖지 않는다고 말하면 왜 안 되는가?

우리가 거기서 멈추고 더 나아가지 못한다면 무엇 때문에 거기까지 갔는가? 왜 물질세계에서 멈추면 안 되는가? 원인을 찾아 무한히 거슬러가지 않고 어떻게 만족할 수 있겠는가? 그래서 결국 무한히 거슬러 올라간다고 해서 무슨 만족이 있겠는가? 인도 철학자와 그의 코끼리 이야기를 상기해 보게나. 그야말로 이 주제에 딱 들어맞는 이야기야. 물질세계가 그 비슷한 이상세계에 의존한다면, 이 이상세계는 또 다른 이상세계에 의존할 수밖에 없을 것이고, 이렇게 끝없이 계속될 것이네. 그러므로 이 물질세계를 넘어선 세계를 찾지 않는 것이 좋을 거야. 물질세계가 그 자체 안에 질서의 원리를 간직한다고 생각하기에 사실상 우리는 물질세계를 신이라고 주장한다네. 신적 존재에 빨리 도달할 수 있으니 더없이 좋은 거지. 현실세계 저편으로 한 발을 들여놓으면, 자네는 결코 만족시킬 수 없는 강한 호기심에 사로잡힐 뿐이야.[1]

일부 철학자들은 우리가 "원인"이라는 말을 그것의 의미 영역 밖으로 끌고 나감으로써 "원인"이라는 말을 잘못 사용한다는 점을 지적하였다. 원인에 대한 우리의 식식은 시간-공간상의 사물들, 과성들, 사건들의 영역 안에서만 싱립한다. 이 영역을 벗어나면 우리의 경험은 그러한 인과 관계를 전혀 포착하지 못하기 때문에 원인에 대해 언급할 근거가 완전히 사라진다. 인과 원리를 초경험적 영역으로 확장하는

1 David Hume, *Dialogues Concerning Natural Religion*, part 4.

것은 지금까지 밝혀진 모든 원인이 작용하는 경험적 세계를 포기하는 것이다. "원인"이라는 말이 우주 안에서 일어나는 사건과 과정에 대한 언급을 완전히 떠나서 도대체 무슨 **의미**를 지닐 수 있는지 묻는 것은 당연하다. 칸트는 이렇게 말했다. "인과 원리는 감각 세계를 벗어나면 아무런 의미도 적용 기준도 갖지 못한다. 그러나 우주론적 증명에서 인과 원리를 사용하는 목적은 다른 게 아니라 우리로 하여금 인과 원리가 사용되는 감각 세계를 초월하게 하려는 데 있다."[2]

하지만 원인 논증이 성공적인 논증이라 할지라도 그 논증은 제일 원인이 있다는 것을 우리에게 제시할 따름이다. 원인 논증은 전통 종교의 어떤 신 존재도 증명하지 못한다. (이것은 그 밖의 신 존재 증명 논증들의 경우에도 마찬가지이다. 예를 들어 존재론적 논증은 전통 종교의 신 존재가 아니라 어떤-것도-그-이상-더-위대할-수-없다는-것을 우리에게 제시할 따름이다.) 그러나 대부분의 종교에서 믿는 신은 인간과 정도에서만 커다란 차이가 있을 뿐 선이나 힘이나 자비와 같은 인간적 특성을 지닌 인격체이다. 인간에게는 우주와 그 안에 있는 모든 것을 일으키는 의지를 가진 한 사람과 우주의 제일 원인을 동일시하려는 경향이 널리 퍼져 있다. 그럼에도 원인에 대한 우리의 경험적 증거에 따르면 우주의 역사에서 정신이나 의지가 먼 옛날로 거슬러간 증거는 없다. 존 스튜어트 밀은 다음과 같은 점을 지적하였다.[3]

1. 나무토막을 집으로 짜 맞추는 것과 같은 대다수의 물질 운동은 사실상 의지의 산물이므로 의지 없이는 결코 물질 운동이 일어날 수 없다.

2. 그러나 어떤 경우에도 우리는 의지가 물질을 **창조한다**거나 물질을 존재하게 한다고 할 수 없다. 의지는 이미 존재하는 물질 입자들의 위치를 변경할 뿐이기 때문이다.

3. 의지는 예컨대 신체 운동이 의지 작용에 뒤따를 경우에 운동을 일으킨다. 그러나 의지는 에너지의 한 형태가 다른 형태(운동 에너지)로 전환되는 수많은 뇌 사건에 의해서만 운동을 일으킨다. 의지가 물리적 에너지 자체를 창조하지는 못하기 때문이

---

2   Immanuel Kant, *Critique of Pure Reason*, trans. Norman Kemp Smith (London: Macmillan, 1933), p. 511.

3   John Stuart Mill, "Nature", in Mill, *Three Essays on Religion* (London: Longmans Green, 1874).

다. 에너지를 창조하기는커녕 (의식이 조금이라도 생기면 반드시 일어나는) 뇌 입자들의 동작 자체가 에너지 보존 법칙의 한 사례이다. 우리가 경험하는 모든 경우에 에너지가 의지에 선행하지 의지가 에너지에 선행하지는 않는다. 의지(또는 정신 이론에 따라 달리 주장되는 의지의 신체적 수반)는 에너지가 표출되는 수많은 방식 가운데 하나일 뿐이다. 따라서 경험적 논증에서 의지가 궁극 원인일 가능성은 거의 없다.

4. 오랜 진화의 과정에서 마침내 의지가 발생하기까지 무수한 세월 동안 의지가 존재하지 않았다는 것—그럼에도 그 기간 내내 에너지 보존 법칙이 작동했다는 것—은 아주 확실한 것 같다. 우리가 아는 한 에너지는 영구하다. 그러나 의지가 발생한 시기를 추적할 수 있기 때문에 의지는 영구하지 않다.

물론 밀이 지적한 것들 가운데 어느 것도 정신—결정을 내리는 의식 있는 존재—이 우주에서 최초의 원인 요인으로 작용하지 않았다는 것을 증명하지 못한다. 어떤 사람은 "정신이 우주에서 최초의 원인 요인으로 충분히 작용했을 수 있으나, 다만 우리가 지금 그 사실을 알아낼 수 있는 경험적 수단을 갖추지 못했을 뿐이다"라고 주장할 수도 있다. 그렇다면 의식 있는 존재가 사건들과 과정들의 계열 전체를 출발시켰다고 가정해 보자. 이 존재는 아마 물질적 우주를 창조했을 뿐만 아니라 물질적 우주의 작용 법칙도 창조했을 것이다. 그러나 그렇게 되면 우리는 또 다른 문제에 부딪친다. 말하자면 우주를 창조한 신의 이 의지 행위는 일정한 시점에 일어났는가 그렇지 않은가?

신이 일정한 시점에 우주를 창조했다고 해 보자. 어셔(J. Usher) 주교는 구약성경의 계보를 볼 때 우주가 기원 전 4004년에 창조되었다고 확정했는데, 19세기의 여러 성경들은 이 계산 결과를 방주(傍註)에 포함시켰다. 오늘날에는 물론 우주의 시작 연대가 훨씬 더 과거로 밀려났다. 지구의 기원 연대만도 대략 40억 년 전으로 거슬러 올라가며, 은하계의 기원 연대는 그 두 배 이상의 과거로 거슬러 올라간다. 그러나 실제 연대가 중요한 것은 아니다. 관건은 그런 시작 연대가 **있는가**이다. 빅뱅 이론을 옹호하는 사람들은 최초의 폭발—수십억 광년 걸리는 영역에 이르기까지의 폭발적 확장으로 인한 우주의 형성—이 최초의 사건이었다고 주장한다. 말하자면 그 이전에는 **어떤 사건도 없었다**는 것이다. 그러나 신학적 성향을 지닌 과학자들은 이 최초의 물질적 사건에 앞서 빅뱅을 일으킨 신이 있었다고 덧붙인다. 어쨌든 간에 이 최초의 사건은 시간상 최초의 순간에 일어났는가? 최초의 시간이 있기 **전에도** 시간은 있었는가? 그런데 이게 무슨 말인가? "시간은 분명히 있었으나 물질적 우주는 없었다"는 말인가? "그 안에 아무것도 없는" 그런 시간이 어떻게 있을 수 있는가? 백만 년 동안 전혀 시간이 없다가 갑자기 시간이 시작되었다는 것은 무슨 말인가? 어떻게 시간이 **시작**할 수 있는가? 우리는 "시간이 **언제** 시작되었는가?"라는 물음을 결코 물을 수 없는가? 시간의 시작 이전에도 시간이 있었는가?

하지만 시간상 최초의 순간을 설정할 필요가 없을 수도 있다. 시간은 수 체계(number system)처럼 시작도 끝도 없는 무한 계열인지도 모른다. 만일 시간 계열이 무한하다면 신이 들어갈 자리는 과연 어디일까? 신은 더 이상 "제일 원인"이 아니다. 제일 원인이 없기 때문이다. 우주가 항상 존재했다면 신이 일정한 시점에 우주를 창조하지 않았다. "우주는 언제 생겨났는가?"라는 물음은 "우주는 언제 시작되었는가?"라는 물음과 아무래도 같은 물음이므로—그리고 지금 고려 중인 견해에 따르면 우주에는 아예 시작이 없었으므로—우주에는 결코 **기원**이 없다. 정말 난감한 말이기는 하나 우주는 "항상 그곳에" 있었다. 우리는 어떤 수에 1을 더함으로써 항상 더 큰 수를 얻을 수 있기 때문에 수 계열이 무한하다고 말할 수 있다. 하지만 시간도 이런 식으로 무한한 것일까? "우주는 120억 년 전에 빅뱅으로 시작되지 않았으며, 신의 창조 행위로 시작된 것도 아니다. 우주는 **항상** 그곳에 있었다."라는 말이 무슨 말인지 제대로 이해할 수 있을까?

우주는 "항상" 그곳에 있었는가? 아니면 우주에는 시작이 있었고, 그 이전에는 아무것도—시간조차도—없었는가? (그렇다면 시간도 **특정한 시간에** 시작된 것일까?) 오늘날 물리학자와 천문학자는 우주의 기원에 대한 빅뱅 이론에 상당한 정도로 의견 일치를 본 것 같은데, 그 이론 역시 많은 문제가 남아 있다.

빅뱅 이전의 상태는 물리학자들도 그에 관해 힐 말을 찾아내지 못할 정도로 심오한 신비에 쌓여 있다. 하지만 위험을 무릅쓰고라도 기꺼이 추측해 보려는 물리학자들은 빅뱅 이전에 무슨 일이 있었건 간에 그것은 진공처럼 불안정한 상태였을 것이라고 추측한다. 가상의 입자들이 아원자의 공간 속에 갑자기 나타날 가능성이 아주 조금이라도 있는 것처럼, 어떤 것이 출현함으로써 갑자기 무(nothingness)에 대소동이 일어났을 가능성이 아주 조금이라도 있을 수 있다는 것이다.

이 어떤 것은 상상할 수 없을 정도로 작고, 상상할 수 없을 정도로 격렬한 폭발이고, 가장 뜨거운 초신성보다 더 뜨거우며, 가장 작은 쿼크보다 더 작은 것인데, 그것에는 우리 주변에서 보는 모든 것의 재료가 포함되어 있다. 우주는 그와 같이 아주 작으면서도 무시무시한 공간 안에서 제 자신과 상호 작용하는 단 한 가지 유형의 입자—어쩌면 단 하나의 입자—로 이루어져 있었다. 그 입자가 밖으로 폭발하면서 실제 우주 크기에 도달한 순간을 제외하고 약 10^{-35}초마다 두 배씩 커졌을 수도 있다.

우주의 탄생과 중력의 탄생 사이에는 거의 시간차가 없다. 선뜻 받아들이기 어렵겠지만, 물질로 충만한 공간은 우주의 탄생 10^{-43}초 후에 이미 냉동 상태였다. 원자핵보다 더 작은 공간 안에서 개개의 모든 물질 조각이 엄청난 힘을 가지고 개개의 다른 모든 물질 조각을 밀어냈다. 그럼에도 그 우주가 너무 차가운 나머지 대칭이 깨지고 구름이 갑자기 눈송이가 되는 것처럼 개개의 모든 물질 조각이 중력으로 인해 결정체가 되었다. 중력은 그 자체의 가상 입자(중력 양자)를 갖는 것으로 생각되므로, 하늘에는 이제 두 유형의 입자(힘의 매개체와 질량의 매개체)가 있게 되었는데, 두 유형의 차이는 오늘날의 우주에서처럼 아직 선명하게 나타나지는 않았다.

강력한 그 힘 역시 10^{-35}초에 거대하게 통합된 힘이 되었다. 오늘날 광자가 양자를 스쳐 가는 데 걸리는 시간만큼도 지나지 않았는데 빅뱅 이후 하늘이 갈라지기 시작했다. 이때 어디선가 원상태로 되돌아갈 수 없을 정도로 또 다른 대칭이 깨지면서 단일한 유형의 질량-전달 입자 역시 두 가지 입자—렙톤과 쿼크—로 나뉘었다. 우주의 크기는 볼링 공 정도였고, 밀도는 가장 밀도가 높은 원자핵보다도 10^{-60}배 높았는데, 이 우주는 급속하게 온도가 내려가면서 밀도가 낮아졌다.

빅뱅 이후 100억분의 1초 만에 하늘이 와인버그-살람-글래쇼 전이점에 도달하자 갑자기 느리고 약한 전자기적 힘이 생겨났다. 이제 이미 알려진 쿼크와 렙톤의 세 가족뿐만 아니라 약한 전자기 가족끼지 끼어든 네 가족 사이의 모든 상호 작용이 나타났다. 우리가 현재 알고 있는 세계의 기본 요소들이 형성된 것이다.[4]

4　Robert Crease and Charles Mann, *The Second Creation* (New York: Macmillan, 1986), pp. 405–406.

위의 이야기는 우리 우주의 역사에서 최초 사건으로 여겨지는 장면을 묘사한다. 그러나 우리는 이 모든 문제에서 길을 잘못 접어들었는지도 모른다. 신을 사건 계열의 제일 원인으로 상정해야 하는지 어떤지 물을 것이 아니라, 사건 계열이 **존재한다**는 사실에 대한 **설명**으로 신을 상정해야 하는지도 모른다.

의존성 논증

토마스 아퀴나스는 다른 형태의 우주론적 논증에서 우연성을 근거로 필연성을 주장한다. 우주에는 수많은 우연적 존재가 있다. 그러나 우연적 존재는 필연적 존재를 전제한다. 다시 말해 우연적 존재로 끝나는 계열이나 우연적 존재로 끝없이 이어지는 계열은 있을 수 없다.

이런 언어 표현은 오늘날 우리에게는 어쩐지 이상하게 들린다. 우리가 필연적 **명제**("개는 개다")나 우연적 명제("개의 다리는 네 개다")에 관해 말하는 경우는 있지만, 필연적 **존재**나 우연적 **존재**란 과연 무엇인가? 우리는 **의존적** 존재(dependent beings)와 비의존적 존재를 대조함으로써 의존성 논증을 더 쉽게 이해할 수 있다. 이 세상의 모든 사람, 모든 동물, 모든 사물은 의존적 존재이다. 이 모든 것은 존재하기 위해 다른 무언가에 의존하며, 그 무언가에 의존하지 않고는 존재할 수 없다. 그렇지만 존재하기 위해 다른 어떤 것에도 의존하지 **않는** 어떤 존재가 어딘가에 (그 노선의 끝에?) 있지 않다면 어떻게 의존적 존재들이 사슬처럼 연결될 수 있겠는가? 의존성 논증은 의존하지 않는 "자존적"(self-existent) 존재가 있어야 한다고 주장한다. 자존적 존재는 존재하기 위해 제 자신 이외의 어떤 조건에도 의존하지 않는다 ―이 존재가 바로 신이다. 비의존적 존재가 있다는 것은 비의존적 존재 자체의 내부로부터("본성으로부터") 완전히 설명된다.

하지만 설명해야 할 것이 무엇인가 ― 낱낱의 의존적 존재인가 아니면 의존적 존재들의 집합 전체인가? **하나의** 사건을 설명하는 것과 사건들의 집단 전체나 집합 전체를 설명하는 것은 서로 다르다. 다섯 사람이 각자 특징한 시간에 왜 그곳에 있는지 설명했다면 우리는 설명해야 할 것을 모두 설명하지 않았는가?

내가 뉴욕의 6번 남북로와 50번 동서로의 교차로 모퉁이에서 다섯 명의 에스키모 집단을 발견한 다음 그 에스키모 집단이 왜 뉴욕에 왔는지 설명하려고 한다고 해 보자. 1번 에스키모는 북극 지방의 혹독한 추위가 싫어서 따뜻한 곳으로 이사하려고 결심했다. 2번 에스키모는 1번 에스키모의 남편이다. 그는 그녀를 지극히 사랑하기에 그녀와 떨어져 살고 싶지 않았다. 3번 에스키모는 1번과 2번 에스키모의 아들이다. 그 아들은 너무 어리고 약해서 부모의 뜻을 거스르지 못했다. 4번 에스키모는 에스키모의 텔레비전 출연 요청 광고를 뉴욕 타임스에서 보았다. 5번 에스키모는 4번 에스키모를 경호하기 위해 핑커튼 탐정 회사에 고용된 사설탐정이다.

이제 다섯 명의 에스키모가 각자 왜 뉴욕에 있는지 설명했다고 해 보자. 그러자 어떤 사람이 다음과 같이 묻는다. "그건 그렇지만, 그 집단 전체는 어찌 되었는가? 그 집단이 왜 뉴욕에 있는가?" 이것은 분명히 어리석은 질문이다. 다섯 명의 구성원 이외에 아무 집단도 없으며, 다섯 명의 구성원이 각자 왜 뉴욕에 있는지 설명했다면, 그것으로 그 집단이 왜 뉴욕에 있는지 설명한 것이다. 우주론적 논증을 비판하는 사람들은 개별적인 구성원의 원인을 묻는 것과 별도로 그 계열 전체의 원인을 묻는 것이 불합리한 것처럼 우주론적 논증 역시 불합리하다고 주장한다.[5]

버트런드 러셀이 언젠가 지적했듯이 모든 사람에게 어머니가 있다고 해서 인류 전체의 어머니가 있는 것은 아니다.

그러나 의존성 논증은 계속 주장한다. 의존적인 것들의 **계열 전체**에 대한 설명 역시 필요하지 않은가? 의존적 존재들의 집합 전체가 왜 존재하는지 설명하려면 여전히 비의존적 존재가 필요하지 않은가? 의존성은 비의존성의 어딘가에 근거할 수밖에 없지 않은가? 의존적 존재는 그 자체 이외의 다른 것에 의해 설명되어야 한다. 아퀴나스는 우주가 일련의 의존적 존재로 존재할 수 없다고 믿었으며, 어떤 것이 그 자체 이외의 다른 것에 의해 설명되어야 한다고 말할 수 있는 유일한 대안은 그 자체 이외의 다른 것이 **그 자체만으로** 설명되거나 그 자체가 바로 설명임을 믿는 것이라고 생각했다.

---

5   Paul Edwards, in Paul Edwards and Arthur Pap(eds.), *A Modern Introduction to Philosophy* (New York: Free Press, 1959), p. 380.

1. 그러나 이 결론 역시 도전을 받았다. 일부 철학자들은 우주에 "원초적 사실"—다른 어떤 것에 의해서도 설명될 수 없는 사실—이 있다고 주장한다. 예를 들어 일정한 주파수의 광파가 내 눈에 부딪칠 때 내가 노랑이라는 특정한 색조를 본다는 그것이 "원초적 사실"(brute fact)이다. 어째서 바로 그런 물리적 자극이 일어날 때 바로 **그런** 종류의 감각을 가질 수밖에 없는지 설명할 방법이 없다. 우리가 자연 법칙 가운데 어느 것이 원초적 사실인지 몰라도 자연 법칙 역시 "원초적 사실"일 수 있다. 우리는 역학 법칙에 의해서 열역학 법칙을 설명할 수 있고, 원자 이론에 의해서 화학적 결합 법칙을 설명할 수 있다. 그러나 전혀 설명할 방법이 없는 법칙들도 있다. "통일장 이론"이 언젠가 더 기초적인 것에 의거해서 중력을 설명할 수 있다 해도, 지금으로서는 중력 법칙이 원초적 사실의 한 예인 것 같다. 그러나 중력 법칙보다 더 기초적인 법칙이나 이론이 있을 경우—그리고 그 법칙이나 이론이 다시 다른 것에 의해 설명되지 않는 한—그것이 "원초적 사실"일 수 있다. 그런 설명이 아무리 계속된다 해도 우리는 조만간 "원초적 사실"의 단계—다른 것들은 설명하면서 그 자체는 설명되지 않는 어떤 것—에 종착하지 않겠는가? 그 단계에 도달하면 (그 단계에 도달했는지 전혀 모를 수도 있다) 우리는 "그것이 바로 사물들이 존재하는 방식이다"라고 말하고 탐구를 종식할 수밖에 없지 않을까?

2. 그러나 다른 철학자들은 "원초적 사실"의 단계에서 설명을 요구하는 것 자체가 무의미하다고 주장했다. 어떤 것을 설명한다는 것은 그것을 더 포괄적인 법칙이나 이론의 맥락 안에 포섭하는 것이다. 그런데 그 같은 맥락이 더 이상 없을 경우에는 계속해서 **이야기**를 해 볼 수는 있겠지만 설명을 요구하는 것은 무의미하다. 몇 가지 역학 법칙에 의거하지 않고서는 자동차가 어떻게 작동하는지 설명할 수 없다. 또한 중력 현상을 설명하는 더 포괄적인 법칙이나 이론의 연결망이 없이는 중력 현상을 설명할 수 없다. 그러나 더 포괄적인 그런 연결망이 없을 경우에는 그 물음이 전체 연결망 자체에 관한 물음이기 때문에, 설명을 요구하는 것이 무의미해지지 않겠는가?

"왜 우주가 있는가?"라고 묻는 사람이 있는데, 어린이들마저도 "왜 모든 것이 있는가?"라는 물음을 묻는다. 이 물음은 거의 모든 사람에게 경이감을 불러일으키고 강력한 심리적 효과를 발휘한다. 그러나 그 물음은 그것에 답하려는 우리의 시도 자체를 좌절시키는 물음이지 않을까? "나는 당신이 X를 설명하기 원하지만, 설명에 필요한 조건들이 없다" ─ "왜 우주가 있는가?"라는 물음은 결국 이런 물음이 아닐까? 어떤 것을 설명하는 것은 항상 다른 것에 의거해서 설명하는 것이다 ─ 그러나 설명에 필요한 "다른 것"이 없다면 설명 개념은 어떻게 될까? 어떤 것이 다른 것보다 위에 있다는 것을 결정하기 위한 기준점으로 사용될 항성이나 행성이 아예 없을 경우, 다른 것보다 위에 있다는 개념이 몇 광년 떨어진 텅 빈 공간의 한가운데서 그 의미를 상실하는 것과 꼭 마찬가지로, 그런 설명 개념은 설명의 의미를 상실하지 않는가? 이것은 우리가 "원초적 사실"에 부딪칠 때 설명이 끝난다는 것이 아니라 "설명"이라는 말이 무언가 의미를 갖는 유일한 맥락에서 벗어날 때 "설명"이란 말이 의미를 상실한다는 것이다.

4. 기적 논증

신 ─ 또는 신들 ─ 에 대한 신념을 옹호하는 논증으로서 대중적 인기가 많았던 한 가지 논증은 **기적** 논증이다. 이 논증에 따르면 기적은 인류의 역사에서 여러 번 일어났는데, 신만이 기적적 사건을 일으킬 수 있기 때문에 기적의 발생이 곧 신의 존재에 대한 증명이다.

어떤 사건이 기적적 사건이 되기 위해서는 정확히 무엇이 필요한가? 당신이 단단한 쇠막대를 물속에 던졌는데 물 위에 뜬다든가, 손 안에 있는 빵 덩이가 순식간에 사라졌다든가, 어떤 사람에게 물을 한 잔 따라 주었는데 그것이 술로 변했다고 해보자. 이런 사건들이 일어난다고 가정할 경우 이들은 기적적 사건인가 ─ 기적적 사건이라면 무슨 기준에 의해서 기적적인가?

1. 우리는 기적이 특이한 사건이어야 한다는 점에 동의할 수 있다. "기적"이라는 말을 "소리의 기적", "크라이슬러 자동차의 새로운 기적" 등등처럼 아주 넓은 의미로 사용하지 않는 한, 지금까지 줄곧 일어났거나 일 년에 한 번씩 일어난 사건은 기적적 사건으로 간주될 수 없다. 그러나 기적이 무언가 특이한 사건에 불과한 것일 수만은 없다. 지구가 혜성을 뚫고 지나가는 것은 특이한 사건일 수 있지만, 알려진

자연 법칙에 의해 (일어날 수 있는 사건으로) 설명될 수 있는 한 그것은 기적적 사건으로 간주될 수 없다. 혹시 비행기에서 어떤 물체가 떨어져서 당신의 집 밖에 있는 전깃줄에 부딪쳐 전깃줄이 끊어지고, 전깃줄이 땅에 떨어지면서 그 밑을 지나던 고양이에 닿아서 고양이가 감전으로 죽을 수도 있다. 이것은 분명히 특이한 일이지만—"백만 번에 한 번 일어나기도 힘든 일"이지만—이 특이한 사건 계열에서 일어난 모든 일은 이미 알려진 법칙들에 의해 설명 가능하기 때문에 그 사건은 기적적 사건으로 간주될 수 없다.

2. 그렇다면 알려진 어떤 자연 법칙이나 자연 법칙의 사례로 밝혀지는 사건은 기적이라고 할 수 없을 것 같다. 하지만 이것으로 충분할까? 우리에게 **알려진** 어떤 자연 법칙에 의해서도 설명될 수 없는 사건이 일어났다고 해 보자. 그러면 그 사건은 기적일 수 있을까? 그 사건은 우리가 아직 알지 못하는 어떤 자연 법칙이 있는 것은 아닌지, 아니면 우리가 이미 익히 아는 자연 법칙들 가운데 일부가 부정확하게 표현되어서 새로운 사건을 포괄할 수 있도록 개정되거나 수정되어야 하는 것은 아닌지 의심하게 하는 사건일 수도 있다. 사진 감광판을 줄곧 완전히 어두운 곳에 보관했는데도 감광판이 빛에 노출된다는 사실을 맨 처음 알게 되었을 때, 이 사건은 당시에 알려진 어떤 자연 법칙에 의거해서도 설명될 수 없었다. 그러나 사람들은 이 진기한 현상을 설명해 줄 것이라고 생각해 본 적도 없는 다른 법칙들을 머지않아 알아차리게 되었고, 그 과정에서 방사능에 관한 과학이 설립되었다. 혜성의 꼬리가 태양의 영향으로 생긴다는 것이 알려졌을 때, 사람들은 중력법칙으로 진술된 물질의 만유인력이 난폭해졌다고 가정한 것이 아니라, 이와 같은 경우를 설명해 줄 다른 법칙들을 발견했다.

3. 하나의 사건은 어떤 상황 아래서 기적적인 것으로 생각될 **수** 있을까? 우리는 이제 "**알려진** 법칙의 사례가 아닌 사건이 기적적 사건이다"라고 말할 수 없다. 그렇다면 "알려진 법칙이건 알려지지 않은 법칙이건 **전혀 어떤 법칙의** 사례도 아닌 사건이 기적적 사건이다"라고 말해야 할까? 이것은 적어도 이전 견해에 대한 반론을 피할 수는 있다. 하지만 이런 기적 개념으로는 어느 사건이 기적적인지 결코 명확하게 말할 수 없다. 앞으로 수백만 년의 과학적 탐구에서 아무리 복잡하고 어려운 법칙이나 이론이 만들어진다 해도, 문제의 사건이 그 법칙이나 이론에 의거하여 결코

설명될 수 없다는 것을 도대체 어떻게 알 수 있겠는가? 그것을 알 수 없다면 우리는 어떤 사건이 기적적 사건이라는 것을 결코 알 수 없을 것이다. 쇠막대가 갑자기 공중으로 떠오르면 정말 깜짝 놀랄 것이다. 하지만 무슨 복잡한 상황으로 인해서 물질이 그렇게 움직이는지 누가 정확히 알겠는가? 우리는 과거에 자연이 보여 준 일정한 유형의 움직임에 의해 있음직한 일과 있음직하지 않은 일을 판단한다. 하지만 자연의 깊은 곳에는 아주 드물게 또는 아주 특수한 조건 아래서 지표면으로 콸콸 솟아오를 샘물이 많이 고여 있는지도 모른다. 쇠막대의 이상한 움직임은 대기 중의 습기와 관련이 있거나 아직 알려지지 않은 어떤 방사능 법칙이나 심지어는 관찰자의 정신 상태와 관련 있는 것으로 판명될 수도 있다. 이런 일들은 (현재 우리의 지식으로 볼 때) 자연이 일반적으로 작용하는 방식과 일치하지 않기 때문에 뜻밖일 수 있지만 과학사에 선례가 없는 일은 결코 아니다. 다량의 출혈이 아주 열심히 찾았던 생리학적 원인에서 생기는 것이 아니라 정신적 조건에서 생길 수 있다는 것을 알게 된 것, 지속적인 손 떨림이 지금은 생각나지 않지만 생리학적 손상이 전혀 없던 유아 시절에 저질러진 공격적 행위에서 생길 수 있다는 것을 알게 된 것은 뜻밖이었다. 그런데도 많은 사람은 "자연이 결코 그런 식으로 작동하지 않는다"고 느끼기 때문에 그런 현상에 대해 여전히 의심스러워한다. 하지만 우리가 짐작해 본 적도 없는 몇 가지 계략을 자연이 몰래 감추고 있을 가능성이 많으며, "자연이 어떻게 작동하는지"를 우리에게 이미 익숙한 법칙들에 의해서 판단하는 한 이상하게 여겨질 수밖에 없다.

따라서 "기적"에 대한 이 정의에 따르면, 우리는 어떤 사건이 우리 경험의 규칙적 과정에 비해서 아무리 색다르거나 특이하거나 상반된다 하더라도 그 사건이 기적이라는 것을 확신할 수 없다. 우리는 그 사건이 어떤 법칙들 아래 포섭되지 않는다는 것을 결코 알 수 없다. 하지만 그러한 어떤 사건이 **알려진 법칙이건 알려지지 않은 법칙이건 어느 법칙의 사례도 전혀 아니라는** 것을 완전히 확신할 수 있다고 **가정**해 보자. 그렇다면 그 사건을 설명하기 위해서는 신의 힘을 빌릴 수밖에 없는 것일까? 그에 대한 답은 불가피하게도 신의 힘을 빌리지 않아도 된다는 것이다. 그 사건이 증명할 수 있는 것은 사건들 가운데 법칙의 사례가 아닌 것도 있다는 것뿐이다. 그러나 사건들 가운데 법칙의 사례가 아닌 것도 있다는 것을 입증하는 것과 신의 존재를 입증하는 것은 두 가지 완전히 다른 일이다.

4. 다른 사람들—예를 들어 존 스튜어트 밀—에 따르면, 동일한 조건 집단이 반복될 경우 그 사건이 다시 일어난다면 그것이 아무리 이상하다고 해도 기적으로 간주될 수 없다. 어떤 사건이 기적이기 위해서는 그 사건을 다시 일으키기에 충분한 조건 집단이 **없는** 상태에서 일어나야 한다. 기적의 시금석은 이렇다. 어떤 조건들이 반복될 때마다 그 사건이 반복되는 그런 조건들이 있는가? 그런 조건들이 있다면 그 사건은 기적이 아니다. 이 경우에도 우리는 어떤 사건이 이 의미로 기적이라는 것을 확신할 수 없다—우리는 동일한 조건들이 반복된다고 해도 "기적"이 반복되지 않는다는 것을 확실하게 알 수 없다. 우리는 기껏해야 그 조건들이 **우리가 아는 한** 동일한 조건일 때 이른바 기적적 사건이 일어나지 않는다는 것을 알 수 있을 뿐이다. 그러나 인과적으로 관련이 있으면서도 지금까지 한 번도 일어난 적이 없어서 고려되지 못한 다른 조건들이 언제나 있을 수 있는데, 그런 조건들이 반복되는 조건 집단에 덧붙여지면 그 사건이 일어날 **수** 있을 것이다.

모든 관련 있는 조건들이 갖추어졌고 그 조건들이 모두 동일한데도 그 사건이 반복되지 않는다는 것을 우리가 어떻게든 알 **수** 있다고 가정해 보자. 그렇다고 해서 무엇이 증명되는가? 두 개의 동일한 조건 집단에서 동일하지 않은 사건이 일어날 수도 있다는 것—즉 비결정론—이 증명될 수 있을 뿐이다. 이것이 놀랄 만한 일이기는 하지만, 우주가 (가끔씩이나마) 결정론적이지 않고 비결정론적이면 왜 안 되는지 물을 수도 있다. 비결정론이 기적적 사건의 증거일 필요가 있을까?

5. 어떤 사건이 도무지 일어날 것 같지 않기 때문에 그 사건의 발생이 기적적일 수밖에 없다고 말하는 경우도 있다. 성경의 설명에 따르면, 여호수아가 트럼펫 소리로 예리코 성벽을 무너뜨릴 때 태양이 여러 시간 동안 하늘에 정지해 있었다. 오늘날 우리는 태양이 하늘에 정지해 있으려면 지구가 자전을 멈추어야 하는데, 자전을 멈추면 고속으로 달리는 자동차가 갑자기 멈출 때 자동차 안에 있는 물체들이 날아오르듯이 지표면의 수많은 물체들이 공중으로 날아오른다는 것을 안다. 하늘이 정지했다면 이러한 결과가 예리코 지역은 물론 지구 전역에서 일어났을 것이다. 그 경우에 지구가 정말 자전을 멈췄다고 믿기는 어렵다. 그러나 물론 이 기적을 믿는 사람은 그 사건을 명확히 보고한 사람이 (성경의 설명을 제외하고는) 전혀 없어도 이

모든 일이 실제로 일어났다고 믿는다. 하지만 데이비드 흄은 그의 논문 "기적에 관하여"에서 그 사건이 실제로 일어났다기보다는 태양이 운행을 정지했다고 기록한 사람들이 착각했거나 상상했거나 거짓으로 꾸몄을 개연성이 더 많다고 했다. 물이 포도주로 변하는 것, 약간의 물고기와 빵 덩이가 갑자기 수천 명이 먹을 만큼 많아지는 것, 나자로가 죽었다 살아나는 것 등등 역시 태양의 경우와 마찬가지다. 흄에 의하면, "증거에 의해 입증하려는 사실보다 증거의 허위성이 더 기적적이지 않은 한, 어떤 증거도 기적을 입증하기에 충분하지 않다."[6]

　사람들이 때로 착각을 하거나 다른 사람에게 감명을 주기 위해 침소봉대한다는 것, 소문은 그 진원지를 조금만 벗어나도 크게 과장되어 퍼져 나간다는 것, 그리고 사람들은 정말 믿고 싶은 것이 있어서 이미 믿는 쪽으로 기울어져 있을 때는 거의 모든 것을 믿는다는 것—흄은 이 모든 것이 잘 알려진 사실이기에 우리가 그 사실들을 믿는 데 아무런 기적도 필요하지 않다고 했다. 기적이라는 대부분의 것들은 오랜 옛날 사람들—목격한 사실에 아무것도 보태지 않고 그들이 본 것을 그대로 전달하는 데 익숙하지 못한 사람들—에 의해 보고되었기에 그 주장들을 더 이상 조사할 수도 없다. 우리는 이 모든 일이 어떻게 일어날 수 있었는지 간단히 알 수 있는데, 종교마다 자기네 주장의 신빙성을 강화하기 위해 그 자체의 기적들을 갖춰 놓고 있기 때문이다.

　하지만 이 가운데 어느 것도 기적적 사건이 일어나지 않았다는 것을 증명하지는 못한다. 우리는 사건 당시에는 입수할 수 있던 대부분의 단서가 이미 사라져버린 수 세기 전에 일어난 범죄 사건을 해결해야 하는 셜록 홈스의 처지에 놓인 셈이다. 기적은 이미 신앙을 가진 사람들이 주로 확고하게 믿으며, 기적적 사건에 대한 주장은 신앙인들이 이미 가진 어떤 믿음에 신뢰성을 덧붙이기 위해 사용된다. 기적에 대한 믿음은 특수한 경우에 나타나는 증거에 달려 있다기보다는—대부분의 경우에 우리는 아무런 증거도 가지고 있지 않다—우리가 이미 가진 믿음들에 달려 있다. 말기 암 환자들이 기도를 통해 생명을 구원 받았다고 믿는 사람은 한 남자가 죽었다가 살

6　David Hume, "On Miracles," in Hume, *An Enquiry Concerning Human Understanding*, Section 10.

아나고 태양이 하늘에 정지한 적이 있다고 믿을 가능성이 높다.

강한 종교적 확신을 가진 사람을 비롯하여 대다수의 사람은 이른바 기적이라는 것이 아무래도 전능한 존재에 어울리지 않는다고 믿기 때문에 기적 이야기에 거부감을 느낀다. 신이 사람들로 하여금 자신을 믿게 하려고 했다면, 왜 목격할 수 있는 사람이 조금밖에 없는 외딴 지역에서 몇 가지 "숨은 재주"만 보여 주었을까? 왜 모든 환자를 치료하지 않고 소수의 환자만 치료했을까? 왜 1917년 당시 도처에서 맹위를 떨치던 일차 세계대전의 대량 학살을 종식시키지 않고 동정녀 마리아가 포르투갈의 파티마에 나타나 선견지명의 기적을 보였을까? 혹시 인간의 자유 의지를 간섭하는 일이라서 행하지 않았다면, 왜 수많은 인간의 목숨을 구할 수 있는 일, 이를테면 예배하기 위해 교회에 모여 든 3만 명을 삼켜 버린 리스본 지진을 중지시키는 일(볼테르가 《깡디드》에서 되풀이해서 인용한 사례)을 행하지 않았을까?

오늘날에도 많은 사람은 실제로 일어날 확률이 매우 낮은 사건인데도 그것이 **자신에게 유리하게** 작용하는 한 그것을 곧바로 기적으로 인정한다. 비행기 사고로 백 명이 죽고 한 명이 살아났다. 생존자와 그의 가족은 "정말 기적이야!"라고 말한다. 사망자의 가족은 어떻겠는가? 이번에는 비행기 사고로 한 명이 사망하고 백 명이 살아났다고 해 보자. 한 명이 사망할 때 백 명이 살아난 것이나 백 명이 사망할 때 한 명이 살아난 것이나 특이한 일이기는 마찬가지이겠지만, 사망한 그 한 사람의 가족은 "정말 기적이야!"라고 말하지 않는다. 가족이 원하는 결과가 아닌 한 그것은 기적이라고 불리지 않는다. 가족이나 친구의 갑작스러운 죽음은 기적이라고 불릴 수 있는 것이 아니다. 그리고 세계의 어느 외딴 곳에서 일어난 지진에서 수백 명이 살아난 사건은 그들에 대해 들어 본 적도 없고 그들에게 특별히 관심을 가져 본 적도 없는 먼 나라 사람들에게는 보통 기적이라고 불리지 않는다. 아무래도 신은 **당신**을 보호하기 위해 역사하는 것이지, 동등하게 보호받을 자격이 있어 보이는 이 세상 수많은 사람을 보호하기 위해 역사하는 것 같지 않다.

하지만 우리 모두 목격하면서도 설명할 수는 없는 대 기적(super miracle)이 있다고 해 보자. 이 순간에 우리 모두 하늘 어디선가 들려오는 소리를 들었는데, 그 소리는 모든 언어로 동시에 이해할 수 있는 소리였으며, 이 순간부터 일부러 남을 살해하는 자는 누구나 그 즉시 벼락 맞아 죽을 것임을 알리는 소리였다고 해 보자. 그리고 그 순간부터 이런 일이 실제로 일어난다고 해 보자—모든 살인자가 그 즉시 벼락 맞아 죽는다. 이 사실은 기적을 증명하지 않는가?

　이런 이야기를 들으면 우리는 이를테면 그 소리는 교묘한 청각 속임수가 아닐까 등등과 같은 몇 가지 빤한 의심을 반박하려고 한다. 그 소리가 모든 언어로 이해되었다면 당신의 녹음기에는 어떤 언어로 녹음되었을까? 그 소리는 하늘의 어느 지점에서 발생했을까? 당신이 특정 지점에 다가갈수록 (혹시 높이 날아가는 비행기에서 녹음한 것처럼) 그 소리가 더 크게 녹음될까? 등등. 우리는 어쩌면 몇몇 조건들을 다른 방식으로 기술해야 할 것 같다. 예를 들어 그 소리를 어떻게 한꺼번에 모든 언어로 발언할 수 있을까? 하지만 그 소리를 하나의 언어—이를테면 고대 산스크리트어나 히브리어—로 발언한다고 해도 발언자의 말을 번역하여 전달해 줄 수 있는 학자들이 주위에 충분히 있다. 그리고 하늘에서 내려온 소리 그대로 모든 살인자가 그때부터 벼락 맞아 죽었다면 이것은 대단히 강력한 인상을 주었을 것이다. 우리는 "전혀 짐작하지 못한 무언가가 저 하늘에 있다"라고 말하거나, 아마 대개는 "인격과 정신을 가졌고, 살인자를 응징하기에 충분한 힘을 가진 **누군가**가 저 하늘에 있다"라고 말할 것이다. 물론 그 사건은 "저 하늘에 있는 강력한 존재"—어쩌면 전능한 존재도 아니고, 무한히 현명한 존재도 아니고, 우주의 원인도 아니고, "필연적 존재"도 아닌 어떤 것—에 대한 증거일 수는 있지만, 우리가 어떤 것의 존재를 증명하기 위해 지금까지 제시한 증거는 전혀 직접 증거가 아니었다. 그러나 역사상 기적으로 간주된 어느 것도 지금까지 직접 증거를 제시한 적은 한 번도 없다.

　하지만 이 사례는 이른바 기적적인 사건의 요점을 명확히 보여 준다. 정말 특이한 사건, 즉 알려진 자연 법칙에 위배되는 사건일지라도 "인간적 감성"이 있는 의지의 발동—일종의 인격인 의지가 일으키는 것으로 보이는 사건—만큼 기적적인 사건의 후보로서 감명을 주지는 못한다. 저장고에서 물을 와인으로 변하게 하는 것은 어떤 사람이 군중 앞에서 (사전에 물이라는 것이 확인되었고 사후에 와인이라는 것이 확인되었다고 가정할 경우) 물을 와인으로 변하게 하는 것만큼 인상적이지 않으며, 공개된 자리에서 다섯 덩이의 빵과 두 마리의 물고기를 수천 명이 먹고 남을 정도로 늘리는 것만큼 인상적이지 않다. 누군가 한 사람이 죽었다가 다시 살아나는 것마저도 특별히 인상적인 것으로 보이지 않을 수도 있다—의사는 심장 박동과 뇌파

가 정지한 사람들을 다시 살려 내기도 한다. 이것은 기적이라기보다는 의학의 승리
라고 생각하는 것이 더 적절할 것이다. 그러나 모든 나라가 서로 평화롭게 지내지
않으면 남극의 만년설을 녹여 버리겠다는 것(그로 인해서 해수면이 높아지고 세계
도처의 연안 도시가 범람할 것이라는 것)을 알리기 위해 여러 언어로 만든 포스터
가 신비롭게도 하늘에서 내려오기 시작했다고 해 보자. 그리고 전쟁이 터지자 남극
의 빙상이 전부 녹아 버렸다고 해 보자. 이것은 사건 자체 때문만이 아니라 구름 속
에서 내려온 앞선 경고 때문에 충분히 기적적 사건으로 간주될 수 있다. 이 사건은
힘의 뒷받침을 받는 **의지**의 표명일 수 있는데, 보편적으로 의지와 힘은 신의 독특한
특징으로 여겨진다.

　6. 기적은 물론 사건들의 자연적 과정에 대한 신의 간섭으로 **정의**되기도 한다. 이
정의를 가정할 경우, 기적이 신의 존재를 증명하는지 물으면 그 답은 당연히 신의
존재를 증명할 수 있다는 것이다—신의 간섭은 간섭할 수 있는 신의 존재를 수반한
다. 그러나 이 정의는 분명히 부당가정의 오류를 범한다. 이제 우리가 문제 삼아야
할 것은 "이런 의미의 기적이 있기는 **있는가**? 이 정의에 맞는 어떤 것이 실제로 존
재하는가, 아니면 정의하기는 쉬우나 그 정의에 맞는 것이 세계에 전혀 존재하지 않
는 '유니콘'과 같은 것인가?"이다. 우리 뜻대로 정의할 수는 있지만, 문제는 그 정
의에 맞는 어떤 것이 있느냐는 것이다. 특이한 사건, 즉 어떤 법칙의 사례도 아닌 사
건 등등은 신의 간섭을 증명할 수 없다. 아무리 많은 쇠막대가 물 위로 뜨는 것처럼
보일지라도 그러한 사건은 이 의미의 기적적 사건을 입증할 수 없을 것이다.

5. 목적론적 논증 (설계 논증)

신의 존재를 증명하려는 모든 논증 가운데 가장 폭넓은 호소력을 지닌 논증은 (그
리스어 *telos*("목적")에서 유래하는) 목적론적 논증(teleological argument) 또는 설
계 논증(argument from design)이다. 이 논증은 다른 어느 논증보다도 경험적으로
관찰 가능한 우주의 특성에 의거하는데, 이 특성에서 신—반드시 창조주로서의 신
이나 제일 원인으로서의 신이 아니라 우주 설계자로서의 신—이 존재한다는 결론

을 추리하려고 한다. 이 논증에 따르면 세계를 주의 깊게 관찰할 경우, 세계 안에 질서와 설계의 숱한 증거— "탁월한 건축가"가 설계했다는 증거—가 들어 있다는 결론에 도달하지 않을 수 없다는 것이다. 맹목적 우연이 아니라 질서와 목적이 우주를 지배하기 때문에 합목적성의 증거가 우주 도처에 스며들어 있다. 그리고 목적이 있으면 그 목적을 가진 자가 있기 마련이고, 설계가 있으면 설계자가 반드시 있기 마련이다.

우주 설계자는 어떤 종류의 존재여야 하는가? 그는 (그녀는 또는 그것은?) 사람인가—지성과 지혜와 그 밖의 인간적 특성들을 지닌 인격체인가? 목적론적 논증을 주장하는 사람은 그렇다고 대답한다. 지성이 있어야 설계할 수 있기 때문이다. 하지만 어떤 **종류**의 설계자인가? 그 설계자는 무한한 능력을 가졌는가? 그는 자신이 설계한 피조물들에 대해 자비의 성향을 갖는가? 이런 물음들에 대한 일상적인 답변은 그렇다는 것이지만, 마지막 두 물음에 관해서는 의견이 갈라지는 것을 보게 될 것이다. 어떤 형태의 목적론적 논증이든 우주의 일정한 특징이 설계자를 입증하는 증거일 수 있다고 간주하는데, 혹시 우주가 현 상태와 아주 다르다면 우주는 그와 같은 증거를 제공하지 **못할** 수도 있다(아니면 다른 종류의 설계자를 입증하는 증거를 제공할 것이다). 목적론적 논증은 적어도 설계자를 입증하는 정도까지는 경험적 기반을 갖는다.

목적론적 논증이 성공한다 하더라도 그 논증은 필연적 존재나 제일 원인의 존재를 입증하지 못하며, 무(無)에서-우주를-창조한-조물주가 존재한다는 것도 입증하지 못한다. 목적론적 논증은 어떤 계획이나 목적에 따라서 우주의 재료에 형태를 부여할 수 있는 충분한 지성과 능력을 가진 존재가 있다는 것을 입증하려고 할 뿐이다. 제일 원인 논증이 성공했다 하더라도 그 논증은 최초 원인을 정립할 뿐이고, 우연성 논증은 필연적 존재를 정립할 뿐이다. 목적론적 논증은—성공한다 할지라도—우주 설계자를 정립할 뿐이다. 전통적으로 이 모든 것에 "신"이라는 명칭이 주어졌다. 하지만 이것은 필연적 존재나 제일 원인 역시 우주 설계자라는 것을 가정한다. 그러나 이들 각각에 대해 "신"이라는 동일한 명칭을 사용한다고 해서 이들 모두가 반드시 동일한 존재라고 단언해서는 안 된다. 플라톤이 대화편 《티마이오스》에서 설계자 가설(또는 제작자 가설)을 논할 때 그는 사람들이 성경에 나오는 사건을 일상적으로 해석하듯이 우주 설계자가 무에서 우주를 창조했다고 가정하지 않았다 ─ 고대 그리스인 역시 그렇게 가정하지 않았다. 플라톤의 경우, 우주 설계자가 이미 갖추어져 있는 재료를 가지고 계획에 맞게 형상을 빚어내는 것은 건축업자가 이미 갖춰진 건축 재료를 이용하여 설계하고 집을 짓는 것이나 마찬가지다.

그렇다면 이제 목적론적 논증이 어떤 형태를 취할 수 있고, 어떤 종류의 설계자를 내세울 수 있으며, 어떤 증거를 제시할 수 있는지 알아보도록 하자. 이런 점들을 검토하다 보면 우리는 여러 형태의 목적론적 논증이 가진 일반적 구조를 음미할 수 있을 것이다.

목적론적 논증은 이렇게 시작한다. 우주에는 **질서**가 있고 그 질서는 설계의 결과이다. 하늘의 수많은 별은 그 모든 별에게 동등하게 적용되는 일정한 물리 법칙을 그대로 드러내면서 질서 있는 방식으로 움직인다. 그리고 이 점은 지구상에 있는 수많은 종류의 생물 역시 마찬가지이다. 이 모든 것이 설계의 결과가 아니라면 어떻게 나타날 수 있겠는가? 흙부스러기가 제 스스로 결합하여 벽돌이 되지 못하고, 벽돌이 제 스스로 결합하여 집이 되지 못한다. 이것은 인간의 설계 활동을 필요로 한다. 마찬가지로 물질 입자들이 제 스스로 결합하여 살아 있는 세포를 만들 수 없고, 세포들이 제 스스로 결합하여 지구에 사는 복잡한 생물들을 만들 수 없다. 이런 결과는 오직 재료에 꼭 그런 식의 형태를 부여하는 설계자에 의해서만 일어날 수 있다.

그러나 이 같은 논증들은 여러 가지 반론에 부딪친다.

1. "질서"(order)라는 말이 명확하지 못하다. 어떤 사람에게는 질서 있게 보이는 것이 다른 사람에게는 그렇지 않을 수 있다. 어떤 관찰자에게는 질서 있게 보이는 그림이 다른 사람에게는 혼란스럽게 보일 수 있다.

2. 또한 특수한 어떤 의미로 우주에 질서가 있다는 말도 선명하지 못하다. 은하수에는 질서가 있지만 우주에 떠도는 성운에는 질서가 없다면, 우주에 수많은 성운이 있다는 사실을 주목해야 한다. 이것은 질서가 없다고 여겨지는 모든 경우에 똑같이 적용된다. 그래도 **우주** 내의 **무언가**에 질서가 있다면, 그것이 무엇이든 "질서가 있다"라는 말의 한계는 어디까지일까? 어떤 사물이나 사물들의 배열에 질서가 있다는 말에 과연 **반대**할 수 있을까? 방바닥에 여러 개의 공깃돌을 던지면 그것들은 **어떤** 질서 아니면 다른 질서로 떨어질 수밖에 없다. 이런 의미로 보면, 사물을 어떻게

배열하든 거기에 질서가 있을 수밖에 없으므로, **이** 우주에 질서가 있다는 진술은 아무런 차이도 드러내지 못하는 공허한 말이다.

　3. 가장 중요한 문제는 이것이다. 질서가 항상 설계의 결과라는 것을 무엇이 보증해 주는가? 기계 장치(시계, 렌치, 자동차)의 경우처럼 어떤 질서 사례들은 실제로 설계의 결과이다. 우리가 기계 장치의 질서를 아는 것은 우리 자신(또는 다른 사람)이 재료를 선택해서 우리가 사용하고 즐길 수 있는 물건이 만들어지도록 재료를 일정한 방식으로 조립했기 때문이다. 이 질서는 설계하는 정신—**우리들**—이 작용한 결과로 생긴다. 그러나 흄이 말했듯이 설계의 결과로 질서가 관찰되었을 경우에만 **오로지** 질서는 설계에 대한 증거이다. 그런데 식물이나 동물에서 발견된 질서는 설계의 결과로 관찰된 질서가 아니다. 우리는 설계의 결과로 식물이나 동물을 만들어내는 존재를 본 적이 없기 때문에 식물이나 동물이 설계의 결과로 존재한다고 결론내릴 수 없으며, 이 점은 별들의 경우에도 마찬가지다.

　목적론적 논증의 옹호자는 이렇게 응수한다. "하지만 바로 그것이 문제의 핵심이다. 우리는 건축가가 건물을 설계하고 시계공이 시계를 설계하는 방식으로 식물과 동물을 설계하는 것을 **본** 적이 전혀 없지만, 그들의 존재를 달리 설명할 길이 없기 때문에 그것들이 설계에 의해 만들어졌다고 **추리**하지 않을 수 없다. 다시 말하지만 돌멩이가 제 스스로 결합하여 대성당이 되지 못하고, 물질 입자가 결합하여 생물체가 될 수도 없다. 이 일은 지성을 필요로 하는데, 생물체의 경우에는 그 지성이 인간의 지성이 아니므로 그것은 신의 지성일 수밖에 없다."

　하지만 이 견해는 여전히 또 다른 반대를 불러일으킨다. 문제의 그 현상이 우주 설계자의 존재를 가정하지 않고서도 설명될 수 있으면 어떻게 되는가? 그렇다면 우리는 엄밀히 말해서 설계자 가설을 반증하는 것이 아니라 그 현상을 설명하는 데 그 가설이 필요하지 않다는 것을 증명하는 것이 된다. 이 같은 설명은 특히 설계자 가설을 끌어들일 경우 가장 강력한 질서 사례가 되는 생물체의 경우에도 가능할까?

　주로 무기물로 이루어진 우주에서 생명과 정신의 존재는 우주 설계자 가설에 의거해서만 설명될 수 있는 신비한 것으로 보인다. 그러나 생물체의 존재를 설계자 가설에 의존하지 않고 설명하려는 생물 진화 이론들이 수천 년 전부터 있었다. 예를 들어 고대 그리스 철학자 아낙시만드로스(611~547 B.C.)는 생물체가 원래 바다에서 생겨서 육상 생물로 진화했다고 주장하였다. 그러나 1859년에 찰스 다윈의《종의 기원》이 출판되기까지 상세하고 철저한 경험적 관찰로 중무장한 포괄적 이론은 나오지 않았다. 다윈은 생물체가 가장 단순한 아메바에서 가장 복잡한 영장류로 생존 경쟁과 적자생존을 통하여 점차 진화했다는 가설을 내세웠다. 다윈의 선구적 연구와 그 이후 많은 생물학자의 노력으로 인해 생물체의 진화 가설은 생물학자들 사이에서 거의 보편적으로 승인될 만큼 충분히 확증되었다.

물론 진화 가설이 모든 것을 설명하지는 못했다. 그것은 왜 일정한 종들이 생존하는지 설명했을 뿐 최초의 종이 어떻게 생겨났는지 설명하지는 못했다. 그러나 1세기 이전에 실험실의 요산 합성(최초로 무기 화합물에서 생성된 유기 화합물)을 시작으로 최근의 유전 공학의 위업에 이르기까지 그 틈새 역시 점점 좁아지고 있다. (지구 역사의 전캄브리아기에 형성된 조건 아래서 나타난) 생명의 기원은 전혀 설계에 의존하지 않고서도 점차 조금씩 설명되기에 이르렀다.

하지만 이로써 설계자 가설이 그르다는 것이 증명된 것은 아니다. 어떤 사람이 이전에 설계를 믿었다면, 그녀는 다윈 이전과 마찬가지로 다윈 이후에도 심지어 다윈의 모든 결론을 받아들이면서도 설계를 믿을 수 있을 것이다. 그녀는 이전에는 신이 모든 종을 일시에 창조했다고 생각했지만, 지금은 신이 자신의 계획을 실행하는 수단으로 느린 점진적 과정을 선택했다고 믿는다고 주장할 수 있다. 설계 방법은 변했을 수 있지만 설계했다는 사실은 변함이 없다는 것이다.

그럼에도 목적론적 논증은 다윈 이래 (어쨌든 과학자들 사이에서는) 거의 통용되지 않았다―다윈이 설계를 반증한 것은 아니므로 다윈이 설계를 반증했기 때문이 아니라, 과학자들이 보기에 그 같은 설계자 가설을 더 이상 유지할 필요가 없었기 때문이다. 죽은 사람의 유령이 당신의 현관문을 두드린다고 믿은 적이 있는데, 물건을 팔려고 방문한 외판원이 현관문을 두드렸다는 것을 알게 된다면, (외판원과 유령이 **함께** 현관문을 두드린다고 믿는 일이 여전히 가능하다 해도) 당신은 더 이상 유령이 문을 두드렸다고 믿을 필요가 없다.

그러나 다윈 이론의 충격은 생각보다 심각하다. 다윈 이론은 설계자에 대한 신념 전체를 논박하지는 못했지만 **자비로운** 설계자에 대한 믿음만큼은 논박하거나 적어도 심하게 손상을 입힌 것으로 보였다―하지만 자비로운 설계자, 즉 자신의 피조물에게 관심을 갖고 피조물이 고통 받지 않기를 바라는 존재에 대한 믿음은 언제나 설계에 대한 믿음의 주요 원천이었다. 우주 설계자가 악의적인 존재라고 생각했다면 사람들은 설계 논증에 그다지 매력을 느끼지 못했을 것 같다. 하지만 진화 과정에 대한 믿음에 직면하여 유지되기 어려웠던 것은 다름 아닌 자비로운 설계자에 대한 믿음이었다. 왜냐하면 진화 과정은 끝없이 계속되는 투쟁과 고통과 죽음의 장이기 때문이다. 삶은 생존 경쟁인데, 그 경쟁에서 수많은 종이 사멸하고 모든 개체는 죽을 수밖에 없다—대부분의 개체는 굶주림이나 추위나 질병 또는 다른 동물들에게 잡아먹힘으로 인해서 고통을 당하기 일쑤다. 개체들의 삶은 소모품이다. 모든 종의 수백만 개체가 (대개는 살만큼 살지도 못하고) 날마다 죽어 가지만, 개체들의 삶은 자손을 통해서 계속 이어지는데, 그 자손들 역시 고통과 고난 속에서 죽게 된다.

  설계자는 단지 개체를 희생시켜 종을 보존할 목적으로 이 모든 고난을 겪게 하는 것일까? 그렇다고 하더라도 개체에게는 별로 위안이 되지 않는다. 일정한 종에 속하는 모든 개체가 끊임없는 위험과 불안 속에서 살다가 결국 비참하게 죽을 수밖에 없다면 종이 무슨 소용이겠는가? 게다가 자연은 개체의 경우와 마찬가지로 종(種)이나 유(類)에 대해서도 관심을 보이는 것 같지 않다. 이를테면 굶주림이나 기후 변화나 다른 동물의 공격으로 인해서, 또는 더 날쌔거나 더 잘 적응하는 새로운 돌연변이 종의 발생으로 인해서 수천 가지의 종이 멸종했다. 자연이 개체와 종에게 무관심한 것은 마찬가지인 것 같다.

  "종이 그렇게도 소중한가?" 그러나 아니다.
    가파른 절벽과 채석장 바위에서
    자연은 외친다. "수많은 종이 사라진다.
  나는 아무 것도 돌보지 않는다. 모두 사라지리라."
                    ＊ ＊ ＊ ＊
  자연의 최후 작품인 인간은,
    그의 눈에는 저토록 아름답고 웅장한 목적으로 보였고,
    겨울 하늘에 찬송가가 울려 퍼지게 하였으며,
  자신에게 무용한 기도의 성전을 지었다.

신은 진정 사랑이시고
　사랑은 창조의 궁극 법칙이었음을 인간은 믿었다—
　자연은 비록 이빨과 발톱을 피로 물들이고
인간의 믿음에 비명을 질러 대지만—

사랑했고, 무수한 재난을 겪었으며,
　진리와 정의를 위해 싸우던 인간은,
　사막의 흙먼지로 날려 버릴 것인가,
아니면 무쇠 같은 흙더미 속에 묻혀 버릴 것인가?[7]

무수한 세월을 거치면서 헤아릴 수 없는 생물 종이 진화한다. 변화하는 상황에 순응할 수 있고, 충분한 먹이와 마실 물과 은신처와 안전 방책을 찾을 수 있는 종은 일정 기간 살아남지만, 그렇지 못한 종은 생존 경쟁에서 사라진다. 모든 육식 동물을 포함한 대부분의 생물은 다른 생물을 먹이로 잡아먹어야만 계속 살아갈 수 있다. 게다가 대부분의 생물은 (먹이로 잡아먹히는 생물 덕분에) 계속 살아갈 수 있다 할지라도, 환경 조건이 너무나 열악하고 생물체의 생활이 엄청나게 많은 조건에 의존하므로 (생물체는 극히 제한된 온도와 습도와 영양 공급 아래서만 살 수 있으므로) 생물체에게 비교적 작은 환경 변화나 기능상의 장애만 있어도 죽을 수 있다. 설령 자연이 설계되었다 하더라도 설계자의 계획은 자비로운 것 같지 않다.

사실 그대로의 실상을 말하면, 자연은 사람들이 다른 사람에게 하면 교수형을 당하거나 투옥될 만한 거의 모든 일을 서슴없이 저지른다. 자연은 인간의 법에서 가장 큰 범죄 행위로 인정되는 살해 행위를 살아 있는 모든 생명체에게 언젠가 한번은 한다. 그것도 대부분의 경우에 우리가 가장 위대하다고 배운 괴물들이 그들과 함께 사는 종족에게 외도적으로 피해를 입히는 것처럼 오랫동안 고통을 가하다가 죽인다....자연은 인간을 찔러 죽이기도 하고, 바퀴에 깔려 끌려갈 때처럼 찢어 죽이기도 하고, 맹수의 밥으로 내던지기도 하고,

7　Alfred, Lord Tennyson, *In Memoriam*, LVI.

태워 죽이기도 하고, 초기의 기독교 순교자들처럼 돌로 짓이겨 죽이기도 하고, 굶겨 죽이기도 하고, 얼려 죽이기도 하고, 맹독을 내뿜어 순식간에 죽이거나 서서히 죽이기도 하며, 나비스나 도미티아누스의 교묘한 잔혹 행위마저도 결코 미치지 못할 만큼 끔찍하게 죽일 수 있는 수많은 방법을 가지고 있다. 자연은 자비와 정의를 완전히 무시한 채 이 모든 일을 서슴없이 저지른다. 자연의 화살은 가장 비열하고 나쁜 것을 겨냥하는 것과 똑같이 가장 좋고 숭고한 것을 겨냥한다. 다시 말해서 자연의 화살은 가장 고결하고 가치 있는 일에 전념하는 사람을 향해 날아가며, 가장 숭고한 행위를 할 때 화살에 맞는 결과가 종종 나타나기도 한다. 그리고 이런 일은 가장 고결하고 가치 있는 일에 전념하는 사람에 대한 처벌로 생각되기도 한다. 자연은 인류 전체의 복지에 목숨을 거는 사람들, 아마도 인류의 미래 세대에게 희망을 주는 사람들을 살육한다. 자연은 그들의 죽음이 그들 자신에게 좋은 일이고 그들로 인해 악영향을 받을 미래 세대에게도 다행스러운 일인 것처럼 전혀 거리낌 없이 그들을 살육한다.[8]

우리는 어린 사자와 어린 영양을 보면 귀여운 느낌이 들고, 그들이 고통을 받거나 죽기를 원하지 않는다. 그러나 그들은 죽이는 일과 죽음을 피하려는 일에 일생의 대부분을 보낸다. 그들에게 삶은 결코 아름답지 않다. 사자는 계속 죽이지 않으면 굶어 죽거나 병들어 죽거나 목말라 죽거나 추워서 죽는다. 자연은 생물체에게 유전자 풀을 제공하고 나면 생물체의 생존을 위해 손가락 하나 까딱하지 않는다. 이 같은 사정을 안다면 어느 생물체가 이런 세계에 태어나고 싶겠는가? 이런 세계를 설계한 존재를 과연 자비롭다고 할 수 있겠는가?

살아 있는 모든 생물체들 사이에서는 끊임없이 전쟁이 계속되고 있네. 빈곤과 기아와 결핍은 강하고 용맹한 자들을 자극하고, 근심과 불안과 공포는 힘없고 허약한 자들을 뒤흔들지. 생명을 얻는 순간부터 신생아와 그의 가엾은 부모는 고통을 더하고, 인생의 단계 된 계마다 허약함, 무능함, 괴로움이 따라다니며, 그것은 결국 지독한 고통과 참혹한 혐오로 끝나게 되네.

8 Mill, "Nature," pp. 28-30.

살아 있는 모든 존재의 삶을 비참하게 만들려는 자연의 교묘한 술책...또한 깨달아야 하네. 강자는 약자를 잡아먹으며 그들을 끊임없이 불안과 공포 속에 몰아넣고 있네. 약자 역시 기회가 되면 종종 강자를 잡아먹고 쉼 없이 괴롭히고 귀찮게 하지. 동물의 몸에 알을 까거나 날아다니며 침을 쏘아 대는 수많은 종류의 곤충들을 생각해 보게. 이런 곤충들에게는 그 이상으로 그들을 괴롭히는 또 다른 것들이 있다네. 그러니 모든 동물은 앞뒤와 위아래 사방으로 줄기차게 자신의 불행과 파멸을 노리는 적들로 둘러싸여 있지....

이 우주를 둘러보게나. 엄청나게 많은 존재들이 얼마나 생기 있고 유기적이며, 얼마나 감각적이고 활동적인가! 이 경이적인 풍요로움과 다양함에 감탄이 절로 나올 걸세. 하지만 살아 있는 이 존재들을 조금만 더 가까이서 살펴보게....서로에게 얼마나 적대적이고 파괴적인지! 그것들 모두 자신의 행복을 추구하기에 얼마나 부족한 존재들인지! 구경꾼이 보면 얼마나 비열하고 추악할지! 이 모든 것들은 위대한 생명의 원리에 의해 생성된 맹목적인 자연 관념을 보여 줄 뿐인데, 그 자연은 장애를 가진 발육 부전의 자기 자녀에게 아무런 관심도 갖지 않고 부모로서 보살펴 주지도 않은 채 자기 무릎에서 밀쳐 버린다네![9]

악의 문제

목적론적 논증이 **자비로운** 설계자의 존재를 증명하려는 것이라면, 그 논증에 대한 가장 주요한 반론은 악의 문제(problem of evil)를 지적하는 반론이다. 고대에 에피쿠로스(342-270 B.C.)는 다음과 같이 문제를 제기하였다. "신은 악을 막으려고 하는데도 악을 막을 능력이 없는가? 그렇다면 신은 전능하지 못하다. 신은 악을 막을 능력이 있는데도 악을 막으려고 하지 않는가? 그렇다면 신은 자비롭지 못하다. 신은 악을 막을 능력이 있고 또한 악을 막으려고 하는가? 그렇다면 왜 악이 있는가?" 흄은 이 논증을 다음과 같이 딜레마 형식으로 제시한다. "만일 이 세상의 악이 신의 의도에서 나온다면, 신은 자비롭지 않다. 만일 이 세상의 악이 신의 의도를 벗어난다면, 신은 전능하지 못하다. 그러나 이 세상의 악은 신의 의도와 일치하거나 신의 의도를 벗어난다. 그러므로 신은 자비롭지 않거나 전능하지 못하다."

악의 문제는 설계자가 전능하면서 자비롭다고 가정할 경우에만 일어난다. 신이

9　Hume, *Dialogues Concerning Natural Religion*, part 10 and 11.

전능하지 않다면 이 세상의 악은 신이 악을 바라는 것이 아니라 악을 막을 수 없다는 사실에서 기인한다. 신이 자비롭지 않다면, 이 세상의 악은 신이 악을 막을 수 있으나 악을 막으려는 생각이 없다는 사실에서 생긴다. 그러나 (대부분의 종교에서 주장하듯이) 신이 자비로우면서 전능하다면 대번에 문제가 발생한다. 왜 악이 있는가?

기초적인 논리학 지식을 가진 사람이라면 누구나 스스로 확인할 수 있듯이, 흄의 딜레마는 타당하다. 하지만 그 전제들이 옳은가? 하나 이상의 전제를 의심함으로써 딜레마에서 빠져 나오려는 시도가 많이 있었다.

1. **이 세상에는 어떤 악도 없다.** 이 세상에 악이 있다는 주장을 아예 부정함으로써 악의 문제의 전제 가정을 잘라 낼 수 있다고 생각하는 사람이 있다. 그러나 이 해결책은 제안 자체가 상당히 뻔뻔스럽다고 여겨질 정도여서 받아들이기 어렵다. 사람들은 어떤 것이 악인가에 관해서는 완전히 동의할 수 없지만(어떤 것이 악인가를 더 명확하게 밝히기 위해서는 윤리학에 긴 부록이 붙어야 할 것이다), 이 세상에 무언가 악이 있다는 것에는 동의할 수 있다. 예를 들어 보통 우리는 고통과 고난이 나쁘다고 믿으며, 그것들을 되도록 피하거나 최소화하려고 할 때 이 신념을 드러낸다. 이를테면 우리는 병을 앓는 사람들의 고통을 완화시키려고 한다. 그뿐 아니라 고통을 겪는 일은 착각이 아니다. 사람들은 고통스럽다고 **생각**만 하는 것이 아니라 실제로 고통을 **겪는다**. 그처럼 고통을 겪는다는 사실은 많은 사람이 전능하고 자비로운 신의 존재를 믿기 어렵다고 생각하는 주된 이유들 가운데 하나이다. 우리가 할 수만 있다면 **우리는** 고통을 완화시키려고 한다. 그러나 전능하고 자비로운 신은 고통을 완화시키지 못한다.

2. **악은 음성적인 것이다.** 아우구스티누스는 악이 양성적인 것이 아니라 일종의 결핍이나 상실, 즉 음성적인 것이라는 생각을 제시했다. 악은 전혀 없고 다만 선의 상대적인 결핍, 상대가 있을 뿐이다. 악은 그야말로 비존재(nonbeing)이다. 아우구스티누스가 그랬듯이 이 주장에는 실재하는 것은 완전한 것이므로 오직 신만이 완전하게 실재할 수 있다는 것, 그리고 유한하고 제한적일 수밖에 없는 신의 피조물은 반드시 불완전한 선을 포함하므로 어느 정도는 악을 포함한다는 주장이 때로 덧붙여지기도 한다.

그러나 악이 음성적인 것이라는 것은 무엇보다도 말장난으로 보인다. 전쟁은 음성적인 것, 즉 평화의 결핍 상태인가, 아니면 평화가 음성적인 것, 즉 전쟁의 결핍 상태인가? 전쟁과 평화를 어떤 방식으로 분류하든 둘 다 실재한다―전쟁도 있고 평화도 있다. 행복도 있고 고통도 있으며, 선도 있고 악도 있다. 양성적이거나 음성적인 것으로 분류한다고 해서 실재하는 사실이 변하는 것은 아니다. 고통을 겪는 사람이 "고통은 음성적인 것일 뿐이다"라고 생각한다고 해서 조금이라도 고통이 완화되는 것은 아니다.

마비 환자가 마비는 운동 능력의 결핍 상태, 즉 양성적인 것이 없는 상태일 뿐이며, 신이 **존재하는** 한 신은 완전하다는 말을 들으면 위안을 받을지 모른다. 하지만 이런 식의 위로가 말라리아를 앓는 사람에게 도움이 될지는 분명하지 않다. 말라리아 환자는 자신에게 무언가 결핍되어 있기 때문에 괴로운 것이 아니라 오히려 너무 많은 것, 즉 **말라리아 원충**이라는 원생동물을 너무 많이 가졌기 때문에 괴로운 것이라고 응수할 것이다.[10]

3. 악은 최대의 선을 위해 필요하다. "이 세상에 악이 있다는 것을 인정한다. 하지만 악이 있다는 것은 선을 실현할 수 있는 유일한 방법이기 때문에 악은 **있어야** 한다. 우리는 누구나 이런 사례에 익숙해 있다. 고통스러운 수술을 받지 않고 건강을 완전히 되찾을 수 없을 경우, 당신은 목적을 달성하기 위하여 고통스러운 수술 (그 자체만 놓고 보면 좋지 않은 수술―즉 수술을 받지 **않고서도** 건강을 회복할 수 있다면 받지 않을 수술)을 받는다. 고통과 고난을 당하는 일이 건강을 회복할 수 있는 유일한 수단일 경우에 한하여 고통과 고난은 가치가 있다. 이 같은 상황은 얼마든지 있다. 전쟁마저도 때로는 더 좋은 세상을 만들 수 있는 (또는 더 나쁜 세상을 막을 수 있는) 유일한 방법이 된다. 따라서 이 세상에 악이 **있다**고 할지라도 그것은 최대의 가능한 선을 얻는 데 필요한 최소의 기능한 악이기 때문에 악은 신의 선함과 양립할 수 있다. 이것이 완전한 세상은 아니지만 **가능한** 모든 세상 가운데 **최신의**

10   Wallace I. Matson, *The Existence of God* (Ithaca, NY: Cornell University Press, 1965), pp. 142-143.

세상이다."

우리의 의학 지식이 어떻고 생물학 법칙이 어떻든 간에 사람들은 건강을 회복하기 위해서 종종 고통을 겪을 수밖에 없다. 하지만 의사가 환자의 건강을 회복시키기 위해서 환자에게 고통을 가하는 일이 대부분의 사람들에게 정당화될 수 있다는 이 같은 생각은 **다른 어떤 방식으로도** 목적을 성취할 수 없는 제한된 경우에만 적용된다. 그러나 일단 의사가 환자에게 고통을 가하지 **않고도** 목적을 달성할 수 있는데 어떻게든 고통을 가한다고 의심하게 되면, 우리는 그 의사를 무자비하고 사디스트적인 괴물로 간주할 것이다. 신은 의사와 달리 전능한 존재라서 환자에게 지독한 고통을 안기지 않고도 건강을 회복시킬 수 있다. 그런데 신은 왜 그렇게 하지 않는가?

"그러나 그렇게 하려면 기적이 필요한데, 계속해서 기적을 일으키면 자연의 정연한 질서를 무너뜨릴 수도 있다." 하지만 자연 법칙은 어느 경우에도 전혀 기적을 필요로 하지 않을 만큼 매우 탄탄하게 세워질 수 있다. 어쨌든 자연 법칙의 입안자는 누구인가? 신은 왜 피조물이 그토록 고통을 겪다가 죽어가도록 인과 질서를 세웠는가? 고통스럽게 **해야만** 환자를 회복시킬 수 있는 의사의 경우에는 변명이 성립할 수 있지만 신의 경우에는 그렇지 않다. 신은 자비로울 뿐만 아니라 전능하므로 그런 수단이 없어도 쉽게 회복시킬 수 있기 때문이다. 사실상 신은 그 환자가 애당초 병에 걸리지 않게 할 수도 있었다. 어떤 의사가 전염병을 치료할 수 있는 능력을 가지고 있고, 원래 그 전염병을 자기 자신이 퍼뜨렸음에도, 맨 처음 자기 아들의 다리에 감염되자 다리를 절단하기로 결심한다면, 우리는 그 의사를 어떻게 생각해야 할까? 그러나 이것은 전능한 신의 입장일 수도 있다. 자비롭지만 전능하지 못한 의사는 다른 어떤 방법으로도 목적을 달성할 수 없기 때문에 고통을 일으키는 것에 대해 용서를 받을 수 있다. 하지만 이것은 전능한 신에게는 해당되지 않는다. 전능한 신은 선한 결과를 가져오기 위해서 악한 수단을 사용할 필요가 없기 때문이다.

사실상 전능을 논하면서 수단 목적이란 용어를 사용하는 것 자체가 잘못이지 않을까? 전능한 존재는 목적을 달성하기 위한 수단과 관계없이 목적을 직접 달성할 수 있다. 목적을 달성하기 위한 수단은 전능하지 못한 존재에게만 필요하다.

내가 인도에 있을 때였다. 나는 가족의 죽음으로 침울해진 인도인 친구의 집 베란다에 서 있었다. 나의 인도인 친구는 끔찍이 사랑하는 아들을 콜레라로 잃었다. 베란다 저쪽 모기장을 두른 작은 침대에서는 하나밖에 없는 그의 어린 딸이 잠을 자고 있었다. 우리는 베란다를 왔다 갔다 했고, 나는 어설프게나마 그를 위로하려고 애썼다. 그러나 그는 "그래, 이건 신의 뜻이라네. 그게 전부야. 신의 뜻이야."라고 말했다.

다행히도 그는 내가 무슨 말을 해도 오해하지 않을 사람이라는 것을 잘 알고 있기에 그에게 이렇게 말했다. "오늘 밤 자네가 깊이 잠든 사이에 누군가 몰래 베란다로 기어 올라와서 베란다 저쪽 침대에 누워 있는 자네의 어린 딸 입 속에 콜레라균이 잔뜩 묻은 솜뭉치를 일부러 넣어 놓으면 자네는 어떻게 생각하겠는가?"

그가 말했다. "맙소사, 어떻게 그런 것을 생각할 수 있지? 아무도 그런 천벌 받을 짓을 하지는 않을 거야. 누군가 그런 짓을 하다가 잡히면 냉혈한처럼 조금도 거리낌 없이 그를 죽여 베란다 밖으로 던져 버릴 걸세. 도대체 자네는 무슨 뜻으로 그런 이야기를 하는 건가?"

나는 조용히 말했다. "존, 자네가 아들의 죽음이 신의 뜻이라고 말했을 때 자네는 결국 신을 책망한 것이 아닌가? 자네의 아이가 죽은 것은 일반 대중이 무지한 결과라고 해야 하고, 대중의 어리석은 행동이나 대중의 죄라고 말해야 하지 않겠는가? 자네가 괜찮다면 아들의 죽음은 불량한 하수 시설이나 공동 사회의 부주의에서 비롯되었다고 말해야지 신의 뜻이라고 말하지는 말게나. 어떤 사람이 무슨 일로 감옥에 가거나 범죄자 정신병원에 수감되는 것을 신의 뜻으로 볼 수 없다는 것은 분명해."[11]

물론 신도 의사처럼 능력에 한계가 있다면, 선한 의도가 있었음에도 더 좋게 할 수 있는 능력이 없어서 그런 결과가 나왔다고 말할 수 있다. 그러나 이런 식의 옹호는 자비롭고 전능한 신의 경우에는 해당되지 않는다.

내가 자네에게 주택이나 저택을 보여 주었는데, 그 건물에는 편리하고 쾌적한 방이 하나도 없고, 창문, 현관문, 벽난로, 복도, 계단, 건물의 전체 구조가 소음, 혼돈, 피로, 어둠, 그

---

11 Leslie D. Weatherhead, *The Will of God* (Nashville: Abingdon Press, 1944), Harold Titus, *Ethics for Today*, 3rd ed. (New York: American Books Co., 1953), p. 539에서 인용.

리고 지독한 더위나 추위의 원인이 되는 그런 건물이었다고 해 보세. 자네는 틀림없이 더 이상 둘러보지 않고도 설계가 잘못 되었다고 비난하겠지. 그러면 그 건물의 건축가는 공연히 자신의 정교한 설계를 과시하면서 이 현관문이나 저 창문을 개조하면 상황이 훨씬 더 나빠질 것이라고 역설할 걸세. 그 건축가의 말이 전적으로 옳을 수도 있어. 말하자면 그 건물의 다른 부분은 그대로 놓아 둔 채 어느 특정 부분을 고치는 것은 불편함만 가중시킬 수 있다는 것이지. 하지만 자네는 여전히 그 건축가에게 노련한 솜씨와 좋은 의도가 있었다면, 거의 모든 불편함을 피할 수 있는 그런 전체적 설계를 통해 모든 부분을 조화롭게 배치했을 것이라고 말하고 싶겠지.[12]

훌륭한 건축가가 이런 불편함을 피할 수 있도록 건물을 설계했다면, 우리는 나쁜 설계와 더 나쁜 설계 중에서 선택할 필요가 없을 것이다. 그리고 건축가가 그런 건물을 설계할 수 없을 정도로 무능하다면 더 이상 건물을 설계하려고 해서는 안 된다. 어떤 설계자가 내놓을 수 있는 최선의 우주가 이 세상처럼 고통과 고난으로 꽉 찬 것이라면, 설계를 하는 대신 그가 더 훌륭한 솜씨를 발휘할 수 있는 활동을 선택했어야 한다.

4. 일반적으로 선은 악에서 나오는가?

A: 곤란과 역경에서 성취가 나온다. 고난에서 다른 사람의 감정에 대한 공감이 나온다. 가난에서 번영이 나온다. 등등. 달리 어떻게 이런 일이 일어날 수 있겠는가?

B: 우선 첫째로 신이 또 다른 어떤 결과를 일으킬 수 없으면 신은 전능하지 못하다. **우리**는 아마 또 다른 결과, 현재 상태의 조건, 현재 상태의 자연 법칙을 만들어낼 수 없다. 하지만 전능한 신은 할 수 있다.

둘째로 악에서 나오는 선은 만족스럽게 정당화되는 경우가 거의 없다. 인과 질서는 어떤 사람에게는 재난인 사건이 다른 사람에게는 이득이 되는 사건이 될

---

12   Hume, *Dialogues Concerning Natural Religion*, Part 11.

정도로 매우 복잡하다. 허리케인은 수많은 사람을 죽게 하고 수많은 건물을 파괴하지만 건축가에게는 일거리를 제공한다. 이것이 과연 가치 있는 일일까? 당신이 신이라면 건축가에게 일거리를 제공하기 위해서 이 모든 죽음과 파괴를 일으키는 것이 정당하다고 하겠는가? 도시에 지진이 일어나면 낡은 건물들이 파괴되고 그 자리에 더 좋은 새 건물들이 세워질 수 있다 해도 당신은 지진으로 인한 도시의 파괴를 악으로 간주하지 않는가? **당신**은 이런 결과를 일으키기 위해 도시를 파괴하는 것이 정당하다고 하겠는가?

셋째로 선이 때로 악에서 나온다면, 악도 때로—어쩌면 자주—선에서 나온다. 무슨 일이든 한때는 악이라고 생각했다가도 그 후의 전개 과정에 비추어 생각을 바꾸는 경우가 있는가 하면, 한때는 선하거나 유익하다고 생각했다가도 그 후의 사건에 비추어 지금은 비참하거나 유감스럽다고 생각하는 사건도 있는 것 같다. 사실은 선이 더 많은 선을 낳고 악이 더 많은 악을 낳는다는 것이 가장 일반적인 경향이다.

건강, 체력, 부, 지식, 미덕은 그 자체로서 선할 뿐만 아니라, 바로 그 선과 그 밖의 다른 종류의 선의 습득을 도와주고 증진시킨다. 손쉽게 배울 수 있는 사람은 이미 많은 것을 알고 있는 사람이다. 건강에 도움이 되는 일이라면 무엇이든 할 수 있는 사람은 강건한 사람이지 병약한 사람이 아니며, 돈 버는 법을 쉽게 발견하는 사람은 빈곤한 사람이 아니라 부유한 사람이다. 건강, 체력, 지식, 재능은 모두 부를 얻는 수단이며, 부는 종종 이런 것을 얻는 필수 불가결한 수단이다. 다시 **반대로** 아무리 악이 선으로 변할 수 있다고 할지라도 악은 더 많은 악을 낳는다는 것이 일반적인 경향이다. 몸이 병들면 다른 질병에 더 쉽게 걸리고, 열심히 일할 수 없고, 때로 마음이 쇠약해지기도 하고, 종종 생계 수단을 잃기도 한다. 신체적 고통이건 정신적 고통이건 모든 극심한 고통은 그 후 계속해서 더 많은 고통을 겪게 하는 경향이 있다. 빈곤은 수많은 정신적 악과 도덕적 악을 낳는다. 설상가상으로 몸을 다치거나 괴로움을 당하는 일을 끊임없이 겪을 경우에는 인격에 손상이 생기기도 한다. 하나의 나쁜 행위는 행위자 자신에게는 물론이고 그 행위를 방관하는 사람과 그 행위로 인해서 고통을 당하는 사람에게도 다른 나쁜 행위들로 이어진다. 모든 나쁜 성질은 습관에 의해서 강화되며, 모든 악덕과 어리석음은 번지는 경향이 있다. 지적 결함은 도덕적 결함을 낳고 또 도덕적 결함은 지적 결함을 낳는다. 게다가 모든 지적 결함이나 도덕적 결함은 다른 결함들을 계속 낳는다.[13]

5. 악의 목적은 우리를 행복하게 하려는 것이 아니라 덕스럽게 하려는 것이다.

A : 세계는 인격의 도야를 위한 도덕적 훈련장이다. 악은 우리를 처벌하기 위해서가 아니라 도덕적으로 훈련시키고 개선시키기 위해서 존재한다.

B : 하지만 자연의 질서는 사람들이 행복하려는 목표를 좌절시키는 것 못지않게 또는 그 이상으로 사람들이 덕스러워지려는 목표를 좌절시킨다. 어떤 사람이 다른 사람의 고통에 무감각하지 않으려면 그에게 고통이 어떤 것인지 알려 줄 필요가 있다고 해 보자. 어떤 일이 벌어질까? 그는 고통을 경험한 적이 없는 사람이다. 그러나 이미 고통의 무게에 짓눌려 있는 사람에게는 그 위에 더 많은 고통을 쌓을 뿐이다 ―이를테면 이미 병에 걸린 사람이 또 다른 병에 걸리는 격이다. 이것이 세상 돌아가는 방식이다. 고통은 되는대로 아무렇게나 주어지는 것 같다. 말하자면 (누구든) 고통을 당할 사람은 당하지 않고, 이미 더 이상 참을 수 없을 만큼 고통을 당해서 비참해진 나머지 삶에 염증을 느낄 것 같은 사람들에게 끊임없이 고통이 가해진다. 이것은 전능하고 자비로운 존재의 행동과 전혀 맞지 않는다. 고속도로에서 다른 사람을 위험에 빠뜨릴 만큼 난폭 운전을 하는 사람이 있다고 해 보자. 이 사람의 성질을 고치지 못할 바에는 그가 좀 더 주의해서 운전하게 하는 최선의 방책은 그가 깜짝 놀랄 정도로만 약간의 부상을 입는 사고를 당하게 하는 것일 수도 있다. 그러나 그 사람 자신이 사고로 사망하는 마지막 순간까지, 즉 성질을 고치기에는 이미 늦어 버린 그 순간까지 다른 사람에게 부상을 입히고 목숨을 잃게 하면서도 벌 받지 않고 피해가는 경우가 그렇지 않은 경우보다 사실은 더 자주 일어난다. 도덕적 개선이 목적이라면, 자비로운 성향을 가진 웬만큼 지성적인 열다섯 소년이면 누구나 지금보다 더 낫게 선이 분배되는 세상을 만들 수 있을 것이다.

13　Mill, "Nature," pp. 35-36.

인간의 창조주가 인간을 모두 덕스러운 존재로 만들려는 의지를 지녔다면, 그 계획은 인간을 모두 행복하게 하려고 했던 계획이 좌절된 것과 마찬가지로 완전히 좌절되었다. 그리고 자연의 질서는 자비 실현에 필요한 것들에 비해 정의 실현에 필요한 것들을 거의 고려하지 않은 채 세워졌다. 모든 창조의 법칙이 정의이고 창조자가 전능했다면, 얼마나 많은 양의 고통과 행복이 이 세상에 할당되었든 간에, 각 개인이 분배받는 고통과 행복의 몫은 그 사람의 선행이나 악행에 정확하게 비례했을 것이다. 어떤 인간도 자신의 공적을 실제보다 더 낮게 평가받지 않으므로 다른 사람에 비해서 서운한 양을 분배받지 않을 것이다. 이런 세상에는 우연이나 정실이 전혀 끼어들지 못하지만, 모든 인간의 삶은 완벽한 도덕 이야기처럼 구성된 드라마에서 연기하는 것 같을 수도 있다. … 우리가 사는 세상은 이런 세상과 완전히 다른데, 우리가 사는 세상의 균형을 바로잡아야 할 필요성 때문에 사후에도 삶이 있다고 주장해야 할 정도로 다르다. 이와 같이 사후의 삶을 주장하는 것은 우리가 사는 세상의 질서가 정의의 사례라기보다는 부정의의 사례에 더 가깝다는 것을 인정하는 것이 된다.…일반 대중들이 겪는 모든 종류의 도덕적 타락은 그들의 출생 때 주어진 운명에서, 다시 말해 결코 그들 자신의 잘못이 아니라 그들 부모의 잘못이나 사회의 잘못이나 통제되지 않는 환경에서 비롯된다. 종교적이거나 철학적인 광신에 의해 고안된 것 가운데 가장 왜곡되고 가장 편협한 선(善)의 이론에 따른다 해도, 자연의 통치는 선함과 동시에 전능한 존재의 작품과 비슷한 형태로 만들어지지 않았다.[14]

6. **신의 선함은 우리의 선함과 다르다.** 그러나 이제 또 다른 해결책이 제시될 수 있다. "우리가 악이라고 하는 것이 사실은 선인지도 모른다. 전지(全知)의 관점에서 보면 우리에게 악으로 보이는 것이 사실은 선이다. 만물의 선함은 오직 신만이 감지할 수 있는데, 우리가 극히 일부만 보는 데 반해서 신은 모든 것을 본다. 만물이 선하다는 것은 인간의 유한한 이해력을 초월한 신의 무한한 지성에 의해서 파악된다."

밀은 우리가 경험하는 대로의 세상 모습을 두고 생각한다면 세상이 결코 선하지 않다고 판단하는 것보다 더 확실한 판단은 없다고 주장하였다. 우리가 이 판단을 믿지 않는다면 우리에게 악인 것이 신에게는 선이라는 판단을 비롯해서 **어떠한** 도덕

14   Ibid., p. 38.

판단도 믿을 이유가 없다. 우리가 악이라고 생각하는 모든 것이 실제로 선이라 할지라도 우리는 그 모든 것을 여전히 악이라고 **생각한다**는 것이 사실이다—이것은 하나의 잘못, 즉 우주의 완전한 선함을 우리에게 숨기는 잘못일 것이다. 그리고 인간이 이런 잘못을 범하지 않는 편이 더 좋다는 것이 확실하므로 인간의 이런 잘못이 있다는 것은 악일 것이다.

　우리가 사는 이 세상은 고통과 고난, 잔인과 죽음, 전쟁, 전염병, 홍수, 지진, 그리고 그 밖의 재난으로 가득 차 있다. 만일 이 모든 것을 선하다고 생각하는 권능 있는 존재가 있다면 우리는 이런 존재의 도덕성에 대해서 어떤 견해를 취해야 할까? 우리는 환자의 지독한 고통과 고난을 완화시키려는 의사에 대해서 어떻게 생각해야 할까? 의사는 그렇게 하고 싶었지만 그렇게 할 수 없는지도 모른다. 환자를 돕는 일은 의사의 능력을 벗어났다. 의사가 그렇게 하고 싶었지만 그렇게 할 수 없었기 때문에 우리는 의사에게 책임을 묻지 않는다. 그러나 이 같은 고려 사항은 환자의 상태를 완화시키려고 하고 **또** 그렇게 할 수 있는 신적 존재에게는 해당되지 않는다. 환자를 도우려고 했고 환자를 도울 수 있었지만 그렇게 하지 않은 의사는 잔인한 사디스트로 간주될 수 있다. 신에 대해서도 같은 말을 할 수밖에 없지 않을까? 신에 대해서는 의사와 다른 태도를 취해야 할까? 하지만 우리는 불필요한 고통을 예방할 수 있으면서도 그렇게 하지 않는 신을 선하다고 믿어야만 한다.

> 내가 이 사실을 믿어야 하고 그와 동시에 이 존재를 최고의 인간적 도덕성을 상징하고 찬양하는 명칭으로 불러야 한다는 말을 들을 경우, 솔직히 말해서 나는 그렇게 하지 않겠다. 그 존재의 능력이 아무리 나보다 뛰어나다고 해도 단 한 가지 할 수 없는 것이 있다. 그 존재는 억지로 내가 자신을 숭배하게 하지는 못한다. 선하다는 말을 나의 인간 동료가 선하다고 말할 때의 의미로 사용하지 않는 한 어떤 존재에 대해서도 선하다고 말하지 않을 것이니, 그 같은 존재가 자신에게 신하다는 빌을 아시 낳았냐고 해서 나를 시욕에 빌어느릴 수 있다면 기꺼이 지옥에 가겠다.[15]

15　John Stuart Mill, *An Examination of Sir William Hamilton's Philosophy* (London: Longmans Green, 1865), p. 131.

신의 속성으로 여겨지는 대부분의 것들이 우리가 선이라고 하는 것과 양립 가능하지 않기 때문에, 그 같은 불일치를 조정하기 위해서 "선하다"라는 말의 의미를 변경하려고 애쓰는 경우가 종종 있다. 신은 선하되 무한히 선한 존재이기 때문에 인간이 무한한 선을 이해하지 못하는 것은 당연하다는 것이다. 하지만 신 아니면 세계가 무한히 **악하다**는 견해 역시 똑같은 논증으로 입증될 수 있다. 어떤 것들이 우리에게 선한 것처럼 보이고 괜찮아 보이지만, 무한한 지식에 비추어 보면 결국은 그 모든 것이 악하다는 것―우주가 악의 완벽한 본보기라는 것―을 알 수 있다. 이것은 때로 악하다고 여겨지는 경우가 있지만 사실은 모든 것이 선하다는 견해와 완전히 동등한 주장이다.

게다가 신이 무한히 선하다 할지라도, 무한한 공간 역시 공간일 수밖에 없듯이, 무한한 선 역시 **선**일 수밖에 없다는 사실이 남는다.

우리는 무한한 공간을 생각할 수 없다고 주장한 많은 사람들 가운데 무한한 공간은 공간이 **아니**라고, 즉 무한한 공간은 공간을 특징짓는 속성을 전혀 갖지 않는다고 생각하는 사람이 도대체 있을까? 입방체나 구체에는 한계가 있기 때문에 무한한 공간은 어떤 형태를 가질 수 없다. 그러나 입방체나 구체를 계속 연장하다 보면 우리는 더 이상 연장되지 않는 어떤 영역, 이를테면 이쪽과 저쪽이 나눠지지 않는 영역이나 방해하는 물체가 전혀 없는데도 운동이 불가능한 영역, 또는 삼각형의 두 변의 합이 다른 한 변보다 더 짧은 영역에 도달할 수 있다고 생각하는 사람이 있을까? 무한한 선에 관해서도 이와 똑같은 주장을 할 수 있다. 나는 무엇이 무한한 선인지 결코 아는 체하지 않는다. 하지만 무한한 선도 선일 수밖에 없으므로, 선과 정합할 수 없는 것은 무한한 선과도 정합할 수 없다는 것은 안다.

신에게 선성을 부여할 경우 그 선이 내가 말하는 선이 아니라면, 다시 말해 내가 무언가 알아볼 수 있는 선을 의미하는 것이 아니라, 잘은 모르지만 내가 사랑하고 숭배하는 것과 완전히 다른 성질을 가진 이해할 수 없는 실체의 이해할 수 없는 속성을 의미한다면,....신이 선하다는 말이 무슨 뜻이며, 무슨 이유로 신을 숭배하겠는가? 신의 선함이 인간의 선함과 본질적으로 다르다는 말은, 표현을 조금만 달리하면, 신이 혹시 선하지 않을지도 모른다는 말이지 않을까? 도대체 무슨 의미인지 알 수 없는 말로 주장하는 것은 도덕적 허위의

식이라고 규정할 수밖에 다른 방법이 없다.[16]

이와 대조적으로 신의 능력이 항상 철저하게 인간의 시각에서 해석되는 경우도 있다. 신의 능력이 우리의 능력보다 훨씬 더 크게 여겨진다고 해서 우리가 죽지 않는다든가 벌을 받지 않는다는 것을 의미하는 것으로 생각하지는 않는다. 능력이 더 크다는 것은 우리가 "능력"이라고 말하는 것이 더 많음을 의미한다. 이것은 "선"의 경우에도 마찬가지가 아닐까? 하지만 신의 선함은 신의 능력과 달리 종종 이해 불가능한 것으로 간주되기도 하는데, 그것은 신의 선함이 표출되는 대부분의 방식이 우리가 줄곧 선이라고 말하던 것과 아주 강하게 상충하기 때문인 것 같다.

7. **인간의 자유가 악의 원인이다.** "이 세상의 악은 인간의 사악함으로 인해서 생겨난다. 인간은 자유롭다. 이것은 선뿐만 아니라 악을 행할 자유도 있다는 것을 의미한다. 전능한 존재일지라도 인간을 자유롭게 해 놓고서 악은 행하지 못하게 할 수 없다. 따라서 악은 인간이 갖는 자유의 불가피한 귀결이다."

이것이 아마 악의 문제를 피해가기 위해 가장 자주 사용되는 논증일 것이다. 하지만 **자연적** 악과 **도덕적** 악 사이에 차이가 있다. 자연적 악은 인간의 개입 없이 자연의 과정 속에서 일어나는 것들, 이를테면 지진, 화산 폭발, 홍수, 허리케인, 전염병 등등과 같은 것들이다. 이런 재난들은 인간의 활동에 의해서 일어나지 않는다. 그러나 도덕적 악은 이를테면 정신적·육체적 고통, 약탈, 살인, 전쟁처럼 사람이 다른 사람에게 가하는 것이다. 인간이 가진 자유의 결과라고 할 수 있는 악의 부류는 오직 도덕적 악뿐이다. 그렇다면 자유를 근거로 하는 논증이 도덕적 악에 관해서는 타당하다고 할지라도 자연적 악의 존재는 설명하지 못한다.

하지만 지금은 도덕적 악에만 초점을 맞추도록 하자.

A: 당신은 인간이 자유로운 존재로 창조되었다는 것을 분명히 인정할 텐데, 그것은 인간에게 선이나 악을 선택할 자유가 있다는 것을 의미한다. 그렇다면 인간이

---

16   Ibid., p. 101.

종종 악을 선택하는 것은 인간이 가진 자유의 결과이다. 선택의 여지가 없으면 사람들은 어떤 방식으로도 자유롭지 않기 때문에 선택의 자유가 주어질 때 더 좋은 선택지 대신에 더 나쁜 선택지를 선택할 수도 있다. 바로 이 사실에서 그 엄청난 악이 실제로 생겨나게 된다. 이를테면 권력을 쥔 한 사람이 다른 수백만 명의 사람을 강제 수용소에서 살해하도록 명령할 수 있다. 그러나 이 모든 것이 인간이 가진 자유의 일부분이다. 인간이 자유롭다는 것을 일단 인정하면 당신은 **시종일관** 그에 따라야 한다. 인간이 자유롭다면 인간에게는 다른 인간에게 극악무도한 짓을 자행할 자유도 있다.

B: 하지만 인간의 자유가 그 엄청난 대가를 치를 만한 가치가 있는 것일까? 수백만 명의 다른 사람을 몰살할 권력이 한 사람의 자유로 인정된다면, 그 희생자들은 틀림없이 그 독재자의 자유를 조금이라도 더 제한하려고 했을 것이다. **독재자가** 자유를 갖기 위해서는 **희생자들**이 대학살을 당할 수밖에 없다. 독재자의 자유는 희생자들의 자유뿐만 아니라 생명까지도 포기하도록 요구하기 때문에 **독재자의** 자유에 너무 많은 가치를 부여하는 것이 아닌가? 방 안에 독가스를 뿜어 대면서 이것이 독재자의 결정의 자유에 대해 희생자가 치르는 대가라고 말해 주는 것이 희생자에게 무슨 위로가 되겠는가? 그보다 적은 대가를 지불하면서 자유를 누릴 수는 없을까?

A: 아니, 그럴 수는 없다. 사람들이 자유롭다면 사람들에게는 악을 저지를 자유도 있다. 그렇지 않으면 자유는 일종의 망상이다.

B: 하지만 인간이 새처럼 날 수 없고 막대기나 돌멩이를 먹을 수 없는 것처럼, 인간에게 자유롭지 못한 것들이 많이 있다. 그런 제약들에 조금 더 제약을 가한다고 해서 무엇이 문제가 되는지 모르겠다. 이를테면 사람이 다른 사람의 공격을 받지 않도록 보호 장비를 착용함으로써 살인이 일어나지 않게 할 수도 있다. 사람들은 여전히 자유롭게 수많은 결정을 내리고, 사람들에게 많은 선택권이 허용되어 있지만, 적어도 **다른** 사람의 생명을(그리고 그 생명과 함께 자유를) 빼앗는 일에 자유로울 수는 없다. 자유로운 다른 행위자를 파멸시키지 않고서도 선택할 수 있는 것들이 얼마든지 있을 수 있다. 사람들이 선택의 자유를 행사할 수 있는 가장 큰 영역들 가운데 하나는 학문적 창조나 예술적 창조의 영역이다. 살인을

수반하기까지 하는 그런 선택을 하지 않고서도 자유롭게 선택할 수 있는 영역이 많이 있다. 나는 그런 영역들이야말로 현재 우리가 선택하는 것보다 훨씬 더 좋은 선택의 기반일 수 있다고 생각한다. 현 상태로는 한 사람의 선택이 다른 사람의 파멸을 초래할 수도 있기 때문이다. 그리고 나는 인간이 자유로우면서도 악이 없는 세상을 신이 고안해 낼 수 **없다**면 신은 전능하지 않다는 것을 당신에게 상기시키고 싶다.

A: 나는 그렇게 생각하지 않는다. 신의 전능함은 신이 논리적으로 불가능한 것을 행할 수 있다는 것을 함축하지 않는다. 예를 들어 어떤 도형이 원이라면 그것은 사각형이 아니기 때문에, 신은 둥근 사각형을 그릴 수 없다. 또한 신은 **이미** 일어난 일을 일어나지 **않은** 것으로 만들 수도 없다. 과거는 이미 지나간 일이기에 신을 포함해서 어느 누구도 일어난 일을 일어나지 않은 것으로 만들 수 없다. 전능은 자연 법칙을 중지시키는 것처럼 논리적으로 가능한 것을 행하는 능력이다.

B: 신이 전능하다는 말은 신이 논리적으로 불가능한 것을 행할 수 있음을 의미하지 않는다는 데 동의한다. 하지만 신이 인간에게 선택의 자유를 부여하고서도—인간이 이미 여러 가지 점에서 제한받고 있는 것처럼—그 자유를 다른 여러 가지 점에서 제한하는 인간을 창조하는 일이 어째서 논리적으로 불가능하겠는가? 사람들은 새처럼 날 수 없으면서도 어째서 (예컨대) 다른 사람을 그렇게 쉽게 죽이거나 불구로 만들 수 있을까? 다른 인간의 생명을 빼앗지 않고서도 자유로운 선택권을 행사할 수 있는 다른 방식들(그리고 그와 더불어 미래에 자유로운 선택을 할 수 있는 방식들)이 분명히 많이 있다. 물론 **그것**에는 어떤 자체 모순도 없다.

A: 논리적으로 가능한 선택의 자유는 제한되어 있다.

인간답게 자유로운 행위자를 창조하여 우주 안에 정착시키려는 창조주는 어떤 종류의 우주를 창조할 것인지 선택할 수 있다. 첫째, 창조주는 개선할 필요가 전혀 없는 완벽한 우주를 창조할 수 있다. 인간답게 자유로운 행위자는 무엇이 올바른 것인지 알고 올바른 것을 추구하며, 방해를 받지 않고 자신의 목적을 달성한다. 둘째, 창조주는 모든 것이 개선될 필요가 있는데도 전혀 개선될 수 없는 근본이 악한 우주를 창조할 수 있다. 셋째, 창조주는 근본이 선하지만 아직 완벽하지 않은 우주—개선되어야 할 것이 많고, 인간답게 자유로운 행위자 모두가 무엇이 올바른 것인지 아는 것은 아니며, 그들의 목적이 종종 좌절되기도 하지만, 결국에는 올바른 것이 무엇인지 알게 되고, 목적 달성을 가로막는 장애물을 극복할 수 있는 우주—를 창조할 수 있다.[17]

나는 신이 세 번째 선택지를 선택했다고 생각한다. 왜냐하면 세 번째 우주에서만 그들 자신의 결정과 행위를 통해서 인격을 형성할 수 있고, 그들 자신의 행위에 대해서 책임질 수 있는 존재가 있을 수 있기 때문이다. 신이 창조하는 존재들에게 인격을 **부여**함과 동시에 그들 자신의 선택에 의해 그들 자신의 인격을 **자유롭게** 개발하도록 허용하는 것은 **논리적으로** 불가능하다. 그들에게 인격을 부여하는 것은 그들 자신을 개발하는 피조물의 능력을 빼앗는 것이다. 둘 중 하나를 선택해야 한다. 말하자면 당신은 신이 그들을 선하게 창조했기 때문에 그들의 행위가 선할 수밖에 없다고 주장함과 동시에 그들이 선한 것과 악한 것 중에서 자유롭게 선택한다고 주장할 수 없다. 자유롭게 행위하는 능력은 신에 의해 "미리 정해진" 특성과 **논리적으로** 양립 불가능하다. 이 논리적 불가능성은 과거를 변화시키는 일의 불가능성과 꼭 마찬가지로 진짜 불가능성이다.

B: 1930년대에 스탈린의 명령에 따라 7백만 명의 우크라이나 사람들을 계획적으로 굶어 죽게 함으로서 **그들의** 자유를 영원히 빼앗았다. 그런 만행을 자행한 스탈린의 자유가 7백만 희생자의 자유를 짓밟아도 될 만큼 소중한가? 당신은 분명히 **그들의** 자유보다 **그의** 자유에 더 높은 가치를 둔다. 당신은 이 자유가 없으면 사람들이 자유로운 행위자가 아니라 프로그램화된 자동 기계에 불과하다는 것을 진심으로 받아들이는가?

A: 그렇다. 창조주가 어떤 사람의 인격을 미리 결정해 놓은 바로 그 정도까지는 그 사람 스스로 인격을 자유롭게 개발하지 못한다. 결정된 인격과 인격 개발은 양립할 수 없다. 도덕적 결정을 내릴 때 사람은 언제나 자유로워야 한다—수백만 명을 죽음으로 몰아넣은 스탈린의 결정도 자유로운 것이었다. 도더저 자유는 인

17 Richard Swinburne, "The Problem of Evil," in Stuart C. Brown, ed., *Reason and Religion* (Ithaca: Cornell University Press, 1977), pp. 81–102.

간의 자유의 일부분이다. 당신은 도덕적 자유를 가질 수 없으므로 악은 선택 가능한 것이 아니며, 심지어는 스탈린의 경우처럼 끔찍한 악마저도 선택 가능한 것이 아니다.

B: 그렇다면 나는 당신이 말하는 자유가 가치 있는 것이라고 생각하지 않는다. 또한 나는 어떤 사람이 다른 사람에게 엄청난 고통을 가할 수 있는 그런 우주 창조를 선택하지 않을 것이다. 내가 의도적으로 그런 세계를 창조했다면 나는 잔혹한 폭군일 것이다. 내가 만들 수 있는 유일한 종류의 세계가 **그와** 같은 세계라면 나는 세계를 창조하지 말아야 한다. 내가 이 세계를 지배하는 인과 법칙을 규제할 수 있었다면—전능한 존재로서 인과 법칙을 규제할 수 있었다면—나는 적어도 몇 가지 기적만이라도 일으켜서 스탈린이 그런 짓을 저지르기 전에 심장마비를 일으켜 죽게 했을 것이다—아니면 그가 아예 세상에 태어나지 않게 하는 것이 더 나았을 것이다.

A: 당신은 인간의 자유가 가치 없는 것일 수 있다고 **주장**한다. 그러나 당신이 비난하는 것은 당신이 칭찬하는 것과 불가분의 관계에 있다. 문제가 있어야 문제가 해결될 수 있고, 갈등과 난관이 있어야 갈등과 난관을 극복할 수 있다. 위험이 있어야 위험에서 벗어날 수 있고, 패배의 위험이 있어야 승리가 있을 수 있다.

사실과 반대로 이 세상이 온갖 고통과 고난의 가능성이 배제된 낙원이었다고 해 보자. 미치는 영향이 매우 광범위할 것이다. 예를 들어 누구도 다른 사람을 해칠 수 없으므로 살인자의 칼은 종이로 변하고 총알은 가벼운 공기로 변한다. 은행 금고가 털려서 백만 달러가 없어지더라도 (그 규모가 아무리 커도 인플레이션이 일어나지 않고) 그 액수의 돈이 기적적으로 금고에 채워진다. 사기, 기만, 음모, 반역도 사회 조직에 아무런 해를 끼치지 않는다. 누구도 사고로 다치는 법이 없으므로 등산가, 첨탑 수리공, 높은 곳에서 놀다 떨어진 아이는 땅에 사뿐히 내려앉으며, 난폭 운전을 해도 전혀 사고가 나지 않는다. 일을 하지 않아도 아무런 해를 입지 않으므로 일할 필요도 없다. 이런 세상에는 정말로 부족한 것이나 위험한 것이 전혀 없기 때문에 다른 사람이 부족하거나 위험하다 해도 관심을 가질 필요가 없다.

…그런 세상[에서는]…우리가 현재 가진 윤리적 개념들이 아무 의미도 없다.…예를 들어

누군가를 해친다는 생각이 그릇된 행위 개념의 본질적 요소라면, 쾌락한 낙원에는 그릇된 행위란 있을 수 없을 뿐만 아니라 그릇된 행위와 구별되는 올바른 행위도 있을 수 없다. 위험과 어려움이 전혀 없다고 정의된 환경에서는 용기와 인내가 무의미하다. 안정적인 환경에서의 삶을 전제할 경우, 관용, 친절, **아가페적** 사랑, 신중, 애타심, 그리고 그 밖의 모든 윤리적 개념은 아예 만들어지지도 않는다. 따라서 그런 세상은 아무리 쾌락을 증진시킨다고 할지라도 인간의 도덕적 품성 개발에는 전혀 적합하지 않다. 도덕적 품성 개발을 목적으로 한다면 이런 세상은 가능한 모든 세상 가운데 최악이다.[18]

B: 전능한 신은 사람들이 서로 대량 학살을 저지르지 않고서도 도덕적 품성을 개발하도록 인간을 창조할 수 있을 것이다. **현재** 상태의 세상에서 도덕적 품성이 매우 가치 있다는 것은 사실이다. 용기는 전쟁할 때 가치 있는 것이지만 전쟁 없는 세상이 더 좋은 세상이지 않을까? 그리고 인간의 미덕 역시 다른 방식으로, 예컨대 가치 있는 창조 활동을 완수하는 데 요구되는 자기 훈련의 방식으로 실행될 수 있지 않을까? 게다가 우리는 이미 앞에서(430–431쪽) 이 세상이 아주 효과적인 도덕적 미덕의 수련장이 아니라는 것—**이것**이 신의 목적이라면 이 목적은 인간을 행복하게 하려는 목적처럼 좌절되었을 것이라는 것—을 확인한 바 있다. 우리가 오늘날 미덕으로 간주하는 많은 것은 오로지 우리가 살고 있는 세상의 악 때문에 미덕이라 할 수 있으며, 세상이 언젠가 정말로 좋아진다면—미덕이 필요하지 않을 것이므로—미덕 없이도 기꺼이 살아갈 수 있을 것이다. 만일 이 세상에 더 이상 악이 존재하지 않는다면 우리는 악으로 인해서 성립하는 미덕 없이도 잘 살 수 있을 것이다.

그뿐 아니라 이런 악의 **분배**는 전혀 정의롭지 않다. 세상의 도덕적 악이 인간성의 사악함에 대한 처벌이라면 무고한 희생자는 어찌 되는가? 공격자는 때로 처벌을 교묘히 피하기도 하지만 희생자는 결코 다시 살아나지 못한다. 혼자 방에 있다가 뜨거운 난로에 화상을 입고 죽은 어린이 또는 소아마비나 척수염에 걸린 어린이는 도대체 무슨 벌을 받고 있는 것인가? 어떤 나라가 강력한 외국

---

18   John Hick, *Philosophy of Religion* (Englewood Cliffs, NJ: Prentice Hall, 1962), pp. 44–45.

군대의 침략을 받자 수천 명의 시민이 침략자를 몰아내려다 죽은 경우 그 모든 국민은 무슨 벌을 받고 있단 말인가? **이것**이 바로 당신이 말하는 정의롭게 통치되는 세상인가?

A: 당신은 전체적인 상황—그리고 모든 불공평이 개선되는 내세를 포함하는 전체적인 상황—을 이해하기까지는 이 세상이 불공평한지 어떤지 알 수 없다.

B: 물론 사람들이 굶주린다는 사실이 앞으로 항상 배불리 먹을 것이라는 것을 증명하지 못하는 것과 마찬가지로, 이 세상이 불공평하다는 사실이 불공평이 없는 또 하나의 세상이 존재한다는 것을 증명하는 것은 아니다. 하지만 내세라는 것이 있다고 해 보자. 도대체 어떻게 현세의 악을 상쇄시킬 수 있을까? 어떤 사람이 심신을 약화시키는 고통스런 질병으로 서서히 쇠약해져 죽는다. 행복한 내세가 이 사람을 정말 "보상"해 줄까? 도스토옙스키는 인간들이 서로에게 가하는 여러 가지 악의 실례를 제시했는데, 한 예에서 그는 어린이가 여우에게 갈기갈기 찢기도록 학대하는 잔혹한 장교를 묘사한다. 아마도 그 장교는 지옥에서 고통을 받겠지만, 그 어린이는 이미 극심한 고통을 받았는데 지옥이 무슨 소용이 있겠는가? 그 악은 **이미** 일어났으므로 전능한 존재라 할지라도 일어난 일을 일어나지 **않은** 것으로 만들 수는 없다. 미래에 일어날 수 있는 어떤 일도 결코 이 잔혹한 행위를 보상해 주지 못한다. 세계사에는 사악한 짓을 한 사람에게 영원한 형벌을 가해도 도무지 지워지지 않는 오점이 남아 있다. 세계는 이런 일이 일어날 수 있을 뿐만 아니라 **이미** 일어난 그런 방식으로 이루어져 있다. **앞으로** 일어날 어떤 일도 이미 일어난 일을 바꿀 수 없다.

"자유 논증"은 악의 문제를 피해가려는 가장 끈질긴 시도로 남아 있다. 이 시도의 성공 여부는 주로 인간이 현재 가진 선택의 범위를 넘어서 얼마나 많은 가치가 인간의 선택 능력에 기인하는가에 달려 있다.

다른 형태의 설계 논증
한편 악의 문제를 피해가려는 다른 형태의 목적론적 논증들이 있다.

1. **악의적인 전능한 존재**. 이 견해는 자비로운 신에 대한 믿음만큼 대중적이지는 않은데, 아마도 내세에서 정의가 이루어질 것이라는 바람이 악의적인 존재에 대한 믿음에 의해서는 충족되지 않기 때문인 것 같다. 악의적인 전능한 존재는 전능하다는 점과 그의 손아귀에 완벽하게 영원히 붙잡혀 있다는 점에서만 다를 뿐인 독재자와 같다. 기독교의 근본주의에 대한 많은 비판자들은 기독교의 신이 지옥—신자가 아닌 사람들에게 끝없는 고통을 가하는 장소—을 고안했다는 점에서 악의적인 전능한 존재와 다소 비슷하다고 믿었다. 지구상의 감옥에 갇힌 가장 고약한 죄수도 석방되거나 가석방되는 경우가 있는데, 신은 자신의 피조물에게 개선이나 용서나 가석방의 여지를 전혀 주지 않고 영원한 벌을 내린다. 이 같은 벌은 전혀 좋은 결과에 도달할 수 없으므로 지극히 맹목적인 것으로 보이며, 도대체 **끝없는 벌**을 받을 만한 범죄가 무엇인지 의아할 수도 있다.

전능한 사탄을 상상해 보면 이 세상에 악이 만연하는 것은 결코 놀랄 일이 아니다. 이 세상은 정말 사탄이 설계한 것 같다. 이 악마 가설에 대한 증거는 신이 자비롭고 전능하다는 견해에 나점이 있다는 바로 그 사실, 이를테면 인간의 불행과 고난이 만연해 있다는 것, 생물이 다른 생물을 잡아먹음으로써만 생존할 수 있다는 사실 등등에서 발견된다. 수많은 사람이 서서히 고통을 받다가 죽어가고, 지진으로 인해 지하의 바위틈에 끼인다면, 이것이 바로 악의적인 존재가 기뻐할 그런 종류의 것이다. 전통 신학에서 문제가 되는 일이 악마 가설에서는 "예사로운 일"이다.

2. **자비롭지만 전능하지 않은 설계자**. 자비롭기는 하지만 미약한 인간처럼 능력이 유한한 우주 설계자가 있었는지도 모른다. 이 견해에 따르면 악의 문제는 없다. 신의 능력이 유한하여 존재하는 악을 어찌할 수 없기 때문에—신이 완벽하게 통제하지 못하는 재료로 만들 수밖에 없기 때문에—악이 존재한다. 신은 인간과 함께 이 세상의 악을 최소화하려는 동업자에 지나지 않는다는 견해가 때로 제안되기도 했다. 이 견해는 악의 문제에 부딪히지 않을 뿐만 아니라, 악이 부분적으로 사람들에게 달려 있고 사람들의 노력으로 개선될 수 있기 때문에 사람들로 하여금 악을 제거하려는 노력을 하도록 자극한다.

그러나 이 견해는 널리 받아들여지지 않았다. 사람들은 자신을 확실히 보증해 줄 수 있는 신—예를 들어 보상을 받을 만한 사람에게 보상을 해 주고, 전혀 계획에 차질이 없는 신―을 원하기 때문인 것 같다. 사람들은 자극보다 안전을 원한다. (이 견해에는 다음과 같은 문제가 있다. 단 하나의 신이 있을 뿐이라면 누가 또는 무엇이 신의 능력을 제한할 수 있으며, 어떻게 경쟁 상대가 있을 수 있겠는가?)

3. 선악 양신론(兩神論, Ditheism). 이 세상에는 두 신이 있어서 각자 자신의 계획을 세우고 실행하는데, 두 신의 계획이 서로 엇갈린 목적을 추진한다는 견해가 고대 이래 가끔씩 제안된 바 있다. (두 신 가운데 하나가 전능하다면 다른 쪽은 신이 아닐 것이므로) 어느 신도 전능하지 않다는 것은 분명하지만, 한쪽은 자비롭고 다른 쪽은 자비롭지 않다. 고대의 조로아스터교와 마니교는 이 세상이 단 하나의 설계자가 만든 작품이 아니라 서로 다투는 두 신의 전쟁터라고 주장했다. 왜냐하면 (이 세상의 선과 악이 그렇게 보이기만 하는 것이 아니라) 어떤 것은 정말로 선하고 어떤 것은 정말로 악하다고 보았기 때문이다. 어느 쪽도 악의 문제는 없다. 악은 악의 신이 있다는 것에 의해 간단히 설명되기 때문이다. 마니교의 견해에서 물리적 우주는 선의 신에 의해서 설계되었고, 인간은 악의 신에 의해서 설계되었다―이 신조는 우리가 지금까지 살펴본 어느 견해들보다도 관찰 가능한 사실들에 더 잘 들어맞는 것 같다.

기독교 신학에서는 마치 여호와와 사탄이라는 두 신이 있는 것처럼 생각하기도 했다. 그러나 기독교는 둘 중 하나가 전능하기 때문에 양신론이 아니다. 그들의 싸움은 가짜 싸움이다.

기독교 신학도 여호와와 사탄이라는 두 신이 있는 것처럼 생각했던 적이 때로 있었다. 그러나 기독교 신앙에서는 둘 가운데 하나가 전능하므로 양신론이 아니다. 여호와와 사탄의 싸움은 가짜 싸움이다. 애당초 여호와가 사탄을 창조했고, (왜 사탄을 파멸시키지 않았는지 의문이지만) 여호와는 원하면 언제든지 사탄을 파멸시킬 수 있기 때문이다. 진정한 종교적 양신론에서는 두 신 모두 능력이 유한해야 하고, 싸움의 결말이 정말 불확실해야 한다.

4. 다신론. 두 신이 있다면 둘 이상의 신은 왜 안 되겠는가? 여러 신이 각자 독립된 세력을 유지하면서 상호작용한다고 믿었던 그리스인의 다신론을 부활하면 안 되는가? 제우스가 주신(主神)이었다는 것은 확실하지만, 제우스의 빈틈없는 계획이 다른 신들과 특히 그의 부인 헤라에 의해서 좌절되었기 때문에 제우스는 결코 전능한 신이 아니다. 자연 법칙은 한결같이 공평하게 작용하므로, 신들이 어느 정도 협

력하고 있음에 틀림없다고 보거나 제우스가 어느 한 부문에서만 최고 통치권을 행사한다고 보아야 할 것 같은데, 그래도 제우스가 서로 엇갈린 목적을 추진하는 신들에게 영향력을 다양하게 행사할 여지는 아직 많이 남아 있다. 도대체 우주의 설계자가 어째서 **하나**만 있어야 하는가? 인간이 하는 설계의 경우에는 배를 만드는 경우처럼 대체로 어떤 계획이 처음에는 한 사람에 의해서 매우 조잡한 형태로 고안되고, 다음에 다른 누군가에 의해서 엉성한 부분이 고쳐지고, 다시 세 번째 사람에 의해서 더욱 개선되는 등 수 세대에 걸쳐 이루어진다.

> 배를 한 척 조사해 본 사람이라면 그토록 복잡하고 유용하고 아름다운 기계를 짜 맞춘 조선공의 재능에 대해 얼마나 찬사를 보내겠는가? 그리고 그 조선공이 다른 배들을 모방했을 뿐 아니라, 오랜 세월에 걸쳐 수많은 조선공이 거듭 시도하고 실수하고 수정하고 숙고하고 논쟁한 끝에 조금씩 개선되면서 이루어진 조선 기술을 그대로 사용하는 평범한 기술자라는 것을 알게 된다면 얼마나 놀라겠는가? 지금과 같은 세계가 만들어지기 전에 수많은 세계가 잘못 만들어져 폐기되었는지도 모를 일이야. 많은 노력이 수포로 돌아가고, 수많은 시도가 결실을 거두지 못했지. 그러면서 세계를 만드는 기술은 무한한 세월 동안 느리지만 지속적인 발전을 거듭한 것이라네.[19]

그리고 지금 이 순간에도 세계를 만드는 기술이 결코 완벽하지 못하다는 말을 덧붙여야 할 것 같다. 우주 세계의 설계자들이 합심하여 좀 더 성실하게 노력한다면 현재보다 상당히 향상된 세상을 만들어 낼 수 있을지도 모른다.

　5. **우주 유기체.** 지금까지 우리는 설계자가 마음속에 설계나 계획의 형태로 목적을 지닌다고 보는 목적론만을 검토하였다. 정신을 가진 어떤 존재가 계획을 세워서 그것을 실행하는 것인데, 이 목적론은 우리 자신이 계획을 세워 실행하기 때문에 우리에게 가장 익숙한 유형의 목적론이다. 우리는 어떤 것을 설계하고, 계획을 세움으로써 그 결과가 현실화된다. 그러니 유기체 역시 목적론적 행동을 나타낸다. 해바라기는 뿌리를 생명의 원천인 흙 속에 깊이 내리고 태양을 바라봄으로써 계속 생존할

19　Hume, *Dialogues Concerning Natural Religion*, Part 5.

수 있다. 사실 해바라기가 자신의 생명을 보존하기 **위하여** 의식적으로 동작하는 것은 아니지만, 그럼에도 그 동작은 목적론적이다(228–229쪽 참조). 말하자면 해바라기는 이런저런 방식으로 행위함으로써 이런 활동이 없으면 나타나지 않을 (생존과 같은) 상태가 나타날 수 있게 한다. 그렇다면 우주가 어떤 정신이 세운 계획의 결과라고 말하지 말고, 그 대신 거대한 우주 유기체가 행하는 목적적 활동의 결과라고 말하면 왜 안 되는가?

> 한 나무가 주변의 땅에 씨앗을 떨어뜨려 새로운 나무들이 자라게 하는 방식으로, 거대한 식물인 이 세계 또는 태양계가 스스로 씨앗을 만들어 주변의 혼돈 속에 뿌림으로써 새로운 세계를 생장하게 하는 것이네.[20]

또는 고대의 브라만 가설은 왜 안 되는가?

> 세계는 무한히 커다란 거미에서 생겨났는데, 그 거미는 자신의 뱃속에서 실을 뽑아내 이 복잡한 전체 세계를 만들고, 나중에 전체 세계의 전부나 일부를 다시 흡수한 다음 자신의 본질로 용해하여 소멸시킨다고 하네. 우리가 보기에 이것이 터무니없는 종류의 우주 생성론인 것은 거미라는 것이 그것의 작동을 우주 전체의 모델로 삼을 가능성이 전혀 없는 아주 미천한 동물이기 때문이네. 그러나…(매우 가능성이 큰 이야기인데) 완전히 거미들만 사는 행성이 있다면 이 추리는 지구상에 있는 모든 것의 기원을…설계와 지성에 두고 있는 만큼 자연스럽고 반박할 수 없는 것으로 보일 걸세. 질서정연한 이 세계가 왜 뇌뿐 아니라 뱃속에서 만들어질 수 없는지…그에 대해 만족스러운 이유를 제시하기가 어려울 것이네.[21]

"하지만 이 이야기는 터무니없다!"라고 비난할지도 모른다. 이런 가설들은 불합리하지 않은가? 이런 일들은 **모두** 개연성이 전혀 없는 일인가? 우리는 이런 가설들

20　Ibid., part 7
21　Ibid.

을 모두 가능한 것으로 인정해야 하고, 그 비슷한 수많은 다른 가설들 역시 가능한 것으로 인정해야 하는가? "이것들은 얼마나 무모하고 자의적인 가정들인가? 무슨 **자료**가 있기에 자네는 그런 이상한 결론을 내리는가? 그리고 세계와 식물 또는 세계와 동물 사이에 가정된 사소한 이 유사성은 이들 두 경우에 관해 동일한 추리를 세우기에 충분한 것인가?"[22] 그러나 흄은 바로 이것이 문제라고 지적한다. 이런 일들은 모두 개연성이 전혀 없는 일**이다**. 목적론적 논증의 여러 형태 중 어느 것도 믿을 만한 정당한 이유가 없다.

> 우리는 어떤 우주 생성론 체계에 대해서도 입증 **자료**를 갖지 못했다네. 우리의 경험은 그 자체가 불완전한데다가 그 범위와 지속성 역시 매우 제한되어 있어서 사물 전체에 관해 개연성 있는 어떤 추측도 제공할 수 없네. 그러나 우리가 어떤 가설을 선택해야 할 필요가 있다면 도대체 어떤 원칙으로 우리의 선택을 결정해야 할까? 비교되는 대상들이 더 많이 유사하다는 점을 근거로 결정하는 것 이외에 다른 어떤 원칙이 있겠는가? 그리고 생장이나 생식으로 생겨난 식물이나 동물이 이성이나 설계에 의해 생겨난 인위적인 어느 기계보다 이 세계와 더 많이 비슷하지 않았는가?[23]

유비 논증. 목적론적 논증에 속하는 모든 논증은 유비 논증(arguments from analogy)이다. 유비는 단지 비교하는 일일 뿐이고, 유비 논증은 비교를 증거로 삼는 논증이다. 우리는 우선 일정한 점들 A, B, C에서 비슷한 두 사물 X와 Y를 비교한 다음, 서로 유사하다는 사실이 관찰된 적이 없는 D라는 다른 점에서도 비슷하다는 결론을 내린다. 예컨대 사람(X)과 개(Y)는 수많은 점에서 비슷하다. 그들은 혈액을 뿜어내는 심장을 가지고 있고, 음식물을 섭취하고 소화하는 등등(A, B, C)의 점에서 비슷하다. 따라서 사람이 간장을 가지고 있으므로(D) 개 역시 간장을 가질 것이라는 결론을 내린다(개에게 간장이 있는지 없는지 알기 위해 개를 해부해서 개에게 간장이 있다는 것을 발견하기 이전에 이 논증이 제시되었다고 가정해 보자). 이 유

---

22   Ibid.
23   Ibid.

비 논증은 인간과 개가 수많은 점에서 비슷하기 때문에 아직 유사성이 발견된 적이 없는 다른 점에서도 서로 비슷할 것이라고 주장하는 식으로 진행된다.

유비 논증은 물론 결정적인 논증이 아니다. 두 사물이 수많은 점에서 비슷하다는 사실이 그 밖의 다른 점에서도 비슷하다는 것을 증명하지는 못한다. 두 사물이 수많은 점에서 유사할 수 있고, 설령 실제로 비슷하다고 하더라도 유비 논증은 그것을 증명하지 못한다. 두 사물을 조사해 보아야 새로운 점에서 비슷하다는 것을 발견할 수 있다. 두 사물이 대부분의 점에서 매우 유사하다면 새로운 점에서 유사할 가능성이 더 높을 수는 있다. 한 예로 사자와 표범은 대부분의 점에서 매우 유사하므로 사자의 어떤 특성이 표범의 특성이기도 할 가능성이 매우 높다―그래도 사자의 모든 특성이 표범의 특성은 아니다. 모든 특성이 동일하다면 사자는 표범과 구별될 수 없을 것이다. 두 사물이 아주 비슷한 경우에도 유비 논증은 여전히 결정적인 논증이 아니다.

다양한 형태의 목적론적 논증은 대개 유비 논증으로 제시되었다. 이를테면 시계와 사람의 눈의 경우를 보자. 시계와 사람의 눈은 동일한 공통 특성―예를 들어 둘 다 목적에 적응하는 수단으로 보인다는 특성―을 갖는다. 시계의 목적이 무엇인지 모르는 상태에서 우연히 시계를 본다면 우리는 그것이 누군가에 의해서 설계되었다고 결론 내릴 것이다. 왜냐하면 개개의 모든 부분이 하나의 기능 즉 시간을 가리키는 기능을 수행하도록 다른 모든 부분과 연결되어 있기 때문이다. 마찬가지로 인간의 눈에도 부분들 사이의 복잡한 상호 연관이 있는데, 그 모든 부분은 하나의 기능, 즉 보는 기능을 수행하도록 되어 있다. 시계가 설계의 산물이므로 우리는 눈 역시 설계의 산물이라고 추리한다.

눈이 보는 일을 위해서 만들어졌다는 것을 증명하는 것은 망원경이 보는 일을 돕기 위해서 만들어졌다는 것을 증명하는 것과 완전히 동일하다. 눈과 망원경은 둘 다 동일한 원리에 의해서 만들어졌다. 둘 다 광선의 전달과 반사를 규정하는 법칙에 맞게 만들어졌다. … 이 법칙들이 동일한 결과를 산출하기 위해서는 광선이 공기를 통과하여 눈으로 들어올 때보다 물을 통과하여 눈으로 들어올 때 더 크게 굴절할 필요가 있다. 따라서 우리는 물고기의 눈의 수정체가 뭍에서 사는 동물의 눈의 수정체보다 훨씬 더 둥글다는 것을 발견하게 된다. 이 차이보다 더 명백한 설계의 증거가 있을 수 있겠는가?[24]

시계나 망원경 같은 제조된 물체와 눈 사이의 유비는 상당히 분명하다. 두 경우 모두 어떤 기능을 수행하는 복잡한 구조가 있다(우리는 "기능"이라고 말해야지 "목적"이라고 말하면 안 된다. 왜냐하면 눈이 어떤 목적을 수행한다고 말하는 것은 문제의 그 논점을 가정하기 때문이다. 목적론적 논증에 대한 반대자들은 눈이 어떤 기능, 즉 보는 일을 수행할 경우 설계의 산물이 아니며, 따라서 설계자의 목적의 산물도 아니라고 주장한다). 그러나 제조된 물체의 경우에는 설계 활동이 관찰되는 반면에, 눈의 경우에는 모든 유기체와 마찬가지로 어떤 설계 활동도 관찰된 적이 없다. 또한 눈을 가진 모든 유기체와 마찬가지로 눈도 더디고 점진적인 진화 과정의 산물이라고 믿을 만한 중요한 다른 증거가 있다. 게다가 눈에 결함이 있는 경우도 종종 있다.

일정한 형태와 구조가 일정한 행위에 적합하다는 것을 발견하는 일은 설계와 아무런 관련도 없다. 발전된 이런 것들 가운데 어느 것도 완벽하지 못할 뿐만 아니라 완벽에 가깝지도 않다. 눈을 비롯한 그 모든 것들은 훌륭한 기계공이라면 만드는 일을 부끄러워할 만한 실패작이다. 끊임없는 재조정을 필요로 하는 그 모든 것들은 항상 고장 난 상태이며, 믿을 만한 성과를 내기에는 정말 너무 복잡하다. 그것들은 어떤 목적을 위해서 만들어진 것이 아니라 필요와 적응으로 인해서 발전했다. 달리 말하면 그것들은 우연히 생겨났다.[25]

사람들이 목적론적 논증과 무슨 관계가 있는지는 그들이 이 세계의 어떤 특징을 출발점으로 삼는가에 달려 있다. 우리가 시계 대신 배에서 출발한다면, 우리는 우주가 수많은 세월에 걸쳐 세계를 만들면서 축적된 경험의 결과라는 가설을 제시한다. 우리가 황량한 황무지에서 출발한다면, 우리는 우주가 질퍼거리고 비효율적일 뿐만

24 Bishop William Paley, *Evidence of the Existence and Attributes of the Deity* (1802), Paul Edwards and Arthur Pap, eds., *A Modern Introduction to Philosophy*, p. 412에서 인용.

25 Clarence Darrow, "The Delusion of Design and Purpose," in Darrow, *The Story of My Life* (New York: Charles Scribner's Sons, 1932), p. 413.

아니라 설계자가 인간의 복지를 염두에 두지 않았다는 가설을 제시한다. 우주에는 너무나 많은 것들이 있고 그것들 각자 너무 다른 속성들을 가지고 있어서 맨 처음에 어떤 특징을 선택하는가에 따라서 실제로 어떤 유비 논증이든 구성할 수 있다. 그 때문에 흄은 유비 논증이 어떤 설계자 또는 다수의 설계자, "우주 유기체" 또는 (흄의 표현으로) "우주 생성론 체계"에 관해서 내리는 **어떠한** 결론에 대해서도 전혀 증거를 제공하지 못한다고 주장했다.

6. 의인주의와 신비주의

의인주의

대부분의 사람들은 신이나 신들에 관해 생각할 때 고도로 의인화된 방식으로 신(또는 신들)을 이해한다. 말하자면 "신을 인간의 형태로 이해한다"(anthropos(인간)와 morphe(형태)). 사람들은 신이 현명하고, 자비롭고, 권능 있다고 말하며, 신이 명령하고, 우리의 기도를 듣고, 우리의 행복을 바라고, 우리의 죄를 용서한다고 말한다. 그리고 원시인들이 신이나 신들을 생각할 때 그들은 하늘이나 산꼭대기 저편 어딘가에서 우리를 지켜보고 있고, 명령을 내리고, 복종한 사람들에게 상을 내리는 "더 크고 더 선한" 인간을 신이라고 생각했다. 그 같은 신들은 아마도 우리의 감각 기관과 조금도 다르지 않은 감각 기관을 가진 물리적 유기체였다. 신은 아담의 갈비뼈로 이브를 만들었고, 선선한 저녁에 아담과 이브를 만났다.

예를 들어 모든 종교는 실제로 신을 "그"(he)라고 지칭하는데, 정말로 신이 남성—아마 풍성하게 늘어진 하얀 예복을 입고 홀(笏)을 든 덕망 높은 어르신—이라고 믿을까? 신은 말 그대로의 남성이 아니라고 주장한다면, 그는 신을 "그녀"(she)라고 지칭하는 것인가? 그러니 그것은 신을 여성에 속하는 것으로 기술하는 것이다 (신을 "그"라고 부르는 것은 가부장적인 시대의 유물인지도 모른다). "그것"(it)이라는 말은—일반적으로 무생물을 지칭하는—비인칭대명사라서 "그"나 "그녀"만 못한 것 같다. 신은 여전히 인격을 지닌(자비롭거나 복수심이 있거나 용서하거나 관대하지 못한) 사람으로 이해되기 때문이다. 어쨌든 우리가 가진 단수형 삼인칭 대명사는 "그" "그녀" "그것" 뿐이다.

종교들의 의인화 정도가 약해지면서 사람들은 신을 물리적 공간에 사는 물리적 유기체라고 생각하지 않게 되었다. 그 대신 신은 사랑이나 지혜와 같은 인간의 특성을 지닌 정신이자 인격이었다. 앞에서 보았듯이 신체 없는 정신을 이해하는 데에는 여러 가지 문제가 있다. 그러나 그런 문제들은 잠시 접어 두고 정신이 어떤 특성을 가져야 하는지 알아보자. 사람은 시간 t–1에 A를 생각하고 시간 t–2에 B를 생각한다. 사람은 심사숙고하고 선택하고 행위하며, 때로 마음을 바꾸기도 하고, 이전의 결정을 후회하기도 한다. 신을 하나의 정신이라고 생각하는 것은 신을 직접 시간의 흐름 속에 놓는 것이다. 신은 이것을 한 다음에 저것을 한다. 이 같은 인간의 특성들을 신에게 부여하는 것은, 미숙한 물리적 의인주의는 아니지만, 여전히 신에 대한 의인화이다. 게다가 신이 세계를 창조하거나 설계하고, 기도를 듣고 응답하며, 어떤 사람에게는 상을 주고 어떤 사람에게는 벌을 주는 것과 같은 일을 한다고 말하는 것 역시 의인화이다. 이것은 몇몇 사람들이 말하듯이 신은 시간적이지 않다고 말하는 것, 즉 시간 속에 존재하는 것이 아니라 수 2처럼 **시간과 무관**(timeless)하여 전혀 역사를 갖지 않는다(예를 들어 수 2가 어제 첫돌이었다고 유의미하게 말할 수 없다)고 말하는 것과 양립 불가능하다. 정신은 시간과 무관한 것이 아니라 영속적인 (everlasting) 것인지도 모른다. 정신을 갖는 것은 생각하고 의욕하고 느끼고 심사숙고하는 것과 같은 일들을 포함한다—이 모든 일들은 시간 속에서 일어나는 과정이다. ("영원하다"(eternal)라는 말이 애매하다. 그것은 **시간과 무관**하다—역사를 갖지 않는다—는 것을 의미할 수도 있고, **영속적이다**—끝없이 시간이 흘러가도 계속 존재한다—는 것을 의미할 수도 있다.)

행위와 감정과 관념이 구별되지 않고 또한 연속적이지도 않은 정신, 즉 전적으로 단순하고 완전히 불변하는 정신은 아무런 생각도, 이성도, 의지도, 감정도, 사랑도, 미움도 갖지 않는데, 그렇다면 그것은 한마디로 결코 정신이 아니라네. 그런 것에 정신이라는 명칭을 붙이는 것은 용어의 남용이야.[26]

---

26 Hume, *Dialogues Concerning Natural Religion*, part 4.

그러나 생각, 감정, 의지, 그리고 정신의 역사 속에 있는 그 밖의 사건들이 **없이** 정신을 언급하면서 그것을 정신이라고 부른다면, 이것은 오른손으로 주고 왼손으로 빼앗는 것이 아닌가? 그것이 여전히 정신이기는 하지만 우리가 정말 이해할 수 없을 정도로 매우 다른 종류의 정신이라고 말해 봐야 아무 소용없다. 우리가 그것을 이해할 수 없다면 우리는 그것을 **정신**이라고 아예 말할 수도 없기 때문이다. 우리가 무슨 자격으로 그것을 다른 것이 아닌 정신이라고 말하겠는가? 그것은 마치 페이지도, 표지도, 글자도 없는 아주 특수하고 이상한 종류의 책이 있다고 말하는 것이나 다름없다—사실 그것은 빨간 액체이다. 하지만 그것이 무엇이든 간에 이것은 우리가 "책"이라는 낱말을 사용할 때 그 낱말이 의미하는 바가 아니다. 그것은 책의 정의 특성을 갖지 않으므로 책일 수 없다. 이와 꼭 마찬가지로 "시간과 무관한 정신" 역시 정신의 기본적인 정의 특성을 갖지 않은 것으로 보인다.

　게다가 사람들이 신에게 부여하는 많은 특성이 신에게 부여하는 다른 특성들과 정합하지 않는다. 신이 소망한다—하지만 모든 것을 가진 존재가 어떻게 무언가를 소망할 수 있는가? 신이 자신의 생각을 바꾼다—신이 인간을 창조한 것을 "후회한다." "신은 자신의 이름을 거룩하게 하려고 세계를 창조했다"—밀은 이것이 "인간의 가장 저급한 속성들 중 하나인 끊임없이 칭찬받으려는 욕망"을 신에게 부여한 말이라고 했다. 우리가 이미 보았듯이 신이 전능하다면 그는 목적을 달성하기 위해 수단을 이용할 필요가 없다. 신은 목적을 직접 달성할 수 있으므로 (이를테면 선을 증진하기 위해 악을 용인하는 것처럼) 이것을 성취하기 위해 저것을 수단으로 이용할 필요가 없다. 신에 관해 이런 식으로 말하는 것은 신이 신체 기관을 가진 물리적 유기체라고 말하는 것이나 거의 다름없이 미숙하게 의인화하는 것이다.

글자 뜻 그대로의 의미를 벗어난 용어 사용. 그러나 신이 자비롭다든가 현명하다고 말할 때 이런 용어들을 글자 뜻 그대로의 의미로 해석하면 안 될 것 같다. 말하자면 인간에 대해 말할 때 사용하는 용어를 신에 대해 말할 때에도 똑같은 의미로 사용하면 안 될 것 같다. 신이 공평하다고 말할 때 글자 뜻 그대로의 의미로 공평성을 말하면 안 될 것 같다. 우리는 그런 용어들을 오로지 비유적 의미로 사용해야 하는지도 모른다. 하지만 사람들은 신이 권능 있다고 말할 때마다 거의 글자 뜻 그대로의 능력, 즉 구원하거나 파멸시키는 능력, 생사여탈 능력을 말하는 것으로 보인다.

우리는 낱말들을 끊임없이 비유적 의미로 사용한다. 1장에서 보았듯이, 어떤 사람을 족제비라고 부를 때 우리는 그 사람이 네 개의 다리와 털을 가졌다는 것이 아니라, 이를테면 교활함과 같은 족제비의 어떤 특성—어쨌든 일반인이 (종종 틀리는 수도 있지만) 족제비에게 부여하는 특성—을 가졌다는 것을 의미한다. 부소장에 대한 대중적 정의인 "집쥐가 되려고 훈련받는 들쥐"라는 말은 생물학적 기술을 뜻하지 않는다. 우리는 경우에 따라 사람을 사자, 곰, 뱀, 벌레, 해마, 두꺼비라고 말하기도 한다. 하지만 어떤 사람을 이들 가운데 어느 명칭으로 부를 때 우리는 왜 그렇게 말하느냐는 질문을 받으면 제시할 수 있는 일정한 기술적 특성을 마음속에 가지고 있다. "무슨 의미로 그를 뱀이라고 부르는가?"—우리는 이 같은 질문에 쉽게 답할 수 있다. 비유적인 용어는 우리에게 익숙한 특성들의 집단이나 집합을 짧게 언급하는 속기 방식일 뿐이다. 우리는 이런 비유적 표현을 글자 뜻 그대로의 표현으로 쉽게 번역할 수 있다. 그러나 번역이 불가능한 경우는 어떻게 되는가?

> 새로운 신학적 발견, 즉 브라만이 모자를 쓴다는 말을 듣는다고 해 보자. 그리고 브라만은 머리도 형체도 없으므로 그 모자는 신적인 모자이며 무한히 쓰는 모자라는 말을 듣는다고 해보자. 그렇다면 모자를 쓴다는 것은 어떤 의미인가? 왜 **이런** 말을 사용하는가? 신이 존재하지만 "존재한다"라는 말의 "다른 의미"로 존재한다고 한다. 그렇다면 신이 (평범한 의미로) 존재하지 않는 경우에 왜 그 말을 사용하는가? 또는 신이 우리를 사랑한다고 한다—그러나 "사랑"의 완전히 특수한 의미로 사랑한다. 또는 신은 어느 곳에서나 중심이고 어디에도 둘레가 없는 원이다. 그렇다면 이것은 중심도 둘레도 갖지 않으므로 원이 아니다. 한쪽 말이 다른 쪽 말을 무효화시킨다. 그래서 남는 것은 소리뿐이다.[27]

하지만 몇몇 유신론자들은 다른 방안들을 제시했다. 한 가지는 신에 관한 진술들이 "상징적 진리"(symbolic truth)라는 것이다. 이 견해에 따르면, 신에 관한 진리는 인간의 서술 능력을 훨씬 벗어나므로, 우리가 사용하는 낱말들은 인간의 능력을

---

27 Arthur C. Danto, "Faith, Language, and Religious Experience," in Sidney Hook, ed., *Religious Experience and Truth* (New York: New York University Press, 1962), p. 137.

벗어난 진리에 대한 서술로 기능하는 것이 아니라 **상징**으로 기능한다. 어떤 사람이 "신은 뜨거운 불이다"라고 말할 경우, 그것은 높은 온도가 신의 특징임을 의미하지 않는다. 말하자면 "뜨거운 불"이라는 말은 우리가 말로 표현할 수 없는 아주 독특한 속성에 대한 상징일 뿐이다.

하지만 문제가 있다. 만일 그 진짜 속성이 알려지지 않으면, 우리가 상징으로 사용하는 낱말들이 그 진짜 속성을 정확히 표현하는지 어떻게 알겠는가? 왜 다른 낱말이나 어구가 아니라 이 낱말이나 어구가 사용되는가? 왜 "신은 뜨거운 불이다"가 "신은 차가운 땀이다"보다 더 적절한가? "신은 뜨거운 불이다"가 더 적절하다면, 이것은 신의 속성과 불의 속성 사이에 **어떤** 유사성이 있다고 믿어지기 때문이 아닐까? 그렇지 않으면 무엇 때문에 "뜨거운 불"이 "차가운 땀"보다 더 적절하겠는가?

하지만 또 다른 방안, 즉 낱말들이 글자 뜻 그대로의 의미로 신에게 사용되기는 하지만 신에게 사용될 때는 막대한 **정도** 차이가 있다고 주장하는 방안이 남아 있다. 개가 주인을 사랑하고, 사람이 신을 사랑하고, 신이 모든 인간을 사랑한다. 개가 경험할 수 있는 사랑은 그것이 진짜 경험이라 해도 인간이 경험할 수 있는 사랑의 희미한 그림자에 불과한데도 둘 사이에 상당한 유사성이 있어서 다른 말보다 "사랑"이란 말이 우선적으로 사용될 수 있다. 마찬가지로 신의 사랑 역시 우리가 이해할 수 없을 정도로 위대하다 해도 다른 것보다도 사랑이라고 불리는 것이 훨씬 더 적절하다— 우리가 신의 사랑에 대해 다른 말을 사용하는 것보다 "사랑"이라는 말을 사용하는 것이 아무래도 "신의 사랑에 더 근접하게" 된다. 개의 사랑이 사람의 사랑과 관련이 있는 것처럼 사람의 사랑은 신의 사랑과 관련이 있다. 하지만 사랑을 신의 속성이라고 말할 때 우리는 충분히 이해할 수 없고 적절히 말로 표현할 수 없는 그 어떤 것을 암시할 따름이다.

신비주의

A: 내가 신에 관해 무슨 말을 하더라도 당신은 비판하려고 할 것이다. 당신의 비판에서 벗어날 수 있는 탈출구는 **신비주의**(mysticism)라고 생각한다. 신비주의에 따르면, 우리는 어떤 말로도 신을 정확히 기술할 수 없다. 신은 우리가 가지고 있거나 고안할 수 있는 어떤 개념으로도 표현이 안 된다. 신의 본성은 그 모든

구별을 초월하기 때문에, 신이 권능을 가졌다거나 전능하다고 말할 수 없으며, 심지어는 사랑한다거나 자비롭다고도 말할 수 없다. 이를테면 (당신의 마음에 드는 신의 특성이 무엇이든) 신이 A라는 특성을 갖는다고 말할 때 당신은 신 또한 not-A라는 특성을 갖지 않는다고 말함으로써 신을 제한한다. 이것은 우리가 신에 관해 말할 수 있는 최고의 찬양에도 적용된다. 신은 그런 것도 초월한다.

B : 그렇다면 신에 관해 말할 수 **있는** 것은 무엇인가?

A : 아무것도 없다. 어떤 말도 적합하지 않다. 비트겐슈타인이 말했듯이 "말할 수 없는 것에 대해서는 침묵해야 한다."[28]

B : 하지만 당신은 전적으로 침묵하지 않는다. 당신이 경험하는 것이 신이라는 말을 여전히 하고 있다. 당신이 신을 기술할 수 없다면, 어째서 당신이 경험하는 것이 신이고 다른 것은 신이 아니라는 말을 하는가?

A : 그렇다. 나의 경험 대상을 신이라고 말하는 것조차도 이미 신을 개념화하는 것이다. 그것은 신이면서 동시에 신-아닌-것이 아니라고 말하는 것이므로 **바로 그** 구별을 초월하는 것이 아니다.

B : 당신은 이 문제를 어떻게 해결할 것인가?

A : 해결할 방법이 없다. 신은 모든 기술을 초월하지만, 나는 그것이 신-아닌-어떤-것이 아니라 신이라고 말하고자 한다.

B : 당신이 경험한다고 믿는 그것이 무엇인지 나에게 알려 주려면 어느 정도는 말을 해야 한다. 하지만 당신이 경험하는 그것이 다른 것이 아니라 신이라는 것을 어떻게 아는가?

A : 어떻게 말해야 할지 모르겠다. 당신에게 객관적인 기준을 말해 줄 수가 없다. 당신이 일정한 방식으로 명상을 해 보도록 하여 당신이 직접 경험하도록 토대를 마련해줄 수밖에 없다.

B : 당신이 그런 경험을 했다고 해 보자. 그것으로 무엇을 증명할 수 있는가?

A : 누구나 ― 하루 계획을 세우고 식사를 하고 직장으로 출근하는 평범한 삶의 상

---

28 Ludwig Wittgenstein, *Tractatus Logico-Philosophicus* (London : Routledge and Kegan Paul, 1922).

황이 아닌—특수한 상황에서만 가질 수 있는 경험이 있다. 명상에 빠진 특정한 상황에서 나는 내가 신과 하나가 되었음을 확인하는 경험을 한다. 그 경험을 갖기 위해서는 특수한 마음 상태에 놓여 있어야 한다.

B: 그것은 수많은 경험들도 마찬가지이다. 그러나 그것은 경험 너머에 무언가가 존재한다는 것을 증명하지 못한다. 어떤 사람이 우울해지면 어떤 느낌을 갖지만 그 경험의 **대상**에 해당하는 우울증이 경험 너머 저편에 있지 않다.

A: 그렇지만 신비주의자들은 그들의 경험을 서로 공유할 수 있다. 신비주의자들은 그 경험을 기술할 수는 없지만 다른 신비주의자가 자신과 비슷한 경험을 한다는 것을 알 수 있다.

B: 그 경험들이 비슷하다는 것을 도대체 어떻게 알 수 있는가?

A: 여러 사람들이 세계 도처의 다른 장소에 다른 역사 시대에 흩어져 사는데, 그들이 명상 상태에 빠져들면 모두가 똑같은 말—그 말이 우리에게는 허튼 소리인 "둥근 사각형"이라고 하자—을 한다는 것을 발견했다고 해 보자. 그러나 그들이 서로에게 "둥근 사각형"이라고 말할 때 다른 사람은 그 말을 마치 처음으로 이해하게 된 것처럼 눈이 반짝인다. 그들의 말은 우리에게 횡설수설로 들린다—우리는 국외자이다. 우리는 그들의 주파수에 맞추지 못한다. 우리는 그들이 무엇을 경험하는지 모르지만, 그들이 경험을 공유하고 서로를 이해하는 것 같다는 것을 알 수 있다. 당신은 이 상황에 대해 어떻게 말하겠는가? 만일 그 일이 정기적으로 일어났다면 당신은 그것을 "우연의 일치에 불과하다"고 깎아내릴 수 없을 것이다. 당신이 무언가 결론을 내렸으면 한다.

B: 그렇다, 나의 결론은 그들 모두 비슷한 경험을 했다는 것이다. 하지만 나는 그 경험들이 무엇에 **대한** 경험인지 알 수 없으며, 설령 그 경험이 무언가에 대한 경험일지라도 알 수 없을 것이다. 그 경험들은 우울증처럼 경험 너머에 있는 어떤 것을 나타내는 것이 아닌 것 같다.

A: 그런데 그 경험들이 경험 너머에 있는 것을 나타낼 수도 있다—하지만 당신은 그것을 결코 알지 못할 것이다.

종교적 가설

신비 경험은 경험의 신적 근원을 입증하지 못한다. 그러나 우리가 발견할 수 있는 것 가운데에는 경험의 신적 근원을 입증할 수 있거나 신적 근원에 대해 어떻게든 암시라도 줄 수 있는 것이 도무지 있을 것 같지 않다. 이것은 정말 불가능할까?

신들이 인간으로 여겨지는데 더 위대하고 더 선할 뿐이라면, 우리는 일정한 상황에서 신들을 지각할 수 있어야 하며, 신들의 존재는 저 바위 아래 곤충이 있다는 견해처럼 일상적인 경험적 가설이다. 그리스 신들이 올림포스 산에 살았다면, 우리는 제우스, 헤라, 포세이돈 등의 그리스 신들이 올림포스 산이나 그리스 안팎의 다른 어느 곳에도 살지 않는다고 결론짓기 위해 장기간에 걸쳐 올림포스 산을 샅샅이 조사하기만 하면 된다. 그러나 물론 우리는 더 이상 물리적 신체를 가진 신들이 있다고 믿지 않는다. 그렇지만 많은 사람들은 신이—생각하고, 의욕하고, 결심하고, 축복하는—정신을 갖지만(정신이지만) 신체 없는 정신이라고 믿는다. 그러나 그 경우에 신의 존재는 감각 기관에 의해서 확인될 수 없으며, X-레이, 현미경, 레이더와 같은 기구에 의해서도 결코 발견될 수 없다.

그러나 과학자들이 믿는 것 가운데에는 감각 기관에 의해서 또는 기구들에 의해서도 발견될 수 없는 것들이 많이 있지 않은가? 쿼크와 중성자는 보거나 만질 수 없으며, 현미경으로도 보이지 않는다. 그래도 이와 같은 것들은 "그 결과에 의해 알려지는" 그런 방식으로 우리에게 알려진다. 당신은 그것들을 볼 수 없지만 그것들의 존재 여부에 따라 결과가 달라진다. 그것들 자체는 전적으로 경험에서 추리된 것이지만, 과학자들은 그것들의 존재를 가정함으로써 그것들이 없으면 나타나지 않을 관찰 가능한 어떤 현상을 끌어들여 증거로 삼는 추리를 할 수 있다고 믿는다. 마찬가지로 우리는 세계에 나타난 "신의 결과를 통해서 신을 안다." 우리는 전자의 경우처럼 신을 볼 수 없지만 우리가 세계에서 관찰하는 것에서 신의 존재를 추리할 수 있다. 예를 들어 목적론적 논증은 세계에서 관찰 가능한 대상과 과정을 증거로 제시하는 데서 시작하여, 이런 대상과 과정이 신의 창조적인 노력의 결과라고 결론을 내린다. 그런데 목적론자의 추리는 정당하지 못한 것 같다—설계자를 끌어들이지 않고서도 관찰된 것을 설명할 수 있다. 하지만—한 동안 널리 인정받았던 에테르 이론이나 플로지스톤 이론처럼—잘못된 과학 이론도 여전히 과학의 영역 안에 있는 이론이다. 그러나 과학자들은 신의 존재를 과학 이론이라고 생각하지 않는다─훌륭한 이론이나 잘못된 이론이 아니라, 아예 과학의 영역 안에 있지도 않은 것이라고 생각한다. 왜 이런 차이가 생길까?

그것은 당신이 신 가설(God hypothesis)을 받아들일 경우 당신 자신이 원하는 결론을 얻기 위해 늘 증거를 재해석할 수 있기 때문이다. 당신은 신의 존재를 물리적 세계에서 일어나는 사건들과 융화시키기 위해 언제나 신의 어떤 특성을 상정할 수 있다. 지진으로 천만 명이 죽어도 신은 완전히 자비롭고 전능하다. 어떻게 그럴 수 있을까? 글쎄, 신은 우리가 분간할 수 있는 그 어느 것보다 더 원대한 계획을 가지고 있거나, 신의 선함이 우리의 선함과 다르거나, 이런 죽음들이 더 위대한 목적을 향한 수단인지도 모른다. 따라서 우리는 존재하는 사실이 무엇이건─아무리 우리의 이론에 적합하지 않아도─우리가 유지하려는 신에 대한 견해와 융화시키고자 한다. 어디까지나 사실에 충실해야 한다고 주장하지만 실제로는 유지하려는 이론에 사실을 억지로 짜맞추는 식으로 사실을 해석하려는 경향이 있다. 과학에서는 이러면 안 된다고 한다. 우리가 선호하는 이론이 관찰 가능한 사실들로 인해 쓸모없게 되든 어떻든 간에 우리는 관찰 가능한 사실들을 존중해야 한다.

하지만 "무슨 수를 써서라도 이론을 구하려는 것"은 과학에서도 흔한 일이다. 이를테면 과학자들은 원격 작용 불가의 원리나 질량 보존의 원리를 유지하기 위해 끝까지 안간힘을 썼다. 결국 그 이론들은 무너졌지만, 과학자들이 다른 이론들을 포기하는 대가를 치르고자 했다면 그 이론들은 오랫동안 유지될 수 있었을 것이다.

그러나 신 가설의 이 약점이 보완된다고 해 보자. 말하자면 우리가 (예를 들어) 전능하고 자비로운 설계자를 옹호하는 입장을 취하는데, 이 입장에 불리한 증거가 나타날 경우 그 가설을 포기한다고 해 보자. 우리는 불리한 증거를 교묘하게 피하려고 하지 않는다. X가 나타나면 우리의 가설이 확증되고, Y가 나타나면 반증되는데, Y(예를 들어 이 문제를 논의할 때 발생한 사실들)가 일어나면 우리는 전능하고 자비로운─설계자 가설을 포기한다. 이렇게 하면 목적론적 논증이 과학적 가설이 될 수 있을까?

그렇게 한다 해도 과학적 가설이 될 것 같지 않다. 과학 이론은 과학을 이루는 법칙과 이론의 거대한 연동 네트워크와 "어울릴"(정합할) 수 있을 경우에만 승인된다. 과학 이론은 설명력을 가져야만 한다(설명력이 크면 클수록 더 좋은 과학 이론이 된다). 그리고 과학 이론에 입각하여 미래의 사건을 예측하는 능력은 틀림없이 이 설명력에서 나온다. 그러나 신 가설은 법칙과 이론의 어느 집단과도 연결되어 있지 않다. 신 가설은 완전히 동떨어져 있으며, 네트워크의 어느 부분과도 연결되어 있지 않다. 또한 신 가설은 아무런 예측력도 갖지 못한다. 무슨 일이 일어난다 해도 그것은 언제나 신의 의지였고 신의 계획의 일부였다고 말한다. 천 명이 죽는다 해도 그것은 신의 계획의 일부였고, 죽지 않는다 해도 그것은 그들을 살아 있게 하려는 신의 계획의 일부였다. 우리는 아무것도 예측할 수 없고, 다만 "일이 벌어지고 난 뒤에" 신의 계획이 무엇이었는지 말할 수 있을 뿐이다. 물론 그 같은 주장은 과학적으로 전혀 쓸모가 없다.

"그러나 그렇다고 해서 신의 존재가 반증되는 것은 아니다. 우주를 창조하거나 설계하는 능력을 지닌 신이 실제로 있을 수도 있지만, 우리는 신의 계획을 헤아릴 수 없기 때문에 신이 하려는 일을 예측할 수 없다. 우리는 우주를 창조하여 유지시키는 하나의 신이 있다고 믿거나(유신론), 우주를 창조하기는 했으나 그대로 내버려 두는 신이 있다(이신론)고 믿을 수 있다. 유신론과 이신론 가운데 어느 것이 옳은지 알 수 없지만, 그럼에도 이들 가운데 하나가 옳을 수도 있다."

고대의 에피쿠로스학파는 수많은 신이 있지만 인간의 삶과 아무런 관련이 없다고 믿었다—그 신들은 정원에 앉아 담소를 나누고 성찬을 즐기지만 인간과의 모든 접촉을 피하므로, 신들이 존재한다는 사실은 인간의 경험에 어떤 영향도 미치지 않는다. 인간이 그 같은 신들이 존재한다는 가설을 고안하고, 그 가설이 경험에 의해 확증되기를 기대할지라도, 신들은 세상에 전혀 흔적을 남기지 않기 때문에 인간은 아무런 증거도 발견하지 못한다. 하지만 사람들이 신들의 존재 증거를 전혀 포착하지 못한다 해도 신들이 존재할 수 있다고 주장하는 사람이 있을 수 있다.

현대 철학자 존 위즈덤(John Wisdom)은 신에 관해서 "보이지 않는 정원사 이야기"라고 부를 만한 이야기를 제시하였다.

두 사람이 오랫동안 방치했던 자기네 정원에 와 보니 놀랍게도 오래된 식물들 중 몇몇이 잡초들 사이에서 잘 자라고 있었다. 한 사람이 다른 사람에게 "정원사가 찾아와서 이 식물들을 보살폈음이 틀림없네!"라고 말한다. 두 사람은 이웃에게 물어본 결과 어느 누구도 그 정원에서 일하는 사람을 본 적이 없다는 것을 알게 되었다. 첫 번째 사람이 다른 사람에게 "정원사는 분명히 사람들이 자는 동안에 일을 했던 거야!"라고 말한다. 그러나 다른 사람은 "아니야, 누군가가 정원사가 일하는 소리를 들었을 것이고, 게다가 그 식물들을 보살피는 사람이면 누구나 저 잡초들을 뽑아냈을 거야."라고 말한다. 첫 번째 사람이 말한다. "이렇게 정돈된 모습을 봐. 이곳을 아름답게 가꾸려는 의도와 성의가 있잖아. 나는 인간의 눈에 보이지 않는 누군가가 이 정원을 보살핀다고 믿네. 세밀하게 살피면 살필수록 내 말이 옳다는 것을 확인할 수 있을 것으로 믿네." 둘이서 정원을 매우 세밀하게 조사했는데, 그들은 때로는 정원사가 그곳에 온다는 것을 암시하는 새로운 것들을 발견하기도 하고, 때로는 그렇지 않을 뿐더러 심지어는 악의적인 사람이 일을 했다는 것을 암시하는 새로운 것들을 발견하기도 했다. 정원을 세밀하게 살피는 것 이외에 그들은 또한 정원을 지켜보지 않을 때 무슨 일이 일어나는지도 조사한다. 두 사람은 정원에 관한 이런저런 것들을 모두 알고 있다. 그런데도 결국 한 사람은 "나는 여전히 정원사가 이곳에 온다고 믿는다"라고 말하는가 하면 다른 사람은 "그렇게 믿지 않는다"라고 말할 경우, 그들의 견해 차이는 그 정원에서 발견한 것에 관한 차이를 반영하거나, 그 정원을 더 조사했다면 발견할 수 있었던 것에 관한 차이와 돌보지 않는 정원이 얼마나 빨리 황폐해질 것인가에 관한 차이를 반영하지 않는다. 이 상황에서 이쯤 되면 정원사 가설은 더 이상 실험적 가설이 아니며, 정원사 가설을 승인하는 사람과 거부하는 사람의 차이는 이제 한 사람이 기대하지 않는 무언가를 다른 사람이 기대하는 문제가 아니다. 두 사람의 차이는 무엇인가? 한 사람은 "정원사가 보이지도 들리지도 않게 오는데, 그는 우리 모두 익히 아는 정원 관리를 통해서만 드러내 보인다"라고 말하고, 다른 사람은 "정원사는 없다"라고 말한다. 두 사람 모두 상대방이 기대하지 않는 무언가를 기대하는 것이 아닌데도 정원사에 관해 견해 차이가 생기는 것은 그 정원에 대한 그들의 느낌이 다르기 때문이다.[29]

그들이 아무리 오랫동안 철저하게 정원을 조사한다 해도 그들이 정원에서 관찰할

---

29   John Wisdom, "Gods," *Proceedings of the Aristotelian Society*, vol. 44, (1944–45); reprinted in Antony Flew, ed., *Logic and Language*, first ser. (Oxford: Blackwell, 1952), pp. 192–193 Also reprinted in John Wisdom, *Philosophy and Psychoanalysis* (Oxford: Blackwell, 1949).

것으로 기대하는 것에는 아무런 차이가 없다. 그러나 그들이 기대하는 것이 다른 측면에서 차이가 있을 수 있다. 말하자면 그들은 사후의 삶에 관해서 기대하는 것이 다를 수 있다.

두 사람이 어떤 길을 따라 함께 여행을 하고 있다. 한 사람은 그 길로 가면 천국이 나온다고 믿고, 다른 사람은 아무것도 안 나온다고 믿는다. 그러나 이 길이 유일한 길이므로 둘 다 이 길로 갈 수밖에 없다. 어느 누구도 전에 이 길을 가본 적이 없기 때문에 모퉁이를 돌 때마다 무엇이 나타날지 말할 수 없다. 그들은 여행하는 동안 상쾌하고 즐거운 순간을 맞기도 하고, 곤란하고 위험한 순간에 부딪치기도 한다. 한 사람은 줄곧 자신의 여행이 천국을 향한 순례라고 생각한다. 그는 즐거운 부분은 격려로 해석하고, 장애물은 자신의 목적에 대한 시련이자 인내심을 키워 주는 것이라고 해석하는데, 이것은 천국의 왕에 의해서 준비된 것이며, 자기가 마침내 그곳에 도착했을 때 그곳의 훌륭한 시민으로 만들기 위해 계획된 것이다. 그렇지만 다른 사람은 이런 것을 전혀 믿지 않으며, 그들의 여행을 불가피하게 목적 없이 걸어가는 것이라고 생각한다. 이 상황에서 그가 선택한 것은 아무것도 없으므로 좋은 일은 즐기고 나쁜 일은 참아 낸다. 그에게는 도달해야 할 천국도 없고, 그들의 여행을 규정하는 전체적인 목적도 없다. 그 길이 그렇게 있을 뿐이며, 좋은 날씨에 여행하기도 하고, 나쁜 날씨에 여행하기도 한다.

　여행하는 동안 그들 사이의 문제는 실험적인 문제가 아니다. 그들은 앞으로 걸어갈 도로의 세부 상태에 관해서 다른 기대를 품는 것이 아니라 최종 도착지에 관해서 다른 기대를 품을 뿐이다. 하지만 두 사람 가운데 누가 줄곧 옳았고 누가 줄곧 잘못이었는지는 그 길의 마지막 모퉁이를 도는 순간 명백해질 것이다. 따라서 그들 사이의 문제가 실험적인 것이 아니었을지라도 그 문제는 현실적인 것이었다. 한 사람은 현재 상황에 관하여 적절하다고 느꼈고 다른 사람은 부적절하다고 느꼈기 때문에, 그들은 단지 길에 관해서 다르게 느끼기만 한 것은 아니다. 그 상황에 대한 그들의 대립된 해석은 실제로 경쟁하는 주장의 성질을 지녔으며, 그 주장의 지위는 미래의 핵심 문제가 어떻게 결정되는가에 따라서 소급해서 보증된다는 독특한 특징을 지니고 있다....유신론자와 무신론자는 현세에서 일어나는 연속적인 사건들의 과정 속에 색다른 사건이 일어나기를 기대하지 않는다(또는 기대할 필요가 없다). 그들은 내부에서 바라본 역사의 과정에 대해서 서로 다른 기대를 품지 않는다(또는 다른 기대를 품을 필요가 없다). 하지만 유신론자는 역사가 완결될 때 특정한 목적-상황에 도달하게 되고, 특수한 목적, 즉 "신의 아이들"을 창조하는 목적을 달성하게 된다고 기대하고, 무신론자는 그것을 기대하지 않는다.[30]

비록 유신론자가 옳다고 할지라도 우리가 죽었다가 다시 살아나기까지는 어떤 기대가 옳은지 알지 못한다. 어떤 기대가 정당한지 알기 위해 우리가 해야 할 일은 **기다려 보는 것뿐이다.**

하지만 아직도 문제가 있다. 불멸을 보증할 수 있는 존재가 오직 신뿐이라 해도 신이 불멸과 동일하지는 않다. 우리가 죽은 뒤에 의식을 다시 얻어서 이 세상의 우리 삶을 기억한다면 그것은 불멸을 증명하는 것일 수 있다. 그렇다고 해서 그것이 신에 대한 증명일 수 있을까? 무엇이 신에 대한 증명일 **수** 있을까? 우리가 신을 **볼** 수 있을까? 그리고 신을 본다는 것이 무엇일까? 하얀 예복을 입은 누군가를 보는 것인가? 어쨌든 신을 눈으로 볼 수 있거나 다른 감각 기관으로 접근할 수 있는가? 우리가 신을 경험한다면 우리가 경험하는 것은 정확히 무엇인가? 신을 믿는 사람들이 믿는 것은 정확히 무엇인가?

종교적 믿음에 대한 주된 도전은 다음과 같다. (1) 종교적 믿음의 대상은 정확히 무엇인가? (2) 그와 같은 믿음-대상의 존재를 어떻게 발견할 것인가? 멩켄(H. L. Mencken)은 다음과 같은 질문을 했다.

한때 나일강 전역에서 최고의 신(high god)이었던 세트(Sutekh)는 어떻게 되었는가? 다음과 같은 신들은 어떻게 되었는가?

Resheph	Isis	Dagon
Anath	Ptah	Yau
Ashtoreth	Baal	Amon-Re
Nebo	Astarte	Osiris

30 Hick, *Philosophy of Religion*, pp. 101-102.

Melek   Hadad   Molech?

Ahijah

이 모든 신은 한때 최고의 명성을 누린 신들이다. 그들 대부분은 구약 성경에서 공포와 전율의 대상으로 언급된다. 그들은 오륙천년 전에 야훼와 어깨를 나란히 했다. 그들 가운데 최악의 신은 토르(Thor)보다 훨씬 더 높은 위치에 있다. 하지만 그들 모두 파멸했고, 다음 신들이 그 뒤를 이었다.

Arianrod	Iuno Lucina
Morrigu	Saturn
Govannon	Furrina
Gunfled	Cronos
Dagda	Engurra
Ogyrvan	Belus
Dea Dia	Ubilulu
U-dimmer-an-kia	Diana of Ephesus
U-sab-sib	Robigus
U-Mersi	Pluto
Tammuz	Vesta
Venus	Zer-panitu
Beltis	Merodach
Nusku	Elum
Aa	Marduk
Sin	Nin
Apзu	Persephone
Elali	Istar
Mami	Lagas
Zaraqu	Nirig

Zagaga	Nebo
Nuada Argetlam	En-Mersi
Tagd	Assur
Goibniu	Beltu
Odin	Kuski-banda
Ogma	Nin-azu
Marzin	Qarradu
Mars	Ueras

교구 목사에게 비교 종교학에 관해 좋은 책이 있으면 빌려 달라고 해 보라. 목록에서 이들을 모두 보게 될 것이다. 이들은 수백만이 숭배하고 신앙했던 최고의 신성을 가진 신들 —문명인의 신들—이었다. 모두 전능하고 전지하고 불멸하는 존재였다. 그런데 모두 죽었다.[31]

마지막 질문은 이렇다. 살아 있는 신들은 수많은 죽은 신들과 어떻게 구별될 수 있을까?

종교의 유용성
종교적인 삶은 사람들을 더 좋은 삶으로 인도하는가?

이 물음에 답하기 위해서는 먼저 "더 좋은 삶"의 의미가 무엇인지 알아야 한다. 더 좋은 삶이란 정직하고 신뢰할 수 있고, 채무를 이행하고 채무에 유의하며, 친구와 낯선 사람을 똑같이 염려하는 것—그리고 그 밖에 얼마나 많은 것들—을 의미하는가? 부도덕하다는 것은 남을 해치거나 그 이상의 어떤 일을 하는 것에 불과하며, 무누니사벨 버빙세 니릅사?

일단 어떤 종류의 행위를 도덕적 행위라고 할 것인가에 대해 의견이 일치하면,

---

31   H. L. Menchen, "Memorial Service," in Norman Bowie, Meredith Michaels, and Robert Solomon, eds., *Twenty Questions* (Fort Worth, TX: Harcourt Brace, 1992), pp. 80-81.

이런 행위들이 종교적 신념에 의해 어떤 영향을 받는가를 확인하기 위해 사회학적인 조사를 할 수 있다. 신앙하는 사람들에 비해 신앙하지 않는 사람들이 부도덕한 행위에 더 많이 관여하는가? 우리는 또한 다양한 종교적 신념들을 구별할 수 있어야 한다. 이를테면 어떤 종류의 행위를 한다는 점에서는 기독교가 비기독교보다 더 좋을 수도 있지만, 정통 유대교나 이슬람교만큼은 좋지 않을지 모르며, 고대 노르웨이나 아즈텍족의 신들보다 덜 좋을지도 모른다.

　이 모든 것이 해결된다 해도 그것이 보여 줄 수 있는 것이 무엇인가? 그것은 문제의 그 신념이 옳다는 것을 보여 주는 것이 아니라 신의 존재에 대한 논쟁거리가 엄청나다는 것을 보여 준다. 당신은 당연히 p가 옳기 때문에 p를 믿어야 한다. 유령이 있다고 믿으면 사람들의 삶이 더 좋아진다 해도 이것이 유령에 관한 신념을 옳게 만들지는 못한다. 신념의 **효과**와 신념의 **옳음**은 서로 다른 문제이다.

　물론 또 다른 문제도 있다. 당신은 어떤 것을 믿는 일이 유용하거나 고상하거나 그 밖의 어떤 효과가 있다는 이유로 그것을 정말 진심으로 믿을 수 있는가? 어떤 것을 믿을 때 당신은 그것을 **옳은** 것이라고 믿지 않는가? 종교적 신념을 가르칠 때 그 신념을 **옳은** 신념이라고 가르쳐야 하지 않겠는가? "그것이 옳지 않을 수도 있지만, 어쨌든 그것을 믿으면 좋겠다"는 바람을 아이들이라고 해서 들어 줄까? 옳다고 확신하지 않는 것을 진심으로 믿을 수 있을까?

　일단 어떤 신념이 옳은 것으로 증명되고 나면 그 신념이 유용한지, 좋은 영향을 미치는지 등등은 **별개의** 문제이다. DNA의 재조합으로 인해 수많은 생물학적 혁신이 이루어질 수 있다는 말이 옳지만, 그 효과에 관해서, 심지어는 도덕성에 관해서도 거의 논란이 끊이지 않는다. 종교적 신념이 옳은지 또는 옳은 신념이라고 증명될 수 있는지에 관한 의심이 아예 없다면, 종교적 신념이 유용한지 희망을 주는지 등등의 문제는 거의 일어나지 않았을 것이다. 밀은 다음과 같이 말한다.

인류에게 엄청나게 중요한 사회 조직의 토대가 너무나 취약해서 그 토대가 무너지지 않을까 두려운 나머지 이웃에게 숨을 죽이며 살 수밖에 없기 때문에, 종교의 유용성 논증은 신앙이 없는 사람들로 하여금 선의의 위선을 행하도록 하거나, 신앙이 부족한 사람들로 하여금 그의 불안정한 신념을 흔들 수 있는 것에서 눈길을 돌리게 하거나, 결국에는 일반 사

람들로 하여금 그들이 느낄 수 있는 어떤 의심도 표출하지 못하게 하는 효과가 있다.[32]

우리 시대의 버트런드 러셀은 이렇게 말한다.

나는 종교가 옳기 때문에 믿어야 한다고 주장하는 사람들은 존중할 수 있지만, 종교가 유용하기 때문에 믿어야 한다고 말하면서 종교의 옳고 그름을 묻는 것은 시간 낭비라고 주장하는 사람들에 대해서는 거부감을 느낄 뿐이다.[33]

사실은 도덕이 종교에 의존하지 않도록 도덕을 분리시키는 데 지대한 관심을 기울인 사람들이 많았다. 그들은 도덕과 종교가 일반 대중의 마음속에서 밀접한 연관을 맺는 것, 즉 종교가 살아야 도덕이 산다는 생각이 위험하다고 느꼈다. 왜냐하면 그 경우에 종교적 신념이 무너지면 종교에 의존해 있는 도덕이 그와 함께 무너지기 때문이다.

어떤 종교적 신념이 그르다는 것을 당신이 알았다거나 그르다고 믿을 좋은 근거를 가졌다고 해 보자. 그러나 그것을 믿고 그것을 어린 시절부터 아이들에게 가르침으로써 다른 사람을 더 안전하게 더 도덕적으로 더 정직하게 대하며, 그것을 믿지 않는 사람들이 이런 바람직한 성질들을 더 적게 가졌다고 해 보자. 당신은 혹시 길거리 안전을 위해 주변 사람들이 이처럼 잘못된 종교적 신념들을 가져야 하며, 그것들을 집이나 학교에서 가르쳐야 한다고 생각하는가? 이것은 물론 윤리의 문제이지 종교의 문제는 아니다. 아마도 우리는 세상을 더 좋게 만드는 일을 하고 싶어 하는 것 같다. 그러나 그 일이 진리성을 손상시키는 데 말려드는 것일지라도 그것을 행해야 할까? 그리고 사회의 향상을 위하여 진리성이 되풀이해서 손상된다면, **그것이** 결국은 어디로 이어지겠는가?

---

32   "The Utility of Religion," *Three Essays on Religion*, p. 70.
33   Bertrand Russell, *Why I Am Not a Christian* (London: George Allen & Unwin, 1957), p. 172.

연습문제

1. 다음과 같은 사건이 일어난다면, 기독교의 신 존재가 확증될 수 있을까? 확증되는 이유 또는 확증되지 못하는 이유를 밝히시오.

    a. 기독교인의 평균 수명이 비기독교인의 평균 수명보다 25년 더 길다.

    b. 기독교인의 기도에는 통상 응답이 있지만 비기독교인의 기도에는 응답이 없다.

    c. 마태, 마가, 누가, 요한에 의해서 기록된 사건이 그 시대 사람이나 후대 사람에 의해서 기록된 사건보다 더 많이 목격되었다고 밝혀졌다.

    d. 어린 아이들이 성경을 전혀 배운 적이 없는데도 말을 배우자마자 성경을 인용하기 시작하였다.

    e. 비기독교인에 비해서 기독교인이 노이로제나 정신병에 걸리는 경우가 더 적다.

    f. 예루살렘에서 부활절 의식이 있을 때마다 물이 포도주로 변하였다.

    g. 기독교인이 죽은 뒤에 관에서 빠져나와 공중으로 날아가 시야에서 사라졌다.

2. 다음 주장을 평가하시오.

    a. 신이 최초의 사건이다.

    b. 신이 최초의 사건을 일으켰다.

    c. 최초의 사건은 없었지만, 신은 후속 사건들과 마찬가지로 최초의 사건이 있었다고 믿을 이유를 설명해 준다.

    d. 신은 시간이 시작되기 전에 나타났다.

    e. 신이 시간을 창조했다.

    f. 신이 시간을 창조했고, 그 다음 세계를 창조하였다.

    g. 우주는 신에게서 비롯되었다.

    h. 맨 처음에 의식 있는 존재로서의 신, 즉 신체 없는 정신이 있었고, 그 다음에 (신체를 비롯한) 물질이 창조되었다.

    i. 신은 공간을 차지하는 물질을 창조하기 전에 공간을 창조하였다.

    j. 오직 신을 믿을 경우에만 도대체 왜 무언가가 존재하느냐는 신비가 풀릴 수 있다.

    k. 우주를 창조하고 설계한 신을 믿지 않는다면, 당신은 일어나고 있고 언젠가 일어난 적

이 있는 개개의 모든 일이 하나의 거대한 우연이라고 믿을 수밖에 없다.

3. "이 세상에는 무고한 자가 고통을 겪고 범죄자가 벌을 받지 않는 경우가 흔히 있으므로, 공평무사한 신에 의해서 이런 잘못이 바로잡히고 사람마다 자신의 공과에 따라 심판받는 다른 세상이 있어야 한다." 이 논증을 평가하시오.

4. 다음과 같은 가설을 그럴 듯하게 만들어 주는 우주가 (만일 있다면) 어떤 우주일 것인지 묘사해 보시오.

  a. 세계를 통제하기 위해서 서로 싸우는 두 신 (선한 신과 악한 신)이 있다.

  b. 각기 자신의 영향권을 지닌 많은 신이 있다.

  c. 우주의 모든 것은 선을 지향한다.

  d. 우주의 모든 것은 악을 지향한다.

  e. 이 세상에서 나쁘게 보이는 것은 모두 결국 가장 좋은 것이 될 것이다.

  f. 이 세상에서 좋게 보이는 것은 모두 결국 가장 나쁜 것이 될 것이다.

  g. 전능하면서 자비로운 하나의 신이 있다.

  h. 전능하지만 자비롭지 않은 하나의 신이 있다.

  i. 자비롭지만 전능하지 않은 하나의 신이 있다.

5. 만일 일어난다면 "기적이다"라고 말할 수 있게 하는 사건이나 일련의 사건이 있는가? 만일 있다면, 그런 사건을 기술하고, 당신은 그 사건을 왜 기적이라고 하는지 설명하시오.

6. "내 아이의 병이 나았기 때문에, 나는 이 사실을 자비로운 신에 대한 증거로 채택한다." "그러나 내 아이의 병은 낫지 않았으므로, 나는 이 사실을 자비로운 신이 없다는 증거로 채택한다." 증거로 제시된 두 사실 중 어느 것이 가설을 확증하는가? 당신의 답변을 정당화하시오.

7. "200년 전 인간의 평균 수명은 지금의 절반에 불과했다. 평균 수명이 증가한 것

을 보면 의학의 진보를 직접 확인할 수 있다. 오늘날 사람들이 더 장수하게 된 원인은 신이 아니라 의학에 있다." "그렇지 않다. 당신이 인용한 사실들은 또 다른 가설 즉 신은 인간의 수명을 늘이려는 자신의 계획을 완수하기 위해서 의학을 이용했다는 가설 (아마도 의학 전문가의 정신에 생각을 불어넣는 일까지 했을 것이라는 가설)을 동등하게 확증한다." 이 두 주장을 놓고 토론해 보시오.

8. 우리는 누구나 시를 창작하고, 소동을 일으키고, 관념을 만들어 내는 일이 어떤 것인지 안다. 하지만 무(無)에서 무언가를 만들어 내는 일은 도대체 어떻게 이루어지는가? 의식 있는 존재인 당신만 있고 물질적 우주는 존재하지 않는다고 상상해 보라. 당신이 "별들이 있으라"고 말하자 아무것도 존재하지 않았던 곳에 갑자기 별들이 나타난다. 당신의 이런 발언이 그 별들을 존재하게 했다는 것을 당신은 어떻게 알 수 있는가? (당신이 약을 먹은 다음에 기분이 더 좋아지기는 했으나, 그 약을 먹었기 때문에 기분이 더 좋아졌다는 것을 어떻게 아는가?)

9. 다음 진술들 가운데 어떤 진술이 글자 뜻 그대로의 의미로 옳다고 보는가? 다음 진술들에 사용된 낱말이나 구절이 글자 뜻 그대로의 의미로 이해될 수 없다면, 문제의 진술을 그 낱말이나 구절이 글자 뜻 그대로의 의미로 이해될 수 있는 진술로 번역하시오. 그리고 글자 뜻 그대로의 의미로 해석될 수 있는 문장이 내적 정합성을 유지하는지 검토하시오.

    a. 신은 별들의 위쪽에 있다.

    b. 신은 인간의 관심사를 초월해 있다.

    c. 신은 시간이 시작하기 전에 존재했다.

    d. "그리고 신께서 말씀하시기를..."

    e. 신은 모든 시간과 모든 공간에 줄곧 존재한다.

    f. 지구는 신의 발판이다.

    g. 신은 세계의 원인이다.

    h. 신은 사랑이다.

    i. 신은 진리(진실)이다.

10. 다음 각각의 것들과 관련하여 "있다"(exist)라는 말의 사용 기준에 대하여 논하시오.

   a. "탁자가 있다."

   b. "두통이 있다."

   c. "자성(磁性)이 있다."

   d. "유령이 있다."

   e. "신이 있다."

11. "신은 우리가 신에게 부여하는 속성들(남성, 시간 속에 존재한다는 것, 의지와 지성과 감정을 갖는 것 등등)을 실제로 갖는 것이 아니라 이와 **비슷한 것**을 갖는다. 신의 특징을 묘사하기 위해 우리가 사용하는 낱말들은 **비유적으로** 사용될 뿐이다." 이 견해를 평가하시오.

12. 다음 진술들 가운데 당신이 승인하는 진술은 어떤 것이고 거부하는 진술은 어떤 것인가? 그 이유는?

   a. 볼 수도 없고 만질 수도 없는 코끼리 한 마리가 이 방에 있다.

   b. 볼 수도 없고 만질 수도 없는 전파가 이 방에 있다.

   c. 모든 물질 조각 속에는 볼 수도 만질 수도 없는 원자들이 있다.

   d. 세계에는 볼 수도 만질 수도 없는 신이 있다.

13. 만일 다음과 같은 사건이 일어난다면 그 사건으로 인해서 무엇이 증명될 수 있는가? 그 사건은 초자연적 존재가 있다는 것을 입증할 수 있는가? (또는 초자연적 존재를 개연성 있는 존재로 만들 수 있는가?)

   a. 지금 막 남을 살해하려는 사람이 갑자기 심장마비로 죽는다.

   b. 세계의 모든 성인이 동시에 한쪽 다리가 마비되면서 쓰러진다. 그러나 조만간 사람들이 (병의 기적적 치료와 관련된) 누가복음 몇 구절을 읽으면 읽은 사람의 다리 마비가 갑자기 풀릴 뿐만 아니라 앞으로 영원히 마비되지 않는다는 것을 발견하게 된다.

   c. 당신이 죽었다가 다시 살아났는데, 생전의 기억은 모두 그대로 갖고 있으나 죽기 전의

것과 다른 신체를 갖고 있다. 당신은 황금의 도시와 찬란한 하늘을 보고, 날개로 날아
다니는 하얀 동물을 본다. 기다란 하얀 예복을 입은 누군가가 당신에게 다가와서 "당
신은 지금 천국에 있습니다"라고 말한다.

    d. 누군가가 지구상에 나타나서 "당신은 신을 볼 수 없지만, 나는 신을 볼 수 있으며, 내
       가 바로 신의 대리인이다"라고 말한다. 그는 자신의 이와 같은 자격을 증명하기 위해
       서 물을 포도주로 변하게 하고 죽은 사람을 살려 낸다.

14. 당신이 인간을 포함한 어떤 세상을 창조하는 과정에서 고통과 고난을 최소화하
거나 제거하려고 하는데, 그와 동시에 사람들의 선택의 자유도 보존하려고 한다고
하자. (1) 자연 법칙이나 인간의 본성 가운데 무엇을 바꿔야 하는가? (2) 어떤 법칙
도 바꾸지 않은 채 선택의 자유를 보존하기 위해서는 어느 정도 고통과 고난을 허용
해야 할까? 다음과 같은 경우를 생각해 보시오.

    a. 어떤 남자가 틈만 나면 자기 아내가 격렬한 질투심을 일으키도록 만든다. 그 남자는 아
       내의 반응을 즐기면서 "나는 사람의 마음을 갖고 노는 걸 좋아하는데, 그것은 내 자유
       다"라고 주장한다.

    b. 어떤 소녀를 강간하여 불구로 만든 남자가 나중에 자신의 행동을 후회한다. "다시는
       그런 짓을 안 할 거야. 하지만 그때는 그것이 내가 선택할 수 있는 유일한 길이었어."

    c. 방송국 보도국장이 뉴스를 줄곧 왜곡시키고, 자신이 싫어하는 기사는 방송하지 않음으
       로써 위험한 국제적 위기를 조장한다. 그는 자신의 입장을 이렇게 변호한다. "우리는
       누구나 자신의 견해를 표현할 자유가 있다. 어떤 대가를 치르더라도 자유는 가치가 있
       다."

    d. 인간은 선택의 자유를 갖지만 다른 동물은 그렇지 못하다. 인간의 자유를 최대한으로
       증진시킨다는 관점에서 보면, 동물을 의학 실험의 목적으로 사용하고, 지적 호기심을
       만족시키기 위해서 사용할 뿐만 아니라, 식용, 사냥감, 스포츠용으로 삼해하는 것이
       허용될 수 있다는 것은 당연하다. 동물의 희생은 인간의 자유 증진과 인간의 선택의
       범위 확대에 비하면 대수로운 것이 아니다.

15. 목적론적 논증은 과학 이론으로 간주되어야 할까? 목적론적 논증은 확증되거

나 반증될 수 있는 경험적 귀결을 만들어 내지 못하는가?

16. "말할 수 없는 것에 대해서는 침묵해야 한다"(루드비히 비트겐슈타인). 신비주의자는 일관성을 유지하려면 완전히 침묵을 유지해야 하는가?

17.
A: 종교적 욕구는 과학적 욕구처럼 인간 본성의 일부이다. 종교적 욕구 역시 존중될 만하다.

B: 종교가 과학처럼 한결같은 결과를 가져오지 못한다는 것은 어쩔 수 없는 일이다. 다양한 종교의 주장들이 서로 모순된다.

A: 다양한 과학의 주장들 역시 마찬가지이다.

B: 그렇지만 과학에는 경쟁하는 주장들 가운데 어느 것이 옳은지를 결정하는 방법이 있다. 이를테면 백신 접종은 작동을 하지만 마법 주문은 그렇지 않다.

A: 하지만 당신은 물리 과학에서 결과를 산출하는 "과학적 방법"이 종교에도 똑같이 적용된다고 가정한다. 당신은 한 영역에서 잘 작동하는 방법을 사용하고서 그 방법이 통하지 않는 다른 영역에 보급하려고 한다.

B: 그렇다면 다른 어떤 방법을 말해 보라. 옳은 것을 그른 것과 구별할 수 있는 대안을 제시해 보라.

위의 대화에 대해 토론하시오.

18. "신비주의자들은 신을 경험할 때 매우 다른 (비정상적인?) 정신 상태에 있을 수도 있다. 그들은 그 밖의 사람들과 전혀 다른 주파수를 갖는다. 그것에 무슨 문제가 있는가? 아마도 어떤 진리들은 그런 사람들이 매우 특수한 정신 상태에 있을 경우에만 발견될 수 있는데, 그 밖의 사람들은 그 같은 정신 상태에 있지 않거나 있을 수 없다. 그것이 바로 그들이 발견하는 진리를 우리가 발견하지 못하는 이유이다." 이에 대해 논평하시오.

19.

A: 기도에 응답이 있다면 그것은 기도를 듣고 응답하는 신이 있다는 증거가 아닌가?

B: 사람들은 자신이 기도하는 것을 얻을 때도 있고 얻지 못할 때도 있다. 그들이 기도하기 때문에 원하는 바를 얻는다는 것을 어떻게 증명하겠는가?

A: 하지만 그들이 원하지 않는 것보다는 원하는 것을 더 자주 얻는다면 어떤가?

B: 그것은 그들이 기도를 하건 하지 않건 어떻게든지 얻을 수 있는 것을 요청했기 때문이지 않겠는가?

A: 가끔이기는 하지만, 당신이 간절히 원하는 것을 요청하는 경우는 어떤가?

B: 이봐, 신은 당신의 기분을 맞춰 주는 하인이 아니다. 당신이 요청한다고 해서 신이 마음을 바꿀 것 같은가? 신이 현재보다 무엇을 더 잘해야 하는지 당신이 정말 안다고 믿는가? 자, 이것이야말로 엄청난 의인주의가 아닌가!

A: 당신이 물질적인 것을 요청하면 혹시 들어줄지도 모르겠다—하지만 손해를 입거나 미래에 맞설 용기는 있는가? 도와 달라고 기도해 보라.

B: 물론 기도를 계속하면 당신 자신의 심리적 상태에 도움이 될 수도 있다.

A: 하지만 누구에게 기도하는가? 나는 신앙인이 심장 마비와 뇌졸중에 더 적게 걸리는 경향이 있다(《Time》, 1996. 6. 27, pp. 62–64 참조)는 것을 알지만, 내가 어떻게 나 자신을 신앙인으로 만들겠는가? 당신은 내가 거짓으로 기도하기를 원하는가?

대화를 계속 이어가거나 결론을 내리시오.

독서안내

Adams, Marilyn, and Robert M. Adams. *The Problem of Evil*. New York: Oxford University Press, 1991.

Alexander, Samuel. *Space, Time, and Deity*. 2 vols. London: Macmillan, 1918.

Alston, William. *Perceiving God*. Ithaca: Cornell University Press, 1993.

Alston, William, ed. *Religious Belief and Philosophical Thought*. New York: Harcourt Brace, 1963.

Anceles, Peter, ed. *Critiques of God*. Buffalo: Prometheus Books, 1976.

Aquinas, Saint Thomas. *Summa theologica*. 1266-73. Many editions.

Blanchard, Brand. *Reason and Belief*. New Haven: Yale University Press, 1975.

Davies, Brian. *An Introduction to the Philosophy of Religion*. New York: Oxford University Press, 1993.

Davis, Carolyn. *The Evidential Force of Religious Experience*. New York: Oxford University Press, 1989.

Dewey, John. *A Common Faith*. New Haven: Yale University Press, 1934.

Flew, Antony. *God and Philosophy*. London: Hutchinson, 1966.

Flew, Antony, and Alasdair MacIntyre. *New Essays in Philosophical Theology*. London: SCM Press, 1955.

Geach, Peter. *God and the Soul*. New York: Schocken Books, 1969.

Geach, Peter. *Providence and Evil*. Cambridge: Cambridge University Press, 1977.

Geivett, Douglas, and Brendan Sweetman, eds. *Contemporary Perspectives on Religious Epistemology*. New York: Oxford University Press, 1992.

Guthrie, Stewart E. *Faces in the Clouds*. London: Oxford University Press, 1993.

Hick, John. *Faith and Knowledge*. Ithaca: Cornell University Press, 1957.

Hick, John. *Religious Experience and Faith*. New York: New York University Press, 1961.

Hook, Sidney, ed. *Religious Experience and Truth*. New York: New York University Press, 1962.

Hughes, Gerald. *The Nature of God*. London: Routledge, 1995.

Hume, David. *Dialogues Concerning Natural Religion*. Edited by Norman Kemp Smith. Edinburgh: Thomas Nelson & Sons, 1935. Originally published 1776.

Kenny, Anthony. *What Is Faith?* London: Oxford University Press, 1992.

Lewis, C. S. *The Problem of Pain*. New York: Macmillan, 1962.

Macpherson, Thomas. *The Philosophy of Religion*. Princeton: Van Nostrand, 1965.

MacTaggart, J. E. *Some Dogmas of Religion*. London: Edward Arnold, 1906.

Matson, Wallace I. *The Existence of God*. Ithaca: Cornell University Press, 1965.

Mill, John Stuart. *An Examination of Sir William Hamilton's Philosophy*. London: Longmans Green, 1865. Chapter 7.

Mill, John Stuart. *Three Essays on Religion*. London: Longmans Green, 1874.

Munitz, Milton. *The Mystery of Existence*. New York: Appleton Century Crofts, 1965.

Peterson, Michael, et al. *Reason and Religious Belief*. New York: Oxford University Press, 1990.

Pike, Nelson. *Good and Evil*. Englewood Cliffs, NJ: Prentice-Hall, 1964.

Plantinga, Alan. "The Free-Will Defense." In Max Black, ed., *Philosophy in America*. London: Allen & Unwin, 1965.

Stace, Walter T. *Religion and the Modern Mind*. Philadelphia: Lippincott, 1952.

Stace, Walter T. *Time and Eternity*. Princeton: Princeton University Press, 1952.

Swinburne, Richard. "The Problem of Evil." In Stuart C. Brown, ed., *Reason and Religion*. Ithaca: Cornell University Press, 1977.

Ward, James. *Naturalism and Agnosticism*. 2 vols. London: Black, 1899.

Wisdom, John. "Gods." In Antony Flew, ed., *Logic and Language*, 1st sen Oxford: Blackwell, 1952.

Wisdom, John. *Philosophy and Psychoanalysis*. Oxford: Blackwell, 1965.

윤리학의 문제들

"그랬다면 정말 좋았을 것 같다." "당연히 배상해라. 그래야 공정하다." "그런 행동은 올바르지 않다." 우리는 일상 담화에서 끊임없이 이러한 가치 판단을 하는데, 특정한 가치 판단이 옳은지 그른지, 정당한지 부당한지에 관해 서로 의견이 맞지 않는 경우가 가끔 나타난다.

그러나 우리는 무엇보다도 가치 판단의 의미부터 알아야 한다. 어떤 사람이 "뇌물을 받은 것은 잘못이다"라고 말할 때 이 문장은 무엇을 의미하는가? 이 문장을 발언할 때 그는 무언가 정보를 제공하는가? "좋다"(good)거나 "올바르다"(right)거나 "공정하다"(just)와 같은 말은 어떤 유형의 의미를 갖는가? 이것이 분석 윤리학(meta-ethics)의 주제이다.

1. 분석 윤리학

이러한 문장들은 —정보를 전달하는 의미, 흔히 "인지적 의미"라고 불리는 의미로는— 의미를 갖지 않는 것 같다. 내 키가 6피트라거나 이 집에 유령이 나타났다거나 내 어동생이 셋이라고 말하면, 내 말이 옳지 않을 수 있지만 —심지어 요령하지 않을 수 있지만— 이 문장의 의미가 무엇인지는 누구나 다 안다. 하지만 "식인 행위는 잘못이다"라고 말할 경우 그것은 식인 행위에 관한 어떤 정보를 제공하는가? 그리고 그의 말이 옳은지 어떻게 알 수 있는가?

어떤 철학자들은 윤리적 문장 —"좋다" "나쁘다" "의무" "올바르다" "잘못이다"

등등과 같은 윤리적 용어를 포함하는 문장—이 있으나, 이런 문장은 **명제를 표현하지 않는다**고, 즉 옳거나 그르다고 말할 수 있는 것을 전혀 포함하지 않는다고 주장했다. 윤리적 문장은 오히려 "아야"나 "야호"와 같은 감탄사가 어떤 것을 진술하는 것이 아니라 태도와 느낌을 표현하는 것처럼 어떤 것에 대한 느낌이나 태도의 표현이라서 옳지도 그르지도 않다는 것이다.

우리가 발언하는 문장들 가운데에는 이런 문장들이 많다. "그녀는 정말 멋있다," "그녀는 까다롭다." 등등 — 우리는 그녀에게 특정한 방식으로 반응하는데 우리가 그녀에 관해 말하는 것은 실제로 무엇인가? 그리고 어떤 사람이 "그는 쓰레기 같은 인간이다"라고 말하면, 청자는 화자가 그에 대해서 어떻게 느끼는지 분명히 추리할 수 있는데 화자가 그에 관해 말하는 것은 정확히 무엇인가? 화자가 말하는 것은 그 사람이 실제로 어떤 사람인지 알려 준다기보다는 그 사람에게 **화자가 어떻게 반응하는지**에 관해 더 많이 알려 주지 않는가?

윤리학의 정서 이론(emotive theory)에 따르면, 도덕적 진리(moral truth)는 없다. "좋다"와 같은 도덕적 용어를 포함하는 문장은 전혀 명제를 표현하지 않는데, 이런 문장이 명제를 표현하지 않는다는 것을 곧바로 알아차리지 못하는 것은 명제를 표현하는 다른 문장과 동일한 **문법 형식**을 갖기 때문이다. "약속을-어기는-것은 나쁘다"는 "약속을-어기는-것은 흔한 일이다"와 매우 비슷해 보이지만, 두 번째는 첫 번째와 달리 아무나 혼자서도 아주 쉽게 확증할 수 있는 경험적 진술이다. 정서 이론에 따르면, 그 진술은 명제를 주장하는 것이 아니라 약속을 어기는 행위에 대한 불찬성이나 반감을 나타낼 뿐이다. 스미스에게 "당신은 화재가 난 자동차에서 그를 구출하는 좋은 일을 했다"라고 말할 경우 그것은 당신이 좋다고 말하는 스미스의 행위에 관해 어떤 사실을 **진술**하는 것이 아니다. 그것은 당신이 스미스의 행위에 찬성한다는 사실을 진술하는 것도 아니다. 그것은 스미스의 행위에 대해 찬성을 **표현**하는 것일 뿐이다—그것은 또한 다른 사람도 스미스의 행위에 대해 찬성의 태도를 갖도록 **일깨우려는** 것이기도 하다.

"좋다"라는 용어와 그 밖의 윤리적 용어를 포함하는 문장들은 어떠한 정보도 제공하지 않는가? 그렇지 않다—그런 문장들은 거의 대부분 정보를 제공한다.

1. 초등학교 3학년 학생이 "6 × 8은 몇이야?"라고 묻자 그녀가 "68"이라고 대답

하면, 선생님은 "그것은 잘못된 답이다"라고 말하지만 이 문장의 "잘못된"이라는 말은 도덕과 아무런 관계도 없다. "저것은 좋은 스포츠카이다"라는 문장은 자동차에 관한 경험적 진술이다―이 진술이 주장하는 것은 이 자동차가 스포츠카를 판정하는 데 사용되는 특징을 아주 많이 가졌다는 것이다. 말하자면 이 자동차는 강력하고, 아주 빠른 속도로 달릴 수 있고, 날렵한 모양을 가졌다.

2. "좋다"는 말은 **수단**이 **목적**을 달성할 것이라는 경험적 진술로 사용되는 경우가 종종 있다. "그것은 녹스빌로 가는 좋은 방법이다"―즉 그 노선으로 가면 다른 노선으로 가는 것보다 더 빨리 더 쉽게 도착할 것이다. "그것은 부자가 되는 좋은 방법이다"라는 진술은 옳은지 그른지를 알아내기가 쉽지는 않겠지만, 즉 부자가 되는 확실한 길을 발견하기가 쉽지는 않겠지만, 그것 역시 수단에 관한 진술이다. 그러나 부 자체가 좋은 것인지 또는 부를 획득하거나 소유하는 것이 좋은 것인지는 또 다른 문제이다. 그것은 도덕 문제로 보이는데, 도덕 문제는 어떤 것이 주어진 목적에 대한 효율적 수단인지 아닌지와 같은 일상의 경험적 문제가 아니다. 어떤 철학자들은 목적 그 자체가 아니라 목적에 대한 수단을 언급하는 경우에만 "좋다"거나 그와 관련된 말들이 의미(즉 인지적 의미)를 갖는다고 생각했다. 예를 들어 그들은 "그것은 살인하는 좋은 방법이다"는 유의미하지만(시험 가능한 경험적 진술이지만) "살인 자체가 좋다/나쁘다"는 유의미하지 않다고 말한다.

3. 또한 "그는 좋은 사람이다"는 인지적 의미를 갖지만 맥락에 따라 그 의미가 **변한다**고 주장하기도 한다. 그의 친구들이 "그는 좋은 사람이다"라고 말할 때는 그가 상냥하고, 좋은 동료이고, 함께 있으면 즐겁다는 것을 의미한다. 그의 고용주가 "그는 좋은 사람이다"라고 말할 때는 그가 믿을 만하고, 시간을 잘 지키고, 일을 잘한다는 것을 의미한다. 그의 여자 친구가 "그는 좋은 사람이다"라고 말할 때는 그가 섹시하고 멋진 애인이라는 것을 의미한다. 그 말을 하는 사람과 말하는 상황에 따라 그 의미가 변하지 않는가?

하지만 이 마지막 제안은 별로 그럴듯하지 않다. "좋다"는 말의 **의미**가 경우에 따라 변하는가? "의자"와 "보석"의 의미는 변하지 않는데 비해 "좋다"의 의미는 끊임없이 변하는가? 그렇다면 "좋다"는 말은 끝없이 애매한 말인가? 당신은 실제로 이 경우에 이 의미를 부여하고 저 경우에 저 의미를 부여하는가? 그렇다, "의자"라는 말이 달리 사용되는 것처럼 (당신의 사무실에 있는 의자, 나의 사무실에 있는 의자) "좋다"는 말 역시 경우마다 **다른 것에 적용**된다. 하지만 그것은 매번 다른 의미를 갖는가? 만일 그렇다면 이 모든 다른 의미를 도대체 **어떻게 배울 수** 있겠는가? "좋다"의 이러한 모든 다른 의미 사이에 공통점이 있지 않을까?

사전에서 "좋다"는 말은 칭찬(commendation)이나 찬성(approbation)을 나타내는 가장 일반적인 용어이다. 어떤 사람이 좋다거나 좋은 X라고 말하는 것(좋은 남편, 좋은 고용인, 좋은 운전자)은 적어도 그 사람에게 찬성의 스탬프를 찍는 것이다. "좋다"의 모든 의미가 공통으로 갖는 것은 **칭찬**하기 위해 그 말을 사용한다는 것이다. 바이킹에게는 용감하고 두려움이 없어서 자기 길을 막는 자는 누구든 죽일 각오가 되어 있는 사람이 좋은 사람이다. 평화주의자에게는 온순하고 겸손해서 절대 남을 위협하지 않는 사람이 좋은 사람이다. 이들이 갖는 특성은 오히려 반대 특성이다. 다른 두 사람이 아주 다른 특성에 대한 표지로 "좋다"라는 말을 사용하는 것일까? 그 대신 "좋다"라는 말은 언제나 거의 동일한 **의미**를 갖지만 찬성하는 것이 무엇인가에 따라 다른 특성을 **언급**하는 데 사용된다고 말해야 하지 않을까? 바이킹과 평화주의자 둘 다 그 말을 찬성이나 칭찬의 용어로 사용하지만 그들이 칭찬하는 **대상**의 성질은 매우 다르다.

그렇다면—"의자"나 "보석"과 달리—"좋다"라는 말이 항상 갖는 단 하나의 인지적 의미는 없다. "좋다"라는 말의 단 하나의 의미는 그 말이 언급하는 어떤 성질이 아니라, 그 말의 호의적인 정서적 의미—낱말 주위를 맴도는 느낌의 분위기—이다. 성질은 말하는 사람에 따라서, 말하는 사람이 어떤 성질을 칭찬하는가에 따라서 달라진다. 이 점에서 경찰 "끄나풀"이 항상 비호의적인 정서적 의미를 가질 뿐만 아니라 명확한 인지적(기술적) 의미도 갖는다는 것—"끄나풀"은 경찰 정보원을 언급하기 위해 사용된다—을 제외하면 "좋다"라는 말은 "공산주의자"와 비슷하다기보다는 오히려 "끄나풀"과 비슷하다(62–63쪽 참조). "좋다"라는 말과 그 밖의 윤리적 낱말이 사용되는 경우에는 언제나 이 비슷한 무언가가 있는 것일까?

윤리적 용어의 정의

고대 그리스 사람들은 어떤 사람이나 사물이 수행하는 **기능**(function)을 기초로 하여 사람이나 사물을 좋다고 생각했다. 좋은 도선사는 배를 의도한 목적지까지 잘 안내하는 사람이다. 좋은 의사는 치료를 잘 하는 사람이다. 일반적으로 좋은 X는 그 기능이 무엇이든 X의 기능을 (상당히 수준 높은 정도로) 수행하는 X이다.

오늘날 우리는 기계제품이 일정한 목적이나 기능을 얼마나 잘 충족시키는지 그 여부에 따라 다른 것보다 좋다거나 더 좋다고 말하고, 다른 것보다 나쁘다거나 더 나쁘다고 말한다. 좋은 알람시계는 시간이 잘 맞고, 제 시간에 알람 소리가 울리고, 야광 문자판 등을 가진 시계이다. 우리는 이런 것들을 수행하거나 갖는 것이 알람시계의 기능이라고 말한다. 왜 그런가? 우리가—당신이나 내가 아니라 인간이—이런 용도를 염두에 두고 알람시계를 **만들었기** 때문이다. 알람시계가 이런 기능을 수행하도록 만들었기 때문에 이것이 알람시계의 기능이다.

우리는 또한 동물들에 어떤 용도를 부여하는가에 따라 동물들이 일정한 기능을 갖는다고 말하기도 한다. 말은 타거나 마차를 끌기 위한 동물이다. 개는 반려견이 아니라 경비견으로 좋을 수도 있고 경비견이 아니라 반려견으로 좋을 수도 있다. 하지만 누군가가 "저것은 좋은 아르마딜로이다"라고 말하면 우리는 이해할 수 없게 된다. 아르마딜로는 어떤 목적에 적합한가? 아르마딜로는 기계처럼 인간이 어떤 목적에 맞게 만들지 않았다—그것은 오랜 진화 과정을 통해 지구상에 나타났을 뿐이다. 그것은 어떤 목적으로 이곳에 있는 것이 아니라 그저 그렇게 **있을** 뿐이다. (아르마딜로가 신의 목적을 수행한다고 해도 우리는 그 목적이 무엇인지 모른다.) 아르마딜로를 동물원에서 사육할 목적으로 이용할 수도 있는데, 그렇다면 좋은 아르마딜로는 아마 건강하고 어린 표본 종일 것이다. 아르마딜로에게 목적이 있느냐는 질문은 우리가 아르마딜로를 어떤 목적으로 이용하는가에 달려 있다. 어떤 목적으로도 이용하지 않는다면, 그 질문은 아무 의미도 없다. 누군가가 "7, 그것은 좋은 수이다"라고 말하면, 우리는 "7이 무엇에 좋은데?"라고 농담처럼 응수할 수도 있다. 7이 어떤 점에서 좋고, 어떤 기준으로 좋다는 것일까?

어떤 사람이 인간의 기능을 수행하면 그를 좋은 사람이라고 할 수 있을까? 하지만 무엇이 인간의 기능**인가**? 인간은 시계나 망치와 같은 제조품이 아니다. 인간도 아르마딜로처럼 진화를 거쳐 지구상에 나타나기는 했지만, 우리가 알기에 인간은 시계와 달리 아무런 기능도 갖지 않는다. 시계가 인간에 의해 제조되었듯이 인간은 신에 의해 창조되었기(제조되었기?) 때문에 신에게 헌신하고 신의 이름을 거룩하게 하는 것이 인간의 기능이라고 말할 수도 있다. 이 경우에는 인간도 시계나 망치처럼 기능을 갖는다. 하지만 우리는 신학적 맥락에서만 이렇게 말할 수 있다(234–235쪽의 목적에 대한 논의를 기억하기 바란다).

우리가 — 제조품의 경우는 제외하고 — "좋다"를 기능 면에서 정의할 수 없다면 어디서 정의를 찾아야 할까? 윤리적 용어를 정의할 때 그 정의 안에 **다른** 윤리적 용어를 사용한다면 정의하기가 어렵지 않다. 예를 들어 "좋은 것은 우리가 추구해야 하는 것이다"라고 말할 수 있다. 이것은 "좋다"를 또 하나의 윤리적 용어인 "해야 한다"로 정의한다. 또는 일부 도덕철학자들처럼 "올바른 행위는 좋은 것을 극대화하는 행위이다"라고 말함으로써 "올바르다"를 "좋다"는 용어로 정의하기도 한다. 문제는 완전한 윤리적 용어를 윤리와 **무관한**(nonethical) 용어로 정의할 수 있느냐는 것이다. 윤리적 용어를 정의할 때 그 정의 안에 다른 어떤 윤리적 용어도 사용하지 않고 정의할 수 있을까?

어떤 철학자들은 그렇게 정의해 보려고 했다. 여기에 아주 간단한 몇 가지 사례가 있다.

1. 어떤 사람이 "그것이 좋다(good)고 말할 때 나는 그것을 좋아한다(like)는 것을 의미할 뿐이다"라고 말한다고 해 보자. 그러나 그 사람은 자신이 좋아하지 않는 것을 한 번도 좋다고 생각해 본 적이 없고, 좋다고 생각하지 않는 것을 한 번이라도 좋아한 적이 없을까? "좋은 아이"라는 것은 당신이 좋아하는 대로 행동하는 것을 의미할까?

이번에는 어니스트 헤밍웨이의 작중인물 중 한 사람처럼 "좋은 것은 나중에 내가 좋다고 느끼는 것이고 나쁜 것은 나중에 내가 나쁘다고 느끼는 것이다"라고 말한다고 해보자. "좋다고 느끼는 것"은 전혀 윤리적 용어가 아니다. 말하자면 그것은 그 순간에 갖는 어떤 형태의 의식 상태를 기술할 뿐이다("내 입안에 나쁜 맛이 남아 있다" 역시 "나쁘다"는 말이 윤리적 사용이 아니다. 그것은 비난하기 위해 사용되는 말이 아니라 색깔이나 냄새처럼 표현할 수 없는 어떤 감각 성질을 기술하기 위해 사용될 뿐이다). 당신은 뜨거운 물에 목욕한 뒤에 좋다고 느낄 수 있지만, 이것은 결코 윤리적인 것에 관한 진술이 아니다. "좋다"를 "좋아한다"와 연결시키기보다는 찬성과 연결시키는 것이 훨씬 더 그럴듯해 보인다.

2. "그것이 좋다고 말할 때 내가 의미하는 것은 그것에 찬성한다는 것뿐이다." 우리는 청렴함을 특별히 좋아하지 않으면서도 그것을 좋다고 생각하는데, 그것을 좋다고 생각한다면 적어도 그것에 찬성한다는 것만은 분명하다(이 정의에 따르면, 어떤 것을 좋다고 하는 것은 정서 이론처럼 그것에 대한 찬성을 **표현하는 것**이 아니라 그것에 대한 찬성의 **감정을 진술하는 것**이다. 이것은 X가 일정한 성질을 갖는다는 것을 다른 사람에게 전달하기 위해서가 아니라 X에 대한 찬성의 태도를 전달하기 위해서 사용하는 인지적 의미이다).

하지만 이 정의를 채택할 경우 결국 심각한 결과에 이르고 만다. 이 정의에 따라 어떤 것이 좋다는 것을 알기 위해서는 그것에 찬성한다는 것을 내성(內省)을 통해 진심으로 나 자신에게 말할 수 있기만 하면 그만이다. 그리고 내가 찬성하는 것과 당신이 찬성하는 것이 다르다는 것을 내성을 통해 발견하게 되면—(나에게 재미있기 때문에) 나에게는 미적분이 재미있다고 말할 수 있고, (당신에게 재미없기 때문에) 당신에게는 미적분이 재미없다고 말할 수 있는 것처럼—문제의 찬성 대상이나 성질이 (내가 그것에 찬성하기 때문에) 나에게는-좋고 (당신이 그것에 찬성하지 않기 때문에) 당신에게는-좋지-않다. 두 진술 모두 옳다. 하나는 나에 관한 진리이고, 다른 하나는 당신에 관한 진리이다. 나는 X에 찬성하고 당신은 X에 찬성하지 않는다는 것으로 문제는 끝난다—당신이 X에 찬성하지 않는다는 것을 거짓으로 말한다고 믿을 경우에 나는 "말로는 X에 찬성하지 않는다고 하면서 사실은 X에 찬성**한다**"고 말할 텐데, 그런 경우가 아닌 한 논의거리는 아무 것도 남지 않는다.

게다가 내가 그것이 좋다고 말할 때 내가 의미하는 것은 내가 그것에 찬성한다는 것뿐이고, 당신이 그것이 좋지 않다고 말할 때 당신이 의미하는 것은 당신이 그것에 찬성하지 않는다는 것뿐이라면, 우리는 사실상 의견이 다른 것이 **아니다**. 내가 X에 찬성한다는 것을 당신이 부정하지 않고, 당신이 X에 찬성하지 않는다는 것을 내가 부정하지 않는다면, (이 정의에 따를 때) 더 이상 무슨 논란거리가 있겠는가?

서로 윤리적 문제를 논할 때 우리는 "어쨌든 당신이 X에 찬성하기 때문에 X가 좋을 수밖에 없다"와 같은 말을 하지 않는다. "X는 좋다"가 우리 모두 X에 찬성**해야 한다**는 것을 의미한다고 말할 수 있지만, 그것은 또 다시 어떤 윤리적 용어를 다른 윤리적 용어로 정의하는 것인데, 그래봤자 다른 그 윤리적 용어를 사전에 알지 못하면 무의미하다.

3. 우리는 좋은 것이 **바라는** 것과 동일하다고 말할 수 있다. 하지만 누가 언제 바라는 것인가? 스미스가 바라는 모든 것은 정의상 좋은 것인가? 바라는 것들 가운데에는 나쁜 것도 있지 않은가?

"X는 좋다"가 X를 바란다는 것을 의미한다고 말하지 말고 차라리 X가 **바람직하다**는 것을 의미한다고 말할 수 없을까? 그러나 "바람직하다"는 말 역시 윤리적 용어이다. 그것은 어떤 것을 **바라는** 것이 아니라 그것을 **바라야 한다**는 것을 의미한다.

4. 우리는 "X는 좋다"가 **대부분의 사람들**이 X에 찬성한다는 것을 의미한다고 말할 수 있다. 그러나 이것도 결코 적절하지 못한 것 같다. 여론 조사만으로 어떤 것이 좋다는 것을 발견할 수 있을까? 대부분의 사람이 X에 찬성한다는 것을 안다고 해도 그것이 X가 좋다는 것을 알려 줄까? 어째서 대부분의 사람들이 생각하는 것이 수학이나 물리학에서보다 윤리학에서 더 결정적이어야 할까? 다수가 무지하거나 잘못 알거나 정보를 갖지 못할 수는 없을까? 한때는 대부분이 노예 제도에 찬성했다. 그 사실이 노예 제도를 좋거나 바람직한 것으로 만들어 줄까?

5. "좋다"에 대한 좀 더 유망한 정의가 남아 있는데, "좋다"는 신이 명령하는 것을 의미한다는 것이다. 신이 명령하는 것은 정의상 좋다. 신이 좋다고 말하면 좋고, 좋지 않다고 말하면 좋지 않다.

이 정의에 의하면 신앙인이 아닌 사람들은 좋은 것에 관해 아무런 견해도 가질 수 없다. 그러나 그들의 견해가 부정확할지는 모르지만 그들도 분명히 견해를 갖는다. 신앙인이 아닌 사람들도 신앙인과 마찬가지로 세계를 더 좋게 만들기 위해 무엇을 해야 하는지 강한 확신을 갖는다. 그리고 **그들**이 말하는 "그것이 좋다"는 "신이 그것을 명령한다"를 의미하지 않는다.

게다가 다른 시간과 장소에 있는 사람들은 신(또는 신들)에 대해 매우 다른 개념을 가지며, (안식일을 지키거나 인신 제물을 바치는 것처럼) 한 종교의 신이 사람들에게 행하라고 명령하는 것이 다른 종교의 신들이 명령하는 것과 정반대일 수도 있다.

그 정의에는 여전히 또 다른 반대가 있다. 신앙인은 신이 명령하는 것이 "좋다"라는 말과 "해야 한다"라는 말의 "고유 의미"라고 해야 할까? 소크라테스는 플라톤의 대화편 《에우티프론》에서 "좋다"가 "신들이 기뻐한다"와 의미가 같은가에 대해 고찰했다. 그러나 소크라테스는 어떤 것에 대한 신들의 찬성 여부를 떠나 그것이 좋을 수 없는지 물었다. 신들이 기뻐하기 때문에 좋은 것이 아니라, 좋기 때문에 신들이 기뻐할 수도 있다. 그것이 좋다면 신들이 명령하겠지만, 그렇다고 해서 그것이 좋다는 말의 의미는 아니다. 오히려 신들은 어떤 것이 좋다는 것을 알고 그에 따라 그것을 우리에게 명령한다. 그 경우에 좋다는 것은 신들의 명령과 논리적으로 독립해 있다. 말하자면 신들이 우리에게 정직하라고 말하지 않아도 정직이 좋은 것일 수 있다.

19세기 철학자 헨리 시지윅(Henry Sidgwick)은 그의 고전적인 저작 《윤리학의 방법》에서 수학적 용어를 수학과 무관한 용어로 정의할 수 없는 것처럼 완전한 윤리적 용어를 윤리와 무관한 용어로 정의하는 것 역시 가능하지 않다고 결론지었다.

> "해야 한다"나 "올바르다," 그리고 이와 동일한 수준의 근본적 관념을 나타내는 다른 용어들을 어떻게 정의할 수 있는가? 이 물음에 대하여 나는 이런 용어가 공통으로 갖는 관념이 너무나 기초적이어서 어떠한 형식적 정의도 허용하지 않는다고 말할 수밖에 없다....우리가 검토한 바 있는 관념은 지금 우리가 생각하는 것처럼 더 단순한 관념으로 분석될 수 없다. 그 관념은 일상적 사고에서 그와 연관된 다른 개념들, 특히 그와 혼동하기 쉬운 다른 개념들과의 관계를 가능한 한 정확히 확인해 봄으로써 더 선명해질 수 있을 뿐이다.[1]

영국 철학자 무어(G. E. Moor)는 그가 말한 "열린 질문 기법"(open question technique)을 이용했다. 무슨 속성이든 그 속성(P라고 하자)에 주의를 기울인 다음 그 속성이 "좋음"을 의미한다고 해 보자. 당신은 다음과 같은 질문을 항상 의미 있게 할 수 있다. "나는 X가 그 속성을 갖는다는 것을 인정한다. 그렇지만 X가 **좋은가?**" 예를 들어 나는 X라는 사람이 정직하다는 것을 알지만 "정직한 것이 **좋은가?**"

---

1   Henry Sidgwick, *The Methods of Ethics* (London: Macmillan, 1878), p. 23.

라고 질문할 수 있다(정직한 것이 항상 **좋다**고 할지라도 나는 여전히 정직한 것이 좋은지 물을 수 있다). 어느 속성 P에 대해서나 그 속성을 갖는 것이 좋은지를 항상 물을 수 있다.

하지만 무어는 이 경우에 "좋다"가 윤리와 무관한 어느 속성을 갖는 것으로 정의될 수 없다고 말한다. 어떤 것 또는 어떤 사람을 좋다고 하는 것은 그 어떤 것이나 어떤 사람에게 일반적으로 부여하는 일상의 경험적 특성을 넘어 **그 이상의** 어떤 특성을 언급하는 것이다. 그리고 윤리적 용어를 윤리와 무관한 용어로 정의하려는 사람이 있다면, 그는 무어가 말한 **자연주의적 오류**(naturalistic fallacy)를 범한다. "노란색"이나 "즐거움"이라는 말처럼 (예시적으로 정의하는 것 말고는) 정의할 수 없는 낱말들이 많이 있는데, 무어는 동일한 고찰이 "좋다"에도 적용된다는 것을 보여주려고 했다.

어떤 사람이 "나는 즐겁다"고 말하는데, 이것이 거짓말이나 잘못 말한 것이 아니라 참말이라고 해 보자. 글쎄, 이 말이 옳다면 그 의미는 무엇일까? 그것은 그의 마음, 즉 명확한 어떤 표지에 의해서 다른 모든 사람의 마음과 구별되는 명확한 어떤 마음이 이 순간에 즐거움이라는 명확한 어떤 느낌을 갖는다는 것을 의미한다. "즐겁다"가 오로지 즐거움을 갖는다는 것을 **의미**할 뿐이며, 우리가 더 즐겁거나 덜 즐겁다고 할지라도, 심지어는 잠깐 사이에 여러 종류의 즐거움을 갖는다고 할지라도, 우리가 갖는 것이 즐거움인 한에는 그것이 많건 적건 한 종류이건 여러 종류이건 간에 우리가 갖는 것은 결코 정의할 수 없는 한 가지 명확한 것, 말하자면 가능한 한 다양한 모든 즐거움의 정도가 동일하고 다양한 모든 즐거움의 종류가 동일한 한 가지 어떤 것이다. 우리는 즐거움이 다른 것들과 어떤 관계에 있는지, 예를 들어 즐거움이 마음속에 있다는 것, 즐거움이 욕구를 일으킨다는 것, 우리는 즐거움을 의식한다는 것 등을 말할 수도 있다. 나는 즐거움과 다른 것들의 관계를 기술할 수는 있어도 즐거움을 정의할 수는 **없다**고 생각한다. 그리고 누군가가 즐거움을 다른 어떤 **자연적 대상**이라고 정의한다면, 이를테면 누군가가 즐거움이 빨간색에 대한 감각을 **의미**한다고 말한 다음 그로부터 그 즐거움이 색깔이라는 것을 연역하려고 한다면, 우리는 그를 비웃지 않을 수 없으며, 앞으로 즐거움에 관해 그가 하는 말은 절대 믿지 않을 것이다.

그렇다, 이것은 내가 자연주의적 오류라고 했던 것과 똑같은 오류인 것 같다. "즐겁다"

가 "빨간색에 대한 감각을 갖는 것" 또는 다른 어떤 것도 의미하지 않는다고 해도, 즐겁다는 것이 무엇인지를 우리가 이해하지 못하는 것은 아니다. "즐겁다"의 의미가 "즐거움에 대한 감각을 갖는 것"이라는 것을 아는 것만으로도 충분하며, 즐거움이 결코 정의될 수 없고, 즐거움은 즐거움이지 다른 어떤 것도 아니라고 해도, 우리가 즐겁다고 말하는 데 아무런 어려움도 느끼지 않는다.[2]

그러나 "좋다"를 "노랗다"와 비교하는 것 역시 문제가 있다. 우리는 어떤 대상이 노랗다는 것에 관해 거의 의견이 일치한다. 색맹도 우리의 의견과 같을 수 있다 (65–66쪽 참조). 그러나 무엇이 좋은가에 관해 사람들의 의견이 일치하지 않는다면 우리는 어디서 의견 일치를 얻을 수 있을까? 한 사람은 좋음의 비자연적 성질이 어떤 행위나 동기나 사태에 속한다고 주장하고, 또 한 사람은 그 주장을 부정하면 어떻게 될까? 여기에 무언가 합리적 절차가 있을까? 아니면 또 다시 "이것으로 토론을 끝내고 싸움을 시작할" 수밖에 없을까?

분석 윤리학은 윤리적 용어의 의미를 다루는 분야이다. 수천 쪽 분량의 단행본과 전문 학술지에서 분석 윤리학의 쟁점들이 논의되었음에도 합의에 이른 쟁점은 별로 많지 않다. **규범 윤리학**(normative ethics)은 이를테면 어떤 목적이 **좋은가**, 어떤 행위가 **올바른가**, 어떤 정책이 **공정**한가, **책임**져야 할 행위는 어떤 행위인가와 같은 실질적인 쟁점을 다루는 분야이다. 분석 윤리학의 쟁점들에 관해 아무런 진전도 없이 정체 상태에 빠진 사람들이 규범 윤리학의 쟁점들에 관해서는 종종 의견이 일치하기도 한다. 이제 규범 윤리학으로 방향을 돌려 보자.

2. 좋은 것

데이비드 흄은 수많은 논문을 논평했는데, 논문의 저자는 어떤 사실이나 상황에 대한 기술로 시작하여 "그러므로"나 "우리의 결론은..."이라는 말 다음에 반드시 "해

---

2   G. E. Moore, *Principia Ethica* (London : Cambridge University Press, 1903), pp. 12–13.

야 한다"거나 "마땅히 해야 한다"라는 말로 끝맺는다는 점을 지적하였다. 흄은 그 저자가 첫 번째 주장과 두 번째 주장 사이의 틈새를 어떻게 메울지 의아해 했다. 그 저자는 어떻게 해서 존재에서 당위에 이르고, 존재의 상태에서 마땅히 해야 할 의무에 이르는 것일까?

우리는 끊임없이 사람과 사물이 가치 있다든가 좋다든가 소중하다고 말한다. 어떠한 상황에서 이런 용어들이 나타나는가?

1. 생명 보존에 좋은 것. 에인 랜드(Ayn Rand, 1905-1982)는 생명을 유지하는 데 필요한 행위 맥락 안에서만 윤리적 개념이 나타난다고 했다. 불멸의 로봇처럼 삶과 죽음의 기로에 직면하지 않고 제 자신을 유지하는 데 어떤 행위도 필요치 않은 존재를 상상해 보자. 그 존재는 "움직이고 행동하지만 어느 것에 의해서도 영향을 받을 수 없고...손상되거나 부상을 당하거나 죽을 수 없는 존재"[3]이다. 그것은 어떤 것에 대해서도 **찬성**하거나 **반대**하지 않는다. 그것이 무슨 목표를 가질 수 있겠는가? 그리고 그것을 어떻게 위험에 빠뜨릴 수 있겠는가?

파괴될 수 없는 존재에게 가치 있는 것은 아무것도 없다. 파괴될 수 있고 파괴를 예방할 수 있는 존재만이 행위할 이유를 갖는다. 생명체만이 삶과 죽음의 기로에 직면한다.

식물과 동물은 생명을 유지하기 위해 본능적으로 반응한다. 그들은 자신의 목표를 선택하지 않는다. 그들은 홍수나 가뭄으로 인해 죽을 수도 있고 그들의 통제를 벗어난 다른 조건들에 의해 죽을 수도 있지만, 능력의 한계 내에서 자신의 존재를 유지하려고 움직인다. 그들은 죽을 수는 있지만 자신을 죽일 수는 없다.

그와 달리 인간의 목표는 본능적으로 주입되어 있지 않다. 인간의 목표는 개인 자신이 **선택**해야 한다.

의지적 의식을 지닌 존재는 자동 작동 장치를 가지고 있지 않습니다. 인간은 자신의 행위를 이끌어줄 가치 규범을 필요로 합니다. 인간은 "가치"를 얻고 지키기 위해 행위하며, 기

---

3   Ayn Rand, "The Objectivist Ethics," in Rand, *The Virtue of Selfishness* (New York: New American Library, 1962), p. 17.

치를 얻고 지키는 행위가 바로 "미덕"입니다....

우주에는 오직 하나의 근본적인 선택이 있을 뿐인데, 그것은 존재하느냐 존재하지 않느냐입니다—그리고 그것은 단 한 부류의 것, 즉 생명체에게만 적용됩니다. 생명이 없는 물질의 존재는 무조건적이지만 생명의 존재는 그렇지 않습니다. 생명의 존재는 특정한 행위 과정에 의존합니다. 물질은 파괴될 수 없고 형태를 바꿀 수 있지만 스스로 존재를 멈출 수는 없습니다. 끊임없이 삶과 죽음의 문제에 직면하는 것은 오직 생명체뿐입니다. 삶은 자립적이고 자발적인 행위 과정입니다. 생명체가 그 행위를 수행하지 못하면 죽을 수밖에 없습니다. 화학적 요소들은 남겠지만 생명은 없어집니다. "가치" 개념을 가능하게 하는 것은 오직 "삶"이라는 개념뿐입니다....

자신의 생존 수단을 악으로 여기는 생명체는 살아남을 수 없습니다. 제 자신의 뿌리를 망가뜨리려고 애쓰는 식물이나 제 자신의 날개를 부러뜨리려고 몸부림치는 새는 오래 살아남을 수 없습니다. 그런데도 인간의 역사는 인간 정신을 부정하고 파괴하려는 투쟁의 역사였습니다.

인간은 합리적 존재라고 여겨져 왔지만 합리성은 선택의 문제입니다—인간의 본성은 합리적 존재와 자멸하는 동물 중 하나를 선택하도록 요구합니다. 인간은—선택에 의하여—인간이어야 합니다. 인간은 선택에 의하여 자신의 삶을 하나의 가치로 여겨야 합니다. 인간은—선택에 의하여—자신의 삶을 유지하는 법을 배워야 합니다. 인간은—선택에 의하여—삶이 요구하는 가치들을 발견하고 미덕을 실천해야 합니다.

선택에 의하여 받아들인 가치 규범이 도덕규범입니다.[4]

인간은 역사에서 줄곧 자멸 행위를 하는데도 그 결과가 즉각적으로 나타나지 않을 수도 있다. 어떤 사람은 독사를 독이 없는 뱀으로 오인하는 것처럼 그 즉시 치명적인 일을 할 수도 있다. 어떤 사람은 자신의 건강을 혹사시키지만 한 동안 뚜렷이 드러나지 않을 수도 있다. 어떤 사람은 이를테면 모든 인간관계를 *끊거나* 부장 범죄 조직에 가담하는 것(그래서 스물다섯 살에 총에 맞아 죽는 것)이 그 일을 선택한 당시의 보호 기제일지라도 그런 자멸하는 방식을 이용함으로써 자신의 파괴적

---

4   Ayn Rand, *Atlas Shrugged* (New York: Random House, 1957), pp. 1012-1013.

환경(아버지는 사디스트이고, 어머니는 크랙 코카인 중독자인 환경)에 대처하기도
한다.

장기간 살기 위해서는 장기적으로 생각하고 계획해야 한다. "일시적" 충동으로
행동할 때 우리의 삶과 행복은 쉽게 파괴된다.

사람의 생존이 본능에 의해 보장될 수는 없다. 인간은 본능만으로는 살아남지 못
한다. 행위를 통해 날마다 의식적으로 생존을 추구해야 한다. "인간에게는 적절한
주의와 사용법을 알리는 사용설명서가 딸려 있지 **않은데**, 도덕이 그 사용설명서이
다. 도덕은 인간의 자아 보존법이다."[5]

사람은 동물로 생존할 수 없다. 사람이 타고난 본능으로 살려고 하면 머지않아
죽는다. 사람은 제 자신의 행위 과정을 설계하는 합리적 존재로만 생존할 수 있다.
"인간**으로서의**(즉 합리적 존재로서의) 인간 생존"은 "인간이 선택할 수 있는 그 모
든 존재 양상 중에서 인생의 전 기간을 통하여 합리적 존재로 생존하는 데 필요한
조건, 방법, 상황, 목표"를 의미한다.

인간은 혼자 힘으로 생각하지 않고 맞을 수도 있고 틀릴 수도 있는 다른 사람의
생각에 의존하거나, 장기적으로 생각하지 않고 일시적으로만 생각할 경우 생존이
위태로워진다. 인간은 희망 사항(환상 속에만 존재하는 현실 대용물)을 좇아가고,
장차 부딪칠 다소 달갑잖은 어떤 현실로 인해 파멸을 무릅쓰고 "현실을 날조할" 경
우 생존이 위태로워진다. 이런 희망과 환상의 위험을 무릅쓰고 희망과 환상을 좇아
가며 사는 사람들은 강물이 범람할 수 있는 땅에 살면서 위험을 무시하거나 신이 엄
청난 홍수 피해의 위험에서 항상 지켜 줄 것이라고 믿는 사람들과 꼭 마찬가지로 파
멸했다.

[인간은] 사고 과정을 거치지 않고서는 가장 단순한 신체적 욕구도 충족시킬 수 없다. 인간
은 곡식을 심고 기르는 방법이나 사냥에 필요한 무기를 만드는 방법을 알기 위해서 사고
과정을 필요로 한다....인간의 "감각"과 "본능"만으로는 불을 어떻게 밝히는지, 배를 어떻

---

5 Leonard Peikoff, *Objectivism: The Philosophy of Ayn Rand* (New York: Dutton, 1991), p. 214.

게 짜는지, 연장을 어떻게 만드는지, 자동차를 어떻게 만드는지, 비행기를 어떻게 만드는지, 전구나 전자관이나 이온 가속 장치나 종이 성냥을 어떻게 만드는지 결코 알지 못한다. 하지만 인간은 이 같은 지식에 의존하여 살고 있다—그런데 이 같은 지식은 오직 의식의 의지 작용, 즉 사고 과정에 의해서만 제공될 수 있다.[6]

인간의 생존을 위한 정신의 중요성을 극적으로 예시한 다음 구절을 보자.

인간에 의해 개척되지 않은 황량한 황무지에 서서, 여러분에게 행동 지침을 가르쳐 줄 사람이 주위에 아무도 없는데 여러분이 생각하기를 거부한다면 어떤 방식으로 생존할 수 있고 얼마나 오래 버틸 수 있을지, 혹시 여러분이 생각하기로 결심한다고 해도 여러분의 정신이 얼마나 많은 것을 발견할 수 있을지 스스로에게 물어보십시오. 여러분이 지금까지 살아오면서 얼마나 많은 독자적인 결정을 내렸고, 여러분이 다른 사람들한테서 배운 행동 지침을 수행하느라 얼마나 많은 시간을 소비했는지 스스로에게 물어보십시오. 여러분이 땅을 갈고 식량을 재배하는 방법을 발견할 수 있을지, 여러분이 바퀴나 지렛대, 유도코일, 발전기, 전자관을 발명할 수 있을지 스스로에게 물어보십시오.[7]

생명체에게 좋은 것은 생명체의 생존과 번성을 촉진하는 것이다. 좋은 것은 생명을 보존하는 것이다. 이것은 아주 긴 이야기의 시작에 불과하다. 하지만 다시 한 번 시작해 보자.

2. **성취로서 좋은 것**. 이번에도 죽을 수 없는 로봇에서 시작해 보자. 로봇은 주변에 있는 것들을 식별할 수는 있지만 어느 것에 의해서도 위험에 빠지지 않는다. 리처드 테일러는 다음과 같이 말한다.

애초에 선과 악의 구별이 생기는 것은 오직 인간이 의지를 갖기 때문이다—다시 말해서 인간이 욕구, 열정, 요구, 경향성을 갖기 때문이며, 요컨대 인간이 목적이나 욕구 대상을

6　Rand, "The Objectivist Ethics," p. 17.
7　Rand, *Atlas Shrugged*, pp. 1048–1049.

추구하기 때문이다. 본래 어떤 것이 좋다는 것은 순전히 그것을 욕구한다는 데 있으며, 어떤 사태가 나쁘다는 것은 순전히 욕구가 좌절된다는 데 있다. 인간의 본성에 이런 소망의 측면이 없다면, 모든 것이 완전히 동등한 수준을 유지하므로 아무런 문제도 일어나지 않을 것이다. 사물은 어떤 사람이—모든 사람이—그것에 관심을 가질 경우에만 좋거나 나쁜 상태가 된다....

이성 그 자체만으로는 좋은 것과 좋지 않은 것을 구별할 수 없다. 이성은 오로지 이성의 한계 내에서 그렇다는 것을 이해할 수 있을 뿐이지 반드시 그래야 한다고 단언할 수 없다.

인간에 관한 주요 사항은 인간이 어떤 목적을 의도한다는 사실이다. 이로 인해 인간의 삶은 내내 의미를 지니게 된다. 목적을 의도하는 것이 바로 삶 자체의 표현이다. 인간의 이성은 거의 전적으로 수단을 판별하는 데 이용되며, 그로써 의지의 산물인 목적이 성취될 수 있다.[8]

이성은 우리의 목적을 달성하기 위해 우리가 이용할 수 있는 최선의 수단이 무엇인지 알려주지만, 목적 자체는 의지에 의해 결정된다. 이성은 목적을 달성하기 위해 무엇을 선택하고 어떻게 해야 하는지 알려 주지만, 목적을 달성하려고 결심하는 것은 의지이다. "인간이 의지적 존재라는 것은 인간이 이성적 존재라는 것보다 더 명확하다. 정말 이성적인지 의심스러운 사람은 있지만, 필요나 욕구나 요구를 전혀 갖지 않고 살아가는 사람은 어디에도 없을 것 같다."[9]

그렇다면 무엇이 좋은가? 성취가 좋은 것이다. 무엇이 나쁜가? 좌절, 즉 성취의 결여가 나쁜 것이다. 하지만 어떤 성취가 다른 성취를 방해한다는 복잡한 문제가 있다. 내가 의과 대학을 졸업하려면 나는 휴식과 긴장 완화를 위해 더 많은 시간을 갖는 것과 같은 또 다른 성취를 희생해야 한다. 말하자면 의사가 되는 장기적 성취가 가능하려면 다른 성취들 가운데 일부는 좌절되어야 한다. 혹시 사회 경력을 쌓고 싶다면 공부하면서 내가 싫어하는 아르바이트를 해야 한다. 실제로 삶이 성취에 불과하다면 살면서 좌절이 없어야 할 텐데, 내가 원하는 공감적 인간 유형이 되려면 얼

---

8   Richard Taylor, *Good and Evil* (New York: Macmillan, 1970), p. 14.
9   Ibid., p. 120.

마간의 좌절이 필요할 수도 있다. 이 모든 것을 서로 비교 검토할 수밖에 없겠지만, 이상적인 것은 더 많이 성취할수록 더 좋다는 것이다. (우리는 또한 우리의 행위에 함축될 수 있는 것이 무엇이든 인간의 지성으로 이해될 수 있다고 예견하는 능력과 합리성이 결여될 경우 장기적인 성취 자체가 가능하지 않다고 말함으로써 이것을 에인 랜드의 견해에 덧붙일 수 있다.)

　어떤 사람은 또한—많은 철학자들이 믿었듯이—있을 수 있는 최대의 **행복**이 이상적인 행복이며 그것을 인간의 행위 목표로 삼아야 한다고 믿는다. 그러나 행복과 성취는 불가분의 관계를 맺고 있으며, 어떤 것이 장기적인 행복이나 성취인지 알아내기 위해서는 이성 능력을 충분히 발휘할 필요가 있다.

3. 행위 이론

하지만 이 같은 고찰들 중 어느 것도 우리가 구체적으로 무엇을 **해야** 하는지 알려주지는 않는다. 우리가 행복을 목적으로 삼는다고 해 보자. 아리스토텔레스는 《니코마코스 윤리학》의 첫머리에서 모든 인간이 행복을 목적으로 삼는다고 했다. 그러나 우리는 처음부터 한 가지 물음에 부딪친다. **누구의** 행복이고 누구의 성취인가? 나는 나 자신을 위해서 가능한 최대의 행복을 도모해야 하는가? 아니면 나 자신과 나의 가족과 친구를 위해서인가? 아니면 모든 사람—모든 인류—을 위해서인가? 우리가 X(예를 들어 행복)가 좋다—다른 어떤 것에 대한 수단으로서가 아니라 목적 그 자체로서 좋다—고 말하면 그 다음 단계는 무엇인가? 누가 갖든 행복(또는 성취 등등)이 좋은 것이라면 내가 **모든 사람**의 행복을 도모하지 않아도 되는가? 아니면 누가 갖든 행복이 좋은 것이라고 해도 나는 모든 사람의 행복을 도모해야 하는가? 나는 나 자신의 행복을 도모하고 당신은 당신의 행복을 도모하면 왜 안 되는가? 바로 이 점에서 규범 윤리학의 심각한 균열이 있다.

이기주의
다양한 형태의 윤리적 이기주의가 있다. 고대 에피쿠로스학파에 따르면, 우리는 세상사에 간섭하지 않는 것은 물론 다른 사람과 친밀한 관계를 유지하지도 말고 조용한 관조의 삶을 살아야 한다. 세상사에 간섭하거나 인간관계를 맺다 보면 결국 불행해질 것이기 때문이다. 당신과 친밀한 관계에 있는 사람이 죽거나 당신을 떠나 버리고, 정치적인 이유로 다투다 보면 결국 사람을 잃고 악감정만 남는다. 지금 호화롭게 지내다 보면 비싼 물건 없이 지내야 할 경우에 비싼 물건에 빠져 즐겁게 산 사람이 더 견디지 못한다는 것을 깨달을 뿐이다.

고대 스토아학파는 우리가 무소유에 결코 익숙하지 못하므로 필요한 것과 바라는 것을 억제해야 만족스러운 삶이 이루어질 수 있으며, 모든 사람과 거리를 두고 지내면 결코 감정을 상하거나 실망하지 않을 것이라고 생각했다. 필요한 것을 얼마나 갖게 되는가에 따라 행복이 정해진다면 사람들은 대부분 불행할 것이다. 스토아학파는 필요한 것을 최소화함으로써 필요한 것 이상으로 지나치게 바라지 않게 하라고 충고하는데도 사람들은 끊임없이 필요한 것을 늘리기 때문이다.

이기주의자는 목적 달성을 위해서 거짓말하고 속이고 죽여도 된다고 주장하는가? 대부분의 이기주의자는 그렇게 생각하지 않는다. 그렇게 생각하는 것은 지뢰밭으로 걸어 들어가는 것이나 다름없다. 한 순간에 불구가 되거나 죽을 수 있다. 당신이 다른 사람을 정직하게 대하지 않으면 그들도 당신을 정직하게 대하지 않을 것이다. 당신이 친구나 가족에게 무관심하면 그들의 도움이 필요할 때에도 그들은 당신에게 무관심할 것이다. 당신이 범죄를 저지르면 붙잡혀 교도소에 들어갈 텐데, 붙잡히지 않는다고 해도 누가 당신을 고발할지 모른다는 것─모든 사람과 관계가 나빠질 것이라는 것─때문에 당신은 두려워하고 다른 사람을 불신하게 된다. 당신이 "죽이느냐 죽느냐"라는 모토를 분쟁 해결 방법으로 채택하면 당신은 첫 번째로 죽지 않고 열 번째로도 죽지 않을 수 있으나 당신이 죽을 기회는 이 모토를 채택하지 않았을 때보다 훨씬 더 많을 것이다. 사람들과 함께 이야기를 나누고 불만을 토로하다가 서로 승인하는 해결책에 도달하는 것이야말로, 비록 그 해결책이 절충안이라고 할지라도 불만을 토로할 때마다 폭력을 쓰는 것보다 훨씬 더 안전한 길이다.

당신이 무사히 빠져나갈 수만 있다면 속이고 훔치고 죽이겠는가?(물론 무사히 빠져나갈 수 있을지 확신할 수는 없다.) 플라톤의《국가》에 등장하는 이기주의자 트라시마코스는 그렇게 하겠다고 대답한다. 당신의 이익을 증진시키는 것이 다른 사람의 이익을 짓밟는 것을 의미한다고 해도 당신의 이익을 증진시키기 위해 할 수 있는 일을 해야 한다. 정치권력을 추구하고 성취하는 사람이 바로 그런 사람이다. 그가 군대를 자기편으로 끌어들이는 순간 다른 사람들은 그의 명령에 복종할 것이고, 그 대가로 부와 권력을 얻기 위해 할 수 있는 일이라면 무엇이든 한다.

하지만 플라톤은 그것으로 그 자신이 추구하는 목표를 달성하지는 못할 것이라고 주장한다. 독재자는 누가 자기편인지 전혀 알 길이 없고 자기편이 과연 있는지조차 알지 못한다. 그는 자기네 가운데 누가 자기를 살해하거나 내쫓으려고 음모를 꾸미는지 전혀 모른다. 그는 누가 자기를 몰아내거나 살해하기 위해 다른 사람과 협력할까봐 결코 안심하지 못한다. 플라톤은 "광포한 이기주의"의 이런저런 사례를 이용함으로써 그 같은 삶이 결국은 불행과 좌절로 이어질 뿐이라고 결론지었다. "죽이느냐 죽느냐" 또는 "속이느냐 속느냐"를 모토로 삼는 이기주의자는 불행을 자초하는 결과를 낳을 뿐이다. 당신과 일반 시민을 노예로 삼거나 집단 학살할 수 있는 독재자가 당신네 나라를 공격한다면 당신은 맞서 싸울 것인지 노예가 될 것인지 선택해야 한다. 그러나 그 경우에 당신 자신의 이기주의적인 이익을 위해서는―죽을 확률이 상당히 높다고 해도―노예가 되는 것보다 차라리 싸우는 것이 노예 상태나 "불명예스러운 죽음"보다 더 낫다.

플라톤이 공격하는 것은 이기주의 자체가 아니라 많은 사람이 이기주의를 추구하는 방법이다. 그들은 자신의 처신이 장기적인 자기 이익에 도움이 될 것이라고 생각하지만 사실은 그렇지 않다. 사람들은 무엇이 자신에게 행복이나 마음의 평화를 가져다 주는가 라는 중대한 문제를 놓고 끊임없이 **잘못된 계산**을 한다. 행복해지고 싶지만 도대체 어떻게 해야 할지 모른다.

이 문제를 좀 더 현대적인 말로 설명해 보자. 사람들은 대부분 고속도로를 운전할 때 일정한 "교통 규칙"이 있어야 한다는 데 동의한다. 이를테면 다른 차량을 추월할 때를 제외하고는 차선을 지켜야 한다. 야간 운전을 할 때 라이트를 켜야 한다. 일정한 지역에서 지정 속도를 어기면 안 된다. 정지 신호나 도로 표지를 무시하면 안 된다. 등등. 나는 고속도로를 주행하는 다른 운전자들에게 특별한 관심을 갖지 않는다―나는 그들을 모르기 때문에 별로 신경 쓰지 않는다. 그러나 **나는** 목적지에 무사히 도착하기를 원하는데, 교통 규칙을 무시하면 교통사고에 말려들 가능성이 높기 때문에, 교통 규칙을 지키는 것이 자기 이익에 도움이 된다.

또한 우리가 인생의 고속도로를 달릴 때 지켜야 하는 (이기주의자 역시 지킬 수 있는) 규칙들도 있다. 이 규칙들 가운데 일부는 법적 효력을 지녀야 한다. 규칙을 무시하려는 사람을 법의 힘으로 강압하지 않으면 규칙을 어기는 사람이 마구 늘어날 것이기 때문이다. 살인, 강도, 강간을 금지하는 규칙은 법적 효력을 가져야 한다. 그 밖의 규칙들은 아이들에게 주입하는 습관에 관한 규칙들처럼 강압적이 아니라 자발적이어야 한다. 아무튼 이런 규칙들을 갖는 것이 자기 이익에 도움이 된다. 그 규칙들은 "지키는 것이 좋다."

예를 들어 당신이 때로 어떤 사람에게 너무나 화가 나서 그를 죽이고 싶거나 그의 집에 불을 지르고 싶은데 그런 행위를 참아 내기가 무척 어려울 수도 있다. 그러나 당신이 남을 해치지 않는다는 규칙은 다른 사람이 **당신**을 해치지 않는다는 규칙이기도 하다. 당신은 규칙을 지킴으로써 잃는 것(당신이 원하는 것을 허용하지 않는 것)이 있지만, 얻는 것도—이 경우에는 더 나은 안전과 안정감—있으며, 얻는 것이 잃는 것보다 훨씬 더 많다.

사람들은 대부분 사랑과 우정이 없으면 행복해질 수 없다. 그러나 당신이 원하는 것을 얻어내고 절교할 사람이 아니라 진정한 친구라면, 당신은 그녀가 행복하다는 생각만으로도 즐겁기 때문에 그녀가 행복하기를 원한다. 더군다나 당신은 당신이 그녀에게 보여주는 것과 똑같은 종류의 관심을 받고 싶어 한다. 그녀가 이 정도의 관심을 보여주지 않을 경우 우정은 식기 쉽다. 어느 경우에나 목적은 당신에게 최장 기간의 행복과 성취를 가져오는 것을 행하는 것이다.

이타주의

대부분의 사람들은 실제로 그들이 하는 일이 무슨 일이건 간에 그들 자신보다 남을 이롭게 하는 일을 어느 정두 해야 한다고 믿는다. 수많은 사례들 가운데 다음 두 경우를 살펴보자.

1. 당신은 독일이 2차 세계대전에서 프랑스를 점령한 뒤 수립된 비시 정권의 프랑스 시민이다. 당신은 히틀러의 하수인들이 유대인을 찾기 위해 모든 마을을 샅샅이 뒤지고 다닌다는 것을 알고 있으며, 그들에게 발각된 사람은 누구나 강제 수용소

로 끌려가 가스실에서 처형당한다는 것을 알고 있다. 당신은 안네 프랑크의 경우처럼 당신의 유대인 이웃들을 숨겨 줌으로써 그들의 생명을 구할 수도 있다. 그러나 당신이 그들을 숨겨 준다고 해도 결국은 잡히고 당신은 그들을 숨겨 준 죄로 (모든 가족과 함께) 형무소나 강제 수용소로 보내질 것이다. 그들에게 피신처를 제공하는 일은 당신의 자기 이익에 전혀 도움이 되지 않는다. 하지만 그렇게 하는 것이 옳지 않은가? 그렇게 하는 것이 당신의 도덕적 의무이지 않은가?

　2. 당신이 소련의 사무직원인데 동료 직원이 정부에 대해 약간 비판적인 말을 한다. 정부를 비판하는 소리를 들으면 누구나 이 사실을 신고해야 한다는 것이 법으로 정해져 있어서 고발당한 사람은 결국 20년 이상의 북극 강제 노동 수용소 징역형을 선고받는다. 동료 직원은 아마 20년을 다 채우지도 못하고 죽을 것이다. 그래서 당신은 그의 말을 신고하지 않기로 마음먹는다. 그러나 비밀경찰 요원이 이 사실을 알게 되면 당신은 고발하지 않은 죄로 나중에 체포될 수 있다 —따라서 당신은 자신을 위해서 그의 말을 신고할 수밖에 없다.

> 20년 동안 같은 사무실에서 그에게 빌붙어 굽실대던 당신이 이제는 그 고결한 침묵으로 … 당신이 그의 범행에 얼마나 완강히 반대했는가를 보여 주어야 했다(당신은 자신의 소중한 가족을 위하여, 자신의 소중한 것들을 위하여 이 제물을 만들어야 했다! 당신은 그들을 염려할 수밖에 없지 않겠는가?) 하지만 체포된 사람이 부인과 어머니와 아이들을 남겨 두고 떠났으니 그들을 어떻게든 도와주어야 하지 않겠는가? 아니지, 아냐, 그것은 위험한 짓일 수 있다. 결국 이들은 적의 부인이었고, 적의 어머니였으며, 적의 아이들이었다—그리고 당신의 아이들은 그 아이들에 비해 교육을 조금밖에 받지 못했다.[10]

당신이 그의 말을 경찰에 신고하면 당신은 안전하겠지만, 신고하지 않으면 당신이 죽을 수 있다고 해도—당신의 가족이 당신과 함께 죽을지도 모른다는 사실로 인해 사정이 복잡해진다고 해도—당신이 신고하지 말고 침묵해야 한다고 주장하는 사람

10　Aleksandr Solzhenitsyn, *The Gulag Archipelago* (New York: Harper & Row, 1979), Vol. 3, p. 637.

들이 있을 수 있다.

당신이 남을 도움으로써 당신 자신이 많은 것을 잃는다고 해도—목숨을 잃는다고 해도—남을 돕는 행위를 해야 한다는 견해를 **이타주의**(altruism)라고 한다. 하지만 이타주의는 다양한 형태를 취한다.

다른 사람의 행복에 관심을 갖는 이타주의는 자신의 이익에 관심을 갖는 이기주의의 반대이다. **순수한** 이타주의자는 자신의 복지를 전혀 고려하지 않고 오로지 다른 사람의 복지만을 고려한다. 그녀가 (자신을 대학에 진학할 수 있게 하는 것처럼) 자신에게 커다란 이득이 되는 행위와 (오늘 밤에 그를 콘서트에 갈 수 있게 하는 것처럼) 자신에게는 전혀 이득이 없지만 다른 누군가에게 조금이라도 이득이 되는 행위 가운데 하나를 선택한다면 그녀는 두 번째를 선택해야 한다. 그녀는 자신을 전혀 고려하지 않는 **이기심 없는**(selfless) 사람이어야 한다. 그녀는 다른 사람을 조금이라도 불편하게 하느니 차라리 죽음을 무릅써야 한다. 그녀는 오로지 다른 사람을 섬길 뿐 제 자신의 이익은 완전히 포기한다.

이런 순수한 이타주의자는 오래 살아남지 못한다. 그들이 살아남기 위해서는 먹고 마시고 잠을 자야 하는데, 자기 자신이 음식을 먹지 않음으로써 다른 사람이 음식을 먹을 수 있다면 그들은 음식을 먹지 말아야 한다—그들은 조만간 굶어 죽게 된다. 사실상 이타주의자만 있는 세상은 불가능할 것이다. 한 사람이 음식을 받으면, 그 사람은 "아니다, 당신이 먹어라. 나는 당신의 이익을 도모하지 나 자신의 이익을 도모하는 사람이 아니다"라고 말해야 한다. 그 다음에 다른 누군가에게 음식을 주면 그 사람 역시 이타주의자로서 "아니다, 당신이 먹어라. 나 자신의 행복은 전혀 중요하지 않다"라고 말해야 한다. 음식을 받는 모든 사람이 계속해서 이런 식으로 말해야 한다. 이타주의자가 살아남아서 내일도 이타주의자가 되려면 제 자신의 필요를 아주 조금이라도 중요한 것으로 인정해야 한다.

"네 이웃을 사랑하라"

예수는 그의 유명한 가르침에서 네 자신의 필요를 완전히 무시하라고 말하지 않으며, 네 자신을 사랑하라고 말하지도 않는다. 예수는 네 자신을 사랑하는 것**만큼** 네 이웃을 사랑하라고 말한다. 그런데 누가 당신의 이웃인가? 당신의 가족만이 아니고, 이웃집에 사는 사람만이 아니며, 마을 사람들이나 국민들만이 아니라 존재하는 모든 인간이 당신의 이웃이다. 이 세상 모든 사람은 인간이기에 당신의 이웃이다.

그렇다면 "네 이웃을 사랑하라"는 것은 당신에게 무엇을 하라는 명령인가? 당신은 당신 자신뿐만 아니라 당신의 이웃과 아이들을 부양하기 위해 돈을 번다고 생각하는가? 당신은 당신 자신이나 당신의 몇몇 가족 구성원이 구명 의약품을 받는 것처럼 수천 마일 떨어진 생면부지의 사람이 의약품을 받도록 관심을 가져야 한다고 생각하는가? 당신이 의사라면 당신 자신의 생명이나 당신의 배우자 또는 부모의 생명을 구하려는 것처럼 뉴기니 부족들의 생명을 구하려고 심혈을 기울여야 하는가? 이것이 심리적으로라도 가능한 일일까?

어떻게 하는 것이 모든 사람을 사랑하는 것일까? 고대 그리스인들은 사랑을 세 가지 낱말로 나타냈다. **에로스**(eros, 성적 느낌)는 지극히 일부 사람들만을 대상으로 가질 수 있는 사랑이고, **필레인**(philein, 우정이나 동료 의식)은 당신이 아는 소수의 사람만을 대상으로 가질 수 있는 사랑인데 양측 모두 중요한 가치를 공유하는 사랑이며, **아가페**(agape, 완전한 헌신)는 신을 대상으로 느끼는 사랑이다. 이들 중 어느 것도 전 인류를 아우를 수 있는 사랑은 아닌 것 같다.

계율은 아마도 심리적으로 불가능한 것—모든 사람에 대한 자비로운 애정—을 우리에게 요구할 것 같지는 않다. 계율은 우리가 어떻게 **느껴야** 하는가와 관련이 있다기보다는 우리가 어떻게 **행해야** 하는가와 관련이 있다. 우리가 우리 가족을 사랑하는 것과 똑같은 강도로 먼 곳에 사는 부족을 사랑할 수는 없을지라도, 마치 우리가 그들에게 동등한 관심을 가진 것처럼 행위할 수는 있을 것 같다. 하지만 그런 행위는 어떤 행위일까? 우리가 우리 자신과 우리 아이들을 위해 열심히 일하는 것처럼 먼 곳에 사는 부족의 행복을 위해 열심히 일하는 것일까? 당신은 당신의 가족을 부양하기 위해 열심히 일한다. 당신은 부양을 필요로 하는 이 세상 모든 사람을 부양하기 위해 마찬가지로 열심히 일해야 할까? 그것 역시 모든 사람에게 사랑을 느끼는 것처럼 불가능한 일이 아닐까?

그리고 이 일이 과연 가능하든 불가능하든 당신이 행하려고 노력해야 하는 일일까? 이기주의자는 기획 전체가 잘못되었다고 반박할 것이다.

당신은 당신의 이웃에게 **빚진** 것이 아무것도 없습니다. 당신이 이웃을 돕고 싶다면—그 것은 또 다른 문제입니다. 그때 결정적인 요인은 **당신의 욕구**입니다—이웃의 필요가 **아닙 니다**. 그렇다면 그것은 이웃에 대한 호의입니다—이웃이 마땅히 받아야 하는 것이 **아닙 니다**.

  그런데 당신은 항상 이웃을 도와주려고 **해야만** 합니까? 그렇게 하는 것이 도덕적으로 바람직할까요? 아닙니다. 여기에 실질적인 문제가 있습니다. 이를테면 당신 자신의 이익 에 대한 희생이 뒤따르지 않을 경우에만 당신은 이웃을 (도덕적으로) 도우려고 할 수도 있 습니다. 예를 들어 당신이 곤경에 처한 그 친구를 정말 좋아하고 빌려줄 돈이 있다면 그에 게 돈을 빌려줄 수도 있습니다. 그러나 당신 자신의 주요 목적을 달성하기 위해 돈이 필요 한데 그 돈을 친구에게 빌려준다면—나는 당신이 분명히 **부도덕하다**고 생각합니다.... 만 일 당신의 친구가 식량 때문에 돈을 필요로 해서 당신이 새 옷을 구입하지 않고 친구에게 돈을 빌려준다면—그것은 괜찮습니다. 그러나 그것은 희생이 **아닙니다.** 당신이 새 옷을 구입하는 것보다는 친구가 식량을 구하는 것을 정말로 원했기 때문이지요. 하지만 그 돈 이 당신의 교육이나 경력이나 결혼 자금으로 필요했거나 당신의 애인과 데이트를 하는 데 새 옷이 필요했는데도—그 돈을 친구에게 양보하면 당신은 부도덕한 셈입니다. 당신은 다른 사람의 이익을 당신의 이익 **위에** 놓을 수도 없고 당신과 **동등한** 위치에 놓을 수도 없 습니다. 당신의 이익이 최우선이라야 합니다(친구에게는 **그의** 이익이 최우선이라는 것을 항상 기억하십시오). 그것이야말로 인간이 아무튼 함께 살 수 있는 유일한 길입니다.[11]

  다른 사람과 개인적 관계를 맺을 때 우리는 다른 사람을 도우려면 선택적으로 도 울 수밖에 없다는 것을 깨닫게 된다. 당신이 곤경에 빠진 누군가를 돕는다면 당신은 그 사람이 자신의 과거 습관 때문에 곤경에 빠진 것이 아니라고 확신하는가? 당신 과 달리 그녀는 업무 보고를 위해 아침 여섯 시에 일어나 본 적이 한 번도 없었던 것 같고, 꾸준히 예방 조치를 취하지도 않았던 것 같다—그녀는 자동차를 양호한 상 태로 유지하려고 노력하지 않았고, 자동차가 몇 차례 고장 난 이후 자주 지각을 히 더니 해고되었는데, 이것이 그녀가 지금 곤경에 빠진 이유이다. 당신이 원하는 일자

---

11   *Letters of Ayn Rand*, ed. Michael S. Berliner (New York: Dutton, 1995), pp. 344–345.

리를 얻을 때까지 원하지 않는 일자리에 취직했던 것처럼 당신이 흔쾌히 하려고 했던 일을 그녀는 하려고 하지 않았기 때문에 실직했는지도 모른다. 그녀를 돕는다면 당신은 나태함을 조장하는 것이 아닐까? 일보다는 차라리 구걸하려는 사람들, 즉 속담처럼 "도둑질이 정직한 노동보다 더 쉽다"는 사람들이 상당히 많다. 항상 곤경에 빠져 있는 사람들, 즉 미리 계획을 세우지 않기 때문에 일어나는 모든 일이 심각한 비상사태인 사람들을 돕는 것이 게임에 지는 것임을 당신은 곧 터득하게 된다. 말하자면 당신의 좋은 의지와 좋은 의도는 그들을 돕지도 못한 채 당신을 파산시키고 만다. 혹시 당신은 "남을 도와준다고 생각하지만 실제로는 남을 망치는 사람"(enabler)인지도 모른다. 남을 돕기 위해 계획된 당신의 행위는 그들을 곤궁하게 만든 나쁜 습관들을 바꾸지 못하게 하고 장차 더 의존적이게 조장할 뿐이며, 그들에게 미안한 마음을 가질 수 있는 사람들로부터 지원금을 기대하게 하거나, 그들을 단순히 "사회적 약자"로 분류해 놓고서 나머지 사람들이 열심히 일하고 납부한 세금을 조금씩 나누어 주는 정부로부터 지원금을 기대하게 할 뿐이다.

사람들과의 일상적 만남에서 그들을 돕기보다 그들에게 해를 입히지 않으려면 그 사람들을 **개인적으로 알아야** 할 텐데, 그렇다면 **우리 자신을 사랑하는 것처럼** 모든 사람을 사랑해야 한다는 처방에 우리는 어떻게 반응해야 할까? 개인의 본성이나 개인적인 문제에 대해 전혀 아는 바가 없다면 우리가 어떤 행위를 해야 그들을 도울 수 있을지 도대체 어떻게 알겠는가? 햄릿의 말처럼 "친절을 베풀려면 잔인해져야" 할 것 같다.

황금률

예수의 황금률(golden rule)은 "남에게 대우받으려는 대로 너희도 남을 대우하라"고 말한다. 당신은 당신이 대우받고 싶은 그대로 행해야 한다. 당신이 대우받고 싶은 방식으로 남을 대우해야 한다. 당신이 곤경에 빠져 있을 때 남이 당신을 도와주기 원한다면 당신도 남이 곤경에 빠져 있을 때 그들을 도와주어야 한다. 남이 당신을 인정해주기 원한다면 당신도 그들을 인정해 주어야 한다. 남이 당신에게 진실을 말하기 원한다면 당신도 남에게 진실을 말해야 한다.

그러나 이 계율은 몇 가지 논란을 야기한다. (1) 당신은 그것—남이 당신에게 정직하기를 원하는 것―때문에 남에게 정직해야 하는가? (2) 당신이 남을 어떻게 대우해야 하는가는 당신이 어떻게 대우받기를 **원하는가**에 달려 있는가? 하지만 모든 사람이 동일한 방식으로 대우받기를 원하는 것은 아니다. 어떤 사람은 친절한 대접을 원하는 것이 아니라 무관심한 대접을 원하거나 심지어는 학대 받기를 원하기도 한다. 그렇다면 당신은 **그들이** 학대 받기를 원하기 때문에 그들을 학대해야 할까? 여기에 매 맞기를 좋아하는 마조히스트가 있다고 해 보자. 그것이 그가 대우받으려는 것이기 때문에 그를 매로 때려야 할까? 또는 남의 도움을 싫어하는 사람이 있다고 해보자―"고맙지만, 내 일은 내가 신경 쓸 테니 당신은 당신 일이나 신경 써라." 그녀가 무관심한 대우를 원한다고 했기 때문에 곤경에 처해 있을 때 그녀의 곤경에 무관심해야 할까? 황금률에 따르면, 우리가 무엇을 행해야 하는가는 남이 무엇을 **원하는가**에 좌우되는 것일까? 다른 사람이 무엇을 원하는가가 **내가** 남을 상대할 때 해야 하는 행위의 기준일까?

보편화가능성

임마누엘 칸트는 방금 제시한 이유들 때문에 부분적으로 황금률에 만족하지 못했다. 황금률은 남이 무엇을 원하는가에 좌우된다. 차라리 특정한 행위를 하기 이전에 모든 사람이 그렇게 행위하면 어떤 일이 일어날지 생각해 보자. 당신이 백화점에서 물건을 훔치기를 원할 수 있지만, 모든 사람이 그렇게 하면 어떻게 되겠는가? 백화점 영업을 할 수 없어서 아무것도 판매할 수 없을 것이다. 이번에는 당신이 거짓말하기 이전에 모든 사람이 거짓말을 해서 누구 말도 믿을 수 없는 그런 세상을 생각해 보자. 칸트는 이렇게 말한다. "나는 결코 거짓말이 보편 법칙이 되기를 바랄 수 없다. 만일 거짓말이 보편 법칙이 된다면 약속이 아예 성립할 수 없기 때문이다....나의 준칙은 보편 법칙이 되자마자 스스로 무너지지 않을 수 없을 것이다."[12]

준칙(maxim)은 개인이 해야 하는 것에 관한 규칙이다. 당신은 거짓말을 할 때 "나는 거짓말하는 것이 편리할 경우 거짓말을 할 수 있다"와 같은 준칙에 따라 행위

---

12 Immanuel Kant, *Groundwork of the Metaphysics of Morals* (New York: Harper & Row, 1964), p. 59.

한다. 칸트가 주목하는 것은 그 준칙을 보편화한 결과, 즉 그 준칙을 인간의 보편적 행위 규칙으로 변화시킨 결과이다. 보편적 행위 규칙은 경우에 따라 자기 파괴적일 수 있다. 이를테면 보편적 거짓말은 진술 자체를 무의미하게 만든다. 어차피 아무도 진술을 믿지 않는다면 누가 애써 진술하려고 하겠는가? 보편적 행위 규칙은 그것을 옳다고 믿는 사람이 있을 경우에 한해서만 유지될 수 있다.

마찬가지로 어떤 사람이 돈을 갚을 수 없다는 것을 알면서도 돈을 빌리는 경우에 대해 칸트는 다음과 같이 묻는다.

나의 준칙이 결코 보편 법칙이 될 수 없다면 과연 어떻게 되겠는가? 그때 나는 이 준칙이 결코 자연의 보편 법칙이 될 수 없고 자체 내에 정합성이 있을 수 없으며, 오히려 필연적으로 자체모순에 빠질 수밖에 없다는 것을 즉시 깨닫는다 …. 어느 누구도 그가 무언가 약속이라는 것을 했다고 믿지 않을 것이며, 이런 종류의 발언을 공허한 속임수에 불과한 것이라고 비웃을 것이므로, 그것은 약속하는 것과 약속을 통해 이루려는 목적 자체를 불가능하게 할 것이다.[13]

하지만 준칙의 보편화가 **모순**에 빠지지는 않지만 지극히 **바람직하지 않은** 경우가 있을 수 있다. 모든 사람이 자살했다면 인류는 없어졌을 것이다. 여기에는 아무런 모순도 없지만 (모든 사람은 아니고) 많은 사람은 이 상태가 매우 바람직하지 않다고 생각할 것이다. 또는 곤경에 처한 다른 사람을 아무도 도와주지 않는다고 해서 여기에 무슨 부정합성이 있는 것은 아니지만 (각자 자기 자신 이외에 어느 누구도 돕지 않는다) 우리는 아마 (모든 사람이 동의하지는 않겠지만) 지극히 바람직하지 않은 사태에 직면할 것 같다. 우리는 다른 사람의 도움을 필요로 할 경우 도움을 받지 못한다. 그럼에도 이것이 왜 인간 행위의 보편 법칙일 수 없는지 의문을 제기할 수도 있다.

마찬가지로 아무도 개인의 재능을 개발하지 않는다면 이 세상은 척박한 세상이 될 것이다. 하지만 근면함보다 나태함을 바랄 수 있지 않은가─그리고 나태함을 보

---

13 Ibid., p. 44.

편적 행위 규칙으로 선호함으로써 편리한 삶을 살 수 없고 질병을 치료할 수 없고 매서운 추위를 피할 수 없으며 수많은 것을 누릴 수 없다고 할지라도 나태함을 보편적 행위 규칙으로 선호하는 것이 가능하지 않은가? 우리가 보편적 행위 규칙이 되기를 원하는 준칙이 과연 어떤 준칙인가를 놓고 끝없는 논의가 있었지만, 우리는 적어도 인간 행위의 보편 법칙이 될 수 없는 준칙과 보편 법칙이 될 수는 있지만 여러 가지 이유로 보편 법칙이 되면 안 되는 준칙을 구별할 수는 있다.

공리주의

하지만 왜 특정한 준칙들이 보편화되기를 원하는가? 가장 대중적인 답변은 "특정한 행동 규칙들이 실천되면 사회가—또는 사회의 각 개인이—더 좋아질 것이기 때문"이라는 것이다. 어떻게 더 좋아진다는 말인가? 가장 일상적인 답변은 각 개인이 더 행복해질 수 있다는 것이다. 행복이 궁극적으로 좋은 것으로 여겨지기는 하지만, 어째서 돈이나 명예를 원하지 않고 행복을 원하는지 모르겠다. 행복은 어떤 목적에도 도움이 되지 않는다. 행복은 다양한 근원을 갖는다 — 어떤 사람들은 돈을 더 많이 가지면 더 행복해지지만 다른 사람들은 그렇지 않다. 어떤 사람들은 유명해지면 더 행복해지지만 다른 사람들은 그렇지 않다. 그러나 행복의 **근원**이 무엇이든 간에 다른 어떤 것에 대한 수단으로서가 아니라 그 자체로서 가질 만한 것이 행복이다.

공리주의에 따르면, 우리가 목적으로 삼아야 하는 것은—자기 자신을 위해서가 아니라 모든 사람을 위해서—가능한 한 최대의 행복을 성취하는 것이다. 모든 사람은 저마다 오직 한 사람으로만 계산되며, 당신은 모든 사람들 가운데 오직 한 사람으로만 계산된다. 당신이 어떤 행위를 함으로써 (단위를 어떤 방식으로 계산하든 간에) 당신의 행복이 +10으로 증가했으나 당신이 달리 행위할 경우 다른 사람들의 행복이 +100으로 증가한다면, 그로 인해 당신 자신의 행복이 줄어든다고 해도 첫 번째 행위보다 두 번째 행위를 더 좋아해야 한다. 그러나 당신에게 (+25) 더 이롭고 다른 사람들에게 (+15) 덜 이롭다면, 당신은 이득을 보는 사람이 당신이기 때문이 아니라 (이것은 부적절하다) 첫 번째 행위를 할 때 행복의 총량이 가장 많아지기 때문에 첫 번째 행위를 해야 한다. 어느 경우에나 관건은 행복한 사람이 누군가라기보다는 가능한 한 최대의 행복이 성취되는 것이다. 다시 말해 열다섯 사람에게 동등하게 +30이 분배되는 것보다 +40이 분배되는 것이 더 좋다. 나의 행위에 의해 더 많은 행복을 가져올 수 있다면 나는 전체적인 행복을 **더 적게** 가져오는 행위를 해서는 안 된다.

가능한 한 최대의 행복을 증진하도록 행위해야 한다고 해도, 어떤 행위가 최대의 행복을 성취할 것인지 알기 어려우며 종종 불가능하기도 하다. 행위 결과가 광범위하고 복잡하고 예측 불가능한 경우가 가끔 있기 때문이다. 당신이 그녀를 자동차에 태워 집까지 바래다 줌으로써 호의를 베푼다고 생각하지만 음주 운전자가 당신의 자동차를 들이받아 두 사람 다 부상을 입을 수도 있다. 올바른 행위는 가장 좋은 것을 실제로 **산출하는** 행위도 아니고 행위자가 가장 좋은 것을 산출할 것이라고 **생각하는** 행위도 아니다(어떤 사람은 돌팔이의 약을 먹거나 보름달을 쳐다보면 암이 치료될 것이라고 생각할 수도 있다). 올바른 행위는 그 당시 이용할 수 있는 최선의 증거에 의거하여 판단할 때 **십중팔구** 가장 좋은 것을 산출하는 행위이다. 일부 사람들이 보름달을 쳐다보면 암이 치료된다고 믿을지라도, 그것이 암을 치료하지 못한다는 것이 최선의 증거이다. 어떤 어머니는 이웃집 아이가 리탈린을 먹고 좋아졌고, 알약이 빠른 효과를 낼 수 있으므로, 주의력 결핍 장애가 있는 자기 아이에게 리탈린을 먹여야 한다고 믿는다. 하지만 그렇게 해서 이 아이가 도움을 받지 못하면 어떻게 할 것인가? (공리주의자들이 우리에게 가끔 상기시키듯이) 대부분의 사람들은 행동하기 전에 문제를 충분히 생각하지 않는다.

사람들의 생각이 대체로 그렇다고 할지라도 일어날 법한 행위 결과가 많이 있는데도 단 한 종류의 결과만 고려하는 것은 치명적이다. 사람들은 어떤 행위가 자기 가족에게 미칠 결과는 고려하지만 다른 사람에게 미칠 영향이나 그것이 선례가 되어 후속 행위에 미칠 영향은 무시하기 쉽다. 특정 시간까지 사무실에 있겠다는 고용주와의 약속을 지키지 않을 경우 당신은 자신의 데이트가 훨씬 더 중요하다거나 고용주가 괜히 사무실에 있으라고 했다고 말할 수도 있다. 하지만 당신이 그 시간까지 사무실에 있는 것이 전체 사업 계획에 매우 중요한 것이었는지도 모른다. 설령 그렇지 않다고 하더라도 일단 당신이 약속을 어기는 사람으로 알려지면 당신의 생사가 걸린 문제라 해도 당신을 도무지 신뢰하지 않을 수도 있다. 정직에 대한 평판은 한 번 잃으면 정말 회복하기 어렵다. 이 사실은 당신이 "규칙을 어기는" 행위를 할 경우에 고려해야 할 많은 것들 가운데 하나이다. "항상 진실을 말하라"든가 "고의로 남을 해치면 안 된다"와 같은 규칙들에 예외가 있기는 하지만, 그 규칙들이 존재하는 것은 그것들이 지켜지지 않을 때 일어나는 일에 대한 수세기의 경험 때문이다. 근시안적으로 공리주의를 실천하는 것은 장기간에 걸쳐 심각한 영향을 미칠 수 있다.

공리주의를 실천하는 데에는 아주 많은 것들이 요구된다. 당신이 가능한 한 최대 행복을 증진하도록 행위해야 한다면 그 행복은 모든 사람에게 해당하는 행복이다. 공리주의에 따를 때, 당신이 몇 달러를 기부함으로써 수천 마일 떨어진 어떤 사람의 생명을 구할 수 있다면 당신은 당연히 그렇게 해야 하지 않겠는가? 당신에게 그 돈은 아주 사소한 것일지 모르지만 수혜자가 받는 혜택은 엄청난 것, 즉 생사의 문제일 수 있다. 그런데 역시나 굶주리는 또 한 사람이 있는데 당신이 25달러를 기부하면 그의 생명을 구할 수 있다고 해 보자. 당신은 똑같은 이유로 또 다시 기부해야 하지 않겠는가? 굶어 죽기 직전 상태에 있는 수백만 명의 사람들에게도 그렇게 해야 하지 않겠는가? 그러나 당신은 결코 그들 모두를 도울 수는 없다. 당신의 돈은 곧 바닥날 것이고, 당신이 돈 벌기 위해 수년간 했던 일을 포기해야 할 것이다—당신의 돈이 바닥날 때까지 돕는다고 해도 가난한 사람들은 여전히 끝없이 늘어서고 (이를테면) 구호품을 받기 위해 끝없이 줄서서 기다린다. 당신이 무일푼이 될 때까지 가능한 한 많은 사람들을 도와야 하는 도덕적 의무가 당신에게 실제로 있는가? 이것 역시 (거의) 순수한 이타주의 아닌가?

당신은 잘못된 방식으로 도우려고 할 수도 있다. 당신은 그 나라에 어떤 기술 혁신(예를 들어 가뭄에 강한 쌀 품종 개발)을 도입하거나(도입하도록 다른 사람에게 권장하거나) 사람들이 구호품 대신 일을 해서 임금을 받을 수 있는 사업을 그 나라에서 시작해야 할 것 같다. 생산적 노동이 빈곤을 극복하게 하지 않을까? 그 나라 사람들이 도움을 받아야 한다면, 더 좋은 제품을 생산해서 더 낮은 값에 제공할 새로운 기업을 유치함으로써 그들의 새 출발을 돕는 것이 중요하다. 그렇지 않으면 빈곤은 끊이지 않을 것이며, 외부에서 아무리 노력해도 빈곤을 뿌리째 뽑지는 못할 것이다. 말하자면 구호품을 주는 것은 인간의 안녕과 번영과 행복을 극대화하는 최선의 **수단**이 아니다. 끊임없는 구호는 잘못된 공리주의의 한 사례이다.

공리주의는 행복과 불행, 고통과 쾌락, 즐거움과 괴로움의 정도가 정확하게 계량화될 수 없기 때문에 대부분의 일상적인 상황에 적용하기가 지극히 어렵다. 우리가 할 수 있는 최선은 이해득실을 따져 보는 것이다. "내가 그녀에게 알랑거리는 거짓말을 하면 그녀가 훨씬 더 행복해질 것이다—그러나 반면에 그녀가 이것을 나중에 알게 되면 그녀가 매우 불행해질 것이다. 따라서 우선 사실대로 말하는 것이 좋겠다." 등등. 심리 상태가 계량화될 수 있다고 해도 장기적인 행위 결과를 예견하는 것은 불가능하다. 이를테면 내가 A를 하면 어떤 일이 일어날까? 그 결과로 B가 일어날 것이고, 다음에는 C로 이어지며, 그 결과로 D가 일어나는 등 결과가 끊임없이 이어지지 않겠는가? 하지만 공리주의자는 이것이 이론 탓이 아니라 인간의 행위 결과가 너무나 복잡하고 광범위해서 다른 결과 대신 이 결과를 합리적으로 예상할 수 없는 경우가 종종 나타나는 세상 탓이라고 응수할 것이다.

공리주의에는 적용 문제만 있는 것이 아니라 이론 자체 내의 애매성 문제도 있다. 당신이 인류를 위한 두 가지 정책 대안 중 하나를 선택할 수 있다고 해 보자. 정책 1에서 당신은 사람들이 아이를 더 많이 낳도록 장려하려고 한다. 조만간 인구 과밀 현상이 나타나고 인구가 늘어날수록 식량이 부족하게 되어 영양실조에 걸리는 사람이 생길 수도 있다. 하지만 세계 인구가 두 배로 늘었는데도 각자의 행복이 지금 누리는 전체 행복의 절반을 조금만 넘어도 그렇게 해 볼 만하다. 인구가 훨씬 더 많아져서 행복의 총량이 지금보다 더 늘어날 것이기 때문이다. 정책 2에서 당신은 세계 인구를 제한하려고 한다. 행복을 누리는 사람들의 수는 줄지만 일인당 행복의 양이 더 늘어날 것이기 때문이다. 엄밀히 말하면 최대의-전체-양(the greatest-to-tal-quantity) 공식을 주장하는 공리주의자는 첫 번째 정책을 선호하겠지만, 최고의-평균-선(the highest-average-good)을 선택한 공리주의자는 두 번째 정책을 선호할 것이다.

칸트주의자와 공리주의자가 일치된 결론에 도달하는 경우가 가끔 있는데, 그럼에도 그 이유는 같지 않을 수 있다. 예를 들어 양측 모두 시험 볼 때 부정행위를 하면 안 된다고 주장한다. 그 이유가 부정행위를 하다가 교수에게 발각되면 F를 맞을 수 있기 때문이라거나 부정행위의 관행이 확산되면 평가하려던 것을 평가하지 못해서 시험 보는 일이 완전히 무의미해지기 때문이라고 해 보자. 그러나 이것들은 공리주의자의 이유이다. 칸트는 부정행위를 저지른 사람이 **전혀 없어도** 부정행위는 여전히 잘못이며, 부정행위가 확산되면 될수록 부정행위를 방지하는 규칙은 자기 파괴적이게 될 것이라고 주장했다. 당신은 부정행위가 보편적 행위 법칙이 되기를 바랄 수 없다. 규칙을 위반할 경우 당신은 (말하자면) 다른 사람이 정직하게 쌓아 올린 자산을 파괴하는 셈이다.

칸트는 내가 거짓말을 하면 다른 사람이 나를 신뢰하지 않게 되어 나의 약속을 더 이상 믿지 않을 것(공리주의자의 이유)이라거나 나의 거짓말이 거짓말의 일반적인 관행을 부추김으로써 신뢰가 붕괴될 것(또 다른 공리주의자의 이유)이기 때문에 거짓말하면 안 된다고 주장하지 않는다. 칸트의 주장은 거짓말이 상호 신뢰를 기반으로 하는 사회의 기본적 약속을 위반한다는 것이다. 말하자면 거짓말은 다른 사람이 동의할 것 같지 않은 그런 방식으로 다른 사람을 대우하는 것이다.

인권

칸트는 인간이 항상 다른 인간을 목적으로 대우해야지 당신이나 다른 사람의 목적을 위한 수단으로 대우해서는 안 된다고 했다. 당신을 상대할 때 나는 당신도 나와 마찬가지로 능력과 필요와 욕구를 지닌 의지적 존재라는 것—그리고 나 자신이 존중받고 싶은 것처럼 나도 당신을 존중해야 한다는 것—을 깨달아야 한다. 나는 당신의 목적에 기여하는 도구가 아니며 당신도 나의 목적에 기여하는 도구가 아니다.

인권(human right) 개념은 칸트의 이 교훈과 밀접하게 관련되어 있다. 내가—예를 들어 나의 생명에 대한—권리를 갖는다고 주장할 때 나는 개척자가 일정 부분의 토지에 대해 권리를 주장하는 것처럼 일정 부분의 "도덕적 공간"에 대해 권리를 주장한다. 내가 나의 생명에 대해 권리를 갖는다면 이것은 다른 사람이 그 권리에 강제로 간섭할 수 없다는 것—나의 동의가 없이는 다른 사람이 나를 죽이거나 폭행하거나 그 밖의 다른 방식으로 나를 해칠 수 없다는 것—을 의미한다. 나에게 권리가 있으면 다른 사람에게는 그 권리를 침해하지 않을 의무(또는 책임)가 있다.

그러나 다른 사람 역시 생명에 대한 권리를 당연히 갖는데, 이것은 나와 다른 모든 사람에게 그 권리를 침해하지 않을 의무가 있다는 것을 의미한다. A의 권리는

B, C, D 등이 A의 권리를 침해하지 않을 의무를 수반하며, B의 권리는 A, C, D 등이 B의 권리를 침해하지 않을 의무를 수반한다.

권리는 때로 공리(utility)와 반대로 작용하기도 한다. 내가 특정한 일을 할 권리를 갖는다면 그 일이 이 세상에 좋은 것을 극대화하지 못하거나 "최대 다수의 최대 행복"에 기여하지 못한다고 해도 나는 그 권리를 갖는다. 나를 살해하여 신체 장기가 필요한 다섯 사람에게 나의 심장, 간, 폐 등을 이식함으로써 그들의 생명을 구할 수 있다면 전체적으로 더 많은 양의 좋은 것이 성취될지도 모른다. 하지만 나의 생명에 대한 권리가 나에게 있다면 무엇이 공리를 극대화하는가와 상관없이 이 선택은 틀렸다.

내가 대금을 지불하고 내 집을 샀다면, 그 집을 열두 명의 노숙자와 공동으로 사용하도록 강요받을 경우 더 많은 양의 좋은 것이 성취된다고 해도 그 집에 살 권리는 나에게 있다. 권리 개념은 (경우에 따라) 최대 행복을 위한 집단 희생에 반대하는 **이기주의**를 강화하는 효과를 갖는다. 권리는 내가 다른 사람**에게** 할 수 있는 것뿐만 아니라 다른 사람이 나에게 할 수 있는 것에도 한계를 정한다. 일반적으로 권리를 갖는 것은 내가 단지 다른 사람의 손안에 있는 노리개에 불과한 것이 아니라 내 운명의 주인이 되도록 나를 돕는 것이다. 남의 생명이 내 것이 아니기에 내 마음대로 처분하지 못하는 것처럼 내 생명 역시 다른 사람 것이 아니기에 그들 마음대로 처분하지 못한다.

내가 은하계의 구조를 연구하는 것과 같은 나에게 중요한 어떤 프로젝트에 참여한다고 해보자. 그러나 또 한 사람은 파타고니아의 부족들에게 백신을 제공하는 것과 같은 프로젝트에 참여하는데, 그것이 나의 프로젝트가 좋은 것을 산출하는 것보다 훨씬 더 많은 양의 좋은 것을 산출한다고 해보자. 공리주의자는 내가 은하계 연구 프로젝트를 포기해야 하며, 그 프로젝트를 포기함으로써 최대 다수에게 최대 행복이 성취될 수 있다면 포기하도록 강요해야 한다고 주장할 것이다. 물론 내가 백신 프로젝트에 합류하고 싶지 않고 그 일을 따분하게 여길 수도 있지만, 나는 많은 사람 중 한 사람에 불과하므로 나의 반대는 공리주의자의 전체 계산 체계에서 별로 중요하지 않다.

그러나 내가 나의 프로젝트에 참여할 권리를 갖는다면—그것은 평화를 위한 프로젝트이기 때문에 공리성이 있을 수도 있으며, 내가 그 프로젝트를 추진하는 것은 어느 누구의 권리도 침해하지 않는다(흔한 말로 "나는 아무도 **귀찮게 하지 않는 다**)—분명히 나는 나의 프로젝트를 추진할 권리를 갖는다. 내가 나의 프로젝트를 추진할 권리를 갖는다면, 누구도 그 프로젝트를 강제로 그만두게 할 권리를 갖지 않는다. 나의 권리는 공리에 우선한다. 이번에는 백 명의 사람들이 나를 납치하여 고문해 죽이는 것에서 각자 엄청난 쾌락을 얻는다고 해 보자. 그 같은 행위가 행복을 극대화한다고 할지라도, 즉 내가 겪는 고통보다 전체적으로 훨씬 더 많은 즐거움을 그들에게 준다고 할지라도, 그것은 나의 생명에 대한 권리를 침해하기 때문에 여전히 잘못이다.

노예제도는 인권을 침해하기 마련이다. 노예제도는 복종하는 사람의 동의 없이 한 사람이나 집단을 다른 사람이나 집단에 강제로 복종하게 만들기 때문이다.

내가 당신을 위해 일정 기간 일하는 데 동의했다면 그것은 경우가 다르다. 내가 자발적으로 당신에게 텔레비전을 선물로 줄 경우 텔레비전에 대한 나의 권리가 침해되지 않는 것처럼 내가 동의하면 나의 권리는 침해되지 않는다. 그러나 노예제도는 물론 합의에 의한 것이 아니다. 그것은 한쪽 편이 아무런 동의 없이 상대편에게 노동을 강요하는 것이다. 인권의 주요 특징은 이렇다. "다른 사람의 삶은 당신 마음대로 할 수 있는 것이 아니다." (그리고 당신의 삶 역시 다른 사람이 자기 마음대로 할 수 있는 것이 아니다. 인권은 쌍방 통행이다. 어떤 사람도 다른 누군가의 주인이 아니며 노예도 아니다.) 노예제도가 비난받는 것은 그것이 행복을 극대화하지 못하기 때문이 아니다. 노예주의 이득이 노예의 고통보다 훨씬 큰 경우가 드물게 있을 수 있다고 해도 그것은 행복의 극대화가 아니다. 노예제도가 행복을 극대화하지 못하기 때문에 비난받는 것이 아니라 인권을 침해하기 때문에 비난받는다.

지금까지 우리는 **소극적** 권리(negative right)라고 불리는 것만을 검토하였다. 내가 권리를 갖는다면 다른 사람은 의무나 책임을 갖는다. 그러나 다른 사람의 의무는 소극적인 종류의 의무, 즉 나의 권리 행사를 간섭하지 않는 것뿐이다. 그들은 이면 것을 할 필요가 없다. 그들은 다만 권리−침해 행위를 **하지 않으면** 된다. 독립선언서에 표현된 생명권, 자유권, 행복추구권은 인생 목표를 추구하는 것과 같은 평화적인 활동을 정부가 일부러 **간섭하지 않는다**는 것을 의미한다.

많은 사상가들은 우리 또한—하루 세 끼 식사할 권리, 일정한 장소에 거주할 권리, 그 밖에 일상생활의 필수품에 대한 권리와 같은—**적극적** 권리(positive right)를 갖는다고 주장했다. 인간의 권리가 인간의 필요(human needs)에 뿌리를 둔다면, 우리는 이 근본적 필요에 대한 권리도 가져야 하지 않겠는가? 여기서의 문제는 인간에게 필요한 것이 어떤 것인가가 아니라 필요한 것을 다른 사람이 공급하게 하는 것이다. 내가 식량에 대한 권리를 갖는다면 다른 사람이 나에게 식량을 제공하지 않고서는 나의 권리가 존중될 수 없다. 따라서 식량에 대한 나의 권리가 존중되기 위해서는 나의 권리를 간섭하지 말아야 할 뿐만 아니라 나에게 식량을 공급하는 적극적인 행위를 해야 한다.

물론 사람들이 식량 없이 살 수 없다는 것은 사실이다. 그러나 사람들이 식량에 대한 **권리**를 갖는다고 말하는 데에는 어떤 문제들, 즉 생명이나 자유에 대한 권리에서는 발생하지 않는 다른 문제들이 있다. 예를 들면 다음과 같다.

1. 내가 나 스스로 식량을 마련한다면 다른 사람도 그들 스스로 식량을 마련해야 하지 않겠는가? 내가 왜 나 자신**뿐만** 아니라 다른 사람에게도 식량을 공급하기 위해 노력을 배가해야 하는가?

그 사람은 식량을 스스로 마련할 **능력이 없을** 수 있다. 그렇다면 그 사람이 굶어 죽지 않도록 다른 사람이 당연히 식량을 제공해야 한다. 식량을 스스로 마련할 수 있는 사람은 다른 사람한테서 식량을 **받을** 권리를 갖지 않는다. 그러나 식량에 대한 권리를 갖는 사람은 아마도 식량을 스스로 마련할 수 없는 사람인 것 같다.

2. 모든 사람이 적극적 권리를 갖는다면 누가 그 권리를 충족시키겠는가? 필요를 채워줄 자원이 충분히 없으면 어떻게 되겠는가? 모든 사람이 하루 세 끼 식사할 권리를 갖는다면 가뭄이 들거나 그 많은 식량을 재배할 만큼 국가가 생산력을 갖추지 못한 경우 어떻게 되겠는가?

이 세상에 사람이 아무리 많아도 생명에 대한 권리(상해를 입지 않을 권리)는 존중될 수 있다. 다른 사람에게 요구하는 것은 내 몸에 "손대지 마라는 것"뿐이다. 그러나 식량에 대한 권리는 식량을 제공할 수 있는 사람들의 수효와 비교하여 권리 청구인이 얼마나 많은가에 따라 달라진다. 정부는 다른 사람들에게 식량을 공급하도록 강요해야만—적어도 공급 물량이 바닥날 때까지라도—식량에 대한 "최저생활

권"을 보장해 줄 수 있다. (물론 사람들이 식량을 스스로 생산하거나 매각하려는 동기가 약해지면 공급 물량은 더 빨리 바닥날 것이다—사람들은 머지않아 "다른 사람들은 내가 생산한 것을 소비하기만 하는데 도대체 무엇 때문에 생산해야 하는가?"라고 말할 것이다.)

모든 사람이 식량에 대한 권리를 요구할 수 없어도 그 권리가 인간의 보편적 권리일 수 있을까? "그렇다, 가난한 사람만이 그 권리를 요구할 수 있다." 그러나 여기서도 여러 가지 의문이 제기된다. 얼마나 가난해야 가난한가? 이 문제를 누가 결정할 것인가? 어떤 위원회에서 무슨 기준으로 누구에게 무엇을 주도록 결정해야 하는가? 위원회가 개개인의 상황, 이를테면 외부의 도움 없이 생존할 수 없는지, 자기 자신은 열심히 노력하지 않으면서 다른 사람이 자신을 위해 열심히 노력해 주기를 바라는지 어떻게 알 수 있겠는가? 한 사람이나 집단은 무슨 권리로 다른 사람이 그들의 노력으로 생산한 것을 강제로 빼앗는가? 다른 사람이 식량에 대한 권리를 갖는다면, 다른 사람의 선택이라기보다는 당신 자신의 선택에 따라 식량을 사용하려는 (그리고 당신이 원하면 식량을 나눠 주려는) 생산자로서의 **당신의** 권리는 어떻게 되는가?

3. 권리를 침해할 권리가 있을 수 있는가? 한 사람의 권리가 다른 사람의 동등한 권리를 침해함으로써만 충족될 수 있다면 둘 다 권리일 수 있는가? 다른 사람이 자신의 권리를 충족시키기 위하여 나를 강압해야 한다면 그 사이에 나의 권리는 어떻게 되는가? 한 사람의 권리가 다른 사람의 동등한 권리를 침해하지 않고서 존중될 수 없다면 우리는 그 사람이 내세우는 권리에 대해 어떻게 말해야 하는가?

정의

A: 그가 당신의 과목에서 A 학점을 받아야 하는가?

B: 아니다, 그는 과제를 하지 않았고, 자료를 이해하지 못한다. A 학점을 받으면 안 된다.

A: 하지만 그는 A 학점을 받으면 훨씬 더 행복해질 것이다. 당신의 마음이 잠시 언짢을 수도 있겠지만 금방 잊힐 것이다. 그러면 주위 사람 모두가 더 행복해질 것이다.

B: 그러나 그것은 공평하지 않다. **부당**하다.

　다른 경우를 보자.

A: 그가 실형을 받아야 하는가?
B: 물론 그렇지 않다. 그에게는 아무 죄도 없다.
A: 하지만 그는 우리 모두에게 골칫거리이므로 그가 유죄라는 것을 사람들에게 쉽
　게 납득시킬 수 있을 것이다. 일반 사람들은 경찰이 임무를 제대로 수행한다고
　믿을 것이며 더 안전하다고 느낄 것이다.
B: 그가 하지도 않은 일로 수감되는 것은 부당하다. 나는 그가 수감됨으로써 얼마
　나 좋은 결과가 있을 것인가에 대해서는 개의치 않는다. 그것은 여전히 정의롭
　지 못하다.

　정의(justice)는 윤리학에 비축되어 있는 또 하나의 개념이다. 그 사람에게 실형
을 선고하는 것이 좋은 결과를 가져올 수도 있지만 그것은 부당하기 때문에 여전
히 잘못이다―그는 실형을 받으면 안 된다. 정의는 **공과**(功過, desert)**에 따른 대우**
이다.
　공과는 **개인의** 공과이다. 한 학생은 마땅히 A 학점을 받을 만하고 다른 학생은
그렇지 않다. 한 범법자는 마땅히 실형을 받을 만하고 다른 범법자는 그렇지 않다.
교수는 그 학과에 속한 모든 학생의 점수를 합산한 다음 합산 점수를 학생 수로 나
누어서 그 점수를 모든 학생에게 부여하지 않는다. 그것은 **집단주의**(collectivism)
―한 집단에 속한 모든 구성원의 개인차를 고려하지 않고 그들이 마치 똑같은 것처
럼 대우하는 것―라고 할 수 있다. 사람들은 서로 다르기 때문에 개인차를 무시하
고 마치 아무런 차이도 없는 것처럼 대우하는 것은 부당하다. 어떤 부족의 한 구성
원이 다른 부족의 한 구성원에 의해 살해되면 그 가족은 상대방 부족의 모든 사람에
게 복수할 수 있다. 이것은 집단주의의 한 가지 부당한 사례이다.
　흔히 마주치는 집단주의 형태가 **인종 차별주의**(racism)이다. 인종 차별주의자는
(자신과 다른) 어떤 인종 집단이나 민족 집단의 모든 구성원이 마치 다 똑같은 것처

럼 여긴다. 물론 이 가정은 그르다. 한 집단의 구성원 가운데에는 우수한 사람도 있고 우둔한 사람도 있다. 친절한 사람도 있고 냉담한 사람도 있다. 관대한 사람도 있고 그렇지 못한 사람도 있다. 어느 집단에나 많은 개인차가 있다. 이런 개인차를 고려하는 것이 **개인주의**(individualism)—각각의 사람을 (취업 자격 부여, 대학 입학 허가, 등등에서) 장점이나 단점에 입각하여 대우하는 것—이다.

정의와 공리의 차이는 처벌에 대한 여러 이론을 검토해 보면 아주 명확하게 드러난다. 어떤 사람이 살인을 했을 경우, 문제는 "그가 처벌을 받아야 하는가?"가 아니라 "그가 왜 처벌을 받아야 하는가?"이다. 처벌의 **근거**는 무엇인가?

1. 어떤 사람들은 처벌의 목적이 범죄자의 **갱생**—범죄를 되풀이하지 않을 그런 사람으로 변형시키는 것—이라고 말한다. 그것은 《시계태엽 오렌지》라는 영화에서 "교정자"가 전기 충격 요법 등을 이용하여 강제로 행동 수정을 실시함으로써 실험 대상자가 다시는 범죄를 저지르지 못하게 하는 것과 같다. 사실상 그는 석방된 직후 길거리 깡패들에게 폭행을 당하면서도 폭력을 혐오하도록 조건화되어 있어서 자기 자신을 방어할 수 없다.

하지만 갱생이 처벌의 전부일까? 갱생에 성공하지 못하는 경우가 빈번하고, 성공한다고 해도 그 비용이 만만치 않다. 그리고 한 사람의 성격을 억지로 바꿀 권리가 국가에게 있는가? ("내가 범죄를 저질렀으니 형량대로 실형을 살겠지만, 내 성격을 가지고 장난질을 해서 내가 원하지 않는 그런 사람으로 바꿀 권리가 당신에게는 없다"라고 말하면 어떻게 하겠는가?) 게다가 갱생에 성공할 경우 살인범은 남은 기간을 복역하지 않고 즉시 석방되어야 하는가?

2. 다른 사람들은 처벌의 목적이 **억제**라고 말한다. 범죄자가 범행을 하지 못하게 하고 다른 사람이 장차 범행을 하지 않게 하려고 처벌을 한다.

하지만 억제는 불확실하다. 특정한 처벌이 아무도 억제하지 못한다는 것이 알려지면 범죄자를 처벌하지 말아야 하는가? 그리고 억제는 특정한 범죄에 대한 언론의 관심도에 영향을 받는다—평생을 교도소에서 썩고 있는 생면부지의 사람은 다른 사람들이 그 사실을 알지 못하기 때문에 누군가의 범죄를 억제하는 것 같지 않다. 또한 엉뚱한 사람이 처벌을 받는다고 해도 일반 사람들이 그에 관해 전혀 알지 못하는 한 억제가 가능하다. 더군다나 다른 사람이 범행을 하지 못하게 하려고 어떤 사람을 처벌하는 것은 칸트가 말했듯이 그 사람을 목적(사회의 목적)에 대한 수단으로 이용하는 것이지 모든 이성적 존재가 마땅히 받아야 하는 존경심으로 그 사람을 대우하는 것이 아니다.

　3. 또 다른 사람들은 범죄자들이 우리들 사이에서 마음대로 돌아다니게 놓아두면 나머지 사람들의 안전이 위험해지므로 그들에 대한 **보호**를 목적으로 처벌한다고 말한다.

　누가 어느 정도 왜 위험한지에 대해 모든 사람의 의견이 같지는 않을 것이다(우리는 "위험한 사상"에 물들지 않도록 보호를 받아야 하는가?) 우리는 연쇄 살인범이 교도소에 계속 감금되어 있는 한 보호를 받는다. 그들에 대한 감금이 정당화되는 것은 위험성 때문인가? 살인을 한 어떤 사람이 누구에게도 위험하지 않으며 다시는 범행을 하지 않을 것이라는 것(아무튼 대부분의 살인범이 초범으로 끝난다는 것)을 우리가 입증할 수 있다면 어떻게 될까? 우리는 살인범이 더 이상 누구에게도 위험 인물이 아니라는 것을 확신하는 순간 교도소에서 석방해야 하는가?

　처벌에 대한 이 세 가지 정당화는 모두 공리주의적 정당화이다. 어떤 결과를 강조하는가에 따라 다르기는 하나 그것들 모두 나타날 것으로 여겨지는 좋은 결과(또는 피해야 할 것으로 여겨지는 나쁜 결과)를 **위하여** 처벌을 한다. 반드시 어떤 결과를 성취하기 위하여 처벌을 한다. 반면에 **응보** 이론(공과 이론)에서는 반드시 과거에 저지른 행위 **때문에** 처벌을 한다. 처벌을 정당화하는 것은 그 사람이 마땅히 처벌을 **받아야** 하는 행위를 다른 사람에게 했다는 것이다. 어떤 사람이 정확히 어떤 처벌을 받아야 마땅한지—예를 들어 살인범이 무기 징역을 받아야 마땅한지 사형을 당해야 마땅한지—에 대해서는 의견이 다를 수 있지만 사람들은 다음과 같은 원칙에 동의한다. 즉 처벌은 마땅히 처벌을 받아야 할 경우에만 허용되어야지 어떤 사람이나 사회가 처벌을 통해 개선된다거나 결과적으로 우리 모두가 더 안전해진다는 것 때문에 허용되어서는 안 된다. 이런 것들은 처벌의 바람직한 결과일 수는 있지만 처벌하는 근거는 아니다. 어떤 사람을 처벌함으로써 그를 더 나은 사람으로 만들고, 다른 사람의 범죄를 억제하고, 끈질긴 골칫거리를 격리시켜 사회를 보호할 수 있으나 **그가** 범인이 아니라고 해 보자. 그래도 역시 그가 처벌을 받아야 한다고 진심으로 믿을 사람이 있을까?

응보주의자는 처벌에 대한 공리주의자의 세 가지 정당화를 모두 거부한다.

A: 갱생도 억제도 사회 보호도 범죄자가 자신의 행위에 대해 마땅히 **받아야** 하는 것이 무엇인가와 전혀 관계가 없다. 두 사람이 아주 비슷하고 똑같은 환경에 있다면 한 사람이 다른 사람보다 더 좋은 대우를 받거나 더 나쁜 대우를 받는 것— 예를 들어 한 사람은 5년의 실형을 받고 다른 사람은 집행 유예를 받는 것—은 부당하다.

B: 당신은 왜 두 사람이 아주 비슷하고 똑같은 환경에 있어야 한다고 말하는가?

A: 수많은 것들에 의해 공과의 차이가 생길 수 있기 때문이다. 둘 중 한 사람은 다른 사람을 우연히 죽였거나 정당방위로 죽였고 또 한 사람은 고의로 죽였다고 해보자. 그로 인해 분명히 처벌의 차이가 생긴다—한 사람은 처벌받으면 안 되고 또 한 사람은 마땅히 처벌받아야 한다. 한 사람은 정상적인 가정환경에서 자랐고, 또 한 사람은 살인이 일상인 범죄 소굴에서 크랙 중독자인 편모슬하에서 자랐다고 해 보자. (모든 사람이 아닌) 일부 사람들은 두 번째 사람이 어느 정도 달리 행위할 수 없었거나 자신의 행위를 쉽게 통제하지 못했기 때문에 **바로 그** 요인에 의해 공과의 차이가 생긴다고 말할 것이다. 두 사람 사이에 본성이나 환경의 차이가 있다면 그것은 그들이 마땅히 받아야 하는 것의 차이를 만들 **수도** 있다. 환경의 차이가 공과의 차이를 만들 수 있다. 이 때문에 나는 두 사람이 아주 비슷하고 환경이 똑같은 경우에 한하여 그들에게 다른 처벌을 하는 것이 부당하다고 주장한다. 정의는 비슷한 경우에 대해 비슷하게 대우하는 것을 의미한다.

B: 좋다, 하지만 그것은 사람이나 환경의 **어떤** 유사점이나 차이점이 대우를 달리하기 위한 기초로 간주되어야 하는지를 우리에게 말해주지 않는다. 두 사람이 각자 무고한 어떤 희생자를 고의로 계획적으로 죽인다고 해 보자. 두 번째 사람은 범죄가 만연한 빈민가 출신이기 때문에 더 가벼운 형을 받아야 할까?

A: 두 사람 모두 (1) 의도적으로 죽였고 (2) 정당방위가 아니라면 그들은 동일한 처벌을 받아야 한다. 환경이 비슷하다면 법은 그들을 동일하게 대우해야 한다.

B: 환경이 완전히 비슷한 것은 아니다. 범죄 환경으로 인해 어쨌든 그들 중 한 사람

이 자신의 행위를 통제하기가 쉽지 않았거나 달리 행위할 수 없었다면 그가 마땅히 받아야 하는 처벌에 당연히 차이가 생길 수 있다.

A: 그들 중 한 사람이 달리 행위할 수 없었다면—말 그대로 전혀 통제할 수 없는 내적 충동에서 행위했다면—그는 결코 처벌을 받으면 안 된다!

B: 그것이 전적으로 내적 충동의 문제라면 처벌을 받으면 안 된다. 그는 자신의 행위에 대한 책임이 없으므로 처벌을 받으면 안 된다. 이 때문에 우리는 가끔 정신이상 탄원을 인정하기도 한다.

A: 그렇다면 그들 둘 다 내적 충동에서 행위했기에 달리 행위할 수 없었다고 해 보자. 두 사람 모두 처벌을 받으면 안 되는가?

B: 하지만 '**만일** 그들 둘 다 자신의 행위를 전혀 통제하지 못했다면' 이라는 가정은 사실이 아니다. 아무도 그들의 머리에 총을 들이대고 협박하지 않으며 그들의 행위가 내적 충동에 의해 결정되지도 않는다(적어도 전적으로 결정되지는 않는다). 따라서 공과 개념은 두 경우 모두에 적용 가능하다.

A: 그러나 우리들 중 **어느 누구도** 결코 달리 행위할 수 없다면 우리들 중 어느 누구도 처벌을 받으면 안 되는가?

B: 물론이다. 하지만 우리들 대부분은 거의 언제나 달리 행위할 **수** 있다.

A: 그러나 우리가 달리 행위할 수 없다면 우리들 중 어느 누구도 범행에 대해 처벌을 받으면 안 될까?

B: 공과를 처벌의 기초로 삼을 경우 처벌하면 안 된다. 그렇다면 처벌은 "사회 공학"의 한 사례일 수도 있다—"그들이 달리 행위할 수 없다면 우리는 어떻게든 그들을 보호 시설에 보내거나 그런 상태가 되풀이되지 않도록 교도해야 한다." 이런 세계에는 공과, 즉 좋거나 나쁜 것이 있을 수 없다.

A: 당신 생각을 확인하고 싶었을 뿐이다. 좋다, 계속 이어가 보자. 처벌은 공과에 의존할 수밖에 없다. 그리고 동일한 사람들이 동일한 환경에서 동일한 공과를 갖는다면 그들은 (어떤 처벌이든) 동일한 처벌을 받아야 한다. 이제 다음 물음으로 넘어가자. 그 처벌은 어떤 처벌이어야 하는가? 이 물음에 답하려면 우리는 어떤 정의의 원칙을 사용해야 할까?

B: 범죄마다 심각한 정도가 다르기 때문에 우리는 무언가 **비례**의 원칙을 사용해야

한다. 남을 죽인 사람은 단순히 남의 물건을 훔친 사람보다 더 심한 처벌을 받아야 한다. 총을 들이대고 강탈한 사람은 당신이 집을 비운 사이에 당신의 텔레비전을 몰래 훔쳐간 사람보다 더 심한 처벌을 받아야 한다. 등등.

A: 그렇다면 처벌은 피해자가 얼마나 나쁘게 **느끼는가**, 즉 피해자가 그 범죄 때문에 얼마나 많은 고통을 당했는가에 따라 달라져야 할까?

B: 그렇지 않다. 그것을 평가할 방법이 없으므로 대부분의 사람들은 어떻게든 그들이 경험한 고통이나 불안의 양을 최대한 과대평가한다. 무언가 손해의 객관적 표준이 있어야 한다. 이를테면 어떤 사람이 당신의 자동차를 훔쳤을 경우 당신은 자동차를 되돌려 받아야 하고(또는 시가대로 변상을 받아야 하고) 그뿐 아니라 당신의 고통과 불안에 대한 대가도 받아야 한다. 그것은 그 손해에 대해 당신이 어떻게 느끼는가에 의존하는 것이 아니라 손해 액수에 의존해야 한다.

A: 여기에는 변수가 많다. 집안의 가보는 전당포에서는 값을 쳐주지 않지만 정서적인 면에서는 당신에게 지극히 소중하다. 그 사실 때문에라도 당신은 그것을 더 되찾아야 하지 않을까?

B: 그럴 수도 있겠으나 당신은 지금 주제를 벗어났다. 피해자가 손해에 대해 얼마나 많은 보상을 받아야 하는가와 범법자가 마땅히 처벌을 받아야 한다면 얼마나 많은 처벌을 받아야 하는가는 서로 다른 문제이다. 범법자가 마땅히 받아야 하는 것은 **범법자**의 상황에 따라 달라진다. 말하자면 범법자가 고의로 계획적으로 범행을 했는가? 그는 상대방을 죽이고 싶어 했는가? 그는 정당방위로 상대방을 죽였는가? 그는 권총에 실탄이 없다고 생각했는데, 그렇다면 권총에 실탄이 없다는 것을 **합리적으로** 판단했는가? 이 모든 것에 의해 처벌의 차이가 생기는데, 그 살인이 돌발적이었다고 믿으면 어떤 처벌을 해야 하는가에 대한 견해 역시 달라진다.

A: 이 모든 것에 의해 처벌의 차이가 생기기는 하지만, 훨씬 더 중요하고 훨씬 더 논란이 많은 것은 다음과 같은 요인들이다. 범법자가 두 살 때 그의 아버지가 지식을 저버렸고 어머니는 크랙 중독자였다면, 우리는 그가 정상적인 중산층 가정에서 자랐을 경우에 비해 "달리 행위할 수 없었다"(자신의 공격적 충동을 전혀 통제하지 못했다, 등등)—또는 적어도 자신의 행위를 **쉽게** 통제하지 못했다—

라고 말할 수 있지 않겠는가? 그가 정말 달리 행위할 수 없었다면 그를 처벌하는 것은 무의미하다 — 응보 이론에 따르면 무의미할 뿐만 아니라 부도덕하다. 그가 처벌을 받지 않아야 한다면 그를 처벌하는 것은 부당하다. 우리는 그를 갱생시키려고 하고 억제시키려고 하며 그런 행위에서 다른 사람을 보호하려고 할 수 있는데, 공과는 역시 그와 다른 것이다. 갱생이나 억제나 보호와 대조적으로 처벌은 과실(過失)을 전제한다. 어떤 사람이 마땅히 받아야 하는 처벌이 아니라면 도대체 어떤 이유로 그를 한 번에 몇 년씩 감금할 수 있겠는가?

B: 사람들이 과실 때문에 감금되어야 하는 것인지 도무지 납득이 가지 않는다. 그들이 위험하기 때문에 감금하고 다른 사람을 보호할 필요가 있기 때문에 감금한다. 미친 개 같은 사람들도 있다 — 미친 개는 마땅히 총에 맞아 죽어야 할 처벌을 받는 것이 아니라 더 많은 피해가 발생하지 않게 하려고 죽이는 것이다.

A: 그렇지만 연쇄 살인범은 마땅히 처벌을 받아야 하지 않는가?

B: 모르겠다. 그것을 누가 알지 의문이다. 내가 아는 것은 연쇄 살인범이 주변에 있으면 우리가 안전하지 않다는 것뿐이다. 연쇄 살인범이 우리들 사이에 돌아다니게 해서는 안 된다. 우리 자신의 안전이 위태롭다.

정의와 보상. 처벌에서의 정의에 관해 어떤 결론을 내릴 수 있건 간에 우리는 또 다른 맥락—특히 손해 보상이나 업적 보상과 같은 보상(compensation)—에서 정의에 관해 논할 수 있다. 몇 가지 사례를 고찰해 보자.

사례 1. 음주 운전자가 나의 자동차를 들이받아 손상되었다면 나는 마땅히 보상을 받아야 한다. 어쨌든 내가 손해를 입었기 때문이다. 경우에 따라서 내가 그 손해를 감당할 수도 있고, 음주 운전자가 그 돈을 다른 누군가에게 주거나 자선 단체에 준다면 전체적인 선이 더 많이 증진될 수도 있다. 그럼에도 정의는 내가 보상받기를 요구한다. 그 돈이 다른 사람에게 가는 것이 (나의 동의가 없어도) 부언가 공리성을 가질 수 있다고 해도 그것은 정의롭지 못하기 때문이다.

사례 2. 나는 그 과목에서 A 학점을 받으면 안 된다. 시험을 형편없이 봤고 거의 출석하지 않았기 때문이다. 그러나 A 학점을 받으면 훨씬 더 행복해질 것이다. A 학점을 받지 못하면 대학원에도 진학하지 못한다. 교수의 입장에서 볼 때 나에게 부당한 학점을 주면 처음에는 마음이 불편할 것이다. 그러나 교수에게는 다른 학생들이 많이 있어서 그 일을 금방 잊을 것이다. 나에게 A 학점을 준 대가로 교수에게 500달러를 주고 아무한테도 말하지 않으면 교수가 좀 더 행복해질 수 있을지도 모른다.

여기에는 물론 또 다른 고려 사항이 있다. 말하자면 부당한 학점이 평가 체계 전체에 영향을 미친다는 것이다. 대학원과 미래의 고용인은 학점을 통해 대학 생활을 얼마나 열심히 했는지 알게 되어 있으므로, 학점을 부당하게 부여할 경우 학점 기록을 알 필요가 있는 모든 사람에게 왜곡된 기록을 제공하게 된다. 그럼에도 부당한 학점 중 일부는 평가 체계 전반에 전혀 영향을 미치지 않으며(매주 수백만 개의 학점이 부여된다), 아무도 말하지 않고 무슨 일이 있었는지 아무도 모를 것이다. 물론 부당한 학점은 장차 고용인이나 대학원에 영향을 미칠 수도 있다. 결과적으로 무능한 사람이 들어가고 더 유능한 사람이 들어가지 못할 수도 있다. 그 학생이 무능한 의사가 될 경우 심지어는 다른 사람의 생명을 잃게 할 수도 있다. 그러나 이런 경우는 별로 있을 것 같지 않다. 그 학생이 전체적으로 좋은 학생이었는데 이 과목의 성적이 질병이나 가정불화로 인해 저조했다면 부당한 학점일지언정 결코 나쁜 영향을 초래하지 않을 것이기 때문이다. 그래도 그것은 여전히 정의롭지 못하지 않은가?

사례 3. 논란거리가 훨씬 더 많은 다음 예를 검토해 보자.

A: 그녀는 마땅히 전보다 더 높은 임금을 받아야 한다. 똑같은 사무실에서 훨씬 더 열심히 일했기 때문이다. 그녀는 힘든 줄도 모르고 최선의 노력을 다했다.

B: 하지만 그녀는 추가적인 노력을 했음에도 더 많은 것을 얻지 못했다. 그녀는 일하는 것이 좀 어설프고 실수가 많은 편이라서 추가적인 노력이 생산성 면에서 회사에 전혀 보탬이 되지 못했다 — 그녀의 실수를 바로잡기 위해 다른 사람이 시간을 들여야 했다. 능력이나 업적이 따라주지 않으면 노력 자체만으로는 큰 의미가 없다. 피고용인의 노력이 아무런 결과도 산출하지 못한다면 열심히 노력한 대가로 임금을 지급할 이유가 있겠는가? 학생이 그 과목을 1,000시간 공부했건 100시간 공부했건 간에 그 과목에서 가장 많은 것을 성취한 학생이 A 학점을 받는 것처럼 고용인도 피고용인의 업적에 대해 임금을 지급한다.

A: 피고용인이 시간제로 보수를 받는다면 (일을 못하면 계약을 연장하지 않을 수는 있지만) 일을 잘하든 못하든 둘 다 계약에 따라 똑같이 받아야 하며, 그들 둘 다 똑같이 받는 것이 공평하다. 그러나 성과급제로 보수를 지급하는데 다른 사람보다 더 빨리 일을 끝낸다면, 그 일을 하는 데 시간이 덜 걸렸을지라도 동일한 보수를 받아야 한다.

B: 그러나 그들 각자 지금 받는 금액의 절반을 받았다고 해 보자—그것은 부당한 임금이지 않을까?

A: 나는 고용인이 지급하려는 임금이 얼마든 간에 임금을 지급한다는 것만 알고 있을 뿐이지—대부분의 사람들은 세차장에서 시간당 15달러를 받으면 적당하다고 생각한다—얼마만큼의 임금이 부당한 임금인지는 알지 못한다. 피고용인은 보수가 낮다고 느끼면 자신의 능력에 대해 현재보다 더 많이 보상해 줄 수 있는 다른 회사를 찾아갈 수 있다. 어쨌든 우리는 물건을 가장 싸게 파는 가게를 돌아다니다 보면 소비자로서 부당한 가격이라고 느끼지 않는다. 그리고 고용인이 최저 임금으로 최고의 서비스를 받는다고 해도 고용인이 피고용인을 부당하게 대우하는 것이 아니다. 피고용인이 두 배의 임금을 받으면 회사는 수익이 나지 않아 언젠가 문을 닫을 수밖에 없을 것이다. 물론 "주는 만큼 받는다"—고용인이 임금을 조금 주면 최고의 일꾼들은 조만간 회사를 떠나 다른 어딘가로 갈 것이다.

B: 그것은 늘 일어나는 일이지만 그 과정에서 고용인은 임금을 **낮추지** 않는가? 고용인으로서 인종차별을 한다고 해 보자. 그들이 똑같은 양의 일을 할지라도 소수 집단의 노동자에게 임금을 더 적게 준다. 확실히 그것은 차별 대우를 받는 노동자에게 정의롭지 못하다.

A: 그것은 물론 두 노동자가 똑같이 일했는데 동등하게 보상하지 않기 때문에 정의롭지 못하다. 그것은 똑같은 범죄를 동등하지 않게 처벌하는 것과 같다. 인종차별이든 성차별이든 그 같은 차별은 일의 수행과 완전히 무관한 것, 즉 업적이나 수행한 일이라기보다 피부 색깔에 근거하여 차별하기 때문에 항상 부당하다.

사례 4. 세금 제도—모든 사람이 동일한 액수의 세금을 내는 것, 모든 사람이 소득의 동일한 비율로 세금으로 내는 것, 소득이 많을수록 더 높은 비율로 세금을 내는 것 (누진 과세)—가운데 어느 것이 가장 공정한 (또는 가장 부당한) 세금 제도일까?

B: (물론 실제로는 있을 수 없지만) 모든 사람이 동등하게 보호받는다면 모든 사람은 동등한 액수의 세금을 내야 한다—동등한 보호, 동등한 납입.

A: 그러나 가난한 사람은 납입 능력이 부족하므로 적게 납입해야 한다.

B: 가난한 사람이나 부자나 슈퍼마켓 물건에 대해 똑같은 금액을 낸다. 양쪽 모두 같은 돈으로 같은 가치를 얻는다. 따라서 세금은 각자 법의 보호를 받는 만큼 내야 한다.

A: 하지만 부자가 더 많은 보호를 받는다—그들은 보호받을 재산이 더 많다.

B: 부자는 자기네 돈을 들여서 자신을 보호할 수 있는 여유가 있다. 가난한 사람은 보호에 들이는 돈에 비해 더 많은 보호를 받는다. 집과 마당 말고는 아무 재산도 없는 노부인일지라도 경찰은 노부인의 자그마한 마당에 무단침입하지 못하게 한다.

A: 어쨌든 정의는 납세 능력을 고려하게 한다. 형편이 더 좋은 사람이 더 내야 한다.

B: 내가 보기에 그것은 정의가 아니라 **부정의**의 공식인 것 같다. 왜 어떤 사람은 다른 사람이 더 적은 돈으로 이용할 수 있는 똑같은 물건이나 서비스에 더 많은 돈을 내야 하는가? 당신은 소득의 평준화가 우리가 말하는 정의의 전부나 일부라고 가정하는 것 같다.

A: 글쎄, 그렇다고 할 수 있다. 어떤 사람은 많이 갖는 반면에 다른 사람은 적게 갖는 것은 부당하다.

B: 무슨 일을 하건 간에 그들은 일하는 만큼 받지 않는가? 이 사람은 열심히 창의적으로 일하고, 저 사람은 지각하거나 술에 취해 있다가 결국은 일자리를 완전히 그만두는데, 이 사람이 많이 갖고 저 사람이 적게 가지면 안 된다는 말인가?

A: 내 말은 모든 사람이 빵을 먹을 때까지는 아무도 케이크를 먹으면 안 된다는 것이다.

B: 그것은 아무도 케이크를 먹지 말자고 약속하는 한 가지 방식이다. 그런 환경에서는 결코 케이크가 만들어지지 않을 것이다. 부자가 벌어들인 것의 대부분을 세금으로 낸다면 경제가 침체되고 실업 상태가 지속될 것이다. 부자의 세금을 낮춰주면 새로운 사업을 시작할 것이고, 더 많은 소비자 제품이 제조될 것이며, 더 많은 사람들이 새로운 기업에 고용될 것이다. 그렇게 되면 더 많은 사람들이 유급으로 고용될 것이고, 복지 수당 때문에 다른 사람에게 신세지는 사람이 줄어들 것이다. 정부가 더 많은 세금을 거둬들이지 않을수록 더 크게 번영하고 생활수준이 더 높아질 것이다. 당신은 소득을 평준화하려고 하는데, 이것은 황금알을 낳는 거위를 죽이려는 것이나 마찬가지이다. 당신은 가난한 사람을 지원하기를 바라는데, 그것은 제조업의 잉여금을 비축하지 못하게 할 뿐이며, 예비 고용인들이 장차 일자리를 창출하거나 제품을 제조하는 데 사용할 수 있는 잉여금을 전혀 남기지 않게 하는 것이다! 나는 모든 사람이 빵과 케이크를 **함께** 먹기 원하지만—모든 사람이 유급으로 고용되어 일할 수 있는 경제 번영을 원하지만—당신의 소득 평준화에 대한 열망이 그 번영, 즉 가난한 사람을 돕기 위해 애초에 필요한 바로 그 번영을 불가능하게 할 수 있다.

A: 소득의 균등에 근접하기 위해서는 어느 정도 번영을 유예할 수 있다.

B: 당신은 왜 사람들이 소득 분배를 스스로 선택하게 하지 않고 경제적으로 많은 성공을 거둔 사람들에게 그들 소득의 대부분을 분배하도록 강요하고, 그렇지 않으면 고용될 수 있는 많은 사람들이 결국 고용되지 **못하게** 하는가? 당신(또는 당신네 입법자)는 무슨 권리로 그들에게 그 상황을 강요하는가?

A: 우리가 경험적 사실에 관해 의견 일치를 보지 못하면 도대체 어떻게 경험적 사실에 의존하는 윤리적 쟁점에 관해 의견 일치를 보겠는가?

사례 5. 어떤 사회의 구성원이 다섯 명이라고—실제로는 500만 명이나 5,000만 명이지만 설명의 목적상 다섯 명이라고—가정해 보자. 모든 사람이 벌어들인 돈 가운데 일정액 이상의 돈을 정부가 모두 거둬들여 일정액 이하를 번 모든 사람에게 나눠 준다. 지난 해 25,000달러 이상을 번 사람은 25,000달러를 초과하는 금액을 모두 정부에 내놓아야 하고, 10,000달러를 번 사람은 15,000달러를 받으며, 전혀 벌지 못한 사람은 25,000 달러 전액을 받는다.

A: 내가 보기에 당신은 소득 면에서라도 철저한 평등주의 사회 ― 소득 패턴이 5-5-5-5-5인 사회―를 좋게 생각하지 않을 것 같다.

B: 그렇다―그것은 "일회성 분배"로 끝장난다. 말하자면 일 년 내내 열심히 일해서 많은 소득을 올린 사람들이 최소한의 금액 이외에 나머지가 모두 그들에게 돌아간다는 것을 알게 된다―'재분배의 날'이 올 텐데 도대체 무엇 때문에 일을 하지? 수익이 전혀 없는 반대쪽 사람들은 일자리를 구하려는 마음이 아예 없다 ―그래도 어쨌든 그들은 수익을 얻는다. 그 결과는 아무도 일하려고 하지 않는다는 것이다. 모든 사람이 다른 누군가에게서 공짜로 얻어먹으려고 할 텐데, 조금만 지나도 공짜로 먹여 줄 사람이 한 사람도 남지 않을 것이다. 보편적인 기생 생활은 유지될 수 없다. 수익 패턴이 0-0-0-0-0이 되면 모두 다 굶어 죽는다.

그러므로 5-5-5-5-5 대신에 각자 자신의 노동에 대한 보상을 보유할 수 있는 사회를 생각해 보자. 사람들은 자신이 벌어들인 것은 모두 자신이 보유할 수 있다는 것을 알기 때문에 소득을 높이기 위해 서로 경쟁한다. 일부 사람들은 5,000이나 10,000까지도 부유해질 수 있다. 이 기업가들을 위해 일한 사람들은 전보다 더 부유해지기는 하겠지만, 설령 그들이 직접 기업가가 되기를 원하면 그에 따른 온갖 실패의 위험을 무릅쓰고 얼마든지 될 수는 있을지라도 기업가들만큼 부유해지지는 않는다. 따라서 그 소득 패턴은 0-5-15-100-1,000이나 그 비슷한 것이 될 수도 있다.

A: 이 같은 자본주의 사회(자유 시장 사회)는 너무나 불평등해서 나에게는 적합하지 않다. 여전히 제로 소득자들이 있을 수 있다.

B: 그렇지만 그 사회는 (비-노동자의 비율이 지나치게 높지 않다면) 개인적인 자선을 통해서든 정부의 복지 혜택을 통해서든 비-노동자를 부양할 만큼 아주 부유해질 것이다. 따라서 (소득이 전혀 없는) 0이 ― 누구도 굶어 죽을 지경에 이르지는 않는다. 그러나 그 사회는 사람들이 기업체에서 이득을 얻을 수 있고 더 많은 사람들이 이들 기업체에 생산적으로 참여하게 된다고 생각할 때면 언제나 새로운 기업체들이 생겨날 수 있는 매우 풍요로운 사회일 것이다. 이같은 사회를

파괴할 수 있는 것은 **질투**이다. 일 년에 25,000 달러를 버는 사람은 250,000 달러를 버는 사람을 질투할 수 있다. "그녀는 나보다 훨씬 더 열심히 일하지 않는데도 저 화려한 집과 자동차를 가진 걸 보라! 그녀에게 내놓으라고 하자!" 그리고 부유한 사람에게 점점 더 많이 내놓으라고 하고 가난한 사람에게 (이유 불문하고) 더 많이 주라는 법이 통과될 수도 있다. 그래서 마지막에 그 과정을 멈추게 하는 사람이라도 있어야지 그렇지 않으면 우리는 또 다시 "아주 멋지게 평준화된 빈곤"의 상태에 빠지게 된다.

A: 우리는 제로 평등 상태까지 가서는 안 된다. 그 이전에 멈추어야 한다. 그러나 나는 당신이 물질적 번영의 극대화에 심취할수록 불평등이 계속 심화된다고 생각한다. 빈곤이 나쁘지만 불평등도 나쁘다—우리는 서로 균형을 맞추어야 한다.

B: 당신은 잘사는 사람이 못사는 다른 누군가의 원인이라고—잘사는 사람이 못사는 사람에게 **해를 입혔다**고—믿기 때문에 급진적인 불평등에 혐오감을 느끼는지 모르겠다. 물론 이것이 사실인 경우가 가끔 있다. 존스는 제임스의 재산을 훔치고서도 교묘히 빠져나가는 수가 있다. 그러나 시장 경제에서는 기업가의 부가 다른 사람의 상대적 빈곤의 원인이 아니다. 오히려 정반대이다. 기업가는 일자리를 창출하고, 다른 사람은 자신이 기존에 하던 일이 무엇이든 그 일을 그만두고 새로운 일자리에서 일할 것인지를 자신이 자유롭게 결정한다. 기업가는 빈곤을 초래하는 것이 아니라, 그가 아니었다면 갖지 못했을 다양한 선택권—그리고 출세할 기회—을 창출한다.

A: 나는 빈곤이 나쁘고 가능하면 피해야 한다는 데 동의하지만 불평등 역시 나쁘다. 당신은 빈곤을 원하지 않으면서도 불평등에 관심을 갖지 않는다. 앞으로 어떻게 하면 좋을까? 우리는 상충하는 윤리적 직관을 가질 뿐인가?

B: 나는 당신이 추구하는 것이 **결과**의 평등이라고—어떻게든 모든 사람이 (경제적으로) 평등에 이르거나 평등에 근접할 것이라고—생각한다. 그런데 이것이 잘못이다. 어떤 사람은 노력하지만 어떤 사람은 노력하지 않는다. 어떤 사람은 잘못된 장소나 시간에 태어나고, 어떤 사람은 노력하다가 죽음이나 질병으로 쓰러진다. 세상은 공평한 경쟁의 장이 아니다. 그리고 당신은 그것이 당연하다고—우리가 할 수 있는 일이 무엇이든 일단 최선을 다해야 한다고—믿는다.

A: 당신은 수입의 평등이 아니라 **기회**의 평등을 주장해야 한다고 생각한다. 나도 그렇게 생각한다. 목표를 달성하지 못한 사람들은 목표를 달성할 기회를 전혀 갖지 못했다. 말하자면 그들은 장애가 있거나 영리하지 못하거나 다른 사람들이 가진 돈을 애당초 갖지 못했거나 부모의 보살핌을 받지 못했다.

B: 나는 그와 같은 불평등을 당신이 도대체 어떻게 없앨 수 있다는 것인지 모르겠다. 아무도 극빈 상태에 빠지지 않도록 노력한다면 빈곤을 어느 정도 제어할 수 있다(그러나 그것은 잉여금을 지출할 만한 여유가 있는 부유한 사회에서만 가능하다). 하지만 나쁜 부모의 경우는 어떻게 해야 하는가? (누가 나쁜 부모인지 판정할 수 있다고 가정한다면) 그 부모의 아이들을 나쁜 부모한테서 격리시켜서 형편이 훨씬 더 안 좋아질 수도 있는 위탁 가정으로 보내야 할까? 정말 풀기 어려운 문제이다. 전혀 사태를 악화시키지 않고 이 문제를 풀 수 있는 만족스러운 해결책이 무엇인지 도무지 모르겠다. 그렇지만 한 사람이 결국 어떤 성인이 되느냐 하는 것은 부모가 돈을 얼마나 가졌는지보다는 그가 어떤 유형의 부모를 가졌는지와 훨씬 더 많은 관련이 있다. 사람들에게 주어지는 조건들을 평등하게 만드는 것은 불가능하다. 우리가 원하는 것은 사람들에게 **유리한** 조건들의 평등이지 빈곤의 평등이 아니다.

A: 그래, 그건 그렇다고 하자. 삶이 죽음보다 낫고, 합리성이 불합리성보다 낫다. 성취가 좌절보다 낫고, 행복이 불행보다 나으며, 만족이 궁핍보다 낫다. 이것들은 동일률이나 무모순율이 모든 담화의 기초 전제이듯이 윤리학의 기초 전제이다. 우리는 이들의 순서를 잘 조정함으로써 어떤 것이 다른 것보다 더 중요하다고 평가할 수 있으며, 어느 하나가 다른 것을 희생해야 성취될 수 있을 때 어떻게 할 것인지 결정할 수 있다. 그리고 우리는 용어를 명료화함으로써 개념들 사이에 혼동이 일어나지 않게 할 수 있다. 예를 들어 구체적인 경우에 기회를 균등하게 주려고 할 때 우리는 과연 "기회 균등"의 의미가 무엇인지 아는가? 한 아이는 부진하고 다른 아이는 영리할 경우, 부진아에게는 시간이 더 필요하기 때문에 그 아이에게 더 많은 시간을 주거나, 아니면 당신이 부진아와 함께 하는 시간 동안에 영리한 아이와는 더 많을 일을 성취할 수 있기 때문에 영리한 아이에게 더 많은 시간을 주는 것이 기회 균등을 이루는 것인가? 아니면 그런 고려 사

항들을 무시하고 두 아이에게 똑같은 시간을 주는 것이 기회 균등인가? 내 생각에 우리는 철학자로서 이런 개념들을 명확하게 밝히지 못했다. 특히 "기회 균등"과 같은 말이 그럴듯한 느낌을 주거나 어쩐지 고상하게 들릴 때 그 **말**을 사용하기는 하지만, 우리는―일반 사람들도 숙달된 사회복지사들도―자기가 주장하는 견해에 함축된 것들을 낱낱이 찾아내는 일이나 우리 의견의 차이점을 명확히 파악하는 일마저도 제대로 하지 못한다. 우리 할 일이 산더미 같다.

B: 이 밖에도 윤리학에서 논의해야 할 부분이 더 있다. 예를 들어 좋은 개인뿐만 아니라 좋은 정부와 좋은 경제 제도 등을 가진 좋은 사회에 대한 논의가 필요하며, 동물에 대한 대우 문제 역시 진지하게 논의해야 할 주제이다. 동물이 권리를 갖는가? 동물이 (코브라처럼) 우리에게 아무리 피해를 입힌다고 해도 우리는 그들을 보존하려고 해야 하는가? 우리는 흔한 동물보다 멸종위기의 동물에게 더 많은 관심을 가져야 하는가? 우리는 야생동물보다 애완동물에 더 많은 관심을 가져야 하는가? 우리는 식용이나 의학 실험용의 동물 살생을 삼가야 하는가, 아니면 (오스트레일리아의 토끼와 같은) 외래종을 통제하지 않고 그대로 놓아두면 개체수가 엄청나게 증가하여 재래종을 거의 멸종시킬 것이므로 재래종을 보존하기 위해 외래종을 살생해야 하는가? 현재 서식지를 잃어서 멸종 위기에 놓인 야생동물에게 더 많은 서식지를 남기기 위해 인구를 제한해야 하는가? 규범 윤리학에는 이런 종류의 문제들이 많이 있다.

A: 이 모든 것은 다음 기회로 넘겨야 할 것 같다.[14]

연습문제

1. "좋다"라는 낱말이나 그 밖의 윤리적 낱말을 일상적인 담화에서처럼 사용하는지를 왜 문제 삼는가? 과학에서는 모호한 낱말이 발견될 경우 그것에 특수한 전문적 의미를 부여한다. 물리학에서 "에너지" "저항" "작용"과 같은 낱말들이 그렇다. 윤

---

14   John Hospers, *Human Conduct* (Fort Worth, TX: Harcourt Brace, 1996), 8장을 보라.

리학에서도 특수한 전문적 의미를 부여함으로써 모호성과 애매성을 제거하면 안 되는가? 이에 대해 논평하시오.

2. 다음 중 경험적 진술은 어떤 것인가? 왜 경험적 진술인지 설명하시오.

    a. 브로콜리는 당신에게 좋다.

    b. 당신이 나를 보러 오니 좋다.

    c. 탄제린 맛이 좋다.

    d. 숨을 참는 것은 딸꾹질을 멈추는 좋은 방법이다.

    e. 나는 당신의 우정이 가치 있다고 본다.

    f. 당신은 신뢰를 가치 있는 것으로 여기지 않지만 그것이 가치 있는 특성이라는 것을 알게 될 것이다.

    g. 내 입안에 나쁜 맛이 남아 있다.

3. 다음 논증을 평가하시오.

    a. 행복은 행복한 사람과 무관하게 좋다. 우리는 좋은 것을 성취하기 위해 일해야 한다. 그러므로 나는 나 자신에게 좋은 것과 당신에게 좋은 것을 성취하기 위해 일해야 한다.

    b. "왜 가치를 생산하여 자기 것으로 간직하는 것은 부도덕하고, 가치를 남에게 나눠 주는 것은 도덕적입니까? 그리고 가치를 자기 것으로 간직하는 것이 도덕적이지 못하다면, 그 가치를 남에게서 받는 사람들은 이기적이고 사악한 사람들이지 않습니까? 미덕이 악덕을 섬기는 것입니까?"[15]

4. 당신이 보기에 다음 규칙들은 예외를 갖는가? 그렇다면 어떤 가능한 조건 아래서 예외를 갖는가? 그에 대해 설명하시오.

    a. "사람은 결코 다른 사람에게 폭력을 사용해서는 안 된다." "하지만 다른 사람이 당신을 공격할 때 자기 방어를 위해 폭력을 사용하는 것은 괜찮다." "그렇다면 그 규칙은 '결코 다른 사람에게 **먼저** 폭력을 사용하지 마라'가 되어야 한다."

---

15 Rand, *Atlas Shrugged*, p. 1031.

b. 고객을 속이지 않으려는 당신을 사장이 해고하겠다고 협박해도 절대 고객을 속여서는 안 된다.

c. 무죄로 판명된 피고는 절대 처벌하면 안 된다.

d. 두 지원자가 동등하게 우수할 경우 항상 소수 집단 후보를 선택해야 한다.

e. 나는 항상 다른 사람들의 자유를 보호하도록 (가능하다면 증진시키도록) 행위해야 한다.

f. 재판 없이 처형해야 하는 경우도 있다.

5. 윤리학에서 논의하는 많은 쟁점이 행위를 어떻게 분류하는가에 따라 달라진다. 다음은 살인으로 분류되어야 하는가 살인미수로 분류되어야 하는가?

a. 당신의 아버지가 말기의 불치병에 걸려 견딜 수 없는 엄청난 고통을 겪는다. 당신은 순식간에 사망할 수 있는 약물을 아버지에게 주사함으로써 고통 없이 세상을 떠나게 해 주었다.

b. A가 B에게 총을 쏘려고 했는데 잘못 쏘아서 C를 죽였다.

c. 어떤 사람들이 어느 죄수를 탈옥시키려고 교도소의 벽을 폭파했는데, 그 폭발로 인해 다른 죄수들이 죽었다.

d. 마을 사람들이 돈을 받고 순례자들을 보트에 태워 홍해를 건너 메카로 데려다 주기로 했는데, 돈을 다 받고난 뒤 순례자들을 먹을 것과 물이 전혀 없는 무인도에 내려놓아 그들 모두 죽었다.

e. 경찰이 트럭 운전수를 체포하려고 하는데, 그 운전수가 시동을 걸고 급가속하자 경찰관이 범퍼에 부딪쳐 쓰러졌고, 뒤따라오는 자동차에 치어 사망했다.

f. 어떤 건물의 20층에 있던 사람이 화재가 나자 그곳에서 떨어지면 죽는다는 것을 알면서도 창밖으로 뛰어내렸다. 그것은 자살인가?(가톨릭의 "이중 효과" 원칙에 따르면, 그의 의도가 화염을 피하려는 것이었지 자살하려는 것이 아니었다면 그것은 자살이 아니다)

g. 그는 성행위 전에 자기가 에이즈에 걸리지 않았다고 그녀에게 거짓말을 했다. 그녀는 에이즈에 걸려 죽었다.

6. "우리는 사람들이 고통 받는 것을 보고 싶지 않다. 우리는 위험한 약탈자로부터 보호받고 싶을 뿐이다. 모든 연쇄 살인범을 (그곳에 사는 사람이 없을 경우) 멀리 남양군도에 격리시킬 수 있다면, 교도소에서 교수형에 처하는 것과 꼭 마찬가지로 그들을 제거할 수 있다. 연쇄 살인범들이 더 이상 다른 사람을 괴롭히지 않는 한 그들이 아무리 행복한 생활을 한들 누가 상관하겠는가?"

"그 상황에서 놓친 것이 있다. 그들이 했던 소행 때문에 그들은 **마땅히** 고통을 **받아야** 한다. 그들은 다른 사람의 목숨을 빼앗았으므로 그에 대한 대가를 치러야 한다. 대가를 치르게 하려면 그들을 처벌해야 한다. 남양군도로 추방하는 것은 처벌이 아니다."

대화를 계속 이어가거나 제시된 사례에 대해 토론하시오.

7. 죽음의 수용소에서 수백 명의 목숨을 잃게 한 책임이 있는 나치 당원 한 사람이 아르헨티나에서 발견되었다. 지금 그는 어느 공장의 사장이며 아르헨티나로 온 이후 나무랄 데 없는 삶을 살았다. 그는 50년 전의 범행에 대해 재판을 받고 처벌을 받아야 할까, 아니면 "이제 너무 오래됐어"라고 말하거나 "그를 처벌해서 좋을 것이 뭐가 있어?"라고 말하면서 그 일을 잊어야 할까? 당신의 답을 제시하면서 어떤 처벌 이론을 옹호하겠는가?

8. 어떤 행위가 (1) 어떤 사람에게 부당하거나 (2) 어떤 사람의 권리를 침해할 경우 더 이상 거론할 것이 없다. 그렇다면 당신은 절대 그 행위를 해서는 안 되는가? 아니면 권리의 침해가 때로 허용될 수 있는가? (전쟁 중이라면 어떨까?)

9. 피고가 어릴 때 학대를 받았기 때문에 자기 아이를 학대한 것에 대한 처벌을 덜 받아야 하는가? 어떤 사람이 마약에 취해서 자기가 무슨 짓을 하는지 제대로 알아차리지 못할 때 (그리고 자신의 행위 결과가 어떻게 될지 전혀 알아치리지 못할 때) 그의 친구가 함께 강도질을 하자고 했기 때문에 그는 처벌을 덜 받아야 하는가?

10. 한 장교가 위험한 임무를 수행할 병사를 선정하는데, (1) 장교가 그 병사를 싫

어해서 그가 살아서 돌아오기를 원하지 않기 때문에 선정했거나 (2) 그 병사가 그 임무를 가장 잘 수행할 수 있을 것으로 생각되기 때문에 선정했다면 그것은 부당한 가 (불공평한가)?

11.

A: 당신이 해야 하거나 하지 말아야 하는 것은 당신의 상황에 달려 있다. 물을 낭비 함으로써 목숨을 잃을 수 있는 사막 사회에서는 물을 낭비하지 말아야 하지만, 물이 풍부한 사회에서는 물을 낭비해도 괜찮다. 우리는 평상시 동료를 먹어서는 안 되지만 비행기 사고 이후 굶주림에서 벗어날 다른 방법이 전혀 없을 경우에 는 괜찮다. 당신의 환경에서는 이혼하는 것이 바람직하다. 당신에게는 아이들도 없고 헤어지는 것이 좋기 때문이다. 그러나 아이들이 있고 서로 화해할 가능성 이 남아 있는 나의 상황에서는 이혼을 해서는 안 된다. 부유한 사회에서는 허용 될 수 없는 어떤 일들 — 누가 먹다 남긴 음식을 다시 사용하는 것 — 이 지극히 빈곤한 상황에서는 허용될 수 있다. 그것은 모두 상황에 달려 있다. 어떤 상황에 서 옳은 것이 다른 상황에서는 옳지 않을 수 있다. 어떤 장소나 시간에 바람직한 것이 다른 장소와 시간에는 바람직하지 않은 경우가 가끔 있다.

B: 하지만 어느 상황에서나 잘못된 행위 또는 행위 유형이 있다. 윤리학은 이런 것 들에 특별히 관심을 기울인다.

당신은 그와 같은 행위가 있다고 생각하는가? 이에 대해 토론하시오.

12. 좋은 사회를 위한 당신의 처방전이 좋은 사람을 위한 당신의 처방전과 똑같거 나 비슷할 수 있을까?

13.

A: 당신은 당신의 서비스가 시간당 100 달러의 가치가 있다고 **주장**하지만, 아무도 당신에게 그 돈을 주겠다고 하지 않으면 계속 그렇게 주장할 이유는 없다. 당신 의 서비스는 가장 많은 금액을 주겠다는 사람이 지불하는 것만큼만 가치 있다.

당신의 서비스에 대한 "실질 가치"를 결정할 수 있는 다른 기준이 있을까?

B: 오늘날에는 반 고흐의 작품 하나에 백만 달러는 지불해야 한다. 그 작품이 그려질 당시에는 백 달러를 낼 사람도 없었을 것이다. 그러나 그의 작품들은 분명히 그 당시에도 엄청난 가치가 있었다. 그 진가를 알아보는 사람이 아무도 없었을 따름이다. 맥도날드에서 일하는 나의 서비스의 가치도 그와 마찬가지이다.

이에 대해 토론하시오.

14. 우리와 다른 사람 사이의 관계를 다루는(또는 그 관계에 관해 주장하는) 윤리학의 원칙들("살생하지 마라," "불필요한 고통을 주지 마라," "당신의 목적을 위한 수단으로 이용하지 마라")을 동물에 대한 대우에 적용해야 하는가?

독서안내

Aristotle. *Nicomachean Ethics*. Many editions.

Bentham, Jeremy. *Principles of Morals and Legislation*. 1789. Many editions.

Blanshard, Brand. *Reason and Goodness*. London: Allen & Unwin, 1961.

Brandt, Richard. *A Theory of the Good and the Right*. New York: Oxford University Press, 1979.

Broad, C. D. *Five Types of Ethical Theory*. London: Routledge, 1935.

Clark, Stephen. *The Moral Status of Animals*. Oxford: Clarendon Press, 1977.

Dancy; Jonathan. *Moral Reasons*. Oxford: Blackwell, 1993.

Duff, R. A Intention *Agency, and Criminal Liability* Oxford; Blackwell, 1990.

Edel, Abraham. *Ethical Judgment*. New York; Free Press, 1955.

Ewing, Alfred C. *The Definition of Good*. New York: Macmillan, 1947.

Feinberg, Joel. *Doing and Deserving*. Princeton: Princeton University Press, 1970.

Foot, Phiuppa. *Theories of Ethics*. London: Oxford University Press, 1967.

Frankena, William. *Ethics*. Englewood Cliffs, NJ: Prentice Hall, 1963.

Gewirth, Alan. *Reason and Morality*. Chicago: University of Chicago Press, 1978.

Glover, Jonathan. *Causing Death and Saving Lives*. Baltimore: Penguin, 1977.

Hare, R. M. *Freedom and Reason*. Oxford: Clarendon Press, 1963.

Hare, R M. *The Language of Morals*. London: Oxford University Press, 1961.

Harman, Gilbert. *The Nature of Morality*. New York: Oxford University Press, 1977.

Hartland-Swann, John. *An Analysis of Morals*. London: Allen & Unwin, 1950.

Hazlitt, Henry. *The Foundations of Morality*. Princeton: Van Nostrand, 1964.

Hospers, John. *Human Conduct*. 3rd ed. Fort Worth, TX: Harcourt Brace, 1996.

Hume, David. *A Treatise of Human Nature*. Book 3. 1739. Many editions.

Kagan, Shelly. *The Limits of Morality*. London: Oxford University Press, 1989.

Kant, Immanuel. *Fundamental Principles of the Metaphysics of Morals*. New York: Harper &
    Row, 1964. Originally published in 1783.

Machan, TlBOR, ed. *The Great Debate*. New York: Random House, 1987.

Mackie, J. M. *Ethics*. Baltimore: Penguin, 1977.

Mcintyre, Alasdair. *After Virtue*. Notre Dame, IN: Notre Dame University Press, 1983.

Midgley, Mary. *The Ethical Primate: Humans, Freedom, and Morality*. London: Routledge,
    1994.

Mill, John Stuart. *On Liberty*. London: Longmans Green, 1859.

Mill, John Stuart. *Principles of Political Economy*. London: Longmans Green, 1865.

Mill, John Stuart. *Utilitarianism*. London: Longmans Green, 1863.

Moore, George E. *Ethics*. London: Oxford University Press, 1912.

Moore, George E. *Principia Ethica*. London: Cambridge University Press, 1903.

Nagel, Thomas. *Moral Questions*. Cambridge: Cambridge University Press, 1979.

Nowell-Smith, Patrick. *Ethics*. Baltimore: Penguin, 1954.

Nozick, Robert. *Anarchy, State, and Utopia*. New York: Basic Books, 1974.

Paul, Ellen, et al. *Human Rights*. Oxford: Blackwell, 1984.

Plato. *Apology: Crito: Euthyphro: Philebus: Republic*. Many editions.

Quinton, Anthony. *Utilitarian Ethics*. LaSalle, IL: Open Court, 1988.

Rand, Ayn. *The Virtue of Selfishness*. New York: New American Library, 1964.

Rashdall, Hastings. *Theory of Good and Evil*. 2 vols. London: Routledge, 1924.

Rawls, John. *A Theory Justice*. Cambridge: Harvard University Press, 1971.

Ross, William D. *The Right and the Good*. London: Oxford University Press, 1931.

Russell, Bertrand. *Human Society in Ethics and Politics*. London: Allen & Unwin, 1955.

Scheffler, Samuel. *Human Morality*. London: Oxford University Press, 1992.

Sidgwick, Henry. *The Methods of Ethics*. London: Macmillan, 1877.

Singer, Peter. *A Companion to Ethics*. Oxford: Blackwell, 1993.

Smart, J.J.C., and Bernard Williams. *Utilitarianism: For and Against*. Cambridge: Cambridge University Press, 1973.

Smith, Adam. *Theory of the Moral Sentiments*. 1759. Many editions.

Spencer, Herbert. *The Principles of Ethnics*. 2 vols. Indianapolis: Liberty Press, 1979. Originally published 1897.

Stace, Walter T. *The Concept of Morals*. New York: Macmillan, 1937.

Sterba, James, ed. *Justice: Alternative Approaches*. Belmont, CA: Dickensen, 1979.

Stevenson, Charles L. *Ethics and Language*. New Haven: Yale University Press, 1943.

Taylor, Richard. *Freedom, Anarchy, and the Law*. Buffalo: Prometheus, 1973.

Taylor, Richard. *Good and Evil*. New York: Macmillan, 1970.

Von Wright, G. H. *The Varieties of Goodness*. London: Routledge, 1963.

Warnock, Geoffrey. *The Object of Morality*. London: Metheun, 1977.

White, Morton. *What Is and What Ought to Be Done*. New York: Oxford University Press, 1988.

Williams, Bernard. *Ethics and the Limits of Philosophy*. Cambridge: Harvard University Press, 1985

찾아보기